GIU GUO SH BAO

"Au Secours de la Patrie"

1935—1938

救國時報

AU SECOURS DE LA

PATRIE 1935—1938

来自大洋彼岸的救国呐喊

抗日统一战线的齐鸣号角

立体再现抗战烽火在白山黑水

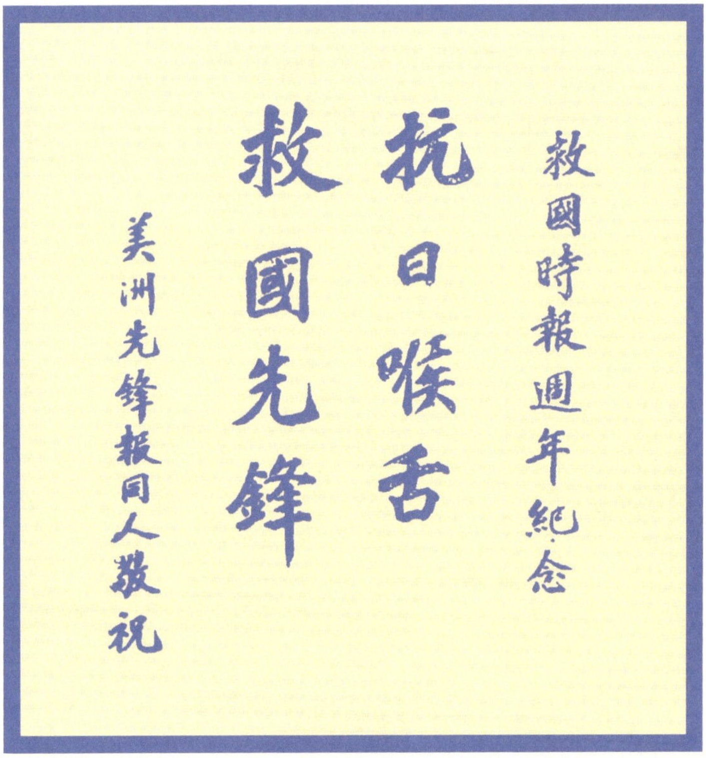

抗日喉舌 救国先锋

远隔重洋的呐喊

救國時報

东北抗战史料选编

吉林杨靖宇干部学院／编

吉林人民出版社

出 品 人：常　宏
选题策划：吴文阁

图书在版编目（CIP）数据

远隔重洋的呐喊：《救国时报》东北抗战史料选编 / 吉林杨靖宇干部学院编. -- 长春：吉林人民出版社, 2025.7. -- ISBN 978-7-206-22187-3

Ⅰ. K265.06

中国国家版本馆CIP数据核字第20254WX168号

远隔重洋的呐喊：

《救国时报》东北抗战史料选编

YUAN GE CHONGYANG DE NAHAN:

《JIUGUOSHIBAO》DONGBEI KANGZHAN SHILIAO XUANBIAN

编　　者：吉林杨靖宇干部学院
责任编辑：郭雪飞　韩春娇　李　爽
责任校对：衣　兵
特约审读：慈国敬
装帧设计：李　媛　吾擅设计
出版发行：吉林人民出版社
（长春市人民大街7548号　邮政编码：130022）
印　　刷：吉林省优视印务有限公司
开　　本：720mm × 1000mm　1/16
印　　张：53
字　　数：600千字
标准书号：ISBN 978-7-206-22187-3
版　　次：2025年7月第1版
印　　次：2025年7月第1次印刷
定　　价：158.00元

铸就坚如磐石的理想信念信仰

习近平总书记指出："一个国家、一个民族、一个政党，任何时候任何情况下都必须树立和坚持明确的理想信念。如果没有或丧失理想信念，就会迷失奋斗目标和前进方向，就会像一盘散沙而形不成凝聚力，就会失去精神支柱而自我瓦解。"习近平总书记还讲道："我们常说，基础不牢，地动山摇。信念不牢也是要地动山摇的。苏联解体、苏共垮台、东欧剧变不就是这个逻辑吗？苏共拥有 20 万党员时夺取了政权，拥有 200 万党员时打败了希特勒，而拥有近 2000 万党员时却失去了政权。我说过，在那场动荡中，竟无一人是男儿，没什么人出来抗争。什么原因？就是理想信念已经荡然无存了。"那么，共产党人的理想信念信仰是什么？就是马克思主义信仰、共产主义信念、中国特色社会主义共同理想。习近平总书记说，这是共产党人的政治灵魂，是共产党人经受住任何考验的精神支柱。

是什么力量让东北抗联将士们，在与党中央长期失去联系的情况下，出生入死、孤军奋战，终于赢得了抗日战争的胜利？

日本觊觎中国已久，入侵中国是日本的国策。1931 年 9 月 18 日晚 10 时，九一八事变爆发。3 天后，吉林省省城沦陷；次年 2 月，东北全境沦陷。在这危难关头，中国共产党率先举起武装抗日大旗，领导人民开展了艰苦卓绝的抗日斗争。我们党领导的东北抗日武装先后经历了反日游击队、东北人民革命军、东北抗日联军三个阶段，创建地在吉林省。磐石市红石砬子是我们党在东北建立的第一个抗日根据地。“磐石”这个地名，寓意着我们党的理想信念信仰坚如磐石。

作为东北抗联的旗帜性人物，杨靖宇铮铮铁骨、宁死不降的英勇事迹感天动地。杨靖宇原名马尚德，1905年出生于河南省确山县。1929年7月，杨靖宇被党派到东北工作，中共满洲省委书记刘少奇派他到抚顺，任抚顺特支书记。九一八事变后，被中共满洲省委派往南满。从此，杨靖宇率领抗联将士们在极端艰苦的条件下与日寇血战。

在吉林省博物馆珍藏着一张88年前杨靖宇将军发布的布告——《东北抗日联军第一路总司令部布告》，其中写道：“日寇霸占我东三省，成立傀儡政府‘满洲国’，复侵略我热河，蚕食我华北，到处焚劫，惨杀我同胞，犹不满其兽欲，近竟于七月七日，捏造卢沟桥事件，企图由华北鲸吞我全国版图，足证日寇穷凶极恶、贪婪无厌。”“凡系中国人生，应抛弃过去旧仇宿怨，亲密联合，响应中日大战，暴动起来，打倒日本帝国主义，推翻傀儡政府‘满洲国’，为独立自由幸福之中国而奋斗。”

1940年2月23日下午4时30分，由于叛徒出卖，杨靖宇只身与敌人周旋5天后，身中数弹，壮烈牺牲，年仅35岁。牺牲前，当地几个上山打柴的人看见了他，劝他说，投降吧，“满洲国”不杀投降的人。杨靖宇坚定地说，如果我们中国人都投降了，还有中国吗？伪通化省警务厅厅长岸谷隆一郎，指挥了围捕杨靖宇的行动。就是他，下令铡下了将军的头颅，又命人剖开了杨靖宇的胃，却没发现一粒粮食，只有未消化的枯草、树皮和棉絮。1945年日本战败投降前夕，岸谷隆一郎在承德毒杀了妻儿，随后剖腹自尽，他在遗书中写道：“天皇陛下发动这次侵华战争或许是不合适的，中国拥有杨靖宇这样的铁血军人，一定不会亡国！”令人欣慰的是，英烈后继有人。杨靖宇有 3 个孙子、2 个孙女，其中杨靖宇的次孙马继志已举家从河南搬到长春，马继志的次子就在将军战斗过的磐石市工作。

1958 年 2 月 23 日是杨靖宇将军殉国 18 周年纪念日，中共中央在通化市杨靖宇烈士陵园举行了隆重的公祭安葬大会。党和国家领导人毛泽东、朱德、刘少奇、周恩来等敬献了花圈。花圈由铁艺制作、挽联是帆布的，以便永久保存。随着年龄和阅历的增长，逐渐明白了人民英雄“永垂不朽”的含义，就是精神永存、永载史册！

1932 年，同时被中共满洲省委派往各个战场的还有赵尚志，“南杨北赵”无人不知、无人不晓。这两位抗日民族英雄一南一北，给日本侵略者以沉重打击。他俩有很多共同点：都是令日寇闻风丧胆、寝食难安的抗联将军，都曾担任过省委军委书记，都曾同一时间被关押在同一所监狱。甚至他们英勇就义后，日本侵略者都残忍地将他们的头颅割下，对他们是既恨又敬！

东北抗联还有一位著名的女英雄——“红枪白马”赵一曼。赵一曼原名李坤泰，1905 年出生于四川省宜宾市，与杨靖宇同岁。九一八事变后，党中央派赵一曼到中共满洲省委工作。1935 年 9 月任东北抗日联军第三军二团政治部主任，同年 11 月在战斗中负伤被捕，1936 年 8 月 2 日英勇就义。1950 年，长影拍摄的电影《赵一曼》在全国公映，人们无不为影片中赵一曼凛然正气、坚贞不屈的民族精神所感动，却没人知道赵一曼的真实身份。当时，赵一曼的爱人陈达邦、儿子陈掖贤都去看过这部电影，但是他们都不知道电影里的英雄就是自己的亲人。

1930 年，赵一曼和她一岁的儿子照了唯一的一张合影，当时一共洗了三张，一张给了丈夫陈达邦，一张留给自己，一张请人带给二姐李坤杰。这张照片几经辗转，过了 22 年才交到李坤杰手上，此时已经是 1952 年，距离赵一曼牺牲已经 16 年了。她姐姐拿着这张照片开始寻找自己最疼爱的小幺妹。后来，李坤杰了解到妹妹曾在周恩来领导的中央特科工作过。1953 年 5 月 2 日，李坤杰给周恩来写信打听，周恩来收到信后转交给全国妇联主席蔡畅帮助寻找，可惜未找到。苍天不负有心人，1954 年 8 月，李坤杰辗转找到国家宗教局局长何成湘辨认照片。何成湘是宜宾人，曾任中共满洲省委代理书记、组织部长，他一眼就认出：这是小李子，就是赵一曼！此时，距赵一曼牺牲已经 18 年了！

赵一曼在白山黑水战斗之时，她的丈夫陈达邦也在遥远的巴黎为抗日鼓与呼。赵一曼与陈达邦是 1928 年 4 月在莫斯科中山大学结为伉俪的，11 月赵一曼奉命回国，陈达邦则继续留在苏联，后被中共驻共产国际代表团派往巴黎，负责《救国时报》印刷工作。那个时候，东北抗联和中央联系不上，《救国时报》就成了东北抗联与外界联系的重要“窗口”。当时陈达邦并不知道自己的妻子就在东北抗联，更不知道妻子就是东北抗联的女英雄赵一曼。《救国时报》在巴黎共发行了 152 期，其中首期就刊登了杨靖宇的文告《东北抗日联军呼吁关内军政领袖枪口一致对外建立抗日联军》。后来，《救国时报》因经费不足，一度出版困难。东北抗联将士闻讯后，尽管本身很艰苦，仍节衣缩食积极给予支援。

说到这里，陈云与《救国时报》还有一段不解之缘。1935 年，中共驻共产国际代表团派吴玉章去巴黎扩大《救国时报》的宣传。临行前，吴玉章与陈云在莫斯科商量，计划在巴黎建立印刷所。陈云特意给上海商务印书馆写了一封介绍信，帮助购买汉字铜模。此外，1937 年 7 月 31 日，《救国时报》刊载了《廉臣捐赠〈随军西行见闻录〉版权启事》。

2024 年 8 月 28 日，第 19 届中国长春电影节开幕，我们邀请赵一曼烈士的孙女陈红参加了开幕式，她感慨万千："当年正是因为有了长影的电影《赵一曼》，奶奶的真实身份才得以辗转浮出。"2024 年，宜宾市委宣传部的同志又陪陈红去了趟莫斯科，参观了莫斯科中山大学旧址、共产国际总部旧址、中共六大会址旧址陈列馆等，并在俄罗斯社会政治历史档案馆、俄罗斯电影和照片文献档案馆查阅了相关资料。陈红第一次看到了奶奶、爷爷的手迹原件，她流着泪说："多年来寻踪先人遗迹的夙愿终于成为现实。"

1945 年 9 月 20 日晚至 23 日清晨，时任中共东北局书记彭真、委员陈云用两个昼夜的时间，听取了东北抗联领导人周保中、冯仲云的汇报，对东北抗联坚持 14 年抗日斗争的业绩给予很高评价。1949 年 5 月 14 日，毛泽东对东北抗联作出结论性评价："抗联干部领导抗联斗争及近年参加东北的斗争是光荣的，此种光荣斗争历史应当受到党的承认和尊重。"1955 年，毛泽东在授衔仪式上对东北抗联将领冯仲云说，你们抗联比我们长征还要艰苦！ 2009 年，新中国成立 60 周年，中宣部、中组部等 11 个部委评选出"100 位为新中国成立作出突出贡献的英雄模范人物"，其中东北抗联英雄有杨靖宇、赵尚志、赵一曼、李兆麟和八女投江。

中国人民经过 14 年的斗争，终于赢得了抗日战争的伟大胜利。我们讲"八年抗战"，强调的是全民族抗战；我们讲"十四年抗战"，强调的是全过程抗战。在这 14 年里，中国共产党领导的东北抗日武装同日寇进行了时间最长、环境最险恶、条件最艰苦的斗争，谱写了惊天地、泣鬼神的雄壮史诗。2020 年 9 月 3 日，习近平总书记在纪念中国人民抗日战争暨世界反法西斯战争胜利 75 周年座谈会上深刻指出："中国人民抗日战争胜利是中国共产党发挥中流砥柱作用的伟大胜利。"说起中流砥柱，大家可能还不知道它的来历。中流砥柱其实是一座矗立在河南省三门峡市黄河河心里的小石岛，黄河上的艄公又叫它"朝我来"。枯水期，它露出水面两丈多；丰水期，它只露出一个尖顶。千百年来，无论狂风暴雨，还是惊涛骇浪，它一直屹立于黄河之中，自古被喻为中华民族精神的象征。公元 638 年，唐太宗李世民来到这里，写下了"仰临砥柱，北望龙门。茫茫禹迹，浩浩长春"的诗句。如今中流砥柱上所刻"砥柱"二字，用的是北宋著名书法家黄庭坚所书《砥柱铭》中的字体。后因建设三门峡水库需要，炸掉了"人门""神门""鬼门"三门，但"中流砥柱"却在周恩来指示下得以保存。

新华社原社长穆青在回忆录中写道："我也读过不少中外战争史，看到过不少反法西斯斗争的英雄事迹的报道，但是论起战争的残酷性、艰巨性，还没有一个能超过东北抗联的。"抗联将士们之所以能够在极端艰苦的条件下始终咬牙坚持抗战，靠的就是忠诚于党的坚定信念，靠的就是勇赴国难的民族大义，靠的就是血战到底的英雄气概，这就是东北抗联精神。正如习近平总书记在纪念中国人民抗日战争暨世界反法西斯战争胜利 70 周年大会上讲的：正义必胜，和平必胜，人民必胜！

（摘自吉林大学思政课讲稿）

赋予救国呐喊以时代新声

东北抗战是中国人民伟大的抗日战争暨世界反法西斯战争的重要组成部分。自 1931 年九一八事变爆发后，东北大地便惨遭日本侵略者铁蹄的无情践踏。然而，英勇无畏的东北人民从未屈服，凭借顽强不屈的意志和大无畏的英雄气概，与敌人展开了长达 14 年艰苦卓绝的斗争。在这段波澜壮阔的抗战岁月里，《救国时报》有如救亡图存的激昂呐喊，向全国人民和世界人民传递着东北抗战的烽火硝烟，极大地增强了全国人民抗战必胜的坚定信心，有力地凝聚起磅礴的爱国力量，持续推动着抗战救国运动的蓬勃发展；有如一座熠熠生辉的灯塔，为全民族抗战指引着前行方向。

《救国时报》由中共中央驻共产国际代表团在海外的机关报《救国报》更名而来。《救国报》1935 年 5 月 15 日创办，编辑部设于莫斯科，印刷发行在巴黎。不久，迫于国民党当局的压力，法国政府向《救国报》发出“停止邮寄”的通知。进行交涉的吴玉章建议更名出版，汉字报头加一个“时”字，法文报头如同新出版一份报纸。1935 年 12 月 9 日，《救国时报》创刊出版，1938 年 2 月 10 日暂时停刊，共出版 152 期，加上《救国报》出版的 15 期，这份中共中央海外机关报在法国巴黎一共出版了 167 期。《救国时报》创办之时，正值中国抗日战争的关键时期，对推动全民族抗战救亡发挥关键作用、发出抗战第一声的《中国苏维埃政府、中国共产党中央为抗日救国告全体同胞书》（即《八一宣言》），正是通过这份报纸，向世人宣告了中国共产党团结抗战、一致对外的主张。《救国时报》的创办，充分彰显了中国共产党在抗日战争中的中流砥柱作用，体现了社会各界对救国图存的坚定支持，昭示了爱国知识分子的拳拳报国之心。这份报纸汇集了大量抗战报道，内容广泛涵盖中国共产党的重要指示、战事动态、民众反响、国际形势分析以及抗战文艺作品等，引导我们穿越时空，走进 90 年前那个战火纷飞、英雄辈出的激昂年代，也为系统研究东北抗战提供了弥足珍贵的第一手资料。

《救国时报》在东北抗战历史研究中具有不可替代的重要价值。从史料来源的可靠性看，其创办背景和内容选择均具备极高的权威性。通过对原始报纸的细致比对与深入分析，读者能够更为全面、深入地了解和研究东北抗战这一特殊历史。从社会政治影响层面看，该报不仅及时报道抗战信息，还积极传播爱国主义思想和国际主义精神，极大地激发了广大民众的抗战热情，有效引导了社会舆论，有力推动了各政治派别间的互动与合作，为东北抗战营造了良好的舆论环境。其文化传播作用同样不容小觑，通过发表歌曲、诗歌、散文等文学作品，丰富了战时文化生活，显著提升了民众文化认同感，以抗战文艺吹响了鼓舞士气的号角，为东北抗战的历史记忆筑牢了深厚的文化根基。万山磅礴，必有主峰。中国共产党的振臂高呼，有力推动了全国抗日救亡运动的迅猛发展。

2020 年，习近平总书记在视察吉林时深刻指出：“吉林有着光荣的革命传统。抗日战争时期，在极其恶劣的条件下，杨靖宇将军领导抗日武装冒着零下四十摄氏度的严寒，同数倍于己的敌人浴血奋战，牺牲时胃里全是枯草、树皮、棉絮，没有一粒粮食，其事迹震撼人心……要把这些红色资源作为坚定理想信念、加强党性修养的生动教材，组织广大党员、干部深入学习党史、新中国史、改革开放史、社会主义发展史，教育引导广大党员、干部永葆初心、永担使命，自觉在思想上政治上行动上同党中央保持高度一致，矢志不渝为实现中华民族伟大复兴而奋斗。”2025 年 5 月 7 日，国家主席习近平对俄罗斯进行国事访问并出席纪念苏联伟大卫国战争胜利 80 周年庆典之际，在《俄罗斯报》发表题为《以史为鉴 共创未来》的署名文章，指出：“中国人民抗日战争开始时间最早、持续时间最长。在中国共产党倡导并建立的抗日民族统一战线旗帜下，中华儿女前赴后继、勠力同心，付出巨大牺牲打败了穷凶极恶的日本军国主义者，谱写了抗日战争胜利的伟大篇章。”为深入贯彻习近平总书记的重要指示精神，纪念中国人民抗日战争暨世界反法西斯战争胜利 80 周年，弘扬正确二战史观，我们精心编辑了《远隔重洋的呐喊：〈救国时报〉东北抗战史料选编》一书。本书所辑资料均选自国家图书馆馆藏的《救国时报》和部分早期《救国报》，将原报纸内容识读为简体文字，以便阅读研究。资料按主题分列，兼顾时间顺序，每份资料后均注明刊出时间、期数和版序，并对相关内容加以注释。除将繁体字改为简体字外，我们尽量保持其原貌。对报纸的个别漏缺或字迹模糊处，经严谨考据后补填。

在选编过程中，我们着力选取并侧重收录反映中国共产党领导下的东北抗联战斗和生活的报道以及英烈小传等内容，其中多篇内容与抗日民族英雄杨靖宇、赵尚志、李兆麟等紧密相关。这些珍贵史料真实记录了杨靖宇将军在东北抗联所发挥的关键作用，记载了东北抗联极端困难情况下，节衣缩食，对《救国时报》办报工作的资助支持。东北抗日联军作为东北抗战的主力，抗战时间最长、条件最为艰苦，他们用生命和鲜血铸就了以“忠诚于党的坚定信念、勇赴国难的民族大义、血战到底的英雄气概”为核心内涵的东北抗联精神。这些史料，不仅是对峥嵘岁月的生动记录，更是对东北抗联将士的崇高致敬，是对中国人民抗日战争暨世界反法西斯战争胜利80周年的最好纪念。

东北抗日武装先后经历了反日游击队、东北人民革命军、东北抗日联军三个发展阶段，创建地在吉林省。因此，深化东北抗联历史研究，讲好东北抗联历史故事，吉林省使命在肩、责无旁贷。我们将全力把以东北抗联为代表的吉林红色资源开发好、保护好、利用好、传承好，持续擦亮吉林作为东北抗日联军创建地、东北解放战争发起地、抗美援朝后援地，新中国汽车工业的摇篮、新中国电影事业的摇篮、中国人民航空事业的摇篮“三地三摇篮”红色标识，使其成为推动吉林高质量发展明显进位、全面振兴取得新突破的强大精神动力。我们也衷心期望通过这部作品，让更多人了解东北抗战的奋斗史实，传承弘扬伟大抗战精神与东北抗联精神，把先辈们用鲜血和生命开创的红色江山世世代代守护好、建设好，激励一代代中华儿女为实现强国建设、民族复兴伟业不懈奋斗。

中共吉林省委宣传部

2025 年 7 月

《救国时报》主要创办人　吴玉章

《救国时报》工作人员在法国巴黎的合影

前排右四为赵一曼的丈夫陈达邦

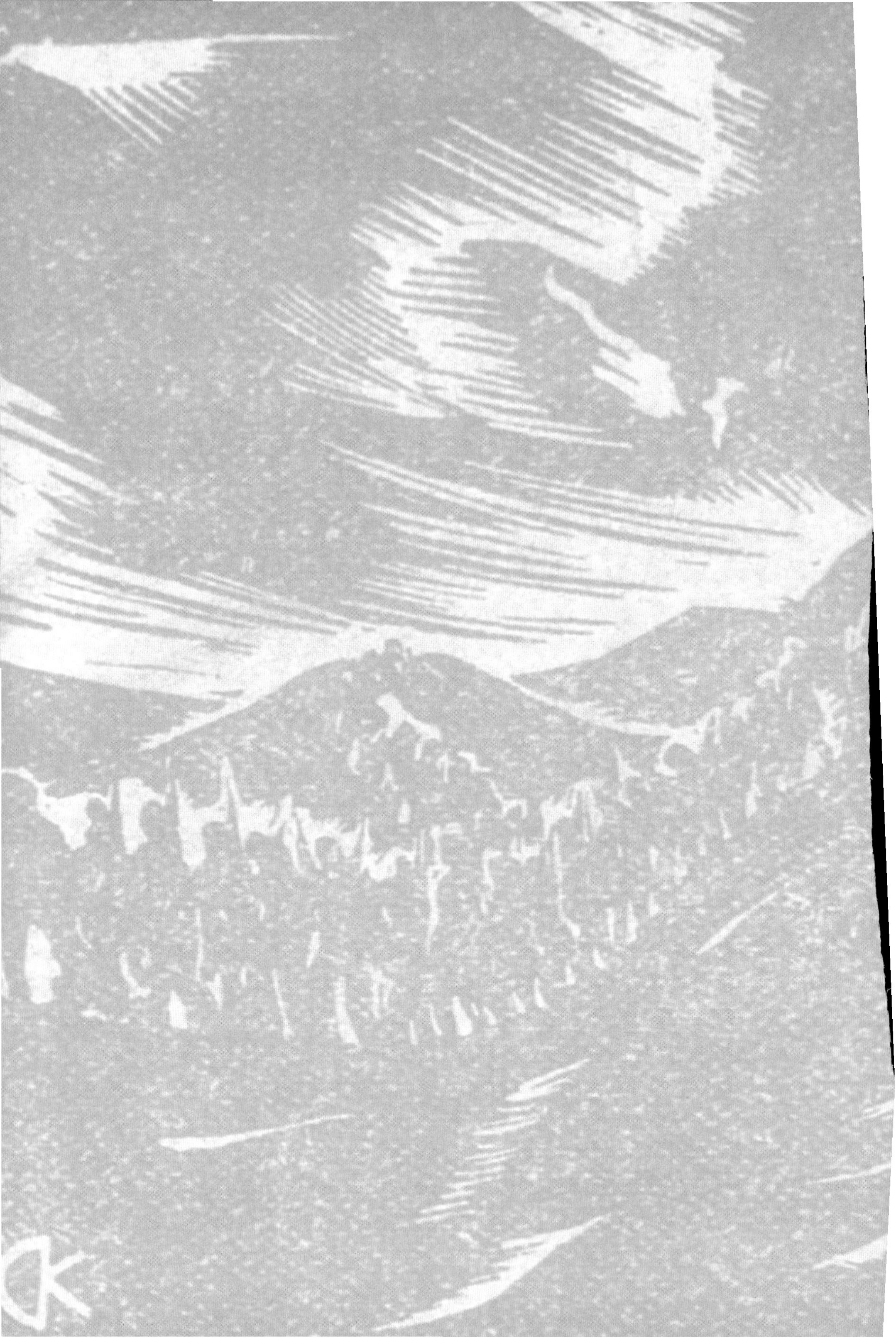

目录

征鼙震地

征程续写

附　录

山河破碎

日寇对东北的侵略和掠夺

九一八事变后，东北陷于日寇铁蹄之下。日寇在经济上大肆掠夺东北的资源，在教育上实行奴化政策，企图控制东北人民的思想，泯灭其民族意识和家国观念，在军事上大肆屠杀抗日军民。当日之中国，山河破碎，生灵涂炭。本章主要选编《救国时报》中揭露日本在东北侵略、掠夺、奴役、屠杀等罪恶行径的相关报道。

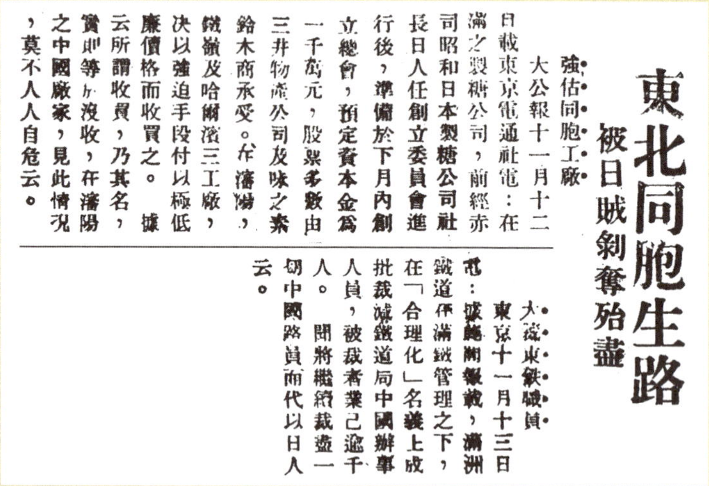

東北同胞生路
被日賊剝奪殆盡

強佔同胞工廠

大公報十一月十二日載東京電通社電：在滿之製糖公司，前經赤司昭和日本製糖公司社長日人任創立委員會進行後，準備於下月內創立總會，預定資本金爲一千萬元，股票多數由三井物產公司及味之素鈴木商承受。在瀋陽，鐵嶺及哈爾濱三工廠，決以強迫手段付以極低廉價格而收買之。據云所謂收買，乃其名，實則等於沒收，在瀋陽之中國廠家，見此情況，莫不人人自危云。

大減東鐵職員

東京十一月十三日電：據聯聞報載，滿洲鐵道係滿鐵管理之下，在「合理化」名義上成批裁減鐵道局中國辦事人員，被裁者業已逾千人。聞將繼續裁盡一切中國路員而代以日人云。

《救国时报》第三期 中华民国二十四年十二月二十一日 第二版

（1935 年 12 月 21 日）

东北同胞生路

被日贼剥夺殆尽

强占同胞工厂

大公报十一月十二日载东京电通社电：在满之制糖公司，前经赤司昭和日本制糖公司社长日人任创立委员会进行后，准备于下月内创立总会，预定资本金为一千万元，股票多数由三井物产公司及味之素铃木商承受。在沈阳，铁岭及哈尔滨三工厂，决以强迫手段付以极低廉价格而收买之。据云所谓收买，乃其名，实则等于没收，在沈阳之中国厂家，见此情况，莫不人人自危云。

大裁东铁职员

东京十一月十三日电：据此间报载，满洲铁道在满铁管理之下，在“合理化”名义上成批裁减铁道局中国办事人员，被裁者业已逾千人。闻将继续裁尽一切中国路员而代以日人云。

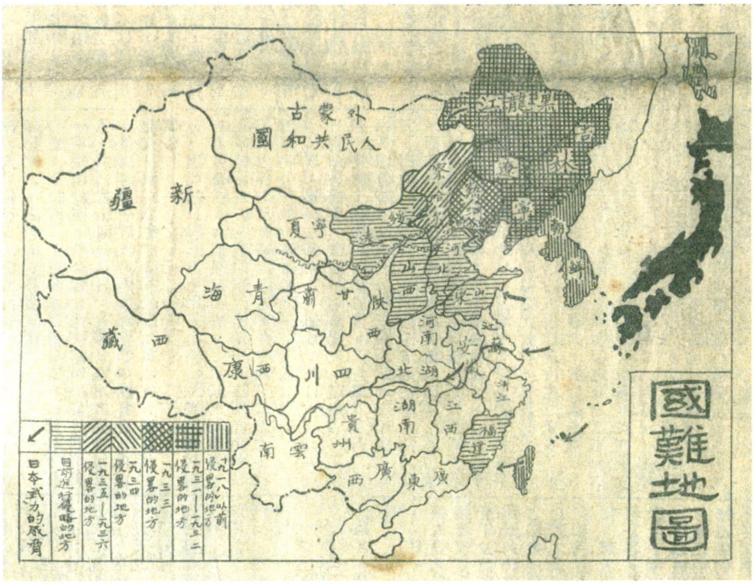

《救国时报》刊登的国难地图

中华民国二十五年九月十八日 第五十五—五十六期 第一版

（1936 年 9 月 18 日）

日財閥在我北方之匪盜行爲

日人漁業公司侵佔華北漁權

大公報十一月十六

日載天津訊，日本產業股份公司近將漁業公司之羽月商店，加以改組，增加資本，改名日滿漁業公司，在華北沿海[illegible]打魚，侵佔華北漁權云。

唐山喜峯口間日奪同胞土地

載十一月十二報

日天津電：唐山與喜峯口間之所謂非武裝區域，日人強佔同胞土地，不給一錢，開闢汽車路，連接熱河與北寧線。由關外向關內運兵運貨，日人並決定延長築路至天津云。

《救国时报》第三期 中华民国二十四年十二月二十一日 第二版
（1935年12月21日）

日财阀在我北方之匪盗行为

日人渔业公司侵占华北渔权

大公报十一月十六日载天津讯，日本产业股份公司近将渔业公司之羽月商店，加以改组，增加资本，改名日满渔业公司，在华北沿海一带打鱼，侵占华北渔权云。

唐山喜峰口间日夺同胞土地

报载十一月十二日天津电：唐山与喜峰口间之所谓非武装区域，日人强占同胞土地，不给一钱，开辟汽车路，连接热河与北宁线。由关外向关内运兵运货，日人并决定延长筑路至天津云。

被禁出關

同胞流爲乞丐

望祖國山河而痛哭！

關內同胞出關赴東三省，在山海關被僞國警察扣留千餘人，曾誌國內各報。十一月八日申報載，冀魯豫三省同胞出關赴東三省者，爲山海關日本及僞國國境警察所禁止，被阻於榆關，東經及秦皇島等地達三千餘人。車票既不退還，出關又辦不到，久候盤費用罄，當完吃光，多流爲乞丐。他們遙望關外大好山河，莫不流涕而痛哭！

《救国时报》第三期　中华民国二十四年十二月二十一日　第二版

（1935年12月21日）

被禁出关

同胞流为乞丐

望祖国山河而痛哭！

关内同胞出关赴东三省，在山海关被伪国警察扣留千余人，会志国内各报。十一月八日申报载，冀鲁豫三省同胞出关赴东三省者，为山海关日本及伪国国境警察所禁止，被阻于榆关，东罗及秦皇岛等地达三千余人。车票既不退还，出关又办不到，久候盘费用罄，当完吃光，多流为乞丐。他们遥望关外大好山河，莫不流涕而痛哭！

曠古未聞之殘暴

日賊抽東北同胞鮮血

△每次抽一千磅

頃接北平錢德明先生寄本報一信，述日人在東北開工廠抽東北同胞鮮血，事奇慘，全信登載如后：

救國時報主筆先生大鑒　啓者（上略）讀貴報，欣喜奚似。　茲有曠古奇慘之事，奉告貴報，希貴報轉告國內外同胞，使明了殘暴無比之日賊在東北如何屠殺我同胞！亡國奴是如何不容易做！　事實的經過是這樣：舍親某向住雙城鄉下，於民國二十三年夏秋之交，因有私通反日「胡子」的嫌疑，爲日軍憲兵隊所逮捕，嗣後不知下落。迨本年春，舍親忽來北平。　敍述吉林省五常縣背陰河邊日人抽血工廠之奇慘，及其脫險之經過，令人聞之毛髮聳然！

舍親爲日本憲兵隊逮捕後，即押解哈爾濱道外某監獄內，後轉解五常縣五常堡背陰河邊的一個地方，關於一極大之築建內。　每日三餐，飲食極佳，牛肉，羊肉，猪肉，大米白麵，無一不備。　據說內共關二千數百人，但舍親所見者僅數百人，日人說他們都是「胡子」，和抗日反滿份子。

初時舍親以爲這是一個普通監獄，但是不明白爲什麽飲食這樣好，三餐總是有肉吃。　旋風聞日人要抽血，把犯人的血養好了，即去抽，抽得不像人樣，然後裝入機器絞死。據說每六七天必抽一次，每次約可抽一千磅，所抽之血爲軍事上之秘密用途。

舍親聽到這話，日夜不能安眠，就同他所能接觸的人商量越獄，衆皆贊同，但警衛森嚴，苦無機會。

當民國二十三年十月間，有一天夜裏，五常堡鎗聲極密，警衛多被派去救援五常堡，大家乃紛紛私議，想是義勇軍攻破五常堡了。頃刻間大家齊心打開了獄門，搶了警衛兩支鎗，冲出十幾個犯人，向五常堡方面拚命奔跑。跑出獄門不多步，有幾個脚軟了跑不動就躺了下來，幾個日本兵在後面一面急追，一面放槍，又打倒了幾個。　跑到離五常堡不遠，只剩五個人了。　舍親當時想想，破五常堡的不管是那一梆子，先到那裏再說，免得被日兵追回去。

舍親等五人找到了部隊，問問是那一梆子。不料竟是東北反日人民革命軍第三軍，司令是趙同志。　舍親等把背陰河獄中抽血奇慘情形及越獄經過情形，詳細告訴了趙司令。趙司令立即召集士兵講話，開歡迎會歡迎他們。並歡迎他們參加人民革命軍打日本。　趙司令及人民革命軍衆兄弟，對舍親等五人均非常客氣，給衣服穿，給軍醫診病。　舍親等五人跟着軍隊開到珠河縣境又盤纏了多日，五人中有一人願意與趙司令等一起打日本，故留在人民革命軍中，其餘四

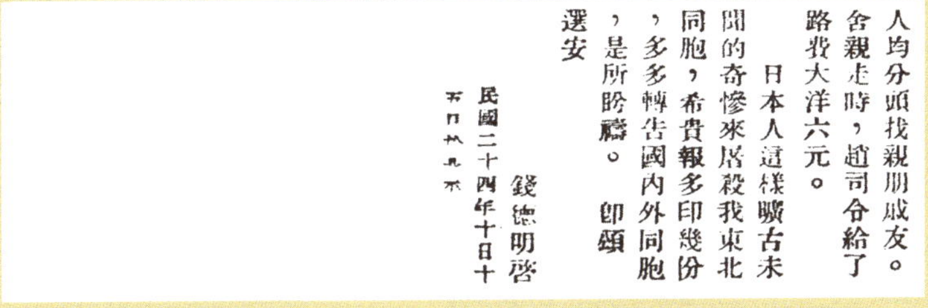
人均分頭找親朋戚友。
舍親走時，趙司令給了
路費大洋六元。
日本人這樣曠古未
聞的奇慘來屠殺我東北
同胞，希貴報多印幾份
，多多轉告國內外同胞
，是所盼禱。　即頌
選安
錢德明啓
民國二十四年十日十

《救国时报》第四期　中华民国二十四年十二月二十八日　第三版（1935 年 12 月 28 日）

旷古未闻之残暴

日贼抽东北同胞鲜血

△每次抽一千磅

顷接北平钱德明先生寄本报一信，述日人在东北开工厂抽东北同胞鲜血，事奇惨，全信登载如后：

救国时报主笔先生大鉴　启者（上略）读贵报，欣喜奚似。兹有旷古奇惨之事，奉告贵报，希贵报转告国内外同胞，使明了残暴无比之日贼在东北如何屠杀我同胞！亡国奴是如何不容易做！事实的经过是这样：舍亲某向住双城乡下，于民国二十三年夏秋之交，因有私通反日“胡子”的嫌疑，为日军宪兵队所逮捕，嗣后不知下落。迨本年春，舍亲忽来北平。叙述吉林省五常县背阴河边日人抽血工厂[1]之奇惨，及其脱险之经过，令人闻之毛发耸然！

[1] 此“工厂”即五常县（今属黑龙江省）背荫河的“中马城”，是日军七三一部队前身“石井部队”建立的早期细菌武器实验基地。据史料记载，1934 年秋，“中马城”发生人体实验受试人员暴动越狱，暴动人员王子扬（阳）等逃出后，恰遇在“中马城”附近游击侦察的赵一曼部队，并获解救。此后，侵华日军以中国人进行人体实验的罪行被揭露。王子扬（阳）被解救后投身抗日队伍。

舍亲为日本宪兵队逮捕后，即押解哈尔滨道外某监狱内，后转解五常县五常堡背阴河边的一个地方，关于一极大之筑建内。每日三餐，饮食极佳，牛肉，羊肉，猪肉，大米白面，无一不备。据说内共关二千数百人，但舍亲所见者仅数百人，日人说他们都是“胡子”，和抗日反满份子。

初时舍亲以为这是一个普通监狱，但是不明白为什么饮食这样好，三餐总是有肉吃。旋风闻日人要抽血，把犯人的血养好了，即去抽，抽得不像人样，然后装入机器绞死。据说每六七天必抽一次，每次约可抽一千磅，所抽之血为军事上之秘密用途。

舍亲听到这话，日夜不能安眠，就同他所能接触的人商量越狱，众皆赞同，但警卫森严，苦无机会。

当民国二十三年十月间，有一天夜里，五常堡枪声极密，警卫多被派去救援五常堡，大家乃纷纷私议，想是义勇军攻破五常堡了。顷刻间大家齐心打开了狱门，抢了警卫两支枪，冲出十几个犯人，向五常堡方面拼命奔跑。跑出狱门不多步，有几个脚软了跑不动就躺了下来，几个日本兵在后面一面急追，一面放枪，又打倒了几个。跑到离五常堡不远，只剩五个人了。舍亲当时想想，破五常堡的不管是那一绺子，先到那里再说，免得被日兵追回去。

舍亲等五人找到了部队，问问是那一绺子。不料竟是东北反日人民革命军第三军，司令是赵尚志。舍亲等把背阴河狱中抽血奇惨情形及越狱经过情形，详细告诉了赵司令。赵司令立即召集士兵讲话，开欢迎会欢迎他们。并欢迎他们参加人民革命军打日本。赵司令及人民革命军众兄弟，对舍亲等五人均非常客气，给衣服穿，给军医诊病。舍亲等五人跟着军队开回珠河县[1]境又盘缠了多日，五人中有一人愿意与赵司令等一起打日本，故留在人民革命军中，其余四人均分头找亲朋戚友。舍亲走时，赵司令给了路费大洋六元。

日本人这样旷古未闻的奇惨来屠杀我东北同胞，希贵报多印几份，多多转告国内外同胞，是所盼祷。

即颂

选安

钱德明启

民国二十四年十月十五日于北平

① 珠河县，今黑龙江省尚志市。

日寇在東北之

博賭政策

為日寇滅我七大政策之一

（奉天通訊）「九一八」而後，日人在東北所施行之七大政策，一曰拚命政策，二曰燒殺政策，三曰拘禁政策，四曰奴化政策：五曰娼妓政策，六曰大煙政策，七曰賭博政策。略述其賭博政策之大概。

「九一八」事變後，東北各省，市，縣，鎮，到處都有日人開設賭局：如會局，寶局，麻將，紙牌，骰子，牌九等去騙我同胞金錢。賭風以瀋陽，哈爾濱，大連，吉林，長春，齊齊哈爾等處為最盛。瀋陽日人開設賭局甚多。其中以岡村，福記，森田等賭棧為最大，岡村每月納捐至日金五萬元，福記每月三萬元，森田亦在二萬元以上。賭客非有千元之賭資不得入以上各場，每個賭場，每日出入賭徒，約在四五千人，每日獲利至少在二三千金以上。哈爾濱亦如此，不過名目稍稍不同而已。在賭局內，日人設有妙齡少女來引誘賭客，使賭客神魂顛倒，樂而忘返。又多設騙局使入局者十之九還是都要輸光，繼之日人以重利放債，財產抵押，弄得許多同胞破家蕩產。

這種賭局，受累的人大概以富有者為多。

還有一種會局，普通叫做押花會。花會共三十七門，有說共三十四門，每日出一次，一次出一門。押中了可以贏三十倍。至於花會，牠在地域上說，比賭局廣泛得多，賭局多只在大城市，花會則遍設各省鄉鎮，主持其事者均為日鮮浪人。在參與花會人數上說，花會要比賭局多得無數倍，無論男女老幼，貧窮富有，均趨之若鶩，凡會局所在之地，無不人山人海，因之傾家蕩產者，亦較賭局為多。甚至因賭完輸光而自殺者亦日有所聞。

若是僥倖有一二次押中了，贏了錢，那末日鮮浪人也不完全給你現錢，大部份給會局特別支票，使你不得不繼續賭押，直到完全輸還給他，才可收場。這樣巧妙的辦法，十個人入局，十個人坐輸。

日鮮浪人採取一切方法，引誘，欺騙，借錢，獎勵吃大煙，美人計等等，使東北同胞入賭局，一則騙取同胞血汗金錢，二則使同胞迷於賭，煙，嫖而忘掉國家大事，甘做亡國奴。

日賊在東北所採取之嫖賭煙政策，其殺人滅種不見血之毒辣，實比飛機大炮機關槍一樣，願我同胞切勿以賭局為小事而忽視之。

《救国时报》第六期 中华民国二十五年一月九日 第二版

（1936 年 1 月 9 日）

日寇在东北之

博赌政策

为日寇灭我七大政策之一

（奉天通讯）“九一八”而后，日人在东北所施行之七大政策，一曰抢夺政策，二曰烧杀政策，三曰拘禁政策，四曰奴化政策，五曰娼妓政策，六曰大烟政策，七曰赌博政策。略述其赌博政策之大概。

“九一八”事变后，东北各省，市，县，镇，到处都有日人开设赌局：如会局，宝局，麻将，纸牌，骰子，牌九等去骗我同胞金钱。赌风以沈阳，哈尔滨，大连，吉林，长春，齐齐哈尔等处为最盛。沈阳日人开设赌局甚多。其中以冈村，福记，森田等规模为最大，冈村每月纳捐至日金五万元，福记每月三万元，森田亦在二万元以上。赌客非有千元之赌资不得入以上各场，每个赌场，每日出入赌徒，约在四五千人，每日获利至少在二三千金以上。哈尔滨亦如此，不过名目稍稍不同而已。在赌局内，日人设有妙龄少女来引诱赌客，使赌客神魂颠倒，乐而忘返。又多设骗局使入局者十之九迟早都要输光，继之日人以重利放债，财产抵押，弄得许多同胞破家荡产。

这种赌局，受累的人大概以富有者为多。

还有一种会局，普通叫做押花会。花会共三十七门，有说共三十四门，每日出一次，一次出一门。押中了可以赢三十倍。至于花会，它在地域上说，比赌局广泛得多，赌局多只在大城市，花会则遍设各省乡镇，主持其事者均为日鲜浪人。在参与花会人数上说，花会要比赌局多得无数倍，无分男女老幼，贫穷富有，均趋之若鹜，凡会局所在之地，无不人山人海，因之倾家荡产者，亦较赌局为多。甚至因赌完输光而自杀者亦日有所闻。

若是侥幸有一二次押中了，赢了钱，那末日鲜浪人也不完全给你现钱，大部份给会局特别支票，使你不得不继续赌押，直到完全输还给他，才可收场。这样巧妙的办法，十个人入局，十个人坐输。日鲜浪人采取一切方法，引诱，欺骗，借钱，奖励吃大烟，美人计等等，使东北同胞入赌局，一则骗取同胞血汗金钱，二则使同胞迷于赌，烟，嫖而忘掉国家大事，甘做亡国奴。

日贼在东北所采取之嫖赌烟政策，其杀人灭种不见血之毒辣，实比飞机大炮机关枪一样，愿我同胞切勿以赌局为小事而忽视之。

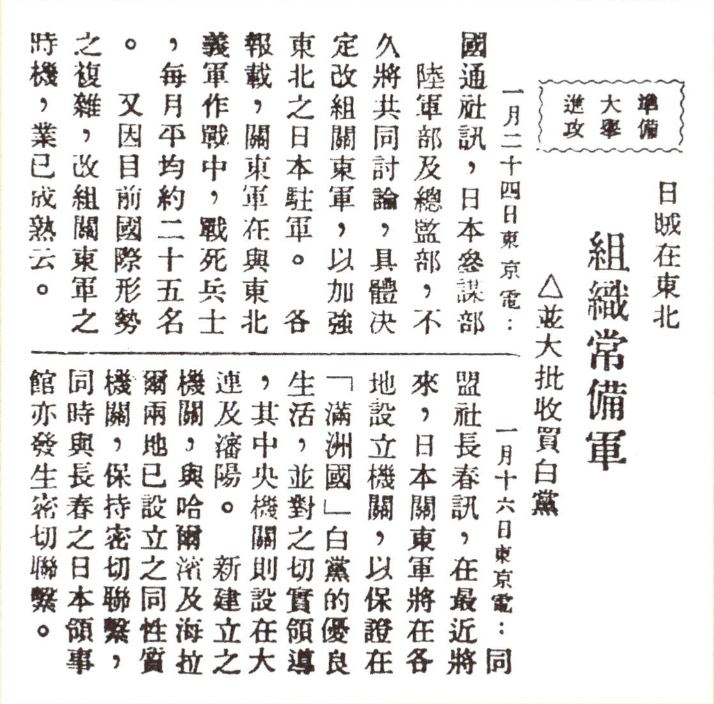

準備大舉進攻

日賊在東北
組織常備軍
△並大批收買白黨

一月二十四日東京電：國通社訊，日本參謀部陸軍部及總監部，不久將共同討論，具體決定改組關東軍，以加強東北之日本駐軍。各報載，關東軍在與東北義軍作戰中，戰死兵士，每月平均約二十五名。又因目前國際形勢之複雜，改組關東軍之時機，業已成熟云。

一月十六日東京電：同盟社長春訊，在最近將來，日本關東軍將在各地設立機關，以保證在「滿洲國」白黨的優良生活，並對之切實領導，其中央機關則設在大連及瀋陽。新建立之機關，與哈爾濱及海拉爾兩地已設立之同性質機關，保持密切聯繫，同時與長春之日本領事館亦發生密切聯繫。

《救国时报》第九一十期 中华民国二十五年一月二十九日 第二版
（1936 年 1 月 29 日）

准备大举进攻

日贼在东北
组织常备军
△并大批收买白党

一月二十四日东京电：国通社讯，日本参谋部陆军部及总监部，不久将共同讨论，具体决定改组关东军，以加强东北之日本驻军。各报载，关东军在与东北义军作战中，战死兵士，每月平均约二十五名。又因目前国际形势之复杂，改组关东军之时机，业已成熟云。

一月十六日东京电：同盟社长春讯，在最近将来，日本关东军将在各地设立机关，以保证在“满洲国”白党的优良生活，并对之切实领导，其中央机关则设在大连及沈阳。新建立之机关，与哈尔滨及海拉尔两地已设立之同性质机关，保持密切联系，同时与长春之日本领事馆亦发生密切联系。

祖國消息

東北我國人產業

日寇沒收盡

日寇最近又興大獄

亡國奴不如喪家犬

大連通信：從淩興事件後，日本子對我東北人民眞是到處生戒心了。他們現在總是埋怨我東北人爲「狠子野心」，不肯澈底地作亡國奴；不管是體面人不是體面人，是官兒不是官兒，他們總是以罪犯相待。最近更頒佈苛令，令所有東北各地的「大戶」，凡有子女弟妹親戚在關內或國外者，不問現在有無書信往來，都得電召回家；否則，便認爲不良分子，有野心，逮捕下獄，沒收財產。自這道命令頒佈後，日本子分外活躍，與高彩烈，因爲他們到一個人家，總有或大或小的收入；若是「釘十字架」，沒收某家，更是發橫財的機會。最近眞不知又有多少人

＝家破人亡＝

：或全家逃走上山；或家主下獄，家中子弟逃亡！

瀋陽、長春、吉林、遼陽各地的獄中，都突形擁擠起來。

日本子苦於鄉民散居難「治」，於是便實行擴大市區的辦法，企圖用城市來壓制鄉村。近來哈市、「新京」、「奉市」都大大擴大。瀋陽又向外圈了一個大圈子，把更多的中小「大戶」都圈進來。藉故無代價的沒收其土地。這樣使得郊外住居的人，又逃了大一批。日本子說是擴大城區，增加住戶；其實城區擴大了，而住戶沒有增加。祇是目下一批東洋子發點私財，和新添日本大批市政官吏罷了。

東北的大戶目下還有一個難關，這就是「日偽經濟共同委員會」新委員長，關東軍新參謀長板垣中將的新政策。板垣的新「抱負」，聽說要力行「日本統制偽滿產業之法令」。該法令尚未正式公佈，但法令內容，一般都知道，是：

（一）劃分自由企業與統制企業，以便日本容易投資；

（二）關於「國」防產業，統須在政府統制之下；每一種企業，祇許一家經營；

（三）自由企業的設立，須先呈請政府的許可；

（四）生產過剩之產業，則防止繼續擴張；

（五）依社會政策的立場，禁止企業競爭；

（六）在僞滿調整產業，不許僞滿產業與日本產業有利害衝突。

這是殘餘的中國人經營的企業**＝的致命傷＝**。這回與大獄，有人說，便是準備施行這新法令的第一步。

「九一八」前，東北國人自營的產業，雖不及上海，若與別地相較，不是第一，也是第二。瀋陽和哈爾濱，可算工業中心。瀋陽曾有工廠五百七十四家，內油坊十七家，資本三十萬元，大紗廠一家——遼寧紡紗公司，資本三百萬元。遼寧省十五縣內，共有國人工廠一千三百〇二家。哈爾濱有：製油廠十二家，資本三百萬元；製粉廠二十八家，資本四百萬元；裕慶德毛織廠一家。棉毛紡織工業，國人自營的出品，要佔東北中外綿毛品總額百分之四十有強。但這些國人產業，大多數是在日「滿」經濟集團議定後，被日人所沒收了；其沒有理由沒收的，日本人也想盡方法**＝把它吞併＝**去了。

從「九一八」以來到現今，東北的日本鋪店公司洋行，真是滿谷滿坑。據南滿會社計劃局稱，現有新企業二百七十家，計規定資本五萬七千萬日金，實收資本二萬七千萬日金。還有六十家在籌備中。將來要限定只許一總三百家，資本六萬萬日金。

在現在的二百七十家新企業中，在名義上許僞滿國政府參加的有如下列：（一）滿洲中央銀行；（二）滿洲航空公司；（三）滿洲電話電報公司；（四）滿洲火油公司；（五）滿洲棉花公司；（六）滿洲煤礦公司；（七）滿洲金礦公司。總合資金六千一百萬日金。除滿洲航空公司算是新成立者外，其他都是吞併從前東三省的官營民營工廠礦山而成，其他純日人的企業，主要的，有：銀行三家，礦業三家，輕金屬業二家，水門汀廠四家，纖維廠一家，汽車運輸業三家，商業公司二家，機器業六家，化學工程業五家，食糧業八家，動植物品製造業四家，烟廠九家。但這些企業，也並不是日本子所新設，都是由於併吞國人昔日所創設者而成。當日寇併吞「東三省官銀號」時，因各廠商與東三省官銀號借貸關係，日本子借故沒收了不少的我國人的企業。日本子可以隨便

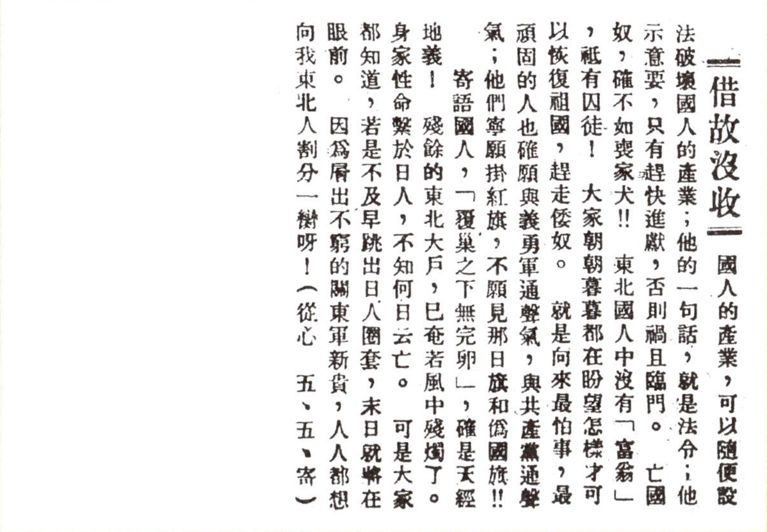

借故沒收

國人的產業，可以隨便設法破壞國人的產業；他的一句話，就是法令；他示意要，只有趕快進獻，否則禍且臨門。亡國奴，確不如喪家犬!! 東北國人中沒有「富翁」，衹有囚徒！ 大家朝朝暮暮都在盼望怎樣才可以恢復祖國，趕走倭奴。 就是向來最怕事，最頑固的人也確願與義勇軍通聲氣，與共產黨通聲氣；他們寧願掛紅旗，不願見那日旗和僞國旗!!

寄語國人，「覆巢之下無完卵」，確是天經地義！ 殘餘的東北大戶，已奄若風中殘燭了。身家性命繫於日人，不知何日云亡。 可是大家都知道，若是不及早跳出日人圈套，末日就將在眼前。 因爲層出不窮的關東軍新貨，人人都想向我東北人割分一樹呀！（從心 五、五、寄）

《救国时报》第三十四期 中华民国二十五年六月八日 第二版

（1936年6月8日）

祖国消息

东北我国人产业
被日寇没收垂尽
日寇最近又兴大狱　亡国奴不如丧家犬

大连通信：从凌兴事件后，日本子对我东北人民真是到处生戒心了。他们现在总是埋怨我东北人为“狼子野心”，不肯澈底地作亡国奴；不管是体面人不是体面人，是官儿不是官儿，他们总是以罪犯相待。最近更颁布苛令，令所有东北各地的“大户”，凡有子女弟妹亲戚在关内或国外者，不问现在有无书信往来，都得电召回家；否则，便认为不良分子，有野心，逮捕下狱，没收财产。自这道命令颁布后，日本子分外活跃，兴高采烈，因为他们到一个人家，总有或大或小的收入；若是“钉十字架”，没收某家，更是发横财的机会。最近真不知又有多少人家破人亡：或全家逃走上山；或家主下狱，家中子弟逃亡！沈阳、长春、吉林、辽阳各地的狱中，都突形拥挤起来。

日本子苦于乡民散居难“治”，于是便实行扩大市区的办法，企图用城市来压制乡村。近来哈市、“新京”、“奉市”都大大扩大。沈阳又向外圈了一个大圈子，把更多的中小“大户”都圈进来。借故无代价的没收其土地。这样使得郊外住居的人，又逃了大一批。日本子说是扩大城区，增加住户；其实城区扩大了，而住户没有增加。只是目下一批东洋子发点私财，和新添日本大批市政官吏罢了。

东北的大户目下还有一个难关，这就是“日伪经济共同委员会”新委员长，关东军新参谋长板垣中将的新政策。板垣的新“抱负”，听说要力行《日本统制伪满产业之法令》。该法令尚未正式公布，但法令内容，一般都知道，是：

（一）划分自由企业与统制企业，以便日本容易投资；

（二）关于“国”防产业，统须在政府统制之下；每一种企业，只许一家经营；

（三）自由企业的设立，须先呈请政府的许可；

（四）生产过剩之产业，则防止继续扩张；

（五）依社会政策的立场，禁止企业竞争；

（六）在伪满调整产业，不许伪满产业与日本产业有利害冲突。

这是残余的中国人经营的企业的致命伤。这回兴大狱，有人说，便是准备施行这新法令的第一步。

“九一八”前，东北国人自营的产业，虽不及上海，若与别地相较，不是第一，也是第二。沈阳和哈尔滨，可算工业中心。沈阳曾有工厂五百七十四家，内油坊十七家，资本三十万元，大纱厂一家——辽宁纺纱公司，资本三百万元。辽宁省十五县内，共有国人工厂一千三百〇二家。哈尔滨有：制油厂十二家，资本三百万元；制粉厂二十八家，资本四百万元；裕庆德毛织厂一家。棉毛纺织工业，国人自营的出品，要占东北中外棉毛品总额百分之四十有强。但这些国人产业，大多数是在日“满”经济集团议定后，被日本人所没收了；其没有理由没收的，日本人也想尽办法把它吞并去了。公司洋行，真是从“九一八”以来到现今，东北的日本铺店满谷满坑。据南满会社计划局称，现有新企业二百七十家，计规定资本五万七千万日金，实收资本二万七千万日金。还有六十家在筹备中。将来要限定只许一总三百家，资本六万万日金。

在现在的二百七十家新企业中，在名义上许伪满国政府参加的有如下列：（一）满洲中央银行；（二）满洲航空公司；（三）满洲电话电报公司；（四）满洲火油公司；（五）满洲棉花公司；（六）满洲煤矿公司；（七）满洲金矿公司。总合资金六千一百万日金。除满洲航空公司算是新成立者外，其他都是吞并从前东三省的官营民营工厂矿山而成，其他纯日人的企业，主要的，有：银行三家，矿业三家，轻金属业二家，水门汀厂四家，织维厂一家，汽车运输业三家，商业公司二家，机器业六家，化学工程业五家，食粮业八家，动植物品制造业四家，烟厂九家。但这些企业，也并不是日本子所新设，都是由于并吞国人昔日所创设者而成。当日寇并吞“东三省官银号”时，因各厂商与东三省官银号借贷关系，日本子借故没收了不少的我国人的企业。日本子可以随便借故没收国人的产业，可以随便设法破坏国人的产业；他的一句话，就是法令；他示意要，只有赶快进献，否则祸且临门。亡国奴，确不如丧家犬！！东北国人中没有“富翁”，只有囚徒！大家朝朝暮暮都在盼望怎样才可以恢复祖国，赶走倭奴。就是向来最怕事，最顽固的人也确愿与义勇军通声气，与共产党通声气；他们宁愿挂红旗，不愿见那日旗和伪国旗！！

寄语国人，“覆巢之下无完卵”，确是天经地义！残余的东北大户，已奄若风中残烛了。身家性命系于日人，不知何日云亡。可是大家都知道，若是不及早跳出日人圈套，末日就将在眼前。因为层出不穷的关东军新贵，人人都想向我东北人割分一脔呀！

（从心　五、五、寄）

日寇所謂

取消在僞國之治外法權

△但實係日寇多方面之陰謀

又滑天下之大稽

日寇佔我東北，設立僞國，復利用其傀儡，大肆活動，前既扮演德僞商約，「滿洲國」與「冀東政府」防共協定等醜劇，現又有日寇宣告「逐步取消在「滿洲國」治外法權」之把戲，傀儡登場，可謂做盡人間無羞恥事。 據十一日東京電，外部公布，十日關東軍司令植田與僞國外交總長張乃燕簽訂協定，由七月一日起「實行將日本在滿洲國之治外法權逐步取消」。 嗣後在僞國之日僑，須受「滿洲國」法律之裁判，但由日本使領館特設機關執行之；同時，日僑與「滿洲國」人民一樣，均有買賣土地及從事各種職業之權；日僑並須同負繳納租稅等義務。

「滿洲國」爲日寇之俎上肉，固用不着什麽「治外法權」，由日寇大鼓大擂「取消治外法權」，不僅是滑天下之大稽，不僅作爲欺騙一般無知民衆的技倆，而且包含着多方面的陰謀。 一方面既公開給日人在東北奪取土地，霸佔職業，使我東北同胞更加破產，流離，失業。 另方面對於「自己的」日僑，除其爲日寇強盜政策效勞者外，驅策剝削唯恐不力，既使担負苛捐重稅的「義務」，復使受制於恐怖之特別機關。 只由此數點，已可見日寇所謂「取消治外法權」之用意。

在國際方面，日寇除將僞國富源，工業，市場等壟斷外，又因英美等國，在僞國仍享有治外法權，日寇此次「取消治外法權」，實爲要取消英美列強在僞國治外法權之一種信號與示威，使僞國更成爲日寇獨霸之一幟；日寇與英美列強間之衝突，更見尖銳化，由此亦可窺見一斑。

又據六月十日東京電，僞國八日任命財政部總務科長日人星野爲財政部副部長；又任命司法部總務科長日人古田爲司法部副部長。同盟社公開宣稱，此係日方決將各部總部科長之日人完全昇爲副部長之開始，不久將來，更有大規模之變動云。

《救国时报》第三十七期 中华民国二十五年六月二十日 第二版

（1936年6月20日）

又滑天下之大稽

日寇所谓

取消在伪国之治外法权

但实系日寇多方面之阴谋

日寇占我东北，设立伪国，复利用其傀儡，大肆活动，前既扮演德伪商约，“满洲国”与“冀东政府”防共协定等丑剧，现又有日寇宣告“逐步取消在‘满洲国’治外法权”之把戏，傀儡登场，可谓做尽人间无羞耻事。据十一日东京电，外部公布，十日关东军司令植田与伪国外交总长张乃燕签订协定，由七月一日起“实行将日本在满洲国之治外法权逐步取消”。嗣后在伪国之日侨，须受“满洲国”法律之裁判，但由日本使领馆特设机关执行之；同时，日侨与“满洲国”人民一样，均有买卖土地及从事各种职业之权；日侨并须同负缴纳租税等义务。

“满洲国”为日寇之俎上肉，固用不着什么“治外法权”，但日寇大鼓大擂“取消治外法权”，不仅是滑天下之大稽，不仅作为欺骗一般无知民众的技俩，而且包含着多方面的阴谋。一方面既公开给日人在东北夺取土地，霸占职业，使我东北同胞更加破产，流离，失业。另方面对于“自己的”日侨，除其为日寇强盗政策效劳者外，驱策剥削唯恐不力，既使担负苛捐重税的“义务”，复使受制于恐怖之特别机关。只由此数点，已可见日寇所谓“取消治外法权”之用意。

在国际方面，日寇除将伪国富源，工业，市场等垄断外，又因英美等国，在伪国仍享有治外法权，日寇此次“取消治外法权”，实为要取消英美列强在伪国治外法权之一种信号与示威，使伪国更成为日寇独霸之一脔；日寇与英美列强间之冲突，更见尖锐化，由此亦可窥见一斑。

又据六月十日东京电，伪国八日任命财政部总务科长日人星野为财政部副部长；又任命司法部总务科长日人古田为司法部副部长。同盟社公开宣称，此系日方决将各部总部科长之日人完全升为副部长之开始，不久将来，更有大规模之变动云。

僞滿不是中國人的天堂

這篇文章是孟長泳先生在六月二十號的密勒氏評論報上發表的。所引用的事實都是吾們平常所不易見到者，日寇在東北檢查郵件甚嚴，此等守眞，極難外傳，孟先生能搜羅錄述，可稱難得。本報茲特爲譯載於此。日寇極力宣傳，謂僞國爲王道樂土。孟先生以「僞國不是中國人的天堂」標題，豈但憤而多諷，抑且言之甚哀也。編者

日本關東軍強佔中國東三省的藉口頗多，除說中國官僚「腐朽」外，還倡言要「把滿洲造成遠東人民的天堂，」——那就是說，造成三千萬中國人的天堂。 日本謂滿洲三千萬中國人不堪張學良與中國官僚的「苛政」，痛苦非常，日本須剷除該暴君，建設一個「新的或光明的統治」，在該地創造一個天堂。 日關東軍這樣講，日本本國內的軍閥也這樣講，日本職業宣傳家和日本駐世界各大都市的外交家也這樣講。

五年的統治，證明了那個所謂「新的或光明的統治」！ 比從前的中國統治更糟糕，一切高級低級官僚之貪汚、作弊、剝削，不惟沒有絕跡，反較從前更形猖狂；東北數省不惟沒有變成「天堂」，實際已化爲該地三千萬中國人的地獄了。

我們處在地球這一角，對滿洲三千萬同胞的狀況，多所隔膜，因日人郵政檢查極嚴，眞實消息，傳不到我們的手中，又因日人善於在全球製造空氣，顛倒白黑，故世界只聽到了彼片面的宣傳。

下面是一個滿洲居民關於東北三千萬中國人在一九三一年九月十八日後所受的悲慘情形的忠實寫眞：

一 目擊者談日人獸行

在過去五年中，我們東北三千萬同胞已完全變成奴隸了！ 他們在日人手中遭受了各種的摧殘。 每天都聽到槍殺、活埋、捕拿、監禁中國人的消息；每天都看到日人把一村又一村燒爲灰燼的暴行。 即哈爾濱附近區域，亦在所不免。

一九三三年冬，日人用飛機大轟與機關槍在哈爾濱附近接連地轟炸掃射了數天數夜，致三棵樹地方中國人之死屍堆積如山。

一九三三年冬，日人在東山地方看見了許多中國的伐木工人，目之爲「反徒」，以機關槍向之掃射，殺死七十餘人。

在哈爾濱、長春（「滿洲」國的新都）、大連等地的監獄內，因囚犯擁擠不堪時，日人即將其牽出，一批一批的槍斃。

哈爾濱、長春、奉天等地的日人，多畜兇犬，訓之食人尸，常用中國囚犯飼犬。 日人聲稱：「拿牛肉養犬費錢，拿奴隸養犬則一文不費。」

日人建築鐵路和軍用大道時，把中國人的田土強佔，不給代價分文。 日人不准中國農民在鐵路兩旁種高粱，又強迫地方居民組織所謂「保護鐵路的村莊」，倘鐵路被破壞，則唯村人是問。 聚十家爲一團，每家須擔保其餘九家的行動，如果一家有反日嫌疑，則其餘九家均受同樣的懲罰。

二 日人施用連環保的苛毒辦法

凡研究中國外交史者，當能記得中國原先曾施行過連環保的辦法。 當時列強——日本亦在內——謂爲太粗鄙。不合近代法律，因而要求治外法權，現在日本率性襲中國暴君的故智，這是不是己所不欲專施於人呢？

再者，日人強迫中國人組織「少年隊」去壓迫反日活動。如日人認爲某些地方有反日活動，即禁止其附近各區居民自由用刀，每數家只能合用一個屠刀， 日人恣意逮捕中國人。 如中國人在街上駐立數分鐘，即被目爲嫌疑犯而有立刻被捕的危險。 在街上微語也是一件危險的事件。當傀儡溥儀登基之日，大捕中國人，長春三千，哈爾濱一千。 中國人既不知他們爲什麼被捕，日「滿」巡警也說不出爲什麼捕中國人。

三 奴隸教育

研究商務印書館與其他書局所印行的中國歷史和中國地理，在滿洲已是不可能的了。 中國課本，完全被禁。 日文則定爲學生的必修科。 師生不准自由請假。 小學教師終日不許離校，星期日亦然。 刊物集會等等一概禁止。 中國人智識份子不能參加任何的活動。

日人又強迫中國工人學習日文，出入工廠須向軍隊行禮，表示對侵略者的恭敬。 如日軍認工人行敬有不當處，即用槍擊打，或強迫其作工而不給值。 滿洲鐵路大道之建築，多是強迫中國人白白服工役而不給工資，致中國工人凍餓而死者滿目皆是。 可說滿洲的鐵路是在我們無數同胞骨尸上修築起來的。

滿洲的華人，沒有居住權的自由。 如日人視某地方有反日活動，即將其附近各村付之一炬，強迫該處中國人遷到日本駐軍較多的區域。 這個用意有二：一，使有反日活動的地方孤立；二，防止附近村民加入反日營壘，俾日人便於「一網剷」。

在每天殺、燒、盜劫之外，日人還用雅片來摧殘中國人。

四 滿洲對外國商業的門禁

滿洲另一通訊稱，滿州對於外國的商業——日本的除外——均早以閉門羹。 在滿貨品均清一色的日貨，貨運入滿洲，一文不抽，中國貨物之輸入滿洲者則重稅繁徵。 中國茶葉應繳的入口稅竟達百分之七十。 第二，日商人完全免稅，中國商人則須繳納各項苛稅，如營業稅，商業副捐，收入稅，租田稅，商務稅，公共衛生捐，保安捐等等。 其他華人應納的稅捐，約佔其收入百分之十。 因爲一切苛稅和歧視，中國人在滿之營業，均遭破產，而日貨則充斥市場。 兩千中國的公司已倒閉，奉天的四百個的中國推銷處已東裝入關，許多中國所辦的大工廠均待估價，日人則利用時機以極廉之價去收買。 據一九三一年之郵政統計，中國商人由滿匯山東省之款爲二千萬元，匯河北省之款爲三千萬元，現在這項匯兌，完全沒有了。

似此的消息極多，以上不過其中之一二耳。 這個記載雖短，然牠顯示滿洲自從被日人強姦霸佔後，已變成該地三千萬中國人之地獄了。 這些中國人現在正遭受着日人之各種蹂躪，其慘痛在本世紀其他的地方恐找不出來第二個吧！ 人道不允許這種情形的存在，我們要迅速動員世界的輿論去拯救三千萬中國人的痛苦。南京，六月十二日

《救国时报》第四十三期 中华民国二十五年七月十六日 第二版

（1936 年 7 月 16 日）

伪满不是中国人的天堂

这篇文章是孟长泳先生在六月二十日号的密勒氏评论报上发表的，所引用的事实都是吾们平常所不易见到者。日寇在东北检查邮件甚严，此等守真，极难外传，孟先生能搜罗

叙述，可称难得。本报兹特为译载于此。日寇极力宣传，谓伪国为王道乐土。孟先生以“伪国不是中国人的天堂”标题，岂但惋而多讽，抑且言之甚哀也。

编者

日本关东军强占中国东三省的借口颇多，除说中国官僚“腐朽”外，还倡言要“把满洲造成远东人民的天堂，”——那就是说，造成三千万中国人的天堂。日本谓满洲三千万中国人不堪张学良与中国官僚的“苛政”，痛苦非常，日本须铲除该辈暴君，建设一个“新的或光明的统治”，在该地创造一个天堂。日关东军这样讲，日本本国内的军阀也这样讲，日本职业宣传家和日本驻世界各大都市的外交家也这样讲。

五年的统治，证明了那个所谓“新的或光明的统治”！比从前的中国统治更糟糕，一切高级低级官僚之贪污、作弊、剥削，不惟没有绝迹，反较从前更形猖狂；东北数省不惟没有变成“天堂”。实际已化为该地三千万中国人的地狱了。

我们处在地球这一角，对满洲三千万同胞的状况，多所隔膜，因日人邮政检查极严，真实消息，传不到我们的手中，又因日人善于在全球制造空气，颠倒白黑，故世界只听到了彼片面的宣传。下面是一个满洲居民关于东北三千万中国人在一九三一年九月十八日后所受的悲惨情形的忠实写真。

一　目击者谈日人兽行

在过去五年中，我们东北三千万同胞已完全变成奴隶了！他们在日人手中遭受了各种的摧残。每天都听到枪杀、活埋、捕拿、监禁中国人的消息；每天都看到日人把一村又一村烧为灰烬的暴行。即哈尔滨附近区域，亦在所不免。一九三三年冬，日人用飞机大炮与机关枪在哈尔滨附近接连地轰炸扫射了数天数夜，致三棵树地方中国人之死尸堆积如山。

一九三三年冬，日人在东山地方看见了许多中国的伐木工人，目之为“反徒”，以机关枪向之扫射，杀死七十余人。

在哈尔滨、长春（“满洲”国的新都）、大连等地的监狱内，因囚犯拥挤不堪时，日人即将其牵出，一批又一批的枪毙。

哈尔滨、长春、奉天等地的日人，多畜凶犬，训之食人尸，常用中国囚犯饲犬。日人声称：“拿牛肉养犬费钱，拿奴隶养犬则一文不费。”日人建筑铁路和军用大道时，把中国人的田土强占，不给代价分文。日人不准中国农民在铁路两旁种高粱，又强迫地方居民组织所谓“保护铁路的村庄”，倘铁路被破坏，则惟村人是问。

聚十家为一团，每家须担保其余九家的行动，如果一家有反日嫌疑，则其余九家均受同样的惩罚。

二 日人施用连环保的苛毒办法

凡研究中国外交史者，当能记得中国原先会施行过连环保的办法。当时列强——日本亦在内——谓为太粗鲁。不合近代法律，因而要求治外法权，现在日本率性袭中国暴君的故智，这是不是己所不欲专施于人呢?

再者，日人强迫中国人组织“少年队”去压迫反日活动。如日人认为某些地方有反日活动，即禁止其附近各区居民自由用刀，每数家只能合用一个屠刀，日人恣意逮捕中国人。如中国人在街上驻立数分钟，即被目为嫌疑犯而有立刻被捕的危险。在街上微语也是一件危险的事件。当傀儡溥仪登基之日，大捕中国人，长春三千，哈尔滨一千。中国人既不知他们为什么被捕，日“满”巡警也说不出为什么捕中国人。

三 奴隶教育

研究商务印书馆与其他书局所印行的中国历史和中国地理，在满洲已是不可能的了。中国课本，完全被禁。日文则定为学生的必修科。师生不准自由请假。小学教师终日不许离校，星期日亦然。刊物集会等等一概禁止。中国人智识份子不能参加任何的活动。

日人又强迫中国工人学习日文，出入工厂须向军队行礼，表示对侵略者的恭敬。如日军认工人行敬有不当处，即用枪击打，或强迫其作工而不给值。满洲铁路大道之建筑，多是强迫中国人白白服工役而不给工资，致中国工人冻饿而死者满目皆是。可说满洲的铁路是在我们无数同胞骨尸上修筑起来的。

满洲的华人，没有居住权的自由。如日人视某地方有反日活动，即将其附近各村付之一炬，强迫该处中国人迁到日本注军较多的区域。这个用意有二：一，使有反日活动的地方孤立；二，防止附近村民加入反日营垒，俾日人便于“围剿”。

在每天杀、烧、盗劫之外，日人还用鸦片来摧残中国人。

四 满洲对外国商业的门禁

满洲另一通讯称，满洲对于外国的商业——日本的除外——均享以闭门羹。在满货品均清一色的日货。货运入满洲，一文不抽，中国货物之输入满洲者则重税累累。中国茶叶应缴的入口税竟达百分之七十。第二，日商人完全免税，中国商人则须缴纳各项苛税，如营业税，商业副捐，收入税，租田税，商务税，公共卫生捐，保安捐等等。其他华人应纳的税捐，约占其收入百分之十。因为一切苛税和歧视，中国人在满之营业，均遭破产，而日货则充斥市场。两千中国的公司已倒闭，奉天的四百个的中国推销处已束装入关，许多中国所办的大工厂均待售，日人则利用时机以极廉之价去收买。据一九三一年之邮政统计，中国商人由满汇山东省之款为二千万元，汇河北省之款为三千万元，现在这项汇兑，完全没有了。

似此的消息极多，以上不过其中之一二耳。我相信，它会使每一读者心酸的。这个记载虽短，然它显示满洲自从被日人强奸霸占后，已变成该地三千万中国人之地狱了。这些中国人现在正遭受着日人之各种蹂躏，其惨痛在本世纪其他的地方恐找不出来第二个吧！人道不允许这种情形的存在，我们要迅速动员世界的舆论去拯救三千万中国人的痛苦。

南京，六月十二日

五年來水深火熱中的東北同胞

江有聲

「九一八」是我們錐心刺骨的一天，是我們國破家亡的一天，也是我們奇恥大辱的一天。從這個可詛咒的一天到今天，已經整整五年了！ 在這一千八百二十五天中，我們東北三千五百萬同胞，天天在流着，流着，流着酸淚，天天在流着，流着，流着鮮血！ 這等極苦痛極悲慘極恐怖的生活，斷非我這隻不輕靈的筆所能描寫得淋漓盡致的。 然而，我不能不抑制住很難抑制的悲憤，根據比鐵還堅硬的證據，把東北同胞五年來的痛苦作個簡略的敘述。

第一、就是沒有一個人是例外的，——包括着漢奸和傀儡——這受了並將繼續遭受着亡國奴的待遇。 什麼是亡國奴的待遇呢？ 明白說：就是日本強盜不把我們東北同胞當人看待，而看當是牛是馬是豬是狗。 可以隨便的驅使，可以隨便的凌辱，可以隨便的毆打，可以隨便的屠殺。 這是無須舉例的，因為這已是各國輿論界所一致公認的事實了。

第二、就是日本強盜違反人道的殘酷行為。 例如：牠們在三姓地方有過震動世界的大屠殺，只這一次便燒死殺死炸死兩萬餘人，連八十多歲的老太婆一兩歲的小孩子都無一倖免。 又如：在哈爾濱對岸的馬家船口——松浦鎮——牠們把順興油坊的十幾個工人，誤認為是義勇軍的便衣隊，一個個投入榨油的機器裏，用榨油的方法處死，一時血液橫流，骨肉糜爛，這樣慘不忍覩的景象，日本強盜却反鼓掌稱快。 再如：撫順煤礦的工人，許多是富有民族思想的，深招日本強盜的嫉視，於是，強迫八百多個工人入礦搖煤，然後用地雷和炸藥將礦穴轟毀。 更如：在齊齊哈爾的北關，日本強盜闖入一楊姓家中，想要發揮獸性，遭受抗拒，遂將楊家十五口完全綁縛，堆成一堆，澆上煤油，然後活活的燒死。……對於認為有反日嫌疑的，——用不着任何證據，只要日寇看着不順眼，或是被仇人誣陷——逼供的酷刑是：從鼻孔中灌辣椒水，灌煤油，用火燎，上大掛……經不起酷刑的折磨，便只得承認是反日的，緊接着便是被砍頭！被活埋！被送到訓練了的惡狗羣裏，讓惡狗仍掏出來血淋淋的心臟！日本強盜用這樣野蠻的毒手，殘害了不勝枚舉的東北同胞，而且，暫時還苟延殘喘的所有東北同胞們，也正受這樣野蠻的毒手威脅着，任何一個時候，都有這種慘禍臨頭的危險！

第三，就是日本強盜的巧取和強奪。例如：在「國營公賣」的名義下，所有中國人經營的工商業都遭慘的破產了；在「處理逆產」的藉口下，許多富人的財產都被惡狠的沒收了；在「武裝移民」的政策下，許多農民的耕田都被無情的圈佔了；在「安靖地方」的標榜下，所有民衆的自衛槍械都被無代價的奪取了；在「春耕貸款」的毒計下，農村遭受脅大利盤剝，而又不得不忍痛的交出「大照」；——就是土地執照——在「糧食統制」的理由下，所有農產品以最可憐的低價被日本強盜所收買了；在「搜查違禁品」的飾詞下，日本強盜搶去了城市居民的財物，以及牽走了鄉村農民的耕牛；這些，——當然還不僅是這些，逼得東北同胞普遍的赤貧化。

第四，就是日本強盜的毒化政策。東北淪亡了，然而東北同胞的反抗精神並未喪失，這是日本強盜所憂慮的，所恐懼的，於是牠們想出了殺人不見血的毒化政策。強迫着種鴉片，公開的設立小賣所，——就是開燈供客的烟館——在小賣所甚至僱有妙齡美女做招待，以資誘惑，這還不算，最毒辣的是牠們在鴉片裏滲和了海洛英，嗎啡，高根等劇烈的毒品，使人們一吸便立卽成癮，成癮以後便斷難戒除。

據國際聯盟禁烟情報處在一九三五年所發表的消息，我東北同胞吸食鴉片者已有九十萬人，這一年多以來，不知更有多少人墮入到這個無底的深淵裏！此外，還有特別多的妓館，特別多的賭窟，這都是銷燬民族意識的鎔爐，一般人所說的「東北三毒」，就是指着這些，而這些，不但已經毒害了我們九十萬以上的同胞，而且十年之後東北同胞將無健強之種子，爲禍之毒辣和慘痛，實非言語所能形容的了。

第五、就是日本強盜的愚民政策。這種痛苦是無形的，可是只要不是喪心病狂的，便必然遭受這種痛苦的襲擊。這種愚民政策的內容：首先就是奴化教育，灌輸青年們以仇視中國的思想，服從日本的思想，一句話，就是奴隸的思想，並且實行違反實際的武斷宣傳，例如：「日滿不可分離」，「王道樂土」，「同種同文，共存共榮」等。還有什麽「參御像」，「讀皇帝詔」，「聽王道宣傳員的演講」，這都是給東北同胞精神上最厲害的刺激。甚至八九歲的小弟弟小妹妹們當唱僞國歌時，都是垂頭喪氣的，許多小眼睛中都含着瑩瑩的淚水，這種滋味，我想若不是親身嘗試過，便決難憑想像力去領會。

第六、就是骨肉分離的痛苦。由於日本強盜無理性的破壞和摧殘，東北同胞實在無法忍受了，以致出現了「老幼轉乎溝壑，壯者散之四方」的慘狀。許多年富力強的人們，不願承受亡國奴的恥辱和悲哀，便英勇的加入義勇軍。另有一部份人逃亡到中國內地，在東北未光復之前，不願意回到祖宗墳墓所在的鄉土，於是乎東北許多區域，已經是十室九空，眞的是「父母不相見，兄弟妻子離散」了！

我們看看以上所述的千眞萬確的沉痛事實，我們能不「愴然淚下」嗎？而況，這裏所述的不但不能有絲毫的誇張性，而且是萬分不夠的。所以說這五年中東北同胞在水深火熱裏扎掙，當然算不了故甚其辭吧！

日本強盜現已把牠們野蠻的毒手明目張胆的向我們全國同胞伸過來！現在東北同胞所受的痛苦，就是我們全國同胞所將要受的痛苦。換句話說，東北同胞的現實生活，就是我全國同胞的榜樣。根據血的教訓，我們不能不有「臨淵履冰」之感！就算我們忍心到家，對於東北同胞抱着「隔岸觀火」的態度，然而，我們能夠不自救嗎？眼睁睁我們全被日本強盜投到火坑中去了，我們能夠不奮起拚命嗎？

我們看，東北同胞一律的沉在苦海裏了！就是漢奸們也不能例外，趙欣伯的繫獄，鮑觀澄的跳街，並且被日本強盜掌頰，鄭孝胥的秋扇見捐，鄭垂的被害，這就是很好的證明。針對着這種事實，我們只能得出唯一的結論：亡國之後，不分任何界限的淪爲「喪家犬」，那末，救國的責任，無疑的是應當不分任何界限大家共同的負擔。全國同胞們，事急矣！勢迫矣！當前的歷史任務，就是：速息鬩牆之爭，共救覆巢之禍。

《救国时报》第五十五—五十六期 中华民国二十五年九月十八日 第二版
（1936年9月18日）

五年来水深火热中的东北同胞

江有声

“九一八”是我们锥心刺骨的一天，是我们国破家亡的一天，也是我们奇耻大辱的一天。从这个可诅咒的一天到今天，已经整整五年了！在这一千八百二十五天中，我们东北三千五百万同胞，天天在流着，流着，流着酸泪，天天在流着，流着，流着鲜血！这等极苦痛极悲惨极恐怖的生活，断非我这只不轻灵的笔所能描写得淋漓尽致的。然而，我不能不抑制住很难抑制的悲愤，根据比铁还坚硬的证据，把东北同胞五年来的痛苦作个简略的叙述：

第一，就是没有一个人是例外的，——包括着汉奸和傀儡——遭受了并将继续遭受着亡国奴的待遇。什么是亡国奴的待遇呢？明白说：就是日本强盗不把我们东北同胞当人看待，而看当是牛是马是猪是狗。可以随便的驱使，可以随便的凌辱，可以随便的殴打，可以随便的屠杀。这是无须举例的，因为这已是各国舆论界所一致公认的事实了。

第二，就是日本强盗违反人道的残酷行为。例如：他们在三姓地方有过震动世界的大屠杀，只这一次便烧死杀死炸死两万余人，连八十多岁的老太婆一两岁的小孩子都无一幸免。又如：在哈尔滨对岸的马家船口——松浦镇——他们把顺兴油坊的十几个工人，误认为是义勇军的便衣队，一个个投入榨油的机器里，用榨油的方法处死，一时血液横流，骨肉糜烂，这样惨不忍睹的景象，日本强盗却反鼓掌称快。再如：抚顺煤矿的工人，许多是富有民族思想的，深招日本强盗的嫉恨，于是，强迫八百多个工人入矿掘煤，然后用地雷和炸药将矿穴轰毁。更如：在齐齐哈尔的北关，日本强盗闯入一杨姓家中，想要发挥兽性，遭受抗拒，遂将杨家十五口完全绑缚，堆成一堆，浇上煤油，然后活活的烧死。……对于认为有反日嫌疑的，——用不着任何证据，只要日寇看着不顺眼，或是被仇人诬陷——逼供的酷刑是：从鼻孔中灌辣椒水，灌煤油，用火燎，上大挂……经不起酷刑的折磨，便只得承认是反日的，紧接着便是被砍头！被活埋！被送到训练了的恶狗群里，让恶狗仍掏出来血淋淋的心脏！日本强盗用这样野蛮的毒手，残害了不胜枚举的东北同胞，而且，暂时还苟延残喘的所有东北同胞们，也正受这样野蛮的毒手威胁着，任何一个时候，都有这种惨祸临头的危险！

第三，就是日本强盗的巧取和强夺。例如：在“国营公卖”的名义下，所有中国人经营的工商业都悲惨的破产了；在“处理逆产”的借口下，许多富人的财产都被恶狠的没收了；在“武装移民”的政策下，许多农民的耕田都被无情的圈占了；在“安靖地方”的标榜下，所有民众的自卫枪械都被无代价的夺取了；在“春耕贷款”的毒计下，农村遭受着大利盘剥，而又不得不忍痛的交出“大照”；——就是土地执照——在“粮食统制”的理由下，所有农产品以最可怜的低价被日本强盗所收买了；在“搜查违禁品”的饰词下，日本强盗抢去了城市居民的财物，以及牵走了乡村农民的耕牛；这些，——当然还不仅是这些，逼得东北同胞普遍的赤贫化。

第四，就是日本强盗的毒化政策。东北沦亡了，然而东北同胞的反抗精神并未丧失，这是日本强盗所忧虑的，所恐惧的，于是他们想出了杀人不见血的毒化政策。强迫着种鸦片，公开的设立小卖所，——就是开灯供客的烟馆——在小卖所里并雇有妙龄美女做招待，以资诱惑，这还不算，最毒辣的是他们在鸦片里掺和了海洛因，吗啡，高根等剧烈的毒品，使人们一吸便立即成瘾，成瘾以后便断难解戒除。据国际联盟禁烟情报处在一九三五年所发表的消息，我东北同胞吸食鸦片者已有九十万人，这一年多以来，不知更有多少人堕入到这个无底的深渊里！此外，还有特别多的妓馆，特别多的赌窟，这都是销毁民族意识的镕铁炉，一般人所说的“东北三毒”，就是指着这些，而这些，不但已经毒害了我们九十万以上的同胞，而且十年之后东北同胞将无健强之种子，为祸之毒辣和惨痛，实非言语所能形容的了。

第五，就是日本强盗的愚民政策。这种痛苦是无形的，可是只要不是丧心病狂的，便必然遭受这种痛苦的袭击。这种愚民政策的内容：首先就是奴化教育，灌给青年们以仇视中国的思想，服从日本的思想，一句话，就是奴隶的思想，并且实行违反实际的武断宣传，例如：“日满不可分离”，“王道乐土”，“同种同文，共存共荣”等。还有什么“参御像”，“读皇帝诏”，“听王道宣传员的演讲”，这都是给东北同胞精神上最厉害的刺激。甚至八九岁的小弟弟小妹妹们当唱伪国歌时，都是垂头丧气的，许多小眼睛中都含着莹莹的泪水，这种滋味，我想若不是亲身尝试过，便决难凭想像力去领会。

第六，就是骨肉分离的痛苦。由于日本强盗无理性的破坏和摧残，东北同胞实在无法忍受了，以致出现了“老幼转乎沟壑，壮者散之四方”的惨状。许多年富力强的人们，不愿承受亡国奴的耻辱和悲哀，便英勇的加入义勇军。另有一部份人逃亡到中国内地，在东北未光复之前，不愿意回到祖宗坟墓所在的乡土，于是乎东北许多区域，已经是十室九空，真的是“父母不相见，兄弟妻子离散”了！

我们看看以上所述的千真万确的沉痛事实，我们能不“怆然泪下”吗？而况，这里所述的不但不能有丝毫的夸张性，而且是万分不够的。所以说这五年中东北同胞在水深火热里扎挣，当然算不了故甚其辞吧！

日本强盗现已把它们野蛮的毒手明目张胆的向我们全国同胞伸过来！现在东北同胞所受的痛苦，就是我们全国同胞所将要受的痛苦。换句话说，东北同胞的现实生活，就是我全国同胞的榜样。根据血的教训，我们不能不有“临渊履冰”之感！就算我们忍心到家，对于东北同胞抱着“隔岸观火”的态度，然而，我们能够不自救吗？眼睁睁我们全被日本强盗投到火坑中去了，我们能够不奋起拼命吗？

我们看，东北同胞一律的沉在苦海里了！就是汉奸们也不能例外，赵欣伯的系狱，鲍观澄的跪街，并且被日本强盗掌颊，郑垂的被害，郑孝胥的秋扇儿捐，这就是很好的证明。针对着这种事实，我们只能得出唯一的结论：亡国之后，不分任何界限的沦为“丧家犬”，那末，救国的责任，无疑的是应当不分任何界限大家共同的负担。全国同胞们，事急矣！势迫矣！当前的历史任务，就是：速息阋墙之争，共救覆巢之祸。

祖國消息

東北同胞沉痛的呼聲

——救濟流亡東北同胞
——援助東北義勇軍
——實行對外抗日對內民主
——收囘失地

最近接到東北同胞向國民黨三中全會籲請收復失地的文件，內容沉痛懇切，讀之令人感泣。每個愛國同胞均有一讀之必要，故特發表於次。東北同胞所提出「援助東北義勇軍」、「救濟流亡東北民衆之生活和失業」、及「救濟流亡東北失學青年和兒童」等等，更屬南京當局及海內外每個同胞應負的責任。特別是關於希望南京政府採取抗日救國政策，就是：「對外抗戰」，「對內和平」，「實行眞正民主政治」，以便早日收復失地等，不僅是東北同胞感於忘鄉之痛，所提出之迫切要求，而且是全國人民救國圖存的共有之心理，正望南京政府和國民黨不漠然視之。（編者）

（一）東北旅平各界救國聯合會為國民黨三中全會宣言

目前三中全會在二月十五日開會，我們認爲這是實現全國團結，一致抗敵的絕好機會，因此我們願意坦白的把我們的態度和願望公開表示出來。

首先我們要陳明，當我們東北人民每逢想到五年多所遭受的悲慘命運的時候，便會立刻對政府發生失望的感覺。這由於事實所造成，我們不必諱言的。在日本剛剛佔領東北的時候，東北各地到處樹起反抗的旗幟，三千萬民衆整個的在憤怒掙扎着，急迫的需要政府軍隊去援助；可是白白的望了五個多年頭，東北千百萬個英勇反抗者一個個的被日本帝國主義所槍殺活埋，而沒有一個正式的中國兵士去援助他們。我們不願說政府是沒有收復東北的意思，但是事實所表現似乎放棄了東北，這如何不使東北人民失望！

這還不算，也許在關外幾千萬的人民，因爲受帝國主義的壓迫政府未出兵收復失地的時候是無法援助的（其實幾十萬的抗日聯軍的隊伍，政府總可援助的，但事實上却仍然任其自生自滅。）尚有可說，可是幾十萬因爲從事抗日工作而受帝國主義者迫害，或不甘心受帝國主義者的統治而跑到祖國尋覓自由與光明的東北流亡民衆們，在政府的勢力下也同樣的遭受長期的歧視，冷遇與不聞不問，這還有什麽話說。　政府有幾千百萬的金錢用在建築，娛樂或什麽新生活上，但是東北的民衆因爲拋棄了田園房產目前流落在關裏在長期的折磨下生活完全陷於饑寒線上，並沒有見政府有絲毫的援助。　就以我們所熟習的旅居北平幾萬東北民衆的生活狀況來講，十個家庭至少有九個無職業，無收入，每天靠典當借債過活，各機關，各部隊到處排斥流亡的東北人，在安分守己的生活不能維持的時候，有些人拉洋車，縫破爛，做娼妓，在廣大的窮人堆裏搶生活由於淘汰而死亡；有些人做了強盜或以吸毒戕伐自己，因而被拉到天橋去槍斃或囚到監牢裏過囚犯的生活。　這樣幾十萬的東北民衆不死亡於東北而死亡於祖國，我們所追求的是自由與安全而政府給予我們的是饑寒和死亡。　在政府勢力直接統治下，東北民衆受到比帝國主義還要冷酷的待遇，這更不能不使東北人失望。

對於政府，東北人民是極端愛戴的，因爲我們深深認識到，只有在一個統一而有力的政府領導下，才能擔負得起來抗日救國收復失地的責任。　過去的事實，政府雖然使我們失望，但這並未絲毫減少我們對政府的信心，相反地却增加了我們對政府督促的責任，因爲我們明瞭，健全的政府，是屬於人民大衆的。　東北人民的要求是單純而坦白的，就只是『抗日』『救國』『回家』。我們沒有黨派，沒有陰謀，也沒有野心，我們是『亡國奴的先鋒隊』我們對祖國只希望立刻起來，毀滅我們的敵人。

再次，我們陳明的就是對國內救亡主張的態度。　東北民衆認爲『對外抗戰』『對內和平』『實行眞正民主政治』是三個最基本最正確的救亡道路。　東北民衆不僅這樣認識並且在東北的抗日隊伍裏，業已實行了這種原則。　東北抗日聯軍就是不分黨派、階級、職業，一致團結起來，共同對外的聯合戰綫，牠業已健全的發展起來，並且屢屢的給日帝國主義以嚴重打擊。

目前緊隨着西安事變的和平解決，而召開三中全會，這是實現全國團結一致抗敵的絕好機會，我們基於上述的態度願向三中全會提出我們的要求：

一，立卽實行對日抗戰收復失地。

二，實現國內和平停止一切消耗國力的內戰。

三，實行眞正民主政治。

四，援助東北抗日聯軍。

五，救濟流亡東北民衆之生活和失業。

六，救濟流亡東北失學青年和兒童。

東北旅平各界救國聯合會　東北旅平青年救國會　東北婦女救國聯合會　東北人民抗敵會　東北救亡協會　華北民衆抗日救國同盟會　東北四省同學會　東北大學學生自

治會　東北中學留平教職員救國會
東北中學校友救國會　圖存學會
黑龍江同鄉救亡會　東北大學校友
會　東北基督教青年團

二月十二日

（二）旅居關內東北人民請求三中全會收復東北失地書

三中全會全體執監委員公鑒：

我們是東北人，我們的家鄉丟了已經五年多了！在這五年裏邊，我們的家鄉父老兄弟姊妹嘗盡亡國奴的痛苦，受盡屠殺、奴役，淩辱和種種非人道的待遇！從九一八那一天起，到現在為止，我們彷彿是在牢獄裏討生活，精神肉體完全都失掉了自由，悲慘與恐怖包圍着我們，使我們在黑暗中掙扎着呻吟着企盼光明之來臨！

在這五年中間有些人是被蹂躪踐踏而死了！有些人是忍辱含垢苟且偷生了！有些人是豎起反抗的旗子，和敵人作殊死戰了！種種傷心慘目的故事，種種偉大的可歌可泣的史蹟都產生在這五年裏！短短的五年時光，在關裏的同胞看來雖然很短，但是在關外的父老弟兄姊妹却是度日如年了！

我們雖然默過着地獄裏的生活，但是在地獄裏我們沒有一時一刻忘記了我們的祖國，雖然在祖國裏的人們有些已經忘記了我們，但是我們是絕對沒有忘記了我們祖國裏的同胞兄弟姊妹的！

五年以來，凡屬東北人，無論男女老少，沒有一個（漢奸除外）不是晝夜地盼望政府能給東北人民解除奴隸的束縛的！然而我們企求五年了！我們忍受也已經五年了！五年來的東北三千萬人民的血淚，是沒有得到當局的同情和反響的。

最近綏遠抗戰的消息傳到東北，曾經使我們東北的同胞興奮起來，家家戶戶都傳說政府出兵了，大兵發到熱河了！許多偽國官兵準備反正了！各處義勇軍取得空前的勝利了！但是消息繼續傳出來的却是外交屈辱之頻仍，內戰危機之加深，這些事態的發展，是給東北人民的頭上又潑上一盆冷水的！

我們是東北的人民，我們當然關懷東北。我們的祖宗墳墓在東北，我們的田園土地也在東北，我們一輩子就是老死也脫離不了東北的關係，因此東北一天不收復，我們就一天不能停止我們的努力和奮鬥。現在聽說政府要在三中全會裏決定國家大計了！我們旅居關內的東北人民認為這是我們人民向政府請願的一個機會，因此我們提出來我們最迫切的要求，請三中全會決議交國府迅速執行。我們的要求是：

（一）停止一切內戰，保存國力。

（二）立卽抗敵，出兵收復東北失地。

（三）援助東北義勇軍。

（四）召開全國人民抗敵救亡會議。

（五）對於關內東北流亡人民應予以生活上的保障。

簽名者

姜廣紹等一千七百二十三人謹呈

《救国时报》第九十一期 中华民国二十六年三月三十一日 第二版
（1937 年 3 月 31 日）

祖国消息

东北同胞沉痛的呼声

——救济流亡东北同胞

——援助东北义勇军

——实行对外抗日对内民主

——收回失地

最近接到东北同胞向国民党三中全会吁请收复失地的文件，内容沉痛恳切，读之令人感泣。每个爱国同胞均有一读之必要，故特发表于次。东北同胞所提出“援助东北义勇军”、“救济流亡东北民众之生活和失业”、及“救济流亡东北失学青年和儿童”等等，更属南京当局及海内外每个同胞应负的责任。特别是关于希望南京政府采取抗日救国政策，就是：“对外抗战”，“对内和平”，“实行真正民主政治”，以便早日收复失地等，不仅是东北同胞感于忘乡之痛，所提出之迫切要求，而且是全国人民救国图存的共有之心理，正望南京政府和国民党不漠然视之。

编者

（一）东北旅平各界救国联合会为国民党三中全会宣言

目前三中全会在二月十五日开会，我们认为这是实现全国团结，一致抗敌的绝好机会，因此我们愿意坦白的把我们的态度和愿望公开表示出来。

首先我们要陈明，当我们东北人民每逢想到五年多所遭受的悲惨命运的时候，便会立刻对政府发生失望的感觉。这由于事实所造成，我们不必讳言的。在日本刚刚占领东北的时候，东北各地到处树起反抗的旗帜，三千万民众整个的在愤怒挣扎着，急迫的需要政府军队去援助；可是白白的望了五个多年头，东北千百万个英勇反抗者一个个的被日本帝国主义所枪杀活埋，而没有一个正式的中国兵士去援助他们。我们不愿说政府是没有收复东北的意思，但是事实所表现似乎放弃了东北，这如何不使东北人民失望！

这还不算，也许在关外几千万的人民，因为受帝国主义的压迫政府未出兵收复失地的时候是无法援助的（其实几十万的抗日联军的队伍，政府总可援助的，但事实上却仍然任其自生自灭。）尚有可说，可是几十万因为从事抗日工作而受帝国主义者迫害，或不甘心受帝国主义者的统治而跑到祖国寻觅自由与光明的东北流亡民众们，在政府的势力下也同样的遭受长期的歧视，冷遇与不闻不问，这还有什么话说。政府有几千百万的金钱用在建筑，娱乐或什么新生活上，但是东北的民众因为抛弃了田园房产目前流落在关里在长期的折磨下生活完全陷于饥寒线上，并没有见政府有丝毫的援助。就以我们所熟习的旅居北平几万东北民众的生活状况来讲，十个家庭至少有九个无职业，无收入，每天靠典当借债过活，各机关，各部队到处排斥流亡的东北人，在安分守己的生活不能维持的时候，有些人拉洋车，缝破烂，做娼妓，在广大的穷人堆里抢生活由于淘汰而死亡；有些人做了强盗或以吸毒戕伐自己，因而被拉到天桥去枪毙或囚到监牢里过囚犯的生活。这样几十万的东北民众不死亡于东北而死亡于祖国，我们所追求的是自由与安全而政府给予我们的是饥寒和死亡。在政府势力直接统治下，东北民众受到比帝国主义还要冷酷的待遇，这更不能不使东北人失望。

对于政府，东北人民是极端爱戴的，因为我们深深认识到，只有在一个统一而有力的政府领导下，才能担负得起来抗日救国收复失地的责任。过去的事实，政府虽然使我们失望，但这并未丝毫减少我们对政府的信心，相反地却增加了我们对政府督促的责任，因为我们明了，健全的政府，是属于人民大众的。东北人民的要求是单纯而坦白的，就只是“抗日”“救国”“回家”。我们没有党派，没有阴谋，也没有野心,我们是“亡国奴的先锋队”我们对祖国只希望立刻起来,毁灭我们的敌人。

再次，我们陈明的就是对国内救亡主张的态度。东北民众认为“对外抗战”“对内和平”“实行真正民主政治”是三个最基本最正确的救亡道路。东北民众不仅这样认识并且在东北的抗日队伍里，业已实行了这种原则。东北抗日联军就是不分党派、阶级、职业，一致团结起来，共同对外的联合战线，它业已健全的发展起来，并且屡屡的给日帝国主义以严重打击。

目前紧随着西安事变的和平解决，而召开三中全会，这是实现全国团结一致抗敌的绝好机会，我们基于上述的态度愿向三中全会提出我们的要求：

一，立即实行对日抗战收复失地。

二，实现国内和平停止一切消耗国力的内战。

三，实行真正民主政治。

四，援助东北抗日联军。

五，救济流亡东北民众之生活和失业。

六，救济流亡东北失学青年和儿童。

东北旅平各界救国联合会

东北旅平青年救国会

东北妇女救国联合会

东北人民抗敌会

东北救亡协会

华北民众抗日救国同盟会

东北四省同学会

东北大学学生自治会

东北中学留平教职员救国会

东北中学校友救国会

图存学会

黑龙江同乡救亡会

东北大学校友会

东北基督教青年团

二月十二日

（二）旅居关内东北人民请求三中全会收复东北失地书

三中全会全体执监委员公鉴：

我们是东北人，我们的家乡丢了已经五年多了！在这五年里边，我们的家乡父老兄弟姊妹尝尽亡国奴的痛苦，受尽屠杀、奴役，凌辱和种种非人道的待遇！从九一八那一天起，到现在为止，我们仿佛是在牢狱里讨生活，精神肉体完全都失掉了自由，悲惨与恐怖包围着我们，使我们在黑暗中挣扎着呻吟着企盼光明之来临！

在这五年中间有些人是被蹂躏践踏而死了！有些人是忍辱含垢苟且偷生了！有些人是竖起反抗的旗子，和敌人作殊死战了！种种伤心惨目的故事，种种伟大的可歌可泣的史迹都产生在这五年里！短短的五年时光，在关里的同胞看来虽然很短，但是在关外的父老弟兄姊妹却是度日如年了！

我们虽然默过着地狱里的生活，但是在地狱里我们没有一时一刻忘记了我们的祖国，虽然在祖国里的人们有些已经忘记了我们，但是我们是绝对没有忘记了我们祖国里的同胞兄弟姊妹的!

五年以来，凡属东北人，无论男女老少，没有一个（汉奸除外）不是昼夜地盼望政府能给东北人民解除奴隶的束缚的！然而我们企求五年了！我们忍受也已经五年了！五年来的东北三千万人民的血泪，是没有得到当局的同情和反响的。

最近绥远抗战的消息传到东北，曾经使我们东北的同胞兴奋起来，家家户户都传说政府出兵了，大兵发到热河了！许多伪国官兵准备反正了！各处义勇军取得空前的胜利了！但是消息继续传出来的却是外交屈辱之频仍，内战危机之加深，这些事态的发展，是给东北人民的头上又泼上一盆冷水的!

我们是东北的人民，我们当然关怀东北。我们的祖宗坟墓在东北，我们的田园土地也在东北，我们一辈子就是老死也脱离不了东北的关系，因此东北一天不收复，我们就一天不能停止我们的努力和奋斗。现在听说政府要在三中全会里决定国家大计了！我们旅居关内的东北人民认为这是我们人民向政府请愿的一个机会，因此我们提出来我们最迫切的要求，请三中全会决议交国府迅速执行。我们的要求是：

（一）停止一切内战，保存国力。

（二）立即抗敌，出兵收复东北失地。

（三）援助东北义勇军。

（四）召开全国人民抗敌救亡会议。

（五）对于关内东北流亡人民应予以生活上的保障。

签名者

姜虞绍等一千七百二十三人谨呈

日寇又虐殺東北同胞

△在通州亦有學生十人被捕

據四月十二日上海電，時事新報載，日寇當局，不久前曾在長春逮捕大批參加反日運動之中國人，最近又在橫道河子（譯音）逮捕一小學教員孫某（譯音）及其他居民二十一人，均指爲共黨。至十日，已將其中十四人處以死刑，六人處以無期徒刑，六人中有一完全不識字之黃包車夫，亦謂因請人「讀過共產黨文件」而被判無期徒刑。此外，在長春捕去之四十餘人則全判以長期之監禁云。又據大公報訊，日寇憲兵於四月十一日在冀東僞府通州城內逮捕從事反日活動之中國學生十名，據云在彼等身上搜得大批反日傳單與小册子，彼等生死至今未明云。

按日寇在東北及冀東等地魚肉我同胞之慘不忍聞的種種暴行，層出不窮，現又在長春及通州等地屠殺及逮捕我國同胞多人，連一字不識之車夫亦指爲「請人讀過共產黨文件」而處以無期徒刑，更可見日寇之毫無人性可言。我東北同胞水深火熱，於今五載有餘，不獨我東北抗日聯軍及義軍爲抗日救國而奮鬥，再接再厲，而且各界同胞，亦多奮起而從事抗日運動，日寇乃加以殘酷之鎮壓，全國同胞聞日寇對我東北同胞如此之殘暴，當如何義憤填胸，奮起團結以圖自救，並救東北同胞啊！

《救国时报》第九十四期 中华民国二十六年四月十五日 第一版

（1937 年 4 月 15 日）

日寇又虐杀东北同胞

△在通州亦有学生十人被捕

据四月十二日上海电，时事新报载，日寇当局，不久前曾在长春逮捕大批参加反日运动之中国人，最近又在横道河子（译音）逮捕一小学教员孙某（译音）及其他居民二十一人，均指为共党。至十日，已将其中十四人处以死刑，六人处以无期徒刑，六人中有一完全不识字之黄包车夫，亦谓因请人“读过共产党文件”而被判无期徒刑。此外，在长春捕去之四十余人则全判以长期之监禁云。又据大公报讯，日寇宪兵于四月十一日在冀东伪府通州城内逮捕从事反日活动之中国学生十名，据云在彼等身上搜得大批反日传单与小册子，彼等生死至今未明云。

按日寇在东北及冀东等地鱼肉我同胞之惨不忍闻的种种暴行，层出不穷，现又在长春及通州等地屠杀及逮捕我国同胞多人，连一字不识之车夫亦指为“请人读过共产党文件”而处以无期徒刑，更可见日寇之毫无人性可言。我东北同胞水深火热，于今五载有余，不独我东北抗日联军及义军为抗日救国而奋斗，再接再励，而且各界同胞，亦多奋起而从事抗日运动，日寇乃加以残酷之镇压，全国同胞闻日寇对我东北同胞如此之残暴，当如何义愤填胸，奋起团结以图自救，并救东北同胞啊！

日寇蹂躪下

東北同胞之苦痛

●反日運動日益向前發展

（哈爾濱通訊）

自從我國東北數省爲日寇侵佔以後，我東北三千餘萬同胞受盡了摧殘、屠殺、麻毒、及一切非人道的待遇；亡國奴的滋味，我們親切地嘗到了。惟以日人遍地滿佈偵探，偵查我們的情緒和行動極嚴，復厲行苛刻之郵件檢查，故有嚇於淫威而不敢宣洩者，有以實情報告國人而被查出扣留和受極刑者，致日寇在東北之殘暴以及我同胞所受之痛苦不能盡量傳達於國人。這封信我盼望牠能逃脫檢查網而與國人見面。

關於日寇在東北之殘暴，擢髮難數，在此信內不能一一縷述，故僅列舉其中數例爲國人告。

縱犬食人

日人在東北養大批兇犬以之對待「囚犯」，凡是義勇軍和反日份子之被日寇逮捕者，日人即以之飼犬。起初時尚須把「囚犯」的身體活埋一半，使兇狗去吃其他的一半，或是把該「囚犯」等打得半死半活，然後再縱犬向之吞噬。到後來這些兇狗吃慣了人肉，日人一把「囚犯」放在兇狗面前，或是塞入兇狗的籠中，牠們就立即把他撲倒，咬斷喉嚨，抓破肚腸，將其噬食，其狀至慘，而日人反在旁邊開心做樂，其殘忍可謂極矣。日人還用這些兇狗去做防衛，守護和巡邏的工作。日人一發令，這些兇狗就會馬上躍身撲噬，咬斷喉嚨。至於日人訓練這些兇狗的方法，那眞是狠毒之極了。日人先做一個假人，活像個跑腿的山東人，短綿衣，粗棉布褲，大厚棉鞋，腰間束一圍條，或是這個假人活似一個義勇軍隊員。日人把這個假人放在鐵路路口或要道上，縱犬向之撲擊，直到假人撕爲粉碎才止。然後繼續用眞人訓練，結果，我們的同胞，特別是東北抗日聯軍或義勇軍戰士，大遭其殃了！

南滿鐵路沿綫，日寇禁止我同胞行走，每晚即驅使大批兇狗在該處警備，誤過其地的老百姓即白白做了犧牲品了。每晚人們聽到該地慘痛的哭號，即知道那是日人兇狗晚餐，而相率遠避。

挨戶搜查

日人非常懼怕東北抗日聯軍及義勇軍，故防範極嚴，時常因稍聞抗日聯軍及義勇軍的風聲而半夜舉行大檢舉，謂爲「搜夜」。「搜夜」之步驟即派遣大軍將該地嚴密包圍，挨戶搜查，凡是名册上沒有名字的人，盡遭拘捕，如名册上列名而其人不在者，則拘捕該地方負責人。日寇常常藉這個「夜搜」去掠奪我同胞的金銀財物和強姦我們的女同胞，眞是弄得到處鷄犬不寧，人民日處於恐怖狀態中。

變相監獄

日人因懼怕我東北壯年同胞參加義勇軍或與反日分子接近，故近五年來想出了一種新的制度，叫做「移大屯」。按照這個制度，凡是壯年農民均被強迫移居到一處，而這個地方是四圍用鐵網戰壕圈繞起來的，壯年農民很難逃出去。在這個變相的「苦工營」內，日人、韓人、中國人雜名義上是共匪，「大同」（大屯），然而日人却儼然是主人、監視者、統治者，他們有生殺予奪之權，我壯年同胞在這裏所受的摧殘與壓迫真是難以筆墨形容了。這個「大屯」，現在已經在吉林、遼寧兩省的各縣中施行，而且有推行到其他被日寇侵佔的省份之趨勢。

肆意焚燒

從去年起，日人在東北又施行了「集村制」的毒政以防備東北抗日聯軍及義勇軍的活動。凡是小村莊的人民必須搬移到大村莊，藉以縮小戒備，集中力量以免窮於應付。如果小村莊的居民爲房舍耕地種種關係不願離開故鄉，日人即將其田棚、房舍、牲口棚全數縱火焚燒。因無力修造新家，這些農民或者露宿，或者大家堆雜於破陋的草棚下，號哭之聲，令人不忍聞。日人還強迫按棚抽丁，凡十五歲的男人，都得去修公路，挖村子周圍的戰壕土溝，以防備東北抗日聯軍和義勇軍的襲擊。

毒化政策

爲減削我東北同胞對日之抵抗力，日寇又陰很地用種種方法去鼓勵我同胞吸食雅片紅丸等毒物。日人到處強迫我同胞種雅片。據日「滿」官方統計，在熱河種雅片的面積，在一九三五年由三三五零頃增至六萬頃，即佔耕地五分之四。又據「滿洲國」官方一九三五年的統計，在東北四省，每四個中國人內即有一個是嗜食雅片等毒物的，而且嗜食雅片之大多數又是青年。據該統計，由十五歲到十九歲之嗜雅片等毒品者，佔百分之二十，十九歲至廿五歲者，佔百分之廿五，卅歲以上的佔百分之卅三。在盛京城內，有一千家雅片毒品商店，在長春有一千家，吉林與安東則各有八百家。即其他的小城，莫不有三百至四百家的雅片毒品商店。日人用心之毒，於此可見一斑矣。

但是在這種摧殘毒害之下，我東北同胞的反抗不僅不削弱，反更加積極起來，因爲大家都知道，非根本推翻日本在東北之統治，將之驅逐出境，是不能解我同胞於倒懸的，現在東北抗日聯軍各軍之發展及各地義勇軍之活躍，即其明證之一。深盼國內各實力派能團結一致，與我東北反日同胞聯合去共同對日抗戰，以收復失地，拯救東北三千五百萬同胞和挽救我中國民族垂危之命運也。

（銘二月廿日寄自哈爾濱）

《救国时报》第九十四期 中华民国二十六年四月十五日 第二版

（1937年4月15日）

日寇蹂躏下

东北同胞之苦痛

△反日运动日益向前发展

（哈尔滨通讯）自从我国东北数省为日寇侵占以后，我东北三千余万同胞受尽了摧残、屠杀、麻毒、及一切非人道的待遇；亡国奴的滋味，我们亲切地尝到了。惟以日人遍地满布侦探，侦查我们的情绪和行动极严，复厉行苛刻之邮件检查，故有吓于淫威而不敢宣泄者，有以实情报告国人而被查出扣留和受极刑者，致日寇在东北之残暴以及我同胞所受之痛苦不能尽量传达于国人。这封信我盼望它能逃脱检查网而与国人见面。

关于日寇在东北之残暴，擢发难数，在此信内不能一一缕述，故仅列举其中数例为国人告。

纵犬食人

日人在东北养大批凶犬以之对待“囚犯”，凡是义勇军和反日份子之被日寇逮捕者，日人即以之饲犬。起初时尚须把“囚犯”的身体活埋一半，使凶狗去吃其他的一半，或是把该“囚犯”等打得半死半活，然后再纵犬向之吞噬。到后来这些凶狗吃惯了人肉，日人一把“囚犯”放在凶狗面前，或是塞入凶狗的笼中，它们就立即把他扑倒，咬断喉咙，抓破肚肠，将其噬食，其状至惨，而日人反在旁边开心做乐，其残忍可谓极矣。日人还用这些凶狗去做防卫，守护和巡逻的工作。日人一发令，这些凶狗就会马上跃身扑噬，咬断喉咙。至于日人训练这些凶狗的方法，那真是狠毒之极了。日人先做一个假人，活像个跑腿的山东人，短棉衣，粗棉布裤，大厚棉鞋，腰间束一围条，或是这个假人活似一个义勇军队员。日人把这个假人放在铁路路口或要道上，纵犬向之扑击，直到假人撕为粉碎才止。然后继续用真人训练，结果，我们的同胞，特别是东北抗日联军或义勇军战士，大遭其殃了！南满铁路沿线，日寇禁止我同胞行走，每晚即驱使大批凶狗在该处警备，误过其地的老百姓即白白做了牺牲品了。每晚人们听到该地惨痛的哭号，即知道那是日人凶狗晚餐，而相率远避。

挨户搜查

日人非常惧怕东北抗日联军及义勇军，故防范极严，时常因稍闻抗日联军及义勇军的风声而半夜举行大检举，谓为“搜夜”。“搜夜”之步骤即派遣大军将该地严密包围，挨户搜查，凡是名册上没有名字的人，尽遭拘捕，如名册上列名而其人不在者，则拘捕该地方负责人。日寇常常借这个“搜夜”去掠夺我同胞的金银财物和强奸我们的女同胞，真是弄得到处鸡犬不宁，人民日处于恐怖状态中。

变相监狱

日人因惧怕我东北壮年同胞参加义勇军或与反日分子接近，故近五年来想出了一种新的制度，叫做“移大屯”。按照这个制度，凡是壮年农民均被强迫移居到一处，而这个地方是四围用铁网战壕圈绕起来的，壮年农民很难逃出去。在这个变相的“苦工营”内，日人、韩人、中国人虽名义上是共处，“大同”（大屯），然而日人却俨然是主人、监视者、统治者，他们有生杀予夺之权，我壮年同胞在这里所受的摧残与压迫真是难以笔墨形容了。这个“大屯”，现在已经在吉林、辽宁两省的各县中施行，而且有推行到其他被日寇侵占的省份之趋势。

肆意焚烧

从去年起，日人在东北又施行了“集村制”的毒政以防备东北抗日联军及义勇军的活动。凡是小村庄的人民必须搬移到大村庄，借以缩小戒备，集中力量以免穷于应付。如果小村庄的居民为房舍耕地种种关系不愿离开故乡，日人即将其田棚、房舍、牲口棚全数纵火焚烧。因无力修造新家，这些农民或者露宿，或者大家堆杂于破陋的草棚下，号哭之声，令人不忍闻。日人还强迫按棚抽丁，凡十五岁的男人，都得去修公路，挖村子周围的战壕土沟，以防备东北抗日联军和义勇军的袭击。

毒化政策

为减削我东北同胞对日之抵抗力，日寇又阴狠地用种种方法去鼓励我同胞吸食鸦片红丸等毒物。日人到处强迫我同胞种鸦片。据日“满”官方统计，热河种鸦片的面积，在一九三五年由三三五零顷增至六万顷，即占耕地五分之四。又据“满洲国”官方一九三五年的统计，在东北四省，每四个中国人内即有一个是嗜食鸦片等毒物的，而且嗜食鸦片之大多数又是青年。据该统计，由十五岁到十九岁之嗜鸦片等毒品者，占百分之二十，十九岁至廿五岁者，占百分之廿五，卅岁以上的占百分之卅三。在盛京城内有一千家鸦片毒品商店，在长春有一千家，吉林与安东则各有八百家。即其他的小城，莫不有三百至四百家的鸦片毒品商店。日人用心之毒，于此可见一斑矣。

但是在这种摧残毒害之下，我东北同胞的反抗不仅不削弱，反更加积极起来，因为大家都知道，非根本推翻日本在东北之统治，将之驱逐出境，是不能解我同胞于倒悬的，现在东北抗日联军各军之发展及各地义勇军之活跃，即其明证之一。深盼国内各实力派能团结一致，与我东北反日同胞联合去共同对日抗战，以收复失地，拯救东北三千五百万同胞和挽救我中国民族垂危之命运也。

铭二月廿日寄自哈尔滨

日寇又大批捕殺東北同胞

★國人一致要求收囘東北救我同胞

據四月廿七日北平電，各報載日寇在東北大批逮捕與槍斃東北同胞之消息，謂不久前在東北以驅逐日寇收囘東北爲目的之「保國會」會員萬餘人，被日僞逮捕後，加以大批屠殺，被槍斃者已甚多云。 國內各界，聞此噩耗，莫不極端悲憤，均要求收囘東北，以救我東北同胞於水深火熱。 益世報評論云：日寇宣稱「滿洲國」爲『王道樂土』的『天堂』；但這一『天堂』實際上是一屠塲。 日寇之目的是要把整個中國變爲這樣的屠塲。 無論如何，吾人必要制止日寇的血手，我們必須協助東北同胞使得重見天日云。

《救国时报》第九七一九八期 中华民国二十六年五月一日 第一版

（1937 年 5 月 1 日）

日寇又大批捕杀东北同胞

★国人一致要求收回东北救我同胞

据四月廿七日北平电，各报载日寇在东北大批逮捕与枪毙东北同胞之消息，谓不久前在东北以驱逐日寇收回东北为目的之“保国会”会员万余人，被日伪逮捕后，加以大批屠杀，被枪毙者已甚多云。国内各界，闻此恶耗，莫不极端悲愤，均要求收回东北，以救我东北同胞于水深火热。益世报评论云：日寇宣称“满洲国”为“王道乐土”的“天堂”；但这一“天堂”实际上是一屠场。日寇之目的是要把整个中国变为这样的屠场。无论如何，吾人必要制止日寇的血手，我们必须协助东北同胞使得重见天日云。

日寇鐵蹄下的東北

—北平通訊—

日寇強佔我東北四省以來，對我東北三千五百萬同胞，屠殺姦淫擄掠毒害無所不至，所謂「王道樂土」，實是人間地獄。

東北四省 變爲日寇兵營

日寇因爲要橫行暴虐，所以把東北實際上變爲日寇的兵營。除日寇的「討伐軍」外，尚有僞軍、鮮軍及舊俄白黨匪隊，總數在三十萬以上，完全歸日寇統制。 此外日寇又設立所謂「自衛團」，依照保甲辦法及十家聯坐制度，凡十八歲至四十歲之男子均被迫充當自衛團丁，強迫他們和抗日義勇軍作戰，到開火的時候，總是逼着僞軍裏和「自衛團」裏的中國人去打先鋒，當炮灰！

厲行奴化 實施愚民政策

同時，日寇除武力外，還變本加厲實行其種種麻痹宣傳與奴化教育的政策。日寇把以前的學校逐漸縮減。 如九一八以前，東北中小學校數有二萬一千；現在只剩七八百所，東北兒童及青年失學者不勝指數。 在現餘的學校內，教員大半是日本人，教科書完全是教我東北青年忘記祖國，宣傳「日滿親善」的奴化材料。 日寇又設立所謂『日滿親善會』、『敬老會』『滿婦人會』、『人類愛善會』、『東亞民族同盟會』、『正誼團』等組織，強逼人們加入來實施其愚民政策。

日鮮浪人 到處橫行無忌

在日寇放縱與庇護下，日鮮浪人在東北無惡不爲，例如飯店不給錢，住房不交納房租；開設當舖，專收盜竊之物，三個月即作死號，變賣歸本；包辦鐵路、公路以及飛機場等工程，誘迫中國工人前往做工，但工資則多扣不發。 浪人又在各地開設嗎啡館、大煙館、大賭場等等來毒化我東北同胞。

集村毒制 大燒房屋田棚

爲得「堅壁清野」來防戒抗日義勇軍起見，日寇又實行所謂「集村制」的毒政，強迫成千成百的小村莊都須搬到大村子去成爲『集村』。 若有因爲捨不得祖塋田舍而不願搬移的，日寇就一律放火燒光，使一切房屋田棚牲畜完全化爲灰燼。 被驅逐的人只得由火堆中拾救些殘物，流落到大村子去，又因無力造新家，祇得露宿或以草棚爲蔽體之用，風雨一至，哭聲震天地，慘不忍聞。

商人地主
亦不免其荼毒

日寇的殘暴，卽商人及地主等亦遭其荼毒。日寇逐步壟斷一切商業，使中國人之商店紛紛倒閉；不許中國商人設立商會，而強迫中國商人加入所謂『日滿商會』並須繳納極高的會費。 地主的土地每每被日寇強奪或強逼賤價出賣，農產品亦多爲日寇強迫賤價收買運日。

以上不過是日寇在我東北，倒行逆施之一斑；但由此已可見我東北同胞在人間地獄之慘苦矣，國人必須更加奮起，收復失地以拯我東北同胞於水深火熱。

《救国时报》第九七一九八期 中华民国二十六年五月一日 第二版
（1937 年 5 月 1 日 ）

日寇铁蹄下的东北

——北平通讯——

日寇强占我东北四省以来，对我东北三千五百万同胞，屠杀奸淫掳掠毒害无所不至，所谓“王道乐土”，实是人间地狱。

东北四省变为日寇兵营

日寇因为要横行暴虐，所以把东北实际上变为日寇的兵营。除日寇的“讨伐军”外，尚有伪军、鲜军及旧俄白党匪队，总数在三十万以上，完全归日寇统制。此外日寇又设立所谓“自卫团”，依照保甲办法及十家联坐制度，凡十八岁至四十岁之男子均被迫充当自卫团丁，强迫他们和抗日义勇军作战，到开火的时候，总是逼着伪军里和“自卫团”里的中国人去打先锋，当炮灰！

厉行奴化实施愚民政策

同时，日寇除武力外，还变本加厉实行其种种麻痹宣传与奴化教育的政策。日寇把以前的学校逐渐缩减。如九一八以前，东北中小学校数有二万一千；现在只剩七八百所，东北儿童及青年失学者不胜指数。在现余的学校内，教员大半是日本人，教科书完全是教我东北青年忘记祖国，宣传“日满亲善”的奴化材料。日寇又设立所谓“日满亲善会”、“敬老会”、“满妇人会”、“人类爱善会”、“东亚民族同盟会”、“正谊团 ”等组织，强逼人们加入来实施其愚民政策。

日鲜浪人到处横行无忌

在日寇放纵与庇护下，日鲜浪人在东北无恶不为，例如歇店不给钱，住房不交纳房租；开设当铺，专收盗窃之物，三个月即作死号，变卖归本；包办铁路、公路以及飞机场等工程，诱迫中国工人前往做工，但工资则多扣吞不发。浪人又在各地开设吗啡馆、大烟馆、大赌场等等来毒化我东北同胞。

集村毒制大烧房屋田棚

为得“坚壁清野”来防戒抗日义勇军起见，日寇又实行所谓“集村制”的毒政，强迫成千成百的小村庄都须搬到大村子去成为 “集村”。若有因为舍不得祖茔田舍而不愿搬移的，日寇就一律放火烧光，使一切房屋田棚牲畜完全化为灰烬。被驱逐的人只得由火堆中抢救些残物，流落到大村子去，又因无力造新家，只得露宿或以草棚为蔽体之用，风雨一至，哭声震天地，惨不忍闻。

商人地主亦不免其荼毒

日寇的残暴，即商人及地主等亦遭其荼毒。日寇逐步垄断一切商业，使中国人之商店纷纷倒闭；不许中国商人设立商会，而强迫中国商人加入所谓“日满商会”并须缴纳极高的会费。地主的土地每每被日寇强夺或强逼贱价出卖，农产品亦多为日寇强迫贱价收买运日。

以上不过是日寇在我东北，倒行逆施之一斑；但由此已可见我东北同胞在人间地狱之惨苦矣，国人必须更加奋起，收复失地以拯我东北同胞于水深火热。

日寇鐵蹄下的東北同胞

李精樸

茲承東北抗日英雄、東北抗日聯軍第五軍第一師師長李精樸將軍投寄本報日寇鐵蹄下的東北同胞一文，並附來信。　李將軍在東北抗敵有年，爲東北人民所敬仰，在與日寇日相搏戰，軍書旁午的情形之下，猶抽暇爲本報寫文，此種盛意，想不僅本報同人感激，而日本報讀者亦必覺到無限之興奮也。　茲將李將軍之簡略履歷介紹於下。

民族英雄李精樸，吉林省寧安縣人，現爲東北抗日聯軍第五軍第一師師長。　他在東北氷山雪地，殺賊救國，業近六年，他與楊靖宇、趙尚志、王德泰、李延祿、周保忠、謝文東、李華堂、李延平、陳榮久等，一樣同爲日賊所仇恨所畏懼，而爲東北同胞所愛戴，所敬仰。在九一八事變前，李精樸爲寧安縣警察署一巡官，事變起卽領導原來當警察的武裝同胞，並結合該縣民衆起義抗日救國，當時因未找着正確的政治領導，乃報字山頭平南洋。因對待老百姓不搶不奪，專心打日本子，而得民衆之擁護，隊伍人數擴大至五千餘人，戰鬥力甚強，曾投入救國軍。民國二十二年王德林退却後，李精樸繼續留在東北，領導舊部抗日，卽於是年加入中國共產黨，而在該黨領導之下更加領會了一切抗日的策略與方法，乃能屢次戰勝日寇的進攻而得到更大的發展。

在民國二十四年冬李精樸將軍帶隊參加東北抗日聯軍，與前救國軍舊部柴世榮、王疏峯、王汝起、姜振榮、傅顯明等部隊，共同建立東北抗日聯軍第五軍，周保忠被公推爲軍長，柴世榮爲副軍長，而李精樸卽爲一師師長。　並在吉林省東部各縣遊擊抗日，日賊深忌李將軍之英勇，乃懸賞五千日洋，購買李將軍首級，但李將軍深爲部隊和人民所愛戴，敵人奸細當無法損其毫髮也……………編者。

附李精樸將軍來信

巴黎救國時報諸位同胞們！

我從友人處得讀貴報已有多時了。　貴報不分黨派信仰，聯合救亡的主張，實是非常正確，特別是貴報對於東北抗日聯軍之消息與文件，經常披露，讀後令我萬分興奮。　我覺得貴報是海內外同胞救亡的喉舌，同時也就是我東北同胞、東北抗日聯軍與一切義軍部隊的喉舌，因此我決定從今後，於行軍殺敵之餘，盡可能寫些通訊給你們，將我所知道的日本子在東北的暴戾獸行，我東北同胞爲亡國奴的慘苦命運以及我東北義勇軍的堅苦奮鬥等等事實，告訴國人，來喚起海內外同胞更加爲驅逐日本子、收復失地而努力，和我們一起，拯救東北三千五百萬同胞於水深火熱，而達到我中華民族的最後解放。這一篇通訊，只說到日寇蹂躪我東北同胞的顯著例子，關於其他，容當繼續寫就給貴報。

李　精　樸　　中華民國二十六年三月十九日

一九三一年奇恥大辱的九一八，至到現在已經快橫六週年了。　在這五六年的當中，我東北四省三千五百萬的同胞姊妹們，在日本帝國主義的鐵路蹂躪之下，度着苟延殘喘不如牛馬的奴隸生活，嘗受着空前未有的血洗屠殺之死亡，嘗受着無人性的強籍姦淫之羞辱，嘗受着殘無人道的嚴刑拷打之痛苦，嘗受着失業破產的饑寒交迫之苦狀，嘗受着流離失所的露宿雪凝之悲慘，嘗受着詭計敲搾的苛捐雜稅之剝削，嘗受着強暴野蠻的橫行謾駡之壓迫，嘗受着麻醉腦筋的奴化教育，強學日文日語等等這一些非人道的待遇，亡國奴的滋味，我東北同胞姊妹們已經親切的飽嘗到了，這一切我都能舉出事實來講！

一九三四年的秋冬兩季，日本帝國主義在寧安縣的大「討伐」當中，有一次的「討伐」，於舊歷十月二日，午後日本「討伐隊」至寧安城南二區管界八道河子東溝（距寧安城一百二十里）趙家窯營，

(一)(家)(五)(口)　老兩口子領兩個兒子、一個姑娘，老頭五十二歲，老婆四十九歲，長子十五歲，次子九歲，其女鳳英十三歲。在前半月日賊來信令其搬家歸大屯；該趙家因種兩垧大田地，莊稼將拉場來，還未打完場，準備打完場卽搬家到大屯去住。　日本「討伐隊」到此見該戶還未搬家，日賊大怒，打

罵無窮，給令老頭老婆及其長子用鐵鎬頭刨坑，在這個時候，日本兵即將十三幼女鳳英用槍威脅着到樹林子裏邊去，四名日本兵輪流強姦。結果因該女幼小，又加多人臨姦，就痛哭流涕的在地上樹底下扒不起來了，日兵大怒，即用刺刀從該女陰門刺入，將肚皮完全挑開，五臟齊出，絕氣而亡。日賊又命老頭等即將坑挖了半人多深，令其站在坑邊上，用機關槍掃射，當未斃命就活埋了，又拉倒房子莊稼一火焚之。

一九三四年冬及一九三五年初，日寇及「靖安軍」在寧安「討伐」的時候，日本「討伐隊」一小隊開赴南馬廠屯（距寧安城八十里）臨時駐防。

（（（（該屯住戶））））張玉發之幼女金英年十四歲，長得頗有姿色。日本小隊長看見其女顏貌，即將張玉發找到日本防所。日本小隊長向張玉發說：你的女兒長得很好，教你姑娘來與我們一起住幾宿好不好呢？（日本小隊長會中語）我多給你們金票不白睡你們的姑娘。張玉發說：我女已有婆家了，我們也不要你的錢，我姑娘也別跟你來住。日本小隊長一聽大怒說：怎麼不跟我來住？中國人眞奴隸，說好的就不中，你回去趕緊給送來。張玉發本來是一個農民，一見小隊長有氣，亦不敢說不行，就說我回去商量商量罷。日本小隊長說不管你商量不商量，今晚給送來就行，張玉發回家見自己的婦人及其女兒金英，即將此事一一告知，該女金英及其母立刻痛哭不止，金英哭着說：日本子槍斃我也不去。全家痛哭多時，亦沒有辦法，而天色將晚了，日本小隊長帶一名護兵來了，大罵而特罵說：你們這些紅胡子非殺你們不可。該張玉發等全家老幼嚇得骨肉亂憤，敢怒而不敢言。即時將該女金英架走到日本防所住了四宿。日本小隊長接到上級命令，開赴他處臨時「討伐」。日賊走後，該女金英回家，自覺着愧難當，無臉見人，暗喝鴉片煙自盡而死。不日該日本小隊長率隊回來，又向張玉發要其女兒金英，張玉發答云：我女病死了啦。日本小隊長大怒說：你們把金英送給胡子啦，你們都是胡子。張玉發無奈全家下跪哀求，又經該屯許多住戶及牌長證明該女金英確實病故，才算了事。

在寧安城南小地名橋頭及石頭院套，兩個小屯子（距縣城六十餘里）共有二十多家住戶。其中青年婦女很多，在討伐的期中，駐「靖安軍」第二營六連一個連。其中有四個日本軍官。這些寇官員（（（（無所不爲））））。到夜間看誰家青年婦女好，就上誰家去隨便住宿，任意強姦。姑娘媳婦。要是姑娘，他就說，他是姑娘的丈夫，要是媳婦他就將其男人趕出，支使赴某處去給「靖安軍」辦某一種假的事情或往某處送信去。（完全是夜間去）「靖安軍」的軍官就在其家住宿，代替該媳婦的掌櫃的那個脚。該連官長這樣胡做匪爲，其士兵也有多少不肖之徒，也隨便去上某家去睡姑娘媳婦。

將該屯住戶良民姦淫和騷亂的實無辦法，特別是石頭院楊牌長有兩個青年媳婦，一個姑娘，差不多每夜都有「靖安軍」的官或兵去住。

以後實無辦法，不得已將自己的房產地業完全拋棄而移到臥龍屯去租房子住。

以後「靖安軍」至該屯，看見老楊家在此地住，很嚴厲的威脅着說：你們自己的房子不住，搬到這屯來住，原來是爲的與胡子勾通的便利。

你們趕快搬回去，如不然，就以與匪私通論罪。

日本帝國主義所實行歸大屯的（毒辣政策），最加緊的是一九三五及一九三六年，特別是在反日遊擊區城裏。

首先開始修城鎮通各大屯的交通路、汽車路、電杆電話等；其次築屯基或挖土壕。

而農民以耕種田地爲業，在春天必須要耕種，至夏天必須要剷草，到秋天必須要收割自己耕種的莊稼。

所以一年四季就無有閑暇的時間，而日本帝國主義在夏天之時不準農民剷，到秋天不準農民收割自己的田地，強迫去修汽車路挖土壕築屯基等勞動苦工。

窮苦農民很多沒有飯吃，有的吃青菜，有的忍饑挨餓，也得去做這些苦工。

特別是到秋天，農民因爲修汽車路挖土壕築屯基等苦工，連自己的田地也只好延期收割。

因田地收割不完，就不能很快移到大屯去。

日本帝國主義秋期大「討伐」，見民戶還沒有移進大屯去，農民還是渙散不集中，對於他的「討伐」仍然還是廢力的。

所以日本帝國主義不客氣的將各山邊子民房完全（用火焚燒），嚴令農民急速搬家歸屯。

農民要不收割田地就更沒有飯吃，所以許多農民無奈，只得露宿野寢的設法將自己所種的田地多少收割一點糧食。

遷進大屯裏去的農民至年春再想回故鄉耕種自己田地，萬難萬難。

在某大屯的住戶，只許可以在大屯附近十里地以內耕種田地，十里以外不準農民去。

如要有什麼事情，須要按保甲方式報告日本鬼子，經日本鬼子許可後才能去辦事情。還得在限期內一定要回來，如延期不回，或未經日本鬼子許可而遠去的人，被日本查知以通匪論罪。

因爲如此，而農民就完全造成失業破產，饑寒交迫，流離失所，露宿野寢之悲慘苦狀，幾乎都有餓死凍死之危險。

一九三五年春在寧安縣三區管界佘坑屯南山，有七八名（農民種地），至休息的時間，集中在一起，在一堆小樹林裏面玩耍。

駐寧安東京城的守備一個小隊出發至此距離還有半里之遙，日本小隊長見地頭小樹林有人，還有牛馬在地頭上站着，並不加過問是什麼人，卽用機關槍掃射，將農民打死了兩名負傷一名。日本子到近前，還哈哈大笑說，我當是胡子呢，原來是種地的莊稼人。誰教你們在這山附近種地呢?! 打死也就是該打死的罷！

日寇在東北燒農村

《救国时报》第一〇三期　中华民国二十六年五月三十日　第二版（1937 年 5 月 30 日）

日寇铁蹄下的东北同胞

李精朴[1]

兹承东北抗日英雄、东北抗日联军第五军第一师师长李精朴将军投寄本报日寇铁蹄下的东北同胞一文，并附来信。李将军在东北抗敌有年，为东北人民所敬仰，在与日寇日相搏战，军书旁午的情形之下，犹抽暇为本报写文，此种盛意，想不仅本报同人感激，而且本报读者亦必觉到无限之兴奋也。兹将李将军之简略履历介绍于下。

① 应为李荆璞。

民族英雄李精朴，吉林省宁安县[1]人，现为东北抗日联军第五军第一师师长。他在东北冰山雪地，杀贼救国，业近六年，他与杨靖宇、赵尚志、王德泰、李延禄、周保忠[2]、谢文东[3]、李华堂[4]、李延平、陈荣久等，一样同为日贼所仇恨所畏惧，而为东北同胞所爱戴，所敬仰。在九一八事变前，李精朴为宁安县警察署一巡官，事变起即领导原来当警察的武装同胞，并结合该县民众起义抗日救国，当时因未找着正确的政治领导，乃报字山头平南洋。因对待老百姓不抢不夺，专心打日本子，而得民众之拥护，队伍人数扩大至五千余人，战斗力甚强，曾投入救国军。民国二十二年王德林退却后，李精朴继续留在东北，领导旧部抗日，即于是年加入中国共产党，而在该党领导之下更加领会了一切抗日的策略方法，乃能历次战胜日寇的进攻而得到更大的发展。

至民国二十四年冬李精朴将军带队参加东北抗日联军，与前救国军旧部柴世荣、王疏峰[5]、王汝起、姜振荣、傅显明等部队，共同建立东北抗日联军第五军，周保忠被公推为军长，柴世荣为副军长，而李精朴即为一师师长。并在吉林省东部各县游击抗日，日贼深忌李将军之英勇，乃悬赏五千日洋，购买李将军首级，但李将军深为部队和人民所爱戴，敌人奸细当无法损其毫发也。

编者

① 今属黑龙江省。
② 应为周保中。
③ 谢文东后叛变投敌。
④ 李华堂后叛变投敌。
⑤ 应为王毓峰。

附李精朴将军来信

巴黎救国时报诸位同胞们！

我从友人处得读贵报已有多时了。贵报不分党派信仰，联合救亡的主张，实是非常正确，特别是贵报对于东北抗日联军之消息与文件，经常披露，读后令我万分兴奋。我觉得贵报是海内外同胞救亡的喉舌，同时也就是我东北同胞、东北抗日联军与一切义军部队的喉舌，因此我决定从今后，于行军杀敌之余，尽可能写些通讯给你们，将我所知道的等等事实，告诉国人，来唤起海内外同胞更加为驱逐日本子、收复失地而努力，和我们一起，拯救东北三千五百万同胞于水深火热，而达到我中华民族的最后解放。这一篇通讯，只说到日寇蹂躏我东北同胞的显著例子，关于其他，容当继续写就给贵报。

李精朴

中华民国二十六年三月十九日

一九三一年奇耻大辱的九一八，至到现在已经快届六周年了。在这五六年的当中，我东北四省三千五百万的同胞姊妹们，在日本帝国主义的铁蹄蹂躏之下，度着苟延残喘不如牛马的奴隶生活，尝受着空前未有的血洗屠杀之死亡，尝受着无人性的强霸奸淫之羞辱，尝受着残无人道的严刑拷打之痛苦，尝受着失业破产的饥寒交迫之苦状，尝受着流离失所的露宿雪寝之悲惨，尝受着诡计敲诈的苛捐杂税之剥削，尝受着强暴野蛮的横行谩骂之压迫，尝受着麻醉脑筋的奴化教育，强学日文日语等等这一些非人道的待遇，亡国奴的滋味，我东北同胞姊妹们已经亲切的饱尝到了，这一切我都能举出事实来讲！

一九三四年的秋冬两季，日本帝国主义在宁安县的大“讨伐”当中，有一次的“讨伐”，于旧历十月二日，午后日本“讨伐队”至宁安城南二区管界八道河子东沟（距宁安城一百二十里）赵家菜营，一家五口老两口子领两个儿子、一个姑娘，老头五十二岁，老婆四十九岁，长子十五岁，次子九岁，其女凤英十三岁。在前半月日贼来信令其搬家归大屯，该赵家因种两垧大田地，庄稼将拉场来，还未打完场，准备打完场即搬家到大屯去住。日本“讨伐队”到此见该户还未搬家，日贼大怒，打骂无穷，急令老头老婆及其长子用铁镐头刨坑，在这个时候，日本兵即将十三幼女凤英用枪威胁着到树林子里边去，四名日本兵轮流强奸。结果因该女幼小，又加多人临奸，就痛哭流涕的在地上树底下扒不起来了，日兵大怒，即用刺刀从该女阴门刺入，将肚皮完全挑开，五脏齐出，绝气而亡。日贼又命老头等即将坑挖了半人多深，令其站在坑边上，用机关枪扫射，当未毙命就活埋了，又拉倒房子庄稼一火焚之。

一九三四年冬及一九三五年初，日寇及“靖安军”在宁安“讨伐”的时候，日本“讨伐队”一小队开赴南马厂屯（距宁安城八十里）临时驻防。

该屯住户张玉发之幼女金英年十四岁，长得颇有姿色。日本小队长看见其女颜貌，即将张玉发找到日本防所。日本小队长向张玉发说：你的女儿长得很好，教你姑娘来与我们一起住几宿好不好呢？（日本小队长会中语）我多给你们金票不白睡你们的姑娘。张玉发说：我女已有婆家了，我们也不要你的钱，我姑娘也别跟你来住。日本小队长一听大怒说：怎么不跟我来住？中国人真奴隶，说好的就不中，你回去赶紧给送来。张玉发本来是一个农民，一见小队长有气，亦不敢说不行，就说我回去商量商量罢。日本小队长说不管你商量不商量，今晚给送来就行，张玉发回家见自己的妇人及其女儿金英，即将此事一一告知，该女金英及其母立刻痛哭不止，金英哭着说：日本子枪毙我也不去。全家痛哭多时，亦没有办法，而天色将晚了，日本小队长带一名护兵来了，大骂而特骂说：你们这些红胡子非杀你们不可。该张玉发等全家老幼吓得骨肉乱颤，敢怒而不敢言。即时将该女金英架走到日本防所住了四宿。日本小队长接到上级命令，开赴他处临时“讨伐”。日贼走后，该女金英回家，自觉羞愧难当，无脸见人，暗喝鸦片烟自尽而死。不日该日本小队长率队回来，又向张玉发要其女儿金英，张玉发答云：我女病死了啦。日本小队长大怒说：你们把金英送给胡子啦，你们都是胡子。张玉发无奈全家下跪哀求，又经该屯许多住户及牌长证明该女金英确实病故，才算了事。

在宁安城南小地名桥头及石头院套，两个小屯子（距县城六十余里）共有二十多家住户。其中青年妇女很多，在讨伐的期中，驻“靖安军”第二营六连一个连。其中有四个日本军官。这些寇官员无所不为。到夜间看谁家青年妇女好，就上谁家去随便住宿，任意强奸姑娘媳妇。要是姑娘，他就说，他是姑娘的丈夫，要是媳妇他就将其男人赶出，支使赴某处去给“靖安军”办某一种假的事情或往某处送信去。（完全是夜间去）“靖安军”的军官就在其家住宿，代替该媳妇的掌柜的那个脚。该连官长这样胡作非为，其士兵也有多少不肖之徒，也随便去上某家去睡姑娘媳妇。将该屯住户良民奸淫和骚乱的实无办法，特别是石头院杨牌长有两个青年媳妇，一个姑娘，差不多每夜都有“靖安军”的官或兵去住。以后实无办法，不得已将自己的房产地业完全抛弃而移到卧龙屯去租房子住。以后“靖安军”至该屯，看见老杨家在此地住，很严厉的威胁着说：你们自己的房子不住，搬到这屯来住，原来是为的与胡子勾通的便利。你们赶快搬回去，如不然，就以与匪私通论罪。

日本帝国主义所实行归大屯的毒辣政策，最加紧的是一九三五及一九三六年，特别是在反日游击区域里。首先开始修城镇通各大屯的交通路、汽车路、电杆电话等；其次筑屯基或挖土壕。而农民以耕种田地为业，在春天必须要耕种，至夏天必须要铲草，到秋天必须要收割自己耕种的庄稼。所以一年四季就无有闲暇的时间，而日本帝国主义在夏天之时不准农民铲，到秋天不准农民收割自己的田地，强迫去修汽车路挖土壕筑屯基等劳动苦工。穷苦农民很多没有饭吃，有的吃青菜，有的忍饥挨饿，也得去做这些苦工。特别是到秋天，农民因为修汽车路挖土壕筑屯基等苦工，连自己的田地也只好延期收割。因田地收割不完，就不能很快移到大屯去。日本帝国主义秋期大“讨伐”，见民户还没有移进大屯去，农民还是涣散不集中，对于他的“讨伐”仍然还是废力的。所以日本帝国主义不客气的将各山边子民房完全用火焚烧，严令农民急速搬家归屯。农民要不收割田地就更没有饭吃，所以许多农民无奈，只得露宿野寝的设法将自己所种的田地多少收割一点粮食。迁进大屯里去的农民至年春再想回故乡耕种自己田地，万难万难。在某大屯的住户，只许可以在大屯附近十里地以内耕种田地，十里以外不准农民去。如要有什么事情，须要按保甲方式报告日本鬼子，经日本鬼子许可后才能去办事情。还得在限期内一定要回来，如延期不回，或未经日本鬼子许可而远去的人，被日本查知以通匪论罪。因为如此，而农民就完全造成失业破产，饥寒交迫，流离失所，露宿野寝之悲惨苦状，几乎都有饿死冻死之危险。

一九三五年春在宁安县三区管界金坑屯南山，有七八名农民种地，至休息的时间，集中在一起，在一堆小树林里面玩耍。驻宁安东京城的守备一个小队出发至此距离还有半里之遥，日本小队长见地头小树林有人，还有牛马在地头上站着，并不加过问是什么人，即用机关枪扫射，将农民打死了两名负伤一名。日本子到近前，还哈哈大笑说，我当是胡子呢，原来是种地的庄稼人。谁教你们在这山附近种地呢？！打死也就是该打死的罢！

回憶「九一八」那一天！

羅雲

慘痛的「九一八」距現在整整六年了。

瀋陽是我的故鄉，我是在瀋陽長大起來的青年。現在回想起「九一八」時的瀋陽，那慘痛兀自在我心頭突躍！

震天的炮聲

萬寶山慘殺華僑事變發生以後，日寇進攻東省的野心更其暴露地在中國人民眼前，反日情緒和運動，首先在東北愛國學生中，接着在東北廣大人民中，不斷開展。「九一八」事變之前夜，瀋陽城內已露出緊張氣象。報上用大號字標題傳出「日本蠻橫日甚」的消息，東三省兵工廠的飛機和軍械，以打石友三爲名，不斷地在向關內送，同時，老百姓聽得傳說：北大營的王以哲部準備抗日行動。

但「九一八」當天，瀋陽還是一切照常。晚上九時半光景，日本租借地方面陡然發出震天砲聲，是向着北大營方面轟擊，城廂人民還才從驚惶中紛亂起來。早就在人民中宣傳反日，宣傳抵制日貨的我們，一聽砲聲自然馬上想到：這是日軍出動了，他們在向北大營進攻。但也還有些人最初還以爲也許是日兵在「秋操」，也許是中國軍中有了變故。

連珠似地砲聲愈來愈密，北大營附近一帶都紛紛地墜着砲彈。有兩顆砲彈甚至打到我們的住處來。我們的一般小朋友也驚了起來；但一忽嘈雜之後，大家都臥在地下，互相悄然耳語：「是日本子打過來了，咱們中國兵幹嗎不和他們拚！」

大概是十一點鐘以後，我們才聽到我方還擊的機關槍聲和砲聲。事後知道，雙方激戰最厲害之處是在北大營附近的南滿鐵路上——激戰後，日方指我軍破壞了鐵路——這時應戰的是兩連騎兵，他們曾把日寇打退，但後來日寇大軍四合，在衆寡懸殊條件下，這兩連人大部都殉了國。

不抵抗令

當時日寇進攻的計劃是這樣：以一支隊在大砲協助下進攻北大營王以哲部東北第七獨立旅，另以一支隊從日本租借地出動進攻瀋陽省城，再以一支隊在日租界待機，作預備隊。自然這是僅就日寇駐在滿鐵附屬地的軍隊而言，事變一起，他處日軍，首先是朝鮮的日軍即紛紛向瀋陽出動。

向瀋陽省城進攻的這一支隊的日軍，首先受到我方警察的抵抗。工業區的警察有五六十名，當寇軍行進到工業區時，他們便英勇地與寇軍激戰。他們的人雖少，却把寇軍打死得很多。後來得不到正式軍隊的增援，兄弟們也犧牲得過多，他們才勉強退出工業區。

王以哲部業已進行抗戰，又被迫奉令而退，所以退却時情形紛亂得很。我曾親耳聽見馬步隊的行動聲，人們的叫喚聲，和大家對於日寇的痛罵聲鬧成一片。軍隊既退，鄉下的老百姓也跟着逃命，這夜起着徹風，男女老幼啼哭叫喊之聲不絕於耳，「上那裏去呀！上那裏去呀！」的悽楚叫聲，老遠都可聽到。

到兩點鐘光景，日軍的燃燒彈打中了北大營的火藥庫，一片驚天破地的爆炸的巨響，把什麼聲音都壓低下去。

九一八之回憶（野夫）

侮辱與擄略

日軍佔領省城後，首先把我們各機關的青天白日旗撕毀，換上太陽旗。在督軍署街巍然矗立着的東北邊防長官公署的牌匾也給打得粉碎，換上「此處皇軍佔領」的封條。

次晨，各機關各學校的人都逃避一空，商店都關着舖板，全城交通斷絕，各街要口都有日兵步哨，帖着告白：「此處皇軍佔領，道行者射殺之！」死的恐怖籠罩着全城。

東三省兵工廠設備完善，生產力甚大，可以和日本的兵工廠相競爭，從前內戰時代，奉軍威名頗能嚇人，即因爲牠的軍械有特別豐富的接濟。日寇對於這一兵工廠特別注意，「九一八」前就說：「奉天兵工廠及駐軍有害日本在滿蒙的利益，」因此瀋陽既陷，日寇便把瀋陽兵工廠所有一切擄掠一空。根據不完全的統計，除各項軍事工業的機器，原料等外，單就已製成的武裝而言，有如次的數目：

新式軍用飛機　二百六十架
迫擊砲　二千門
野戰砲　一千門

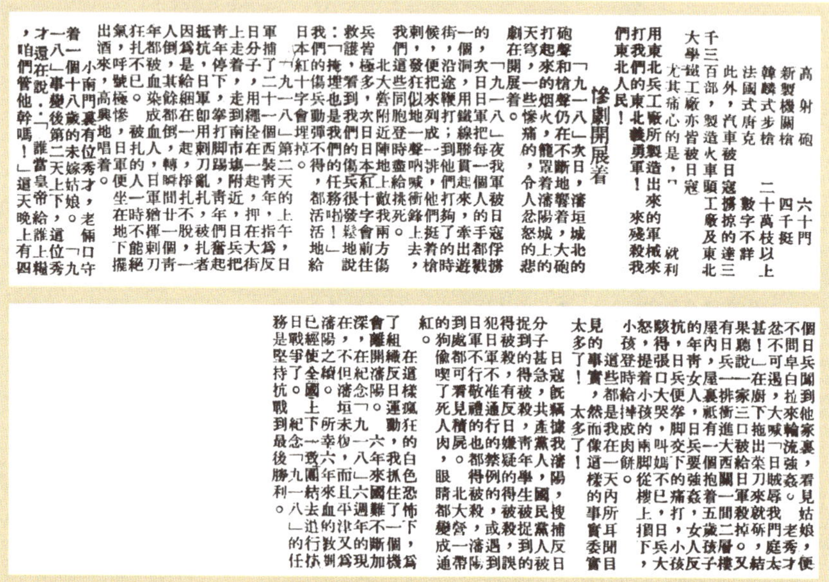

《救国时报》第一二三—一二四期 中华民国二十六年九月十八日 第十二版
（1937年9月18日）

回忆“九一八”那一天！

罗 云

惨痛的“九一八”距现在整整六年了。

沈阳是我的故乡，我是在沈阳长大起来的青年。现在回想起“九一八”时的沈阳，那惨痛兀自在我心头突跃！

震天的炮声

万宝山惨杀华侨事变发生以后，日寇进攻东省的野心更其暴露地在中国人民眼前，反日情绪和运动，首先在东北爱国学生中，接着在东北广大人民中，不断开展。“九一八”事变之前夜，沈阳城内已露出紧张气象。报上用大号字标题传出“日本蛮横日甚”的消息，东三省兵工厂的飞机和军械，以打石友三为名，不断地在向关内送，同时，老百姓听得传说：北大营的王以哲部准备抗日行动。

但“九一八”当天，沈阳还是一切照常。晚上九时半光景，日本租借地方面陡然发出震天炮声，是向着北大营方面轰击，城厢人民这才从惊惶中纷乱起来。早就在人民中宣传反日，宣传抵制日货的我们，一听炮声自然马上想到：这是日军出动了，他们在向北大营进攻。但也还有些人最初以为也许是日兵在“秋操”，也许是中国军中有了变故。

连珠似地炮声愈来愈密，北大营附近一带都纷纷地坠着炮弹。有两颗炮弹甚至打到我们的住处来。我们的一般小朋友也惊了起来；但一忽嘈杂之后，大家都卧在地下，互相悄然耳语：“是日本子打过来了，咱们中国兵干吗不和他们拼！”

大概是十一点钟以后罢，我们才听到我方还击的机关枪声和炮声。事后知道，双方激战最厉害之处是在北大营附近的南满铁路上——激战后，日方指我军破坏了铁路——这时应战的是两连骑兵，他们曾把日寇打退，但后来日寇大军四合，在众寡悬殊条件下，这两连人大部都殉了国。

不抵抗令

当时日寇进攻的计划是这样：以一支队在大炮协助下进

攻北大营王以哲部东北第七独立旅，另以一支队从日本租借地出动进攻沈阳省城，再以一支队在日租界待机，作预备队。自然这是仅就日寇驻在满铁附属地的军队而言，事变一起，他处日军，首先是朝鲜的日军即纷纷向沈阳出动。

向沈阳省城进攻的这一支队的日军，首先受到我方警察的抵抗。工业区的警察有五六十名，当寇军行进到工业区时，他们便英勇地与寇军激战。他们的人虽少，却把寇军打死得很多。后来得不到正式军队的增援，兄弟们也牺牲得过多，他们才勉强退出工业区。

王以哲部业已进行抵抗，又被迫奉令而退，所以退却时情形纷乱得很。我曾亲耳听见马步队的行动声，人们的叫唤声，和大家对于日寇的痛骂声闹成一片。军队既退，乡下的老百姓也跟着逃命，这夜起着微风，男女老幼啼哭叫喊之声不绝于耳，“上那里去呀！上那里去呀！”的凄楚叫声，老远都可听到。

到两点钟光景，日军的燃烧弹打中了北大营的火药库，一片惊天破地的爆炸的巨响，把什么声音都压低下去。

侮辱与掳略

日军占领省城后，首先把我们各机关的青天白日旗撕毁，换上太阳旗。在督军署街巍然矗立着的东北边防长官公署的牌匾也给打得粉碎，换上“此处皇军占领”的封条。

次晨，各机关各学校的人都逃避一空，商店都关着铺板，全城交通断绝，各街要口都有日兵步哨，贴着告白：“此处皇军占领，道行者射杀之！”死的恐怖笼罩着全城。

东三省兵工厂设备完善，生产力甚大，可以和日本的兵工厂相竞争，从前内战时代，奉军威名颇能吓人，即因为它的军械有特别丰富的接济。日寇对于这一兵工厂特别注意，“九一八”前就说：“奉天兵工厂及驻军有害日本在满蒙的利益，”因此沈阳既陷，日寇便把沈阳兵工厂所有一切掳掠一空。根据不完全的统计，除各项军事工业的机器，原料等外，单就已制成的武装而言，有如次的数目：

新式军用飞机　二百六十架

迫击炮　二千门

野战炮　一千门

高射炮　六十门

新制机关枪　四千挺

韩麟式步枪　二十万枝以上

法国式唐克　数字不详

此外，汽车被日寇掳掠的达三千三百部，制造火车头工厂及东北大学铁工厂亦皆被日寇□□□□□，尤其痛心的是，□□□□就利用东北兵工厂所制造出来的军械来打我们的东北义勇军！来残杀我们东北人民！

惨剧开展着

“九一八”次日，沈垣城北的炮声和枪声仍在不断地响着，大炮打起来的烟火，笼罩着沈阳城上的天穹，一些惨痛的，令人忿怒的悲剧在开展着。

“九一八”夜我军被日寇俘虏的，次日日军把每一个人的手都戳一个洞，用铁线联贯起来，牵出游街，沿途鞭打；

到他们打够了的时候，便把来列成一排，他们挺着枪刺，发疯似地一声呐喊冲锋上去，我们这些同胞登时尽给挑死。

北大营附近阵地上敌我两方伤兵皆极多，次日日本红十字会前往救护，看到我们的伤兵很发松地说："掩埋也是我们的任务啦！"我们的伤兵动弹不得，都活活地给日本红十字会埋掉。

"九一八"第二天的上午，日军捕了二十一个西装青年，指为反日分子，用绳拴在一起，押在大街上走着，走到南市场附近，日兵把青年停下，拳打脚踢，青年们奋起抵抗，日军即用刺刀乱扎，被扎者因为是给捆在一起，挣扎不脱，一人倒，其余都倒，转瞬间廿一个青年都被血染成血人，日军犹挥刺刀狂扎不已。被扎的人一时不能绝气，呼号极惨，日军便坐在地下摆出酒来，高兴地唱着。

小南门里有位秀才，老两口守着一个十八岁的未嫁姑娘。"九一八"事变后第二天上下，这位秀才还在说："谁当皇帝给谁上粮，咱们管他干吗！"这天晚上有四个日兵闯到他家里，看见姑娘，便不问皂白拉来轮流强奸。老秀才忿不可遏，大喊"日贼辱我门庭太甚！"在厨下拖出菜刀来就斫，结果听说一家三口被给日军杀掉。又有日兵一排冲进大西关一间二层楼屋内，屋里只有一个抱着五岁孩子的年青女人，日兵要强奸，女人反抗，日兵便拳脚交下的痛打，小孩骇得张口大哭，叫妈不已，日兵大怒，提着小孩的两脚从楼上掼下，小孩登时给摔成肉饼。

这些都是我在一天内所耳闻目见的事实，然而像这样的事实委实太多了！太多了！

日寇既窃据我沈阳，搜捕反日分子甚急，共产党人，国民党人被捉到的得被杀，青年学生被捉到的得被杀，有反日嫌疑的得被杀，误犯日军不准通行的禁例的，或遇到日军不行敬礼的也都得被杀，沈阳到处都可看见积尸。北大营一带的狗偷吃了死人肉，眼睛都变成通红。

在这样疯狂的白色恐怖下，为了组织反日运动，我抓住了一个机会离开沈阳。六年来国难不断加深，在纪念“九一八”六周年的现在，不但沈垣未复，而且平津又为沈阳之续。所幸六年来血的教训已经使全国上下一致团结去进行抗日战争了。纪念“九一八”的任务是坚持抗战到最后胜利。

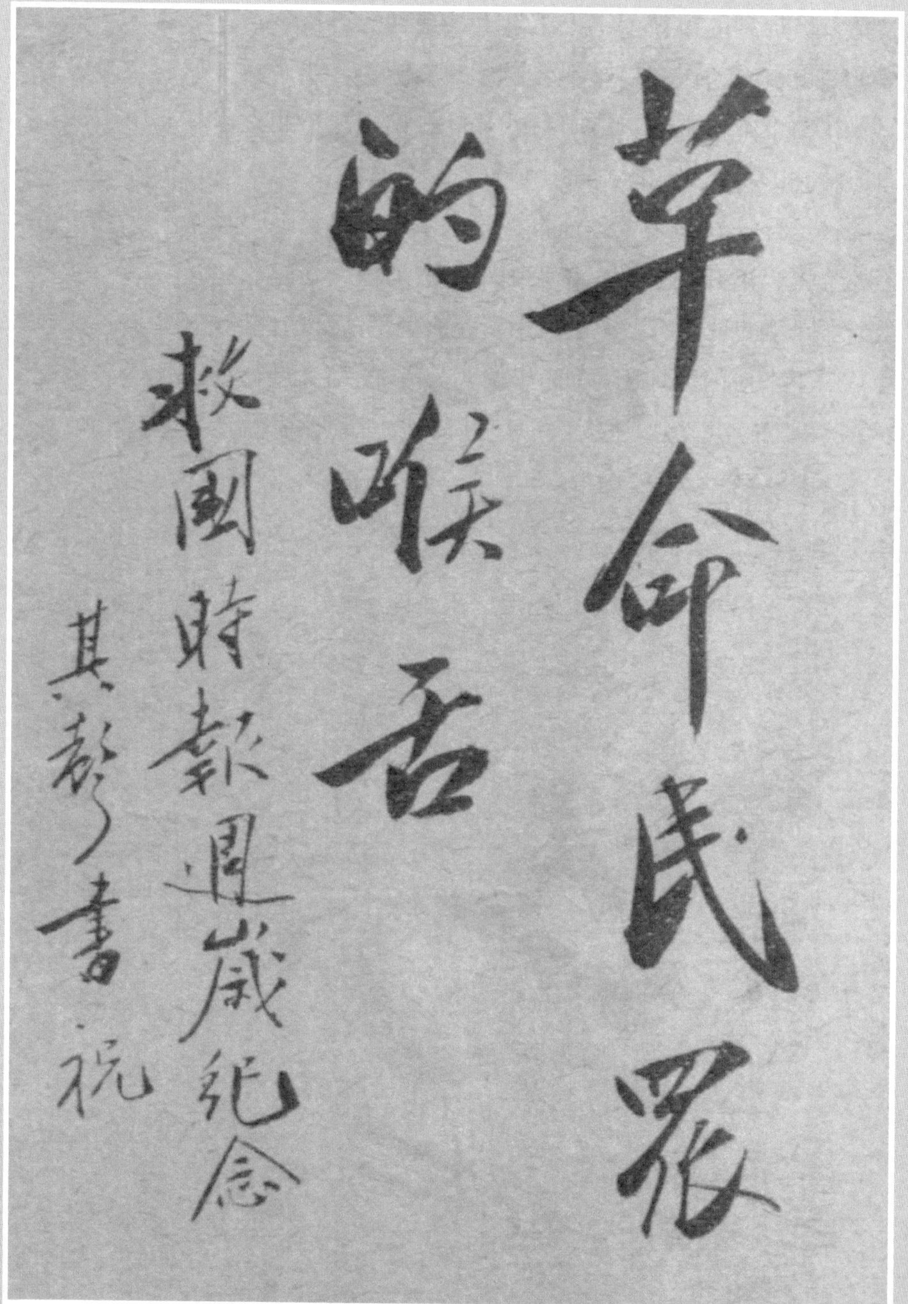

《救国时报》周岁纪念　其声书　祝

正义之声

我党的抗战宣言和纲领

抗战时期，我党的抗战宣言和纲领作为指导全民族团结抗战的思想和行动指南，在抗日战争中发挥了至关重要的作用。尤其是《中国苏维埃政府、中国共产党为抗日救国告全体同胞书》（即《八一宣言》）在《救国报》上发表，有力推动了抗日统一战线和抗日救亡运动，不仅彰显了我党与全国人民团结一心、共同抗击日本侵略的坚定立场和决心，也为抗日战争的最终胜利作出了重要贡献。

中國蘇維埃政府
中國共產黨 為抗日救國告全體同胞書

追悼民族英雄方志敏

救國報

『救国报』第十期 一九三五年十月一日 第二版

1935年8月1日，中国共产党驻共产国际代表团草拟了《中国苏维埃政府、中国共产党为抗日救国告全体同胞书》（即《八一宣言》）。1935年10月1日，《八一宣言》以中国苏维埃政府和中国共产党中央的名义在法国巴黎出版的《救国报》上发表

專載

中國蘇維埃政府 中國共產黨 為抗日救國告全體同胞書

國內外工農軍政商學各界男女同胞們！

日本帝國主義加緊對我進攻，南京賣國政府步步投降，我北方各省又繼東北四省之後而實際淪亡了！

有數千年來文化歷史的平津，有無限富源的直、魯、晉、豫各省，有最重要戰略意義的察、綏區域，有握全國政治經濟命脈的北寧、平漢、津浦、平綏等鐵路，現在實際上都完全在日寇軍力控制之下。關東賊軍司令部正在積極實行成立所謂「蒙古國」和「華北國」的計劃。自民國二十年「九一八」事變以來，由東三省而熱河，由熱河而長城，由長城而「灤東非戰區」，由「非戰區」而實際佔領河北、察、綏和北方各省，不到四年，差不多半壁山河，已經被日寇佔領和侵襲了。田中奏摺所預定的完全滅亡我國的毒計，正着着實行；長此下去，眼看長江和珠江流域、及其他各地，均將逐漸被日寇所吞蝕。我五千年古國，將完全變成被征服地，四萬萬同胞，將都變成亡國奴。

近年來，我國家、我民族、已處在千鈞一髮的生死關頭。抗日則生，不抗日則死，抗日救國，已成為每個同胞的神聖天職！

然而最痛心的，在我們偉大民族中間，卻發現着少數人面獸心的敗類：蔣介石、汪精衛、張學良等賣國賊，黃郛、楊永泰、王揖唐、張羣等老漢奸；數年一來，以「不抵抗」政策出賣我領土，以「逆來順受」主張接受日寇一切要求，以「攘外必先安內」武斷宣傳來進行內戰和壓迫一切反帝運動，以「十年生聚」、「十年教訓」[illegible]「準備復仇」等口號來制止人民抗日救國行動，以「等待世界第二次大戰來了再說」的狡計來迫使我國人民坐以待亡。而最近以來，漢奸賣國賊等在「中日親善」、「中日合作」和「大亞細亞主義」等口號之下，所作的降日賣國之露骨無恥行為，簡直開古今中外未有之奇聞！日寇要求撤退于學忠、宋哲元等軍隊，這些軍隊便立刻奉命南下西開去進行內戰了；日寇要求撤退某些軍政長官，某些軍政長官便立刻被撤職了；日寇要求河北省政府移出天津，省政府便立刻搬到保定了；日寇要求封禁某些報章雜誌，那些報章雜誌便立刻被封禁了；日寇要求懲辦新生等雜誌主筆和新聞記者，新生主筆和許多記者便立刻被逮捕監禁了；日寇要求中國政府實行奴化教育，蔣賊便立刻焚書坑儒了；日寇要求中國聘請日本顧問，蔣賊的軍政機關便立刻開門揖盜了；甚至日寇要求解散國民黨黨部，北方廈門等地國民黨黨部便立刻奉命解散了；日寇要求解散藍衣社組織，藍衣社北方領袖曾擴情、蔣孝先等便聞風潛逃了。

中國蘇維埃政府和共產黨認為日寇和漢奸賣國賊對我們這些行動，是中華民族的無上恥辱！蘇維埃政府和共產黨嚴重宣言：我們不僅對於日寇對我國的領土侵略和內政干涉，表示最激烈的反抗；就是對於日寇提出解散國民黨黨部和藍衣社組織底要求，也表示堅決的抗議。在共產黨及蘇維埃政府看來：一切中國人的事，應由中國人自己解決，無論國民黨和藍衣社賣國殃民的罪惡如何滔天，但其應否存廢問題，日寇絕無置喙的餘地。

領土一省又一省地被人侵佔，人民千萬又千萬地被人奴役，城村一處又一處地被人血洗，僑胞一批又一批地被人驅逐，一切內政外交處處被人干涉，這還能算什麼國家?! 這還能算什麼民族?!

同胞們！中國是我們的祖國！中國民族就是你們和我們這些全體同胞！我們能坐視國亡族滅而不起來救國自救嗎？

不能！絕對不能！阿比西尼亞以八百萬人民的國家，尚能對意大利帝國主義準備作英勇的武裝反抗，以保衛自己的領土和人民；難道我們四萬萬人民的泱泱大國，就能這樣束手待斃嗎？蘇維埃政府和共產黨深切相信：除極少數漢奸賣國賊願作李完用、鄭孝胥、張景惠、溥儀第二去靦顏事仇而外，我絕大多數工農軍政商學各界同胞，絕不甘心作日寇的牛馬奴隸。蘇維埃政府對日宣戰，紅軍再三提議與各軍隊共同抗日；紅軍北上抗日先遣隊艱苦奮鬥，十九路軍與民衆的淞滬血戰，察哈爾、長城及灤東各地軍民英勇殺賊，福建人民政府接受紅軍提議聯合抗日，羅登賢、徐名鴻、吉鴻昌、鄧鐵梅、伯陽、童長榮、潘洪生、史燦堂、瞿秋白、孫永勤、方志敏等民族英雄爲救國而捐軀；劉崇武、田漢、杜重遠等愛國志士爲抗日而入獄；蔡廷楷、蔣光鼐、翁照垣、陳銘樞、方振武等抗日部隊艱苦鬥爭；宋慶齡、何香凝、李杜、馬相伯等數千人發表中華民族對日作戰基本綱領；數年來我工農商學各界同胞爲抗日而進行罷貨、罷工、罷市、罷課、示威等救國運動；尤其是我東北數十萬武裝反日戰士，在楊靖宇、趙尚志、王德泰、李延祿、周保中、謝文東、吳義成、李華堂等民族英雄領導之下前仆後繼的英勇作戰；在在都是表現我民族救亡圖存的偉大精神，在在都證明我民族抗日救國的必然勝利。

到現在：我同胞抗日救國事業之所以還未得到應有勝利的原因，一方面是由於日寇蔣賊的內外夾攻，另方面是由於各種抗日反蔣勢力互相之間，存在有各種隔閡和誤會，以致未能團結一致。

因此，當此我亡國滅種大禍迫在眉睫之時，共產黨和蘇維埃政府再一次向全體同胞呼籲：無論各黨派間在過去和現在有任何政見和利害的不同，無論各界同胞間有任何意見上或利益上的差異，無論各軍隊間過去和現在有任何敵對行動，大家都應當有「兄弟鬩牆外禦其侮」的真誠覺悟，首先大家都應當停止內戰，以使集中一切國力（人力、物力、財力、武力等），去爲抗日救國的神聖事業而奮鬥。蘇維埃政府和共產黨特再一次鄭重宣言：只要國民黨軍隊停止進攻蘇區行動，只要任何部隊實行對日抗戰，不管過去和現在他們與紅軍之間有任何舊仇宿怨，不管他們與紅軍之間在對內問題上有任何分歧，紅軍不僅立刻對之停止敵對行爲，而且願意與之親密攜手共同救國。此外，蘇維埃政府和共產黨現在更進一步地懇切號召：

一切不願當亡國奴的同胞們！

一切有愛國天良的軍官和士兵兄弟們！

一切願意參加抗日救國神聖事業的黨派和團體的同志們！

國民黨和藍衣社中一切有民族意識的熱血青年們！

一切關心祖國的僑胞們！

中國境內一切被壓迫民族（蒙、回、韓、藏、苗、猺、黎、番等）的兄弟們！

大家起來！ 衝破日寇蔣賊的萬重壓迫，勇敢地：

與蘇維埃政府和東北各地抗日政府一起組織全中國統一的國防政府；與紅軍和東北人民

革命軍及各種反日義勇軍一起組織全中國統一的抗日聯軍。

蘇維埃政府和共產黨願意作成立這種國防政府的發起人，蘇維埃政府和共產黨願意立刻與中國各黨派、各團體（工會、農會、學生會、商會、教育會、新聞記者聯合會、教職員聯合會、同鄉會、致公堂、民族武裝自衛會、反日會、救國會等等）各名流學者、政治家、以及一切地方軍政機關，進行談判共同成立國防政府問題；談判結果所成立的國防政府，應該作爲救亡圖存的臨時領導機關，這種國防政府，應當設法召集眞正代表全體同胞（由工農軍政商學各界、一切願意抗日救國的黨派和團體、以及國外僑胞和中國境內各民族，在民主條件下選出的代表。）的代表機關，以便更具體地討論關於抗日救國的各種問題。蘇維埃政府和共產黨絕對盡力贊助這一全民代表機關的召集，並絕對執行這一機關的決議，因爲蘇維埃政府和共產黨是絕對尊重人民公意的政府和政黨。

國防政府的主要責任在於抗日救國，其行政方針應包括下列各點：

（一）抗日救國，收復失地。

（二）救災治水，安定民生。

（三）沒收日帝在華一切財產，充作對日戰費。

（四）沒收漢奸賣國賊財產、糧食、土地，交給貧苦同胞和抗日戰士享用。

（五）廢除苛捐雜稅，整理財政金融，發展工農商業。

（六）加薪加餉，改良工農軍學各界生活。

（七）實行民主自由，釋放一切政治犯。

（八）實行免費教育，安置失業青年。

（九）實行中國境內各民族一律平等政策，保護僑胞在國內外、生命財產、居住和營業的自由。

（十）聯合一切反對帝國主義的民衆（日本國內勞苦民衆、高麗、台灣等民族）作友軍，聯合一切同情中國民族解放運動的民族和國家，對一切對反日戰爭守善意中立的民族國家建立友誼關係。

抗日聯軍應由一切願意抗日的部隊合組而成，在國防政府領導之下，組成統一的抗日聯軍總司令部。這種總司令部或由各軍抗日長官及士兵選出代表組成，或由其他形式組成，也由各方代表及全體人民公意而定。紅軍絕對首先加入聯，盡抗日救國天職。

爲的使國防政府眞能擔起國防責任，爲的使抗日聯軍眞能担負起抗日重責，共產黨和蘇維埃政府號召全體同胞：有錢的出錢，有鎗的出鎗，有的出糧，有力的出力，有專門技能的供獻專門能，以便我全體同胞總動員，並用一切新舊武器，武裝起千百萬民衆來。共產黨和蘇維埃政府堅決相信：如果我們四萬萬同胞有統一的國政府作領導，有統一的抗日聯軍作先鋒，有百萬武裝民衆作戰備，有無數萬東方的和全世的無產階級和被壓迫民族作聲援，一定能戰勝受人民反抗和外受列強敵視的日本帝國主義！

們起來：

爲祖國生命而戰！

爲民族生存而戰！

爲國家獨立而戰！

爲領土完整而戰！

爲人權自由而戰！

大中華民族抗日救國大團結萬歲！

中國蘇維埃政府

中國共產黨中央

一九三五年八月一日

中国苏维埃政府、中国共产党为抗日救国告全体同胞书

国内外工农军政商学各界男女同胞们！

日本帝国主义加紧对我进攻，南京卖国政府步步投降，我北方各省又继东北四省之后而实际沦亡了！

有数千年来文化历史的平津，有无限富源的直、鲁、晋、豫各省，有最重要战略意义的察、绥区域，有握全国政治经济命脉的北宁、平汉、津浦、平绥等铁路，现在实际上都完全在日寇军力控制之下。关东贼军司令部正在积极实行成立所谓“蒙古国”和“华北国”的计划。自民国二十年“九一八”事变以来，由东三省而热河，由热河而长城，由长城而“滦东非战区”，由“非战区”而实际占领河北、察、绥和北方各省，不到四年，差不多半壁山河，已经被日寇占领和侵袭了。田中奏折所预定的完全灭亡我国的毒计，正着着实行；长此下去，眼看长江和珠江流域、及其他各地，均将逐渐被日寇所吞蚀。我五千年古国，将完全变成被征服地，四万万同胞，将都变成亡国奴。

近年来，我国家、我民族、已处在千钧一发的生死关头。抗日则生，不抗日则死，抗日救国，已成为每个同胞的神圣天职！

然而最痛心的，在我们伟大民族中间，却发现着少数人面兽心的败类：蒋介石、汪精卫、张学良等卖国贼；黄郛、杨永泰、王揖唐、张群等老汉奸；数年一来，以“不抵抗”

政策出卖我领土，以“逆来顺受”主张接受日寇一切要求，以“攘外必先安内”武断宣传来进行内战和压迫一切反帝运动，以“十年生聚”、“十年教养”、“准备复仇”等骗人口号来制止人民抗日救国行动，以“等待世界第二次大战来了再说”的狡计来迫使我国人民坐以待亡。而最近以来，汉奸卖国贼等在“中日亲善”、“中日合作”和“大亚细亚主义”等口号之下、所作的降日卖国之露骨无耻行为，简直开古今中外未有之奇闻！日寇要求撤退于学忠、宋哲元等军队，这些军队便立刻奉令南下西开去进行内战了；日寇要求撤退某些军政长官，某些军政长官便立刻被撤职了；日寇要求河北省政府移出天津，省政府便立刻搬到保定了；日寇要求封禁某些报章杂志，那些报章杂志便立刻被封禁了；日寇要求惩办新生等杂志主笔和新闻记者，新生主笔和许多记者便立刻被逮捕监禁了；日寇要求中国政府实行奴化教育，蒋贼便立刻焚书坑儒了；日寇要求中国聘请日本顾问，蒋贼的军政机关便立刻开门揖盗了；甚至日寇要求解散国民党党部，北方厦门等地国民党党部便立刻奉命解散了；日寇要求解散蓝衣社组织，蓝衣社北方领袖曾扩情、蒋孝先等便闻风潜逃了。

中国苏维埃政府和共产党认为日寇和汉奸卖国贼对我国这些行动，是中华民族的无上耻辱！苏维埃政府和共产党郑重宣言：我们不仅对于日寇对我国的领土侵略和内政干涉，表示激烈的反抗；就是对于日寇提出解散国民党党部和蓝衣社组织底要求，也表示坚决的抗议。在共产党及苏维埃政府看来：一切中国人的事，应由中国人自己解决，无论国民党和蓝衣社卖国殃民的罪恶如何滔天，但其应否存废问题，日寇绝无置喙的余地。

领土一省又一省地被人侵占，人民千万又千万地被人奴役，城村一处又一处地被人血洗，侨胞一批又一批地被人驱逐，一切内政外交处处被人干涉，这还能算什么国家?！这还能算什么民族?！

同胞们！中国是我们的祖国！中国民族就是你们和我们这些全体同胞！我们能坐视国亡族灭而不起来救国自救吗?

不能！绝对不能！阿比西尼亚以八百万人民的国家，尚能对意大利帝国主义准备作英勇的武装反抗，以保卫自己的领土和人民；难道我们四万万人民的泱泱大国，就能这样束手待毙吗?苏维埃政府和共产党深切相信：除极少数汉奸卖国贼愿作李完用、郑孝胥、张景惠、溥仪第二去觍颜事仇而外，我绝大多数工农军政商学各界同胞，绝不甘心作日寇的牛马奴隶。苏维埃政府对日宣战，红军再三提议与各军队共同抗日；红军北上抗日先遣队艰苦奋斗，十九路军及民众的淞沪血战，察哈尔、长城及滦东各地军民英勇杀贼，福建人民政府接受红军提议联合抗日，罗登贤、徐名鸿、吉鸿昌、邓铁梅、伯阳、童长荣、潘洪生、史灿堂、瞿秋白、孙永勤、方志敏等民族英雄为救国而捐躯；刘崇武、田汉、杜重远等爱国志士为抗日而入狱，蔡廷楷、蒋光鼐、翁照垣，陈铭枢、方振武等抗日部队艰苦斗争；宋庆龄、何香凝、李杜、马相伯等数千人发表中华民族对日作战基本纲领；数年来我工农商学各界同胞为抗日而进行排货、罢工、罢市、罢课、示威等救国运动；尤其是我东北数十万武装反日战士，在杨靖宇、赵尚志、王德泰、李延禄、周保中、谢文东、吴义成、李华堂等民族英雄领导之下前仆后继的英勇作战；在在都表现我民族救亡图存的伟大精神，在在都证明我民族抗日救国的必然胜利。到现在：我同胞抗日救国事业之所以还未得到应有胜利的原因，一方面是由于日寇蒋贼的内外夹攻，另方面是由于各种抗日反蒋势力互相之间，存在有各种隔阂和误会，以致未能团结一致。

因此，当今我亡国灭种大祸迫在眉睫之时，共产党和苏维埃政府再一次向全体同胞呼吁：无论各党派间在过去和现在有任何政见和利害的不同，无论各界同胞间有任何意见上或利益上的差异，无论各军队间过去和现在有任何敌对行动，大家都应当有"兄弟阋墙外御其侮"的真诚觉悟，首先大家都应当停止内战，以便集中一切国力(人力、物力、财力、武力等)，去为抗日救国的神圣事业而奋斗。苏维埃政府和共产党特再一次郑重宣言：只要国民党军队停止进攻苏区行动，只要任何部队实行对日抗战，不管过去和现在他们与红军之间有任何旧仇宿怨，不管他们与红军之间在对内问题上有任何分歧，红军不仅立刻对之停止敌对行为，而且愿意与之亲密携手共同救国。此外，苏维埃政府和共产党现在更进一步地恳切号召：

一切不愿当亡国奴的同胞们！

一切有爱国天良的军官和士兵兄弟们！

一切愿意参加抗日救国神圣事业的党派和团体的同志们！

国民党和蓝衣社中一切有民族意识的热血青年们！

一切关心祖国的侨胞们！

中国境内一切被压迫民族(蒙、回、韩、藏、苗、瑶、果、黎、番等)的兄弟们！

大家起来！冲破日寇蒋贼的万重压迫，勇敢地：

与苏维埃政府和东北各地抗日政府一起组织全中国统一的国防政府；与红军和东北人民革命军及各种反日义勇军一起组织全中国统一的抗日联军。

苏维埃政府和共产党愿意作成立这种国防政府的发起人，苏维埃政府和共产党愿意立刻与中国各党派、各团体(工会、农会、学生会、商会、教育会、新闻记者联合会、教职员联合会、同乡会、致公堂、民族武装自卫会、反日会、救国会等等)各名流学者、政治家、以及一切地方军政机关，进行谈判共同成立国防政府问题；谈判结果所成立的国防政府，应该作为救亡图存的临时领导机关，这种国防政府，应当设法召集真正代表全体同胞(由工农军政商学各界、一切愿意抗日救国的党派和团体、以及国外侨胞和中国境内各民族，在民主条件下选出的代表。)的代表机关，以便更具体地讨论关于抗日救国的各种问题。苏维埃政府和共产党绝对尽力赞助这一全民代表机关的召集，并绝对执行这一机关的决议，因为苏维埃政府和共产党是绝对尊重人民公意的政府和政党。

国防政府的主要责任在于抗日救国，其行政方针应包括下列各点：

(一)抗日救国，收复失地。

(二)救灾治水，安定民生。

(三)没收日帝在华一切财产、充作对日战费。

(四)没收汉奸卖国贼财产、粮食、土地，交给贫苦同胞和抗日战士享用。

(五)废除苛捐杂税、整理财政金融、发展工农商业。

(六)加薪加饷、改良工农军学各界生活。

（七）实行民主自由、释放一切政治犯。

（八）实行免费教育、安置失业青年。

（九）实行中国境内各民族一律平等政策，保护侨胞在国内外、生命财产、居住和营业的自由。

（十）联合一切反对帝国主义的民众（日本国内劳苦民众、高丽、台湾等民族）作友军，联合一切同情中国民族解放运动的民族和国家，对一切对反日战争守善意中立的民族国家建立友谊关系。

抗日联军应由一切愿意抗日的部队合组而成，在国防政府领导之下，组成统一的抗日联军总司令部。这种总司令部或由各军抗日长官及士兵选出代表组成，或由其他形式组成，也由各方代表及全体人民公意而定。红军绝对首先加入联军，尽抗日救国的天职。

为的使国防政府真能担起国防责任，为的使抗日联军真能担负起抗日重责，共产党和苏维埃政府号召全体同胞：有钱的出钱，有枪的出枪，有粮的出粮，有力的出力，有专门技能的供献专门技能，以便我全体同胞总动员、并用一切新旧式武器，武装起千百万民众来。共产党和苏维埃政府坚决相信：如果我们四万万同胞有统一的国防政府作领导，有统一的抗日联军作先锋，有千百万民众作战备，有无数万东方的和全世界的无产阶级和被压迫民众作声援，一定能战胜内受人民反抗和外受列强敌视的日本帝国主义！

同胞们起来！

为祖国生命而战！

为民族生存而战！

为国家独立而战！

为领土完整而战！

为人权自由而战！

大中华民族抗日救国大团结万岁！

中国苏维埃政府

中国共产党中央

一九三五年八月一日

社論

中華民族一致對外

據各方面電訊消息，「滿洲國」第二之「華北國」，已正式由日寇新走狗宋哲元等宣佈成立！同時，日寇利用日水兵在滬因嫖妓鬥毆致死事件，實行遣兵調將佔據上海虹口閘北各區；利用我國同胞搗毀仇貨商店事，實行派陸戰隊侵襲北四川路；利用南京政府實行財政改革等，宣佈各種非理要求和恫嚇言論；從日寇最近對我各方面的言論和行動看來，中華民族危機又進入了一個新的更嚴重的階段——亡國滅族之禍，已迫在目前了！

同時，吾人可引為愉慰的，便是我中華民族一致對外壓縮日益增長，在共產黨和蘇維埃及紅軍方面，繼八一宣言號召「全中國統一的國防政府和全中國統一的抗日聯軍」之後，最近中共中央因北方事變又發表了告全國民衆，各黨派和一切軍隊宣言，號召「不分信仰，不分派別，團結抗日，一致救國」，號召各黨派和各軍隊停止一切內爭和一致對外；此外紅軍軍事委員會朱德周恩來王嘉祥彭德懷等發表告全國各派將領及官兵書，快郵代電，號召全中國軍隊大聯合一致抵禦外侮。在東北抗日聯軍和反日遊擊隊方面，由楊靖宇，李延祿，吳義成，孔憲榮等將領署名，發表了致國內軍政各界及各法團通電，擁護成立「國防政府和抗日聯軍主張」，並要求我國各黨各派各軍停止一切內鬨一致出兵抗日。在十九路軍及福建事變人物方面，據各方面消息，陳銘樞，蔣光鼐，蔡廷楷，翁照垣，李濟琛等，最近又以抗日討蔣為根本主張，組織了「中華民族革命同盟」，說實繼續福建事變的未完事業。在僑胞方面，美國僑胞團體已和促成國防政府及抗日聯軍之宣言通電發表，同時，並有人提議組織「抗日討蔣聯合大會」；北美學生會主張「捐棄成見，全民一致，武力抗日，並號召召集緊急時期「國防行動會」」等。巴黎倫敦各地僑胞抗日救國大團結的呼聲均響徹雲霄。此外，據各方電訊，謂國民黨和南京政府因民怨沸騰，衆叛親離和本身地位關係，也有改變對日政策的傳說；雖然直到現在我們還未見到南京政府抗日行動，但從國民黨六中全會上汪精衛被刺事件及國民黨五全大會上對日問題的爭論等事實看來，南京政府內部在對日問題上有重大紛爭，已成不可否認的事實；同時國民黨及南京政府內部某些派別因種種利害關係，對於改變對日政策，也非絕不可能。從這一切一切看來，我中華民族當今大難臨頭之時，的確要漸次走上一致團結對外的光明大道！

現在的確已經不是簡單空喊抗日救國的時候了。

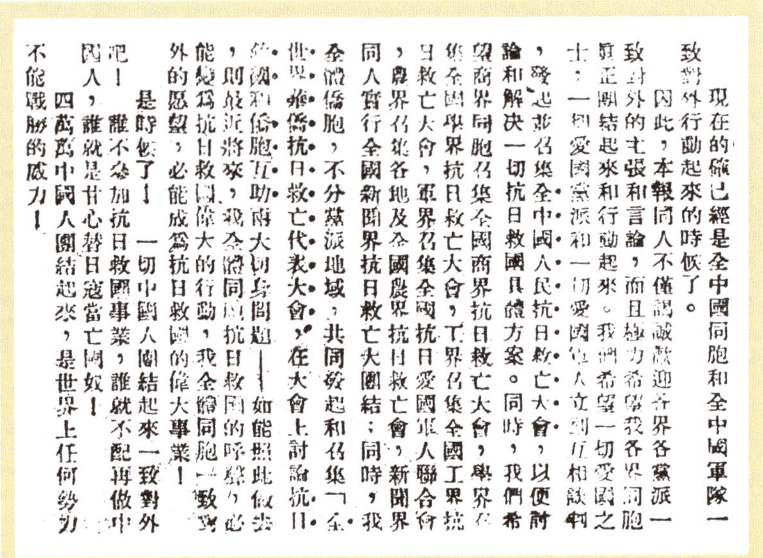

現在的確已經是全中國同胞和全中國軍隊一致對外行動起來的時候了。

因此，本報同人不僅誠懇歡迎各界各黨派一致對外的主張和言論，而且極力希望我各界同胞真正團結起來和行動起來。我們希望一切愛國志士，一切愛國黨派和一切愛國僑人立刻互相[illegible]，發起並召集全・中・國・人・民・抗・日・救・亡・大・會・，以便討論和解決一切抗日救國具體方案。同時，我們希望商界同胞召集全國商界抗日救亡大會，學界召集全國學界抗日救亡大會，工界召集全國工界抗日救亡大會，軍界召集全國抗日愛國軍人聯合會，農界召集各地及全國農界抗日救亡會，新聞界同人實行全國新聞界抗日救亡大團結；同時，我們希望全體僑胞，不分黨派地域，共同發起和召集「全・世・界・華・僑・抗・日・救・亡・代・表・大・會・」，在大會上討論抗・日・僑・務・和・僑・胞・互・助・兩大切身問題——如能照此做去，則最近將來，我全體同胞抗日救國的呼聲，必能變為抗日救國偉大的行動，我全體同胞一致對外的願望，必能成為抗日救國的偉大事業！

是時候了！一切中國人團結起來一致對外吧！誰不參加抗日救國事業，誰就不配再做中國人，誰就是甘心替日寇當亡國奴！四萬萬中國人團結起來，是世界上任何勢力不能戰勝的威力！

《救国时报》第一期 中华民国二十四年十二月九日 第一版

（1935 年 12 月 9 日）

社 论

中华民族一致对外

据各方面电讯消息，“满洲国”第二之“华北国”，已正式由日寇新走狗宋哲元等宣布成立！同时，日寇利用日水兵在沪因嫖妓斗殴身死事件，实行遣兵调将占据上海虹口闸北各区；利用我同胞捣毁仇货商店事，实行派陆战队占据北四川路；利用南京政府实行财政改革等，宣布各种非理要求和恫吓言论；从日寇最近对我各方面的言论和行动看来，中华民族危机又进入了一个新的更严重的阶段——亡国灭族之祸，已迫在目前了！

同时，吾人可引为庆慰的，便是我中华民族一致对外愿望日益增长，在共产党和苏维埃及红军方面，继《八一宣言》号召“全中国统一的国防政府和全中国统一的抗日联军”之后，最近中共中央因北方事变又发表了告全国民众，各党派和一切军队宣言，号召“不分信仰，不分派别，团结抗日，一致救国”，号召各党派和各军队停止一切内争和一致对外；此外红军军事委员会朱德周恩来王嘉祥彭德怀等发表告全国各派将领及官兵的快邮代电，号召全中国军队大联合一致抵御外侮；在东北抗日联军和反日游击队方面，由杨靖宇，李延禄，吴义成，孔宪荣等将领署名，发表了致国内军政各界及各法团通电，拥护成立“国防政府和抗日联军主张”，并要求我国各党各派各军停止一切内哄一致出兵抗日。在十九路军及福建事变人物方面，据各方面消息，陈铭枢，蒋光鼐，蔡廷楷，翁照垣，李济琛等，最近又以抗日讨蒋为根本主张，组织了“中华民族革命同盟”，并宣称要继续福建事变的未完事业。在侨胞方面，美国侨胞团体已有促成国防政府及抗日联军之宣言通电发表，同时，并有人提议组织“抗日讨蒋联合大会”；北美学生会主张“捐弃成见，全民一致，武力抗日”，并号召召集紧急时期“国防行动会”等。巴黎伦敦各地侨胞抗日救国大团结的呼声均响彻云霄。此外，据各方电讯，谓国民党和南京政府因民怨沸腾，众叛亲离和本身地位关系，也有改变对日政策的传说；虽然直到现在我们还未见到南京政府抗日行动，但从国民党六中全会上汪精卫被刺事件及国民党五全大会上对日问题的争论等事实看来，南京政府内部在对日问题上有重大纷争，已成不可否认的事实；同时国民党及南京政府内某些派别因种种利害关系将改变亲日政策，也非绝不可能。从这一切一切看来，我中华民族当今大难临头之时，的确要渐次走上一致团结对外的光明大道！

现在的确已经不是简单空喊抗日救国的时候了。

现在的确已经是全中国同胞和全中国军队一致对外行动起来的时候了。

因此，本报同人不仅竭诚欢迎各界各党派一致对外的主张和言论，而且极力希望我各界同胞真正团结起来和行动起来。我们希望一切爱国之士，一切爱国党派和一切爱国军人立刻互相谈判，发起并召集全中国人民抗日救亡大会，以便讨论和解决一切抗日救国具体方案。同时，我们希望商界同胞召集全国商界抗日救亡大会，学界召集全国学界抗日救亡大会，工界召集全国工界抗日救亡大会，军界召集全国抗日爱国军人联合会，农界召集各地及全国农界抗日救亡会，新闻界同人实行全国新闻界抗日救亡大团结；同时，我全体侨胞，不分党派地域，共同发起和召集“全世界华侨抗日救亡代表大会”，在大会上讨论抗日救国和侨胞互助两大切身问题——如能照此做去，则最近将来，我全体同胞抗日救国的呼声，必能变为抗日救国伟大的行动，我全体同胞一致对外的愿望，必能成为抗日救国的伟大事业！

是时候了！一切中国人团结起来一致对外吧！谁不参加抗日救国事业，谁就不配再做中国人，谁就是甘心替日寇当亡国奴！

四万万中国人团结起来，是世界上任何势力不能战胜的威力！

東北反日聯合軍

為華北事變告東北同胞宣言

△建立抗日反滿討蔣的政府

△成立抗日反滿討蔣的聯軍

東北四省三千萬中國同胞們！

四年前九月十八日日本強盜出兵佔領我東三省，三年前一月廿八日日本又出兵上海，為十九路軍和上海工人和貧民所痛擊，日寇失敗而未能佔據上海，乃於二年前春日寇出兵熱河，又將該省佔領了。今年六月六日日寇又藉口中國違背唐沽協定，向中國政府要求，中國軍隊退出平津，宋哲元軍隊退出察哈爾省，解散全國抗日團體，禁止一切抗日行動等等無理要求條件。

國民黨政府首腦蔣賊介石，汪賊精衛已全部承認日寇要求了。于學忠軍隊已在蔣賊命令之下，退出平津了。宋哲元已被蔣賊免職；而他的軍隊已退出察省了。一切抗日救國運動被禁止，抗日救國的領袖被蔣賊所逮捕和屠殺。

蔣賊介石汪賊精衛等，不顧中國國家存亡，不顧中華民族生存，祇圖賣國求榮，祇圖維持一己之政權，現在祇被日寇一紙空文威嚇，重演張賊學良的故事，不放一槍，不耗一彈，而將河北察哈爾兩省送給日本，並且山西、山東、綏遠、亦歸日寇勢力範圍，黃河以北已入日寇勢力範圍以內了。

這次事變眞是五千年中國歷史上所未有的事變，蔣賊賣國技能眞比秦檜吳三桂還要更進一層了。他們曾經想出賣東三省，就可滿足日寇要求，而得苟安於一時，今又出賣華北和中國歷史上有名的的首都北京，企圖偏安於江南，以保國家之政權。這樣想法能夠作得到麼？不能！絕對不能！日寇昨日佔東北，今日佔華北，說不定明日就要佔山東、河南、後日佔華中和華南，日寇實行他的一貫殖民地政策，他非把全中國變為他的殖民地，是不會干休的。

那麼，我們就眼看被日寇吞併，而讓全中國都變為日本的殖民地麼？不能！絕對不能！

怎樣辦呢？出路在那兒呢？唯一的出路和辦法就是：馬上建立起全中國的抗日反滿討蔣的聯合戰線，動員一切抗日反滿討蔣的海陸空軍，成立抗日反滿討蔣的聯軍，立刻實行對日抗戰，立刻武裝和動員全國人民，來對日作戰，立刻沒收日寇和賣國賊的財產，以充對日戰爭的經費，立刻成立抗日反滿討蔣的人民政府。以領導和統一對日作戰，並要聯合世界上對我中國人民抗日民族革命戰爭守中立和同情的國家與民族，以結成國際上抗日的聯合戰線。

關內中華蘇維埃政府與中國紅軍已宣佈對日作戰了。前十九路軍軍長蔡廷楷等正在謀建立抗日討蔣的政府，前抗日救國軍司令王德林與自衛軍司令李杜等亦在關內活動着。在最近將來，在國內有完全可能轉向一個新的政治局勢。

東北同胞們！你們還是甘心願意當一羣子日本的亡國奴呢？還是願意起來爭取自己的解放和自由，當一個轟轟烈烈的民族英雄與民族戰士呢？同胞們！在四年來我們飽受了亡國的痛苦，苦我們已盡受夠了！起來罷！來和日本強盜厮殺呀！古語云「國家興亡，匹夫有責」我們生在當今國家危急和民族滅亡之秋，能夠袖手旁觀，不去愛國和救國麼？恐怕在九泉之下的我們祖先英靈也不容許罷！恐怕我們死後，也被後世子孫所痛罵罷！

東北同胞們！我們在東北應該怎樣幹呢？

我們應該開一個抗日救國的人民代表大會，成立一個東北人民政府，以領導東北人民來推翻日本走狗政府——滿洲國。並且應該聯合關內一切抗日的政府軍隊和團體。

現在，在我們東北反日總會領導之下，已成立了東北反日聯合軍六個軍，還有許多遊擊隊，共有四萬五千餘人，其他不在我們領導下的隊伍尚未計算在內，抗日軍不是鬍子，他們是抗日救國的軍隊，他們的主張有三條：（一）抗日反滿，收回失地，保護中華祖國。（二）沒收日寇和走狗的財產。（三）聯合民衆，來共同抗日救中國。反日會組織已普遍在東北各地了，並且在關內各地也有他的組織，他是一個偉大的力量，他是一個眞正抗日救國的團體。

東北各地義勇軍抗日山林隊長官和兵士同胞們！加入我們反日聯軍和反日會，來共同殺賊呀！

滿軍兵士和長官同胞們！回轉槍頭，槍斃日本官，拉出來和我們抗日救國呀！

工人同胞們！拋棄你們的鐘頭罷！到戰場上去，殺盡日賊，爭取八小時工作制，爭取自己的民族和社會解放呀！

農民同胞們！拋棄你們的鐮刀罷！到戰

場上去，殺退日本鬼子！ 保護你們自己的故鄉和自己的田園呀！

商民同胞們！ 募捐援助抗日軍隊罷！ 反對日滿的苛捐雜稅！ 要求中國商人買賣自由，不受日本的限制！

學生同胞們！ 放下你們的書本罷！ 要學班超投筆從戎的故事，效身疆場保護祖國呀！

婦女同胞們！ 從舊的半封建黑暗勢力壓迫下解放出來吧！ 要學木蘭從軍的故事，為國盡忠不落後於男子呀！ 一切反日同胞們：大家舉起抗日反滿討蔣的義旗，建立起抗日反滿討蔣的人民政府，收回東北和華北失地，爭取我中華民國之統一和我大中華民族之獨立！

整齊陣容，向前邁進！

抗日反滿討蔣的聯合戰線萬歲！

大中華民國萬歲！

神聖的抗日民族革命戰爭萬歲！

東北反日總會

東北反日聯合第一軍軍長楊靖宇

第二軍軍長王德泰

第三軍軍長趙尚志

第四軍軍長李延祿

第五軍軍長周保中

第六軍軍長謝文東

湯原反日遊擊隊

海倫反日遊擊隊

大中華民國廿四年六月廿日

《救国报》第十期 中华民国二十四年十月一日 第二版

（1935 年 10 月 1 日）

东北反日联合军

为华北事变告东北同胞宣言

△建立抗日反满讨蒋的政府
△成立抗日反满讨蒋的联军

东北四省三千万中国同胞们！

四年前九月十八日日本强盗出兵占领我东三省，三年前一月廿八日日本又出兵上海，为十九路军和上海工人和贫民所痛击，日寇失败而未能占据上海，乃于二年前春日寇出兵热河，又将该省占领了。今年六月六日日寇又借口中国违背唐沽协定，向中国政府要求，中国军队退出平津，宋哲元军队退出察哈尔省，解散全国抗日团体，禁止一切抗日行动等等无理要求条件。

国民党政府首脑蒋贼介石，汪贼精卫已全部承认日寇要求了。于学忠军队已在蒋贼命令之下，退出平津了。宋哲元已被蒋贼免职；而他的军队已退出察省了。一切抗日救国运动被禁止，抗日救国的领袖被蒋贼所逮捕和屠杀。

蒋贼介石汪贼精卫等，不顾中国国家存亡，不顾中华民族生存，只图卖国求荣，只图维持一己之政权，现在只被日寇一纸空文威吓，重演张贼学良的故事，不放一枪，不耗一弹，而将河北察哈尔两省送给日本，并且山西、山东、绥远、亦归日寇势力范围，黄河以北已入日寇势力范围以内了。

这次事变真是五千年中国历史上所未有的事变，蒋贼卖国技能真比秦桧吴三桂还要更进一层了。他们曾经想出卖东三省，就可满足日寇要求，而得苟安于一时，今又出卖华北和中国历史上有名的首都北京，企图偏安于江南，以保国家之政权。这样想法能够作得到么？不能！绝对不能！日寇昨日占东北，今日占华北，说不定明日就要占山东、河南、后日占华中和华南，日寇实行他的一贯殖民地政策，他非把全中国变为他的殖民地，是不会干休的。

那么，我们就眼看被日寇吞并，而让全中国都变为日本的殖民地么？不能！绝对不能！

怎样办呢？出路在那儿呢？唯一的出路和办法就是：马上建立起全中国的抗日反满讨蒋的联合战线，动员一切抗日反满讨蒋的海陆空军，成立抗日反满讨蒋的联军，立刻实行对日抗战，立刻武装和动员全国人民，来对日作战，立刻没收日寇和卖国贼的财产，以充对日战争的经费，立刻成立抗日反满讨蒋的人民政府。以领导和统一对日作战，并要联合世界上对我中国人民抗日民族革命战争守中立和同情的国家与民族，以结成国际上抗日的联合战线。

关内中华苏维埃政府与中国红军已宣布对日作战了。前十九路军军长蔡廷楷等正在谋建立抗日讨蒋的政府，前抗日救国军司令王德林与自卫军司令李杜等亦在关内活动着。在最近将来，在国内有完全可能转向一个新的政治局势。

东北同胞们！你们还是甘心愿意当一辈子日本的亡国奴呢？还是愿意起来争取自己的解放和自由，当一个轰轰烈烈的民族英雄与民族战士呢？同胞们！在四年来我们饱受了亡国的痛苦，苦我们已尽受够了！起来罢！来和日本强盗厮杀呀！古语云“国家兴亡，匹夫有责”我们生在当今国家危急和民族灭亡之秋，能够袖手旁观，不去爱国和救国么？恐怕在九泉之下的我们祖先英灵也不容许罢！恐怕我们死后，也被后世子孙所痛骂罢！

东北同胞们！我们在东北应该怎样干呢？我们应该开一个抗日救国的人民代表大会，成立一个东北人民政府，以领导东北人民来推翻日本走狗政府——满洲国。并且应该联合关内一切抗日的政府军队和团体。现在，在我们东北反日总会领导之下，已成立了东北反日联合军六个军，还有许多游击队，共有四万五千余人，其他不在我们领导下的队伍尚未计算在内，抗日军不是胡子，他们是抗日救国的军队，他们的主张有三条：（一）抗日反满，收回失地，保护中华祖国。（二）没收日寇和走狗的财产。（三）联合民众，来共同抗日救中国。反日会组织已普遍在东北各地了，并且在关内各地也有他的组织，他是一个伟大的力量，他是一个真正抗日救国的团体。

东北各地义勇军抗日山林队长官和兵士同胞们！加入我们反日联军和反日会，来共同杀贼呀！

满军兵士和长官同胞们！回转枪头，枪毙日本官，拉出来和我们抗日救国呀！

工人同胞们！抛弃你们的锤头罢！到战场上去，杀尽日贼，争取八小时工作制，争取自己的民族和社会解放呀！

农民同胞们！抛弃你们的镰刀罢！到战场上去，杀退日本鬼子！保护你们自己的故乡和自己的田园呀！

商民同胞们！募捐援助抗日军队罢！反对日满的苛捐杂税！要求中国商人买卖自由，不受日本的限制！

学生同胞们！放下你们的书本罢！要学班超投笔从戎的故事，效身疆场保护祖国呀！

妇女同胞们！从旧的半封建黑暗势力压迫下解放出来

罢！要学木兰从军的故事，为国尽忠不落后于男子呀！一切反日同胞们：大家举起抗日反满讨蒋的义旗，建立起抗日反满讨蒋的人民政府，收回东北和华北失地，争取我中华大国之统一和我大中华民族之独立！

整齐阵容，向前迈进！

抗日反满讨蒋的联合战线万岁！

大中华民国万岁！

神圣的抗日民族革命战争万岁！

东北反日总会

东北反日联合第一军军长　杨靖宇

第二军军长　王德泰

第三军军长　赵尚志

第四军军长　李延禄

第五军军长　周保中

第六军军长　谢文东

汤原反日游击队

海伦反日游击队

大中华民国廿四年六月廿日

中國共產黨告全國民衆各黨派及一切軍隊宣言

同胞們，兄弟們！

日本帝國主義正在組織「華北國」並向全中國進攻了，北方軍閥已實行出賣我北五省的領土和九千萬同胞，在南京政府方面雖然在對日問題上最近有很多爭論，但在實際上仍繼續不抵抗政策。

我們的祖國危險了！

我們的整個民族的命運已處在千鈞一髮之秋了！

當我四萬萬同胞的緊急生死關頭，中國共產黨中央再一次鄭重號召：一切同胞們，一切愛國志士們，一切我國的軍隊：不分信仰，不分派別，團結抗日，一致救國！

還在今年八月一日「為抗日救國告全體同胞書」上，中國共產黨中央和中國蘇維埃政府已經向一切不願作亡國奴的同胞和軍隊具體提議說：蘇維埃政府和東北各地抗日政府一起組織全中國統一的國防政府，與紅軍和東北反日人民革命軍和義勇軍一起組織全中國統一的抗日聯軍！

現在是行動起來的時候了！

現在是我們全中國人團結一致起來救國的時候了！

只有我們偉大的中華民族迅速團結起來一致行動，才能挽救我們的祖國。

中共中央再一次鄭重聲明，中國共產黨渴望着與一切愛國同胞一起攜手救國。紅軍急切準備着與一切愛國軍隊聯合起來共禦外侮。

趕快停止中國人和中國軍隊之間的一切內鬨吧！

全中國同胞和全中國軍隊趕快團結起來一致抗日救國吧！

中共中央提議：一切願意抗日的各黨派各軍隊各社會團體和各群衆組織立刻開始談判共禦外侮的條件和方法。

中共中央提議：立刻召集一切願意抗日的黨派，軍隊和各界團體，選出的代表參加的全民救國會，以便討論關於團結和動員全國同胞和全國軍隊一致對外的具體辦法。

打倒日本帝國主義——全中國人民的死敵！

全國同胞和全國軍隊抗日救國大團結萬歲！

《救国时报》第一期 中华民国二十四年十二月九日 第二版

（1935 年 12 月 9 日）

中国共产党告全国民众各党派及一切军队宣言

同胞们，兄弟们！

日本帝国主义正在组织“华北国”并向全中国进攻了，北方军阀已实行出卖我北五省的领土和九千万同胞，在南京政府方面虽然在对日问题上最近有很多争论，但在实际上仍继续不抵抗政策。

我们的整个祖国危险了！

我们的整个民族的命运已处在千钧一发之秋了！

当我四万万同胞的紧急生死关头，中国共产党中央再一次郑重号召：一切同胞们，一切爱国志士们，一切我国的军队：不分信仰，不分派别，团结抗日，一致救国！

还在今年八月一日《为抗日救国告全体同胞书》上，中国共产党中央和中国苏维埃政府已经向一切不愿作亡国奴的同胞和军队具体提议说：苏维埃政府和东北各地抗日政府一起组织全中国统一的国防政府，与红军和东北反日人民革命军和义勇军一起组织全中国统一的抗日联军！

现在是行动起来的时候了！

现在是我们全中国人团结一致起来救国的时候了！

只有我们伟大的中华民族迅速团结起来一致行动，才能挽救我们的祖国。

中共中央再一次郑重声明：中国共产党渴望着与一切爱国同胞一起携手救国。红军急切准备着与一切爱国军队联合起来共御外侮。

赶快停止中国人和中国军队之间的一切内哄吧！

全中国同胞和全中国军队赶快团结起来一致抗日救国吧！

中共中央提议：一切愿意抗日的各党派各军队各社会团体和各群众组织立刻开始谈判共御外侮的条件和方法。

中共中央提议：立刻召集一切愿意抗日的党派，军队和各界团，选出的代表参加的全民救国会，以便讨论关于团结和动员全国同胞和全国军队一致对外的具体办法。

打倒日本帝国主义——全中国人民的死敌！

全国同胞和全国军队抗日救国大团结万岁！

讀了「中國蘇維埃政府中國共產黨中央告全體同胞書」以後

白 石 投稿

我以最高的感激和興奮，一而再，再而三地看完了救國報所轉載所翻印的，中國蘇維埃政府和中共中央於今年八月一日「爲抗日救國告全體同胞書」。 這不獨是中國共產黨的一篇空前的偉大的文獻，就是在全世界，全中國的文書中，也是最莊嚴偉大，最沉痛悲憤的一篇，親愛的同胞們，這不是溢美之言。 因爲這不是一黨一派的宣言和主張，而是全中國四萬萬同胞的心聲，是占全世界四分之一的中國偉大民族爲生存而鬥爭的歷史的必然的結論，是這偉大民族在生死存亡最後一線中以血誠的，最實際而悲壯的呼聲。我含着淚讀過這篇宣言，我也忍不住含着淚要寫下我的感想。 這不是兒女的，怯弱的淚。 我愈愛我民族悠久的歷史和文明，我愈悲痛我故國的山河及同胞哀慘的命運，然而我也愈驚喜在這萬重地獄中一線的光明。 我不能不流興奮之淚！我想凡看過這宣言的，一定和我同樣的感動。

在日賊蹂躪華北，以及吞滅全國的進攻中，中國蘇維埃政府及中共中央發表了這歷史的宣言，指出民族滅亡的危機，指出了「抗日則生，不抗日則死，和每個同胞抗日救國的神聖天職」！這個宣言，雖然指出蔣介石汪精衛張學良黃郛王揖唐等這一類人面獸心的敗類的賣國事實，然同樣堅決地抗議了日寇解散國民黨和藍衣社的要求。 這個宣言，指出東北義勇軍，紅軍，十九路軍，以及各方面各個時期，個人的，集團的，抗日救國的運動，同時又指出因不能團結及相互的隔閡誤會而失敗的教訓。 這個宣言，號召在這國亡種滅的大禍當前之時，大家應有「兄弟鬩于牆，外禦其侮」的真誠覺悟，停止內戰，以便集中一切國力（人力，物力，財力，武力），爲抗日救國的神聖事業而奮鬥。 這個宣言，更號召一切不願當亡國奴的同胞，就是負有賣國責任的國民黨和藍衣社，都來一致建立國防政府和抗日聯軍。 這個宣言，建議由全國各黨派各團體共同組織全民代表機關，來產生國防政府，又提出政綱十條，爲目前緊急施政方針。

幾年以來，各方面愛國人士，都提出了許多救亡圖存的方案，中國共產黨在過去，不僅有他們的主張和運動，並且提出共同抗日的三個條件，還實際上和十九路軍訂立過抗日協定；然而，我或者可以說，不曾有一種主張比這宣言中所提出的更實際而具體的，更足以代表目前全國人民最廣大而深刻的要求的；全民族的真誠覺悟以及救亡圖存的方針，也沒有像在這宣言中表現得如此之深刻沉痛而正確的。

共產黨是無產階級的黨，他們的目的是要實現社會主義的中國和共產主義的世界。 然而他們提出的政綱，不只是代表他們黨和無產階級本利益，而且是代表全體人民利益的民族民主的政綱。 這也實在是因為目前民族淪亡的危局，造成了民族的利益與階級的利益的一致，全民族的利益就是各階級共同的利益。 在中國共產黨積極起來代表民族利益而奮鬥的時候，任何人，只要是一個中國人，都應該慶幸和歡迎；如果還要排斥共產黨，甚至進行「剿共」的「政綱」，那真是民族千秋的蟊賊，國家萬世的罪人了。或者也有人說，共產黨勢力沒有了，因此不要和他們講什麼「聯合戰線」了。然而，我們不必說他們仍擁有四十萬以上強大的正式軍隊，在全國有根深蒂固的勢力，有無數熱血工農和青年的擁護，有他們各國兄弟黨的聲援，就是一個手無寸鐵的中國人，只要他有愛國的熱血，我們都應該萬分的愛護，何況這是在千辛萬苦的血戰中鍛鍊出來的一個龐大的政治組織和軍事組織啊！ 日賊天天以東亞反共領袖自命，實際藉剿共來滅亡全中國，我們為什麼要為親者所悲，仇者所快啊！ 共產黨不和我們一樣，是中華民族的子孫嗎？

中國到了今日這樣國亡無日的地步，最大的責任者，自然是十年來一貫賣國殘民的蔣介石及其所把持的國民黨和南京政府。 然而他們應該明白，無論他們如何無恥，如何屈服，究竟中國人是無法和我們的死敵日寇妥協的。 古今中外也沒有能賣國而善終的。 遠如吳三桂近如趙欣伯鄭孝胥等，都是顯明的鑒戒。 現在，是中國人和日寇的戰爭。 如果從前助蔣賣國的人們，甚至蔣介石自己，能一旦天良發現，奮起抗日，我想全國的人民在這大敵當前的時候，也一定可以含淚原恕他們的滔天的罪惡，願意他們來為國贖罪的。否則他們即不為全國的仇恨所埋葬，也決免不了日寇的毒手啊！反之，無論他過去對國家社會有如何的功績，如果竟不自愛，為血仇的日寇作走狗作漢奸，我們也只有揮淚來加以無情的痛擊，不能認為是我偉大民族之子孫了。 民族生死的關頭，歷史轉變的關鍵，我們是一點也不能含糊啊！

我不客氣的說，全國的民眾以及各方的人士和領袖，以及中國共產黨，在中國政治問題上，也都曾有過個別的錯誤。 但今日不是大家算賬的時候，而是大家親密合作，不要犯最後絕不可饒恕的絕不可挽回的錯誤的時候。 一切的民衆和派別都應該澈底了解「皮之不存毛將焉附」「覆巢之下寧有完卵」的古訓，共同促進國防政府抗日聯軍的實現。 現在沒有個人和派別的個別出路，只有四萬萬人勇敢地衝破日賊慘毒壓迫的共同出路了。就是蔣介石及其黨派，也應該馬上有痛切的覺悟，馬上停止「剿共」，釋放一切政治犯，允許人民的自由，在全中國人民前懺悔自己過去的罪惡，真誠地贊助國防政府和抗日聯軍，共同對日作戰，才有國家的出路，因而才有自己的出路。

正因爲共產黨這正確而真誠的主張，是目前救國救亡的唯一出路，所以，國的民衆，無論工農商學兵，無論男和女，無論國內民衆和國外華僑，無論漢滿蒙回藏苗黎，無論無產階級資產階級小資產階級封建階級，無論東北人，西藏人，浙江人，湖北人，廣東人，新疆人，四川人，雲南人，蒙古人，……無論孔教徒，回教徒，佛教徒，基督教徒，無論新派和舊派，無論民主主義者，立憲主義者，社會主義者，國家主義者，共產黨，國民黨和藍衣社……，無論義勇軍，東北軍，中央軍，紅軍，川軍，西北軍，十九路軍，民團，商團，……只有積極起來求這主張的實現，才真是證明他是一個愛國的志士。就是和共產黨有舊仇宿恨的，也應當有同是中國人的最高覺悟。比起日賊和中國的血海深仇來，中國人相互間的舊惡都應該值不得一念的。 如果繼續勇於私鬥，怯於公鬥，那只有同歸於盡，萬劫不復啊！而目前刻不容緩的，就是各方領袖，團體，實力派……馬上互派代表共同談判，並迅速成立全國救亡團結的代表會議。 並促蔣介石及其黨徒的最後覺悟。 如果至死還要作日本的走狗，那只有當作日賊的走狗和日賊一樣來加以痛殺了。現在是存亡一髮啊！ 遲一分行動，就增一分困難和危險啊！ 日寇已經在華北在上海作大規模的進攻了啊！

沒有比亡國奴更慘痛的。 也沒有比爭自由的戰爭更光榮神聖而悲壯的。 如果我國三百萬軍隊一致動員，四萬萬同胞一致武裝起來，何敵不摧，何堅不克？ 我雖然不是共產黨，然而我願意這樣高呼，奮鬥，並且我想全國的同胞也一定願意這樣高呼，奮鬥：「爲祖國生命而戰！ 爲民族生存而戰！ 爲國家獨立而戰！ 爲領土完整而戰！ 爲人權自由而戰！ 大中華民族抗日救國大團結萬歲！」

十一月五日於倫敦。

《救国时报》第一期 中华民国二十四年十二月九日 第四版

（1935 年 12 月 9 日）

读了《中国苏维埃政府、中国共产党中央告全体同胞书》以后

白　石　投稿

我以最高的感激和兴奋，一而再，再而三地看完了救国报所转载所翻印的，中国苏维埃政府和中共中央于今年八月一日《为抗日救国告全体同胞书》。这不独是中国共产党的一篇空前的伟大的文献，就是在全世界，全中国的文书中，也是最庄严伟大，最沉痛悲愤的一篇，亲爱的同胞们，这不是溢美之言。因为这不是一党一派的宣言和主张，而是全中国四万万同胞的心声，是占全世界四分之一的中国伟大民族为生存而斗争的历史的必然的结论，是这伟大民族在生死存亡最后一线中最血诚的，最实际而悲壮的呼号。我含着泪读过这篇宣言，我也忍不住含着泪要写下我的感想。这不是儿女的，怯弱的泪。我愈爱我民族悠久的历史和文明，我愈悲痛我故国的山河及同胞哀惨的命运，然而我也愈惊喜在这万重地狱中一线的光明。我不能不流感奋之泪！我想凡看过这宣言的，一定和我同样的感动。

在日贼蹂躏华北，以及吞灭全国的进攻中，中国苏维埃政府及中共中央发表了这历史的宣言，指出民族灭亡的危机，指出了“抗日则生，不抗日则死，和每个同胞抗日救国的神圣天职”！这个宣言，虽然指出蒋介石汪精卫张学良黄郛王揖唐等这一类人面兽心的败类的卖国事实，然同样坚决地抗议了日寇解散国民党和蓝衣社的要求。这个宣言，指出东北义勇军，红军，十九路军，以及各方面各个时期，个人的，

集团的，抗日救国的运动，同时又指出因不能团结及相互的隔阂误会而失败的教训。这个宣言，号召在这国亡种灭的大祸当前之时，大家应有“兄弟阋于墙外御其侮”的真诚觉悟，停止内战，以便集中一切国力（人力，物力，财力，武力），为抗日救国的神圣事业而奋斗。这个宣言，更号召一切不愿当亡国奴的同胞，就是负有卖国责任的国民党和蓝衣社，都来一致建立国防政府和抗日联军。这个宣言，建议由全国各党派各团体共同组织全民代表机关，来产生国防政府，又提出政纲十条，为目前紧急施政方针。

几年以来，各方面爱国人士，都提出了许多救亡图存的方案，中国共产党在过去，不仅有他们的主张和运动，并且提出共同抗日的三个条件，还实际上和十九路军订立过抗日协定；然而，我或者可以说，不曾有一种主张比这宣言中所提出的更实际而具体的，更足以代表目前全国人民最广大而深刻的要求的；全民族的真诚觉悟以及救亡图存的方针，也没有像在这宣言中表现得如此之深刻沉痛而正确的。

共产党是无产阶级的党，他们的目的是要实现社会主义的中国和共产主义的世界。然而他们提出的政纲，不只是代表他们党和无产阶级底利益，而且是代表全体人民利益的民族民主的政纲。这也实在是因为目前民族沦亡的危局，造成了民族的利益与阶级的利益的一致，全民族的利益就是各阶级共同的利益。在中国共产党积极起来代表民族利益而奋斗的时候，任何人，只要是一个中国人，都应该庆幸和欢迎；如果还要排斥共产党，甚至进行“剿共”的“政纲”，那真是民族千秋的蟊贼，国家万世的罪人了。或者也有人说，共产党势力没有了，因此不要和他们讲什么“联合战线”了。

然而，我们不必说他们仍拥有四十万以上强大的正式军队，在全国有根深蒂固的势力，有无数热血工农和青年的拥护，有他们各国兄弟党的声援，就是一个手无寸铁的中国人，只要他有爱国的热血，我们都应该万分的爱护，何况这是在千辛万苦的血战中锻炼出来的一个庞大的政治组织和军事组织啊！日贼天天以东亚反共领袖自命，实际借剿共来灭亡全中国，我们为什么要为亲者所悲，仇者所快啊！共产党不和我们一样，是中华民族的子孙吗？

中国到了今日这样国亡无日的地步，最大的责任者，自然是十年来一贯卖国残民的蒋介石及其所把持的国民党和南京政府。然而他们应该明白，无论他们如何无耻，如何屈服，究竟中国人是无法和我们的死敌日寇妥协的。古今中外也没有能卖国而善终的。远如吴三桂近如赵欣伯郑孝胥等，都是显明的鉴戒。现在，是中国人和日寇的战争。如果从前助蒋卖国的人们，甚至蒋介石自己，能一旦天良发现，奋起抗日，我想全国的人民在这大敌当前的时候，也一定可以含泪原恕他们的滔天的罪恶，愿意他们来为国赎罪的。否则他们即不为全国的仇恨所埋葬，也决免不了日寇的毒手啊！反之，无论他过去对国家社会有如何的功绩，如果竟不自爱，为血仇的日寇作走狗作汉奸，我们也只有挥泪来加以无情的痛击，不能认为是我伟大民族之子孙了。民族生死的关头，历史转变的关键，我们是一点也不能含糊啊！

我不客气的说，全国的民众以及各方的人士和领袖，以及中国共产党，在中国政治问题上，也都曾有过个别的错误。但今日不是大家算账的时候，而是大家亲密合作，不要犯最后绝不可饶恕的绝不可挽回的错误的时候。一切的民众和派别都应该澈底了解“皮之不存毛将焉附”“覆巢之下宁有完卵”的古训，共同促进国防政府抗日联军的实现。现在没有个人和派别的个别出路，只有四万万人勇敢地冲破日贼惨毒压迫的共同出路了。就是蒋介石及其党派，也应该马上有痛切的觉悟，马上停止“剿共”，释放一切政治犯，允许人民的自由，在全中国人民前忏悔自己过去的罪恶，真诚地赞助国防政府和抗日联军，共同对日作战，才有国家的出路，因而才有自己的出路。

正因为共产党这正确而真诚的主张，是目前救国救亡的唯一出路，所以中国的民众，无论工农商学兵，无论男和女，无论国内民众和国外华侨，无论汉满蒙回藏苗黎，无论无产阶级资产阶级小资产阶级封建阶级，无论东北人，西藏人，浙江人，湖北人，广东人，新疆人，四川人，云南人，蒙古人，……无论孔教徒，回教徒，佛教徒，基督教徒，无论新派和旧派，无论民主主义者，立宪主义者，社会主义者，国家主义者，共产党，国民党和蓝衣社……，无论义勇军，东北军，中央军，红军，川军，西北军，十九路军，民团，商团，……只有积极起来求这主张的实现，才真是证明他是一个爱国的志士。就是和共产党有旧仇宿恨的，也应当有同是中国人的最高觉悟。比起日贼和中国的血海深仇来，中国人相互间的旧恶都应该值不得一念的。如果继续勇于私斗，怯于公斗，那只有同归于尽，万劫不复啊！而目前刻不容缓的，就是各方领袖，团体，实力派……马上互派代表共同谈判，并迅速成立全国救亡团结的代表会议。并促蒋介石及其党徒的最后觉悟。如果至死还要作日本的走狗，那只有当作日贼的走狗和日贼一样来加以痛杀了。现在是存亡一发啊！迟一分行动，就增一分困难和危险啊！日寇已经在华北在上海作大规模的进攻了啊！

没有比亡国奴更惨痛的。也没有比争自由的战争更光荣神圣而悲壮的。如果我国三百万军队一致动员，四万万同胞一致武装起来，何敌不摧，何坚不克？我虽然不是共产党，然而我愿意这样高呼，奋斗，并且我想全国的同胞也一定愿意这样高呼，奋斗："为祖国生命而战！为民族生存而战！为国家独立而战！为领土完整而战！为人权自由而战！大中华民族抗日救国大团结万岁！"

十一月五日于伦敦

中國蘇維埃政府主席毛澤東和人民外交委員長王稼穡最近談話

上海工人通訊社消息：本社日昨接到蘇維埃政府中央執行委員會主席毛澤東及人民外交委員長王稼穡，經由廣播無線電發表的與紅色中華社記者談話，對於目前時局關係殊極重要，特誌之如左：

△毛澤東先生談話

問．中國蘇維埃政府對目前華北問題有何觀察，有何主張？

答：南京政府在日寇挾持之下，成立所謂冀察政務委員會，其實就是實現所謂「華北自治」，而「華北自治」就是日寇預定計劃中的所謂「華北國」之變像，蔣介石在國民黨五全代會上作外交講演時，大玩了一套老奸巨猾的外交辭令，說了許多模稜兩可的話。可是，事實偏不讓他躲閃，土肥原毫不留情地要馬上實現「華北自治」，這就逼得蔣介石不得不給他自己的外交辭令下忠實註解。 對殷汝耕之空口申討，對變像「華北自治」之公然承認，這都說明蔣介石究竟居心安在。 所以，當此日寇進攻無已，南京逆無抵抗決心的現在，我民族的生存實在已危如千鈞一髮。必須全體人民自動起來進行抗日救國的運動，實行抗日救國的大聯合。救國家即所以救自己，救自己必須救國家，這無論對於工人或資本家，農民或地主，對於工農商學軍政各界，對於任何一個中國人都是一樣。一切黨派，一切團體，都應拋棄一切門戶之見，眞誠合作，以謀挽救國家之危亡。中國蘇維埃政府，早就主張全國武裝一致抗日，並再三宣言，願與一切眞心抗日的黨派合作、共同救國。 去年八月，本黨和政府更發表宣言，提議願與全國各黨派，各方面進行談判，共同建立國防政府，抗日聯軍，並列舉十大要求作為國防政府底綱領。 中國蘇維埃政府認為祇有統一，才能救亡，所以凡能以統一救亡為前提的，無論其別項主張如何，中華蘇維埃政府皆願與之推誠合作，以求達到救國救亡之目的。

問：中國蘇維埃政府對於最近全國學生救國運動有何感想與主張？

答：我國學生在救國運動歷史上，素著光榮，這次的偉大救國運動尤為難能可貴。這些青年，是全國人民的子弟，是中華民族的希望。我們對於他們的大無畏精神，表示無限敬愛，對於他們的橫被迫害，表示異常痛憤。中國蘇維埃政府對於學生救國運動，決盡力援助，刻已鼓勵蘇區內各大中小學學生齊起聲援，並號召全國工農市民各界一致行動，幫助學生達到其討逆救國的目的。這次學生運動，實在是全國人民救國運動底反映，學生所提「停止內戰」，「一致救亡」等口號，實在是全國人民一致的要求。現在我國存在的內戰，就是蔣介石所集中其一切兵力來進行的「剿共」戰爭。紅軍為我民族底唯一忠勇英銳，矢志抗日的隊伍，我們當然不能任蔣介石來加以損害，蘇區人民都是堅決實行抗日救國鬥爭的戰士，都是我各界同胞的本國父老兄弟諸姑姊妹，決不能讓蔣介石加以摧殘，故不得不作自衛的戰鬥。我代表中國蘇維埃政府正式宣告：要是蔣介石或任何方面底軍隊能夠停止進攻紅軍，中國蘇維埃政府當立刻命令該對敵地方的紅軍停止軍事行動，並實行動員來進行共同抗日戰爭，這樣來回答學生和人民的要求。

問：最近各方盛傳蔣介石已與紅軍成立停戰協定，究竟事實內幕如何？

答：自「九一八」以來，中國蘇維埃政府即不斷地號召全國同胞，不分黨派，不分信仰，不同一切舊日關係，大家一致團結來共同救亡。在這一堅決不移的原則下，中國蘇維埃政府對於蔣介石的態度非常率直明白。倘蔣能眞正抗日，中國蘇維埃政府當然可以在抗日戰線上和他攜手，從前十九路軍也借用戰爭來反對人民和紅軍，但當該軍實行抗日時，紅軍即與其合作，即其明證。總之，紅軍與蔣介石間能否成立協定，並不是決定於中國蘇維埃政府而是決定於蔣介石是否決心抗日。中國蘇維埃政府在不分黨派，不問過去關係，祇求一致抗日這一主張上，決不保留任何偏見，決不絕人自新之路。但蔣介石若依然不肯下抗日決心，則即放出任何空氣，中國蘇維埃政府亦決不為之眩動。紅軍數年來和蔣介石的苦戰，並非為鬥爭而是為着抗日救國的迫不得已的自衛。 正因為蔣介石可以欺騙國民，我們則祇知道為國民服務，蔣介石可以抹煞公意，我們則祇知道尊重人民公意。如果蔣介石繼續降日賣國，我們決定抗日到底。我們相信全國同胞和全國軍隊會終和我們一起抗日的，我們竭誠歡迎各黨派各軍隊各界同胞，各界青年迅速加入抗日救國的統一戰線。

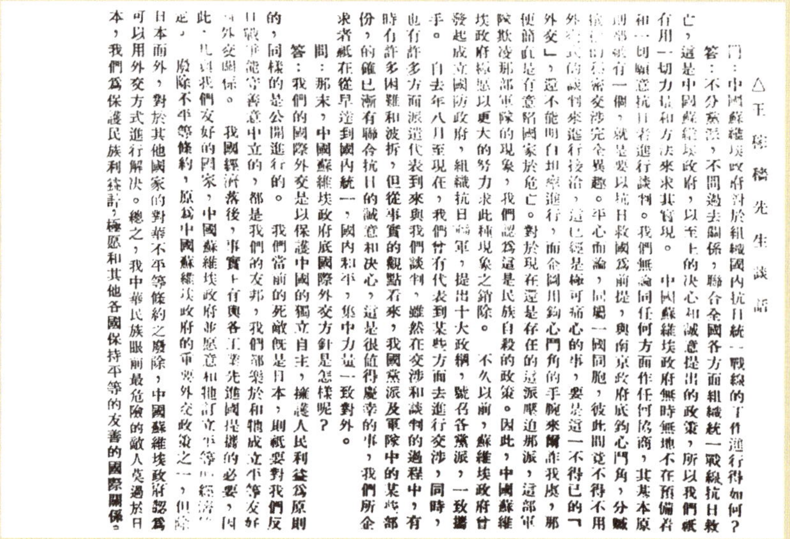

△王稼穡先生談話

問：中國蘇維埃政府對於組織國內抗日統一戰線的工作進行得如何？

答：不分黨派，不問過去關係，聯合全國各方面組織統一戰線抗日救亡，這是中國蘇維埃政府，以至上的決心和誠意提出的政策，所以我們祇有用一切力量和方法來求其實現。 中國蘇維埃政府無時無地不在預備着和一切願意抗日者進行談判。我們無論同任何方面作任何協商，其基本原則都祇有一個，就是要以抗日救國為前提，與南京政府底鈎心鬥角，分贓搶奪的秘密交涉完全異趣。平心而論，同屬一國同胞，彼此間竟不得不用外交式的談判來進行接洽，這已經是極可痛心的事，要是這一不得已的「外交」，還不能明白坦率進行，而企圖用鈎心鬥角的手腕來欺詐我虞，那便簡直是有意陷國家於危亡。對於現在還是存在的這派壓迫那派，這部軍隊欺凌那部軍隊的現象，我們認為這是民族自殺的政策。因此，中國蘇維埃政府極願以更大的努力求此種現象之銷除。 不久以前，蘇維埃政府曾發起成立國防政府，組織抗日聯軍，提出十大政綱，號召各黨派，一致攜手。 自去年八月至現在，我們曾有代表到某些方面去進行交涉，同時，也有許多方面派遣代表到來與我們談判，雖然在交涉和談判的過程中，有時有許多困難和波折，但從事實的觀點看來，我國黨派及軍隊中的某些部份，的確已漸有聯合抗日的誠意和決心，這是很值得慶幸的事，我們所企求者祇在從早達到國內統一，國內和平，集中力量一致對外。

問：那末，中國蘇維埃政府底國際外交方針是怎樣呢？

答：我們的國際外交是以保護中國的獨立自主，擁護人民利益為原則的，同樣的是公開進行的。 我們當前的死敵既是日本，則祇要對我們反日戰爭能守善意中立的，都是我們的友邦，我們都樂於和牠成立平等友好外交關係。 我國經濟落後，事實上有與各工業先進國提攜的必要，因此，凡與我們友好的國家，中國蘇維埃政府並願意和牠訂立平等的經濟協定。 廢除不平等條約，原為中國蘇維埃政府的重要外交政策之一，但除日本而外，對於其他國家的對華不平等條約之廢除，中國蘇維埃政府認為可以用外交方式進行解決。總之，我中華民族眼前最危險的敵人莫過於日本，我們為保護民族利益計，極願和其他各國保持平等的友善的國際關係。

《救国时报》第九一十期 中华民国二十五年一月二十九日 第五、六版
（1936 年 1 月 29 日 ）

中国苏维埃政府主席毛泽东和人民外交委员长王稼穑[①]最近谈话

上海工人通讯社消息：本社日昨接到苏维埃政府中央执行委员会主席毛泽东及人民外交委员长王稼穑，经由广播无线电发表的与红色中华社记者谈话，对于目前时局关系殊极重要，特志之如左：

① 即王稼祥，原名嘉祥，又名稼穑。

毛泽东先生谈话

问：中国苏维埃政府对目前华北问题有何观察，有何主张？

答：南京政府在日寇扶持之下，成立所谓冀察政务委员会，其实就是实现所谓“华北自治”，而“华北自治”就是日寇预定计划中的所谓“华北国”之变像，蒋介石在国民党五全代会上作外交讲演时，大玩了一套老奸巨稽的外交辞令，说了许多模棱两可的话。可是，事实偏不让他躲闪，土肥原毫不留情地要马上实现“华北自治”，这就逼得蒋介石不得不给他自己的外交辞令下忠实注解。对殷汝耕之空口申讨，对变像“华北自治”之公然承认，这都说明蒋介石究竟居心安在。所以，当此日寇进攻无已，南京还无抵抗决心的现在，我民族的生存实在已危如千钧一发。必须全体人民自动起来进行抗日救国的运动，实行抗日救国的大联合。救国家即所以救自己，救自己必须救国家，这无论对于工人或资本家，农民或地主，对于工农商学军政各界，对于任何一个中国人都是一样。一切党派，一切团体，都应抛弃一切门户之见，真诚合作，以谋挽救国家之危亡。中国苏维埃政府，早就主张全国武装一致抗日，并再三宣言，愿与一切真心抗日的党派合作，共同救国。去年八月，本党和政府更发表宣言，提议愿与全国各党派，各方面进行谈判，共同建立国防政府，抗日联军，并列举十大要求作为国防政府底纲领。中国苏维埃政府认为只有统一，才能救亡，所以凡能以统一救亡为前提的，无论其别项主张如何，中华苏维埃政府皆愿与之推诚合作，以求达到救国救亡之目的。

问：中国苏维埃政府对于最近全国学生救国运动有何感

想与主张？

答：我国学生在救国运动历史上，素著光荣，这次的伟大救国运动尤为难能可贵。这些青年，是全国人民的子弟，是中华民族的希望。我们对于他们的大无畏精神，表示无限敬爱，对于他们的横被迫害，表示异常痛愤。中国苏维埃政府对于学生救国运动，决尽力援助，刻已鼓励苏区内各大中小学学生齐起声援，并号召全国工农市民各界一致行动，帮助学生达到其讨逆救国的目的。这次学生运动，实在是全国人民救国运动底反映，学生所提“停止内战”，“一致救亡”等口号，实在是全国人民一致的要求。现在我国存在的内战，就是蒋介石所集中其一切兵力来进行的“剿共”战争。红军为我民族底唯一忠勇英锐，矢志抗日的队伍，我们当然不能任蒋介石来加以损害，苏区人民都是坚决实行抗日救国斗争的战士，都是我各界同胞的本国父老兄弟诸姑姊妹，决不能让蒋介石加以摧残，故不得不作自卫的战斗。我代表中国苏维埃政府正式宣告：要是蒋介石或任何方面底军队能够停止进攻红军，中国苏维埃政府当立刻命令该对敌地方的红军停止军事行动，并实行动员来进行共同抗日战争，这样来回答学生和人民的要求。

问：最近各方盛传蒋介石已与红军成立停战协定，究竟事实内幕如何？

答：自“九一八”以来，中国苏维埃政府即不断地号召全国同胞，不分党派，不分信仰，不问一切旧日关系，大家一致团结来共同救亡。在这一坚决不移的原则下，中国苏维埃政府对于蒋介石的态度非常率直明白。倘蒋能真正抗日，中国苏维埃政府当然可以在抗日战线上和他携手，从前十九路军也曾用战争来反对人民和红军，但当该军实行抗日时，红军即与其合作，即其明证。总之，红军与蒋介石间能否成立协定，并不是决定于中国苏维埃政府而是决定于蒋介石是否决心抗日。中国苏维埃政府在不分党派，不问过去关系，只求一致抗日这一主张上，决不保留任何例外，决不绝人自新之路。但蒋介石若依然不肯下抗日决心，则即放出任何空气，中国苏维埃政府亦决不为之眩动。红军数年来和蒋介石的苦战，并非私斗，而是为着抗日救国的迫不得已的自卫。正因为蒋介石可以欺骗国民，我们则只知道为国民服务，蒋介石可以抹煞公意，我们则只知道尊重人民公意。如果蒋介石继续降日卖国，我们决定抗日到底。我们相信全国同胞和全国军队会终和我们一起抗日的，我们竭诚欢迎各党派各军队各界同胞，各界青年迅速加入抗日救国的统一战线。

王稼穑先生谈话

问：中国苏维埃政府对于组织国内抗日统一战线的工作进行得如何？

答：不分党派，不问过去关系，联合全国各方面组织统一战线抗日救亡，这是中国苏维埃政府，以至上的决心和诚意提出的政策，所以我们只有用一切力量和方法来求其实现。中国苏维埃政府无时无地不在预备着和一切愿意抗日者进行谈判。我们无论同任何方面作任何协商，其基本原则都只有一个，就是要以抗日救国为前提，与南京政府底钩心斗角，分赃攘权的秘密交涉完全异趣。平心而论，同属一国同胞，彼此间竟不得不用外交式的谈判来进行接洽，这已经是极可痛心的事，要是这一不得已的“外交”，还不能明白坦率进行，而企图用钩心斗角的手腕来尔诈我虞，那便简直是有意陷国家于危亡。对于现在还是存在的这派压迫那派，这部军队欺凌那部军队的现象，我们认为这是民族自杀的政策。因此，中国苏维埃政府极愿以更大的努力求此种现象之销除。不久以前，苏维埃政府曾发起成立国防政府，组织抗日联军，提出十大政纲，号召各党派，一致携手。自去年八月至现在，我们曾有代表到某些方面去进行交涉，同时，也有许多方面派遣代表到来与我们谈判，虽然在交涉和谈判的过程中，有时有许多困难和波折，但从事实的观点看来，我国党派及军队中的某些部份，的确已渐有联合抗日的诚意和决心，这是很值得庆幸的事，我们所企求者只在从早达到国内统一，国内和平，集中力量一致对外。

问：那末，中国苏维埃政府底国际外交方针是怎样呢？

答：我们的国际外交是以保护中国的独立自主，拥护人民利益为原则的，同样的是公开进行的。我们当前的死敌既是日本，则只要对我们反日战争能守善意中立的，都是我们的友邦，我们都乐于和它成立平等友好的外交关系。我国经济落后，事实上有与各工业先进国提携的必要，因此，凡与我们友好的国家，中国苏维埃政府并愿意和它订立平等的经济协定。废除不平等条约，原为中国苏维埃政府的重要外交政策之一，但除日本而外，对于其他国家的对华不平等条约之废除，中国苏维埃政府认为可以用外交方式进行解决。总之，我中华民族眼前最危险的敌人莫过于日本，我们为保护民族利益计，极愿和其他各国保持平等的友善的国际关系。

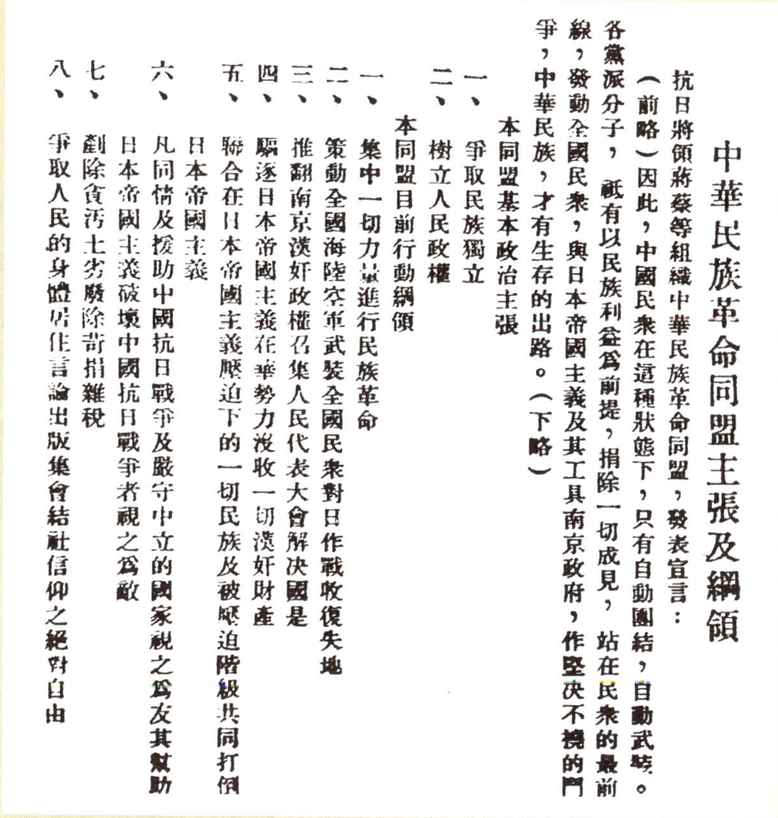

中華民族革命同盟主張及綱領

抗日將領蔣蔡等組織中華民族革命同盟，發表宣言：

（前略）因此，中國民衆在這種狀態下，只有自動團結，自動武裝。各黨派分子，祇有以民族利益爲前提，捐除一切成見，站在民衆的最前線，發動全國民衆，與日本帝國主義及其工具南京政府，作堅決不撓的鬥爭，中華民族，才有生存的出路。（下略）

本同盟基本政治主張

一、爭取民族獨立

二、樹立人民政權

本同盟目前行動綱領

一、集中一切力量進行民族革命

二、策動全國海陸空軍武裝全國民衆對日作戰收復失地

三、推翻南京漢奸政權召集人民代表大會解決國是

四、驅逐日本帝國主義在華勢力沒收一切漢奸財產

五、聯合在日本帝國主義壓迫下的一切民族及被壓迫階級共同打倒日本帝國主義

六、凡同情及援助中國抗日戰爭及嚴守中立的國家視之爲友其幫助日本帝國主義破壞中國抗日戰爭者視之爲敵

七、剷除貪污土劣廢除苛捐雜稅

八、爭取人民的身體居住言論出版集會結社信仰之絕對自由

《救国时报》第九一十期 中华民国二十五年一月二十九日 第六版
（1936 年 1 月 29 日）

中华民族革命同盟主张及纲领

抗日将领蒋蔡等组织中华民族革命同盟，发表宣言：

（前略）因此，中国民众在这种状态下，只有自动团结，自动武装。各党派分子，只有以民族利益为前提，捐除一切成见，站在民众的最前线，发动全国民众，与日本帝国主义及其工具南京政府，作坚决不挠的斗争，中华民族，才有生存的出路。（下略）

本同盟基本政治主张

一、争取民族独立

二、树立人民政权

本同盟目前行动纲领

一、集中一切力量进行民族革命

二、策动全国海陆空军武装全国民众对日作战收复失地

三、推翻南京汉奸政权召集人民代表大会解决国是

四、驱逐日本帝国主义在华势力没收一切汉奸财产

五、联合在日本帝国主义压迫下的一切民族及被压迫阶级共同打倒日本帝国主义

六、凡同情及援助中国抗日战争及严守中立的国家视之为友其帮助日本帝国主义破坏中国抗日战争者视之为敌

七、铲除贪污土劣废除苛捐杂税

八、争取人民的身体居住言论出版集会结社信仰之绝对自由

蘇維埃政府領袖

毛澤東先生致章陶鄒沈四先生信

關於團結禦侮幾個基本條件與最低要求的討論

毛澤東先生的這一信是從英國方面得來的英文譯稿，再轉譯成中文，也許在字句上與原文會有差別之處，俟覓得中文原本以後即當再行發表，請毛先生與讀者原諒。至於毛先生這一信的偉大政治意義及由此而顯示出的團結禦侮光明偉大的前途，每個讀者都可完全明瞭，用不着任何註釋的。 編者

* * * * * *

乃器、行知、韜奮、鈞儒、諸先生及全國救國聯合會全體會員們！

不久以前，我們在報紙上讀到了章沈陶鄒四先生所發表的團結禦侮的幾個基本條件與最低要求和全國救國聯合會的宣言和綱領。這些文件引起了我們極大的同情和滿意，我們認爲這是代表全國大多數不願意作亡國奴的人們的意見與要求，我代表我們的黨、蘇維埃政府與紅軍表示誠懇的敬意，并向你們和全國人們聲明：我們同意你們的宣言綱領和要求，誠懇的願意與你們合作，與一切願意參加這一鬥爭的政派的組織或個人合作，以便如你們綱領與要求上所提出的一樣，來共同進行抗日救國的鬥爭。 你們說

「我們所希望的中國共產黨要在具體行動上，表現出他主張聯合各黨各派抗日救國的一片真誠。 因此在紅軍方面，應當立刻停止攻襲中央軍，以謀和議進行的便利。 在紅軍佔領區域對富農、地主、商人，應當採取寬容態度。在各大城市內，應竭力避免有些足以削弱抗日力量的勞資衝突，這樣，救亡聯合戰線的開展，才不至受到阻礙。」

真的，我們應當這樣做，而且已經是這樣做，我們在自己的行動上，經常是忠實於自己的提議和政治路線。 在九一八事變開始，我們首先向全國一切黨派提出，願意合作抗日。 有些人說，我們的提議，只是宣傳作用，而在實際上并不願意實行這些提議，但是，幾年來的事變證

明這樣的說法，完全是極誣蔑。我們曾與十九路軍和福建政府合作，久以前，當西南派首領發表通電表示抗日的候，我們宣言同意他們的抗日主張，同時我向西南派的軍政領袖和一切黨派與社會團體表了合作抗日的提議，并鄭重聲明：我們不在言論上而且在事實上誠懇希望一致聯合，向鬥爭以挽救祖國的生命。一年多以來我們行了長期堅苦的鬥爭，以實現我們北上抗日的。雖然我們已經到了北方，可是我們想集中北實行首先直接抗日的願望還是沒有實現年春季，我們在渡過黃河以後，如果沒有駐潼蒲路一帶十萬以上的中央軍的封鎖與阻擋是無疑可以實現我們的願望。當時若是我們集中力量來衝破封鎖線當然可以做到的，但是，這樣必然使雙方受到很大的犧牲，我們爲了避免無價值的內戰損失，所以暫時渡河回轉陝西。 在回軍以後，不管對我們繼續「圍剿」，我們再一次的向南京政府、太原閻錫山將軍、河北宋哲元將軍表示願意把我們的力量集中河北，進行抗日，并要求他們的同意。 雖然他們到現在還沒有滿意的回答，但是我們並不因此就放棄我們所始終堅決主張的抗日救國的目的。 在民族存亡千鈞一髮的時候，我們不願意繼續任何自相殘殺的內戰，我們無論何時也不會進攻南京中央軍或其他軍隊，如果他們不向我們進攻，不阻礙中國軍隊抗日鬥爭的話。 如果南京中央軍或其他軍隊實行抗日不壓迫羣衆愛國運動，我們準備以自己的一切力量，誠懇的幫助他們。 我們願意與任何軍隊、任何政黨、任何派別合作，只要他們贊成准許反日、反賣國賊和愛國運動的完全自由。

有人懷疑，現在紅軍的力量，很難單獨抗日。又有人說，抗日的先決條件，是民族統一和內部和平。 還有人說，部份的抗戰是有害的。但是我們不這樣想。 我們東北抗日義勇軍能夠進行繼續英勇的抗日鬥爭。 敵人的報紙都承認東北義軍已使敵人損失「十萬以上的生命和幾萬萬的金錢」，並使日本帝國主義不能很快的侵入中國的內地。 雖然他們還未取得徹底的勝利，可是對於國家民族已立了巨大的功勞與幫助。現在沒有任何人能說東北義軍不能單獨抗日的了。我們紅軍在一切方面都不比東北義軍薄弱，而北方人民的愛國熱情亦不落後於東北人民。如果不是想混亂人民耳目的話，那麼就沒有根據說紅軍不能單獨抗日。 上海抗戰和長城抗戰失敗的原因，只是因爲當時領導者的動搖不堅定，沒有運用緊張的運動戰術，沒有充分廣泛的與人民合作，然而，中國紅軍是沒有這些弱點的，所以我們認爲紅軍能夠單獨抗日，並不會輕受挫折而能長久抵抗。雖然紅軍不能期待以現有的力量，達到抗日戰爭的最後勝利，但無論如何，是能單獨抗日的。並且在紅軍繼續抗日的過程中，必然能夠統一全國人民和一切願意抗日的武裝力量來達到最後的勝利。

如果說，要統一全國力量以爭取抗日戰爭的最後勝利，這是正確的；但是，如果說要先統一，然後抗日，這是不正確的。應當記得，部份的力量，已能實行抵抗，應當記得，在沒有開始抵抗運動的地方，敵人決不讓我們集中力量。敵人已經嚴厲監視着南京中央和地方政府，並一省又一省的侵佔了我們的土地。在這樣情形之下，只有在開始抵抗的時候，才有全國總動員的可能。實行抵抗與全國總動員應當同時開始的。在「和平」狀況之下，很難有全國總動員之可能。

你們要求一切愛國運動的自由，而敵人必然馬上用武裝來壓迫愛國運動，很明顯的，戰爭就不可免了。現在情況日益危急，如果不立刻開始抗日戰爭，全國統一自衛與全國總動員必然益加困難，如果坐失時機，甚至將無統一自衛與總動員的可能。就在今日，全國總動員已經不能包括東北和北方的一部份區域了。這樣繼續下去，敵人可以組織更多的漢奸軍隊，可以宰割中國更大的區域，可以奪取一切中心城市和交通路線，那時，我們的總動員將只能在很小一部份的領土上與鄉村區域中實行。難道現在還可以用統一來成，準備不足等藉口來延遲對日抵抗嗎？

我們不反對真正的準備，可是我們反對藉準備之名，行不抵抗之實。任何抵抗鬥爭，決不會阻礙準備與總動員的工作。任何抵抗的本身就是極大的動員，上海與長城抗戰的經驗便是最好的證明。

在敵人監視之下進行祕密準備工作，須花費幾年時間所達到的成績，也許在抗戰開始以後，只要幾個星期就能達到。而且祕密準備所培養的力量，決不能補償同時間損失的力量，更不能達到敵人在同一時間所可聚集與準備的力量。

有人說我們的單獨抵抗，破壞了他們的抗日總計劃。我們無從知道，他們所謂「抗日總計劃」是什麼。我們所要求的只是落後的人，迅速趕上我們，還未準備抗戰的軍政首領和黨派立刻和我們一塊進行抗日鬥爭。沒有任何根據來要求我們拒絕抗日政策，停止抗日行動來適合這些「批評家」底綱領和行動。

對日抗戰將是長期殘酷的戰爭，不經過千百次的苦戰是不會取得最後勝利的。在長期苦鬥的當中必然可以動員與集中全國的一切力量。而決不能把抗日戰爭，延遲到動員與集中完成以後。

因此，我們要求立刻開始對日抗戰，首先把紅軍集中河北，使紅軍能最先開始對日抗戰，我們反對利用任何藉口延緩和避免對日抵抗。竭誠希望你們幫助實行這些要求。

爲了集中國力去對日抗戰，我們在各方面改善了蘇維埃法律與工作。 除了把工農政府、工農紅軍改成人民蘇維埃政府和人民紅軍外，在蘇維埃選舉法上，補充了一切小資產階級職員、自由職業者，專門家和小商人與小企業主都有選舉權和被選舉權。宣佈在蘇維埃區域內一切政黨社會團體、羣衆組織均享有公民權。歡迎一切願意共同抗日的黨派、社會團體的代表參加蘇維埃政府，共同擔負責任。我們已經通過決議不沒收富農的土地，如果他們願意和我們共同抗日的話，我們並不拒絕與他們聯合。不沒收大小工商業者的財產與工廠，並保護他們的企業，幫助他們發展，以增加蘇區抗日運動所必需的物質供給。 不沒收積極抗日的軍官與地主的土地和財產，邀請一切失業軍官、兵士、職員、專門家到蘇區來，並給予他們以適當工作，使他們能發揮自己的才幹。特定辦法優待俘虜的軍官和兵士，願意歸家的，發給路費，願意留在蘇區共同抗日的，便給與工作。 取消一切苛捐雜稅，征收不重的統一累進稅。

這就是在我們蘇區通過的和施行的政綱。

我們決不敵視民族中反日的階級。 紅軍將來進入抗日友軍的區域，在友軍遵守協定之下，紅軍同意遵守友軍所規定的法令與規律，並不干涉友軍區域的地方行政。 關於勞資關係問題，規定了改良工人生活最低條件，按照每個企業的實際情形，訂立勞資協定，勞資雙方必須遵守，並避免不必要的罷工、怠工。 過去監督生產，工人領導工廠的法律，已經取消了。勸告工人不提出超過本企業能力的要求。在非蘇維埃區域，我們主張必須改善工人生活，但希望不加深反資本主義的鬥爭。我們相信爭取海關自主，反對帝國主義侵略，是對於工人和資本家都有利益的。 相反的，在帝國主義繼續進攻之下，無論工人和資本家，都不能期待自己情形的改善。 勞資的共同利益，是建立在反對帝國主義侵略之上。

至於現在河北、湖南、江西、福建、浙江，及其他區域的遊擊隊，還未能執行我們在最近所通過的法律，這是由於有許多的阻礙，使他們不能得到我們的指令。 此外，殘酷屠殺的圍剿是可以激起某些報復的手段，但是我們認爲這種行動是錯誤的。 我們懇定的希望立刻改正這些遊擊隊的錯誤（此處有兩句英文譯文意思糢糊不清，故未譯出，俟覓得原文後當補正）。可惜得很，我們還不能馬上執行這些條件，因爲決定的力量不在我們。我們認爲紅軍是中國人民的軍隊，無條件地尊重並實行全國人民所表示的批評、意見與要求。關於中國人民的各種問題，我們願意服從不願意做亡國奴的人民民主的決議。

當然，我們的黨員應當參加各地方的救國組織和各種形式的救國運動。我們願意犧牲一切力量來擁護這些運動與組織，以便與一切黨派和不願意做亡國奴的人民共同鬥爭，挽救中國人民的危亡。我們的黨員，無條件地服從這些組織大多數所通過的規則、綱領和決議。同樣在實際工作上，甚至當我們在原則上不同意的時候，也無條件地服從大多數的意見，我們的黨員不會與這些組織中的其他派別對立和競爭來爭奪羣衆與領導權。相反的，我們願意擁護任何派別的澈底反日的領袖，使他們能毫無阻礙地在羣衆中發揮自己的能力。我們的黨員願意在他們領導之下工作。爲了達到戰勝強大敵人的目的，不僅需要我們自己的發展與勝利，而且需要一切聯合力量的勝利與發展。我們統一戰線的口號是「各政黨各階級在抗日救國旗幟之下團結起來」。因此我們認爲在統一戰線中提出推翻某一階級和某一政黨的口號是錯誤的。我們認爲在國民黨和國民政府中應有不少的領袖、黨員、官吏能夠抗日的，我們完全願意與他們聯合。因此，一般的反對國民黨和各地政府是不適宜的。我們不同意，並且反對宗派主義、包辦把持操縱等方式以及現在有些青年份子在實際上採用的強迫羣衆參加救國運動的方法。

最後，我們認爲最重要的是一切黨派了解抗日救國的任務，改變敵視我們的態度。關於其他問題的意見，都是不重要的。可是有人重視其他問題的許多意見，因此，就產生許多衝突和矛盾。我們完全願意改變這些缺點。如果我們的黨員在救國運動中犯了這樣的錯誤，就希望其他黨派的領袖和青年，本着救國熱忱，互相勸勉。我們相信，如果爲了抗日救國的必需，排除一切相互的敵意，互相忍耐，互相尊重，那麼全民統一戰線就可勝利完成，並可保證廣泛光明的前途。依靠着統一戰線力量發展的程度不只是可以戰勝日本帝國主義和賣國賊，而且經過統一戰線運動的一定階段可以使中國民族脫離一切帝主義的束縛，並達到全中國的眞正民主的統一。因此，我們認爲統一戰線決不是一個很短的暫時的現象。當然，在統一戰線的各個階段上可以有各別的人發生動搖，叛變與逃走，但是這決不能認爲是統一戰線的破裂。

現在統一戰線比之一九二七年還有更明白的前提和更鞏固的基礎，因爲現在民族危機比之一九二七年百倍的加深。一九二七年的統一戰線主要是反對內部敵人（反對北洋軍閥），現在統一戰線是反對外部敵人。在一九二七年的時候，脫離統一戰線的人們，還能組織半獨立式的政府。而在現在，那一個要脫離統一戰線或者不參加統一戰線，他再也不能建立半獨立式的政府，並不能在中國人民各階層中找到擁護。並且，一九二七年的經驗，對於任何階級都不能機械地運用。因爲現在國際的與國內的形勢，比之一九二七年已有了急激的改變，而有利於全民統一戰線。所以我們對於現在統一戰線的前途毫不悲觀，這裏沒有任何可以悲觀的根據。我們爲了統一戰線的事業，不害怕被其他黨派的利用，因爲我們有攷慮過堅決抗日綱領。我們願意與一切抗日討賊的政派組織合作到底。

但是，現在最危險的是有些人幻想實現武力統一的計劃。很明顯的，武力統一就是不斷的內戰。如果我們回憶袁世凱及其他軍閥武力統一計劃的失敗，就可以知道這些人的前途是如何的黑暗。而在現在條件之下，在任何方面，武力政策危害中國民族的程度，都遠超過於當時。不幸有些人對於這樣的政策，還採取袖手旁觀的態度。還有人企圖以另一「集中戰線」來對立和破壞中國人民的統一戰線，這就是統一戰線不能順利發展的主要原因之一。

你們說過去的爭論是在於抗日鬥爭的方法和「安內」「攘外」的先後。我們覺得，這只是表面上的，實際上是有些人在民族叛徒與民族英雄之間動搖，在抵抗與投降之間選擇道路。我們不相信那些主張「攘外必先安內」的人，沒有看見他們「安內」政策造成怎樣的結果，但是，爲什麼還這樣堅決主張「攘外必先安內」呢？

我們不反對統一，我們反對的是國內戰爭與民族叛徒。我們認爲今天中國只有一個出路，就是一切黨派，在平等基礎上團結起來，實行抗日，並服從全國人民的民主政治。如果不走這一條道路，而想用武力統一，那就永遠不會有中國人民的統一，只有更加使中國分裂和破壞。僅就這一原因，我們就反對這樣的企圖。我們擁護在平等基礎上的聯合抗日與民主的方法來統一中國。我們願意服從眞正代表全中國人民的任何全國大會的決議，並主張把一切問題提到這樣的大會去解決。並且我們同意把是否應當在全中國施行蘇維埃制度的問題讓全國人民實行民主的

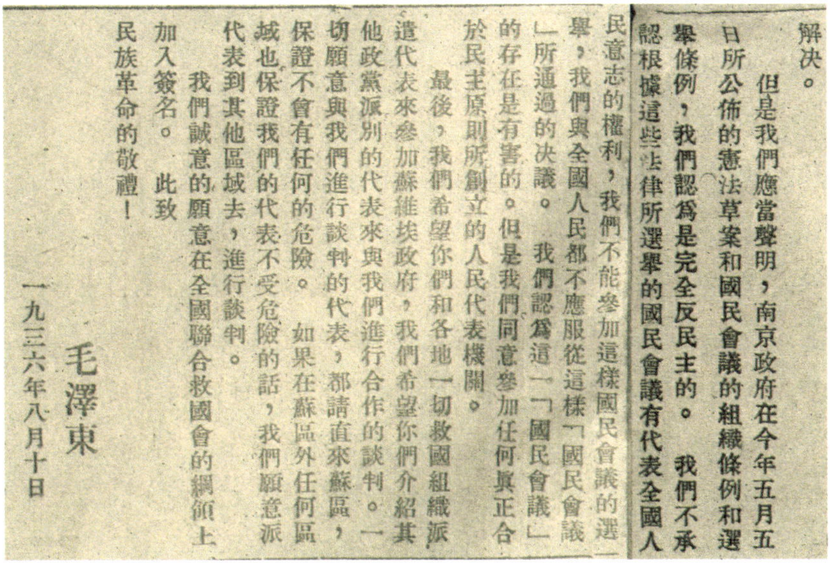

解決。

但是我們應當聲明，南京政府在今年五月五日所公佈的憲法草案和國民會議的組織條例和選舉條例，我們認爲是完全反民主的。我們不承認根據這些法律所選舉的國民會議有代表全國人民意志的權利，我們不能參加這樣國民會議的選舉，我們與全國人民都不應服從這樣「國民會議」所通過的決議。我們認爲這一「國民會議」的存在是有害的。但是我們同意參加任何眞正合於民主原則所創立的人民代表機關。

最後，我們希望你們和各地一切救國組織派遣代表來參加蘇維埃政府，我們希望你們介紹其他政黨派別的代表來與我們進行合作的談判。一切願意與我們進行談判的代表，都請直來蘇區，保證不會有任何的危險。如果在蘇區外任何區域也保證我們的代表不受危險的話，我們願意派代表到其他區域去，進行談判。

我們誠意的願意在全國聯合救國會的綱領上加入簽名。此致

民族革命的敬禮！

毛澤東

一九三六年八月十日

《救国时报》第六十四期 中华民国二十五年十月三十日 第四版
（1936 年 10 月 30 日）

苏维埃政府领袖

毛泽东先生致章陶邹沈四先生信

关于团结御侮几个基本条件与最低要求的讨论

毛泽东先生的这一信是从英国方面得来的英文译稿，再转译成中文，也许在字句上与原文会有差别之处，俟觅得中文原本以后即当再行发表，请毛先生与读者原谅。至于毛先生这一信的伟大政治意义及由此而显示出的团结御侮光明伟大的前途，每个读者都可完全明了，用不着任何注释的。

编者

乃器、行知、韬奋、钧儒、诸先生及全国救国联合会全体会员们!

不久以前，我们在报纸上读到了章沈陶邹四先生所发表的团结御侮的几个基本条件与最低要求和全国救国联合会的宣言和纲领。这些文件引起了我们极大的同情和满意，我们认为这是代表全国大多数不愿意作亡国奴的人们的意见与要求，我代表我们的党、苏维埃政府与红军表示诚恳的敬意，并向你们和全国人民声明：我们同意你们的宣言纲领和要求，诚恳的愿意与你们合作，与一切愿意参加这一斗争的政派的组织或个人合作，以便如你们纲领与要求上所提出的一样，来共同进行抗日救国的斗争。你们说：

“我们所希望的中国共产党要在具体行动上，表现出他主张联合各党各派抗日救国的一片真诚。因此在红军方面，应当立刻停止攻击中央军，以谋和议进行的便利。在红军占领区域对富农、地主、商人，应当采取宽容态度。在各大城市内，应竭力避免有些足以削弱抗日力量的劳资冲突，这样，救亡联合战线的开展，才不至受到阻碍。”

真的，我们应当这样做，而且已经是这样做，我们在自己的行动上，经常是忠实于自己的提议和政治路线。在九一八事变开始，我们首先向全国一切党派提出，愿意合作抗日。有些人说，我们的提议，只是宣传的作用，而在实际上并不愿意实行这些提议，但是，几年来的事变证明这样的说法，完全是一种诬蔑。我们曾与十九路军和福建政府合作。不久以前，当西南派首领发表通电表示抗日的时候，我们宣言同意他们的抗日主张，同时我们向西南派的军政领袖和一切党派与社会团体发表了合作抗日的提议，并郑重声明：我们不仅在言论上而且在事实上诚恳希望一致联合，共同斗争以挽救祖国的生命。一年多以来我们进行了长期坚苦的斗争，以实现我们北上抗日的目的。虽然我们已经到了北方，可是我们想集中河北实行首先直接抗日的愿望还是没有实现。今年春季，我们在渡过黄河以后，如果没有驻扎在潼蒲路一带十万以上的中央军的封锁与阻挡，是无疑可以实现我们的愿望。当时若是我们集中力量来冲破封锁线当然可以做到的，但是，这样必然使双方受到很大的牺牲，我们为了避免无价值的内战损失，所以暂时渡河回转陕西。在回军以后，不管对我们继续“围剿”，我们再一次的向南京政府、太原阎锡山将军、河北宋哲元将军表示愿意把我们的力量集中河北，进行抗日，并要求他们的同意。虽然他们到现在还没有满意的回答，但是我们并不因此就放弃我们所始终坚决主张的抗日救国的目的。在民族存亡千钧一发的时候，我们不愿意继续任何自相残杀的内战，我们无论何时也不会进攻南京中央军或其他军队，如果他们不向我们进攻，不阻碍中国军队抗日斗争的话。如果南京中央军或其他军队实行抗日不压迫群众爱国运动，我们准备以自己的一切力量，诚恳的帮助他们。我们愿意与任何军队、任何政党、任何派别合作，只要他们赞成准许反日、反卖国贼和爱国运动的完全自由。

有人怀疑，现在红军的力量，很难单独抗日。又有人说，抗日的先决条件，是民族统一和内部和平。还有人说，部份的抗战是有害的。但是我们不这样想。我们东北抗日义勇军能够进行继续英勇的抗日斗争。敌人的报纸都承认东北义军已使敌人损失“十万以上的生命和几万万的金钱”，并使日本帝国主义不能很快的侵入中国的内地。虽然他们还未取得澈底的胜利，可是对于国家民族已有了巨大的功劳与帮助。现在没有任何人能说东北义军不能单独抗日的了。我们红军在一切方面都不比东北义军薄弱，而北方人民的爱国热情亦不落后于东北人民。如果不是想混乱人民耳目的话，那么就没有根据说红军不能单独抗日。上海抗战和长城抗战失败的原因，只是因为当时领导者的动摇不坚定，没有运用紧张的运动战术，没有充分广泛的与人民合作，然而，中国红军是没有这些弱点的，所以我们认为红军能够单独抗日，并不会轻受挫折而能持久抵抗。虽然红军不能期待以现有的力量，达到抗日战争的最后胜利，但无论如何，是能单独抗日的。并且在红军继续抗日的过程中，必然能够统一全国人民和一切愿意抗日的武装力量来达到最后的胜利。

如果说，要统一全国力量以争取抗日战争的最后胜利，这是正确的；但是，如果说要先统一，然后抗日，这是不正确的。应当记得，部份的力量，已能实行抵抗，应当记得，在没有开始抵抗运动的地方，敌人决不让我们集中力量。敌人已经严厉监视着南京中央和地方政府，并一省又一省的侵占了我们的土地。在这样情形之下，只有在开始抵抗的时候，才有全国总动员的可能。实行抵抗与全国总动员应当同时开始的。在“和平”状况之下，很难有全国总动员之可能。

你们要求一切爱国运动的自由，而敌人必然马上用武装来压迫爱国运动，很明显的，战争就不可免了。现在情况日益危急，如果不立刻开始抗日战争，全国统一自卫与全国总动员必然益加困难，如果坐失时机，甚至将无统一自卫与总动员的可能。就在今日，全国总动员已经不能包括东北和北方的一部份区域了。这样继续下去，敌人可以组织更多的汉奸军队，可以宰割中国更大的区域，可以夺取一切中心城市和交通路线，那时，我们的总动员将只能在很小一部份的领土上与乡村区域中实行。难道现在还可以用统一未成，准备不足等借口来延迟对日抵抗吗？

我们不反对真正的准备，可是我们反对借准备之名，行不抵抗之实。任何抵抗斗争，决不会阻碍准备与总动员的工作。任何抵抗的本身就是极大的动员，上海与长城抗战的经验便是最好的证明。

在敌人监视之下进行秘密准备工作，须花费几年时间所达到的成绩，也许在抗战开始以后，只要几个星期就能达到。而且秘密准备所培养的力量，决不能补偿同时间损失的力量，更不能达到敌人在同一时间所可聚集与准备的力量。

有人说我们的单独抵抗，破坏了他们的抗日总计划。我们无从知道，他们所谓“抗日总计划”是什么。我们所要求的只是落后的人，迅速赶上我们，还未准备抗战的军政首领和党派立刻和我们一块进行抗日斗争。没有任何根据来要求我们拒绝抗日政策，停止抗日行动来适合这些“批评家”底纲领和行动。

对日抗战将是长期残酷的战争，不经过千百次的苦战是不会取得最后胜利的。在长期苦斗的当中必然可以动员与集中全国的一切力量。而决不能把抗日战争，延迟到动员与集中完成以后。

因此，我们要求立刻开始对日抗战，首先把红军集中河北，使红军能最先开始对日抗战，我们反对利用任何借口延缓和避免对日抵抗。竭诚希望你们帮助实行这些要求。

为了集中国力去对日抗战，我们在各方面改善了苏维埃法律与工作。除了把工农政府、工农红军改成人民苏维埃政府和人民红军外，在苏维埃选举法上，补充了一切小资产阶级职员、自由职业者，专门家和小商人与小企业主都有选举权和被选举权。宣布在苏维埃区域内一切政党社会团体、群众组织均享有公民权。欢迎一切愿意共同抗日的党派、社会团体的代表参加苏维埃政府，共同担负责任。我们已经通过决议不没收富农的土地，如果他们愿意和我们共同抗日的话，我们并不拒绝与他们联合。不没收大小工商业者的财产与工厂，并保护他们的企业，帮助他们发展，以增加苏区抗日运动所必需的物质供给。不没收积极抗日的军官与地主的土地和财产，邀请一切失业军官、兵士、职员、专门家到苏区来，并给予他们以适当工作，使他们能发挥自己的才干。特定办法优待俘虏的军官和兵士，愿意归家的，发给路费，愿意留在苏区共同抗日的，便给与工作。取消一切苛捐杂税，征收不重的统一累进税。

这就是在我们苏区通过的和施行的政纲。我们决不敌视民族中反日的阶级。红军将来进入抗日友军的区域，在友军遵守协定之下，红军同意遵守友军所规定的法令与规律，并不干涉友军区域的地方行政。关于劳资关系问题，规定了改良工人生活最低条件，按照每个企业的实际情形，订立劳资协定，劳资双方必须遵守，并避免不必要的罢工、怠工。过去监督生产，工人领导工厂的法律，已经取消了。劝告工人不提出超过本企业能力的要求。在非苏维埃区域，我们主张必须改善工人生活，但希望不加深反资本主义的斗争。我们相信争取海关自主，反对帝国主义侵略，是对于工人和资本家都有利益的。相反的，在帝国主义继续进攻之下，无论工人和资本家，都不能期待自己情形的改善。劳资的共同利益，是建立在反对帝国主义侵略之上。

至于现在河北、湖南、江西、福建、浙江，及其他区域的游击队，还未能执行我们在最近所通过的法律，这是由于有许多的阻碍，使他们不能得到我们的指令。此外，残酷屠杀的围剿是可以激起某些报复的手段，但是我们认为这种行动是错误的。我们肯定的希望立刻改正这些游击队的错误(此处有两句英文译文意思模糊不清，故未译出，俟觅得原文后当补正)。可惜得很，我们还不能马上执行这些条件，因为决定的力量不在我们。我们认为红军是中国人民的军队，无条件地尊重并实行全国人民所表示的批评、意见与要求。关于中国人民的各种问题，我们愿意服从不愿意做亡国奴的人民民主的决议。

当然，我们的党员应当参加各地方的救国组织和各种形式的救国运动。我们愿意牺牲一切力量来拥护这些运动与组织，以便与一切党派和不愿意做亡国奴的人民共同斗争，挽救中国人民的危亡。我们的党员，无条件地服从这些组织大多数所通过的规则、纲领和决议。同样在实际工作上，甚至当我们在原则上不同意的时候，也无条件地服从大多数的意见，我们的党员不会与这些组织中的其他派别对立和竞争来争夺群众与领导权。相反的，我们愿意拥护任何派别的澈底反日的领袖，使他们能毫无阻碍地在群众中发挥自己的能力。我们的党员愿意在他们领导之下工作。为了达到战胜强大敌人的目的，不仅需要我们自己的发展与胜利，而且需要一切联合力量的胜利与发展。我们统一战线的口号是“各政党各阶级在抗日救国旗帜之下团结起来”。因此我们认为在统一战线中提出推翻某一阶级和某一政党的口号是错误的。我们认为在国民党和国民政府中应有不少的领袖、党员、官吏能够抗日的，我们完全愿意与他们联合。因此，一般的反对国民党和各地政府是不适宜的。我们不同意、并且反对宗派主义、包办把持操纵等方式以及现在有些青年份子在实际上采用的强迫群众参加救国运动的方法。

最后，我们认为最重要的是一切党派了解抗日救国的任务，改变敌视我们的态度。关于其他问题的意见，都是不重要的。可是有人重视其他问题的许多意见，因此，就产生许多冲突和矛盾。我们完全愿意改变这些缺点。如果我们的党员在救国运动中犯了这样的错误，就希望其他党派的领袖和青年，本着救国热忱，互相劝勉。我们相信，如果为了抗日救国的必需，排除一切相互的敌意，互相忍耐，互相尊重，那么全民统一战线就可胜利完成，并可保证广泛光明的前途。依靠着统一战线力量发展的程度不只是可以战胜日本帝国主义和卖国贼，而且经过统一战线运动的一定阶段可以使中国民族脱离一切帝国主义的束缚，并达到全中国的真正民主的统一。因此，我们认为统一战线决不是一个很短的暂时的现象。当然，在统一战线的各个阶段上可以有各别的人发生动摇，叛变与逃走，但是这决不能认为是统一战线的破裂。

现在统一战线比之一九二七年还有更明白的前提和更巩固的基础，因为现在民族危机比之一九二七年百倍的加深。一九二七年的统一战线主要是反对内部敌人（反对北洋军阀），现在统一战线是反对外部敌人。在一九二七年的时候，脱离统一战线的人们，还能组织半独立式的政府。而在现在，那一个要脱离统一战线或者不参加统一战线，他再也不能建立半独立式的政府，并不能在中国人民各阶层中找到拥护。并且，一九二七年的经验，对于任何阶级都不能机械地运用。因为现在国际的与国内的形势，比之一九二七年已有了急激的改变，而有利于全民统一战线。所以我们对于现在统一战线的前途毫不悲观，这里没有任何可以悲观的根据。我们为了统一战线的事业，不害怕被其他党派的利用，因为我们有考虑过坚决抗日纲领。我们愿意与一切抗日讨贼的政派组织合作到底。

但是，现在最危险的是有些人幻想实现武力统一的计划。很明显的，武力统一就是不断的内战。如果我们回忆袁世凯及其他军阀武力统一计划的失败，就可以知道这些人的前途是如何的黑暗。而在现在条件之下，在任何方面，武力政策危害中国民族的程度，都远超过于当时。不幸有些人对于这样的政策，还采取袖手旁观的态度。还有人企图以另一“集中战线”来对立和破坏中国人民的统一战线，这就是统一战线不能顺利发展的主要原因之一。

你们说过去的争论是在于抗日斗争的方法和“安内”“攘外”的先后。我们觉得，这只是表面上的，实际上是有些人在民族叛徒与民族英雄之间动摇，在抵抗与投降之间选择道路。我们不相信那些主张“攘外必先安内”的人，没有看见他们“安内”政策造成怎样的结果，但是，为什么还这样坚决主张“攘外必先安内”呢？我们不反对统一，我们反对的是国内战争与民族叛徒。我们认为今天中国只有一个出路，就是一切党派，在平等基础上团结起来，实行抗日，并服从全国人民的民主政治。如果不走这一条道路，而想用武力统一，那就永远不会有中国人民的统一，只有更加使中国分裂和破坏。仅就这一原因，我们就反对这样的企图。我们拥护在平等基础上的联合抗日与民主的方法来统一中国。我们愿意服从真正代表全中国人民的任何全国大会的决议，并主张把一切问题提到这样的大会去解决。并且我们同意把是否应当在全中国施行苏维埃制度的问题让全国人民实行民主的解决。

但是我们应当声明，南京政府在今年五月五日所公布的宪法草案和国民会议的组织条例和选举条例，我们认为是完全反民主的。我们不承认根据这些法律所选举的国民会议有代表全国人民意志的权利，我们不能参加这样国民会议的选举，我们与全国人民都不应服从这样“国民会议”所通过的决议。我们认为这一“国民会议”的存在是有害的。但是我们同意参加任何真正合于民主原则所创立的人民代表机关。

最后，我们希望你们和各地一切救国组织派遣代表来参加苏维埃政府，我们希望你们介绍其他党派别的代表来与我们进行合作的谈判。一切愿意与我们进行谈判的代表，都请直来苏区，保证不会有任何的危险。如果在苏区外任何区域也保证我们的代表不受危险的话，我们愿意派代表到其他区域去，进行谈判。

我们诚意的愿意在全国联合救国会的纲领上加入签名。

此致

民族革命的敬礼

毛泽东

一九三六年八月十日

中國共產黨擴大的六中全會

給東北義勇軍及全體同胞電

東北抗日聯軍楊司令靖宇轉東北抗日聯軍的長官們，兵士們，政治工作人員們！

在中共擴大的六中全會開會的時候，我們代表中國共產黨全體黨員及共產黨所領導下的抗日軍隊與游擊隊，向淪陷在敵人統治下已七年多的東北同胞們，在冰天雪地與敵周旋七年多的不怕困苦艱難奮鬥之模範的東北抗日軍隊，表示最深刻的同情，並向你們致最崇高的民族革命敬禮！日寇於民國廿年出兵佔領我東北，去年又強奪我華北數省，並進兵華中華南，其目的在滅亡我全中國，把我四萬萬五千萬同胞都變為日寇的奴隸。但是自從「七七」事變後的中國，已非「九一八」時[illegible]黨政策的轉變，已結束了民族分裂與國內戰爭的局面，全國各黨派各階級各軍隊各地方政府都一致團結在國民政府周圍，在蔣委員長領導之下，對日開始了神聖的民族自衛戰爭。雖因敵我力量懸殊，在十六個月的抗戰中，我國遭受了一些局部的暫時的軍事上的失利，特別是在武漢廣州失守後，一方面增加某些困難，但是另一方面，我民族的抗戰力量更加團結，國共合作卻更加親密，抗日民族統一戰線也更加進步。我們堅決相信，只要我們堅持民族抗戰到底，堅持持久戰，堅持以國共合作為基礎的抗日民族統一戰線，我們定能克服目前的困難，團結全民族的力量，繼續抗戰，停止日寇的進攻，以準備將來的反攻。

東北四省是中華民國底領土，東北三千萬同胞是全體中華人民底一部份，我國全民族抗戰的目的，不僅是要把日寇從內地各省驅逐出去，並且要把日寇從東北四省驅逐出去，以建立領土完整的、行政統一的、獨立自由幸福的新中華民國。我們在過去現在和將來都不會忘記淪陷在敵人鐵蹄統治下的東北三千萬同胞，我們也不會忘記在最艱難困苦的條件下，同民族死敵作長期鬥爭的親愛的同志們。八路軍一個支隊曾到冀東游擊，希望在東北各地民族志士及全體同胞，在敵人後方響應與進行更加長期的持久的艱難的游擊戰爭，更加鞏固和擴大各黨派各階級各軍隊的抗日民族統一戰線，以準備我國軍隊在將來反攻，而達到收復東北的目的。驅逐日本帝國主義出中國！獨立自由幸福的新中國萬歲！東北抗日聯軍及一切抗日義勇軍萬歲！

中國共產黨擴大的六中全會

十一月五日

《救国时报》（纽约出版）第二十三期 中华民国二十八年一月十二日 第四版

（1939 年 1 月 12 日）

中国共产党扩大的六中全会给东北义勇军及全体同胞电

东北抗日联军杨司令靖宇转东北抗日联军的长官们，兵士们，政治工作人员们！

在中共扩大的六中全会开会的时候，我们代表中国共产党全体党员及共产党所领导下的抗日军队与游击队，向沦陷在敌人统治下已七年多的东北同胞们，在冰天雪地与敌周旋七年多的不怕困苦艰难奋斗之模范的东北抗日军队，表示最深刻的同情，并向你们致最崇高的民族革命敬礼！日寇于民国廿年出兵占领我东北，去年又强夺我华北数省，并进兵华中华南，其目的在灭亡我全中国，把我四万万五千万同胞都变为日寇的奴隶。但是自从“七七”事变后的中国，已非“九一八”时的中国了。由于国共两党政策的转变，已结束了民族分裂与国内战争的局面，全国各党派各阶级各军队各地方政府都一致团结在国民政府周围，在蒋委员长领导之下，对日开始了神圣的民族自卫战争。虽因敌我力量悬殊，在十六个月的抗战中，我国遭受了一些局部的暂时的军事上的失利，特别是在武汉广州失守后，一方面增加某些困难，但是另一方面，我民族的抗战力量更加团结，国共合作却更加亲密，抗日民族统一战线也更加进步。我们坚决相信，只要我们坚持民族抗战到底，坚持持久战，坚持以国共合作为基础的抗日民族统一战线，我们定能克服目前的困难，团结全民族的力量，继续抗战，停止日寇的进攻，以准备将来的反攻。

东北四省是中华民国底领土，东北三千万同胞是全体中华人民底一部份，我国全民族抗战的目的，不仅是要把日寇从内地各省驱逐出去，并且要把日寇从东北四省驱逐出去，以建立领土完整的、行政统一的、独立自由幸福的新中华民国。我们在过去现在和将来都不会忘记沦陷在敌人铁蹄统治下的东北三千万同胞，我们也不会忘记在最艰难困苦的条件下，同民族死敌作长期斗争的亲爱的同志们。八路军一个支队曾到冀东游击，希望在东北各地的民族志士及全体同胞，在敌人后方响应与进行更加长期的持久的艰难的游击战争，更加巩固和扩大各党派各阶级各军队的抗日民族统一战线，以准备我国军队在将来反攻，而达到收复东北的目的。驱逐日本帝国主义出中国！独立自由幸福的新中国万岁！东北抗日联军及一切抗日义勇军万岁！

中国共产党扩大的六中全会

十一月五日

同仇敌忾

从各自为战走向联合抗战

民族危亡之际，山河破碎、生灵涂炭，全国人民奋起抗争，被压抑已久的民族意识迅速觉醒。各党派、各组织和团体摒弃前嫌，以民族大义为重，携手合作，共赴国难。尤其是我党领导的东北抗联，团结各方抗日武装，使抗战力量由分散走向联合，形成了一支令日寇闻风丧胆的抗日铁军，沉重打击了日寇在占领区的残暴统治，谱写了中华民族自强不息、浴血奋战的壮丽篇章。

《救国报》第十期 一九三五年十月一日 第一版

我義勇軍之血戰苦鬥

長圖線燒車高麗門殺賊

最近日寇在東北到處連絡電話，日人所在之處均嚴密戒備，並用築路政策，以便於使用坦克攻擊我義軍，但因民衆之擁護，日寇還是不得不說義勇軍的活動，「飛報頻頻」。（朝鮮新聞）。現我義勇軍之主要作戰計劃，即在分散軍力，破壞日賊交通電氣機關。義軍在雖極困難狀況下作戰，然奮鬥精神是我們每一個關內同胞的榜樣也。

八月二十一日滿洲日日新聞：十九日長春圖門線又被義勇軍襲擊，日人開車者失蹤，車警即死，十九輛列車均付之一炬。日賊謂係「共產黨」所爲，認爲「異常嚴重」。八月十日哈爾濱日日新聞：日本討伐義勇軍之軍警，被我義勇軍包圍，雙方均有死傷云。

八月二七日滿洲日日新聞：二十五日，掘田隊特務長村井爲「匪」殺傷，二十六日沙河鎮保線員被義勇軍包圍。鶴立岡電業社爲義勇軍攻破，該社首領藤井川副等爲我義勇軍擊斃。該報又載：二十五日高麗門突來義勇軍五十名與日「滿」軍警激戰，俘日人一名，殺死日軍一兵云。高麗之役，我軍以少勝多，日寇損失頗大。日寇大隊到後，我軍即退却。但日賊到處追攻我義勇軍云。

因民衆援助義勇軍，二十七日僞國發表嚴厲布告，凡通「匪」，供給「土匪」，藏匿武器及知而不報者，均處死刑。將不知有多少無辜的父老兄弟，要死於日賊之刀下了。

八月十三日申報轉載關東軍發表本年七月以來反日反滿軍隊人數，計：反滿抗日軍八千人；共產軍七千人，朝鮮反日軍五百人；農民反日軍一萬二千五百人。合計二萬八千[illegible]人。根據地在東北東部及完達山，老爺嶺老[illegible]社丹嶺，龍崗嶺一帶云。實際數目，至少[illegible]日寇所說數目十倍以上，但日寇無論如何不[illegible]認抗日聯合軍之不能消滅。倘四萬萬人民[illegible]能有東北義勇軍之精神，何愁失地不能恢復？

《救国报》第十期 中华民国二十四年十月一日 第一版

（1935 年 10 月 1 日）

长图线烧车　高丽门杀贼

我义勇军之血战苦斗

最近日寇在东北到处连络电话，日人所在之处均严密戒备，并用筑路政策，以便于使用坦克攻击我义军，但因民众之拥护，日寇还是不得不说义勇军的活动，“飞报频频”。（朝鲜新闻）。现我义勇军之主要作战计划，即在分散军力，破坏日贼交通电气机关。义军在虽极困难状况下作战，然奋斗精神是我们每一个关内同胞的榜样也。

八月二十一日满洲日日新闻：十九日长春图门线又被义勇军袭击，日人开车者失踪，车警即死，十九辆列车均付之一炬。日贼谓系“共产党”所为，认为“异常严重”。八月十日哈尔滨日日新闻：日本讨伐义勇军之军警，被我义勇军包围，双方均有死伤云。

八月二七日满洲日日新闻：二十五日，掘田队特务长村井为“匪”杀伤，二十六日沙河镇保线员被义勇军包围。鹤立冈电业社为义勇军攻破，该社首领藤井川副等为我义勇军击毙。该报又载：二十五日高丽门突来义勇军五十名与日“满”军警激战，俘日人一名，杀死日军一兵云。高丽之役，我军以少胜多，日寇损失颇大。日寇大队到后，我军即退却。但日贼到处追攻我义勇军云。

因民众援助义勇军，二十七日伪国发表严厉布告，凡通“匪”，供给“土匪”，藏匿武器及知而不报者，均处死刑。将不知有多少无辜的父老兄弟，要死于日贼之刀下了。

八月十三日申报转载关东军发表本年七月以来反日反满军队人数，计：反满抗日军八千人；共产军七千人，朝鲜反日军五百人；农民反日军一万二千五百人。合计二万八千人。根据地在东北东部及完达山，老爷岭，老松岭，牡丹岭，龙冈岭一带云。实际数目，至少总□日寇所说数目十倍以上，但日寇无论如何亦不能否认抗日联合军之不能消灭。倘四万万人民都能有东北义勇军之精神，何愁失地不能恢复？

抗日聯軍

東北反日聯軍第一軍

打敗日偽軍於鴨綠江

△路透社電亦謂近來義勇軍激增

申報十月初載：在鴨綠江沿岸奉朝交界一帶活動之東北反日聯軍第一軍（按該軍軍長係楊靖宇）近來人數突增數千人，威聲更大。九月二十九日該軍出動，捉獲日本軍官數名，日軍派大隊援救，又被義勇軍迎頭痛擊，日軍被打得落花流水，留下屍首數十具，傷者更多。

路透社九月二十七日長春電，在關軍活動之義勇軍，晚近數量激增，只就八月而言，即較前增加二萬五千人，總計該地義勇軍在六萬八千人以上。但據熟悉義勇軍情形者云，義勇軍實數，至少比路透社所言者多一倍以上。

朝日新聞九月卅日長春通訊：松花江與中東路南段一帶，義勇軍出沒無常，九月二十九日在該地與日軍激戰多時，結果日軍官與士兵死十三人，重傷四人。

電通社同日哈爾濱訊，九月二十九日，義勇軍二百餘人在瀋陽附近進襲日軍，擊斃日軍中尉一名，日兵二名，又重傷日兵十二名。

《救国报》第十三期 中华民国二十四年十月二十一日 第一版

（1935 年 10 月 21 日）

东北反日联军第一军
打败日伪军于鸭绿江

△路透社电亦谓近来义勇军激增

申报十月初载：在鸭绿江沿岸奉朝交界一带活动之东北反日联军第一军（按该军军长系杨靖宇）近来人数突增数千人，威声更大。九月二十九日该军出动，捉获日本军官数名，日军派大队援救，又被义勇军迎头痛击，日军被打得落花流水，留下尸首数十具，伤者更多。

路透社九月二十七日长春电，在关军活动之义勇军，晚近数量激增，只就八月而言，即较前增加二万五千人，总计该地义勇军在六万八千人以上。但据熟悉义勇军情形者云，义勇军实数，至少比路透社所言者多一倍以上。

朝日新闻九月卅日长春通讯，松花江与中东路南段一带，义勇军出没无常，九月二十九晨在该地与日军激战多时，结果日军官与士兵死十三人，重伤四人。

电通社同日哈尔滨讯，九月二十九日，义勇军二百余人在沈阳附近进袭日军，击毙日军中尉一名，日兵二名，又重伤日兵十二名。

日本帝國主義強盜

「慘殺抗日英雄全家老小紀實」

（延吉通信）

日本帝國主義佔領我東北四省以後，用最殘酷的壓迫與屠殺對待我東北同胞，尤其對於一切參加抗日救國戰士們的家屬，經常是施行慘無人道的屠殺。在我這篇通信裏所講的，是東北抗日戰士孫賢全家老小十五人被日本帝國主義屠殺的經過。在東北，日本帝國主義者這種「文明」——屠殺中國人——是日有所聞，爲着要向全國不願意當亡國奴的愛國同胞，與全世界反對日本帝國主義的朋友們知道日本對待中華的「文明」，我將詳細的報告戰士孫賢全家被殺的經過，好讓全世界知道日本帝國主義強盜「文明」的程度！

抗日戰士孫賢家庭狀況

東北人民革命軍英勇戰士孫賢，原籍山東，三歲時隨父母及其全家就食吉林省，寓居離延吉縣城十數里之平安村。其老邁之父母及兄弟輩，都過着極貧苦的佃農生活，他從當地地主佘海清手裏佃得土地三垧（每垧合南方十畝之數）主要生產品是高粱與豆子。每垧土地每年要交佃租三石，雖然終年碌碌，不夠一家的吃用，所以孫賢的母親在農閒的時候是領着媳婦們幫人家縫衣補破，一天幾個女人工作所得，合計不滿一元大洋，加以當地官廳與豪紳種種苛捐雜稅，弄得孫家沒有一天不在饑寒交迫，吞聲飲泣中過日子！

受經濟壓迫入伍過白軍生活

戰士孫賢十五歲的時候，因爲累年水災，全家老小都在半生不死的狀態中，他於是投入延吉城十三旅十三營去當小兵，每月名義上有八元薪餉，但是去掉伙食，就沒有什麼多餘的了，加以旅長張大士匪（當地人送給旅長的諢名）尅扣欠餉，簡直每個士兵身上沒有一文另用錢。張大士匪是有名的暴戾野蠻的官長：對部屬拷打恐罵無所不爲：孫賢在隊伍中過了兩年：實在不堪壓迫，又退伍歸家，仍舊幫助父親兄弟等幹莊稼。

九一八事變，志在武裝抗日

一九三一年九一八事變後，身受亡國慘禍，孫戰士認爲只有武裝抵抗日本帝國主義，方能挽救全中國的滅亡，於是重新回到十三旅十三營，準備號召與組織所有士兵弟兄堅決與日帝國主義抗戰。日本帝國主義者派部隊企圖佔領十三營炮臺，當日兵前進時，孫戰士曾開槍擊斃日兵兩名，日帝國主義者藉口圍繳十三營武裝，孫戰士與抗日英雄李延祿主張死不屈服，當晚即號召全營弟兄退豬島木溝（一個大森林）開始遊擊戰爭。是冬該營曾進攻敦化縣，得該城警衛團，保衛團之譁變響應，於是佔領縣城。日帝主義又用重兵包圍該營，全體抗日戰士在李延祿及孫賢等抗日英雄領導下，終於奪圍而出。是役中，孫戰士率同弟兄五人擊潰敵軍一連，並繳獲機關槍兩架。從此該營宣佈獨立，改番號爲救國軍，輾轉於冰天雪地，在日帝國主義飛機大炮下，與敵人頑強抵抗。

由救國軍擴大爲人民革命軍

該營曾輾轉進攻海林站，鏡泊湖，寧安縣等地，得廣大羣衆之擁護。該部隊因此日益擴大，在李延祿英雄領導之下，成立中國人民革命軍，與東北所有抗日部隊成立統一戰線。孫戰士被任爲支隊長，驅馳於寧安，延吉，汪清縣一帶與日軍頑強作戰。並組織與發動沿途農民反抗日帝國主義壓迫。因此，孫戰士英勇抗日救國之名不僅流布廣大農民士兵之間，並遭日本帝國主義者之忌。

孫戰士誓死抗日救國，日帝國主義即屠殺其全家老小一十五人！

日帝國主義者因爲痛恨孫戰士頑強抗日及發動農民鬥爭，於是威迫孫戰士家屬寫信給孫戰士，要他卽日解甲歸來，庶可保全其家屬安全，否則家中將有不測之禍。可是孫戰士接得這個消息，不僅不爲一己家屬之安危有所動搖，並向支隊弟兄們宣言，誓死抗日救國，決不爲日帝國主義利誘威嚇而喪志。不久，日帝國主義者知道動搖孫戰士的陰謀不遂，在一九三四年四月某日，用武裝部隊包圍平安村之孫家，將孫戰士全體家屬慘殺一個不留！計犧牲者有：

一、孫之父親孫昌忠，五十四歲；

二、孫之母親劉氏，五十二歲；

三、孫之大弟孫慶，二十六歲；

四、孫之大弟媳婦張氏，二十歲；

五、孫之二弟孫山，二十四歲；

六、孫之二弟媳張氏，十八歲（新婚未久即遭難！）；

七、孫之三弟孫貴，二十二歲；

八、孫之四弟孫明，十五歲；

九、孫戰士自己的妻田氏，三十四歲；

十、孫大女孩玖蘭，十四歲；

十一、孫之二女孩貴蘭，十二歲；

十二、孫之長子茂春，十一歲；

十三、孫之二子廿春，九歲；

十四、孫之幼女秀蘭，六歲；

十五、孫之姪兒，尚在襁褓中嬰孩。

（記者林炎）

《救国报》第十三期 中华民国二十四年十月二十一日 第二版

（1935年10月21日）

日本帝国主义强盗惨杀抗日英雄全家老小纪实

（延吉通信）

日本帝国主义占领我东北四省以后，用最残酷的压迫与屠杀对待我东北同胞，尤其对于一切参加抗日救国战士们的家属，经常是施行惨无人道的屠杀。在我这篇通信里所讲的，是东北抗日战士孙贤全家老小十五人被日本帝国主义屠杀的经过。

在东北，日本帝国主义者这种“文明”——屠杀中国人——是日有所闻，为着要向全国不愿意当亡国奴的爱国同胞，与全世界反对日本帝国主义的朋友们知道日本对待中华的“文明”，我将详细的报告战士孙贤全家被杀的经过，好让全世界知道日本帝国主义强盗“文明”的程度！

抗日战士孙贤家庭状况

东北人民革命军英勇战士孙贤，原籍山东，三岁时随父母及其全家就食吉林省，寓居离延吉县城十数里之平安村。其老迈之父母及兄弟辈，都过着极贫苦的佃农生活，他从当地地主余海清手里佃得土地三垧（每垧合南方十亩之数）主要生产品是高粱与豆子。每垧土地每年要交佃租三石，虽然终年碌碌，不够一家的吃用，所以孙贤的母亲在农闲的时候是领着媳妇们帮人家缝衣补破，一天几个女人工作所得，合计不满一元大洋，加以当地官厅与豪绅种种苛捐杂税，弄得孙家没有一天不在饥寒交迫，吞声饮泣中过日子！

受经济压迫入伍过白军生活

战士孙贤十五岁的时候，因为累年水灾，全家老小都在半生不死的状态中，他于是投入延吉城十三旅十三营去当小兵，每月名义上有八元薪饷，但是去掉伙食，就没有什么多余的了，加以旅长张大土匪（当地人送给旅长的浑名）克扣欠饷，简直每个士兵身上没有一文另用钱。张大土匪是有名暴戾野蛮的官长，对部属拷打恶骂无所不为，孙贤在队伍中过了两年，实在不堪压迫，又退伍归家，仍旧帮助父亲兄弟等干庄稼。

九一八事变，志在武装抗日

一九三一年九一八事变后，身受亡国惨祸，孙战士认为只有武装抵抗日本帝国主义，方能挽救全中国的灭亡，于是重新回到十三旅十三营，准备号召与组织所有士兵弟兄坚决与日本帝国主义抗战。日本帝国主义者派部队企图占领十三营炮台，当日兵前进时，孙战士曾开枪击毙日兵两名，日本帝国主义者借口围缴十三营武装，孙战士与抗日英雄李延禄主张死不屈服，当晚即号召全营弟兄退驻倒木沟（一个大森林）开始游击战争。是冬该营曾进攻敦化县，得县城警卫团，保卫团之哗变响应，于是占领县城。日本帝国主义又用重兵包围该营，全体抗日战士在李延禄及孙贤等抗日英雄领导下，终于夺围而出。是役中，孙战士率同弟兄五人击溃敌军一连，并缴获机关枪两架。从此该营宣布独立，改番号为救国军，辗转于冰天雪地，在日本帝国主义飞机大炮下，与敌人顽强抵抗。

由救国军扩大为人民革命军

该营曾辗转进攻海林站，镜波湖，宁安县等地，得广大群众之拥护。该部队因此日益扩大，在李延禄英雄领导之下，成立中国人民革命军，与东北所有抗日部队成立统一战线。孙战士被任为支队长，驱驰于宁安，延吉，汪清县一带与日军顽强作战。并组织与发动沿途农民反抗日帝国主义压迫。因此，孙战士英勇抗日救国之名不仅流布广大农民士兵之间，并遭日本帝国主义者之忌。

孙战士誓死抗日救国，日帝国主义即屠杀其全家老小一十五人!

日帝国主义者因为痛恨孙战士顽强抗日及发动农民斗争，于是威迫孙战士家属写信给孙战士，要他即日解甲归来，庶可保全其家属安全，否则家中将有不测之祸。可是孙战士接得这个消息，不仅不为一己家属之安危有所动摇，并向支队弟兄们宣言，誓死抗日救国，决不为日帝国主义利诱威吓而丧志。不久，日帝国主义者知道动摇孙战士的阴谋不遂，在一九三四年四月某日，用武装部队包围平安村之孙家，将孙战士全体家属惨杀一个不留！计牺牲者有：

一、孙之父亲孙昌忠，五十四岁；

二、孙之母亲刘氏，五十二岁；

三、孙之大弟孙庆，二十六岁；

四、孙之大弟媳张氏，二十岁；

五、孙之二弟孙山，二十四岁；

六、孙之二弟媳张氏，十八岁（新婚未久即遭难！）；

七、孙之三弟孙贵，二十二岁；

八、孙之四弟孙明，十五岁；

九、孙战士自己的妻田氏，三十四岁；

十、孙大女孩玖兰，十四岁；

十一、孙之二女孩贵兰，十二岁；

十二、孙之长子茂春，十一岁；

十三、孙之二子甘春，九岁；

十四、孙之幼女秀兰，六岁；

十五、孙之侄儿，尚在襁褓中婴孩。

（记者　赫炎）

東北義勇軍運動珍屑

枕戈

右文係東北人民革命軍第一軍枕戈君寄給本報者，因以生花之筆，敘述眞正事實，故讀之更可歌可泣。雖編之於文藝欄，望讀者不要看做小說，而要當作實紀——編者。

先鋒向後衝
草木盡成兵

這是去年冬天的事情。

正當冰天雪地，寒風刺骨的時候，駐在通化縣城的日本軍隊，接到了確實探報：離城四十餘里之山村中，有人民革命軍四五十人，企圖不明。日軍指揮部得到了這一消息之後，急忙調動日軍兩千名，「滿洲國」兵二百餘人，令滿洲國兵在前，日軍在後，如「餓虎撲食」似的奔向該村。日軍的計劃，是想用「滿洲國」兵在前方先和人民革命軍周旋，日軍則用「迅雷不以掩耳」的手段把人民革命軍包圍起來，用機關槍從四面掃射，全部打成血漿。不料當「滿洲國」士兵和人民革命軍接觸之後，除朝天放槍之外，開口就問：「喂！你們是不是紅軍啊？你們知道紅軍在那裏麽」？那邊答道：「我們是反日軍，是人民革命軍，不是紅軍，東三省並沒有紅軍，日本鬼所謠傳的紅軍就是我們」。「滿洲國」士兵聽到這種答覆，半信半疑，並未立刻相信。突然間，看見遠遠的山頭上，插着一面紅旗，映着白雪，鮮艷奪目的順風飄盪着。他們正在喜不自禁的，準備給人民革命軍送子彈和消息的時候，遠遠的看見日軍已經從後面趕到了。當日軍尚未散前實現其包圍計劃的時候，「滿洲國」的士兵突將機鎗倒轉過來，向着日軍亂打一陣，一面向後跑，一面賊叫：「不得了，紅軍多的很，已經衝下山來了！」日軍聽到前面密密的機關鎗聲，看着狼狽的逃兵，也不知道殺奔來的人民革命軍究有多少。於是，一陣紛亂，你跌我倒的急忙逃亡去了。人民革命軍有戰士某，即景生情，作打油詩一首，嘲笑日軍，詩爲：

先鋒有意向後衝，
草木無靈盡成兵。
他人未曾變血漿，
自己險些做肉餅。

《救国报》第十三期 中华民国二十四年十月二十一日 第四版
（1935年10月21日）

东北义勇军运动珍屑

枕 戈

右文系东北人民革命军第一军枕戈君寄给本报者，因以生花之笔，叙述真正事实，故读之更可歌可泣。虽编之于文艺栏，望读者不要看做小说，而要当作实纪。

编者

先锋向后冲 草木尽成兵

这是去年冬天的事情。正当冰天云地，寒风刺骨的时候，驻在通化县城的日本军队，接到了确实探报：离城四十余里之山村中，有人民革命军四五十人，企图不明。日军指挥部得到了这一消息之后，急忙调动日军两千名，“满洲国”兵二百余人，令满洲国兵在前，日军在后，如“饿虎扑食”似的奔向该村。日军的计划，是想用“满洲国”兵在前方先和人民革命军周旋，日军则用“迅雷不以掩耳”的手段把人民革命军包围起来，用机关枪从四面扫射，全都打成血浆。不料当“满洲国”士兵和人民革命军接触之后，除朝天放枪之外，开口就问：“喂！你们是不是红军啊？你们知道红军在哪里么”？那边答道：“我们是反日军，是人民革命军，不是红军，东三省并没有红军，日本鬼所谣传的红军就是我们”。

“满洲国”士兵听到这种答复，半信半疑，并未立刻相信。突然间，看见远远的山头上，插着一面红旗，映着白雪，鲜艳夺目的顺风飘荡着。他们正在喜不自禁的，准备给人民革命军送子弹和消息的时候，远远的看见日军已经从后面赶到了。当日军尚未散前实现其包围计划的时候，“满洲国”的士兵突将机枪倒转过来，向着日军乱打一阵，一面向后跑，一面喊叫：“不得了，红军多的很，已经冲下山来了！”日军听到前面密密的机关枪声，看着狼狈的逃兵，也不知道杀奔来的人民革命军究有多少。于是，一阵纷乱，你跌我倒的急忙逃亡去了。人民革命军有战士某，即景生情，作打油诗一首，嘲笑日军，诗为：

先锋有意向后冲，
草木无灵尽成兵。
他人未曾变血浆，
自己险些做肉饼。

東北抗日联軍呼籲向內軍政領袖

「諸公即不救東北寧不自救 槍口一致對外建立抗日聯軍」

本報頃接東北抗日聯軍楊靖宇軍長吳義成司令等致國內軍政領袖及各法團通電，促全國軍民一致成立國方政府聯軍，情詞剴切，堪令國人士勿忽視我義勇軍之呼號也。　電文錄後：

南京林主席，四川毛主席，南京蔣總司令，中國紅軍朱總司令，廣東陳總司令，廣西李總司令，香港陳銘樞先生，李濟琛先生，宜昌陳，警主任，山西閻綏靖主任，平津宋綏靖主任，東北軍張總司令，于指揮，前抗日聯軍方將軍振武，孫將軍殿英，西安楊主任，長沙何主席，重慶劉主席，西寧馬鎮守使，迪化盛督辦，甘肅朱主席，馬軍長鴻逵，十九路軍蔡軍長，前西北軍馮總司令，黃埔軍校，中央軍校，保定軍校，及全國各海陸空軍學校諸同學們，前東北義勇軍將領：馬占山，李杜，王德林等，全國各省市縣政府，全國各軍師團營連排長並轉士兵兄弟們，全國各商會，農會，職工會，學生會，教職員聯合會，婦女會，律師公會及其他各法團。　全國各報館通訊社並轉全國同胞們：

日寇亡我東北業已四年了，我東北四千萬同胞四年來飽嘗亡國痛苦。　我國鐵路，鑛山，銀行，土地，槍械，概被日寇沒收了，我國工商業被排斥　房屋遭燒燬，婦女被強姦，人民被屠殺逮捕，學校被封閉，真正是說不盡的亡國痛苦。我們艱苦血戰業已四年，我們天天等關內出兵抗日，但至今尚未見出一兵發一卒。　日寇現在又公開在我北五省組織所謂「華北國」，同時干涉我國一切內政外交，並積極準備佔領全中國！

諸公們！同胞們！　當此中華祖國處在危險萬狀之中，諸公即不救東北，難道也不自救嗎？　如不速即力求自救，眼看　內錦繡山河又將非我所有，而關內同胞將又像我們一樣過亡國奴的生活了。

諸公們！　同胞們！　日寇亡我政策，乃「利用中國人殺中國人」，我們為着不中日寇陰謀詭計，我們為着抗日救國，爭取中華民族獨立和統一，我們主張不分黨派，信仰，職業，性別等等之不同，一切抗日的中國人都聯合起來，去共同武裝抗日，從前在東北共產黨領導下的反日隊伍與非共產黨領導下的反日隊伍常常相仇視過，甚至武裝衝突過，但是我們以後從事實上認清了：當此亡國滅種之秋，我們中國人不應該打中國人，中國軍隊不應該打中國軍隊，因此在最近一年來，我們互相聯合起來了，我們成立了抗日聯軍總指揮部，在牠領導之下，共同殺賊，於是昨日的仇人，今日變成抗日的戰友！因此我們各部隊抗日反滿的戰鬥力大大增加了。

我們最近接到中國共產黨與中華蘇維埃政府今年八月一日的「為抗日救國告全體同胞書」，提議建立全中國統一的國防政府與全中國統一的抗日聯軍，並申明中國紅軍首先願參加抗日聯軍云云。

我們代表東北四千萬同胞和各地反日隊伍，向諸公們誠懇地要求：不論蔣總司令的軍隊也好，不論其他黨派的軍隊也好，不論共產黨領導下的紅軍也好，不論過去參加抗日戰爭的軍隊或未參加過的也好，互相打過戰的或沒有打過的也好，都應該不分黨派信仰籍貫等之不同，都應不記舊仇宿怨，都應該以中華民族利益為前提，馬上停止內戰，信口一致對外，一致去武裝抗日，一致去奪取中華民族獨立與統一，一致去保護中華人民領土完整。

我們代表東北四千萬同胞與各地抗日隊伍向諸公誠懇要求：馬上派代表開始談判，共謀國防政府與全國抗日聯軍總司令部之建立，抗日聯軍之組織、抗日聯軍軍費之籌劃等等事宜。

現在著派張健東為駐關內總代表，與各方面談判關於抗日救國各種問題，並將組派東北民衆與抗日隊伍代表向諸公請願，迅速出兵。

諸公們！同胞們！中華祖國處在危險之中！日寇得寸進尺，正在準備新的進攻。時機迫切，不容遲緩。請速行動！臨電不勝迫切待命之至。

打倒日本帝國主義！

收回東北失地！

大中華民國萬歲！

東北抗日聯軍第一軍軍長楊靖宇，第二軍軍長王德泰，第三軍軍長趙尚志，第四軍軍長李延祿，第五軍軍長周保中副軍長柴世榮，第六軍軍長謝文東 東北義勇軍總司令吳義成，副司令孔憲榮，湯原反日遊擊隊，海倫反日遊擊隊，東北抗日救國總會。

中華民國二十四年十月十一日

《救国时报》第一期 中华民国二十四年十二月九日 第一版

（1935 年 12 月 9 日）

东北抗日联军

呼吁关内军政领袖

“诸公即不救东北宁不自救 枪口一致对外建立抗日联军”

本报顷接东北抗日联军杨靖宇军长吴义成司令等致关内军政领袖及各法团通电，促全国军民一致成立国防政府抗日联军，情词沉痛激切，望爱国人士勿忽视我义勇军之呼号也。电文录后：

南京林主席，四川毛主席，南京蒋总司令，中国红军朱总司令，广东陈总司令，广西李总司令，香港陈铭枢先生、李济琛先生，宜昌陈行营主任，山西阎绥靖主任，平津宋绥靖主任，东北军张总司令，于指挥，前抗日联军方将军振武，孙将军殿英，西安杨主任，长沙何主席，重庆刘主席，西宁马镇守使，迪化盛督办，甘肃朱主席，马军长鸿逵，十九路军蔡军长，前西北军冯总司令，黄埔军校，中央军校，保定军校，及全国各海陆空军学校诸同学们，前东北义勇军将领：马占山，李杜，王德林等，全国各省市县政府，全国各军师团营连排长并转士兵兄弟们，全国各商会，农会，职工会，学生会，教职员联合会，妇女会，律师公会及其他各法团。全国各报馆通讯社并转全国同胞们：

日寇亡我东北业已四年了，我东北四千万同胞四年来饱尝亡国痛苦。我国铁路，矿山，银行，土地，枪械，概被日寇没收了，我国工商业被排斥，房屋遭烧毁，妇女被强奸，人民被屠杀逮捕，学校被封闭，真正是说不尽的亡国痛苦。我们艰苦血战业已四年，我们天天等关内出兵抗日，但至今尚未见出一兵发一卒。日寇现在又公开在我北五省组织所谓

“华北国”，同时干涉我国一切内政外交，并积极准备占领全中国！

诸公们！同胞们！当此中华祖国处在危险万状之中，诸公即不救东北，难道也不自救吗？如不速即力求自救，眼看关内锦绣山河又将非我所有，而关内同胞将又像我们一样过亡国奴的生活了。

诸公们！同胞们！日寇亡我政策，乃“利用中国人杀中国人”，我们为着不中日寇阴谋诡计，我们为着抗日救国，争取中华民族独立和统一，我们主张不分党派，信仰，职业，籍贯等等之不同，一切抗日的中国人都联合起来，去共同武装抗日，从前在东北共产党领导下的反日队伍与非共产党领导下的反日队伍常常互相仇视过，甚至武装冲突过，但是我们以后从事实上认清了：当此亡国灭种之秋，我们中国人不应该打中国人，中国军队不应该打中国军队，因此在最近一年来，我们互相联合起来了，我们成立了抗日联军总指挥部，在它领导之下，共同杀贼，于是昨日的仇人，今日变成抗日的战友！因此我们各部队抗日反满的战斗力大大增加了。

我们最近接到中国共产党与中华苏维埃政府今年八月一日的《为抗日救国告全体同胞书》，提议建立全中国统一的国防政府与全中国统一的抗日联军，并申明中国红军首先愿参加抗日联军云云。

我们代表东北四千万同胞和各地反日队伍，向诸公们诚恳地要求：不论蒋总司令的军队也好，不论其他党派的军队也好，不论共产党领导下的红军也好，不论过去参加抗日战争的军队或未参加过的也好，互相打过战的或没有打过的也好，都应该不分党派信仰籍贯等之不同，都应不记旧仇宿怨，都应该以中华民族利益为前提，马上停止内战，枪口一致对外，一致去武装抗日，一致去争取中华民族独立与统一，一致去保护中华祖国领土完整。

我们代表东北四千万同胞与各地抗日队伍向诸公诚恳要求：马上互派代表开始谈判，共谋国防政府与全国抗日联军总司令部之建立，抗日联军之编制，抗日联军军费之筹划等等事宜。

现在着派张健东为驻关内总代表，与各方面谈判关于抗日救国各种问题，并将续派东北民众与抗日队伍代表向诸公请愿，迅速出兵。

诸公们！同胞们！中华祖国处在危险之中！日寇得寸进尺，正在准备新的进攻。时机迫切，不容迟缓。请速行动！临电不胜迫切待命之至。

打倒日本帝国主义！

收回东北失地！

大中华民国万岁！

东北抗日联军第一军军长　杨靖宇
第二军军长　王德泰
第三军军长　赵尚志
第四军军长　李延禄
第五军军长　周保中　副军长　柴世荣
第六军军长　谢文东
东北义勇军总司令　吴义成　副司令　孔宪荣
汤原反日游击队
海伦反日游击队
东北抗日救国总会

中华民国二十四年十月十一日

東北義勇軍致本報的通信

（中華民國二十四年七月七日於吉林省東山裏大森林中）

現在說到我們隊伍內部情形，以及人民對於我們底關係。我們隊伍內大多數都是年青的抗日戰士，有的和日寇作戰四年多了，有的是新加入的。就社會成份說：大多數是工農份子，也有大中學畢業的愛國學生，也有愛國商人，還有過去當兵或當官的人呢。就籍貫說：大多數是本地的「奧米子」和北方「路子」，可是也有南方「蠻子」。就性別來說：我們隊伍內不僅有男子，並且還有年青的女英雄和巾幗丈夫。並且，我們隊伍內還有「老高麗」。就信仰來說：有的人還相信菩薩鬼神，有的已不相信這些迷信，有的還相信三民主義，有的却相信共產主義。就黨派來說：有的過去是國民黨員，現在有的不相信國民黨而退出了，也有還相信廣東派的，也有的是共產黨員。

那怕我們隊伍內有黨派、信仰、職業、性別、籍貫、民族等等之不同，但是，目前我們有一個共同目的，就是：推翻日偽在東北統治，爭取中華民族獨立和國家統一。我們都在共同抗日武裝鬥爭中，把我們團結爲一個民族，團結得像一個人一樣，一致去抵抗日寇。

日本強盜也是不問我們黨派籍貫等等差異的，我們常常看見日寇將過去國民黨員也好，共產黨員也好，北方「路子」南方「蠻子」也好，祇要是一個抗日的民族革命份子，就抓起來，拿去斬殺或槍斃；我們常常看見：日賊將「胡子」的頭和共產黨員的頭掛在一塊呢！

隨處約！在東北各城市內，各田園上，各山谷森林裏，不僅有東北同胞爲抗日救國而流的鮮血，並且也還留着我國內同胞爲國犧牲的殘骨啊！

（未完）

《救国时报》第一期 中华民国二十四年十二月九日 第一版

（1935年12月9日）

东北义勇军致本报的通信

（中华民国二十四年七月七日于吉林省东山里大森林中）

现在说到我们队伍内部情形，以及人民对于我们底关系。我们队伍内大多数都是年青的抗日战士，有的和日寇作战四年多了，有的是新加入的。就社会成份说：大多数是工农份子，也有大中学毕业的爱国学生，也有爱国商人，还有过去当兵或当官的人呢。就籍贯说：大多数是本地的“臭米子”和北方的“跨子”，可是也有南方“蛮子”。就性别来说：我们队伍内不仅有男子，并且还有年青的女英雄和巾帼丈夫。并且，我们队伍内还有“老高丽”。就信仰来说：有的人还相信菩萨鬼神，有的已不相信这些迷信，有的还相信三民主义，有的却相信共产主义。就党派来说：有的过去是国民党员，现在有的不相信国民党而退出了，也有还相信广东派的，也有的是共产党员。

那怕我们队伍内有党派、信仰、职业、性别、籍贯、民族等等之不同，但是，目前我们有一个共同目的，就是：推翻日伪在东北统治，争取中华民族独立和国家统一。我们都在共同抗日武装斗争中，把我们团结为一个民族，团结得像一个人一样，一致去抵抗日寇。

日本强盗也是不问我们党派籍贯等等差异的，我们常常看见日寇将过去国民党员也好，共产党员也好，北方“跨子”南方“蛮子”也好，只要是一个抗日的民族革命份子，就抓起来，拿去枪毙或杀头；我们常常看见：日贼将“胡子”的头和共产党员的头挂在一块呢！

确实的！在东北各城市内，各田园上，各山谷森林里，不仅有东北同胞为抗日救国而流的鲜血，并且也遗留着我国内同胞为国捐躯的残骨啊！

（未完）

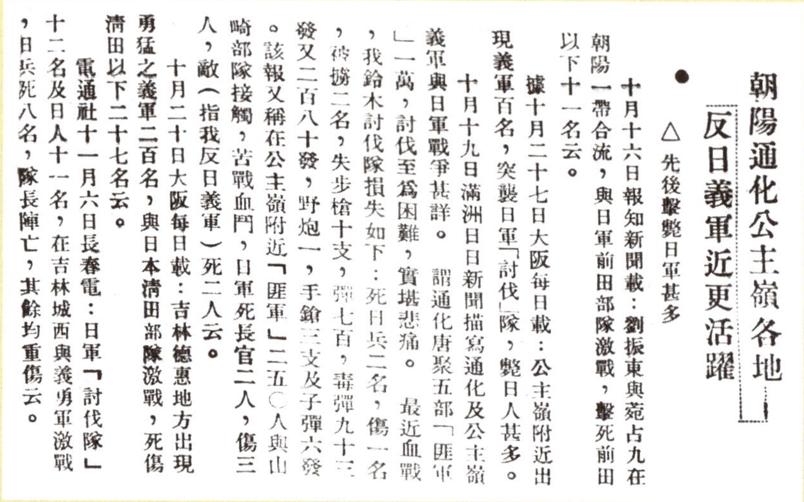

朝陽通化公主嶺各地
反日義軍近更活躍
△先後擊斃日軍甚多

十月十六日報知新聞載：劉振東與菀占九在朝陽一帶合流，與日軍前田部隊激戰，擊死前田以下十一名云。

據十月二十七日大阪每日載：公主嶺附近出現義軍百名，突襲日軍「討伐」隊，斃日人甚多。

十月十九日滿洲日日新聞描寫通化及公主嶺義軍與日軍戰爭甚詳。謂通化唐聚五部「匪軍」一萬，討伐至爲困難，實堪悲痛。最近血戰，我鈴木討伐隊損失如下：死日兵二名，傷一名，被擄二名，失步槍十支，彈七百，毒彈九十三發又二百八十發，野炮一，手鎗三支及子彈六發。該報又稱在公主嶺附近「匪軍」二五〇人與山崎部隊接觸，苦戰血鬥，日軍死長官二人，傷三人，敵（指我反日義軍）死二人云。

十月二十日大阪每日載：吉林德惠地方出現勇猛之義軍二百名，與日本清田部隊激戰，死傷清田以下二十七名云。

電通社十一月六日長春電：日軍「討伐隊」十二名及日人十一名，在吉林城西與義勇軍激戰，日兵死八名，隊長陣亡，其餘均重傷云。

《救国时报》第一期　中华民国二十四年十二月九日　第二版
（1935年12月9日）

朝阳通化公主岭各地

反日义军近更活跃

△先后击毙日军甚多

十月十六日报知新闻载：刘振东与菀占九在朝阳一带合流，与日军前田部队激战，击死前田以下十一名云。

据十月二十七日大阪每日载：公主岭附近出现义军百名，突袭日军“讨伐”队，毙日人甚多。

十月十九日满洲日日新闻描写通化及公主岭义军与日军战争甚详。谓通化唐聚五部“匪军”一万，讨伐至为困难，实堪悲痛。最近血战，我铃木讨伐队损失如下：死日兵二名，伤一名，被掳二名，失步枪十支，弹七百，毒弹九十三发又二百八十发，野炮一，手枪三支及子弹六发。该报又称在公主岭附近“匪军”二五〇人与山崎部队接触，苦战血斗，日军死长官二人，伤三人，敌（指我反日义军）死二人云。

十月二十日大阪每日载：吉林德惠地方出现勇猛之义军二百名，与日本清田部队激战，死伤清田以下二十七名云。

电通社十一月六日长春电：日军“讨伐队”十二名及日人十一名，在吉林城西与义勇军激战，日兵死八名，队长阵亡，其余均重伤云。

中國紅軍快郵代電

東北抗日聯軍第一軍楊軍長靖宇，第二軍王軍長德泰，第三軍趙軍長尚志，第四軍李軍長延祿，第五軍周軍長保中，第六軍謝軍長文東，東北義勇軍吳總司令義成，孔副司令憲榮並轉所屬各團營連及一切義勇軍游擊隊抗日官兵戰士，香港陳先生銘樞，李先生濟琛，十九路軍蔡軍長廷楷，蔣總指揮光鼐並轉參加保衛上海一切官兵戰士，南京蔣總司令中正，廣東陳總司令濟棠，廣西李總司令宗仁，白總指揮崇禧，太原閻總司令錫山，泰山馮總司令玉祥，天津方將軍振武，孫將軍殿英，長安張副司令學良，于總指揮學忠，楊主任虎臣，長沙何主席鍵，宜昌陳主任誠，四川劉軍長湘，劉軍長文輝，鄧軍長錫侯，田軍長頌堯，楊軍長森，甘肅朱主席紹良，馬軍長鴻逵，青海馬鎮守使步芳，新疆盛督辦世才，黃埔軍校，中央軍校，保定軍校及全國各海陸空軍校同學們並轉全國各軍，師，旅，團，營，連，排，班長官，全體兵士以及全國各地商團民團團長團員弟兄們公鑒：古今中外最大的慘禍莫過於亡國，最大的痛苦莫過於當亡國奴。今日東北四千萬同胞在日寇蹂躪之下，財產被徵發，土地被沒收，武裝被繳除，糧食被搶奪，學校強行奴化，文化機被摧殘，少壯出充苦役，婦女遭受奸淫，愛國志士同遭屠殺，安分良民亦被敵視。凡此一切，所有中國同胞，無分階級派系莫不受此慘痛。亡國奴不如喪家狗，真是今日東北同胞身受之實況。現在形勢，這種命運又快臨到我全國同胞身上。日寇不僅侵凌我北方各省，創立冀察第二之「滿洲國」，而且深入長江閩粵。最近日艦，闖入汕頭，集中漢口，非簡單之示威，乃繼續進攻我全國之步驟。 如果我國繼續不抵抗政策，任其橫行，則國破家亡之禍即在目前。 保國衛民乃吾人之天職，如果爲吾人之身，而使我國民咸罹此慘禍，則不僅自身災難無可倖免，且成爲歷史的罪人。不久以前中國蘇維埃政府與中國共產黨中央發表宣言，號召全國同胞對外應有「兄弟鬩牆外禦其侮的真誠覺悟」應一致團結，並且提議號召全國一切不願當亡國奴的同胞和黨派一起組織全中國統一的國防政府，集合一切願意保國衛 軍隊和武裝團結一起組織全中國統一的抗日聯軍以便動員我全國的力量—人力，物力，財力，武力—實行神聖的抗日民族戰爭。我們認爲此種主張，實爲目前救亡圖存的唯一的出路， 我

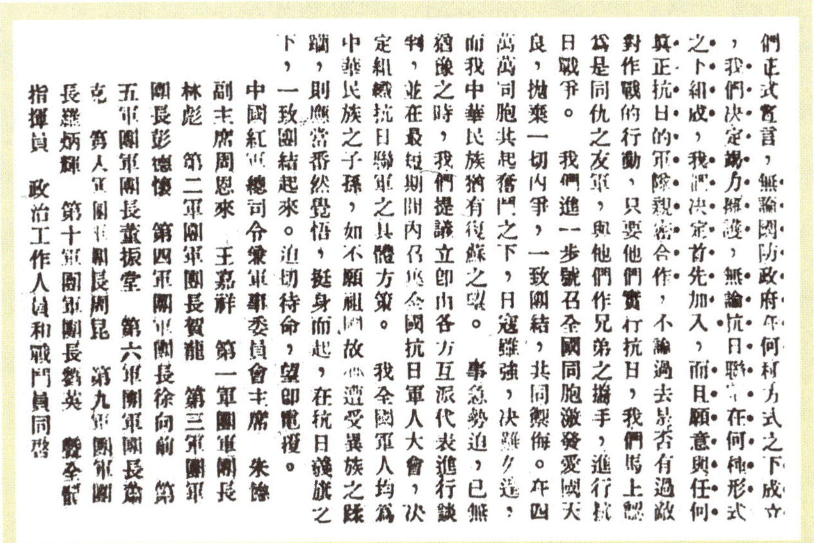

們正式宣言，無論國防政府在何種方式之下成立，我們決定擁護，無論抗日聯軍在何種形式之下組成，我們決定首先加入，而且願意與任何真正抗日的軍隊親密合作，不論過去是否有過敵對作戰的行動，只要他們實行抗日，我們馬上認為是同仇之友軍，與他們作兄弟之攜手，進行抗日戰爭。 我們進一步號召全國同胞激發愛國天良，拋棄一切內爭，一致團結，共同禦侮。在四萬萬同胞共起奮鬥之下，日寇雖強，決難久逞，而我中華民族猶有復蘇之望。 事急勢迫，已無猶豫之時，我們提議立即由各方互派代表進行談判，並在最短期間內召集全國抗日軍人大會，決定組織抗日聯軍之具體方策。 我全國軍人均為中華民族之子孫，如不願祖國故土遭受異族之蹂躪，則應當翻然覺悟，挺身而起，在抗日旗幟之下，一致團結起來。迫切待命，望即電復。

中國紅軍總司令兼軍事委員會主席 朱德
副主席周恩來 王嘉祥 第一軍團軍團長林彪 第二軍團軍團長賀龍 第三軍團軍團長彭德懷 第四軍團軍團長徐向前 第五軍團軍團長董振堂 第六軍團軍團長蕭克 第八軍團軍團長周昆 第九軍團軍團長羅炳輝 第十軍團軍團長劉英 暨全體指揮員 政治工作人員和戰鬥員同啓

《救国时报》第一期 中华民国二十四年十二月九日 第二版
（1935 年 12 月 9 日）

中国红军快邮代电

东北抗日联军第一军杨军长靖宇，第二军王军长德泰，第三军赵军长尚志，第四军李军长延禄，第五军周军长保中，第六军谢军长文东，东北义勇军吴总司令义成，孔副司令宪荣并转所属各团营连及一切义勇军游击队抗日官兵战士，香港陈先生铭枢，李先生济琛，十九路军蔡军长廷楷，蒋总指挥光鼐并转参加保卫上海一切官兵战士，南京蒋总司令中正，广东陈总司令济棠，广西李总司令宗仁，白总指挥崇禧，太原阎总司令锡山，泰山冯总司令玉祥，天津方将军振武，孙将军殿英，长安张副司令学良，于总指挥学忠，杨主任虎臣，长沙何主席健，宜昌陈主任诚，四川刘军长湘，刘军长文辉，邓军长锡侯，田军长颂尧，杨军长森，甘肃朱主席绍良，马军长鸿逵，青海马镇守使步芳，新疆盛督办世才，黄埔军校，中央军校，保定军校及全国各海陆空军校同学们并转全国各军，师，旅，团，营，连，排，班长官，全体兵士以及全国各地商团民团团长团员弟兄们公鉴：古今中外最大的惨祸莫过于亡国，最大的痛苦莫过于当亡国奴。今日东北四千万同胞在日寇蹂躏之下，财产被征发，土地被没收，武装被缴除，粮食被抢夺，学校强行奴化，文化尽被摧残，少壮迫充军役，妇女遭受奸淫，爱国志士固遭屠杀，安分居民亦被敌视。凡此一切，所有中国同胞，无分阶级派系莫不受此惨痛。亡国奴不如丧家狗，真是今日东北同胞身受之实况。现在形势，这种命运又快临到我全国同胞身上。日寇不仅侵凌我北方各省，创立实际第二之“满洲国”，而且深入长江闽粤。最近日舰，闯入汕头，集中汉口，非简单之示威，乃继续进攻我全国之步骤。如果我国继续不抵抗政策，任其横行，则国破家亡之祸即在目前。保国卫民乃军人之天职，如果值吾人之身，而使我国民族罹此惨祸，则不仅自身灾难无可幸免，而且成为历史的罪人。不久以前中国苏维埃政府与中国共产党中央发表宣言，号召全国同胞对外应有“兄弟阋墙外御其侮的真诚觉悟”应一致团结，并且提议号召全国一切不愿当亡国奴的同胞和党派一起组织全中国统一的国防政府，集合一切愿意保国卫民军队和武装团结一起组织全中国统一的抗日联军以便动员我全国的力量（人力，物力，财力，武力）实行神圣的抗日民族战争。我们认为此种主张，实为目前救亡图存的唯一的出路，我们正式宣言，无论国防政府在何种方式之下成立，我们决定竭力拥护，无论抗日联军在何种形式之下组成，我们决定首先加入，而且愿意与任何真正抗日的军队亲密合作，不论过去是否有过敌对作战的行动，只要他们实行抗日，我们马上认为是同仇之友军，与他们作兄弟之携手，进行抗日战争。我们进一步号召全国同胞激发爱国天良，抛弃一切内争，一致团结，共同御侮。在四万万同胞共起奋斗之下，日寇虽强，决虽久远，而我中华民族犹有复苏之望。事急势迫，已无犹豫之时，我们提议立即由各方互派代表进行谈判，并在最短期间内召集全国抗日军人大会，决定组织抗日联军之具体方策。我全国军人均为中华民族之子孙，如不愿祖国故乡遭受异族之蹂躏，则应当番然觉悟，挺身而起，在抗日义旗之下，一致团结起来。迫切待命，望即电覆。

中国红军总司令兼军事委员会主席　朱　德
副主席　周恩来　王嘉祥
第一军团军团长　林　彪
第二军团军团长　贺　龙
第三军团军团长　彭德怀
第四军团军团长　徐向前
第五军团军团长　董振堂
第六军团军团长　萧　克
第八军团军团长　周　昆
第九军团军团长　罗炳辉
第十军团军团长　刘　英
暨全体指挥员　政治工作人员和战斗员　同启

光榮的民族文書

本報頃接到東北抗日聯軍文件多種，此等光榮的民族文書，讀者必以一睹眞狀爲快，特擇要製版刊佈於此，從右轉第二種文件，係「東北東滿特區臨時人民革命政府施政大綱草案」，因輾轉遞寄，字跡磨損，故照像極模糊。

《救国时报》第一期 中华民国二十四年十二月九日 第二版

（1935 年 12 月 9 日）

光荣的民族文书

本报顷接到东北抗日联军文件多种，此等光荣的民族文书，读者必以一睹真状为快，特择要制版刊布于此，从右转第二种文件，系《东北东满特区临时人民革命政府施政大纲草案》，因辗转递寄，字迹磨损，故照像极模糊。

怎樣建立國防政府和組織抗日聯軍

黎少屏

在日寇直接侵略長江，威脅南粵，亡國的危機更加逼到我們眼前的現在，我覺得祇有趕快把足以統括全國力量，全國意志的國防政府和抗日聯軍組織起來，我們才會有出路，我們才不致被人各個擊破，

[illegible]

建立國防政府和組織抗日聯軍底理論，在各名流政黨的宣言上，和在報章雜誌上我們已看得不少，但怎樣來建立的具體辦法，却很少見到。現在不是空喊的時候了，既然認爲國防政府與抗日聯軍是抗日救國的唯一出路，便應當即刻找出可以實現的具體辦法。我現在提出個人對於這問題的意見，供同胞們的討論。

但在敘說各項具體辦法之前，我想先提出三個基本觀點：第一是現實主義的觀點，即各黨各派各實力分子，彼此都應當從聯合一致共同救國着想，祇要能夠抗日救國，其他問題，便都應當快刀斬亂麻，一概割開。第二是多元的觀點，我們不要以爲既要建立統一的國防政府，其他部份組織便無成立之必要。恰恰相反，應當鼓勵一切抗日救國的組織之成立和發展，使統一的國防政府有廣大有組織的人民的擁護。第三是民主的觀點，國防政府和抗日聯軍應該執行和接受全體抗日人民的委託和監督。

根據上述的進行原則，便可以得出如次的進行辦法：

（甲）由各政黨，各實力派以及各學者名流，先行集議，或先行派出代表集議，談判合作救國的條件與辦法，這一談判，成立全國救亡大會籌備委員會，迅速進行組織國防政府和抗日聯軍。我以爲，最好是請宋慶齡相伯，朱慶瀾，李杜諸先生和東北義軍中三四領袖出來號召這一集議，因爲他們是現在唯一存聲望而無黨派成見能在各方面說話的人物。

（乙）同時海內外各地各團體各機應自動起來就地組織全國救亡大會促進會。這一運動一方面自然應當仍請宋先生等號召。但另方面，我國的一切大的社團都應該起推動的組織的作用。如中國科學社，全國教育會，全國體育協進會，全國總商會，總工會，全國律師公會，醫師公會，北大同學會，南高東大中大同學會，歐美同學會：全國學生聯合會：：這些組織偏及全國的大市鎮，在我國現在無處一兩內個，都應該積極發動其全國各省各地的組織與社員，分頭就地發起促進會，利用其原有的組織來發展國民愛國的力量。

（丙）全國救亡大會籌委底任務，應該是：（一）立刻正式停止國內各軍隊間的一

切內戰（惟受日人指使，挑起內亂者應予討伐）；（三）製定國防評議會，國防政府，抗日聯軍等的組織草案，預備國防政府委員名單，召集救亡大會。

（丁）各地促進會的任務應當是：（一）普遍宣傳組織國防政府，抗日聯軍，使成為輿論骨幹；（二）準備該地出席救亡大會代表之選舉，並預備候選代表名單；（三）督促籌發會趕快召集全國救亡大會。

（戊）出席救亡大會代表之選舉，國內以縣市為單位，國外以國為單位，軍隊以團，營或連為單位，每大學亦為一單位，每單位選用代表一人。代表以直接選舉為原則，但客觀情形有必要時，得由純粹之地方民衆團體，如各同業公會，學生會，教職員聯合會，工會，農會，商會，民團，派出代表進行選舉。軍隊長官得向士兵羣衆提出候選代表名單。

（己）救亡大會之任務應該是：（一）議定全民一致抗日救亡之基本原則及綱領；（二）議定國防政府，抗日聯軍，國防評議會之組織大綱；（三）選舉國防評議會作為全國抗日救亡之最高立法機關。

（庚）國防評議會由救亡大會選出之評議員三百人組織之，其下可以分設軍事，外交，財政等委員會，其任務為（一）選舉國防政府委員，（二）監督國防政府行動，（三）審議政府提交事項，並議定各項抗日救國大政法令。

（辛）國防政府既為各方面聯合的政府，我主張應該用委員制。由國防評議會選出府委若干人，再由各府委互選主席委員若干人。國防政府之下視職務上之需要分設外交，財政，內務，交通，軍政，國民經濟……等部。以國防政府會議及部務會議處理全國及部分抗日救國政務。另設抗日聯軍總司令部，為國防政府下對日作戰之最高軍事機關。

（壬）抗日聯軍總司令部以南京軍，紅軍，前十九路軍，東北軍，粵軍，桂軍，湘軍，川軍……共同選舉聯委組織之，以主任聯委三人掌軍令權，另設總參謀處，處理一切專門軍事問題。聯委如何選舉，應為若干人，概由各軍自己協議。在必要時，抗日聯軍總司令部並可先國防評議會，國防政府，甚至救亡大會而成立，惟必須服從評議會之決議及政府之命令。

以上的辦法寫了這麽一大堆，個人的見解或許有不詳不盡的地方，但從抗日救國的具體行動上揭目開近來討論，這却是今日一切同胞都應如此做的。我盼望海內外同胞多多起來在這一面籌劃坐談起行的方法。末了我再說一句，我們不止需要救國的呼聲，還要救國的行動。

《救国时报》第一期 中华民国二十四年十二月九日 第四版

（1935 年 12 月 9 日）

怎样建立国防政府和组织抗日联军

黎少屏

在日寇直接侵略长江，威胁南粤，亡国的危机更加逼到我们眼前的现在，我觉得只有赶快把足以统括全国力量，全国意志的国防政府和抗日联军组织起来，我们才会有出路，我们才不致被人各个击破，同归于尽。

建立国防政府和组织抗日联军底理论，在各名流政党的宣言上，和在报章杂志上我们已看得不少，但怎样来建立的具体办法，却很少见到。现在不是空喊的时候了，既然认为国防政府与抗日联军是抗日救国的唯一出路，便应当即刻找出可以实现的具体办法。我现在提出个人对于这问题的意见，供同胞们的讨论。

但在叙说各项具体办法之前，我想先提出三个基本观点：第一是现实主义的观点，即各党各派各实力分子，彼此都应当从联合一致共同救国着想，只要能够抗日救国，其他问题，便都应当快刀断麻，一概割开。第二是多元的观点，我们不要以为既要建立统一的国防政府，其他部份组织便无成立之必要。恰恰相反，应当鼓励一切抗日救国的组织之成立和发展，使统一的国防政府有广大有组织的人民的拥护。第三是民主的观点，国防政府和抗日联军应该执行和接受全体抗日人民的委托和监督。

根据上述的进行原则，便可以得出如次的进行办法：

（甲）由各政党，各实力派以及各学者名流，先行集议，或先行派出代表集议，谈判合作救国的条件与办法，即根据这一谈判，成立全国救亡大会筹备委员会，迅速进行组织国防政府和抗日联军。我以为，最好是请宋庆龄，马相伯，朱庆澜，李杜诸先生和东北义军中三四领袖出来号召这一集议，因为他们是现在唯一有声望而无党派成见能在各方面说话的人物。

（乙）同时海内外各地各团体各机关应自动起来就地组织全国救亡大会促进会。这一运动一方面自然应当仍请宋先生等号召。但另方面，我国的一切大的社团都应该起推动的组织的作用。如中国科学社，全国教育会，全国体育协进会，全国总商会，总工会，全国律师公会，医师公会，北大同学会，南高东大中大同学会，欧美同学会，全国学生联合会……这些组织遍及全国的大社团，在我国现在无虑一两百个，都应该积极发动其全国各省各地的组织与社员，分头就地发起促进会，利用其原有的组织来发展国民爱国的力量。

（丙）全国救亡大会筹委底任务，应该是：（一）立刻正式停止国内各军队间的一切内战（惟受日人指使，擅起内乱者应予讨伐），（二）制定国防评议会，国防政府，抗日联军等的组织草案，预备国防政府委员名单，召集救亡大会。

（丁）各地促进会的任务应当是：（一）普遍宣传组织国防政府，抗日联军，使成为舆论骨干；（二）准备该地出席救亡大会代表之选举，并预备候选代表名单；（三）督促筹委会赶快召集全国救亡大会。

（戊）出席救亡大会代表之选举，国内以县市为单位，国外以国为单位，军队以团，营或连为单位，每大学亦为一单位，每单位选用代表一人。代表以直接选举为原则，但客观情形有必要时，得由纯粹之地方民众团体，如各同业工会，学生会，教职员联合会，工会，农会，商会，民团，派出代表进行选举。军队长官得向士兵群众提出候选代表名单。

（己）救亡大会之任务应该是：（一）议定全民一致抗日救亡之基本原则及纲领；（二）议定国防政府，抗日联军，国防评议会之组织大纲；（三）选举国防评议会作为全国抗日救亡之最高立法机关。

（庚）国防评议会由救亡大会选出之评议员三百人组织之，其下可以分设军事，外交，财政等委员会，其任务为（一）选举国防政府委员，（二）监督国防政府行动，（三）审议政府提交事项，并议定各项抗日救国大政法令。

（辛）国防政府即为各方面联合的政府，我主张应该用委员制。由国防评议会选出府委若干人，再由各府委互选主席委员若干人。国防政府之下视职务上之需要分设外交，财政，内务，交通，军政，国民经济……等部。以国防政府会议及部务会议处理全国及部分抗日救国政务。另设抗日联军总司令部，为国防政府下对日作战之最高军事机关。

（壬）抗日联军总司令部以南京军，红军，前十九路军，东北军，粤军，桂军，湘军，川军……共同选举联委组织之，以主任联委三人掌军令权，另设总参谋处，处理一切专门军事问题。联委如何选举，应为若干人，概由各军自己协议。在必要时，抗日联军总司令部并可先国防评议会，国防政府，甚至救亡大会而成立，惟必须服从评议会之决议及政府之命令。

以上的办法写了这么一大篇，个人的见解或许有不详不尽的地方，但从抗日救国的具体行动上提出问题来讨论，这却是今日一切同胞都应如此做的。我盼望海内外同胞多多起来在这一面筹划坐谈起行的方法。末了我再说一句，我们不止需要救国的呼声，还要救国的行动。

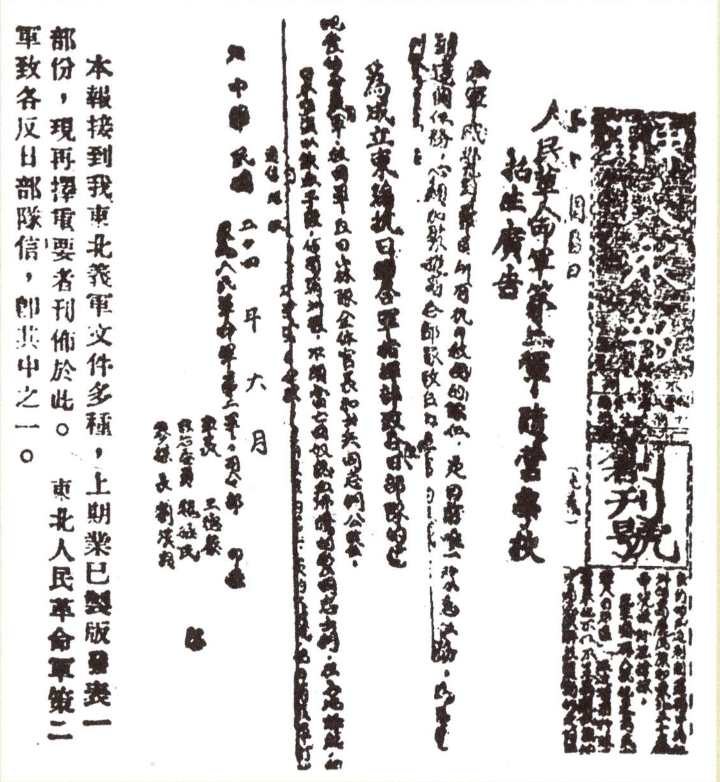

本報接到我東北義軍文件多種，上期業已製版發表一部份，現再擇重要者刊佈於此。東北人民革命軍第二軍致各反日部隊信，即其中之一。

《救国时报》第二期 中华民国二十四年十二月十四日 第二版
（1935 年 12 月 14 日）

光荣的民族文书（二）

本报接到我东北义军文件多种，上期业已制版发表一部份，现再择重要者刊布于此。东北人民革命军第二军致各反日部队信，即其中之一。

東北義勇軍致本報的通訊

也可以看見我國同胞，並沒有像幾百年或幾千年以前一樣，把東北當做「塞外」，把東北人民當做塞外「夷狄」啊！東北是我國領土，東北人民是我國同胞。

爲着我國領土完整和民族統一，那怕拋棄了家中父母雙親，那怕與家中愛妻和子女分離，那怕放棄城市內繁華平安生活，那怕日寇是強大敵人，不顧到這一切，而親身到東北殺賊者，在我們隊伍內有的是！ 我們底周軍長，胡主任和許多別的人都是這樣的人，我們在隊上聽說楊靖宇，趙尙志，李延祿，王德泰等也是這樣的人，這些人是我們每個中國人的模範，也是我們每個隊員的模範。

現在說到我們隊內生活：我們穿的衣服，一般地說是很整齊的。我們有自己底軍服隊，穿着一律的灰色制服。在去年臘月，我嶺前友軍和敵人作戰時，曾經有一個笑話。 就是：當嶺前反日軍在石頭河子和日寇及靜安軍作戰時，因爲我們友軍穿的衣服顏色，帽子，領章等都與日軍僞軍相同，敵人走向埋伏線附近，以爲是自己隊伍，問是「第幾營」。我們友軍却出其不意給了牠們一個打擊。使敵人知道了：我們反日軍並不像「鬍子」穿的破爛不堪，都像正式軍隊一樣了。

當然，因爲天天和日寇作戰，鑽林子，跑山道，我們底衣服不經穿，常常沒有穿得一兩個月就破了。 常常由鄉內姑娘婦女替我們補衣裳，或由我們自己補。

我們底火食，和普通老百姓是一樣的。他們吃什麼，我們也吃什麼。 普通我們在農民家裏吃飯，吃包米，小米飯，京米白麵是很少的。 我們到農民家裏，自己煮飯，我們相互間眞是一家人一樣，沒有一點隔膜的。 農民常常將肉，鷄子，等等好菜留着，等我們隊伍到了時，給我們吃。我們常常說：「你們老百姓，辛辛苦苦地做活，你們自己吃點好的吧」。 他們不聽，將好吃的東西留給我們喫。在今年過舊曆年時，一個農村的農民家裏做了七千多個餃子，等着我們隊伍去過年。

至於說：我們底住所，那麼沒有一定的地方。 因爲，現在我們到處遊擊，那能有一定駐防的地方呢？ 依據敵情緊張之不同，有時住在農民家裏，有時在山上或野地內「打小宿」。 冬天眞是很困難的。 在山裏兩三尺深的雪，凍到零下二十餘度，北風呼呼地叫着。在山裏沒有房子的話，是很困難的。 因爲得到農民的幫助，我們多半在農民家裏宿營。

爲着避免敵人飛機襲擊，和爲着躲避和日寇許多不必要的意外武裝衝突，我們常常在夜晚行軍。 我們每個隊員都有夜行軍的經驗和訓練，在夜晚很少迷途或自相驚慌的。 有時，也有自己隊伍遇着自己隊伍，發生誤會。

東北同胞對於我們的幫助，我們到處都感覺到的。 在打仗時，農民燒香敬菩薩，求神保佑我們和日本子打勝仗。 因爲我們隊伍到什麼地方並不亂搶亂停，却祇抓日本探子和走狗，却祇沒收日寇和賣國賊的財產，因此，現在人民看見我們隊伍來了，並不逃去躲避，像早先怕「鬍子」一樣。他們常常按家貧富之不等，捐錢買猪，買京米，買布匹，烏拉鞋，膠皮鞋，冰糖，手巾等等給我們。 婦女們送我們煙袋和手巾，上面繡着「抗日救國」，「民族戰士」等字樣。 各地反日會婦女部還贈送勝利旗給我們呢！

我們隊伍常常開會，上課，上操。 講東北和國內情形，國際情形等等。

（未完）

《救国时报》第二期 中华民国二十四年十二月十四日 第一版

（1935 年 12 月 14 日）

东北义勇军致本报的通讯

也可以看见我国同胞，并没有像几百年或几千年以前一样，把东北当做“塞外”，把东北人民当做塞外“夷狄”啊！东北是我国领土，东北人民是我国同胞。为着我国领土完整和民族统一，那怕抛弃了家中父母双亲，那怕与家中爱妻和子女分离，那怕放弃城市内繁华平安生活，那怕日寇是强大敌人，不顾到这一切，而亲身到东北杀贼者，在我们队伍内有的是！我们底周军长,胡主任和许多别的人都是这样的人，我们在队上听说杨靖宇，赵尚志，李延禄，王德泰等也是这样的人，这些人是我们每个中国人的模范，也是我们每个队员的模范。

现在说到我们队内生活：我们穿的衣服，一般地说是很整齐的。我们有自己底军服厂，穿着一律的灰色制服。在去年腊月，我岭前友军和敌人作战时，曾经有一个笑话。就是：当岭前反日军在石头河子和日寇及静安军作战时，因为我们友军穿的衣服颜色，帽子，领章等都与日军伪军相同，敌人走向埋伏线附近，以为是自己队伍，问是“第几营”。我们友军却出其不意给了他们一个打击。使敌人知道了：我们反日军并不像“胡子”穿的破烂不堪，都像正式军队一样了。当然，因为天天和日寇作战，钻林子，跑山道，我们底衣服不经穿，常常没有穿得一两个月就破了。常常由乡内姑娘妇女替我们补衣裳，或由我们自己补。

我们底伙食，和普通老百姓是一样的。他们吃什么，我们也吃什么。普通我们在农民家里吃饭，吃包米，小米饭，京米白面是很少的。我们到农民家里，自己煮饭，我们相互间真是一家人一样，没有一点隔膜的。农民常常将肉，鸡子，等等好菜留着，等我们队伍到了时，给我们吃。我们常常说："你们老百姓，辛辛苦苦地做活，你们自己吃点好的吧"。他们不听，将好吃的东西留给我们吃。在今年过旧历年时，一个农村的农民家里做了七千多个饺子，等着我们队伍去过年。

至于说：我们底住所，那么没有一定的地方。因为，现在我们到处游击，那能有一定驻防的地方呢？依据敌情紧张之不同，有时住在农民家里，有时在山上或野地内"打小宿"。冬天真是很困难的。在山里两三尺深的雪，冻到零下二十余度，北风呼呼地叫着。在山里没有房子的话，是很困难的。因为得到农民的帮助，我们多半在农民家里宿营。

为着避免敌人飞机袭击，和为着躲避和日寇许多不必要的意外武装冲突，我们常常在夜晚行军。我们每个队员都有夜行军的经验和训练，在夜晚很少迷途或自相惊慌的。有时，也有自己队伍遇着自己队伍，发生误会。

东北同胞对于我们的帮助，我们到处都感觉到的。在打仗时，农民烧香敬菩萨，求神保佑我们和日本子打胜仗。因为我们队伍到什么地方并不乱抢乱夺，却只抓日本探子和走狗，却只没收日寇和卖国贼的财产，因此，现在人民看见我们队伍来了，并不逃去躲避，像早先怕"胡子"一样。他们常常按家贫富之不等，捐钱买猪，买粳米，买布匹，乌拉鞋，胶皮鞋，冰糖，手巾等等给我们。妇女们送我们烟袋和手巾，上面绣着"抗日救国"，"民族战士"等字样。各地反日会妇女部还赠送胜利旗给我们呢！

我们队伍常常开会，上课，上操。讲东北和国内情形，国际情形等等。

（未完）

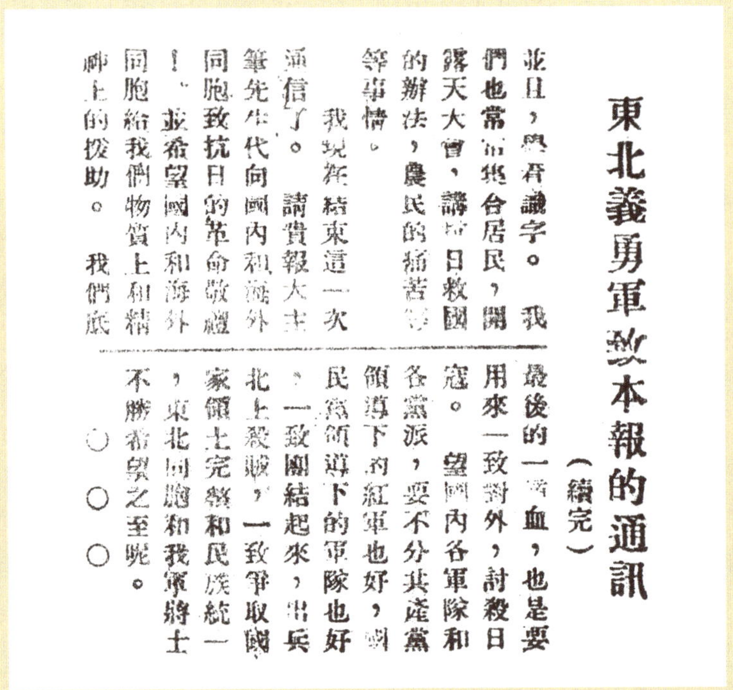

東北義勇軍致本報的通訊（續完）

並且，學着識字。我們也常常集合居民，開露天大會，講抗日救國的辦法，農民的痛苦等等事情。

我現在結束這一次通信了。請貴報大主筆先生代向國內和海外同胞致抗日的革命敬禮！並希望國內和海外同胞給我們物質上和精神上的援助。我們底最後的一滴血，也是要用來一致對外，討殺日寇。望國內各軍隊和各黨派，要不分共產黨領導下的紅軍也好，國民黨領導下的軍隊也好，一致團結起來，出兵北上殺賊，一致爭取國家領土完整和民族統一，東北同胞和我軍將士不勝希望之至呢。

〇〇〇

《救国时报》第三期 中华民国二十四年十二月二十一日 第一版（1935年12月21日）

东北义勇军致本报的通讯（续完）

并且，学着识字。我们也常常集合居民，开露天大会，讲抗日救国的办法，农民的痛苦等等事情。

我现在结束这一次通信了。请贵报大主笔先生代向国内和海外同胞致抗日的革命敬礼！并希望国内和海外同胞给我们物质上和精神上的援助。我们底最后的一滴血，也是要用来一致对外，讨杀日寇。望国内各军队和各党派，要不分共产党领导下的红军也好，国民党领导下的军队也好，一致团结起来，出兵北上杀贼，一致争取国家领土完整和民族统一，东北同胞和我军将士不胜希望之至呢。

與日軍殘酷作戰之
東北義勇軍

十一月四日哈爾濱日日新聞載：北滿大猪圈，大平嶺，黑頂山，朝陽山，哈螞塘，小史家站，張家溝，小九站，一面坡，密山興隆一帶義軍甚多，討伐困難萬分云。

十一月六日哈爾濱日日新聞：哈昂列車爲義勇軍五十名所襲。 川瀨部隊討伐「赤色匪徒」（指人民革命軍）發現彼等竟有兵工廠云。

十一月八日滿洲日日新聞：額穆一帶有義軍二百人活動，討伐隊與之作戰，損失甚大，日本高級軍官五六名全被殺死，實堪痛恨(?)云云。

東京十四日電：日聯社哈爾濱電，中東路東線蜜蜂站以北，有義軍百人與橫山所率領之日軍一隊作戰，日軍死一人。

東京十一月十五日電：日聯社哈爾濱訊，在東寧城南七十公里之某地，十一月十日，有五十餘人之義勇軍一隊與某日軍一隊作戰，打死日兵五人，傷三人。

東京十一月十七日電：日聯社長春訊，在穆稜（吉林省之東部）附近，十一月十四日，約有一百五十餘人之反日遊擊隊與古川日軍一隊作戰；日軍死士兵三人，傷五人。

《救国时报》第二期 中华民国二十四年十二月十四日 第二版
（1935 年 12 月 14 日）

与日军残酷作战之东北义勇军

十一月四日哈尔滨日日新闻载：北满大猪圈，大平岭，黑顶山，朝阳山，蛤蟆塘，小史家站，张家湾，小九站，一面坡，密山兴隆一带义军甚多，讨伐困难万分云。

十一月六日哈尔滨日日新闻：哈昂列车为义勇军五十名所袭。川濑部队讨伐“赤色匪徒”（指人民革命军）发现彼等竟有兵工厂云。

十一月八日满洲日日新闻：额穆一带有义军二百人活动，讨伐队与之作战，损失甚大，日本高级军官五六名全被杀死，实堪痛恨（？）云云。

东京十四日电：日联社哈尔滨电，中东路东线蜜蜂站以北，有义军百人与横山所率领之日军一队作战，日军死一人。

东京十一月十五日电：日联社哈尔滨讯，在东宁城南七十公里之某地，十一月十日，有五十余人之义勇军一队与某日军一队作战，打死日兵五人，伤三人。

东京十一月十七日电：日联社长春讯，在穆棱[1]（吉林省之东部）附近，十一月十四日，约有一百五十余人之反日游击队与古川日军一队作战；日军死士兵三人，伤五人。

① 今属黑龙江省。

日本報上義軍損失之統計

十月廿八日滿洲日日統計十月一日至二十五日東北義勇軍與日僞軍接戰三十四次，義軍人數八百二十，死者八十二，俘者六名，而日僞軍死傷人數，則不發表，僅謂顯然比較輕微云云。

十一月十日東京日聯電：日本「討伐」隊於十月與東北義勇軍接觸四十一次，據「關東軍」發表統計，屠殺華人七百八十名云。

* * *

讀者諸君閱至此處請起立

爲東北死難烈士致哀

《救国时报》第二期 中华民国二十四年十二月十四日 第二版
（1935 年 12 月 14 日）

日本报上义军损失之统计

十月廿八日满洲日日统计十月一日至二十五日东北义勇军与日伪军接战三十四次，义军人数八百二十，死者八十二，俘者六名，而日伪军死伤人数，则不发表，仅谓显然比较轻微云云。

十一月十日东京日联电：日本“讨伐”队于十月与东北义勇军接触四十一次，据“关东军”发表统计，屠杀华人七百八十名云。

读者诸君阅至此处请起立

为东北死难烈士致哀

爲成立東滿抗日聯合軍指揮部致各反日部隊的信

親愛的各義勇軍、救國軍、反日山林隊全體官長和士兵同志們公鑒：

日本強盜以鐵血手段，佔領滿洲後，不願當亡國奴熱血沸騰的愛國志士們，在各地蜂起，組織各種反日武裝隊伍，進行了英勇的民族革命戰爭，冲破了日滿匪軍的第一、二次的大討伐，把日滿匪軍打得落花流水，正因此又進行第三次大規模的討伐，向反日部隊很殘酷的進攻。然而滿洲的反日民族革命戰爭，不但不低落、消沉，恰恰相反，不斷的開展與擴大，東北三十多萬的反日隊伍，採取神奇的遊擊戰術，經常的襲擊城市、兵站，破壞敵人交通，軍事建築，截軍用車，奪取敵人的武裝，在反日情緒高漲之下，偽滿洲國士兵兵變、暴動不斷的發生，（最近在琿春荒滿偽國討伐軍全連士兵譁變，參加人民革命軍），廣大民衆反日反滿鬥爭日益高漲（去年依蘭勃利等好幾縣曾發生過農民暴動）。

過去東滿各反日部隊沒有統一的指揮和領導，行動很散漫，並沒有具體的整個軍事計劃，政治上不鞏固，部份的不徹底、不堅決的無恥的軍閥，政客及奸細、走狗們，出賣、投降、逃跑，使反日戰爭受部份的損失。相當的阻礙民族革命戰爭向前發展。

目前日滿匪軍用各種政策及毒辣手段，瘋狂似的向我們反日隊伍進攻，軍事上集中成千成萬的兵力，並用各種新式武器（飛機、炸彈、大炮、唐克、毒氣）來包圍，還採取新的遊擊戰術。政治上利用和收買不徹底不堅決的軍閥、政客、奸細、走狗們，在反日戰線上搗亂，分裂反日統一戰線，使反日隊伍互相起衝突，走上自然瓦解、崩潰的道路上去。經濟上在遊擊區邊界以步步爲營的辦法，各處建立集團部落、軍營、炮台等堡壘，封鎖遊擊區，斷絕經濟的來源，使反日隊伍物質上，得不到廣大羣衆的援助。

三年來寶貴的經驗，已教訓了我們，敵人用各個擊破的策略、造謠、挑撥、離間等種種方法，向我們進攻。像過去我們反日隊伍各自爲戰，沒有統一的指揮，互不聯繫，常受敵人個個擊破的打擊，政治上不堅定的反日隊伍常被走狗、奸細、軍閥們欺騙去投降，有的時候被他們挑撥、造謠、互相起衝突，如此東北民族革命戰爭的前途是有受損失的危險，我們認爲東滿一帶的各反日部隊親密的團結起來，成立東滿抗日聯合軍指揮部，有計劃、有組織的指揮和領導東滿的反日革命戰爭，是目前抗日救國的唯一緊急任務，這樣才能驅逐日本強盜滾出東北和全中國，恢復失地，得到最後的勝利。

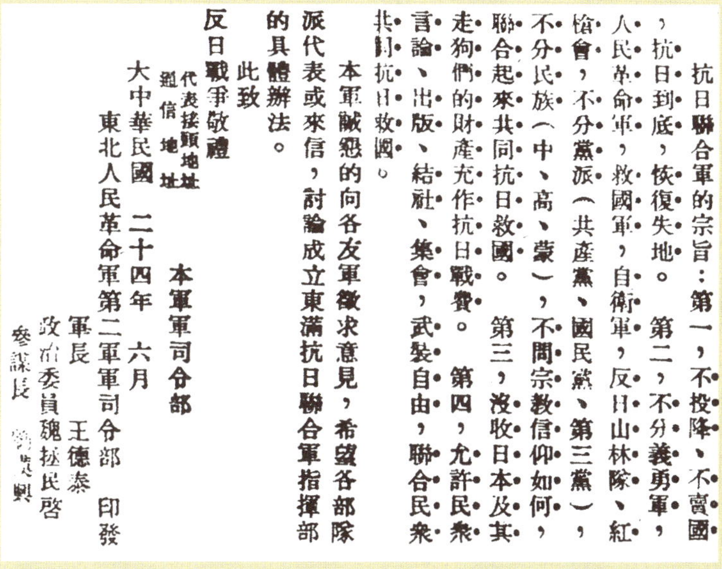
抗日聯合軍的宗旨：第一，不投降、不賣國，抗日到底，恢復失地。第二，不分義勇軍，人民革命軍，救國軍，自衛軍，反日山林隊、紅槍會，不分黨派（共產黨、國民黨、第三黨），不分民族（中、高、蒙），不問宗教信仰如何，聯合起來共同抗日救國。第三，沒收日本及其走狗們的財產充作抗日戰費。第四，允許民衆言論、出版、結社、集會，武裝自由，聯合民衆共同抗日救國。

本軍誠懇的向各友軍徵求意見，希望各部隊派代表或來信，討論成立東滿抗日聯合軍指揮部的具體辦法。

此致

反日戰爭敬禮

本軍軍司令部

代表接頭地址

通信地址

大中華民國二十四年六月

東北人民革命軍第二軍軍司令部 印發

軍長 王德泰

政治委員魏拯民啓

參謀長 劉漢興

《救国时报》第二期 中华民国二十四年十二月十四日 第二版

（1935 年 12 月 14 日）

为成立东满抗日联合军指挥部致各反日部队的信

亲爱的各义勇军、救国军、反日山林队全体官长和士兵同志们公鉴：

日本强盗以铁血手段，占领满洲后，不愿当亡国奴热血沸腾的爱国志士们，在各地蜂起，组织各种反日武装队伍，进行了英勇的民族革命战争，冲破了日满匪军的第一、二次的大讨伐，把日满匪军打得落花流水，正因此又进行第三次大规模的讨伐，向反日部队很残酷的进攻。然而满洲的反日民族革命战争，不但不低落、消沉，恰恰相反，不断的开展与扩大，东北三十多万的反日队伍，采取神奇的游击战术，经常的袭击城市、兵站，破坏敌人交通，军事建筑，截军用车，夺取敌人的武装，在反日情绪高涨之下，伪满洲国士兵兵变、暴动不断的发生，（最近在珲春荒沟伪国讨伐军全连士兵哗变，参加人民革命军），广大民众反日反满斗争日益高涨（去年依兰勃利[1]等好儿县曾发生过农民暴动）。

过去东满各反日部队没有统一的指挥和领导，行动很散漫，并没有具体的整个军事计划，政治上不巩固，部份的不澈底、不坚决的无耻的军阀，政客及奸细、走狗们，出卖、投降、逃跑，使反日战争受部份的损失。相当的阻碍民族革命战争向前发展。

目前，日满匪军用各种政策及毒辣手段，疯狂似的向我们反日队伍进攻，军事上集中成千成万的兵力，并用各种新式武器（飞机、炸弹、大炮，唐克、毒气）来包围，还采取新的游击战术。政治上利用和收买不澈底不坚决的军阀、政客、奸细、走狗们，在反日战线上捣乱，分裂反日统一战线，使反日队伍互相起冲突，走上自然瓦解、崩溃的道路上去。经济上在游击区边界以步步为营的办法，各处建立集团部落、军营、炮台等堡垒，封锁游击区，断绝经济的来源，使反日队伍物质上，得不到广大群众的援助。

三年来宝贵的经验，已教训了我们，敌人用各个击破的策略、造谣、挑拨、离间等种种方法，向我们进攻，像过去我们反日队伍各自为战，没有统一的指挥，互不联系，常受

---

① 今属黑龙江省。

敌人个个击破的打击，政治上不坚定的反日队伍常被走狗、奸细、军阀们欺骗去投降，有的时候被他们挑拨、造谣、互相起冲突，如此东北民族革命战争的前途是有受损失的危险，我们认为东满一带的各反日部队亲密的团结起来，成立东满抗日联合军指挥部，有计划、有组织的指挥和领导东满的反日革命战争，是目前抗日救国的唯一紧急任务，这样才能驱逐日本强盗滚出东北和全中国，恢复失地，得到最后的胜利。

抗日联合军的宗旨：第一，不投降、不卖国，抗日到底，恢复失地。第二，不分义勇军，人民革命军，救国军，自卫军，反日山林队、红枪会，不分党派（共产党、国民党、第三党），不分民族（中、高、蒙），不问宗教信仰如何，联合起来共同抗日救国。第三，没收日本及其走狗们的财产充作抗日战费。第四，允许民众言论、出版、结社、集会，武装自由，联合民众共同抗日救国。

本军诚恳的向各友军征求意见，希望各部队派代表或来信，讨论成立东满抗日联合军指挥部的具体办法。

此致

反日战争敬礼

代表接头地址

通信地址　本军军司令部

大中华民国二十四年六月

东北人民革命军第二军军司令部　印发

军长　王德泰

政治委员　魏拯民

参谋长　刘汉兴　启

祖國要聞

義軍殺賊捷報頻傳

東京十一月十二日日聯社電：十一月十一日在江省西部七川地方（譯音）以北四十公里之處，有義勇軍某隊與日本討伐隊激戰，死日軍官一人，士兵三人。

哈爾濱十一月十六日日日新聞載：日本軍官及士兵被反日義軍打死高木軍官以下七十四名之遺體，北滿長春關門一帶被義軍打死之日人的屍體二十四具於今日運至奉天。

同日該報又載：在依蘭縣廟嶺地方，日前有日軍某部被謝文東率領之反日聯軍第六軍打死三名，活俘三人。

同日該報又訊，日軍井上部隊，在老黑山地方被反日義軍全數消滅，日軍犧牲八八云。

十七日該報載：在牡丹江附近，日前有日軍官名早園者爲赤軍王陰武部擊死，其衛兵二名亦被殺，日報稱彼等前曾三呼「天皇萬歲」云。

東京十一月二十六日電：日聯社安東訊，在桃河子（譯音）地方附近，十一月二十二日有反日義軍一隊與日軍某隊激戰，打死日軍小佐一人及士兵一人，重傷士兵一人。

又訊，十一月二十三日，在通化縣境有某部以日義軍三百餘人，與日軍某部激戰，打死日軍一名，傷一人。

據日本關東軍統計，自十月起日軍在熱河與義軍作戰四十一次，已誌前報。頃據巾報長春日聯社九日電，日軍被反日義軍打死者有前田小川兩大尉及士兵十一人，傷者二十五人。

《救国时报》第三期　中华民国二十四年十二月二十一日　第二版

（1935 年 12 月 21 日）

义军杀贼捷报频传

东京十一月十二日日联社电：十一月十一日在江省西部七川地方（译音）以北四十公里之处，有义勇军某队与日本讨伐队激战，死日军官一人，士兵三人。

哈尔滨十一月十六日日日新闻载：日本军官及士兵被反日义军打死高木军官以下七十四名之遗体及北满长春图门一带被义军打死之日人的尸体二十四具于今日运至奉天。

同日该报又载：在依兰县庙岭地方，日前有日军某部被谢文东率领之反日联军第六军打死三名，活俘三人。

同日该报又讯，日军井上部队，在老黑山地方被反日义军全数消灭，日军牺牲八人云。

十七日该报载：在牡丹江附近，日前有日军官名早园者为赤军王阴武部杀死，其卫兵二名亦被杀，日报称彼等死前曾三呼“天皇万岁”云。

东京十一月二十六日电：日联社安东讯，在桃河子（译音）地方附近，十一月二十二日有反日义军一队与日军某队激战，打死日军小佐一人及士兵一人，重伤士兵一人。

又讯，十一月二十三日，在通化县境有某部反日义军三百余人，与日军某部激战，打死日军一名，伤一人。

据日本关东军统计，自十月起日军在热河与义军作战四十一次，已志前报。顷据申报长春日联社九日电，日军被反日义军打死者有前田小川两大尉及士兵十一人，伤者二十五人。

關於如何組織國防政府及抗日聯軍之我見

青鐵

讀過　貴報登載黎少屏與白石二君關於組織國防政府及抗日聯軍大文之後，吾亦稍有意見與主張，故不揣冒昧，拉雜書於左。

第一，關於組織國防政府，先由國內有威望之名人碩士，特別在抗日救國事業上有偉大之功績者如宋慶齡，李杜，楊靖宇，李延祿，毛澤東，朱德，陳銘樞，蔡廷楷，蔣光鼐，翁照垣等作發起人，通電全國，號召全國各界，共同抗日救國之大計，同時派精明能幹，善於辭令之代表，親赴各實力派處接洽，如蔣介石，陳濟棠，閻錫山，韓復榘，馮玉祥，等。接洽中之最要條件，爲立即停止相互鬪之軍事行動，領域則一依現狀，定期在規定地點召集全國救亡大會，由各實力派要人親身參加或派親信代表參加。　然後再通知國內外各團體，派代表參加。　關於派代表以何爲單位問題，白石君之意見，吾大致贊同。　至經費問題，應在開大會之先，發起人向國外愛國僑胞，及國內愛國商會，有贊成者及實力派募捐。

第二，關於政府形式問題，現有南京政府，廣東政府，蘇維埃政府，將以何爲依歸？吾以此問題，應由大會決定，依吾所見，應一律取消，另建立統一國防政府，此府府因抗日救國而特別產生，故與一般政府不同，一切力量均集中於抗日上，機關務須簡單，免多所牽制。　據吾見，該政府應僅分爲二部門，一爲行政部，一爲軍事部，人員均由大會選舉。行政部以五人組織之，職司外交及內政諸事務，至於軍事部亦以五人組織之，司抗日軍事上之專責，各部有部長一人，由大會選擇。　軍人不能兼任行政部職，不得干預政治，行政部人員亦不得兼軍事部職，但行政部本身則有領導軍事部之權。　行政部應於國防政府成立後即刻刊佈臨時憲章，規定黨與黨之相互關係抗日之特別設施等等。

此政府既爲抗日之政府，如政府內在抗日過程中發現不抗日或抗日不力者，則以漢奸治罪，人人得起而誅之。

第三關於抗日聯軍問題，吾認爲在此救亡期間爲極重要之問題。目下中國軍隊不下數百萬，此數百萬中之數量最多者厥爲南京軍，中國紅軍，東北遊擊隊，舊十九路軍及兩廣軍隊。　以上軍隊雖相互間曾發生過私鬥，然際此國家大難臨頭，均應捐棄舊仇宿怨，外禦其侮。　在每軍內設政治局，人員統由百折不回之愛國健兒充之，平時教育兵士愛國常識，作戰時則監視將領之行動，遇必要時有取消將帥不正確命令之權，此均爲在抗日戰線上着想，對於作戰方略，則毫無牽制。　以上爲我之意見之組織大略焉。

日寇日來又大舉進攻，華北眼見繼關外而淪亡，痛莫大於亡國，哀莫甚於心死，望我國各實力派，停止內鬨，共禦外侮，舉國上下，一致團結，則不惟現土可保，即失地亦不難收復，吾引頸以待焉。

十一月廿八日於舊京

《救国时报》第三期　中华民国二十四年十二月二十一日　第四版

（1935 年 12 月 21 日）

关于如何组织国防政府及抗日联军之我见

青　铁

读过贵报登载黎少屏与白石二君关于组织国防政府及抗日联军大文之后，吾亦稍有意见与主张，故不揣冒昧，拉杂书于左。

第一，关于组织国防政府，先由国内有威望之名人硕士，特别在抗日救国事业上有伟大之功绩者如宋庆龄，李杜，杨靖宇，李延禄，毛泽东，朱德，陈铭枢，蔡廷楷，蒋光鼐，翁照垣等作发起人，通电全国，号召全国各界，共同抗日救国之大计，同时派精明能干，善于辞令之代表，亲赴各实力派处接洽，如蒋介石，陈济棠，阎锡山，韩复渠[1]，冯玉祥，等。接洽中之最要条件，为立即停止相互间之军事行动，领域则一依现状，定期在规定地点召集全国救亡大会，由各实力派要人亲身参加或派亲信代表参加。然后再通知国内外各团体，派代表参加。关于派代表以何为单位问题，白石君之意见，吾大致赞同。至于经费问题，在开大会之先，发起人应向国外爱国侨胞，及国内爱国商会，有资产者及实力派募捐。

第二，关于政府形式问题，现有南京政府，广东政府，苏维埃政府，将以何为依归？ 吾以此问题，应由大会决定，依吾所见，应一律取消，另建立统一国防政府，此府应因抗日救国而特别产生，故与一般政府不同，一切力量均集中于

① 应为韩复榘。

抗日上，机关务须简单，免多所不制。据吾见，该政府应仅分为二部门，一为行政部，一为军事部，人员均由大会选举。行政部以五人组织之，专司外交及内政诸事务，至于军事部亦以五人组织之，司抗日军事上之专责，各部有部长一，由大会选择。军人不能兼任行政部职，不得干预政治，行政部人员亦不得兼军事部职，但行政部本身则有领导军事部之权。行政部应于国防政府成立后即刻刊布临时规章，规定党与党之相互关系抗日之特别设施等等。此政府既为抗日之政府，如政府内在抗日过程中发现不抗日或抗日不力者，则以汉奸治罪，人人得起而诛之。

第三，关于抗日联军问题，吾认为在此救亡期间为极重要之问题。目下中国军队不下数百万，此数百万中之数量最多者厥为南京军，中国红军，东北游击队，旧十九路军及两广军队。以上军队虽相互间曾发生过私斗，然际此国家大难临头，均应捐弃旧仇宿怨，外御其侮。在每军内设政治局，人员统由百折不回之爱国健儿充之，平时教育兵士爱国常识，作战时则监视将领之行动，遇必要时有取消将帅不正确命令之权，凡此均为在抗日战线上着想，对于作战方略，则毫无牵制。以上为我之意见之组体大略焉。

日寇日来又大举进攻，华北眼见继关外而沦亡，痛莫大于亡国，哀莫甚于心死，望我国各实力派，停止内哄，共御外侮，举国上下，一致团结，则不惟现土可保，即失地亦不难收复，吾引颈以待焉。

十一月廿八日于荷京

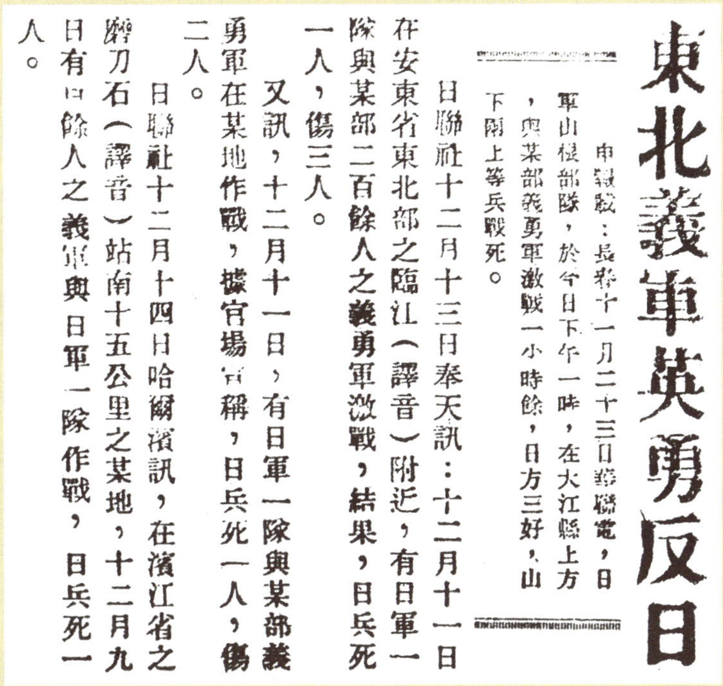

東北義軍英勇反日

申報載：長春十一月二十三日華聯電，日軍山根部隊，於今日下午一時，在大江縣上方，與某部義勇軍激戰一小時餘，日方三好，山下兩上等兵戰死。

日聯社十二月十三日奉天訊：十二月十一日在安東省東北部之臨江（譯音）附近，有日軍一隊與某部二百餘人之義勇軍激戰，結果，日兵死一人，傷三人。

又訊，十二月十一日，有日軍一隊與某部義勇軍在某地作戰，據官場宣稱，日兵死一人，傷二人。

日聯社十二月十四日哈爾濱訊，在濱江省之磨刀石（譯音）站南十五公里之某地，十二月九日有[illegible]餘人之義軍與日軍一隊作戰，日兵死一人。

《救国时报》第四期 中华民国二十四年十二月二十八日 第二版
（1935 年 12 月 28 日）

东北义军英勇反日

申报载：长春十一月二十三日华联电，日军山根部队，于今日下午一时，在大江县上方，与某部义勇军激战一小时余，日方三好，山下两上等兵战死。

日联社十二月十三日奉天讯：十二月十一日在安东省东北部之临江（译音）附近，有日军一队与某部二百余人之义勇军激战，结果，日兵死一人，伤三人。

又讯，十二月十一日，有日军一队与某部义勇军在某地作战，据官场宣称，日兵死一人，伤二人。

日联社十二月十四日哈尔滨讯，在滨江省之磨刀石（译音）站南十五公里之某地，十二月九日有百余人之义军与日军一队作战，日兵死一人。

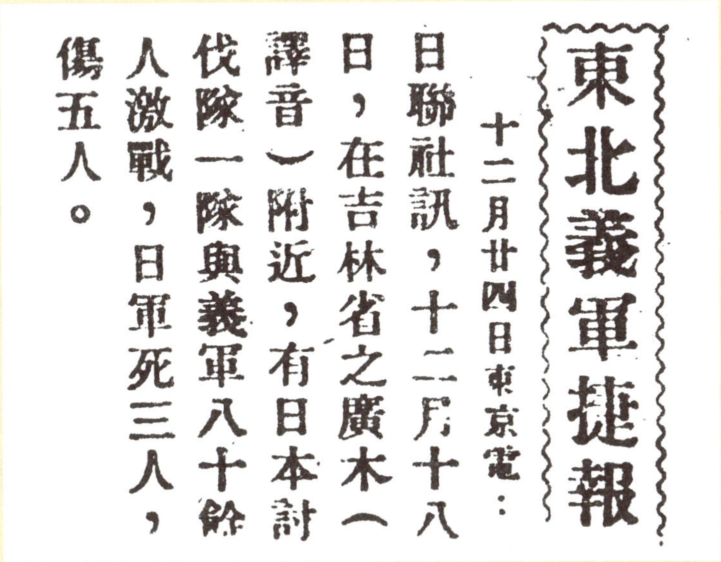
東北義軍捷報

十二月廿四日東京電：日聯社訊，十二月十八日，在吉林省之廣木（譯音）附近，有日本討伐隊一隊與義軍八十餘人激戰，日軍死三人，傷五人。

《救国时报》第五期 中华民国二十五年一月四日 第二版（1936 年 1 月 4 日）

东北义军捷报

十二月廿四日东京电：日联社讯，十二月十八日，在吉林省之广木（译音）附近，有日本讨伐队一队与义军八十余人激战，日军死三人，伤五人。

來信

東北義軍致本報信

——述東北抗日聯軍組織的經過——

（上略）……我們此次接到貴報，我們大家都把他當作寶貝一樣。因此，我們的軍司令部，特別下了一道命令：（一）全軍將士及弟兄，均須分組讀完各期報紙；（二）讀後各組分頭舉行討論；（三）讀後，報紙由認字班班長保管，不識字的將士和弟兄，均須一律實行照報認字等等。在我們未讀到報紙以前，軍司令部即向我們做了一個報告，說明貴報抗日救國的主張，及接到貴報的困難情形等等。 你們在國外節衣縮食，辛辛苦苦來辦報，所以我們，開頭就要把我們全軍將士及弟兄對貴報的珍重情形，向你們說明。 若，需要我們——天天與日帝作衝鋒陷陣或拚命奔跑的我們——來感謝你們、鼓勵你們的話，那麼，我們全軍將士弟兄這樣看重貴報，便是感謝和鼓勵你們的最好辦法了。

貴報志在抗日救國、收復失地，不爲亡國之奴隸，這與本軍數年來從事於抗日反「滿」戰爭之宗旨完全符合。 貴報主張組織抗日聯軍，成立國防政府；主張在日寇謀我日急，國亡無日之時，全國同胞應不分門戶支派，不分政黨派別，聯合一致，共同抗日；不管過去如何兄弟鬩牆，現在應該外禦其侮。 貴報這種主張，就是我們東三省義勇軍及老百姓的主張，也就是中國四萬萬同胞的主張。 我們數年來在實際戰爭的經驗中，證明了貴報的主張是萬分正確的，是能夠實現的。 這種主張，對於中國國家民族是有利益的，對於日賊是極端不利的。 貴報的主張是十分周到精密，堅固不破的，我們所做的，萬萬不及貴報所主張的，但是我們想把我們所做的，經過什麼困難、以及結果如何等等、寫些出來，寄給你們，轉告國內外同胞，一則使全國同胞明了我們怎樣在東三省做抗日反滿救國的神聖事業，二則全國同胞務須趕快團結一致，與我們一起，收復失地，保我河山。 我們所做的抗日統一戰線的經過及困難情形，一一敘述如後，萬望不吝賜教。 草此即頌撰安。

東北抗日聯軍軍第一軍第一團胡育啓

中華民國二十四年十月五日

（給本報信已完，下期續載義勇軍執行反日統一戰線的情形）

《救国时报》第六期 中华民国二十五年一月九日 第二版

（1936年1月9日）

来　信

东北义军致本报信

——述东北抗日联军组织的经过——

（上略）……我们此次接到贵报，我们大家都把它当作宝贝一样。因此，我们的军司令部，特别下了一道命令：（一）全军将士及弟兄，均须分组读完各期报纸；（二）读后各组分头举行讨论；（三）读后，报纸由认字班班长保管，不识字的将士和弟兄，均须一律实行照报认字等等。在我们未读到报纸以前，军司令部即向我们做了一个报告，说明贵报抗日救国的主张，及接到贵报的困难情形等等。你们在国外节衣缩食，辛辛苦苦来办报，所以我们一开头就要把我们全军将士及弟兄对贵报的珍重情形，向你们说明。若是需要我们——天天与日帝作冲锋陷阵或拼命奔跑的我们——来感谢你们，鼓励你们的话，那么，我们全军将士弟兄这样看重贵报，便是感谢和鼓励你们的最好办法了。

贵报志在抗日救国，收复失地，不为亡国之奴隶，这与本军数年来从事于抗日反“满”战争之宗旨完全符合。贵报主张组织抗日联军，成立国防政府；主张在日寇谋我日急，国亡无日之时，全国同胞应不分门户支派，不分政党派别，联合一致，共同抗日；不管过去如何兄弟阋墙，现在应该外御其侮。贵报这种主张，就是我们东三省义勇军及老百姓的主张，也就是中国四万万同胞的主张。我们数年来在实际战争的经验中，证明了贵报的主张是万分正确的，是能够实现的。这种主张，对于中国国家民族是有利益的，对于日贼是极端不利的。贵报的主张是十分周到精密，坚固不破的，我们所做的，万万不及贵报所主张的，但是我们想把我们所做的，经过什么困难，以及结果如何等等，写些出来，寄给你们，转告国内外同胞，一则使全国同胞明了我们怎样在东三省做抗日反满救国的神圣事业，二则全国同胞务须赶快团结一致，与我们一起，收复失地，保我河山。我们所做的抗日统一战线的经过及困难情形，一一叙述如后，万望不吝赐教。

草此即颂

撰安

东北抗日联军第一军第一团胡育启

中华民国二十四年十月五日

（给本报信已完，下期续载义勇军执行反日统一战线的情形）

東北義勇軍捷報

「討伐隊」全軍覆滅

一月十日七東京電：同盟社奉天訊，在奉天省桑源林（譯音）附近，一月十五日，有士兵十一名及警察數名合組之日「滿」「討伐」隊一隊，與某部義軍激戰，日「滿」「討伐隊」全數被殲斃，義軍獲軍火及其他勝利品甚夥。

《救国时报》第九一十期 中华民国二十五年一月二十九日 第二版（1936年1月29日）

东北义勇军捷报

“讨伐队”全军覆灭

一月十日东京电：同盟社奉天讯，在奉天省泰源春（译音）附近，一月十五日，有士兵十一名及警察数名合组之日“满”“讨伐”队一队，与某部义军激战，日“满”“讨伐队”全数被击毙，义军获军火及其他胜利品甚夥。

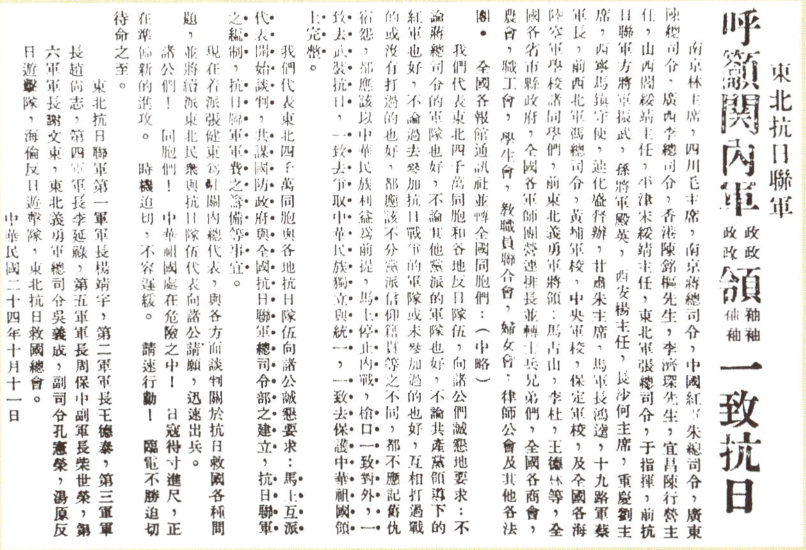

東北抗日聯軍
呼籲關內軍政領袖一致抗日

南京林主席，四川毛主席，南京蔣總司令，中國紅軍朱總司令，廣東陳總司令，廣西李總司令，香港陳銘樞先生，李濟琛先生，宜昌陳行營主任，山西閻綏靖主任，平津宋綏靖主任，東北軍張總司令，于指揮，前抗日聯軍方將軍振武，孫將軍殿英，西安楊主任，長沙何主席，重慶劉主席，西寧馬鎮守使，迪化盛督辦，甘肅朱主席，馬軍長鴻逵，十九路軍蔡軍長，前西北軍馮總司令，黃埔軍校，中央軍校，保定軍校，及全國各海陸空軍學校諸同學們，前東北義勇軍將領：馬占山，李杜，王德林等，全國各省市縣政府，全國各軍師團營連排長並轉士兵兄弟們，全國各商會，農會，職工會，學生會，教職員聯合會，婦女會，律師公會及其他各法團，全國各報館通訊社並轉全國同胞們：（中略）

我們代表東北四千萬同胞和各地反日隊伍，向諸公們誠懇地要求：不論將總司令的軍隊也好，不論其他黨派的軍隊也好，不論共產黨領導下的紅軍也好，不論過去參加抗日戰爭的軍隊或未參加過的也好，互相打過戰的或沒有打過的也好，都應該不分黨派信仰籍貫等之不同，都不應記舊仇宿怨，都應該以中華民族利益為前提，馬上停止內戰，槍口一致對外，一致去武裝抗日，一致去爭取中華民族獨立與統一，一致去保護中華祖國領土完整。

我們代表東北四千萬同胞與各地抗日隊伍向諸公誠懇要求：馬上互派代表開始談判，共謀國防政府與全國抗日聯軍總司令部之建立，抗日聯軍之編制，抗日聯軍軍費之籌備等事宜。

現在着派張健東為駐關內總代表，與各方面談判關於抗日救國各種問題，並將續派東北民衆與抗日隊伍代表向諸公請願，迅速出兵。

諸公們！同胞們！中華祖國處在危險之中！日寇得寸進尺，正在準備新的進攻。時機迫切，不容遲緩。請速行動！臨電不勝迫切待命之至。

東北抗日聯軍第一軍軍長楊靖宇，第二軍軍長王德泰，第三軍軍長趙尚志，第四軍軍長李延祿，第五軍軍長周保中副軍長柴世榮，第六軍軍長謝文東，東北義勇軍總司令吳義成，副司令孔憲榮，湯原反日遊擊隊，海倫反日遊擊隊，東北抗日救國總會。

中華民國二十四年十月十一日

《救国时报》第九一十期 中华民国二十五年一月二十九日 第五版
（1936 年 1 月 29 日 ）

东北抗日联军
呼吁关内军政领袖一致抗日

南京林主席，四川毛主席，南京蒋总司令，中国红军朱总司令，广东陈总司令，广西李总司令，香港陈铭枢先生，李济琛先生，宜昌陈行营主任，山西阎绥靖主任，平津宋绥靖主任，东北军张总司令，于指挥，前抗日联军方将军振武，孙将军殿英，西安杨主任，长沙何主席，重庆刘主席，西宁马镇守使，迪化盛督办，甘肃朱主席，马军长鸿逵，十九路军蔡军长，前西北军冯总司令，黄埔军校，中央军校，保定军校，及全国各海陆空军学校诸同学们，前东北义勇军将领：马占山，李杜，王德林等，全国各省市县政府，全国各军师团营连排长并转士兵兄弟们，全国各商会，农会，职工会，学生会，教职员联合会，妇女会，律师公会及其他各法团。全国各报馆通讯社并转全国同胞们：

（中略）

我们代表东北四千万同胞和各地反日队伍，向诸公们诚恳地要求：不论蒋总司令的军队也好，不论其他党派的军队也好，不论共产党领导下的红军也好，不论过去参加抗日战争的军队或未参加过的也好，互相打过战的或没有打过的也好，都应该不分党派信仰籍贯等之不同，都不应记旧仇宿怨，都应该以中华民族利益为前提，马上停止内战，枪口一致对外，一致去武装抗日，一致去争取中华民族独立与统一，一致去保护中华祖国领土完整。

我们代表东北四千万同胞与各地抗日队伍向诸公诚恳要求：马上互派代表开始谈判，共谋国防政府与全国抗日联军总司令部之建立，抗日联军之编制，抗日联军军费之筹备等事宜。

现在着派张健东为驻关内总代表，与各方面谈判关于抗日救国各种问题，并将续派东北民众与抗日队伍代表向诸公请愿，迅速出兵。

诸公们！同胞们！中华祖国处在危险之中！日寇得寸进尺，正在准备新的进攻。时机迫切，不容迟缓。请速行动！临电不胜迫切待命之至。

东北抗日联军第一军军长　杨靖宇

第二军军长　王德泰

第三军军长　赵尚志

第四军军长　李延禄

第五军军长　周保中　副军长　柴世荣

第六军军长　谢文东

东北义勇军总司令　吴亦成[1]　副司令　孔宪荣

汤原反日游击队

海伦反日游击队

东北抗日救国总会

中华民国二十四年十月十一日

① 应为吴义成。

通訊

東北義勇軍致本報信

（續本報第六期） 胡育

——述東北抗日聯軍組織的經過——

一劈頭，就要把我自己向你們交代清楚。

我是吉林省磐石縣人氏，吉林中學畢業後，即轉到北平進了朝陽大學念書，剛念兩年；即爆發「九一八」事變。

我本來對於書本是專心用功，對於外事是毫不關心的一個人。一心想把書念好，代國家出力，代社會服務。「九一八」事變後，在北平念書的東北籍同學，個個無不痛家鄉淪陷，國土喪失，中國國家的名義尚在，但東北非我有，家鄉非我有矣！於民國二十年多及二十一年春，即有許多同學相約家國危難如此，應即回故鄉從事救鄉救國運動。我也就是在民國二十一年中途輟學，偷回故里殺賊救國中許多同學中的一個。

我們在民國二十一年春夏之交，分批偷回東北。據說那時頗意回東北殺賊的同學，總數不下數十人。但我接觸到的則祗有十幾人。我們的一批是四個人，先到磐石。我在北平時一向沒參加過任何組織或團體的活動，至於政黨派別更無接觸，所以初回到東北時，幾乎不知道應該怎做才可以殺賊救國。但好在我們都是東三省本地人，有許多親戚朋友的社會關係，所以一到磐石不久，即與許多義軍部隊發生了聯繫。我們四人是分頭插入各部義軍裏去的，姓陳的同學是插入傅殿臣所率領的義軍部隊，姓王的同學是插入宋國榮所率領的救國軍部隊，姓趙的同學是加入東勝部義軍，我是加入了毛作彬所率領的救國軍部隊。他們知道我們是從北平去的，是放下書本去抗日救國的，帶部隊的人以及衆弟兄都表示格外歡迎。問長問短，問關裏怎樣在那裏抗日救國，怎樣援助東北，特別問關內何時出兵來收復失地等等。

（未完）

《救国时报》第十一期 中华民国二十五年二月四日 第二版

（1936 年 2 月 4 日）

通　讯

东北义勇军致本报信

（续本报第六期）

——述东北抗日联军组织的经过——

胡　育

一劈头，就要把我自己向你们交代清楚。我是吉林省磐石县人氏，吉林中学毕业后，即转到北平进了朝阳大学念书，刚念两年，即爆发“九一八”事变。我本来对于书本是专心用功，对于外事是毫不关心的一个人。一心想把书念好，代国家出力，代社会服务。“九一八”事变后，在北平念书的东北籍同学，个个无不痛家乡沦陷，国土丧失，中国国家的名义尚在，但东北非我有，家乡非我有矣！于民国二十年冬及二十一年春，即有许多同学相约家国危难如此，应即回故乡从事救乡救国运动。我也就是在民国二十一年中途辍学，偷回故里杀贼救国中许多同学中的一个。

我们在民国二十一年春夏之交，分批偷回东北。据说那时愿意回东北杀贼的同学，总数不下数十人。但我接触到的则只有十几人。我们的一批是四个人，先到磐石。我在北平时一向没参加过任何组织或团体的活动，至于政党派别更无接触，所以初回到东北时，几乎不知道应该怎做才可以杀贼救国。但好在我们都是东三省本地人，有许多亲戚朋友的社会关系，所以一到磐石不久，即与许多义军部队发生了联系。我们四人是分头插入各部义军里去的，姓陈的同学是插入傅殿臣所率领的义军部队，姓王的同学是插入宋国荣所率领的救国军部队，姓赵的同学是加入东胜部义军，我是加入了毛作彬所率领的救国军部队。他们知道我们是从北平去的，是放下书本去抗日救国的，带部队的人以及众弟兄都表示格外欢迎。问长问短，问关里怎样在那里抗日救国，怎样援助东北，特别问关内何时出兵来收复失地等等。

（未完）

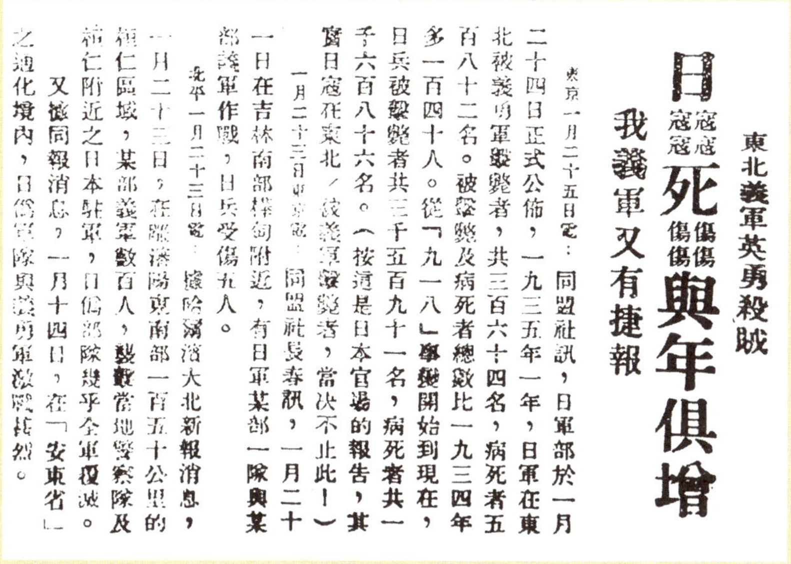

東北義軍英勇殺賊
日寇死傷與年俱增
我義軍又有捷報

東京一月二十五日電：同盟社訊，日軍部於一月二十四日正式公佈，一九三五年一年，日軍在東北被義勇軍擊斃者，共三百六十四名，病死者五百八十二名。被擊斃及病死者總數比一九三四年多一百四十八。從「九一八」事變開始到現在，日兵被擊斃者共三千五百九十一名，病死者共一千六百八十六名。（按這是日本官場的報告，其實日寇在東北，被義軍擊斃者，當決不止此！）

一月二十三日東京電：同盟社長春訊，一月二十一日在吉林南部樺甸附近，有日軍某部一隊與某部義軍作戰，日兵受傷九人。

北平一月二十三日電：據哈爾濱大北新報消息，一月二十三日，在瀋陽東南部一百五十公里的桓仁區域，某部義軍數百人，襲擊當地警察隊及桓仁附近之日本駐軍，日偽部隊幾乎全軍覆滅。

又據同報消息，一月十四日，在「安東省」之通化境內，日偽軍隊與義勇軍激戰甚烈。

《救国时报》第十一期 中华民国二十五年二月四日 第二版（1936年2月4日）

东北义军英勇杀贼
日寇死伤与年俱增
我义军又有捷报

东京一月二十五日电：同盟社讯，日军部于一月二十四日正式公布，一九三五年一年，日军在东北被义勇军击毙者，共三百六十四名，病死者五百八十二名。被击毙及病死者总数比一九三四年多一百四十人。从“九一八”事变开始到现在，日兵被击毙者共三千五百九十一名，病死者共一千六百八十六名。（按这是日本官场的报告，其实日寇在东北之被义军击毙者，当决不止此！）

一月二十三日东京电：同盟社长春讯，一月二十一日，在吉林南部桦甸附近，有日军某部一队与某部义军作战，日兵受伤五人。

北平一月二十三日电：据哈尔滨大北新报消息，一月二十三日，在离沈阳东南部一百五十公里的桓仁区域，某部义军数百人，袭击当地警察队及桓仁附近之日本驻军，日伪部队几乎全军覆灭。

又据同报消息，一月十四日，在"安东省"之通化境内，日伪军队与义勇军激战甚烈。

通訊

東北義勇軍致本報信（二續）

胡育

——述東北抗日聯軍組織的經過——

首先說及抗日聯軍成立前的一般情形

各抗日部隊，人數衆寡既不同，隊伍名稱又各異，組織形式亦不一致，門戶百出，派系紛歧，有相信吃符唸咒，大炮打不進，刀槍殺不死的；有相信佛爺阿彌陀佛的；有相信孫中山三民主義的；有相信馬克思列寧共產主義的；眞是形形色色，不一而足。他們到處遊擊，好像遊星一般，時而在這裏出現，時而在那裏隱藏，時而幾個部隊不約而同，合在一處，時而分散開來，不知去向。部隊與部隊之間絕少聯絡，無論以一縣，數縣，一省或全東北來看，各抗日部隊之間的關係。都的確好像沙散一般，缺少有計劃的有組織的聯系。可是他們的目的——冰天雪地，出生入死的英勇鬥爭的目的，却只有一個，就是抗•日•救•國•，收•復•失•地•，誓死不•當•亡•國•奴•。

固然，有些部隊，就是當地多稱爲山林隊或義勇軍的那些抗日部隊，有一部份或多或少有些類似組織上的聯絡，如合槍合財（註一）或合槍不合財（註二）之類。但是這種聯絡，多近於借掛牌號（三）性質，雖然或多或少帶有軍事戰術上的意義，可是總缺少政治上結合的意義。這種聯絡，常常時合時分，很不堅固。

（註一）合槍合財，就是幾個部隊合併一起打日本，從日寇那裏所獲得的勝利品等等，一併大家分配，這種辦法，叫做合槍合財。

（註二）合槍不合財，就是幾個部隊合併一起打日本，但是從日寇那裏所獲得的勝利品等等，那一部隊獲得，就歸那一部所有，不再合併分配，這種辦法，叫做合槍不合財。

（註三）借掛牌號，就是某部義軍活動久了，名氣大了，實力大了，各部義軍都知道他，不但沒有那一部義軍會欺侮他，而且尊敬他。所以有些新的小部義軍，怕別部隊欺侮他，往往借用這部老義軍的牌號做自己的臨時牌號。

某些義勇軍部隊雖然有些聯絡，若是說此整個軍事計劃，總的行動作戰方針，統一集中指揮領導，全盤籌劃給養軍實等等，都完全沒有的。不但在全東北沒有，就在一省，一縣裏也是沒有的。這樣便往往容易被敵人各各擊破，受到日「滿」「討伐」隊意外的打擊，而遭受不應有的損失。例如甲隊義勇軍受到日僞軍隊攻擊時，如乙丙各隊義勇軍事前與甲隊有聯絡，通聲氣，彼此應急，臨陣去救友軍，去挾攻敵人，那麽甲隊義軍不但不爲日僞軍所敗，反一定能夠打敗敵軍。但是甲乙丙各隊，或因門戶不同，派別各異，或因信仰各別，主張不一，所以事前沒有聯絡，以致爲日軍先後擊敗，喪毀實力，損失兵將之事，時常發生。

不寧惟是，各抗日部隊之間，或因門戶派別不

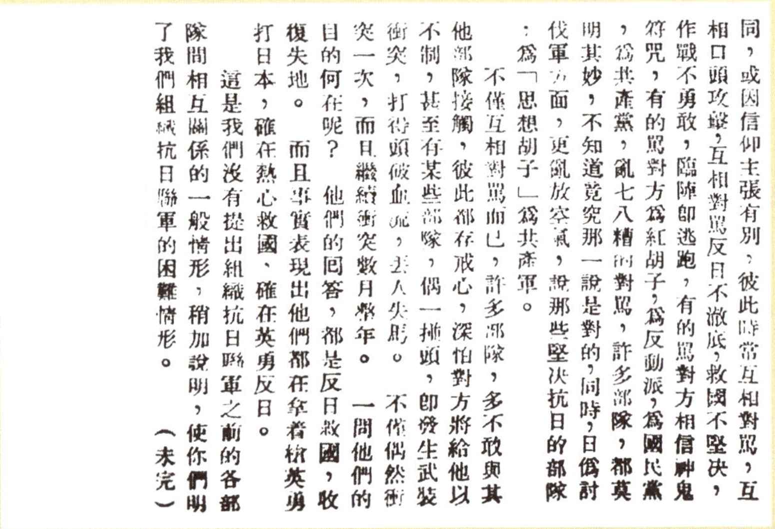

同，或因信仰主張有別，彼此時常互相對駡，互相口頭攻擊，互相對駡反日不澈底，救國不堅決，作戰不勇敢，臨陣卽逃跑，有的駡對方相信神鬼符咒，有的駡對方爲紅胡子，爲反動派，爲國民黨，爲共產黨，亂七八糟的對駡，許多部隊，都莫明其妙，不知道竟究那一說是對的，同時，日僞討伐軍方面，更亂放空氣，說那些堅決抗日的部隊：爲「思想胡子」爲共產軍。

不僅互相對駡而已，許多部隊，多不敢與其他部隊接觸，彼此都存戒心，深怕對方將給他以不測，甚至有某些部隊，偶一撞頭，卽發生武裝衝突，打得頭破血流，丟人失馬。不僅偶然衝突一次，而且繼續衝突數月整年。一問他們的目的何在呢？他們的回答，都是反日救國，收復失地。而且事實表現出他們都在拿着槍英勇打日本，確在熱心救國、確在英勇反日。

這是我們沒有提出組織抗日聯軍之前的各部隊間相互關係的一般情形，稍加說明，使你們明了我們組織抗日聯軍的困難情形。（未完）

《救国时报》第十二期 中华民国二十五年二月十二日 第二版

（1936 年 2 月 12 日 ）

通　讯

东北义勇军致本报信（二续）

——述东北抗日联军组织的经过——

胡　育

首先说及抗日联军成立前的一般情形。

各抗日部队，人数众寡既不同，队伍名称又各异，组织形式亦不一致，门户百出，派系纷歧，有相信吃符念咒，大炮打不进，刀枪杀不死的；有相信佛爷阿弥陀佛的；有相信孙中山三民主义的；有相信马克思列宁共产主义的；真是形形色色，不一而足。他们到处游击，好像游星一般，时而在这里出现，时而在那里隐藏，时而几个部队不约而同，合在一处，时而分散开来，不知去向。部队与部队之间绝少联络，无论以一县，数县，一省或全东北来看，各抗日部队之间的关系。都的确好像沙散一般，缺少有计划的有组织的联系。可是他们的目的——冰天雪地，出生入死的英勇斗争的目的，却只有一个，就是抗日救国，收复失地，誓死不当亡国奴。

固然，有些部队，就是当地多称为山林队或义勇军的那些抗日部队，有一部份或多或少有些类似组织上的联络，如合枪合财（注一）或合枪不合财（注二）之类。但是这种联络，多近于借挂牌号（注三）性质，虽然或多或少带有军事战术上的意义，可是总缺少政治上结合的意义。这种联络，常常时合时分，很不坚固。

（注一）合枪合财，就是几个部队合并一起打日本，从日寇那里所获得的胜利品等等，一并大家分配，这种办法，叫做合枪合财。

（注二）合枪不合财，就是几个部队合并一起打日本，但是从日寇那里所获得的胜利品等等，那一部队获得，就归那一部所有，不再合并分配，这种办法，叫做合枪不合财。

（注三）借挂牌号，就是某部义军活动久了，名气大了，实力大了，各部义军都知道他，不但没有那一部义军会欺侮他，而且尊敬他。所以有些新的小部义军，怕别部队欺侮他，往往借用这部老义军的牌号做自己的临时牌号。

某些义勇军部队虽然有些联络，若是说出整个军事计划，总的行动作战方针，统一集中指挥领导，全盘筹划给养军实等等，都完全没有的。不但在全东北没有，就在一省，一县里也是没有的。这样便往往容易被敌人各各击破，受到日"满""讨伐"队意外的打击，而遭受不应有的损失。例如甲队义勇军受到日伪军队攻击时，如乙丙各队义勇军事前与甲队有联络，通声气，彼此应急，临阵去救友军，去夹攻敌人，那么甲队义军不但不为日伪军所败，反一定能够打败敌军。但是甲乙丙各队，或因门户不同，派别各异，或因信仰各别，主张不一，所以事前没有联络，以致为日军先后击败，丧毁实力，损失兵将之事，时常发生。

不宁惟是，各抗日部队之间，或因门户派别不同，或因信仰主张有别，彼此时常互相对骂，互相口头攻击，互相对骂反日不澈底，救国不坚决，作战不勇敢，临阵即逃跑，有的骂对方相信神鬼符咒，有的骂对方为红胡子，为反动派，为国民党，为共产党，乱七八糟的对骂，许多部队，都莫名其妙，不知道究竟那一说是对的，同时，日伪讨伐军方面，更乱放空气，说那些坚决抗日的部队，为"思想胡子"为共产军。

不仅互相对骂而已，许多部队，多不敢与其他部队接触，彼此都存戒心，深怕对方将给他以不制，甚至有某些部队，偶一碰头，即发生武装冲突，打得头破血流，丢人失马。不仅偶然冲突一次，而且继续冲突数月整年。一问他们的目的何在呢？他们的回答，都是反日救国，收复失地。而且事实表现出他们都在拿着枪英勇打日本，确在热心救国，确在英勇反日。

这是我们没有提出组织抗日联军之前的各部队间相互关系的一般情形，稍加说明，使你们明了我们组织抗日联军的困难情形。

（未完）

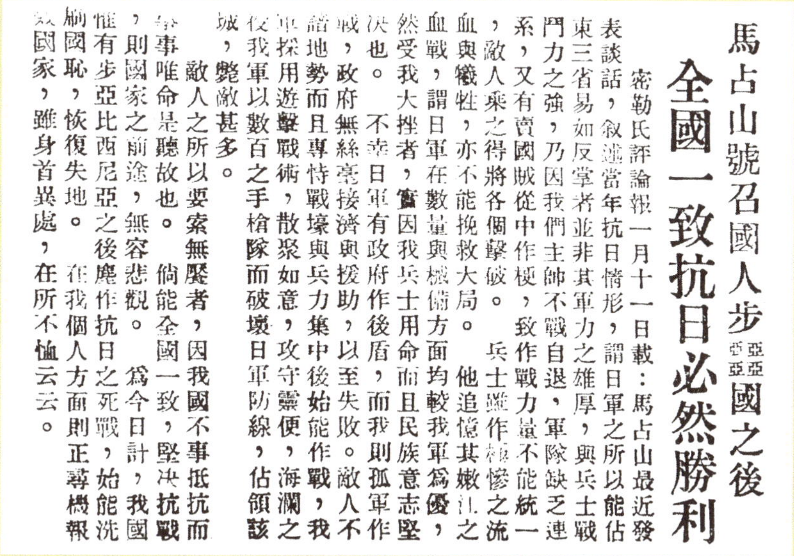

馬占山號召國人步亞國之後
全國一致抗日必然勝利

密勒氏評論報一月十一日載：馬占山最近發表談話，叙述當年抗日情形，謂日軍之所以能佔東三省易如反掌者並非其軍力之雄厚，與兵士戰鬥力之強，乃因我們主帥不戰自退，軍隊缺乏連系，又有賣國賊從中作梗，致作戰力量不能統一，敵人乘之得將各個擊破。兵士雖作極慘之流血與犧牲，亦不能挽救大局。他追憶其嫩江之血戰，謂日軍在數量與械備方面均較我軍為優，然受我大挫者，實因我兵士用命而且民族意志堅決也。不幸日軍有政府作後盾，而我則孤軍作戰，政府無絲毫接濟與援助，以至失敗。敵人不諳地勢而且專恃戰壕與兵力集中後始能作戰，我軍採用遊擊戰術，散聚如意，攻守靈便，海瀾之役我軍以數百之手槍隊而破壞日軍防線，佔領該城，斃敵甚多。敵人之所以要索無饜者，因我國不事抵抗而務事唯命是聽故也。倘能全國一致，堅決抗戰，則國家之前途，無容悲觀。為今日計，我國惟有步亞比西尼亞之後塵作抗日之死戰，始能洗滌國恥，恢復失地。在我個人方面則正尋機報效國家，雖身首異處，在所不恤云云。

《救国时报》第十二期 中华民国二十五年二月十二日 第二版
（1936年2月12日）

马占山号召国人步亚国之后
全国一致抗日必然胜利

密勒氏评论报一月十一日载：马占山最近发表谈话，叙述当年抗日情形，谓日军之所以能占东三省易如反掌者并非其军力之雄厚，与兵士战斗力之强，乃因我们主帅不战自退，军队缺乏连系，又有卖国贼从中作梗，致作战力量不能统一，敌人乘之得将各个击破。兵士虽作极惨之流血与牺牲，亦不能挽救大局。他追忆其嫩江之血战，谓日军在数量与械备方面均较我军为优，然受我大挫者，实因我兵士用命而且民族意志坚决也。不幸日军有政府作后盾，而我则孤军作战，政府无丝毫接济与援助，以至失败。敌人不谙地势而且专恃战壕与兵力集中后始能作战，我军采用游击战术，散聚如意，攻守灵便，海澜之役我军以数百之手枪队而破坏日军防线，占领该城，毙敌甚多。

敌人之所以要索无厌者，因我国不事抵抗而事事唯命是听故也。倘能全国一致，坚决抗战，则国家之前途，无容悲观。为今日计，我国惟有步亚比西尼亚之后尘作抗日之死战，始能洗刷国耻，恢复失地。在我个人方面则正寻机报效国家，虽身首异处，在所不恤云云。

東北義軍致本報信（三續）

胡 育

——述抗日聯軍組織之經過——

各義勇軍部隊之間，未實行聯合抗日前的紛亂，不通聲氣，互相對罵，彼此衝突，這自然是兩敗俱傷，給日敵以更多可乘之機會，來挑撥離間，造謠，分裂各部隊間的聯合戰線，以便實行牠的各個擊破的惡毒策略。 這種情形，對於日寇是非常有利，對於反日救國戰線是極端有害的。 這是十分清楚的事情，可是我們各部隊間保持這樣有害的情形却很久很久！

反日遊擊隊，就是東北人民革命軍第一軍的前身，是有許多共產黨員參加和領導的。 首先看見這樣情形要不得，就發傳單，寫信，派人到各部隊裏去遊說，去聯絡。 這是民國二十二年春間的事。

反日遊擊隊傳單的大意是：

『同胞弟兄們？ 抗日戰士們！ 日寇強佔我國土，併吞我東北。 我東北四千萬同胞，個個做了亡國奴隸！ 我們冰天雪地，出生入死，奮不顧身，英勇殺賊，其目的何在？ 是在抗日，在救國，在收復失地。我們的目的都是相同，照理應當聯合一致，共抗強敵才對。 但是各部隊之間，不僅少聯絡，不通氣，而且相互對罵，動輒衝突，爲日敵齒笑事小，障礙救國神聖事業實大。亡了國家，當了奴隸，我們自己同胞弟兄，竟相互對罵爲紅鬍子，爲無極道，爲國民黨，爲共產黨等等，唇亡齒寒，古有明訓！

本遊擊隊志在抗日救國，收復失地，故日寇是我們唯一之敵人，應當打倒。 凡屬中華國民，除少數漢奸外，皆吾之同胞，應當聯合一致。 凡屬同胞，不問其信仰（佛教會，無極道等），階級（工，農，商，學等）及黨派（國民黨，共產黨等）等等之何屬，只問其是否抗日救國，抗日救國者，皆吾之戰友。 本此道理，本遊擊隊不管過去與任何反日部隊，鬧過意見，或互相對罵過，或彼此衝突過，這都是既往，可以不咎，自今而後，本「兄弟鬩牆，外禦其侮」之古訓，本隊決推誠佈公，與一切反日部隊眞誠合作，聯合到底。聯合之具體形式，最好是共同成立抗日反滿聯軍。

若是還不眞誠團結，各隊仍繼續保存門戶之見互罵，衝突，就上了日寇的陰謀大當，日寇天天放空氣，造謠言，說某隊是紅鬍子，是國民黨是共產黨，其目的是在分裂挑撥各部隊間的聯絡，分散抗日戰線的實力。紅鬍子，國民黨，共產黨，皆吾黃帝之子孫，他們若是反日反滿救國，我們不但不能歧視，更當聯合他們。聯合各黨各派，共同救亡圖存，是我們目前救國自救的唯一出路。

成立抗日反滿聯軍之條件，本隊提議：（一）抗日反滿救國到底，收復失地；（二）沒收日寇及賣國賊財產，充作抗日反滿戰費；（三）聯合並組織全國百姓，共同抗日反滿；（四）戰利品各軍按比例分配。此四項條件，乃抗日反滿聯軍之共同信條，亦即抗日反滿聯軍奮鬥之目標也。本隊派某某等爲代表，希望各義軍部隊均派出代表磋商成立抗日反滿聯軍的具體方法，及共同成立抗日反滿聯軍之日期……」

這不是反日遊擊隊當時所散發的傳單的原文，原文早已找不着，這只是根據囘憶記其大意而已。

反日遊擊隊的傳單及信到各義軍部隊後，各部隊意見百出，對於反日遊擊隊，或存懷疑，觀望，臆測，不相信，害怕，顧忌，或認爲無誠意，非眞心，或認爲玩手腕，耍把戲，甚至於認爲反日遊擊隊或許是共產黨，害怕他赤化，害怕他繳械。最好的意見，則認爲辦法到是好的，却辦不到。當時各義軍部隊間的各種意見，在將近三年後的今日想來，眞是可笑，尤其超然的不黨不派的我，以毛作彬所率領的救國軍解散後轉到現在東北人民革命軍第一軍的我，想來更是可笑。（未完）

《救国时报》第十三—十四期 中华民国二十五年二月二十四日 第二版（1936年2月24日）

东北义军致本报信（三续）
——述抗日联军组织之经过——

胡 育

各义勇军部队之间，未实行联合抗日前的纷乱，不通声气，互相对骂，彼此冲突，这自然是两败俱伤，给日敌以更多可乘之机会，来挑拨离间，造谣，分裂各部队间的联合战线，以便实行它的各个击破的恶毒策略。这种情形，对于日寇是非常有利，对于反日救国战线是极端有害的。这是十分清楚的事情，可是我们各部队间保持这样有害的情形却很久很久！

反日游击队，就是东北人民革命军第一军的前身，是有许多共产党员参加和领导的。首先看见这样情形要不得，就发传单，写信，派人到各部队里去游说，去联络。这是民国二十二年春间的事。

反日游击队传单的大意是：

“同胞弟兄们！抗日战士们！日寇强占我国土，并吞我东北。我东北四千万同胞，个个做了亡国奴隶！我们冰天雪地，出生入死，奋不顾身，英勇杀贼，其目的何在？是在抗日，在救国，在收复失地。我们的目的都是相同，照理应当联合一致，共抗强敌才对。但是各部队之间，不仅少联络，不通气，而且相互对骂，动辄冲突，为日敌齿笑事小，障碍救国神圣事业实大。亡了国家，当了奴隶，我们自己同胞弟兄，还相互对骂为红胡子，为无极道，为国民党，为共产党等等，唇亡齿寒，古有明训！

本游击队志在抗日救国，收复失地，故日寇是我们唯一之敌人，应当打倒。凡属中华国民，除少数汉奸外，皆吾之同胞，应当联合一致。凡属同胞，不问其信仰（佛教会，无极道等），阶级（工，农，商，学等）及党派（国民党，共产党等）等等之何属，只问其是否抗日救国，抗日救国者，皆吾之战友。本此道理，本游击队不管过去与任何反日部队，闹过意见，或互相对骂过，或彼此冲突过，这都是既往，可以不咎，自今而后，本'兄弟阋墙，外御其侮'之古训，本队决推诚布公，与一切反日部队真诚合作，联合到底。联合之具体形式，最好是共同成立抗日反满联军。

若是还不真诚团结，各队仍继续保存门户之见互骂，冲突，就上了日寇的阴谋大当，日寇天天放空气，造谣言，说某队是红胡子，是国民党是共产党，其目的是在分裂挑拨各部队间的联络，分散抗日战线的实力。红胡子，国民党，共产党，皆吾黄帝之子孙，他们若是反日反满救国，我们不但不能歧视，更当联合他们。联合各党各派，共同救亡图存，是我们目前救国自救的唯一出路。

成立抗日反满联军之条件，本队提议：（一）抗日反满救国到底，收复失地；（二）没收日寇及卖国贼财产，充作抗日反满战费；（三）联合并组织全国百姓，共同抗日反满；（四）战利品各军按比例分配。此四项条件，乃抗日反满联军之共同信条，亦即抗日反满联军奋斗之目标也。本队派某某等为代表，希望各义军部队均派出代表磋商成立抗日反满联军的具体方法，及共同成立抗日反满联军之日期……"

这不是反日游击队当时所散发的传单的原文，原文早已找不着，这只是根据回忆记其大意而已。

反日游击队的传单及信到各义军部队后，各部队意见百出，对于反日游击队，或存怀疑，观望，臆测，不相信，害怕，顾忌，或认为无诚意，非真心，或认为玩手腕，耍把戏，甚至于认为反日游击队或许是共产党，害怕他赤化，害怕他缴械。最好的意见，则认为办法到是好的，却办不到。当时各义军部队间的各种意见，在将近三年后的今日想来，真是可笑，尤其超然的不党不派的我，以毛作彬所率领的救国军解散后转到现在东北人民革命军第一军的我，想来更可笑。

（未完）

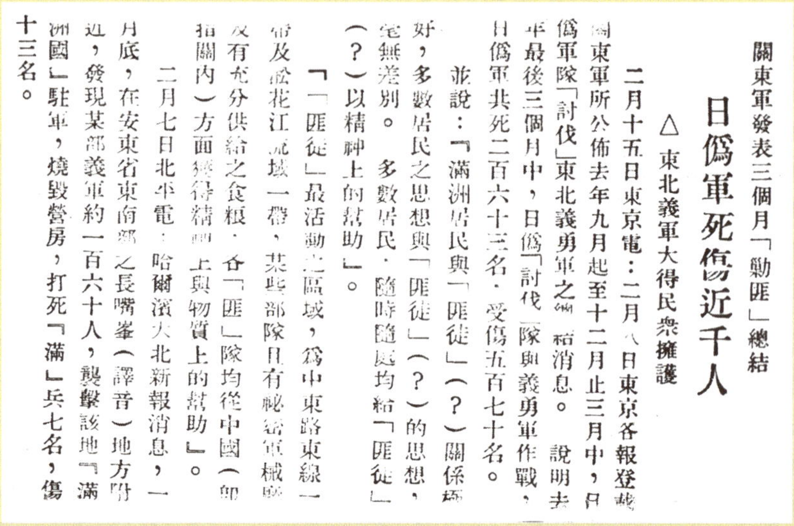

關東軍發表三個月「勦匪」總結
日偽軍死傷近千人
△東北義軍大得民衆擁護

二月十五日東京電：二月八日東京各報登載關東軍所公佈去年九月起至十二月止三月中，日偽軍隊「討伐」東北義勇軍之總結消息。說明去年最後三個月中，日偽「討伐」隊與義勇軍作戰，日偽軍共死二百六十三名，受傷五百七十名。

並說：「滿洲居民與「匪徒」（？）關係極好，多數居民之思想與「匪徒」（？）的思想，毫無差別。多數居民，隨時隨處均給「匪徒」（？）以精神上的幫助」。

「「匪徒」最活動之區域，爲中東路東線一帶及松花江流域一帶，某些部隊且有秘密軍械及有充分供給之食糧，各「匪」隊均從中國（卽指關內）方面獲得精神上與物質上的幫助」。

二月七日北平電：哈爾濱大北新報消息，一月底，在安東省東南部之長嘴峯（譯音）地方附近，發現某部義軍約一百六十人，襲擊該地「滿洲國」駐軍，燒毀營房，打死「滿」兵七名，傷十三名。

《救国时报》第十三—十四期 中华民国二十五年二月二十四日 第二版

（1936 年 2 月 24 日）

关东军发表三个月“剿匪”总结

日伪军死伤近千人

△东北义军大得民众拥护

二月十五日东京电：二月八日东京各报登载关东军所公布去年九月起至十二月止三月中，日伪军队“讨伐”东北义勇军之总结消息。说明去年最后三个月中，日伪“讨伐”队与义勇军作战，日伪军共死二百六十三名，受伤五百七十名。

并说：“满洲居民与‘匪徒’（？）关系极好，多数居民之思想与‘匪徒’（？）的思想，毫无差别。多数居民，随时随处均给‘匪徒’（？）以精神上的帮助”。

“‘匪徒’最活动之区域，为中东路东线一带及松花江流域一带，某些部队且有秘密军械厂及有充分供给之食粮，各‘匪’队均从中国（即指关内）方面获得精神上与物质上的帮助”。

二月七日北平电：哈尔滨大北新报消息，一月底，在安东省东南部之长嘴峰（译音）地方附近，发现某部义军约一百六十人，袭击该地“满洲国”驻军，烧毁营房，打死“满”兵七名，伤十三名。

東北義勇軍致本報信（四續）

胡育

——述東北抗日聯軍之經過——

反日遊擊隊散發了無數傳單，送了許多信，主張大家團結一致，抗日反滿救國到底，又派了許多代表到各反日部隊裏去聯絡宣傳，具體商量成立東北抗日聯軍的方法。當時毛作彬所帶領的救國軍，從老百姓手中輾轉收到反日遊擊隊所寄給的許多捆傳單及專信一封。當時有一個傳令兵，把許多捆傳單及信，雙手捧給我們的毛作彬司令。毛司令接了傳單，還沒打開，劈頭一句就說：「又是共產黨發傳單了，胡說八道，打日本子要用槍炮，發傳單有何用？」。說了這話以後，把傳單看也不看就擱起來，只是把信讀了一讀，說：「反日遊擊隊想聯絡我們救國軍，成立抗日聯軍，哈！哈！」不黨不派的，無偏見的純客觀的我，聽了毛司令的「又是共產黨發傳單了，胡說八道」，「反日遊擊隊想聯絡我們救國軍，成立抗日聯軍」，大大引起了我的好奇心。就把毛司令已擱起的傳單及來信，詳細讀了一讀，覺得反日遊擊隊說得很有道理，各義軍部隊不但不應當彼此互相對罵衝突，應當聯合一氣，成立抗日聯軍，合力抗日救國，才能收殺敵致果，事半功倍之效，這與我平日所想的羣策羣力的簡單思想正相符合。我心裏非常高興。

我從前對共產黨也有些懷疑，現在仔細回想起來，他們指斥國民黨賣國，實在是有道理。丟開張學良只顧自己榮華，實行不抵抗主義，一夜喪盡東三省不說，丟開蔣介石幾年來都執行降日賣國的政策不說，即就東北義勇軍運動說來，不是國民黨曾公開的通令義勇軍降日或退回關內嗎？不是有許多義勇軍的部隊因此而被日寇所消滅嗎？不是有許多國民黨的將官都通通逃跑了嗎？都是許多共產黨員不畏艱苦困難，百折不回進行義勇軍的運動，組織反日反滿遊擊與日本子拚命。想到這裏引起我對他們的佩服，覺得他們真是頂天立地的男子，救國救民的英雄。現在又看到他們主張聯合一切反日隊伍建立抗日聯軍。覺得他們真是眼光遠大，見得到，說得出，做得成，真不愧是擔當救國救民大事業的人。使我更加佩服了！

次早我問毛司令：「反日遊擊隊的傳單，毛司令讀了覺得怎樣」？不料毛司令到直接了當的說：「傳單我沒讀，信我讀了。胡參謀昨晚讀了一晚共產黨傳單，有什麽主張？」。我說」我覺得傳單上面信上面說的話，句句都是對的，的確是抗日救國的好辦法，我認爲我們必須同他聯合一氣，成立抗日聯軍，一致救國」。我話尚未說完，毛司令卽說：「反日遊擊隊就是共產黨。他同我們救國軍駡過多次，他駡我們是國民黨，說國民黨賣國。我們也駡他是共產黨，一共產公妻赤化」。有幾次各不相讓，幾乎動武。共產黨花頭大得很，不曉得存着什麽壞思想，有什麽詭計，寫信來要聯合我們，成立什麽抗日聯軍，我們可不要上當了。抗日大家，各抗各的好了。」

我說：兩個多月以前，日本飛機丟下許多傳單，不僅說反日遊擊隊是共產黨，還說宋國榮帶領的救國軍也是共產黨。又指一切反日隊伍是紅鬍子是土匪。這就證明日本子說的話，話裏有陰謀。日本子的陰謀，是在挑撥，離間，分裂我們各抗日的部隊，使各部隊互相衝突，減少勢力，以便實行牠各個擊破的策略。就說反日遊擊隊是共產黨罷，他們也是中國人，是我們四萬萬同胞的弟兄，他們堅决抗日救國反滿，我們爲什麽不同他們聯合呢。 我們到處聽老百姓說，反日遊擊隊打日本子打得好，勇敢堅决，愛護百姓，到處討好。 我們正應佩服他，學習他的經驗，爲甚麽要反對他呢？我們救國軍若是同他聯合，不僅在反日救國的意義上說是應當的，對於我們救國軍的軍譽一定會大大提高，戰鬥力一定會加強，勝利更有把握，給養自會大加改善。 至於我們同他們互相對駡過，這是我們雙方都有過失的一件事情，他給我們的信，他發的傳單中，都說到「兄弟鬩牆外禦其侮」的古訓，都說過去的一切互駡衝突，大家都不應當計較，應當開誠佈公，精誠團結，一致救國。 我們怕什麽呢？怕上什麽當呢？爲什麽不去聯合他呢？一

毛作彬聽了我這一番話，想了一想說道：「老胡你的話聽起來到是對的，我沒話來反駁你。 但是只怕共產黨沒有眞心誠意啊，今天說聯合，明天又吵架，反日遊擊隊决不會吃虧，吃虧的恐怕又是我們救國軍。」我接着說：「各部隊聯合，有沒有眞心誠意，是各部隊之間的相互關係的問題。今日反日遊擊隊發了傳單，寫了信來，說得誠誠懇懇，這就是他的誠意了。我們還沒有發回信表示我們的誠意呢！說到吃虧，大家目的都在抗日反滿救國，反日遊擊隊爲什麽要把虧給我們吃呢？」（未完）

《救国时报》第十五期 中华民国二十五年二月二十九日 第二版

（1936年2月29日）

东北义勇军致本报信（四续）

——述东北抗日联军之经过——

胡　育

反日游击队散发了无数传单，送了许多信，主张大家团结一致，抗日反满救国到底，又派了许多代表到各反日部队里去联络宣传，具体商量成立东北抗日联军的方法。当时毛作彬所带领的救国军，从老百姓手中辗转收到反日游击队所寄给的许多捆传单及专信一封。当时有一个传令兵，把许多捆传单及信，双手捧给我们的毛作彬司令。毛司令接了传单，还没打开，劈头一句就说："又是共产党发传单了，胡说八道，打日本子要用枪炮，发传单有何用？"说了这话以后，把传单看也不看就搁起来，只是把信读了一读，说："反日游击队想联络我们救国军，成立抗日联军，哈！哈！"不党不派的，无偏见的纯客观的我，听了毛司令的"又是共产党发传单了，胡说八道"，"反日游击队想联络我们救国军，成立抗日联军"，大大引起了我的好奇心。就把毛司令已搁起的传单及来信，详细读了一读，觉得反日游击队说得很有道理，各义军部队不但不应当彼此互相对骂冲突，应当联合一气，成立抗日联军，合力抗日救国，才能收杀敌致果，事半功倍之效，这与我平日所想的群策群力的简单思想正相符合。我心里非常高兴。

我从前对共产党也有些怀疑，现在仔细回想起来，他们指斥国民党卖国，实在是有道理。丢开张学良只顾自己荣华，实行不抵抗主义，一夜丧尽东三省不说，丢开蒋介石几年来都执行降日卖国的政策不说，即就东北义勇军运动说来，不是国民党曾公开的通令义勇军降日或退回关内吗？不是有许多义勇军的部队因此而被日寇所消灭吗？不是有许多国民党的将官都通通逃跑了吗？都是许多共产党员不畏艰苦困难，百折不回进行义勇军的运动，组织反日反满游击与日本子拼命。想到这里引起我对他们的佩服，觉得他们真是顶天立地的男子，救国救民的英雄。现在又看到他们主张联合一切反日队伍建立抗日联军。觉得他们真是眼光远大，见得到，说得出，做得成，真不愧是担当救国救民大事业的人。使我更加佩服了！

次早我问毛司令："反日游击队的传单，毛司令读了觉得怎样？"不料毛司令到直接了当的说："传单我没读，信我读了。胡参谋昨晚读了一晚共产党传单，有什么主张？"我说："我觉得传单上面信上面说的话，句句都是对的，的确是抗日救国的好办法，我认为我们必须同他联合一气，成立抗日联军，一致救国"。我话尚未说完，毛司令即说："反日游击队就是共产党。他同我们救国军骂过多次，他骂我们是国民党，说国民党卖国。我们也骂他是共产党，'共产公妻赤化'。有几次各不相让，几乎动武。共产党花头大得很，不晓得存着什么坏思想，有什么诡计，写信来要联合我们，成立什么抗日联军，我们可不要上当了。抗日大家各抗各的好了。"

我说："两个多月以前，日本飞机丢下许多传单，不仅说反日游击队是共产党，还说宋国荣带领的救国军也是共产党。又指一切反日队伍是红胡子是土匪。这就证明日本子说的话，话里有阴谋。日本子的阴谋，是在挑拨，离间，分裂我们各抗日的部队，使各部队互相冲突，减少势力，以便实行它各个击破的策略。就说反日游击队是共产党罢，他们也是中国人，是我们四万万同胞的弟兄，他们坚决抗日救国反满，我们为什么不同他们联合呢。我们到处听老百姓说，反日游击队打日本子打得好，勇敢坚决，爱护百姓，到处讨好。我们正应佩服他，学习他的经验，为什么要反对他呢？我们救国军若是同他联合，不仅在反日救国的意义上说是应当的，对于我们救国军的军誉一定会大大提高，战斗力一定会加强，胜利更有把握，给养自会大加改善。至于我们同他们互相对骂过，这是我们双方都有过失的一件事情，他给我们的信，他发的传单中，都说到'兄弟阋墙外御其侮'的古训，都说过去的一切互骂冲突，大家都不应当计较，应当开诚布公，精诚团结，一致救国。我们怕什么呢？怕上什么当呢？为什么不去联合他呢？”

毛作彬听了我这一番话，想了一想说道：“老胡你的话听起来到是对的，我没话来反驳你。但是只怕共产党没有真心诚意啊，今天说联合，明天又吵架，反日游击队决不会吃亏，吃亏的恐怕又是我们救国军。”我接着说：“各部队联合，有没有真心诚意，是各部队之间的相互关系的问题。今日反日游击队发了传单，写了信来，说得诚诚恳恳，这就是他的诚意了。我们还没有发回信表示我们的诚意呢！说到吃亏，大家目的都在抗日反满救国，反日游击队为什么要把亏给我们吃呢？”

（未完）

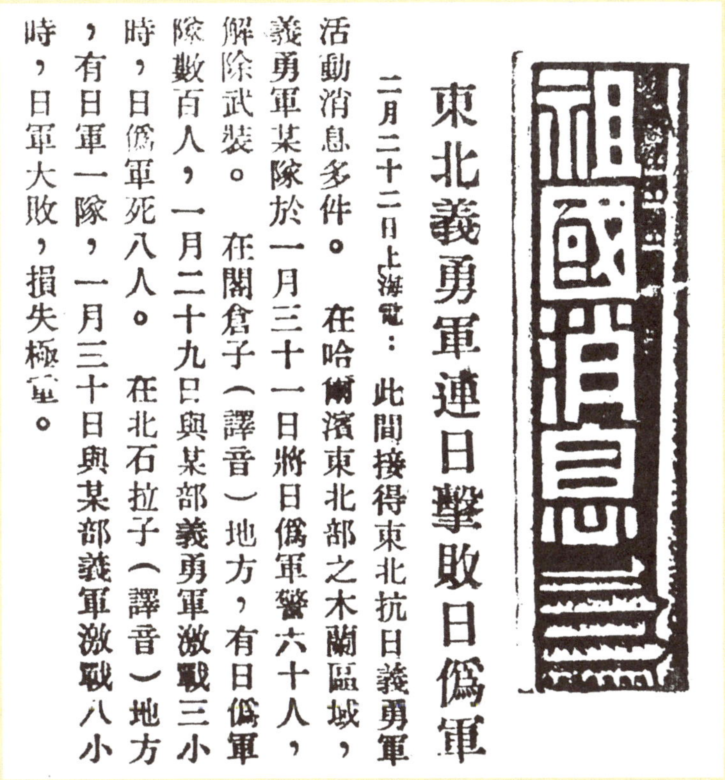

祖國消息

東北義勇軍連日擊敗日偽軍

二月二十二日上海電：此間接得東北抗日義勇軍活動消息多件。在哈爾濱東北部之木蘭區域，義勇軍某隊於一月三十一日將日偽軍斃六十人，解除武裝。在閤倉子（譯音）地方，有日偽軍隊數百人，一月二十九日與某部義勇軍激戰三小時，日偽軍死八人。在北石拉子（譯音）地方，有日軍一隊，一月三十日與某部義軍激戰八小時，日軍大敗，損失極重。

《救国时报》第十五期 中华民国二十五年二月二十九日 第二版

（1936 年 2 月 29 日）

祖国消息

东北义勇军连日击败日伪军

二月二十二日上海电：此间接得东北抗日义勇军活动消息多件。在哈尔滨东北部之木兰区域，义勇军某队于一月三十一日将日伪军警六十人，解除武装。在阁仓子（译音）地方，有日伪军队数百人，一月二十九日与某部义勇军激战三小时，日伪军死八人。在北石拉子（译音）地方，有日军一队，一月三十日与某部义军激战八小时，日军大败，损失极重。

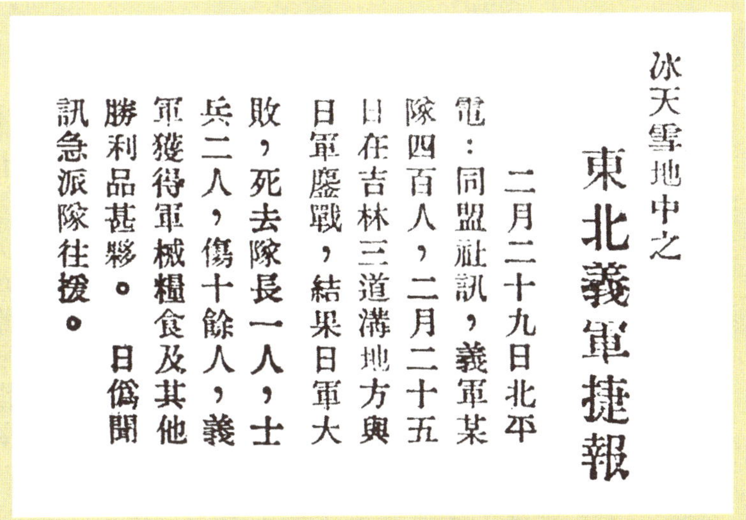
冰天雪地中之

東北義軍捷報

二月二十九日北平電：同盟社訊，義軍某隊四百人，二月二十五日在吉林三道溝地方與日軍鏖戰，結果日軍大敗，死去隊長一人，士兵二人，傷十餘人，義軍獲得軍械糧食及其他勝利品甚夥。日偽聞訊急派隊往援。

《救国时报》第十六期 中华民国二十五年三月五日 第二版

（1936 年 3 月 5 日）

冰天雪地中之
东北义军捷报

二月二十九日北平电：同盟社讯，义军某队四百人，二月二十五日在吉林三道沟地方与日军鏖战，结果日军大败，死去队长一人，士兵二人，伤十余人，义军获得军械粮食及其他胜利品甚夥。日伪闻讯急派队往援。

東北義勇軍致本報信

五續 （胡 育）

述抗日聯軍成立之經過

我與毛作彬司令談話後，決定致信敦請各地義軍中的幾位同學到來磋商響應反日遊擊隊，號召成立抗日聯軍的辦法。

飛海頁（註）發出以後，大約過了半個多月，傅殿臣義軍中的陳姓同學，及宋國榮救國軍中的王姓同學，均先後來到了我們毛作彬所率領的救國軍部隊中。至于東勝義軍中的趙姓同學則始終未來，是否飛海頁付諸洪喬，則不得而知。

陳王二位之來，逃及宋國榮救國軍及傅殿臣義軍，均各收到反日遊擊隊所散發之號召成立抗日聯軍的傳單，以及宋國榮與傅殿臣二抗日義軍首領，對于反日遊擊隊的懷疑害怕情形。余當時與陳王二人促膝傾談抗日救國之策略方法者，凡三日三夜。不料比陳王二位之來還使人高興得多的，莫如為討論成立抗日聯軍之具體方法而來的反日遊擊隊代表張鉄岩先生之到來，張先生是北大學生，在北平時在同鄉處亦曾有一面之熟，惟此時不復記憶矣。

（註）飛海頁：東北各義軍要彼此通訊時通常多請老百姓遞送，而百姓一人轉一人，一村轉一村，輾轉遞到。這一送信方法，義軍以及百姓不叫送信，而叫飛海頁。

張先生性情豪爽，態度謙和，作事堅決忍耐，極能開誠佈公地，同我們討論抗日救國的一切策略問題。當時最出于我們意料之外的是張先生彷彿有先見之明，知道我們所疑慮的最中心的一個問題，是對于共產黨的問題，所以他誠誠懇懇的坦直承認他是中國共產黨的一個黨員。我們老早就聽說反日遊擊隊裏面有共產黨，張先生的這一承認，當時不但沒有嚇壞我們，反而便于我們直直爽爽的提出毛作彬宋國榮傅殿臣等各救國軍及義軍首領們以及陳王二位的心坎裏面的許多問題。若是張先生當時不是採取這樣坦白誠懇的態度，而我們又不老老實實的把一切疑慮問題，統統直爽提出，那現在的東北抗日聯軍恐怕是無法成立起來的。

（未完）

《救国时报》第十七期 中华民国二十五年三月十日 第二版

（1936 年 3 月 10 日）

东北义勇军致本报信（五续）

——述抗日联军成立之经过——

胡　育

我与毛作彬司令谈话后，决定致信敦请各地义军中的几位同学到来磋商响应反日游击队，号召成立抗日联军的办法。

飞海页（注）发出以后，大约过了半个多月，傅殿臣义军中的陈姓同学，及宋国荣救国军中的王姓同学，均先后来到了我们毛作彬所率领的救国军部队中。至于东胜义军中的赵姓同学则始终未来，是否飞海页付诸洪乔，则不得而知。

陈王二位之来，述及宋国荣救国军及傅殿臣义军，均各收到反日游击队所散发之号召成立抗日联军的传单，以及宋国荣与傅殿臣二抗日义军首领，对于反日游击队的怀疑害怕情形。余当时与陈王二人促膝倾谈抗日救国之策略方法者，凡三日三夜。不料比陈王二位之来还使人高兴得多的，莫如为讨论成立抗日联军之具体方法而来的反日游击队代表张铁岩[1]先生之到来，张先生是北大学生，在北平时在同乡处亦曾有一面之熟，惟此时不复记忆矣。

（注）飞海页：东北各义军要彼此通讯时通常多请老百姓递送，而百姓一人转一人，一村转一村，辗转递到。这一送信方法，义军以及百姓不叫送信，而叫飞海页。

---

① 应为宋铁岩。

张先生性情豪爽，态度谦和，作事坚决忍耐，极能开诚布公地，同我们讨论抗日救国的一切策略问题。当时最出于我们意料之外的是张先生仿佛有先见之明，知道我们所疑虑的最中心的一个问题，是对于共产党的问题，所以他诚诚恳恳的坦直承认他是中国共产党的一个党员。我们老早就听说反日游击队里面有共产党，张先生的这一承认，当时不但没有吓坏我们，反而便于我们直直爽爽的提出毛作彬宋国荣傅殿臣等各救国军及义军首领们以及陈王二位的心坎里面的许多问题。若是张先生当时不是采取这样坦白诚恳的态度，而我们又不老老实实的把一切疑虑问题，统统直爽提出，那现在的东北抗日联军恐怕是无法成立起来的。

（未完）

東北義軍給本報信

（六續）　胡育

——述抗日聯軍成立之經過——

陳王二位及我當時與毛作彬司令商量了很久，把我們心中的一切疑慮的害怕的問題，綜合一共同意見，作爲宋毛兩支救國軍及傅殿臣義軍的共同意見，向反日遊擊隊的代表張先生提出，要求詳細說明，當時所提出的共同意見如下：

（一）從前反日遊擊隊同我們相罵過很久，衝突過多次，彼此都互相繳過械，今後反日遊擊隊是否要繳我們械，打我們救國軍呢？

（二）反日遊擊隊提出要成立抗日聯軍，不是想用抗日聯軍做招牌，耍手腕，玩把戲，是不是把他當一種政策，把我們救國軍騙去繳械呢？

（三）救國軍中有許多人不大放心，不明白：反日遊擊隊爲什麼現在要同救國軍聯合呢？

（四）反日遊擊隊是不是想借抗日聯軍做名義，聯合一些部隊來壓迫我們救國軍，或者聯合我們救國軍來壓迫別的義勇軍呢？換句話說，就是今日合縱，明天連橫，想從縱橫捭闔，一手操縱之能事呢？

（五）反日遊擊隊是不是就是共產黨呢？

（六）反日遊擊隊所主張的抗日聯軍，究竟是合槍合財的呢？還是合槍不合財的呢？

我們把上面六個問題，正正經經的寫在紙上，提交給張先生，他讀了非常高興，提議召集一個會議來討論這些問題。參加這一會議的，有張陳王以及毛司令以下各負責人員十餘人，我是這一會議的東道主；由張先生向我們詳詳細細解釋所提出的問題。

我到救國軍中，時間也不算短了，開過的會議，也記不清究竟有多少次數了，但是總沒有像這一次這樣緊張興奮，聚精匯神個個睜大眼睛，直射鐵岩先生的面孔，深怕聽漏了一句，拿着鉛筆，打算筆記的，幾乎超過到人數的一半以上。這是因爲鐵岩先生出乎我們意料之外自認爲共產黨分子，我們當時個個都有很大好奇心理，想聽聽共黨說些什麼。

「鐵岩先生說道：「我們都是抗日救國的同志，日本子是我們的敵人，我們先要明白日本子的目的是什麼。日本子的目的，要想併吞我們全中國，把中國變成高麗。併吞東北只是滅亡全國的開始，東北四千萬同胞當亡國奴，也只是全國同胞當亡國奴的開始。「滿洲國」是日本子的走狗機關。只要看看日本子「九一八」後在東北所做的事情，就能證明日本子這一狠毒的目

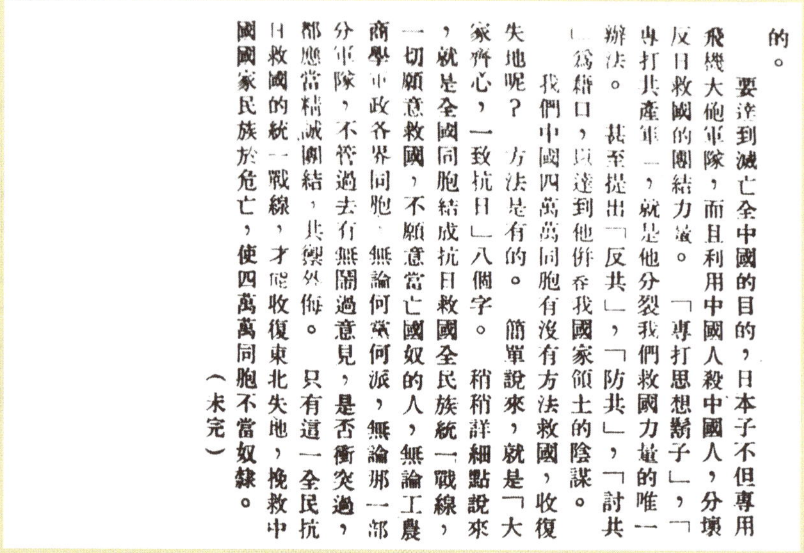

的。

要達到滅亡全中國的目的，日本子不但專用飛機大砲軍隊，而且利用中國人殺中國人，分壞反日救國的團結力量。「專打思想黯子」，「專打共產軍」，就是他分裂我們救國力量的唯一辦法。甚至提出「反共」，「防共」，「討共」為藉口，以達到他併吞我國家領土的陰謀。

我們中國四萬萬同胞有沒有方法救國，收復失地呢？方法是有的。簡單說來，就是「大家齊心，一致抗日」八個字。稍稍詳細點說來，就是全國同胞結成抗日救國全民族統一戰線，一切願意救國，不願意當亡國奴的人，無論工農商學中政各界同胞，無論何黨何派，無論那一部分軍隊，不管過去有無鬧過意見，是否衝突過，都應當精誠團結，共禦外侮。只有這一全民抗日救國的統一戰線，才能收復東北失地，挽救中國國家民族於危亡，使四萬萬同胞不當奴隸。

（未完）

《救国时报》第十八期 中华民国二十五年三月十五日 第二版

（1936 年 3 月 15 日）

东北义军给本报信（六续）

——述抗日联军成立之经过——

胡 育

陈王二位及我当时与毛作彬司令商量了很久，把我们心中的一切疑虑的害怕的问题，综合一共同意见，作为宋毛两支救国军及傅殿臣义军的共同意见，向反日游击队的代表张先生提出，要求详细说明，当时所提出的共同意见如下：

（一）从前反日游击队同我们相骂过很久，冲突过多次，彼此都互相缴过械，今后反日游击队是否要缴我们械，打我们救国军呢？

（二）反日游击队提出要成立抗日联军，不是想用抗日联军做招牌，耍手腕，玩把戏，是不是把他当一种政策，把我们救国军骗去缴械呢？

（三）救国军中有许多人不大放心，不明白：反日游击队为什么现在要同救国军联合呢？

（四）反日游击队是不是想借抗日联军做名义，联合一些部队来压迫我们救国军，或者联合我们救国军来压迫别的义勇军呢？换句话说，就是今日合纵，明天连横，想从纵横捭阖，一手操纵之能事呢？

（五）反日游击队是不是就是共产党呢？

（六）反日游击队所主张的抗日联军，究竟是合枪合财的呢？还是合枪不合财的呢？

我们把上面六个问题，正正经经的写在纸上，提交给张先生，他读了非常高兴，提议召集一个会议来讨论这些问题。参加这一会议的，有张陈王以及毛司令以下各负责人员十余人，我是这一会议的东道主，由张先生向我们详详细细解释所提出的问题。

我到救国军中，时间也不算短了，开过的会议，也记不清究竟有多少次数了，但是总没有像这一次这样紧张兴奋，聚精会神个个睁大眼睛，直射铁岩先生的面孔，深怕听漏了一句，拿着铅笔，打算笔记的，几乎超过到人数的一半以上。这是因为铁岩先生出乎我们意料之外自认为共产党分子，我们当时个个都有很大好奇心理，想听听共党说些什么。

铁岩先生说道："我们都是抗日救国的同志，日本子是我们的敌人，我们先要明白日本子的目的是什么。日本子的目的，要想并吞我们全中国，把中国变成高丽。并吞东北只是灭亡全国的开始，东北四千万同胞当亡国奴，也只是全国同胞当亡国奴的开始。'满洲国'是日本子的走狗机关，只要看看日本子'九一八'后在东北所做的事情，就能证明日本子这一狠毒的目的。

要达到灭亡全中国的目的，日本子不但专用飞机大炮军队，而且利用中国人杀中国人，分坏反日救国的团结力量。'专打思想胡子'，'专打共产军'，就是他分裂我们救国力量的唯一办法。甚至提出'反共'，'防共'，'讨共'为借口，以达到他并吞我国家领土的阴谋。

我们中国四万万同胞有没有方法救国，收复失地呢？方法是有的。简单说来，就是'大家齐心，一致抗日'八个字。稍稍详细点说来，就是全国同胞结成抗日救国全民族统一战线，一切愿意救国，不愿意当亡国奴的人，无论工农商学军政各界同胞，无论何党何派，无论那一部分军队，不管过去有无闹过意见，是否冲突过，都应当精诚团结，共御外侮。只有这一全民抗日救国的统一战线，才能收复东北失地，挽救中国国家民族于危亡，使四万万同胞不当奴隶。"

（未完）

四年來
日賊軍在我東北之死傷

△卽賊方亦謂總數達二十萬人

東京三月十八日電：同盟社訊，日本陸軍部正式公佈從一九三一年起至一九三五年底止日軍在東北因軍事行動而死亡之士兵八數爲二千八百八十四名，因各種疾病而死亡者爲一千三百十六名。傷兵及病兵總數共十七萬一千三百九十八名，內傷兵爲一萬一千三百十名，因凍而致病者爲二千五百八十八名，各種病兵爲十三萬七千六百四十七人。

該報指明，尚有一萬九千八百五十三名病兵，係疾病性質，在陸軍部佈告中未加說明。

《救国时报》第十九期 中华民国二十五年三月二十日 第二版

（1936 年 3 月 20 日）

四年来

日贼军在我东北之死伤

△即贼方亦谓总数达二十万人

东京三月十八日电：同盟社讯，日本陆军部正式公布从一九三一年起至一九三五年底止日军在东北因军事行动而死亡之士兵人数为二千八百八十四名，因各种疾病而死亡者为一千三百十六名。伤兵及病兵总数共十七万一千三百九十八名，内伤兵为一万一千三百十名，因冻而致病者为二千五百八十八名，各种病兵为十三万七千六百四十七人。

该报指明，尚有一万九千八百五十三名病兵，系疾病性质，在陆军部布告中未加说明。

東北義勇軍致本報信

（七續）

胡育

——述抗日聯軍成立之經過——

咱們十多人聚精會神的聽着，鐵岩先生滔滔不絕的說着。[illegible]作彬司令也比會議開始的時候起勁得多，睜大眼睛，釘住鐵岩，深怕他會在他的視線之下溜走一樣。鐵岩繼續說道：

「在這一全民抗日救國統一戰線原則之下，救國軍，義勇軍，反日遊擊隊等抗日武裝部隊，應當首先團結在一起，精誠合作，一致抗日，不應當自相衝突。過去救國軍，義勇軍及反日遊擊隊之間的許多對鬧和衝突，各方面都有錯誤，反日遊擊隊可以擔保今後再不與任何抗日的武裝部隊相衝突。相反的，願意更積極來發起與一切抗日隊伍聯合，成立抗日聯軍。

有許多人說，抗日各抗各的好了，成立抗日聯軍幹嗎？說這樣話的人，沒有懂得抗日聯軍的重要。在磐石伊通雙陽等處許多次戰爭中，我們反日遊擊隊若是與救國軍或義勇軍有聯絡，能夾攻日軍，日軍討伐隊就不僅損失一部分，幾乎全部都為我們所繳械。若是有抗日聯軍的組織，救國軍磐西之役也不會失敗了。根據反日遊擊隊全體將領和兵士研究過去全部鬥爭的教訓和經驗，斷定各抗日部隊，要不被日本軍打敗，要得到大的勝利，不僅要靠這個部隊本身有好的軍事計劃，士兵能勇敢作戰，而主要則在於各抗日部隊之間要有行動的一致，互相呼應，聲援，夾攻，救急等等。要保證有行動的一致，就必須有統一的指揮。要有統一的指揮，就必須有聯合的組織。只有如抗日聯軍這樣的聯合組織，只有各義勇軍及反日遊擊隊都加入抗日聯軍，這才能使各自為戰的各抗日隊伍有指揮上的統一；只有抗日聯軍的統一指揮，才能使以前散漫的零亂的各自為戰的抗日隊伍有作戰行動的一致。只有各部隊作戰行動的一致，才能更有把握的打敗日軍獲得較大勝利。

至於說到「想用抗日聯軍來做招牌，要手腕，玩把戲，而不是要把牠當作一種政策」，這一說法，是太不了解反日遊擊隊了。反日遊擊隊，對於老百姓，對於友軍，一向是怎麼說就怎麼做。欺騙只是欺騙敵人日本子；各友軍間的聯合，决不能欺騙的。只有開誠佈公，才能達到眞誠團結。一切欺騙的事情，只能欺騙個把人，欺騙幾天。但是抗日救國的神聖事業，決不能欺騙的，抗日聯軍的救亡自救的組織，更不能欺騙的，要幾百幾千幾萬的武裝部隊結成反日救國的一致行動，更不是用欺騙的辦法所能做到的。反日遊擊隊是眞心誠意來發起成立抗日聯軍，目的是爲抗日反滿救國。縱橫捭闔，聯合某些部隊，壓迫某些部隊，這完全不是反日遊擊隊的目的。反日遊擊隊的惟一目的，是在抗日反「滿」救中國。試想想咱們大家都是抗日救國的武裝部隊，若有某些部隊被日軍打敗了，瓦解了，別的部隊誰不會有唇亡齒寒，孤立無援之感呢!?」（未完）

《救国时报》第十九期 中华民国二十五年三月二十日 第二版
（1936 年 3 月 20 日 ）

东北义勇军致本报信（七续）

——述抗日联军成立之经过——

胡 育

咱们十多人聚精会神的听着，铁岩先生滔滔不绝的说着。毛作彬司令也比会议开始的时候起劲得多，睁大眼睛，盯住铁岩，深怕他会在他的视线之下溜走一样。铁岩继续说道：

“在这一全民抗日救国统一战线原则之下，救国军，义勇军，反日游击队等抗日武装部队，应当首先团结在一起，精诚合作，一致抗日，不应当自相冲突。过去救国军，义勇军及反日游击队之间的许多对骂和冲突，各方面都有错误，反日游击队可以担保今后再不与任何抗日的武装部队相冲突。相反的，愿意更积极来发起与一切抗日队伍联合，成立抗日联军。

有许多人说，抗日各抗各的好了，成立抗日联军干吗？说这样话的人，没有懂得抗日联军的重要。在磐石伊通双阳等处许多次战争中，我们反日游击队若是与救国军或义勇军有联络，能夹攻日军，日军讨伐队就不仅损失一部分，几乎全部都为我们所缴械。若是有抗日联军的组织，救国军磐西之役也不会失败了。根据反日游击队全体将领和兵士研究过去全部斗争的教训和经验，断定各抗日部队，要不被日本军打败，要得到大的胜利，不仅要靠这个部队本身有好的军事计划，士兵能勇敢作战，而主要则在于各抗日部队之间要有行动的一致，互相呼应，声援，夹攻，救急等等。要保证有行动的一致，就必须有统一的指挥。要有统一的指挥，就必须有联合的组织。只有如抗日联军这样的联合组织，只有各义勇军及反日游击队都加入抗日联军，这才能使各自为战的各抗日队伍有指挥上的统一；只有抗日联军的统一指挥，才能使以前散漫的零乱的各自为战的抗日队伍有作战行动的一致。只有各部队作战行动的一致，才能更有把握的打败日军获得较大胜利。

至于说到‘想用抗日联军来做招牌，要手腕，玩把戏，而不是要把它当作一种政策’，这一说法，是太不了解反日游击队了。反日游击队，对于老百姓，对于友军，一向是怎么说就怎么做。欺骗只是欺骗敌人日本子；各友军间的联合，决不能欺骗的。只有开诚布公，才能达到真诚团结。一切欺骗的事情，只能欺骗个把人，欺骗几天。但是抗日救国的神圣事业，决不能欺骗的，抗日联军的救亡自救的组织，更不能欺骗的，要几百几千几万的武装部队结成反日救国的一致行动，更不是用欺骗的办法所能做到的。反日游击队是真心诚意来发起成立抗日联军，目的是为抗日反满救国。纵横捭阖，联合某些部队，压迫某些部队，这完全不是反日游击队的目的。反日游击队的惟一目的，是在抗日反‘满’救中国。试想想咱们大家都是抗日救国的武装部队，若有某些部队被日军打败了，瓦解了，别的部队谁不会有唇亡齿寒，孤立无援之感呢？！”

（未完）

東北義軍致本報信（八續）

——述東北抗日聯軍成立之經過——

胡育

「至於講到反日遊擊隊是不是共產黨的問題」，鉄岩先生繼續說出這一句話時，我們十來個八，尤其是毛作彬司令，就更加緊張了我們的聽覺，等他說出個是或不是來，以解決我們好久以來的疑惑。鐵岩先生繼續說：「不錯的，反日遊擊隊裏的確有許多共產黨員，但是大部份不是共產黨。這一部份共產黨員，反日最堅決，愛國最熱心，做事認眞，作戰勇敢，刻苦耐勞，英勇善戰，既富謀劃，又有方法，爲全體隊員所公認之模範。正因爲有這班共產黨員，所以反日遊擊隊，能夠多次打敗日「滿」軍隊，奪獲許多槍械軍火，日寇僞軍一見反日遊擊隊就說共產黨來了，紛紛逃走。這是你們救國軍義勇軍都知道的事情。反日遊擊隊沒有挨過餓，給養問題解決得很不差，戰士個個都有軍服穿，有零用錢化，同老百姓的關係又親密，時常送白麵包米[illegible]粱給我們，這也是[illegible]這般共產黨員在宣傳和與人民建立關係方面的努力。就因爲如此，反日遊擊隊的人數和槍支一天天增加。

至於說到共產公妻的話，那眞太好笑了。反日遊擊隊所到一個地方，都是秋毫無犯，不搶不奪。反日遊擊隊走過這樣多縣份，只聽見老百姓說「這是眞正抗日救國軍」，沒一次聽到過老百姓說反日遊擊隊要實行共產公妻。就在我們遊擊隊內部共產黨員與共產黨員之間，也不實行共產公妻呢！不信，讓事實給你們聽，李紅光是反日遊擊隊中的一個支隊司令，她是中國共產主義青年團的一個女團員，她不但沒有做了其他共產黨員的公妻，而且沒有一個丈夫，還是一個處女司令呢！共產公妻之說，究竟從那裏來的呢？這都是日本子及漢奸們造的謠言，因爲共產黨最堅決反日，最熱心救國，又主張全國各界同胞，各種軍隊，救國軍，義勇軍遊擊隊等等，都聯合成救國統一戰線，日本子及漢奸們非常害怕這一辦法，所以造謠中傷共產黨，想把共產黨同全國民衆分裂開來，好更快滅亡中國民族，更快併吞全中國。

從你們所提出的問題當中，必須要回答一個問題，就是共產黨是什麼？共產黨要做什麼？

中國共產黨，是中國整個工人階級的一部份，是中國工人階級的黨。 照牠的目的和政綱說，牠應當首先代表中國工人階級的利益，但中國工人階級不是中國民族的一部份嗎？ 中國工人階級的利益不是全中國民族利益的一部份嗎？ 現在日本侵略之下，我們的整個民族利益，整個民族生存都受到威脅．共產黨要為中國工人階級奮鬥，便同樣要為中國整個民族奮鬥。因此同時中國共產黨又是中國全體人民的政黨。牠現在要做的事業，是為中國的全體人民爭取民族的解放，爭取社會的解放。試想想，國家亡了，國土失了，當了亡國奴，工人不是受苦最深的嗎？ 這我們祇要看東北的工人們的情形便可知道。所以要是咱們大夥兒能把日本打出東北，收回失地，則不僅工人不當亡國奴，而且其他農商軍學各界同胞都不當亡國奴，大家世世代代的兒孫都不當亡國奴。 中國共產黨正在為這一事業而努力，所以牠不但是代表中國工人階級的利益，而且的的確確代表一切不願當亡國奴的人民的利益，就是代表整個民族的利益。 我們祇聯合共產黨來把日本打出東北，使我們的土地財產不被日寇搶去，房屋不被燒燬，婦女不被強姦，捐稅沒有這樣苛重，不能歸回東北故鄉的同胞及軍隊都可回來。總而言之，使我們已做亡國奴的東北同胞重見天日，使我們遭受亡國之禍的關內同胞得到解放。

所以中國共產黨目前要做的事情，在於對日抗戰，收復失地，爭取民族獨立，不當亡國奴隸。用的方法是全國工農商學軍各界，各黨各派，一切救國的同胞，都結成堅固的抗日聯合戰線，首先全國一切軍隊，尤其在東北的救國軍，義勇軍，遊擊隊等等要結成抗日聯軍。 抗日聯軍結成後，可進而成立抗日政府。 這是共產黨目前的主張，就是目前要做的事情。 救國軍，義勇軍等等，應當問明共產黨目前要做的事情，是否與你們的宗旨相符合，宗旨相同了，就開誠佈公，真心團結，共患難，同生死，可以不必問，是否相信國民黨，佛教會，無極道，回回教等等一樣」。

（未完）

《救国时报》第二十一期 中华民国二十五年四月一日 第二版

（1936 年 4 月 1 日）

东北义军致本报信（八续）
——述东北抗日联军成立之经过——

胡　育

“至于讲到反日游击队是不是共产党的问题”，铁岩先生继续说出这一句话时，我们十来个人，尤其是毛作彬司令，就更加紧张了我们的听觉，等他说出个是或不是来，以解决我们好久以来的疑惑。铁岩先生继续说：“不错的，反日游击队里的确有许多共产党员，但是大部份不是共产党。这一部份共产党员，反日最坚决，爱国最热心，做事认真，作战勇敢，刻苦耐劳，英勇善战，既富谋划，又有方法，为全体队员所公认之模范。正因为有这班共产党员，所以反日游击队，能够多次打败日‘满’军队，夺获许多枪械军火，日寇伪军一见反日游击队就说共产党来了，纷纷逃走。这是你们救国军义勇军都知道的事情。反日游击队没有挨过饿，给养问题解决得很不差，战士个个都有军服穿，有零用钱花，同老百姓的关系又亲密，时常送白面包米高粱给我们，这也是靠这般共产党员在宣传和与人民建立关系方面的努力。就因为如此，反日游击队的人数和枪支一天天增加。

至于说到共产公妻的话，那真太好笑了。反日游击队每到一个地方，都是秋毫无犯，不抢不夺。反日游击队走过这样多县份，只听见老百姓说‘这是真正抗日救国军’，没一次听到过老百姓说反日游击队要实行共产公妻。就在我们游击队内部共产党员与共产党员之间，也不实行共产公妻呢！

不信，说事实给你们听，李红光是反日游击队中的一个支队司令，她是中国共产主义青年团的一个女团员，她不但没有做了其他共产党员的公妻，而且没有一个丈夫，还是一个处女司令呢！共产公妻之说，究竟从那里来的呢？这都是日本子及汉奸们造的谣言，因为共产党最坚决反日，最热心救国，又主张全国各界同胞,各种军队,救国军,义勇军游击队等等，都联合成救国统一战线，日本子及汉奸们非常害怕这一办法，所以造谣中伤共产党，想把共产党同全国民众分裂开来，好更快灭亡中国民族，更快并吞全中国。

从你们所提出的问题当中，必须要回答一个问题，就是共产党是什么？共产党要做什么？中国共产党，是中国整个工人阶级的一部份，是中国工人阶级的党。照它的目的和政纲说，它应当首先代表中国工人阶级的利益，但中国工人阶级不是中国民族的一部份吗？中国工人阶级的利益不是全中国民族利益的一部份吗？现在日本侵略之下，我们的整个民族利益，整个民族生存都受到威胁，共产党要为中国工人阶级奋斗，便同样要为中国整个民族奋斗。因此同时中国共产党又是中国全体人民的政党。它现在要做的事业，是为中国的全体人民争取民族的解放，争取社会的解放。试想想，国家亡了，国土失了，当了亡国奴，工人不是受苦最深的吗？这我们只要看东北的工人们的情形便可知道。所以要是咱们大伙儿能把日本打出东北，收回失地，则不仅工人不当亡国奴，而且其他农商军学各界同胞都不当亡国奴，大家世世代代的儿孙都不当亡国奴。中国共产党正在为这一事业而努力，所以它不但是代表中国工人阶级的利益，而且的的确确代

表一切不愿当亡国奴的人民的利益，就是代表整个民族的利益。我们只联合共产党来把日本打出东北，使我们的土地财产不被日寇抢去，房屋不被烧毁，妇女不被强奸，捐税没有这样苛重，不能归回东北故乡的同胞及军队都可回来。总而言之，使我们已做亡国奴的东北同胞重见天日，使我们遭受亡国之祸的关内同胞得到解救。

所以中国共产党目前要做的事情，在于对日抗战，收复失地，争取民族独立，不当亡国奴隶。用的方法是全国工农商学军各界，各党各派，一切救国的同胞，都结成坚固的抗日联合战线，首先全国一切军队，尤其在东北的救国军，义勇军，游击队等等要结成抗日联军。抗日联军结成后，可进而成立抗日政府。这是共产党目前的主张，就是目前要做的事情。救国军，义勇军等等，应当问明共产党目前要做的事情，是否与你们的宗旨相符合，宗旨相同了，就开诚布公，真心团结，共患难，同生死，可以不必问，是否相信国民党，佛教会，无极道，回回教等等一样。”

（未完）

東北義軍
言壯行勇

把日本在東北的統治翻轉過來

——東北義軍寄來兩個文件——

本報頃收到饒河東北人民革命軍告民衆書及紀念「九一八」第四週年告民衆宣言兩種。因篇幅關係，收到甚遲，文件中所言者或已屬明日黃花，但我東北義軍爲民族之生存而堅決奮鬥，其一切言行，不獨足予吾人以無限之奮興，並且由此可以見吾民族力量之增長。特爲發表於此，希讀者珍重讀之。

饒河遊擊隊爲改編成東北人民革命軍告民衆書

親愛的沿江各縣的兄弟們、姊妹們！我們遊擊隊，從東三省淪亡以後，起義救國，與日本帝國主義及其走狗「滿洲國」，血戰已經有三年多的歷史了！在這三年當中，賴兄弟姊妹們的幫助，和我們武裝同志的英勇善戰，不惜犧牲，

○——○
屢次衝破了強敵的圍剿，
○——○

克服了第一段戰線上不少困難，野蠻的倭賊，和賣國的漢奸們，到了今天也不得不張惶失措地承認民衆遊擊隊是他們有力的對頭！

現在我們已經不是一個鎗械簡單，勢力微小的隊伍，我們在東北人民革命政府的指示之下，今將本隊改編爲東北人民革命軍第四軍第四團。今後我們更要倍加我們的精神，去奪取新的勝利，當着東北失地尚未恢復，三千五百萬

○——○
父老同胞還淹沒在血海，
○——○

我們的任務是何等緊急而嚴重！兄弟們！姊妹們！你們從前盡力的援助過民衆遊擊隊，今後再號召你們更要盡力的援助人民革命軍。今年明年我們勞苦羣衆的手，定要把日本在滿洲的統治反轉過來！中華民族在自己的國土上也過着主人的生活。

東北人民革命軍
第四軍第四團。
○ ○ ○

爲紀念「九一八」第四週年紀念日對民衆宣言

在日本血腥的統治下，含悲忍淚的兄弟姊妹們！亡國奴的生活我們已經過了四年了，眼看着死難的兄弟姊妹們的屍骨已經蓋滿了「滿洲國」的地盤；中華民族的鮮血快要染紅了江河的流水！從前很安樂的鄉村，現在已經十室九空了；從前出產豐富的田地，現在也都早已荒蕪了；無知的家畜隨着舊主人的死亡竄逃，喪失了他們的所存，日月慘照着遭了刼運的東北大陸，山川也增添了一層淒涼的顏色！

尙未死亡的兄弟姊妹們——這種國破家亡的酸心兒的滋味，你們是否也都有同樣的感覺？你們是否還要在這無邊的黑暗地獄裏等着被殺？前面就是你們生死的兩岔路口，漢奸國賊們，都在死路上搖着勾命幡的「滿洲國」的旗幟，號召你們忍着痛苦恥辱，溫順地到強盜的人肉作房裏去找「王道樂土」，就是這樣，不知騙着多少無知同胞到血海裏洗澡，就是這樣，漢奸賣國賊們，完成了他們走狗的作用！

不願意把自己的身體斷送到日本獸蹄下踏成粉骨的人們．請你們勇敢地轉到生路來罷，這裏有我們人民革命軍作你們的先鋒！這裏經過慘苦的鬥爭能得到自由的代價，這裏遠望見前途之光明。兄弟們！姊妹們！不要尙延喘息，請高舉起千萬把革命的烈火，去燒燬日本帝國主義殖民地上政治的舞台，到了明年「九一八」的時候，我們將要共同奏着中華民族革命成功的曲子！

東北人民革命軍

第四軍第四團。

《救国时报》第二十一期 中华民国二十五年四月一日 第二版

（1936 年 4 月 1 日）

东北义军言壮行勇

把日本在东北的统治翻转过来

——东北义军寄来两个文件——

本报倾收到饶河东北人民革命军告民众书及为纪念“九一八”第四周年告民众宣言两种。因邮递困难，收到甚迟，文件中所言者或已属明日黄花，但我东北义军为民族之生存而坚决奋斗，其一切言行，不独足予吾人以无限之奋发，并且由此可以见吾民族力量之增长。特为发表于此，希读者珍重读之。

饶河游击队为改编成东北人民革命军告民众书

亲爱的沿江各县的兄弟们，姊妹们！我们游击队，从东三省沦亡以后，起义救国，与日本帝国主义及其走狗“满洲国”，血战已经有三年多的历史了！在这三年当中，赖兄弟姊妹们的帮助，和我们武装同志的英勇善战，不惜牺牲，屡次冲破了强敌的围剿，克服了第一段战线上不少困难，野蛮的倭贼，和卖国的汉奸们，到了今天也不得不张惶失措地承认民众游击队是他们有力的对头！

现在我们已经不是一个枪械简单，势力微小的队伍，我们在东北人民革命政府的指示之下，今将本队改编为东北人民革命军第四军第四团。今后我们更要倍加我们的精神，去夺取新的胜利，当着东北失地尚未恢复，三千五百万父老同胞还淹没在血海，我们的任务是何等紧急而严重！ 兄弟们！姊妹们！ 你们从前尽力的援助过民众游击队，今后再号召你们更要尽力的援助人民革命军。今年明年我们劳苦群众的手，定要把日本在满洲的统治反转过来！ 中华民族在自己的国土上也过着主人的生活。

东北人民革命军第四军第四团

为纪念“九一八”第四周年纪念日对民众宣言

在日本血腥的统治下，含悲忍泪的兄弟姊妹们！ 亡国奴的生活我们已经过了四年了，眼看着死难的兄弟姊妹们的尸骨已经盖满了“满洲国”的地盘； 中华民族的鲜血快要染红了江河的流水！ 从前很安乐的乡村，现在已经十室九空了；从前出产丰富的田地，现在也都早已荒芜了；无知的家畜随着旧主人的死亡窜逃，丧失了他们的所在，日月惨照着遭了劫运的东北大陆，山川也增添了一层凄凉的颜色！ 尚未死亡的兄弟姊妹们！ 这种国破家亡的酸心儿的滋味，你们是否也都有同样的感觉？你们是否还要在这无边的黑暗地狱里等着被杀？前面就是你们生死的两岔路口，汉奸国贼们，都在死路上摇着勾命幡的“满洲国”的旗帜，号召你们忍耐着痛苦耻辱，温顺地到强盗的人肉作房里去找“王道乐土”，就是这样，不知骗着多少无知同胞到血海里洗澡，就是这样，汉奸卖国贼们，完成了他们走狗的作用！不愿意把自己的身体再送到日本兽蹄下踏成粉骨的人们，请你们勇敢地转到生路来罢，这里有我们人民革命军作你们的先锋，这里经过惨苦的斗争能得到自由的代价，这里远望见前途之光明。兄弟们！姊妹们！ 不要苟延喘息，请高举起千万把革命的烈火，去烧毁日本帝国主义殖民地上政治的舞台，到了明年“九一八”的时候，我们将要共同奏着中华民族革命成功的曲子！

东北人民革命军第四军第四团

告于軍兄弟

東北反日遊擊隊

此為東北義軍給漢奸于芷山部隊的傳單。沈痛悲壯，讀之感泣。我義軍不僅為民族戰士，亦長於文章也。——編者●

親愛的于軍兄弟！
你們都是中國的英雄好漢，
大丈夫志氣凌雲衝天，
「保國安民」——你們曾發下過堅決誓言，
但是而今祖國的山河被人強佔！
舊主人變成了奴隸，
新「主人」大逞凶殘，
同胞的屍骨拋滿了南滿和北滿，
中華民族的鮮血灑遍了白山黑水，
日本強盜焚燒了我們的房屋，
霸佔了我們的良田，
凌辱了我們的父母兄弟
又把我們妻女姊妹強姦，
有心人誰不流淚心酸，
有心人誰不目眥欲裂怒髮冲冠！
親愛的于軍兄弟！
東三省這塊豐富的地盤，
是祖宗給我們留的財產，
祖宗的墳墓在此，
親戚朋友在此，
我們的子孫還要在此接香煙，
我們臥榻的旁邊：
安能允許強盜無理的酣眠！
于軍兄弟呀！
你們身上背着槍和彈，
為什麼敢怒不敢言？
你們成年的痛受着倭奴的皮鞭！
你們閉起眼睛和抗日軍無理的為難，
日本強盜藉着剿匪的名義再二再三，
使我們同胞兄弟骨肉相殘！
他背後裏却笑的肝腸寸斷，
他把中國人看成走狗一般，
他把中國人看得無心肝，
他把中國人看得比鷄犬還賤！
親愛的于軍兄弟！
你們貪圖着吃幾頓粳米白麵，
你們貪圖着幾塊亡國奴的金錢，
你們就砍着同胞的頭顱獻在敵人面前！
你們就忍心的把兄弟姊妹推在火坑裏面！
問你們愧不愧對頭上的青天？
問你們愧不愧對父母同胞的責問？
咳！說起來可恨又可憐！
可殺的賣國賊長官，
對你們實行着可恥的欺騙！
「說什麼「時機不到」，
「少安勿躁」，
「救國不忙」，
士兵兄弟們知識簡單、
甚能把賣國賊的面具揭穿！
一句階級服從命令，
就把你們頸子上套上了亡國奴的鐵圈！
再當我們在戰場上和你們相見，

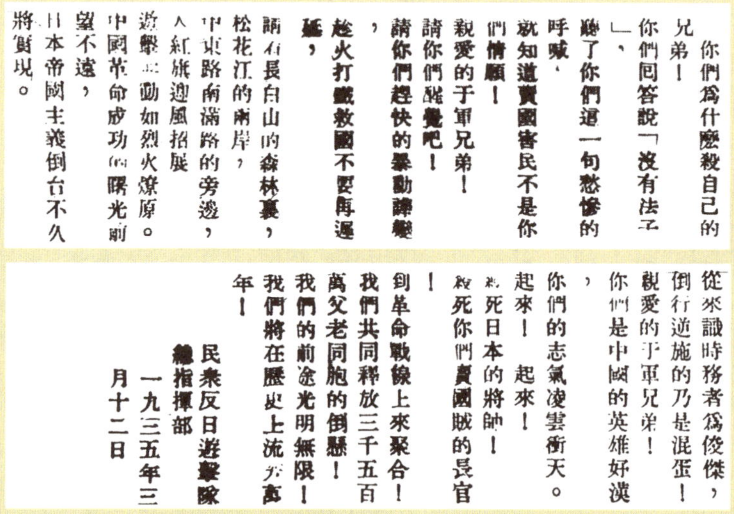
你們爲什麼殺自己的兄弟！你們回答說「沒有法子」，聽了你們這一句愁慘的呼喊，就知道賣國害民不是你們情願！
親愛的于軍兄弟！請你們醒覺吧！請你們趕快的暴動譁變，趁火打戲救國不要再遲延，
請有長白山的森林裏，松花江的兩岸，中東路南滿路的旁邊，人紅旗迎風招展，遊擊運動如烈火燎原。中國革命成功的曙光前望不遠，日本帝國主義倒台不久將實現。
從來識時務者爲俊傑，倒行逆施的乃是混蛋！親愛的于軍兄弟！你們是中國的英雄好漢，你們的志氣凌雲衝天。起來！起來！殺死日本的將帥！殺死你們賣國賊的長官！到革命戰線上來聚合！我們共同釋放三千五百萬父老同胞的倒懸！我們的前途光明無限！我們將在歷史上流芳萬年！
民衆反日遊擊隊總指揮部
一九三五年三月十二日

《救国时报》第二十一期 中华民国二十五年四月一日 第四版
（1936 年 4 月 1 日）

告于军兄弟

东北反日游击队

此为东北义军给汉奸于芷山部队的传单。沉痛悲壮，读之感泣。我义军不仅为民族战士，亦民族文豪也。

编者

亲爱的于军兄弟！
你们都是中国的英雄好汉，
大丈夫志气凌云冲天，
“保国安民”——你们曾发下过坚决誓言，
但是到而今祖国的山河被人强占！

旧主人变成了奴隶，
新“主人”大逞凶残，
同胞的尸骨抛满了南满和北满，
中华民族的鲜血洒遍了白山黑水，
日本强盗焚烧了我们的房屋，
霸占了我们的良田，
残杀了我们的父母兄弟，
又把我们妻女姊妹强奸，
有心人谁不流泪心酸，
有心人谁不目眦欲裂怒发冲冠！

亲爱的于军兄弟！
东三省这块丰富的地盘，
是祖宗给我们留的财产，
祖宗的坟墓在此，
亲戚朋友在此，
我们的子孙还要在此接香烟，
我们卧榻的旁边，
安能允许强盗无理的酣眠！
于军兄弟呀！
你们身上背着枪和弹，
为什么敢怒不敢言？
你们成群的痛受着倭奴的皮鞭！
你们闭起眼睛和抗日军无理的为难，
日本强盗借着剿匪的名义再二再三，
使我们同胞兄弟骨肉相残！
他背后里却笑的肝肠寸断，

他把中国人看成走狗一般，
他把中国人看得无心肝，
他把中国人看得比鸡犬还贱！

亲爱的于军兄弟！
你们贪图着吃几顿粳米白面，
你们贪图着几块亡国奴的金钱，
你们就砍着同胞的头颅献在敌人面前！
你们就忍心的把兄弟姊妹推在火坑里面！
问你们愧不愧对头上的青天？
问你们愧不愧对父母同胞的青盼？
唉！说起来可恨又可怜！
可杀的卖国贼长官，
对你们实行着可耻的欺骗！
“说什么时机不到”，
“少安勿躁”，
“救国不忙”，
士兵兄弟们知识简单、
怎能把卖国贼的面具揭穿！
一句阶级服从命令，
就把你们颈子上套上了亡国奴的铁圈！
每当我们在战场上和你们相见，
问你们为什么杀自己的兄弟！
你们回答说“没有法子”，
听了你们这一句愁惨的呼喊，
就知道卖国害民不是你们情愿！

亲爱的于军兄弟！
请你们醒觉吧！
请你们赶快的暴动哗变，
趁火打铁救国不要再迟延，
请看长白山的森林里，
松花江的两岸，
中东路南满路的旁边，
大红旗迎风招展，
游击运动如烈火燎原。
中国革命成功的曙光前望不远，
日本帝国主义倒台不久将实现。
从来识时务者为俊杰，
倒行逆施的乃是混蛋！

亲爱的于军兄弟！
你们是中国的英雄好汉，
你们的志气凌云冲天。
起来！起来！
杀死日本的将帅！
杀死你们卖国贼的长官！
到革命战线上来聚合！
我们共同释放三千五百万父老同胞的倒悬！
我们的前途光明无限！
我们将在历史上流芳万年！

民众反日游击队总指挥部

一九三五年三月十二日

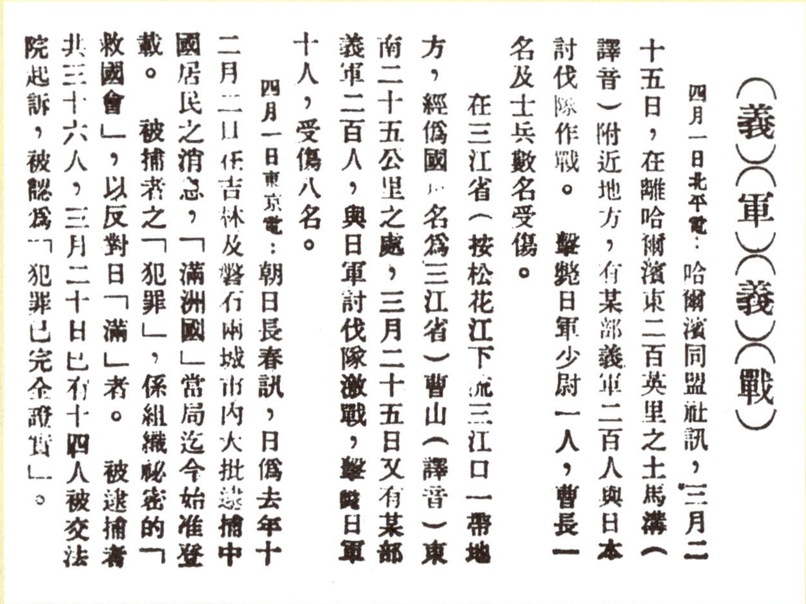

（義）（軍）（義）（戰）

四月一日北平電：哈爾濱同盟社訊，三月二十五日，在離哈爾濱東二百英里之土馬溝（譯音）附近地方，有某部義軍二百人與日本討伐隊作戰。擊斃日軍少尉一人，曹長一名及士兵數名受傷。

在三江省（按松花江下流三江口一帶地方，經僞國命名爲三江省）曹山（譯音）東南二十五公里之處，三月二十五日又有某部義軍二百人，與日軍討伐隊激戰，擊斃日軍十八人，受傷八名。

四月一日東京電：朝日長春訊，日僞去年十二月二日在吉林及磐石兩城市內大批逮捕中國居民之消息，「滿洲國」當局迄今始准登載。被捕者之「犯罪」，係組織秘密的「救國會」，以反對日「滿」者。被逮捕者共三十六人，三月二十日已有十四人被交法院起訴，被認爲「犯罪已完全證實」。

《救国时报》第二十二期 中华民国二十五年四月五日 第二版
（1936 年 4 月 5 日）

义军义战

四月一日北平电：哈尔滨同盟社讯，三月二十五日，在离哈尔滨东二百英里之土马沟（译音）附近地方，有某部义军二百人与日本讨伐队作战。击毙日军少尉一人，曹长一名及士兵数名受伤。

在三江省（按松花江下流三江口一带地方，经伪国命名为三江省）曹山（译音）东南二十五公里之处，三月二十五日又有某部义军二百人，与日军讨伐队激战，击毙日军十八人，受伤八名。

四月一日东京电：朝日长春讯，日伪去年十二月二日在吉林及磐石两城市内大批逮捕中国居民之消息，“满洲国”当局迄今始准登载。被捕者之“犯罪”，系组织秘密的“救国会”，以反对日“满”者。被捕者共三十六人，三月二十日已有十四人被交法院起诉，被认为“犯罪已完全证实”。

東北義軍致本報信（九續）

——述成立抗日聯軍之經過——

胡育

我們十來個人，一聲不響，屏息無聲的聽着，鐵岩先生繼續說道：「正因爲共產黨不僅是代表工人階級的利益，而且爲着中國整個的國家民族的利益，來救國，來抗日，來反「滿」，來爭取整個中國不被滅亡，四萬萬同胞不當亡國奴，所以共產黨是完全代表中國民族的利益的，所以在共產黨領導之下的反日遊擊隊，願意極力幫助一切抗日救國軍，義勇軍，山林隊。　至於抗日聯軍成立以後，是採取合局合財的辦法呢，還是合局不合財的辦法呢？在抗日遊擊隊的宣言及寫給各救國軍信中都說明：勝利品按一定比例分配。　但是我敢保證說，你們救國軍義勇軍若是要反日遊擊隊特別幫助，一定可以辦到的。　我們反日遊擊隊最近兩三個月來，打了四五次勝仗，繳了不少軍伙糧食軍服，救國軍現感軍糧困難，就在抗日聯軍未成立以前，我們亦願幫助你們，將來聯軍成立以後，更須幫助你們」。

鐵岩先生大概說了三點鐘話，我上面只記其大意而已。　我和陳姓王姓二同學聽了他三點鐘的演講以後，心裏非常高興，首先表示贊成：反日遊擊隊成立抗日聯軍，而毛作彬司令則亦完全改變從前對於反日遊擊隊的誤會態度，笑容滿面，異常興奮，表示同意抗日聯軍的組織，但同時要求反日遊擊隊幫助子彈給養若干，以解救國軍目前的困難。　當時鐵岩先生一口就答應去了，而且後來的確拿到不少幫助。

毛作彬所帶領的救國軍，完全贊成抗日聯軍的組織，但是王姓及陳姓二同學當時申明他們代表宋國榮救國軍及傅殿臣義勇軍的意見，所以決定我們都跟隨毛作彬救國軍，開去找宋國榮救國軍及傅殿臣義勇軍去。爬了數日數夜的山嶺，很快找到了宋國榮及傅殿臣的部隊，召集了四十多人的會議。

在這一會議上，主要是仍由鐵岩先生解釋反日遊擊隊發起成立抗日聯軍的原因及抗日聯軍成立之必要等等，所不同的是現在我及陳王二同學均極力主張同反日遊擊隊成立抗日聯軍。最值得注意的是毛作彬司令從前是又懷疑又害怕反日遊擊隊的，現在也極力主張同反日遊擊隊一起成立抗日聯軍了，也不害怕共產黨了。 毛司令在會議上說：「我從前誤聽奸人謠言，說共產黨是共產公妻的，殺人放火的，是出賣國家的，又加救國軍同反日遊擊隊對駡過衝突過，所以恨共產黨，現在知道了反日遊擊隊的情形，會見了鐵岩先生，我良心上不得不承認共產黨帶隊伍帶得好，有好辦法，打仗打得不差，作戰勇敢，愛國愛民。 救國軍穿的吃的以及子彈軍伙，無一不感困難，但是反日遊擊隊從日本子那裏什麼都奪得來，本領眞大。成立抗日聯軍，的確是最好的辦法，我們應當一致加入」。

毛司令及我們三四個人都極力贊成抗日聯軍的組織，都同意反日遊擊隊的主張，這的確大大影響了宋國榮及傅殿臣兩個義軍首領，他們也都贊成成立抗日聯軍。 毛宋傅三個部隊，都不及反日遊擊隊力量大，反日遊擊隊無論在槍支方面，人數方面，戰鬥力方面，作戰軍略方面，都應當是抗日聯軍的中心力量，應當或者把毛宋傅三個部隊開到反日遊擊隊的駐防所去，或者要反日遊擊隊開到毛宋傅三部隊所在地來，各部隊匯合起來轟轟烈烈成立抗日聯軍。 惟因當時日「滿」討伐隊進攻我們極緊，我們深怕有礙軍機，又怕抗日聯軍延遲成立，更障礙抗日反「滿」的遊擊行動，所以不等與反日遊擊隊匯合，就由鐵岩先生全權代表反日遊擊隊，先期成立抗日聯軍之組織。 參加抗日聯軍的有毛作彬救國軍，宋國榮救國軍，傅殿臣義勇軍，及反日遊擊隊四個部隊，我們並打算再慢慢擴大聯軍，號召其他義軍來加入。 （未完）

《救国时报》第二十三期 中华民国二十五年四月十日 第三版

（1936 年 4 月 10 日）

东北义军致本报信（九续）

——述成立抗日联军之经过——

胡　育

我们十来个人，一声不响，屏息无声的听着，铁岩先生继续说道：“正因为共产党不仅是代表工人阶级的利益，而且为着中国整个的国家民族的利益，来救国，来抗日，来反‘满’，来争取整个中国不被灭亡，四万万同胞不当亡国奴，所以共产党是完完全全代表中国民族的利益的，所以在共产党领导之下的反日游击队，愿意极力帮助一切抗日救国军，义勇军，山林队。至于抗日联军成立以后，是采取合局合财的办法呢，还是合局不合财的办法呢？在抗日游击队的宣言及写给各救国军信中都说明：胜利品按一定比例分配。但是我敢保证说，你们救国军义勇军若是要反日游击队特别帮助，一定可以办到的。我们反日游击队最近两三个月来，打了四五次胜仗，缴了不少军火粮食军服，救国军现感军粮困难，就在抗日联军未成立以前，我们亦愿帮助你们，将来联军成立以后，更须帮助你们”。

铁岩先生大概说了三点钟话，我上面只记其大意而已。我和陈姓王姓二同学听了他三点钟的演讲以后，心里非常高兴，首先表示赞成：反日游击队成立抗日联军，而毛作彬司令则亦完全改变从前对于反日游击队的误会态度，笑容满面，异常兴奋，表示同意抗日联军的组织，但同时要求反日游击队帮助子弹给养若干，以解救国军目前的困难。当时铁岩先生一口就答应了，而且后来的确拿到不少帮助。

毛作彬所带领的救国军，完全赞成抗日联军的组织，但是王姓及陈姓二同学当时申明他们代表宋国荣救国军及傅殿臣义勇军的意见，所以决定我们都跟随毛作彬救国军，开去找宋国荣救国军及傅殿臣义勇军去。爬了数日数夜的山岭，很快找到了宋国荣及傅殿臣的部队，召集了四十多人的会议。

在这一会议上，主要是仍由铁岩先生解释反日游击队发起成立抗日联军的原因及抗日联军成立之必要等等，所不同的是现在我及陈王二同学均极力主张同反日游击队成立抗日联军。最值得注意的是毛作彬司令从前是又怀疑又害怕反日游击队的，现在也极力主张同反日游击队一起成立抗日联军了，也不害怕共产党了。毛司令在会议上说："我从前误听奸人谣言，说共产党是共产公妻的，杀人放火的，是出卖国家的，又加救国军同反日游击队对骂过冲突过，所以恨共产党，现在知道了反日游击队的情形，会见了铁岩先生，我良心上不得不承认共产党带队伍带得好，有好办法，打仗打得不差，作战勇敢，爱国爱民。救国军穿的吃的以及子弹军伙，无一不感困难，但是反日游击队从日本子那里什么都夺得来，本领真大。成立抗日联军，的确是最好的办法，我们应当一致加入"。

毛司令及我们三四个人都极力赞成抗日联军的组织，都同意反日游击队的主张，这的确大大影响了宋国荣及傅殿臣两个义军首领，他们也都赞成成立抗日联军。毛宋傅三个部队，都不及反日游击队力量大，反日游击队无论在枪支方面，人数方面，战斗力方面，作战军略方面，都应当是抗日联军的中心力量，应当或者把毛宋傅三个部队开到反日游击队的驻防所去，或者要反日游击队开到毛宋傅三部队所在地来，各部队汇合起来轰轰烈烈成立抗日联军。惟因当时日“满”讨伐队进攻我们极紧，我们深怕有碍军机，又怕抗日联军延迟成立，更障碍抗日反“满” 的游击行动，所以不等与反日游击队汇合，就由铁岩先生全权代表反日游击队，先期成立抗日联军之组织。参加抗日联军的有毛作彬救国军，宋国荣救国军，傅殿臣义勇军，及反日游击队四个部队，我们并打算再慢慢扩大联军，号召其他义军来加入。

（未完）

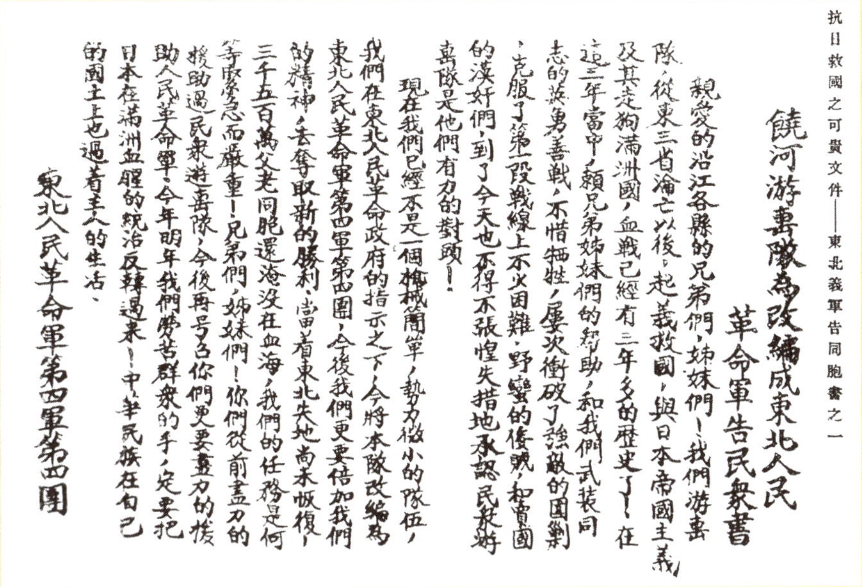
抗日救國之可貴文件——東北義軍告同胞書之一

饒河游擊隊為改編成東北人民革命軍告民衆書

親愛的沿江各縣的兄弟們，姊妹們！我們游擊隊，從東三省淪亡以後，起義救國，與日本帝國主義，及其走狗滿洲國，血戰已經有三年多的歷史了！在這三年當中，賴兄弟姊妹們的幫助，和我們武裝同志的英勇善戰，不惜犧牲，屢次衝破了強敵的圍剿，克服了第一段戰線上不少困難，野蠻的傀儡，和賣國的漢奸們，到了今天也不得不張惶失措地承認民衆游擊隊是他們有力的對頭！

現在我們已經不是一個槍械簡單，勢力微小的隊伍，我們在東北人民革命政府的指示之下，今將本隊改編為東北人民革命軍第四軍第四團，今後我們更要倍加我們的精神，去奪取新的勝利，當着東北失地尚未恢復，三千五百萬父老同胞還淹沒在血海，我們的任務是何等緊急而嚴重！兄弟們，姊妹們！你們從前盡力的援助過民衆游擊隊，今後再號召你們更要盡力的援助人民革命軍。今年明年我們勞苦群衆的手，定要把日本在滿洲血腥的統治反轉過來！中華民族在自己的國土上也過着主人的生活。

東北人民革命軍第四軍第四團

《救国时报》第二十三期 中华民国二十五年四月十日 第三版

（1936 年 4 月 10 日）

抗日救国之可贵文件——东北义军告同胞书之一

饶河游击队为改编成东北人民革命军告民众书

亲爱的沿江各县的兄弟们，姊妹们！我们游击队从东三省沦亡以后，起义救国，与日本帝国主义及其走狗满洲国，血战已经有三年多的历史了！在这三年当中，赖兄弟姊妹们的帮助，和我们武装同志的英勇善战，不惜牺牲，屡次冲破了强敌的围剿，克服了第一段战线上不少困难，野蛮的倭贼，和卖国的汉奸们，到了今天也不得不张惶失措地承认民众游击队是他们有力的对头！

现在我们已经不是一个枪械简单，势力微小的队伍，我们在东北人民革命政府的指示之下，今将本队改编为东北人民革命军第四军第四团，今后我们更要倍加我们的精神，去夺取新的胜利。当着东北失地尚未恢复，三千五百万父老同胞还淹没在血海，我们的任务是何等紧急而严重！兄弟们，姊妹们！你们从前尽力的援助过民众游击队，今后再号召你们更要尽力的援助人民革命军，今年明年我们劳苦群众的手，定要把日本在满洲血腥的统治反转过来！中华民族在自己的国土上也过着主人的生活。

东北人民革命军第四军第四团

陽春天氣

東北義軍抗日反「滿」

倍加活動

△日本共產黨員在東北組織義勇軍與我合作

四月十五日長春電：同盟社訊，在東三省有日本共產黨員所組織之義勇軍，約五百人，由日本共產黨員松井領導，與中國義軍合作，反日反「滿」，極爲活動，此事引起東京及「滿洲國」當局嚴重之注意。

攻下依蘭軍庫

四月七日東京電：日日新聞訊，四月四日某部義勇軍二百人襲擊依蘭區之「滿洲國」軍營及軍庫。打死「滿」兵七名，攻下軍庫，奪獲野炮兩門，重機關槍二十架，步槍一百枝，子彈二十五萬發。旋日「滿」救兵派到與義軍激戰，奪回野炮和機關槍及子彈三萬發。日「滿」軍被擊斃上尉一名，士兵二名。

汀入朝鮮北道

四月七日東京電：三月底抗日義軍二百餘人，偸渡鴨綠江，進攻朝鮮平安北道昌城警察所。因警察寡不敵衆，遂被佔該所，後附近日軍部據報，立調大批軍警馳往彈壓；並有飛機助戰，兩方激戰數小時，互有死傷，結果反日義軍渡江退入「滿」境云。又訊，進攻朝鮮平安北道之抗日義軍，擊斃日人一名，打傷一名，後日鮮援軍趕到，義軍即回。

五年血戰抗日到底——東北義軍殺敵後集隊狀

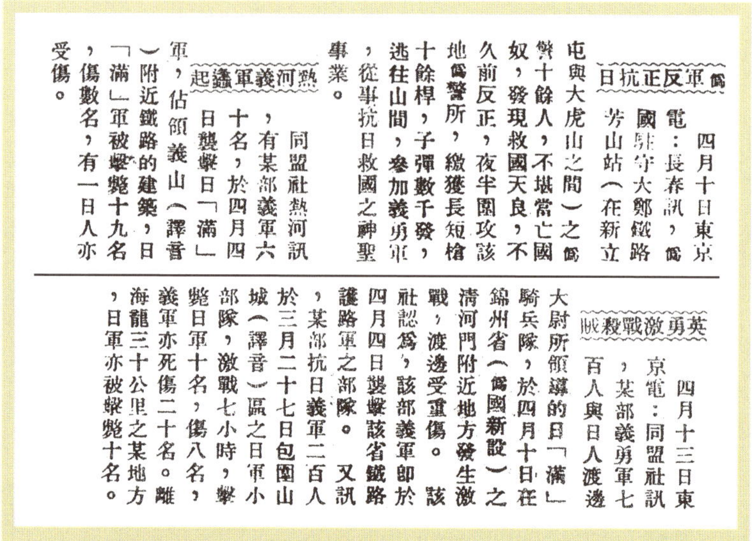

偽軍反正抗日

四月十日東京電：長春訊，偽國駐守大鄭鐵路芳山站（在新立屯與大虎山之間）之偽警十餘人，不堪當亡國奴，發現救國天良，不久前反正，夜半圍攻該地偽警所，繳獲長短槍十餘桿，子彈數千發，逃往山間，參加義勇軍，從事抗日救國之神聖事業。

熱河義軍蠭起

同盟社熱河訊，有某部義軍六十名，於四月四日襲擊日「滿」軍，佔領義山（譯音）附近鐵路的建築，日「滿」軍被擊斃十九名，傷數名，有一日人亦受傷。

英勇激戰殺賊

四月十三日東京電：同盟社訊，某部義勇軍七百人與日人渡邊大尉所領導的日「滿」騎兵隊，於四月十日在錦州省（偽國新設）之清河門附近地方發生激戰，渡邊受重傷。 該社認為，該部義軍即於四月四日襲擊該省鐵路護路軍之部隊。 又訊，某部抗日義軍二百人於三月二十七日包圍山城（譯音）區之日軍小部隊，激戰七小時，擊斃日軍十名，傷八名，義軍亦死傷二十名。離海龍三十公里之某地方，日軍亦被擊斃十名。

《救国时报》第二十五期 中华民国二十五年四月二十日 第二版

（1936年4月20日）

阳春天气

东北义军抗日反“满”倍加活动

△日本共产党员在东北组织义勇军与我合作

四月十五日长春电：同盟社讯，在东三省有日本共产党员所组织之义勇军，约五百人，由日本共产党员松井领导，与中国义军合作，反日反“满”，极为活动，此事引起东京及“满洲国”当局严重之注意。

攻下依兰军库

四月七日东京电：日日新闻讯，四月四日某部义勇军二百人袭击依兰区之“满洲国”军营及军库。打死“满”兵七名，攻下军库，夺获野炮两门，重机关枪二十架，步枪一百枝，子弹二十五万发。

旋日“满”救兵派到与义军激战，夺回野炮和机关枪及子弹三万发，日“满”军被击毙上尉一名，士兵二名。

打入朝鲜北道

四月七日东京电：三月底抗日义军二百余人，偷渡鸭绿江，进攻朝鲜平安北道昌城警察所。因警察寡不敌众，遂被占该所，后附近日军部据报，立调大批军警驰往弹压；并有飞机助战，两方激战数小时，互有死伤，结果反日义军渡江退入“满”境云。又讯，进攻朝鲜平安北道之抗日义军，击毙日人一名，打伤一名，后日鲜援军赶到，义军即回。

伪军反正抗日

四月十日东京电，长春讯，伪国驻守大郑铁路芳山站（在新立屯与大虎山之间）之伪警十余人，不堪当亡国奴，发现救国天良，不久前反正，夜半围攻该地伪警所，缴获长短枪十余杆，子弹数千发，逃往山间，参加义勇军，从事抗日救国之神圣事业。

热河义军蜂起

同盟社热河讯，有某部义军六十名，于四月四日袭击日

“满”军，占领义山（译音）附近铁路的建筑，日“满”军被击毙十九名，伤数名，有一日人亦受伤。

英勇激战杀贼

四月十三日东京电：同盟社讯，某部义勇军七百人与日人渡边大尉所领导的日“满”骑兵队，于四月十日在锦州省（伪国新设）之清河门附近地方发生激战，渡边受重伤。该社认为，该部义军即于四月四日袭击该省铁路护路军之部队。又讯，某部抗日义军二百人于三月二十七日包围山城（译音）区之日军小部队，激战七小时，击毙日军十名，伤八名，义军亦死伤二十名。离海龙三十公里之某地方，日军亦被击毙十名。

學習東北抗日聯軍的教訓

青

日寇不發一彈，不化吹灰之力，在「九一八」的夜晚，幾小時之內卽佔領張學良在東三省的統治中心地的瀋陽及中國最大的奉天兵工廠。張學良帶領爲全國人民所供養的三十多萬大軍及二百多架飛機，執行蔣介石的不抵抗主義，奉送東北整個領土給日寇。在吉黑兩省雖然受到抗日將領馬占山李杜蘇炳文王德林等救國軍的堅決抵抗，但因糧盡彈絕，後援不繼，所以不得不撤退。

日寇雖然毫不費力的把張學良的三十多萬大兵，一下趕出東北，可是四年半以來，日寇用極大兵力用最新式武器，無日無夜進行「討伐」，不但不能消滅東北至少十多萬的抗日部隊，而且不能限制其發展。

現在東北的抗日部隊，雖然仍多零星散亂頗帶自發之現象，可是總的趨勢則趨向於一致團結，統一指揮的抗日聯軍的組織，據我們所知道的，在東北早已成立了六個抗日聯軍，就是在楊靖宇率領之下的第一抗日聯軍，在王德泰率領之下的第二抗日聯軍，在趙尙志率領之下的第三抗日聯軍，在李延祿率領之下的第四抗日聯軍，在周保忠率領之下的第五抗日聯軍及在謝文東率領之下的第六抗日聯軍。這六部抗日聯軍，都由許多部隊結合而成，都與日滿軍隊作過無數次殘酷戰爭而成立起來的，决非烏合之衆可比。

東北抗日聯軍究竟有什麽教訓和經驗可供我們學習，可資爲抗日救國之助呢？這是每個不願意當亡國奴，而願意抗日救國的中國人，都應當來研究的問題。尤其全中國軍隊的軍官和兵士，如果願意救國，更要學習東北抗日聯軍的教訓和經驗，並須立卽照這一教訓努力進行抗日救亡的運動。

四年半以來，東北反日救國遊擊運動的進展，抗日聯軍之成立，這首先告訴我們，只要大家團結一致，齊心抗日，中國的確有力量抵抗日寇，有力量挽救中國。東北四年多反日救國的遊擊戰爭的事實，首先對於「中日開戰，日本三日可亡中國」的漢奸理論，打個粉碎。東北抗日的經驗，教訓我們，要救中國，全國各界同胞務須立卽實行全民動員，對日作戰，而全國海陸空軍尤須首先動員起來，盡軍人之天職，作捍衛國土之行動，中國才不致於滅亡。

第二，有抗日聯軍的組織，才能產生抗日軍事的組織上的力量，才能互相聯絡互相幫助，時聚時散的進行靈活的遊擊戰爭，因此，擊敗日「滿」討伐隊的機會亦較多。東北抗日聯軍的這一經驗，教訓每個中國軍隊，每個不願當亡國奴的中國軍官和兵士，要抗日，就必須成立抗日聯軍。

抗日聯軍的組織，是打敗日本的保證之一。

第三，東北抗日聯軍，是不分階級（有工人，農民，學生，軍人，商人，以至地主），不分信仰（有信仰共產主義的，有信佛教的，有信無極道的，有在家理的，有信仰三民主義的），不分民族（有漢人，有蒙古人，有滿人，有韃靼人，有回人，有高麗人），不分黨派（有共產黨，有佛教會，有曾是國民黨員）等等的差別而成立起來的。許多抗日部隊，從前都對罵過，相打過，特別與共產黨所率領的抗日部隊，相罵相打的次數更多。可是後來大家都覺悟了，都不計較舊仇宿怨，都認爲是同胞弟兄的相爭，終達到聯合禦侮之目的。

抗日聯軍的行動綱領是：（一）抗日救國到底，收復一切失地；（二）沒收日寇漢奸財產，充作抗日救國戰費；（三）聯合民衆，共同抗日。用不到解釋，這三條綱領，是非常簡單，是在極廣泛的反日救國統一戰綫的基礎上提出來的，一切願意抗日救國的軍隊，都可加入抗日聯軍。這一經驗，教訓我們，關內各軍隊亦應當以廣泛之抗日救國統一戰線的立場爲出發，不管他是屬於何黨何派，無論他是相信何種主義，都應當聯合在抗日聯軍之內。

第四，東北各抗日聯軍的發起人，提倡者，組織者，不是別人，而是共產黨。在各抗日聯軍中，共產黨帶領的抗日部隊，差不多都是中心的主力。各抗日部隊之間，經過許多宣傳，解釋，討論，磋商的很長一個時期，抗日聯軍終於組織成功。我不是共產黨，但是我說句良心話，若是沒有共產黨在那裏努力發起組織抗日聯軍，那麼在民國二十三年及二十四年的日「滿」冬期討伐中，東北一切抗日義軍部隊，必受莫大之困難。現在東北一切抗日義軍，幾無例外，都一致擁護抗日聯軍的組織。

東北抗日聯軍的經驗，共產黨在東北所做的事實，證明老成卓見的章太炎先生說得正確。他說：「縱有加入共黨者，但問今之主張何如，何論其平昔？」根據東北抗日聯軍的經驗，根據章先生的公平主張，關內一切軍隊，只要他是願意抗日救國的，願意捍衛國土的，不願意被蔣介石欺騙到底的，都應當立即停止內戰，不但不去打共產黨帶領的紅軍，而且應當與紅軍共同來成立抗日聯軍。特別是在毛澤東的紅軍出動抗日討逆後，更顯見其要對日直接作戰，策應東北抗日聯軍，收復華北及東北失地之決心，一切軍隊，不論中央軍，山西軍，尤其東北軍，更要立即聯合紅軍，成立抗日聯軍，打敗日軍，收回華北及東北失地。

如果蔣介石下令要任何軍隊，或包抄紅軍後方，或阻住紅軍去打日本的道路，這是漢奸國賊幫助日本的命令，任何軍隊都應當拒絕這種賣國害民的命令，自動的去同紅軍聯絡，一致抗日，以盡軍人保國衛民之天職。這是研究東北抗日聯軍的經驗以後，吾人所得的寶貴教訓。

《救国时报》第二十五期 中华民国二十五年四月二十日 第四版
（1936 年 4 月 20 日）

学习东北抗日联军的教训

青

日寇不发一弹，不化吹灰之力，在“九一八”的夜晚，几小时之内即占领张学良在东三省的统治中心地的沈阳及中国最大的奉天兵工厂。张学良带领为全国人民所供养的三十多万大军及二百多架飞机，执行蒋介石的不抵抗主义，奉送东北整个领土给日寇。在吉黑两省虽然受到抗日将领马占山李杜苏炳文王德林等救国军的坚决抵抗，但因粮尽弹绝，后援不继，所以不得不撤退。

日寇虽然毫不费力的把张学良的三十多万大兵，一下赶出东北，可是四年半以来，日寇用极大兵力用最新式武器，无日无夜进行“讨伐”，不但不能消灭东北至少十多万的抗日部队，而且不能限制其发展。

现在东北的抗日部队，虽然仍多零星散乱颇带自发之现象，可是总的趋势则趋向于一致团结，统一指挥的抗日联军的组织，据我们所知道的，在东北早已成立了六个抗日联军，就是在杨靖宇率领之下的第一抗日联军，在王德泰率领之下的第二抗日联军，在赵尚志率领之下的第三抗日联军，在李延禄率领之下的第四抗日联军，在周保忠率领之下的第五抗日联军及在谢文东率领之下的第六抗日联军。这六部抗日联军，都由许多部队结合而成，都与日满军队作过无数次残酷战争而成立起来的，决非乌合之众可比。

东北抗日联军究竟有什么教训和经验可供我们学习，可资为抗日救国之助呢？这是每个不愿意当亡国奴，而愿意抗日救国的中国人，都应当来研究的问题。尤其全中国军队的军官和兵士，如果愿意救国，更要学习东北抗日联军的教训和经验，并须立即照这一教训努力进行抗日救亡的运动。

四年半以来，东北反日救国游击运动的进展，抗日联军之成立，这首先告诉我们，只要大家团结一致，齐心抗日，中国的确有力量抵抗日寇，有力量挽救中国。东北四年多反日救国的游击战争的事实，首先对于“中日开战，日本三日可亡中国”的汉奸理论，打个粉碎。东北抗日的经验，教训我们，要救中国，全国各界同胞务须立即实行全民动员，对日作战，而全国海陆空军尤须首先动员起来，尽军人之天职，作捍御国土之行动，中国才不至于灭亡。

第二，有抗日联军的组织，才能产生抗日军事的组织上的力量，才能互相联络互相帮助，时聚时散的进行灵活的游击战争，因此，击败日“满”讨伐队的机会亦较多。东北抗日联军的这一经验，教训每个中国军队，每个不愿当亡国奴的中国军官和兵士，要抗日，就必须成立抗日联军。抗日联军的组织，是打败日本的保证之一。

第三，东北抗日联军，是不分阶级（有工人，农民，学生，军人，商人，以至地主），不分信仰（有信仰共产主义的，有信佛教的，有信无极道的，有在家理的，有信仰三民主义的），不分民族（有汉人，有蒙古人，有满人，有鞑靼人，有回人，有高丽人），不分党派（有共产党，有佛教会，有曾是国民党员）等等的差别而成立起来的。许多抗日部队，从前都对骂过，相打过，特别与共产党所率领的抗日部队，相骂相打的次数更多。可是后来大家都觉悟了，都不计较旧仇宿怨，都认为是同胞弟兄的相争，终达到联合御侮之目的。

抗日联军的行动纲领是：（一）抗日救国到底，收复一切失地；（二）没收日寇汉奸财产，充作抗日救国战费；（三）联合民众，共同抗日。用不到解释，这三条纲领，是非常简单，是在极广泛的反日救国统一战线的基础上提出来的，一切愿意抗日救国的军队，都可加入抗日联军。这一经验，教训我们，关内各军队亦应当以广泛之抗日救国统一战线的立场为出发，不管他是属于何党何派，无论他是相信何种主义，都应当联合在抗日联军之内。

第四，东北各抗日联军的发起人，提倡者，组织者，不是别人，而是共产党。在各抗日联军中，共产党带领的抗日部队，差不多都是中心的主力。各抗日部队之间，经过许多宣传，解释，讨论，磋商的很长一个时期，抗日联军终于组织成功。我不是共产党，但是我说句良心话，若是没有共产党在那里努力发起组织抗日联军，那么在民国二十三年及二十四年的日“满”冬期讨伐中，东北一切抗日义军部队，必受莫大之困难。现在东北一切抗日义军，几无例外，都一致拥护抗日联军的组织。

东北抗日联军的经验，共产党在东北所做的事实，证明老成卓见的章太炎先生说得正确。他说：“纵有加入共党者，但问今之主张何如，何论其平昔？”根据东北抗日联军的经验，根据章先生的公平主张，关内一切军队，只要他是愿意抗日救国的，愿意捍卫国土的，不愿意被蒋介石欺骗到底的，都应当立即停止内战，不但不去打共产党带领的红军，而且应当与红军共同来成立抗日联军。特别是在毛泽东的红军出动抗日讨逆后，更显见其要对日直接作战，策应东北抗日联军，收复华北及东北失地之决心，一切军队，不论中央军，山西军，尤其东北军，更要立即联合红军，成立抗日联军，打败日军，收回华北及东北失地。

如果蒋介石下令要任何军队，或包抄红军后方，或阻住红军去打日本的道路，这是汉奸国贼帮助日本的命令，任何军队都应当拒绝这种卖国卖民的命令，自动的去同红军联络，一致抗日，以尽军人保国卫民之天职。这是研究东北抗日联军的经验以后，吾人所得的宝贵教训。

東北義軍致本報信

（十續）　胡育

——述東北抗日聯軍成立之經過——

我們當時雖然很想同反日遊擊隊一起，開轟轟烈烈的成立抗日聯軍的會議，但因與反日遊擊隊所在地相隔太遠，且在與日軍不斷作戰的環境之下，只好就由宋，毛，傅各部隊，由鐵岩先生全權代表反日遊擊隊共同開成立抗日聯軍會議。

我們選擇了一個地勢很好的山溝，周圍四五里以外都妥當的放好步哨卡子信號等等。各部隊的弟兄們聽說要成立抗日聯軍，與共產黨帶領的反日遊擊隊共同成立抗日聯軍，個個精神無不興奮百倍，三三五五，彼此議論紛紛，熱烈討論。尤其在開成立會議的時候，各部隊無論長官及士兵，均一律注視主席團中的十來個人。一到鐵岩先生代表反日遊擊隊來說話的時候，大家更加緊張興奮的看他，靜聽反日遊擊隊的代表說話。弟兄們這樣高興熱烈，開會時那樣有秩序有紀律，實爲我到救國軍後第一次所看見的象現。

議事日程中有一項是選舉抗日聯軍的指揮部。完全實行民主的辦法來選舉。由宋，毛，傅及鐵岩四人代表四個部隊執行選舉。一致選出反日遊擊隊的楊靖宇司令爲抗日聯軍總司令，宋國棨爲副司令，毛作彬爲參謀長，傅殿臣爲軍需長。主席團宣佈選舉的結果，各弟兄喊聲如雷，表示堅決擁護。那是在民國二十二年夏間的事情。

我們四個部隊自訂完了統一戰線，成立抗日聯軍及抗日聯軍的指揮部以後，情形完全不同了。在聯軍未成立以前，我們救國軍各部隊總是孤軍轉戰，力量單薄，得不到多大勝利，給養困難，軍實不足，人馬困疲。但是聯軍成立後，在那年夏秋兩季，在聯軍指揮部整個作戰計劃之下，我們打了許多勝仗，攻破了僞軍許多防地，繳獲了許多給養軍實，兵士的生活亦大加改善，個個精神莫不增加十倍百倍。那時日寇在東三省出版的報紙，時常登載着「紅軍」攻打某地某地的消息，這就是指我們的抗日聯軍說的。

我們抗日聯軍之建立，以及建立以後克服一切困難堅持抗日聯軍之組織，軍事謀劃之製定，指揮統一之樹立，的確大半依靠反日游擊隊拚命努力之結果。反日游擊隊是抗日聯軍中的中心部隊，牠在那年「九一八」兩週年紀念日正式改爲東北人民革命軍第一軍。但是日本報有時則稱爲紅軍。

諸位先生，我這次通訊寫得太長了，寫得又不好，恐怕要使你們讀來討厭。但在結束這一通訊之前，還得要告訴你們一個問題，就是從前各救國軍各義勇軍多多少少都有點害怕懷疑反日游擊隊。不料抗日聯軍結成，共同抗日四五個月以後，即有其他許多來加入聯軍的義勇軍或派人或寫信要求加入抗日聯軍。不但如此，後來有許多部隊要求派人到他隊中去想辦法。有些部隊簡直公開提出要求派共產黨的同志給他，他們說共產黨同志，有辦法，本領好，又公正，能夠打勝仗，不吃日本子虧，能夠算準日本子的計策，日本子都要害怕幾分，他們說只要請到個把共產黨同志去做軍師，就不會打敗仗，就不怕子彈沒有，就不怕給養沒有，就不怕沒有好辦法。由此可說在抗日聯軍未成立以前，是害怕懷疑共產黨，後來却尋找共產黨去想辦法了。這是我從旁觀察許多事實來這樣說的。

諸位先生，別了，再見。俟有機緣，再與你們相見。最後還要請你們設法多寄送幾份貴報給我們。我們人多報少，實不夠分配。

並致

抗日反「滿」的救國敬禮

（完）

《救国时报》第二十六期 中华民国二十五年四月二十五日 第二版

（1936 年 4 月 25 日）

东北义军致本报信（十续）

——述东北抗日联军成立之经过——

胡　育

我们当时虽然很想同反日游击队一起，开轰轰烈烈的成立抗日联军的会议，但因与反日游击队所在地相隔太远，且在与日军不断作战的环境之下，只好就由宋，毛，傅各部队，由铁岩先生全权代表反日游击队共同开成立抗日联军会议。

我们选择了一个地势很好的山沟，周围四五里以外都妥当的放好步哨卡子信号等等。各部队的弟兄们听说要成立抗日联军，与共产党带领的反日游击队共同成立抗日联军，个个精神无不兴奋百倍，三三五五，彼此议论纷纷，热烈讨论。尤其在开成立会议的时候，各部队无论长官及士兵，均一律注视主席团中的十来个人。一到铁岩先生代表反日游击队来说话的时候，大家更加紧张兴奋的看他，静听反日游击队的代表说话。弟兄们这样高兴热烈，开会时那样有秩序有纪律，实为我到救国军后第一次所看见的现象。

议事日程中有一项是选举抗日联军的指挥部。完全实行民主的办法来选举。由宋，毛，傅及铁岩四人代表四个部队执行选举。一致选出反日游击队的杨靖宇司令为抗日联军总司令，宋国荣为副司令，毛作彬为参谋长，傅殿臣为军需长。主席团宣布选举的结果，各弟兄喊声如雷，表示坚决拥护。那是在民国二十二年夏间的事情。

我们四个部队自订完了统一战线，成立抗日联军及抗日联军的指挥部以后，情形完全不同了。在联军未成立以前，我们救国军各部队总是孤军转战，力量单薄，得不到多大胜利，给养困难，军实不足，人马困疲。但是联军成立后，在那年夏秋两季，在联军指挥部整个作战计划之下，我们打了许多胜仗，攻破了伪军许多防地，缴获了许多给养军实，兵士的生活亦大加改善，个个精神莫不增加十倍百倍。那时日寇在东三省出版的报纸，时常登载着“红军”攻打某地某地的消息，这就是指我们的抗日联军说的。

我们抗日联军之建立，以及建立以后克服一切困难坚持抗日联军之组织，军事谋划之制定，指挥统一之树立，的确大半依靠反日游击队拼命努力之结果。反日游击队是抗日联军中的中心部队，它在那年“九一八”两周年纪念日正式改为东北人民革命军第一军。但是日本报有时则称为红军。

诸位先生，我这次通讯写得太长了，写得又不好，恐怕要使你们读来讨厌。但在结束这一通讯之前，还得要告诉你们一个问题，就是从前各救国军各义勇军多多少少都有点害怕怀疑反日游击队。不料抗日联军结成，共同抗日四五个月以后，即有其他许多来加入联军的义勇军或派人或写信要求加入抗日联军。不但如此，后来有许多部队要求派人到他队中去想办法。有些部队简直公开提出要求派共产党的同志给他，他们说共产党同志，有办法，本领好，又公正，能够打胜仗，不吃日本子亏，能够算准日本子的计策，日本子都要害怕几分，他们说只要请到个把共产党同志去做军师，就不会打败仗，就不怕子弹没有，就不怕给养没有，就不怕没有好办法。由此可说在抗日联军未成立以前，是害怕怀疑共产党，后来却寻找共产党去想办法了。这是我从旁观察许多事实来这样说的。

诸位先生，别了，再见。俟有机缘，再与你们相见。最后还要请你们设法多寄送几份贵报给我们。我们人多报少，实不够分配。

并致

抗日反“满”的救国敬礼

（完）

東北人民革命軍來信

請看東北同胞 怎樣艱苦奮鬥

親愛的救國時報諸位先生：

收到了你們的數期救國時報，我們實在想不出話來形容我們大家快樂高興的情形，因爲我們有好幾年沒有看到中國報了，不用說關內的報，就是「滿洲國」的報紙看到的時候都很少。所以關內的一切消息是一點也不知道，因此我們讀到貴報，你們有很多的反日救國主張，特別是在貴報上，登載了關於中國共產黨及蘇維埃政府告全體同胞及一切黨派團體軍隊宣言中說：「……當今我亡國滅種大禍迫在眉睫之時，共產黨和蘇維埃政府再一次向全體同胞呼籲：無論各黨派間在過去和現在有任何政見和利害的不同，無論各界同胞間有任何意見上或利益上的差異，無論各軍隊間過去和現在有任何敵對行動，大家都應當有「兄弟閱牆外禦其侮」的眞誠覺悟，首先大家都應當停止內戰，以便集中一切國力（人力、物力、財力、武力等），去爲抗日救國的神聖事業而奮鬥……。」過去各黨各派都不齊心，我們現在應當把這些心團結到一個心，組織國防政府和抗日聯軍，馬上出兵對日宣戰。我們相信，大家都照這樣去做，一定能把日本子打走的。我們把有歷史意義文件看到了後，我們全體隊員，都高歌全國同胞和一切團體黨派軍隊團結抗日萬歲！並希望關內立卽出兵，同我們一起來收復東北失地。我們好幾年來未有一日不在想關內出兵抗日，我們等了好幾年關內也沒有出一兵一卒。你們試想，我們得到這樣好的消息怎麽不使我們快活和高興呢？這一個主張不僅是我們要慶祝他，而且每一個不願當日本子亡國奴的同胞和愛護祖國的一切黨派同志們的最需要的。

我們現在先把東北抗日人民革命軍第三軍成立的經過和我們隊員的政治經濟生活情形及我們的主張，作成一封通信請求貴報發表，使關心祖國的同胞們知道我們英勇抗日的鬥爭情形，想貴報社一定願意的。

我們人民革命軍第三軍開始成立的情形是非常困難的，我們開始時，也並未有槍，也並未有彈，就是我們幾個人，在一個部隊去當兵打日本子。

這一個部隊是孫朝陽帶領的。經常在吉林省的珠河，葦河等縣活動。孫朝陽受國民黨欺騙，民國二十二年冬想到北平開義勇軍領袖會議，不料一到哈爾濱就被賣給日本領事館。在他未去哈之前，他誤聽國民黨奸人的話，說我們有共黨嫌疑，要我們離隊，我們說，同他一起抗日到底，也不答應，我們七個人只好帶了六枝大槍，一架輕機關槍出來了。我們七個人小部隊就在現在第三軍軍長趙尙志領導下，不到一個月的工夫，就發展了十倍的人數，現在發展到幾乎近千倍了。現在我們游擊的區域擴大了十多縣，如珠河，賓縣，葦河，方正，雙城，五常，勃利，依蘭等縣。在這些區域內我們組織了反日會，反日農民自衛隊，青年義勇軍，婦女會等，這些團體，對於我們部隊是有非常大的幫助，如農民自衛隊自動給我們站崗，籌備給養，青年義勇軍自願給我們送信，調查地方上的探子，婦女會的會員，在我們的隊伍到了時，高興的給我們做飯吃，洗衣服，縫襪子，反日兒童團更笑着跳着給我們唱歌聽和跳舞給我們看，各種組織都給我們各種幫助。

一、我們隊伍的政治生活：我們每個隊員每天都參加政治生活，討論國家大事。我們隊內教育隊員的各種政治生活的組織：如政治討論會，識字班，唱歌班，娛樂會，射擊演習班，批評會等等。

我們的識字班是非常好的，每個隊員都參加，識字班學習認字，在過去一字不識的隊員，在我們這部隊裏打二三年日本子後都能寫信，看報紙，好的能寫很長的文章。如寫這封信的我，并未念過一天書，在先我是一個學徒，一字都不認得，到隊後才學習的。我還不算最好的，還有比我強的多的很多很多。

二、我們隊伍內的紀律：我們的紀律是非常好的，我們的紀律不是過去軍閥那樣的紀律，打罵，罰跪，罰站，殺頭。我們是每個隊員自覺的服從紀律。我們的每個班裏，排裏，連裏，師及軍部裏，都有批評會。這一個批評會的權利是很高的，無論當兵的與當官的誰要犯了錯誤，就拿到這個批評會裏大家批評。這個批評會參加的人有長官也有士兵，由班連到軍都是一樣的。

因爲我們的隊伍是民主的，所以我們的指揮員（當官的），都是由士兵自己選舉出來的，不是和軍閥那樣委派的，我們每一個士兵都有當上指揮員的希望。

我們隊內選舉一個指揮員，必須有以下的條

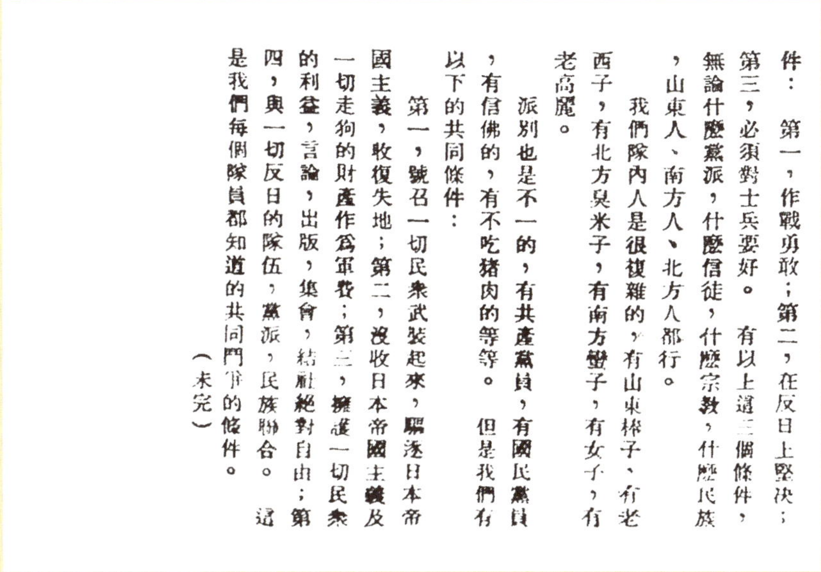

件：第一，作戰勇敢；第二，在反日上堅決；第三，必須對士兵要好。有以上這三個條件，無論什麼黨派，什麼信徒，什麼宗教，什麼民族，山東人、南方人、北方人都行。

我們隊內人是很複雜的，有山東棒子、有老西子，有北方臭米子，有南方蠻子，有女子，有老高麗。

派別也是不一的，有共產黨員，有國民黨員，有信佛的，有不吃猪肉的等等。但是我們有以下的共同條件：

第一，號召一切民衆武裝起來，驅逐日本帝國主義，收復失地；第二，沒收日本帝國主義及一切走狗的財產作爲軍費；第三，擁護一切民衆的利益，言論，出版，集會，結社絕對自由；第四，與一切反日的隊伍，黨派，民族聯合。這是我們每個隊員都知道的共同鬥爭的條件。

（未完）

《救国时报》第二十八期 中华民国二十五年五月十日 第二版

（1936年5月10日）

东北人民革命军来信

请看东北同胞怎样艰苦奋斗

亲爱的救国时报诸位先生：

收到了你们的数期救国时报，我们实在想不出话来形容我们大家快乐高兴的情形，因为我们有好几年没有看到中国报了，不用说关内的报，就是“满洲国”的报纸看到的时候都很少。所以关内的一切消息是一点也不知道，因此我们读到贵报，你们有很多的反日救国主张，特别是在贵报上，登载了关于中国共产党及苏维埃政府告全体同胞及一切党派团体军队宣言中说：“……当今我亡国灭种大祸迫在眉睫之时，共产党和苏维埃政府再一次向全体同胞呼吁：无论各党派间在过去和现在有任何政见和利害的不同，无论各界同胞间有任何意见上或利益上的差异，无论各军队间过去和现在有任何敌对行动，大家都应当有‘兄弟阋墙外御其侮’的真诚觉悟，首先大家都应当停止内战，以便集中一切国力（人力、物力、财力、武力等），去为抗日救国的神圣事业而奋斗……。”过去各党各派都不齐心，我们现在应当把这些心团结到一个心，组织国防政府和抗日联军，马上出兵对日宣战。我们相信，大家都照这样去做，一定能把日本子打走的。我们把有历史意义文件看到了后，我们全体队员，都高歌全国同胞和一切团体党派军队团结抗日万岁！并希望关内立即出兵，同我们一起来收复东北失地。我们好几年来未有一日不在想关内出兵抗日，我们等了好几年关内也没有出一兵一卒。你们试想，我们得到这样好的消息怎么不使我们快活和高兴呢？

这一个主张不仅是我们要庆祝他，而且每一个不愿当日本子亡国奴的同胞和爱护祖国的一切党派同志们的最需要的。

我们现在先把东北抗日人民革命军第三军成立的经过和我们队员的政治经济生活情形及我们的主张，作成一封通信请求贵报发表，使关心祖国的同胞们知道我们英勇抗日的斗争情形，想贵报社一定愿意的。

我们人民革命军第三军开始成立的情形是非常困难的，我们开始时，也并未有枪，也并未有弹，就是我们几个人，在一个部队去当兵打日本子。

这一个部队是孙朝阳带领的。经常在吉林省的珠河，韦河[①]等县活动。孙朝阳受国民党欺骗，民国二十二年冬想到北平开义勇军领袖会议，不料一到哈尔滨就被卖给日本领事馆。在他未去哈之前，他误听国民党奸人的话，说我们有共党嫌疑，要我们离队，我们说，同他一起抗日到底，也不答应，我们七个人只好带了六枝大枪，一架轻机关枪出来了。我们七个人小部队就在现在第三军军长赵尚志领导下，不到一个月的工夫，就发展了十倍的人数，现在发展到几乎近千倍了。现在我们游击的区域扩大了十多县，如珠河，宾县，韦河，方正，双城，五常，勃利，依兰等县。在这些区域内我们组织了反日会，反日农民自卫队，青年义勇军，妇女会等，这些团体，对于我们部队是有非常大的帮助，如农民自卫队自动给我们站岗，筹备给养，青年义勇军自愿给我们送信，调查地方上的探子，妇女会的会员，在我们的队伍到了时，高兴的给我们做饭吃，洗衣服，缝袜子，反日儿童团更笑着

① 应为苇河县，现属黑龙江省尚志市。

跳着给我们唱歌听和跳舞给我们看，各种组织都给我们各种帮助。

一、我们队伍的政治生活：我们每个队员每天都参加政治生活，讨论国家大事。我们队内教育队员的各种政治生活的组织：如政治讨论会，识字班，唱歌班，娱乐会，射击演习班，批评会等等。

我们的识字班是非常好的，每个队员都参加，识字班学习认字，在过去一字不识的队员，在我们这部队里打二三年日本子后都能写信，看报纸，好的能写很长的文章。如写这封信的我，并未念过一天书，在先我是一个学徒，一字都不认得，到队后才学习的。我还不算最好的，还有比我强的多的很多很多。

二、我们队伍内的纪律：我们的纪律是非常好的，我们的纪律不是过去军阀那样的纪律，打骂，罚跪，罚站，杀头。我们是每个队员自觉的服从纪律。我们的每个班里，排里，连里，师及军部里，都有批评会。这一个批评会的权利是很高的，无论当兵的与当官的谁要犯了错误，就拿到这个批评会里大家批评。这个批评会参加的人有长官也有士兵，由班连到军都是一样的。

因为我们的队伍是民主的，所以我们的指挥员（当官的），都是由士兵自己选举出来的，不是和军阀那样委派的，我们每一个士兵都有当上指挥员的希望。

我们队内选举一个指挥员，必须有以下的条件：第一，作战勇敢；第二，在反日上坚决；第三，必须对士兵要好。有以上这三个条件，无论什么党派，什么信徒，什么宗教，什么民族，山东人、南方人、北方人都行。

我们队内人是很复杂的，有山东棒子，有老西子，有北方臭糜子，有南方蛮子，有女子，有老高丽。

派别也是不一的，有共产党员，有国民党员，有信佛的，有不吃猪肉的等等。但是我们有以下的共同条件：

第一，号召一切民众武装起来，驱逐日本帝国主义，收复失地；第二，没收日本帝国主义及一切走狗的财产作为军费；第三，拥护一切民众的利益，言论，出版，集会，结社绝对自由；第四，与一切反日的队伍，党派，民族联合。这是我们每个队员都知道的共同斗争的条件。

（未完）

東北人民革命軍致本報信

（續上期）

三、我們隊上的物質生活，在平常是一天三次飯，間天吃一次麵，其他是小米子和包米。七天吃一次肉，麵與肉，第一是照當地價格向農民買得的；第二就是卡敵人的，沒收來的。我們當隊員的每月可得着兩元錢，有家的寄了家去，未有家的可以自己零用。　我們隊內每個隊員的服裝，都很整齊，顏色是黃的，冬天是棉的也有皮的，上身是大氅，下身是馬褲，夏天是草綠色的。

這是我們平時一切的物質生活。

有時與日本帝國主義作戰，三天四天得不到一點吃的時候也是有的，但是，我們每個隊員，一點也不覺得苦。我們隊員都這樣說：「我們不受苦，得不到福；只有由苦，才能換來福。　我們要拿着槍和小日本子幹到頭。」　我們每個隊員都是積極勇敢殺敵的。　我們攻下許多城鎮和縣城。　如方正縣敵人的兵力有一千五百多名，我們只去五百多人，未有三個鐘頭，把牠打開，沒收敵人武裝二百餘支槍，輕機關一架；第二次打開了五常堡，沒收日本輕機關一架，五十餘支槍。　打五常堡還有好幾百農民參加。　當我們打開五常堡的倉庫，這些農民，有拿着袋子，有拿着扁担去拿麵和幫助武裝隊伍。　第三次打哈爾濱東方的二道河子，敵人有六百多，結果，我們有一百餘人就把他們打開了，也沒收了許多軍需品。　第四次打依蘭縣又繳了日本帝國主義七十餘支槍，這些縣城，都是最不容易打的地方，我們都把牠打開了。　去年十二月我第三軍第二團與青年義勇軍一部在湯原縣東北方，二十餘華里，下午十一時駐下休息，我們駐防的這個地方是很好的，是在一個山包上，各處都能看見，同時，來了敵人也容易射擊他，山下是一片草甸子，排着很多的洋草垛。

到第二日早六時，發現敵人大汽車九輛，步兵一百餘人相離一公里開來。

這是團長與青年義勇軍小隊長，把部隊佈置在各險要地點，各戰鬥員與指揮員各帶武裝對着敵人瞄準。

當敵人相離半公里的時候，我軍團長下射擊命令，槍聲如過年放炮一樣的響了。　半個鐘頭，敵人回槍一聲也沒有了。　我們有一個青年義勇軍的班長，帶着兩個隊員，拿着一架機關槍向敵人衝鋒，衝到一個草堆旁邊，就放火焚燒，火起如紅日，敵人心更慌，就丟掉汽車逃命了。

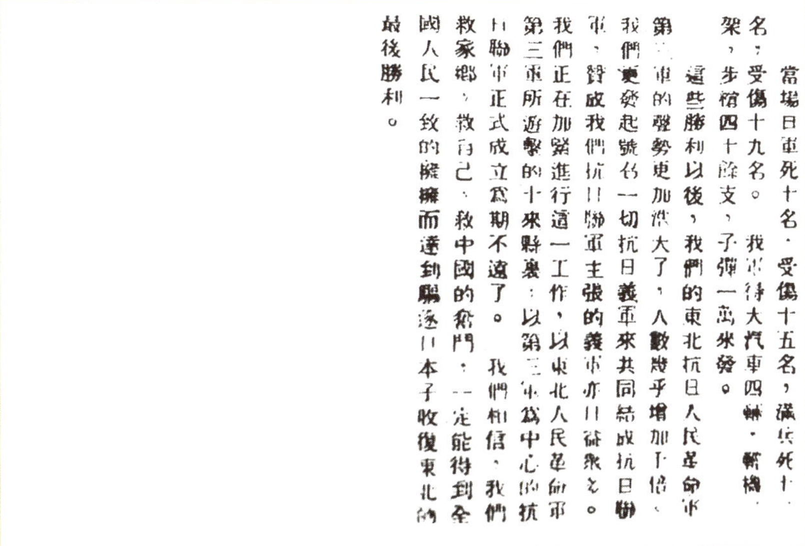
當場日軍死十名，受傷十五名，滿兵死十名，受傷十九名。我軍得大汽車四輛，軍機架，步槍四十餘支，子彈一萬來發。

這些勝利以後，我們的東北抗日人民革命軍第三軍的聲勢更加擴大了，人數幾乎增加了一倍，我們更發起號召一切抗日義軍來共同結成抗日聯軍，贊成我們抗日聯軍主張的義軍亦日益眾多。我們正在加緊進行這一工作，以東北人民革命軍第三軍所游擊的十來縣裏；以第三軍為中心的抗日聯軍正式成立為期不遠了。我們相信，我們救家鄉，救自己，救中國的奮鬥，一定能得到全國人民一致的擁護而達到驅逐日本子收復東北的最後勝利。

《救国时报》第二十九期 中华民国二十五年五月十五日 第二版
（1936 年 5 月 15 日）

东北人民革命军致本报信（续上期）

三、我们队上的物质生活：在平常是一天三次饭，间天吃一次面，其他是小米子和包米。七天吃一次肉，面与肉，第一是照当地价格向农民买得的；第二就是卡敌人的，没收来的。我们当队员的每月可得着两元钱，有家的寄了家去，未有家的可以自己零用。我们队内每个队员的服装，都很整齐，颜色是黄的，冬天是棉的也有皮的，上身是大氅，下身是马裤，夏天是草绿色的。这是我们平时一切的物质生活。

有时与日本帝国主义作战，三天四天得不到一点吃的时候也是有的，但是，我们每个队员，一点也不觉得苦。我们队员都这样说："我们不受苦，得不到福；只有由苦，才能换来福。我们要拿着枪和小日本子干到头。"我们每个队员都是积极勇敢杀敌的。我们攻下许多城镇和县城。如方正县敌人的兵力有一千五百多名，我们只去五百多人，未有三个钟头，把它打开，没收敌人武装二百余支枪，轻机关一架；第二次打开了五常堡，没收日本轻机关一架，五十余支枪。打五常堡还有好几百农民参加。当我们打开五常堡的仓库，这些农民，有拿着袋子，有拿着扁担去拿面和帮助武装队伍。第三次打哈尔滨东方的二道河子，敌人有六百多，结果，我们有一百余人就把他们打开了，也没收了许多军需品。第四次打依兰县又缴了日本帝国主义七十余支枪，这些县域，都是最不容易打的地方，我们都把它打开了。去年十二月我第三军第二团与青年义勇军一部在汤原县东北方，二十余华里，下午十一时驻下休息，我们驻防的这个地方是很好的，是在一个山包上，各处都能看见，同时，来了敌人也容易射击他，山下是一片草甸子，排着很多的洋草垛。

到第二日早六时，发现敌人大汽车九辆，步兵三百余人相离一公里开来。

这时团长与青年义勇军小队长，把部队布置在各险要地点，各战斗员与指挥员各带武装对着敌人瞄准。

当敌人相离半公里的时候，我军团长下射击命令，枪声如过年放炮一样的响了。半个钟头，敌人回枪一声也没有了。我们有一个青年义勇军的班长，带着两个队员，拿着一架机关枪向敌人冲锋，冲到一个草堆旁边，就放火焚烧，火起如红日，敌人心更慌，就丢掉汽车逃命了。

当场日军死十名，受伤十五名，满兵死十二名，受伤十九名。我军得大汽车四辆，轻机二架。步枪四十余支，子弹一万来发。

这些胜利以后，我们的东北抗日人民革命军第三军的声势更加浩大了，人数几乎增加千倍。我们更发起号召一切抗日义军来共同结成抗日联军，赞成我们抗日联军主张的义军亦日益众之。我们正在加紧进行这一工作，以东北人民革命军第三军所游击的十来县里；以第三军为中心的抗日联军正式成立为期不远了。我们相信，我们救家乡，救自己，救中国的奋斗，一定能得到全国人民一致的拥护而达到驱逐日本子收复东北的最后胜利。

義軍名將李紅光

大敗日偽佔領通新城

△某部義軍又佔領鳳城

我東北健兒抗日反滿，五年如一日，入春以來，更見活躍，據最近電訊，即可見一斑。

繳獲大批槍械軍火

五月五日上海電：申報載，東北義勇軍李紅光部下五千名，於四月十日進攻通新城（譯音）附近之日「滿」駐軍，激戰二十小時，擊潰日「滿」駐軍，繳適輕山炮十門及其他勝利品無算。四月十九日，該義軍又攻下孔城子。四月二十三日又擊潰駐八道溝之日「滿」駐軍，繳獲勝利品甚多。而農民多與義軍相聯絡。

路透訊，楊靖宇部下抗日義軍三百餘人，於四月二十五日與日「滿」軍激戰。

五月三日上海電：新聞報載，某部抗日義軍三百餘人某日進攻安東偽省之鳳城，擊潰日「滿」駐軍、佔領鳳城。

新聞報又載、四月十五日有某部義軍百餘人，襲擊駐北滿三岔河附近之日「滿」軍、擊斃日滿兵多名。

各地義軍積極活動

五月六日東京電：漢城出版之日文報載，有某部義軍一百二十餘人，於四月三十日佔領鴨綠江邊之農村。「滿」軍開去，義軍即隱藏不見。

申報四月十七日載，據瀋陽消息，距瀋陽東八十五哩新平附近，「匪衆」甚為活動，駐瀋陽日軍當局謂現無兵可調往新平云。

偽軍——營全軍覆滅

申報四月十四日載，華聯社長春訊，偽軍一營，於本月五日晨七時許，在東滿輯安縣二道威子附近，為人民革命軍第六團游擊大隊教導連，及朝鮮革命軍之聯合部隊，約四百名，包圍激戰，偽軍全部覆滅，義軍繳得長短槍三百餘支，子彈無數，並俘獲偽官兵三十八人。駐通化之日軍藤田部隊聞訊馳至，亦因義軍聲勢浩大，未敢接近云。

《救国时报》第二十九期 中华民国二十五年五月十五日 第二版

（1936 年 5 月 15 日）

义军名将李红光

大败日伪占领通新城

△某部义军又占领凤城

我东北健儿抗日反满，五年如一日，入春以来，更见活跃，据最近电讯，即可见一斑。

缴获大批枪械军火

五月五日上海电：申报载，东北义勇军李红光部下五千名，于四月十日进攻通新城（译音）附近之日“满”驻军，激战二十小时，击溃日“满”驻军，缴适轻山炮十门及其他胜利品无算。四月十九日，该义军又攻下孔城子。四月二十三日又击溃驻八道沟之日“满”驻军，缴获胜利品甚多。而农民多与义军相联络。

路透讯，杨靖宇部下抗日义军三百余人，于四月二十五日与日“满”军激战。

五月三日上海电：新闻报载，某部抗日义军三百余人某日进攻安东伪省之凤城，击溃日“满”驻军，占领凤城。

新闻报又载，四月十五日有某部义军百余人，袭击驻北满三岔河附近之日“满”军，击毙日满兵多名。

各地义军积极活动

五月六日东京电：汉城出版之日文报载，有某部义军一百二十余人，于四月三十日占领鸭绿江边之农村。“满”

军开去，义军即躲藏不见。

申报四月十七日载，据沈阳消息，距沈阳东八十五里新平附近，“匪众”甚为活动，驻沈阳日军当局谓现无兵可调往新平云。

伪军一营全军覆灭

申报四月十四日载，华联社长春讯，伪军一营，于本月五日晨七时许，在东满辑安县[1]二道崴子附近，为人民革命军第六团游击大队教导连，及朝鲜革命军之联合部队，约四百名，包围激战，伪军全部覆灭。义军缴得长短枪三百余支，子弹无数，并俘获伪官兵三十八人。驻通化之日军藤田部队闻讯驰至，亦因义军声势浩大，未敢接近云。

① 今集安市。

東北義軍女將

李紅光大戰綏芬河

——攻下古城，獲得大勝——

上海五月十五日電：天津確訊，在李紅光女將率領下之東北義軍，於四月底襲擊綏芬河邊的古城，獲得大勝。該城「滿」兵千人，驟受義軍襲擊，倉惶失措，全部爲義軍所繳械。當日夜晚李紅光部義軍獲勝後，即用所繳獲之大炮向停泊江心之「滿洲國」炮艦兩隻轟擊。轟擊多時，彈盡，然後退兵。

上海五月十四日電：長春訊，有某部義勇軍六百人日前襲擊駐三江僞省湯源縣之「滿洲國」軍隊。激戰六小時，擊斃日軍官三名。奪獲子彈數箱。

北平五月十五日電：據「滿洲國」第一僞軍區參謀部所公佈之材料，該區日「滿」軍在四月份共與義軍作戰三十七次。日「滿」軍爲義軍擊斃三十五名，傷四十五名。第四僞軍區之日「滿」軍共與義軍作戰二十七次。日「滿」軍被擊斃八名，傷者七十二名。該區之憲兵與義軍作戰共三十八次。憲兵隊死五名，傷二十名。

東京五月十三日電：同盟社哈爾濱訊，五月十二日，在哈爾濱東百公哩之木蘭縣境，有某部義勇軍四十人與某部日軍發生激戰，擊斃日軍曹長一名。

安東訊，五月十二日在安東僞省北部二十五公哩之湯山城附近，有某部義軍二百五十人與日軍發生激戰。擊斃日軍兵士二名，打傷日軍官及士兵各一名。據稱，該義勇軍爲楊石增（譯音）所率領。五月十二夜，安東之日軍，乘大汽車二輛急往戰地增援。所乘之汽車開到安東以北之土門嶺（譯音）地方附近，即被義軍襲擊，倒於路旁。日兵受傷者十二名。

上海五月九日電：某部義勇軍數百人，於五月四日襲擊駐五常縣附近洋山（譯音）之日軍部。激戰多時，擊斃日軍官四名，繳獲軍實與軍糧甚多。

東京五月十日電：同盟社奉天訊，日軍一隊與某部義勇軍二百人，於五月九日在本溪附近發生激戰，日軍大尉一名被擊斃，日兵一名受重傷。

《救国时报》第三十一期 中华民国二十五年五月二十五日 第二版

（1936 年 5 月 25 日）

东北义军女将

李红光大战绥芬河

——攻下古城，获得大胜——

上海五月十五日电：天津确讯，在李红光女将率领下之东北义军，于四月底袭击绥芬河边的古城，获得大胜。该城“满”兵千人，骤受义军袭击，仓惶失措，全部为义军所缴械。当日夜晚李红光部义军获胜后，即用所缴获之大炮向停泊江心之“满州国”炮舰两只轰击。轰击多时，弹尽，然后退兵。

上海五月十四日电：长春讯，有某部义勇军六百人日前袭击驻三江伪省汤源县[1]之“满洲国”军队。激战六小时，击毙日军官三名。夺获子弹数箱。

北平五月十五日电：据“满洲国”第一伪军区参谋部所公布之材料，该区日“满”军在四月份共与义军作战三十七次。日“满”军为义军击毙三十五名，伤四十五名。

第四伪军区之日“满”军共与义军作战二十七次。日“满”军被击毙八名，伤者七十二名。该区之宪兵与义军作战共三十八次。宪兵队死五名，伤二十名。

东京五月十三日电：同盟社哈尔滨讯，五月十二日，在哈尔滨东百公里之木兰县境，有某部义勇军四十人与某部日军发生激战，击毙日军曹长一名。

① 应为汤原县。

安东讯，五月十二日在安东伪省北部二十五公里之汤山城附近，有某部义军二百五十人与日军发生激战。击毙日军兵士二名，打伤日军官及士兵各一名。据称，该义勇军为杨石担（译音）所率领。

五月十二日夜，安东之日军，乘大汽车二辆急往战地增援。日军所乘之汽车开到安东以北之土门岭（译音）地方附近，即被义军袭击，倒于路旁。日兵受伤者十二名。

上海五月九日电：某部义勇军数百人，于五月四日袭击驻五常县附近洋山（译音）之日军军部。激战多时，击毙日军官四名，缴获军实与军粮甚多。

东京五月十日电：同盟社奉天讯，日军一队与某部义勇军二百人，于五月九日在本溪附近发生激战，日军大尉一名被击毙，日兵一名受重伤。

《农民热烈欢迎义军》版画

《救国时报》第三十四期 中华民国二十五年六月八日 第二版

（1936 年 6 月 8 日）

征鼙震地

东北抗战战事和战记

东北抗战历时十四年，有力牵制了日本关东军的军事力量，沉重打击了日本侵略者的嚣张气焰，有效遏制了日军对东北的全面占领及其扩大战争的进程。同时，东北抗战极大振奋了中国人民的民族精神，推动了全国抗日救亡运动的开展。本章主要选编《救国时报》中关于东北各方抗战力量，特别是东北抗联战事活动的相关报道，以呈现东北人民不屈不挠、奋勇抗敌的精神风貌。

東北抗日聯軍通訊

楊斌

救國時報主筆先生：

我是東北事變後由北平跑回我的家鄉——東北來投筆從戎的一個學生，由救國軍而到義勇軍，由義勇軍現在又到東北抗日聯軍第四軍裏來了。在這三四年的苦戰中，我雖然是還未被日本子的槍彈碰死，但我的身體是已經長滿了病——肺病、腰痛、我的腦子是已經壞得不像樣子了，但是，我敢絕對相信自己，只要有這口氣存在一天，我就要幹一天，堅決地，一步也不向日本退讓！

我本來就不長於寫文章，也不愛寫文章，自從看到了貴報第二、三期後，不知怎樣一股勁兒，竟使我壯起了一股子勇氣，不顧好壞的寫這封信給你們，請你們不要見笑我的筆拙，我在今天所要寫的只是關於抗日聯軍第四軍的成立經過及一年來幾個主要的作戰情形，並連帶對其他義勇軍等（三軍趙尚志，義勇軍李華堂，謝文東等）亦略略說到。

要講東北抗日聯軍第四軍的成立經過，必得先說一說我們的軍長李延祿的小史，李延祿軍長是最使人佩服的民族英雄，他在事變前就是個軍人，素志抱負不凡，所以常常對人說：「大丈夫應保國衛民，替民衆造幸福。」到東北事變後，他便大聲疾呼的說：「保國衛民是今天了，爲民衆造幸福在今天更不容緩了。」於是在延吉一帶，糾合當時駐延吉的陸軍七團三營營長王德林及孔憲榮吳義成等，共謀抗日。一九三一年十月間，他暗中將王德林的老三營及延吉一帶之警察、保衛隊、遊巡隊等爲基礎組成救國軍，即揭旗舉事，首先佔領敦化、額穆、寧安、及中東路沿線，以至很快的佔領了吉東七八縣之多，此時李延祿擔任救國軍的參謀長，關於救國軍之策略運籌，他費盡了一切苦心，他作戰非常勇敢，每次戰爭，他都是站在最前線上的，所以救國軍的士兵和長官們，沒有不萬分愛戴他的，一九三三年一月救國軍退却時，李同志堅決主張不退出國境，要繼續在東北抗日，所以當一月一號，日本子開始攻擊救國軍時，他便率領部下三百餘人，在頭道防線上（鹿刀石）給日寇一個迎頭痛擊後，即開始向虎林、密安一帶用遊擊戰術到處積極活動，並收容整理散在各地之救國軍部隊，在這個活動的期間內，給了日本子很多的嚴重打擊，如在寧安進攻東京城，打爾山子，打上馬蓮河等，都是最有名的戰爭，那怕你就是現在到寧安地界去打聽幾歲的小孩，他們都會知道李延祿是打日本子的好手。這時留在東北的救國軍和其他義勇軍部隊，是很多的，可是都散漫在各地了，有的報山頭，有的名義上叫救國軍而實際上是各行其是的。整個東北反日戰爭，陷於完全散漫無系統，無組織的狀態中，各反日部隊在作戰上，在行動上不能一致，若這樣長久繼續下去，是極端危險的。到一九三四年秋季，上海民族武裝自衛委員會代表伍坪生和哈爾濱東北反日總會代表馮仕慎到我們的隊上來巡閱反日情形，當時他們提議，要不分黨派，不分信仰，不分隊頭，只要是抗日的都應大家聯合起來，組織抗日聯軍，我們完全同意了這二位代表的意見，把密山，勃利，依蘭一帶之反日隊伍部聯合起來組成東北抗日聯軍第四軍，和南滿的人民革命軍第一軍，東滿第二軍，哈東第三軍，取得密切聯繫。

一九三四年三月初八日，在密山哈達河，開反日軍代表大會，正式成立東北抗日聯軍第四軍，當時到會之義勇軍代表，民衆代表及各反日團體的代表一千餘名，大會上一致的通過了聯軍的三大主張：（一）抗日反滿，保護中華祖國；（二）聯合民衆，共同抗日；（三）沒收日本帝國主義和漢奸的財產，充作戰費。並且決定全軍的編制及選舉了全軍的官長。我們第四軍的司令部組織是：軍長李延祿，政治部主任何忠國，參謀部長胡志敏，副官長朱洪恩。第四軍一開始就編制了七個團，一個獨立營，一個保安連和一個遊擊連，第一團團長楊泰和，政治委員李守中；第二團團長張奎，政治委員金根，第三團團長蘇衍仁，政治委員崔成浩，第四團團長張文楷，政治委員李斗文，第五團團長李天柱，政治委員何忠國兼，第六團團長孫成仁，第七團團長宮顯廷，政治委員宋寶林，獨立營長賀榮久，保安連連長杜常生，遊擊連連長鄒萬昌。在這個大會上，還討論了許多關於過去救國軍失敗的原因、經驗、教訓以及今後活動的方式等。

（未完）

壯烈歡迎義軍

《救国时报》第三十四期 中华民国二十五年六月八日 第二版

（1936 年 6 月 8 日）

东北抗日联军通讯

杨 斌

救国时报主笔先生：

我是东北事变后由北平跑回我的家乡——东北来投笔从戎的一个学生，由救国军而到义勇军，由义勇军现在又到东北抗日联军第四军里来了。在这三四年的苦战中，我虽然是还未被日本子的枪弹碰死，但我的身体是已经长满了病——肺病、腰痛、我的脑子是已经坏得不像样子了，但是，我敢绝对相信自己，只要有这口气存在一天，我就要干一天，坚决地，一步也不向日本退让！

我本来就不长于写文章，也不爱写文章，自从我看到了贵报第二、三期后，不知怎样一股劲儿，竟使我壮起了一股子勇气，不顾好坏的写这封信给你们，请你们不要见笑我的笔拙，我在今天所要写的只是关于抗日联军第四军的成立经过及一年来几个主要的作战情形，并连带对其他义勇军等（三军赵尚志，义勇军李华堂，谢文东等）亦略略说到。

要讲东北抗日联军第四军的成立经过，必得先说一说我们的军长李延禄的小史，李延禄军长是最使人佩服的民族英雄，他在事变前就是个军人，素志抱负不凡，所以常常对人说："大丈夫应保国卫民，替民众造幸福。"到东北事变后，他便大声疾呼的说："保国卫民是今天了，为民众造幸福在今天更不容缓了。"于是在延吉一带，纠合当时驻延吉的陆军七团三营营长王德林及孔宪荣吴义成等，共谋抗日。一九三一年十月间，他暗中将王德林的老三营及延吉一带之警察、保卫队、游巡队等为基础组成救国军，即揭旗举事，首先占领敦化、额穆、宁安、及中东路沿线，以至很快的占领了吉东七八县之多，此时李延禄担任救国军的参谋长，关于救国军之策略运筹，他费尽了一切苦心，他作战非常勇敢，每次战争，他都是站在最前线上的，所以救国军的士兵和长官们，没有不万分爱戴他的，一九三三年一月救国军退却时，李同志坚决主张不退出国境，要继续在东北抗日，所以当一月一号，日本子开始攻击救国军时，他便率领部下三百余人，在头道防线上（磨刀石）给日寇一个迎头痛击后，即开始向虎林、宁安一带用游击战术到处积极活动，并收容整理散在各地之救国军部队，在这个活动的期间内，给了日本子很多的严重打击，如在宁安进攻东京城，打团山子，打上马莲河等，都是最有名的战争，那怕你就是现在到宁安地界去打听几岁的小孩，他们都会知道李延禄是打日本子的好手。这时留在东北的救国军和其他义勇军部队，是很多的，可是都散漫在各地了，有的报山头，有的名义上叫救国军而实际上是各行其是的。整个东北反日战争，陷于完全散漫无系统，无组织的状态中，各反日部队在作战上，在行动上不能一致，若这样长久继续下去，是极端危险的。到一九三四年秋季，上海民族武装自卫委员会代表伍屏先生和哈尔滨东北反日总会代表马士慎到我们部队上来巡阅反日情形，当时他们提议，要不分党派，不分信仰，不分队头，只要是抗日的都应大家联合起来，组织抗日联军，我们完全同意了这二位代表的意见，把密山，勃利，依兰一带之反日队伍都联合起来组成东北抗日联军第四军，和南满的人民革命军第一军，东满第二军，哈东第三军，取得密切联系。

一九三四年三月初八日，在密山哈达河，开反日军代表大会，正式成立东北抗日联军第四军，当时到会之义勇军代表，民众代表及各反日团体的代表一千余名，大会上一致的通过了联军的三大主张：（一）抗日反满，保护中华祖国；（二）联合民众，共同抗日；（三）没收日本帝国主义和汉奸的财产，充作战费。并且决定全军的编制及选举了全军的官长。我们第四军的司令部组织是：军长李延禄，政治部主任何忠国，参谋部长胡志敏，副官长朱洪恩。第四军一开始就编制了七个团，一个独立营，一个保安连和一个游击连，第一团团长杨泰和，政治委员李守中；第二团团长张奎，政治委员金根，第三团团长苏衍仁，政治委员崔成浩，第四团团长张文楷[1]，政治委员李斗文，第五团团长李天柱，政治委员何忠国兼，第六团团长孙成仁，第七团团长宫显廷，政治委员宋宝林，独立营营长贺荣久，保安连连长杜常生，游击连连长郑万昌。在这个大会上，还讨论了许多关于过去救国军失败的原因、经验、教训以及今后活动的方式等。

（未完）

①应为张文偕。

日寇在「滿」增兵二十五萬

我義軍到處蜂起

出奇制勝，神出鬼沒

五月二十七日倫敦電：路透社東京訊，關東軍司令部與東京軍事當局協商之結果，決定將駐「滿洲國」之日軍增至二十五萬人。

該通訊又稱，日本決將駐滿日軍改爲駐滿之常備軍。日本向「滿洲國」移民，亦將急速增加。此種移民政策，顯然與軍事有關。「滿洲國」軍隊亦將發展機械及化學的部隊。

日寇完全把我京北作爲牠壟斷下的殖民地。將增加駐軍至二十五萬人之多，作爲猛烈侵略中國之根據地。

我東北義軍則到處開展反日反「滿」救國遊擊戰爭，以回答日寇之增兵。茲彙數日來關於義軍鬥爭的電訊如次：

五月二十七日東京電：哈爾濱同盟社訊，五月二十六日有某部義軍百人，拆毀穆林線三道河子北二公里處之路軌，埋放炸彈，炸毀火車，炸死日人一名及高麗人三名。義軍與日軍在炸車之地點發生激戰，擊斃日軍隊長二名及士兵一名。後日軍大隊援軍趕到，義軍即退入山中。

屯駐穆林西北部六公里處之日本護路警察隊二十餘名，二十六日夜晚爲某部義軍二百名所襲擊，迄今消息不明，衆料已全爲義軍所擊斃。

據同盟社長春訊，沿圖門至牡丹江之鐵路線義軍極活躍，二十六日夜有某部義軍襲擊老新嶺站，向車站拋擲炸彈。

五月二十二日上海電：路透社廣州訊，東北現在抗日義軍總數不下五萬餘人。一九三三年孔慈榮爲東北抗日義軍總司令之一，迄今孔氏仍在東北領導義軍抗日。

五月二十三日東京電；同盟社哈爾濱訊，有某部義軍一百五十人，於二十一日在哈爾濱南部六十公里之拉林附近，與某部日軍激戰，擊斃日兵三名，傷二人。

五月二十四日北平電，國通社訊，近日義軍三百人，襲擊安東僞省通化縣附近之汽車十輛，獲得勝利。該汽車帶有軍用鴿多隻，隨即放鴿送信求援。翌日「滿」軍趕到，義軍早已退走，不知去向。

又訊，五月五日在依蘭縣東部四十公里附近之某地，有義軍與日「滿」軍激戰，雙方均有損失。

五月二十四日東京電：同盟社長春訊，有武裝整齊之義軍七百人，在謝永祥（譯音）率領下，於二十二日襲擊湯源鶴立崗煤礦，激戰多時，擊斃煤礦職員六人，內有日本人二人，重傷三人，俘獲一人。

《救国时报》第三十四期 中华民国二十五年六月八日 第二版

（1936年6月8日）

日寇在“满”增兵二十五万

我义军到处奋起

出奇制胜，神出鬼没

五月二十七日伦敦电：路透社东京讯，关东军司令部与东京军事当局协商之结果，决定将驻“满洲国”之日军增至二十五万人。

该通讯又称，日本决将驻满日军改为驻满之常备军。日本向“满洲国”移民，亦将急速增加。此种移民政策，显然与军事有关。“满洲国”军队亦将发展机械及化学的部队。

日寇完全把我东北作为它垄断下的殖民地。将增加驻军至二十五万人之多，作为猛烈侵略中国之根据地。我东北义军则到处开展反日反“满”救国游击战争，以回答日寇之增兵。兹汇数日来关于义军斗争的电讯如次：

五月二十七日东京电：哈尔滨同盟社讯，五月二十六日有某部义军百人，拆毁穆林县[1]三道河子北二公里处之路轨，埋放炸弹，炸毁火车，炸死日人一名及高丽人三名。义军与日军在炸车之地点发生激战，击毙日军队长二名及士兵一名。后日军大队援军赶到，义军即退入山中。

屯驻穆林西北部六公里处之日本护路警察队二十余名，二十六日夜晚为某部义军二百名所袭击，迄今消息不明，众料已全为义军所击毙。

① 应为穆棱县。

据同盟社长春讯，沿图门至牡丹江之铁路线义军极活跃，二十六日夜有某部义军袭击老新岭站，向车站抛掷炸弹。

五月二十二日上海电：路透社广州讯，东北现在抗日义军总数不下五万余人。一九三三年孔宪荣为东北抗日义军总司令之一，迄今孔氏仍在东北领导义军抗日。

五月二十三日东京电：同盟社哈尔滨讯，有某部义军一百五十人，于二十 一日在哈尔滨南部六十公里之拉林附近，与某部日军激战，击毙日兵三名，伤二人。

五月二十四日北平电，国通社讯，近日有义军三百人，袭击安东伪省通化县附近之汽车十辆，获得胜利。该汽车带有军用鸽多只，随即放鸽送信求援。日“满”军赶到，义军早已退走，不知去向。又讯，五月五日在依兰县东部四十公里附近之某地，有义军与日“满”军激战，双方均有损失。

五月二十四日东京电：同盟社长春讯，有武装整齐之义军七百人，在谢永祥（译音）率领下，于二十二日袭击汤源鹤立岗煤矿，激战多时，击毙煤矿职员六人，内有日本人二人，重伤三人，俘获一人。

《新的长城》版画

《救国时报》第一五O期　中华民国二十七年一月三十一日　第三版

（1938年1月31日）

東北抗日聯軍通訊（一續）

楊烒

現在把我們一年來主要的幾個作戰經過略略的說一說：

一九三五年二月六日，我國軍司令部率同第三團，第五團及魏軍王營長等進攻勃利縣青山溝駐防之滿狗森林警察隊孫海濤部，戰約三小時，即將狗防所佔領，當場擊斃狗兵七名，傷九名，繳獲步槍五枝，子彈千餘粒及軍需品無算，並沒收戰馬五百餘匹，三百匹留我隊自用，餘二百匹分配給民衆，我方士兵傷一名。後又向依蘭一帶活動，作過幾次小戰，到三月十二日我們便計劃進攻依蘭土城子滿狗關團（警備旅），戰六小時，即將狗防所攻下，繳得步槍十枝，擊斃狗兵八名，傷六名，俘虜一名，經以宣傳後即釋放。四月初即與第二團張奎會合，這時就是二、三、五團一起在依蘭一帶活動。四月二十七日，我二、三、五團由何主任指揮進攻團鳳樓，包圍了走狗警備旅楊連旦的防所，激戰四個多鐘頭，繳械三十餘枝，我方號兵及劉連長，因勇不顧身在衝鋒時陣亡。團鳳樓本來是個鎮市，當我們進城之後，對中國商店及住戶絲毫未動，只將日本子和走狗的商店財產等全部沒收，並逮捕走狗多名。」直至二十八日天明，我們的隊伍才退出來。這次戰爭一般民衆和商界，沒有一個不說：「李司令的軍隊真是打日本子的軍隊，絲毫不擾害商民」。五月七日我第三團在蘇團長指揮之下進攻勃利縣之龍爪溝，把該地滿狗自衛團劉團長部下全體繳械，得步槍十六枝，我方絲毫沒有損失，五月二十四日，我第一團全部在楊團長率領之下進攻滿達河車站，我們業已包圍了走狗自衛團防所時，敵人還在睡夢中，即被我們把械全繳去了，當時得了三八式步新槍十枝，子彈二千餘發，並擊斃日寇十二名，我方只有二名受傷。

六月十七日上午十一時，何主任率第三團全部正在勃利縣之馬鞍山息休中，忽聽得崗位報告，發現敵情，當時何主任就把隊伍埋伏在路旁，一會兒，看見日寇八名，穿着焦黃的衣服來了，我們這時心中樂了，等日寇走進我埋伏兵線內時，我們即開槍一齊射擊，立即打倒了七個日本子，剩下的一個拚命逃跑，我們追了一會也就捉住了。我們一搜陣地時，獲得捷克式新輕機關槍一架，三八式步槍五枝，輕迫擊炮一門，及子彈、軍需品等甚多。我軍得勝之後，便在山下一個小房裏休息。一會兒便有大批敵人包圍來了，我軍待悉，立即搶登山巔。這時何主任便站在山坡上大聲疾呼的指揮隊伍，敵人立刻知道他是指揮官，就集中了數架機關槍的火力向何主任擲射。何主任一連身中四彈倒地。何主任當時自知生命難保，遂把自己的手槍及重要文件等一併交給別人，並在不斷高呼「打倒日本帝國主義！中華民族解放萬歲！」的聲中而含笑犧牲了！我全軍士兵及密山勃利一帶的抗日反「滿」救國同胞們聽說何主任陣亡了，沒有一個不頓足洒淚而嘆惜的。的確，何主任眞是中華民族最優秀的子孫，他是一個智勇雙全的民族英雄啊！我寫到這裏眞不覺要流下熱淚來。同想起來，何主任作戰多勇敢！無論什麼時候他都站在最前線上指揮部隊。他是多麼有謀略的人，他領導第四軍作了無數次的勝利戰爭。可惜他如今過早的犧牲了，可惜！可惜！

七月十二日我四軍司令部帶同保安連及遊擊連，進攻方正縣德木立西二號，擊斃敵人八名，得步槍十一枝，子彈二千餘粒，其他軍用品等甚多。我軍亦陣亡一名。

經過這幾次戰爭後，密山勃利一帶的老百姓，都興奮起來了。他們說：「我們不怕了，中國不能亡國，各處抗日軍都起來了，你看這才幾天的光景，把日本子打死多少，咱們要齊心抗日反「滿」，擁護抗日軍，到抗日軍裏去……」老百姓自動的給我們送信，給我們給養的也更加衆多了。至於「滿」兵呢？他們都知道抗日軍是眞正打日本子的軍隊，不是「胡子」。他們說：「抗日軍不打中國兵，要槍不要命，咱們怕什麼，槍是官家的，命是自己的，抗日軍來了，我們就把槍給他們，那有什麼關係呢……」我們打了許多次勝仗以後，其他未參加我們抗日聯軍的各部隊，都知道我們會打仗，總打勝仗，並且無論到什麼地方老百姓都熱烈歡迎，送慰勞品給我們。因此，他們有的願意跟着我們的隊伍一起活動，有的請求我們收編他們的隊伍。所以我們的隊伍的活動就非常容易，我們隊伍的威信，就非常高。小日本子就更加嚇得驚魂喪胆了。

到了七月初的時候，我們四軍的司令部，和三軍第一團劉海濤部在方正縣大羅勒密會師了。我們大家見面之後，都喜歡得像雀一般的跳躍起來，當時我們開了聯歡露天大會，參加這大會的除三、四軍的部隊外，還有義勇軍老來紅、金山、海龍、平門、海城等隊數百人，此外還有地方民衆千餘名參加。我們正在開會，忽然落了雨，但是一般士兵及民衆都齊聲喊着，願意冒雨繼續開會，一直到天黑時才散。後來又開了一個軍官聯席會議，決定了共同到依蘭一帶找謝文東、李華堂等共同進行幾個較大的反日戰，經過了幾天的行軍之後，就先後的見到了謝文東、李華堂等，當時共同決定了進攻依蘭之刁翎。

（未完）

《救国时报》第三十五期 中华民国二十五年六月十日 第二版

（1936年6月10日）

东北抗日联军通讯（一续）

杨　斌

现在把我们一年来主要的几个作战经过略略的说一说：

一九三五年二月六日，我四军司令部率同第三团，第五团及义军王营长等进攻勃利县青山沟驻防之满狗森林警察队孙海涛部，战约三小时，即将狗防所占领，当场击毙狗兵七名，伤九名，缴获步枪五枝，子弹千余粒及军需品无算，并没收战马五百余匹，三百匹留我队自用，余二百匹分配给民众，我方士兵伤一名。后又向依兰一带活动，作过几次小战，到三月十二日我们便计划进攻依兰土城子满狗关团（警备旅），战六小时，即将狗防所攻下，缴得步枪十枝，击毙狗兵八名，伤六名，俘虏一名，给以宣传后即释放。四月初即与第二团张奎会合，这时就是二、三、五团一起在依兰一带活动。四月二十七日，我二、三、五团由何主任[1]指挥进攻阎凤楼，包围了走狗警备旅杨连长的防所，激战四个多钟头，缴械三十余枝，我方号兵及刘连长，因勇不顾身在冲锋时阵亡。阎凤楼本来是个镇市，当我们进城之后，对中国商店及住户丝毫未动，只将日本子和走狗的商店财产等全部没收，并逮捕走狗多名。直至二十八日天明，我们的队伍才退出来。这次战争一般民众和商界，没有一个不说："李司令的军队真是打日本子的军队，丝毫不扰害商民"。五月七日，我第三团在苏团长指挥之下进攻勃利县之龙爪沟，把该地满狗自卫

① 即何忠国。

团刘团长部下全体缴械，得步枪十六枝，我方丝毫没有损失。五月二十四日，我第一团全部在杨团长率领之下进攻滴达河车站，我们业已包围了走狗自卫团防所时，敌人还在朦胧中，即被我们把械全缴去了，当时得了三八式步新枪十枝，子弹两千余发，并击毙日寇十二名，我方只有二名受伤。

六月十七日上午十一时，何主任率第三团全部正在勃利县之马鞍山息休中，忽听得岗位报告，发现敌情，当时何主任就把队伍埋伏在路旁，一会儿，看见日寇八名，穿着焦黄的衣服来了，我们这时心中乐了，等日寇走进我埋伏兵线内时，我们即开枪一齐射击，立即打倒了七个日本子，剩下的一个拼命逃跑，我们追了一会也就捉住了。我们一搜阵地时，获得捷克式新轻机关枪一架，三八式步枪五枝，轻迫击炮一门，及子弹、军需品等甚多。我军得胜之后，便在山下一个小房里休息。一会儿便有大批敌人包围来了，我军得悉，立即抢登山峰。这时何主任便站在山坡上大声疾呼的指挥队伍，敌人立刻知道他是指挥官，就集中了数架机关枪的火力向何主任扫射。何主任一连身中四弹倒地。何主任当时自知生命难保，遂把自己的手枪及重要文件等一并交给别人，并在不断高呼“打倒日本帝国主义！中华民族解放万岁！”的声中而含笑牺牲了！我全军士兵及密山勃利一带的抗日反“满”救国同胞们听说何主任阵亡了，没有一个不顿足洒泪而叹惜的。的确，何主任真是中华民族最优秀的子孙，他是一个智勇双全的民族英雄啊！我写到这里真不觉要流下热泪来。回想起来，何主任作战多勇敢！无论什么时候他都站在最前线上指挥部队。他是多么有谋略的人。他领导第四军作了无数次的胜利战争。可惜他如今过早的牺牲了，可惜！

可惜！

七月十二日我四军司令部带同保安连及游击连，进攻方正县德木立[1]西二截，击毙敌人八名，得步枪十一枝，子弹二千余粒，其他军用品等甚多。我军亦阵亡一名。

经过这几次战争后，密山勃利一带的老百姓，都兴奋起来了。他们说："我们不怕了，中国不能亡国，各处抗日军都起来了，你看这才几天的光景，把日本子打死多少，咱们要齐心抗日反'满'，拥护抗日军，到抗日军里去……"老百姓自动的给我们送信，给我们给养的也更加众多了。至于"满"兵呢？他们都知道抗日军是真正打日本子的军队，不是"胡子"。他们说："抗日军不打中国兵，要枪不要命，咱们怕什么，枪是官家的，命是自己的，抗日军来了，我们就把枪给他们，那有什么关系呢……"我们打了许多次胜仗以后，其他未参加我们抗日联军的各部队，都知道我们会打仗，总打胜仗，并且无论到什么地方老百姓都热烈欢迎，送慰劳品给我们。因此，他们有的愿意跟着我们的队伍一起活动，有的请求我们收编他们的队伍。所以我们的队伍的活动就非常容易，我们的队伍威信，就非常高。小日本子就更加吓得惊魂丧胆了。到了七月初的时候，我们四军的司令部，和三军第一团刘海涛部在方正县大罗勒密会师了。我们大家见面之后，那喜欢得像雀一般的跳跃起来，当时我们开了联欢露天大会，参加这个大会的除三、四军的部队外，还有义勇军老来红、金山、海龙、平门、海城等队数百人，此外还有地方民众千余名参加。我们正在开会，忽然

① 应为得莫利。

落了雨，但是一般士兵及民众都齐声喊着，愿意冒雨继续开会，一直到天黑时才散。后来又开了一个军官联席会议，决定了共同到依兰一带找谢文东、李华堂等共同进行几个较大的反日战，经过了几天的行军之后，就先后的见到了谢文东、李华堂等，当时共同决定了进攻依兰之刁翎。

（未完）

東北抗日聯軍通訊（二續）

——楊斌——

我們雖然知道刁翎城裏住有二百多名的滿兵大排隊，但是，我們却公開的去進攻他們，我還記得在八月中秋節的前一天，我們列着大隊分爲三路把城市包圍起來：四軍從東面進攻，李華堂從南面進攻，三軍從西面進攻，謝文東爲後援隊，在那天上午十點時，便兵臨城下了，我們給他們送信叫他們開城門迎接我們進城，這時商農會完全同意開門燃炸迎我們進城，但是那走狗馮保董，確堅持不許，在萬分不得已的當中，我們便下了總攻擊令，四面一齊進攻，在敵人的槍林彈雨之下，我們的兵士衝破了他們的防衛線，將全城佔領，繳得步槍一百餘枝，尚有一百多名大排隊，在我們宣傳之下自動反正，加入抗日軍，願意跟着我們一同去抗日。　馮保董，藍隊長，王隊長，段隊長，馮保董的姪子等走狗全部逮捕，在這城裏佔領五個鐘頭始退出。對於商民絲毫未動，只將走狗防所炮台等焚毀了，這一戰計敵方死傷七十餘名，因爲我們衝鋒時用數架機關槍及匣槍猛烈掃射，所以敵方才有這樣大的損失。　我方僅陣亡二名（龐班長殿巨，另三軍一名）我們作完這次戰後，知道敵人必來重兵圍攻我們，我們便決定了以迅雷不及掩耳的手段拆師南下猛撲林口，因我們預料敵人必然會調動林口駐兵來進攻我們。十七日日寇果然把林口的兵調住依蘭去了，我們乘這當兒把林口（大車站）又攻陷，日寇聞訊又回林口時，我們的隊伍已經化整爲零，分別到各處遊擊去了，這次戰後日本子垂頭喪氣的說：「我們眞鬼不過抗日軍，他媽的吃了大虧……」

九月中旬當我們司令部帶同保安連，第一團，在依蘭　帶活動時，得三軍司令部趙尙志將要到來的消息，我們的隊員更鼓舞起來了，結果沒有五天便在某地會合了，不料在我們剛剛會合，兵力集中的當兒，日寇便進攻我們，但是日寇未到之前我們早已埋伏好了！　這就是在刁翎附近之拜子溝。　當敵人走進了我們的伏兵線內，我們就殺聲四起，一陣猛烈的掃射，結果把日寇打得抱頭鼠竄，丟盔棄甲，我們檢查陣地結果，擊斃日寇三十四名，傷四十多，我們得了三八式新步槍三十一枝，手槍三枝，鋼帽子三十八個，日本軍用戰馬（帶皮鞍子）十二匹，步槍子彈四千餘粒，望遠鏡一架（被打壞）及其他軍用品甚多。　我方隊員戴振東陣亡，吳雙山受傷。作完此戰之後，我們又向勃利腹地進發。因爲這次日寇受到此種莫大損失，他們就調動了大批兵力來「討伐」我們，但是，日寇逗「鬼不過」我們，他的大兵未到以前，我們却已將主力，像急風一般

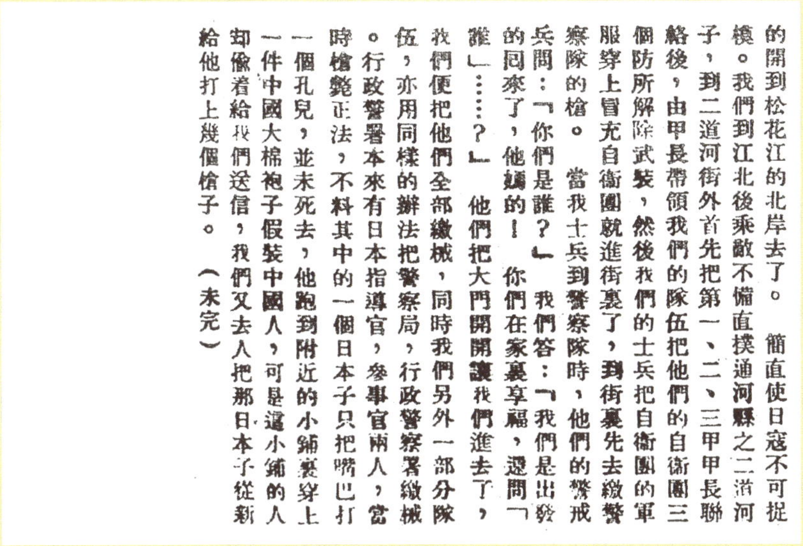

的開到松花江的北岸去了。 簡直使日寇不可捉摸。我們到江北後乘敵不備直撲通河縣之二道河子，到二道河街外首先把第一、二、三甲甲長聯絡後，由甲長帶領我們的隊伍把他們的自衛團三個防所解除武裝，然後我們的士兵把自衛團的軍服穿上冒充自衛團就進街裏了，到街裏先去繳警察隊的槍。 當我士兵到警察隊時，他們的警戒兵問：「你們是誰？」 我們答：「我們是出發的同來了，他媽的！ 你們在家裏享福，還問「誰」……？」 他們把大門開開讓我們進去了，我們便把他們全部繳械，同時我們另外一部分隊伍，亦用同樣的辦法把警察局，行政警察署繳械。行政警署本來有日本指導官，參事官兩人，當時槍斃正法，不料其中的一個日本子只把嘴巴打一個孔兒，並未死去，他跑到附近的小鋪裏穿上一件中國大棉袍子假裝中國人，可是這小鋪的人卻像着給我們送信，我們又去人把那日本子從新給他打上幾個槍子。（未完）

《救国时报》第三十六期 中华民国二十五年六月十五日 第二版
（1936年6月15日）

东北抗日联军通讯（二续）

杨 斌

我们虽然知道刁翎城里住有二百多名满兵大排队，但是，我们却公开的去进攻他们，我还记得在八月中秋节的前一天，我们列着大队分为三路把城市包围起来：四军从东面进攻，李华堂从南面进攻，三军从西面进攻，谢文东为后援队，在那天上午十点时，便兵临城下了，我们给他们送信叫他们开城门迎接我们进城，这时商农会完全同意开门燃炸迎我们进城，但是那走狗冯保董，确坚持不许，在万分不得已的当中，我们便下了总攻击令，四面一齐进攻，在敌人的枪林弹雨之下，我们的兵士冲破了他们的防卫线，将全城占领，缴得步枪一百余枝，尚有一百多名大排队，在我们宣传之下自动反正，加入抗日军，愿意跟着我们一同去抗日。冯保董，蓝队长，王队长，段队长，冯保董的侄子等走狗全部逮捕，在这城里占领五个钟头始退出。对于商民丝毫未动，只将走狗防所炮台等焚毁了，这一战计敌方死伤七十余名，因为我们冲锋时用数架机关枪及匣枪猛烈扫射，所以敌方才有这样的损失。我方仅阵亡二名（庞班长殿巨，另三军一名）我们作完这次战后，知道敌人必来重兵围攻我们，我们便决定了以迅雷不及掩耳的手段折师南下猛扑林口，因我们预料敌人必然会调动林口驻兵来进攻我们。十七日日寇果然把林口的兵调往依兰去了，我们乘这当儿把林口（大车站）又攻陷，日寇闻讯又回林口时，我们的队伍已经化整为零，分别到各处游击去了，这次战后日本子垂头丧气的说："我们真鬼不过抗日军，他妈的吃了大亏……"

九月中旬当我们司令部带同保安连，第一团，在依兰一带活动时，得三军司令部赵尚志将要到来的消息，我们的队员更鼓舞起来了，结果没有五天便在某地会合了，不料在我们刚刚会合，兵力集中的当儿，日寇便进攻我们，但是日寇未到之前我们早已埋伏好了！这就是在刁翎附近之样子沟。当敌人走进了我们的伏兵线内，我们就杀声四起，一阵猛烈的扫射，结果把日寇打得抱头鼠窜，丢盔弃甲，我们检查阵地结果，击毙日寇三十四名，伤四十多，我们得了三八式新步枪三十一枝，手枪三枝，铜帽子三十八个，日本军用战马（带皮鞍子）十二匹，步枪子弹四千余粒，望远镜一架

（被打坏）及其他军用品甚多。我方队员戴振东阵亡，吴双山受伤。作完此战之后，我们又向勃利腹地进发。因为这次日寇受到此种莫大损失，他们就调动了大批兵力来“讨伐”我们，但是，日寇还“鬼不过”我们，他的大兵未到以前，我们却已将主力，像急风一般的开到松花江的北岸去了。简直使日寇不可捉摸。我们到江北后乘敌不备直扑通河县之二道河子，到二道河街外首先把第一、二、三甲甲长联络后，由甲长带领我们的队伍把他们的自卫团三个防所解除武装，然后我们的士兵把自卫团的军服穿上冒充自卫团就进街里了，到街里先去缴警察队的枪。当我士兵到警察队时，他们的警戒兵问：“你们是谁？”我们答：“我们是出发的回来了，他妈的！你们在家里享福，还问‘谁’……？”他们把大门开开让我们进去了，我们便把他们全部缴械，同时我们另外一部分队伍，亦用同样的办法把警察局，行政警察署缴械。行政警署本来有日本指导官，参事官两人，当时枪毙正法，不料其中的一个日本子只把嘴巴打一个孔儿，并未死去，他跑到附近的小铺里穿上一件中国大棉袍子假装中国人，可是这小铺的人却偷着给我们送信，我们又去人把那日本子从新给他打上几个枪子。

（未完）

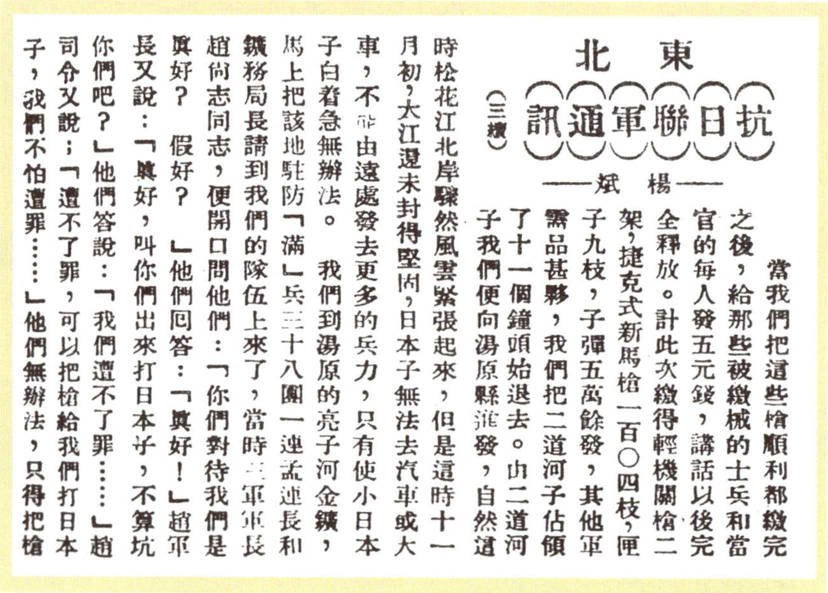

東北 抗日聯軍通訊

（三續）

——楊　斌——

當我們把這些槍順利都繳完之後，給那些被繳械的士兵和當官的每人發五元錢，講話以後完全釋放。計此次繳得輕機關槍二架，捷克式新馬槍一百〇四枝，匣子九枝，子彈五萬餘發，其他軍需品甚夥，我們把二道河子佔領了十一個鐘頭始退去。由二道河子我們便向湯原縣進發，自然這時松花江北岸驟然風雲緊張起來，但是這時十一月初，大江還未封得堅固，日本子無法去汽車或大車，不能由遠處發去更多的兵力，只有使小日本子白着急無辦法。我們到湯原的亮子河金鑛，馬上把該地駐防「滿」兵三十八團一連誌連長和鑛務局長請到我們的隊伍上來了，當時三軍軍長趙尚志同志，便開口問他們：「你們對待我們是真好？假好？」他們回答：「真好！」趙軍長又說：「真好，叫你們出來打日本子，不算坑你們吧？」他們答說：「我們遭不了罪……」趙司令又說；「遭不了罪，可以把槍給我們打日本子，我們不怕遭罪……」他們無辦法，只得把槍都交了出來。這次又繳輕機槍兩架，步槍一百枝，手槍三枝，繳完械之後，發給連長，排長（一兩個人）共一百七十元，士兵每人發給五厘金。這些被繳械的士兵，都說：這才是眞正抗日的軍隊……」所以當時他們跟着我們隊伍來當兵的不少。

這一戰後在江北先後作了許多次的戰爭，我在此不必詳細來寫他了，當日寇到江北「討伐」我們的時候，我們却又轉向到另外一個方向了，眞把小日本子氣個眼睛紅。在江北活動的這一時期，曾和湯原游擊隊夏云階部隊會合之後，得到他們的同意，把他們隊伍正式編爲抗日聯軍第六軍，軍長夏云階擔任。同時我們所說饒河一帶的隊伍在東北反日總會指令之下也準備改編爲東北抗日聯軍第七軍。

關於作戰的情形，我不再多寫了，在這裏我還要講一講我們隊內的兵士一般生活怎樣，我們的伙食當然因爲沒有經常固定的給養，只有吃老百姓的糧食和菜類等，所以我們吃的伙食是有時很好，有時不好，甚至有時不能按時吃到飯，但是一般的講來，因我們勇敢的打日本子和保護老百姓，所以老百姓喜歡盡可能的給我們送豬，送麵，送粳米等，所以我們有時吃得很好。（未完）

還我山河！——瀋陽風景之一——

《救国时报》第三十七期 中华民国二十五年六月二十日 第二版

（1936年6月20日）

东北抗日联军通讯（三续）

杨 斌

当我们把这些枪顺利都缴完之后，给那些被缴械的士兵和当官的每人发五元钱，讲话以后完全释放。计此次缴得轻机关枪二架，捷克式新马枪一百〇四枝，匣子九枝，子弹五万余发，其他军需品甚夥，我们把二道河子占领了十一个钟头始退去。由二道河子我们便向汤原县进发，自然这时松花江北岸骤然风云紧张起来，但是这时十一月初，大江还未封得坚固，日本子无法去汽车或大车，不能由远处发去更多的兵力，只有使小日本子白着急无办法。我们到汤原的亮子河金矿，马上把该地驻防“满”兵三十八团一连孟连长和矿务局长请到我们的队伍上来了，当时三军军长赵尚志同志，便开口问他们：“你们对待我们是真好？假好？”他们回答：“真好！”赵军长又说：“真好，叫你们出来打日本子，不算坑你们吧？”他们答说：“我们遭不了罪……”赵司令又说：“遭不了罪，可以把枪给我们打日本子，我们不怕遭罪……”他们无办法，只得把枪都交了出来。这次又缴轻机枪两架，步枪一百枝，手枪三枝，缴完械之后，发给连长，排长（两个人）共一百七十元，士兵每人发给五厘金。这些被缴械的士兵，都说：“这才是真正抗日的军队……”所以当时他们跟着我们队伍来当兵的不少。这一战后在江北先后作了许多次的战争，我在此不必详细来写他了，当日寇到江北“讨伐”我们的时候，我们却又转向到另外一个方向了，真把小日本子气个眼睛红。在江北活动的这一时期，曾和汤原游击队夏云阶[1]部队会合之后，得到他们的同意，把他们队伍正式编为抗日联军第六军，军长夏云阶担任。同时我们所说饶河一带的队伍在东北反日总会指令之下也准备改编为东北抗日联军第七军。

关于作战的情形，我不再多写了，在这里我还要讲一讲我们队内的兵士一般生活怎样，我们的伙食当然因为没有经常固定的给养，只有吃老百姓的粮食和菜类等，所以我们吃的伙食是有时很好，有时不好，甚至有时不能按时吃到饭，但是一般的讲来，因我们勇敢的打日本子和保护老百姓，所以老百姓喜欢尽可能的给我们送猪，送面，送粳米等，所以我们有时吃得很好。

（未完）

①应为夏云杰。

東北抗日聯軍通訊（續完）

——楊　斌——

去年秋季我們國軍和三軍會合之後，繼續不斷的作了一些勝利的戰爭，我們的伙食更好起來了，同時，我們也規定了每隔五天要吃一頓豬肉，每個月每人發零用錢一元五毛，無論當兵當官都是一樣，沒有等級的差別；軍服每季由公家發給新的一套或二；二套，我們的服裝也是很整齊的，或者黃色的，或者灰色的，亦或者是黑色的不一定，比方我們去年冬季每人換了三次新衣裝，那是因爲我們常露天宿營，打火堆兒的時候，常常被燒破了，其他零用品如手巾，襪子，煙捲等常常是由公家發給，有時是老百姓送給我們（慰勞品）。我們的精神生活是很快樂的，上操，唱歌，識字班，政治討論會等等，如果沒有敵情或作戰的事情發生，差不多每天都是要進行一兩樣的。我們唱歌是得到一般老百姓，「滿」兵等的歡喜，和滿兵作戰的時候，我們常常一面作戰，一面唱歌，有許多的時候，因爲我們的唱歌刺入了他們的中國人的愛國天良，他們便不向我們打槍了，所以一般人常說：「抗日軍的唱歌，比一架機關槍還好使。」我們識字班也是很有趣味的，比方有許多隊員他們從前是未讀過書，不識一個字，但是，在我們的隊伍上了幾個月的識字班，他居然也會看報了。因爲我們常常有政治討論會，而許多素來沒有什麼智識的隊員，居然也懂得國家大事了。所以我們的隊員常常說道：「在抗日軍當兵，趕上住大學堂了……」。謝文東，李華堂等的部隊，看見我們這種辦法好，他們也準備這樣幹了。

我們抗日軍對待老百姓，那是再好沒有的了，我們不但不搶他們，反而有時把得來的戰利品送給他們一些；我們對待老百姓不但不打他們，不罵他們，反倒很喜愛他們，比方當農民正忙於耕作的時候，我們自己挑水，劈柴，煮飯等，讓他們在田裏去幹活。我們在農民家宿營的時候，若是屋子小，我們叫他家的老年人和小孩在炕上睡，我們自己在地下睡。當我們到農民家裏的時候，我們還給他們講許多打日本子的事情，他們很願意聽，正因爲我們對待老百姓這樣好，所以老百姓才眞心眞意的對待我們。他們不辭什麼樣的辛苦，給我們送信，送給養等，他們說：「你們能不顧命的眞正打日本子，難道我們連跑個信，供個給養就不行麼？ 我們也是一樣的不願當亡國奴，若不叫我們拉家帶口的，我們早就跟着你們一塊去幹了……」。 正因爲我們軍隊和老百姓這樣一心一意共同打日本子，日本子才瘋狂般的屠殺老百姓，他們慘無人道的實行歸大屯保甲制，把山溝的房子都燒了，山溝的住戶都認爲是「胡子」而屠殺了，企圖使我們的軍隊和民衆隔離起來。 豈知老百姓任憑你怎樣壓迫他們，也是一樣要反日，也是一樣給我們送信，送給養，甚至拋棄了自己的家庭而到隊上來當兵，比方我們去年冬在敵人「討伐」最緊張的時候，老百姓只要一聽我們隊伍來了，他們便在夜裏偷着給我們送給養，從這地方你們能看出在東北民衆反日的情形怎樣了。

好了！ 我這篇東西就這樣雜亂無章的結束了吧！ 以後我再給你們寫，現在因爲聽到了下面有敵情，我們的隊伍準備要行軍了。

楊斌寫於松花江北岸

大中華民國二十五年三月二日

《救国时报》第三十九期 中华民国二十五年六月三十日 第二版

（1936 年 6 月 30 日）

东北抗日联军通讯（续完）

杨 斌

去年秋季我们四军和三军会合之后，继续不断的作了一些胜利的战争，我们的伙食更好起来了，同时，我们也规定了每隔五天要吃一顿猪肉，每个月每人发零用钱一元五毛，无论当兵当官都是一样，没有等级的差别；军服每季由公家发给新的一套或二，三套，我们的服装也是很整齐的，或者黄色的，或者灰色的，亦或者是黑色的不一定，比方我们去年冬季每人换了三次新衣装，那是因为我们常露天宿营，打火堆儿的时候，常常被烧破了，其他零用品如手巾，袜子，烟卷等常常是由公家发给，有时是老百姓送给我们（慰劳品）。我们的精神生活是很快乐的，上操，唱歌，识字班，政治讨论会等等，如果没有敌情或作战的事情发生，差不多每天都是要进行一两样的。我们唱歌是得到一般老百姓，“满”兵等的欢喜，和满兵作战的时候，我们常常一面作战，一面唱歌，有许多的时候，因为我们的唱歌刺入了他们的中国人的爱国天良，他们便不向我们打枪了，所以一般人常说：“抗日军的唱歌，比一架机关枪还好使。”我们识字班也是很有趣味的，比方有许多队员他们从前是未读过书，不识一个字，但是，在我们的队伍上了几个月的识字班，他居然也会看报了。因为我们常常有政治讨论会，而许多素来没有什么智识的队员，居然也懂得国家大事了。所以我们的队员常常说道：“在抗日军当兵，赶上住大学堂了……”。谢文东，李华堂等的部队，看见我们这种办法好，他们也准备这样干了。

我们抗日军对待老百姓，那是再好没有的了，我们不但不抢他们，反而有时把得来的战利品送给他们一些；我们对待老百姓不但不打他们，不骂他们，反倒很喜爱他们，比方当农民正忙于耕作的时候，我们自己挑水，劈柴，煮饭等，让他们在田里去干活。我们在农民家宿营的时候，若是屋子小，我们叫他家的老年人和小孩在炕上睡，我们自己在地下睡。当我们到农民家里的时候，我们还给他们讲许多打日本子的事情，他们很愿意听，正因为我们对老百姓这样好，所以老百姓才真心真意的对待我们。他们不辞什么样的辛苦，给我们送信，送给养等，他们说：“你们能不顾命的真正打日本子，难道我们连跑个信，供个给养就不行么？我们也是一样的不愿当亡国奴，若不叫我们拉家带口的，我们早就跟着你们一块去干了……”。正因为我们军队和老百姓这样一心一意共同打日本子，日本子才疯狂般的屠杀老百姓，他们惨无人道的实行归大屯保甲制，把山沟的房子都烧了，山沟的住户都认为是“胡子”而屠杀了，企图使我们的军队和民众隔离起来。岂知老百姓任凭你怎样压迫他们，也是一样要反日，也是一样给我们送信，送给养，甚至抛弃了自己的家庭而到队上来当兵，比方我们去年冬在敌人“讨伐”最紧张的时候，老百姓只要一听我们队伍来了，他们便在夜里偷着给我们送给养，从这地方你们能看出东北民众反日的情形怎样了。

好了！我这篇东西就这样杂乱无章的结束了吧！以后我再给你们写，现在因为听到了下面有敌情，我们的队伍准备要行军了。

杨斌写于松花江北岸

大中华民国二十五年三月二日

夏陽天氣

東北義軍倍加活躍

「日偽軍」死傷狼藉

據六月十七日東京電，日日新聞載，齊齊哈爾日駐軍，進行「討伐」韓「滿」邊界之義勇軍，在「討伐」期中，日軍陣亡二十二人，十九日將有十四名日軍屍首，運回東京。

據同日上海電，華聯社訊，某隊義勇軍七日在奉天城附近與日軍接觸，日軍陣亡十三人。

據六月十四日東京電，朝日奉天通訊，日軍七日在「安東省」之城廠溝與「土匪」二百餘人接觸，日軍重傷四名。又訊，同盟社長春電，日軍九日又在該地與「土匪」三百名激戰，日軍傷六名。●

第一師「首次犧牲」

據六月九日東京電，同盟社奉天訊，新由日本開抵「滿洲國」之日軍第一師團，七日在寬甸附近與義勇軍六百名首次交綏，日軍陣亡五名。同盟社此項消息，各報均多發表於醒目之地位，因此係日軍第一師團到滿進行「討伐」中之首次犧牲云。又據東京十四日電，同盟社長春訊，日軍第一師團岡田部下，十三日被義軍七十名襲擊，結果日軍死三名，傷八名。又訊，東京各報載，朝鮮北部海洋河口道（譯音）之義勇軍，進襲該地，日警死二人，傷二人。又漢城日報載，朝鮮北部千國（譯音）駐警與義勇軍接觸，傷駐警一人。

據上海十六日電，中報瀋陽通訊，據關東軍報告，在去年冬季，日軍與義勇軍在遼東區接觸三百七十六次，日軍死四十名，傷七十九名云。

《救国时报》第三十九期 中华民国二十五年六月三十日 第二版

（1936年6月30日）

夏阳天气
东北义军倍加活跃

“日伪军”死伤狼藉

据六月十七日东京电，日日新闻载，齐齐哈尔日驻军，进行“讨伐”韩“满”边界之义勇军，在“讨伐”期中，日军阵亡二十二人，十九日将有十四名日军尸首，运回东京。

据同日上海电，华联社讯，某队义勇军七日在奉天城附近与日军接触，日军阵亡十三人。

据六月十四日东京电，朝日奉天通讯，日军七日在“安东省”之碱厂沟与“土匪”二百余人接触，日军重伤四名。又讯，同盟社长春电，日军九日又在该地与“土匪”三百名激战，日军伤六名。

第一师“首次牺牲”

据六月九日东京电，同盟社奉天讯，新由日本开抵“满洲国”之日军第一师团，七日在宽甸附近与义勇军六百名首次交绥，日军阵亡五名。同盟社此项消息，各报均多发表于醒目之地位，因此系日军第一师团到满进行“讨伐”中之首次牺牲云。又据东京十四日电，同盟社长春讯，日军第一师团冈田部下，十三日被义军七十名袭击，结果日军死三名，伤八名。又讯，东京各报载，朝鲜北部海洋河口道（译音）之义勇军，进袭该地，日警死二人，伤二人。又汉城日报载，朝鲜北部干国（译音）驻警与义勇军接触，伤驻警一人。

据上海十六日电，申报沈阳通讯，据关东军报告，在去年冬季，日军与义勇军在辽东区接触三百七十六次，日军死四十名，伤七十九名云。

東北抗日最近情形

陳翰笙

此稿曾載紐約中國學生會抗日救國委員會所編之抗日救國週刊第二十六期，係陳翰笙教授在紐約學生紀念「五卅」大會上講演辭之紀要。按關於東北義軍消息，因本報時接義軍通信，故紀載比一切報紙爲詳，陳君演辭，正足爲本報歷次所載義軍通訊之參照，且其敘述東北同胞在日寇鐵蹄下之痛苦情形，及我東北義軍與民衆抗日運動發展之經過，亦周詳確切，故特爲轉載本報。又關於陳君所述日寇禍害及壓迫我東北工商業情形，本報第卅四期（六月八日）曾載有大連通訊一稿，敘述尤爲詳盡，讀者可以參閱。

一　日本帝國主義勢迫利誘的手段段段段

要知道東北方面抗日的最近情形，我們須先知道日本在東北對於人民的勢迫利誘種種情狀。

日本在東北的武力大概有三十萬人以上，僞滿軍隊約四萬人，新編保安隊約六萬人，新編馬隊兩萬人，尚有警察十萬人。這十萬警察中許多業已被改編爲治安隊，開赴邊疆各地，歸當地日本軍隊節制；其用意在使他們離開本地，不能與本地民衆聯絡。

以上二十萬人以外，各地尚有自衛團。自衛團係根據保甲辦法及聯帶負責的制度而組織。凡是十八歲至四十歲的男子，均強迫充任自衛團團丁。自衛團分班，警衛班，防火班，防毒班，交通整理班，及救護班等。

這種所謂自衛組織，在各城市業已完成；如哈爾濱自衛隊有四千二百人，吉林城自衛隊有十四保十三甲，共一千餘排人。這些隊員中許多是白俄人，朝鮮人及日本人。

正式武力以外，日本還有兩種特別辦法：一爲「集團村落」，其目的在強迫小村落合併於大的村落，易於管理和調查。集團村落名義上係由僞縣政府強制組織。訂有春耕貸款等等辦法以爲鈎餌，其目的在使多數散漫的小村落能成爲大村落，使義勇軍不易躱藏。但日本人的標語則說這是「確定地方治安，發展農業」。一爲「愛護團」，其用意一方面重在束縛人民的活動，一方面爲保護鐵道。哈爾濱至滿洲里一帶，已經辦有一百五十八個村落有愛護團的組織。這種所謂愛護團組織分兩種隊伍：（一）爲少年組，組員年齡從十一歲至十五歲，（二）爲青年組，組員年齡自十六歲至二十歲，日本對於他們每施行一種誘騙辦法，如許以開發農業，給予職業等，目的在籠絡民衆，監視民衆，使不能進行破壞鐵路的工作。

最近且有「愛護汽車路會」「各日愛路會」

等，分路爲若干段，如山路，平路，有盜之路等等，責令沿路人民負責保護，偶有差池，即惟護路人是問；致年來因此而遭殺戮監禁以至傾家蕩產者不決凡幾。

日本人在東北新添許多無線電台及航空軍站等等，我們不必去多多細講，總括一句，東北已變成日本帝國主義的練兵場所。

日本將東北分爲十省。 各有宣撫委員會，由僞政府組織。 每個僞省政府或僞縣政府均有日本指導官，除處理地方政務外，他們常到鄉下宣傳，演電影等以施奴化教育，同時嚴密偵察人民的反日反僞情形。

尙有所謂治安工作隊，由宣撫委員會派人組織，與日本人合辦的協和會合作。 治安工作隊有時多至二十組，最重要者有七：即行政警察指揮班，集團村落指導班，保甲指導班，道路電話設施班，施療班，武器收回班，及宣傳宣撫班，層層壓制，密如蛛網。

還有勞工協會，道德會，日「滿」親善會，敬老會，日「滿」婦人會，人類愛善會，東亞民族同盟會等等名目，有係日本浪人主持的組織，有係東北官吏逢迎日人意旨而設辦的，目的仍不外施行奴化及壓迫。

據此以觀，日本對於東北的設施極爲周到，武力以外，又有其他的各種各樣的奴化和壓迫民衆的辦法。 似此，東北人民大概可以不必起而抗日了，然而斷然不是的。

二 東北人民反日的原因

東北人民不滿意日本者非僅是沒有飯吃的人，即有飯吃的人也大大不滿意，現在把這些不滿意的原因，分城市鄉村兩方面來說：

（一）城市人民反日的原因——城市人民第一爲怕被日寇派去參加戰爭，怕被徵爲兵，充當炮灰。 這種心理我們可以舉兩個例來證明：（一）僞滿中央陸軍訓練處招兵廣告，說「僅爲暫時訓練，並不參加討伐」，（二）哈爾濱警察廳長于鏡濤演說，「一班人怕打仗，不願參加自衛隊，實出於誤會。」

一般市民反日的第二原因是恨和怕日本浪人的騷擾，敲詐及壟斷。 東北許多工商業，自九一八以後，都爲日本浪人所壟斷。 例如甚至牛乳生意，打擺工作等等，都一齊爲日人包辦，然而他們又並不是好好的做生意，他們的目的，只是搶一點錢就跑回日本國去，日本人所辦的盛京時報在該報本年二月一日社論上也不得不說：「最好不允許浪人來，少一浪人，較殺十個「土匪」，尚爲有利」。

市民反日的第三個原因，即教育之摧殘。日

本人把以前的學校逐漸裁併縮減，新設立的學校，又有許多限制，所以中小學生失學者很多，計九一八以前，中小學校數目有二萬一千；九一八以後，減爲一萬四千；現在則僅有八百餘所；學校及學額都日在減少，凡中國人簡直有不能受教育的危險。

第四種不滿意日本的份子，爲大商人，中國人從前有自己的商會，現在日本人的命令，商會只能有一個。不能有日「滿」兩個存在。所以他們要把中國原有商會合併於日本工商事務所。一切以日本原有組織爲根據，中國商人的加入日本商會和納費是具有強迫性的，而且許多行業爲日本所籠斷。

去年七月十五日僞外交部長張燕卿與日本南大將訂約，由日本借大批款項與僞滿中央銀行，這個所謂國家銀行，非僅爲銀行之銀行，而且具有普通商業銀行的性質，壟斷許多商業。例如爲其附屬品的大興公司，就辦有當鋪，油行等等與商民爭利。當鋪屬於大興公司者有一百四十五家，他們的資本雄厚，組織嚴密，尚有政治勢力爲保護，當然非民營商行所能與之競爭。

所以現時東北的最小商人爲日本浪人所欺侮，中等以上的商人，爲銀行所欺侮，這也是市民仇日的一大因素。

民衆方面，現時各地有反日會及反日總會之組織，紅鬍子對於反日會特別要好，紅鬍子所在的地方，如果沒有反日會的證件，不易通過。

在受人民革命軍影響的地方，有農民協會，在人民革命軍佔領的區域內，有農民委員會，此外鑛工也有許多加入反日會。報載一九三四年多，吉林有金鑛工人三百餘名，因加入反日會而被捕。

到一九三五年春，義軍更有進步，他們正式組織聯軍，稱「東北抗日聯軍」。聯軍現在有六軍，第一軍軍長爲楊靖宇，第二軍軍長爲王德泰，第三軍軍長爲趙尙志，第四軍軍長爲李延祿，第五軍軍長爲周保中，第六軍軍長爲謝文東。此六軍合計至少八萬人，富有政治民族意識。此外還有兩遊擊隊，一爲湯原反日遊擊隊，一爲海倫反日遊擊隊，另有關東區遊擊隊，合計至少尚有七萬人。

第五類反對日本的人們，爲薪資收入者——除很小數人外，一般人的薪水均逐漸減低，而日本人的薪水則逐漸提高。在同一機關中，中國人即具有與日人同等的技能，並担任同等的工作，但是薪資收入却遠較日本人爲低，這當然引起中國人的不平。

又如苦力，一方面強迫去做工，一方面却常欠薪。例如拉濱線鐵路對於路工欠資鉅萬，甚至拖延半年不發。後來更簡直不認賬。

市民不滿意之最普遍的二個原因，爲賦稅的增加，特別是營業稅的增加，又商店破產，不能隨便關門，不得許可而隨便關門者，罰款很重。

（二）鄉村人民反日的原因——這也可從幾方面去看：

第一　日本將好的田地搶去給朝鮮人耕種。今年七月以後，日本要東北完全開放土地，准日本人隨便購買耕種，這樣一來，非僅自耕農，即地主也要受到嚴重的打擊。

其次爲農會的被強迫改組。

第三　富農方面，因受災荒的影響，收入已少，並且可以出賣的出產品，如大豆，煙草等等，因爲日本統制輸出及種種檢驗之故，又遭很大的打擊，因之也不滿意。

最後，鄉下的賦稅增加也很快；田賦在這四年中便增加四分之一，畜稅增加七分之一，甚至於戶口捐每年要收四次。日人對東北之稅捐方面，與百年前英國對印度辦法很相似，所不同者，只是除稅捐以外，日人更有強迫讓出土地之舉。

現在的稅捐業已夠重，假使日本與蘇聯或與美國作戰，稅捐還要巨額增加，有人計算，作戰的第一年，至少要在東北四省括十萬萬元，第二年至少也得抽七萬萬元，鄉下人爲了這個日益增加的租稅，所以也不滿於東北的日人及賣國賊。

以上已經略述城市人民及鄉下人民都要反對日本的各種原因，但是城市人民的反抗力量現時還是很弱的，他們不敢做先鋒，鄉下人則不但數量衆多，而且因爲有義勇軍之故，反抗力量特別大，所以現在我們就應當說到義勇軍了。

三　東北義勇軍的過去及現在

義勇軍到現在究竟還有多少人，多少力量，這是我們大家關心的問題。大連日人所辦英文「滿」報本年一月十五日的記載上說：「從前有三十萬「土匪」，現在祇餘二萬，收回的武器，手槍長槍等已五十萬枝，但尚有一百五十萬枝未收回」。

僞總理張景惠在「建國四周年的感想」中也如日本人所說「建國時全「滿」有「土匪」三十萬，今僅餘一萬，不久可以漸次肅清」。

但是這些言論都不可信，根據盛京時報本年三月六日所載關東局的報告，關東租借地一隅的「土匪」尚有一千二百人。關東地域在東北既甚小，且警備森嚴，不易躲避，尚有這麽多義勇軍，全東北合計，爲數當然很大，所謂二萬之說，絕不可靠。

數量之外，我們最要注意的爲義勇軍之性質，依此說來，義勇軍的活動可以分爲三個時期。

第一時期——自九一八至一九三二年三月僞滿建國。這一時期的義勇軍，大多數分散於遼西，錦州，及打虎山一帶，零星散亂，毫無聯合，並且和張學良有若干來往而受其欺騙，終究被日本軍隊各個擊破。

第二時期——自僞滿建國至一九三三年六月塘沽協定結締時止，這一時期雖已有聯合，活動亦移向北方，吉林東部及松花江上，不復在打通及北寧路線，但當時的領袖盡是舊式軍人，或則抱着英雄主義，完全想出風頭，或則想將來再到日本及僞滿方面去做官，這些所謂領袖軍官，一遇失敗，即將武器送與日本，以致全般解體。這一時期，東北義勇軍與南京方面雖有若干來往，而得關內援助仍然很少。

第三時期——自一九三三年塘沽協定起至現在，在這時期內義勇軍與張學良及南京方面的關係都完全斷絕了，但義勇軍本身却已有極好的聯絡。

義勇軍的聯絡，本在一九三二年四月就開始，最初有正式隊伍七萬，農民遊擊隊十萬，大刀會紅槍會等五萬，紅鬍子四萬人。紅鬍子有山林隊之稱，一九三四年以後，許多民衆和學生參加其隊伍，其本身性質已變，因其具有政治意識，所以日人稱爲「思想鬍子」矣。

一九三四年夏東北人民革命軍正式成立，所採策略有三個大的轉變（一）放棄局部根據地（二）採取遊擊策略（三）組織民衆，獲得將官兵士與人民合作。

在民衆反日組織方面，現在有一個東北抗日救國總會，此會及東北抗日聯軍最近曾派代表入關內，積極聯絡各方面，促成抗日統一戰線。

東北義勇軍目前有些甚麼實際工作呢？第一爲破壞敵人鐵道的工作，單說一九三四年那一年，東北鐵路被斷了五百次；這種工作在綏芬河打通路一帶做得最多，一九三五年同樣的多，今天五月二十八日的紐約時報又載義勇軍截車的消息了。第二爲打擊載重汽車，如今年二月吉林省城附近有七輛汽車被搶，這些車輛都是敵人運兵器的。第三爲農民拒繳地照，如一九三四年秋有五千多農民起義而加入義勇軍，他們就是因爲反抗僞滿和日本當局沒收他們的地照，不得不起來抗日本。臨別時他們非常悲壯，穿着白衣白帽預向父母磕頭，說是將來不能回來哭弔了。第四爲進攻高麗地主，例如今春即有離瀋陽僅二十五里的地方，被日本利用的高麗走狗受到農民襲擊的事。同時義勇軍或遊擊隊也幹這種工作。

現在義勇軍確已統一而能夠積極動作了，他們正切望着與關內的一切抗日力量聯合起來，我們在國內外的應當怎樣地快快去響應他們啊

《救国时报》第四十期 中华民国二十五年七月三日 第四版

（1936年7月3日）

东北抗日最近情形

陈翰笙

此稿曾载纽约中国学生会抗日救国委员会所编之抗日救国周刊第二十六期，系陈翰笙教授在纽约学生纪念“五卅”大会上讲演辞之纪要。按关于东北义军消息，因本报时接义军通信，故记载比一切报纸为详，陈君演辞，正足为本报历次所载义军通讯之参照，且其叙述东北同胞在日寇铁蹄下之痛苦情形，及我东北义军与民众抗日运动发展之经过，亦周详确当，故特为转载本报。又关于陈君所述日寇抢夺及压迫我东北工商业情形，本报第卅四期（六月八日）曾载，有大连通讯一稿，叙述尤为详尽，读者可以参阅。

一 日本帝国主义势迫利诱的手段

要知道东北方面抗日的最近情形，我们须先知道日本在东北对于人民的势迫利诱种种情状。

日本在东北的武力大概有三十万人以上，伪满军队约四万人，新编保安队约六万人，新编马队两万人，尚有警察十万人。这十万警察中许多业已被改编为治安队，开赴边疆各地，归当地日本军队节制；其用意在使他们离开本地，不能与本地民众联络。

以上二十万人以外，各地尚有自卫团。自卫团系根据保甲办法及联带负责的制度而组织。

凡是十八岁至四十岁的男子，均强迫充任自卫团团丁。自卫团分班，警卫班，防火班，防毒班，交通整理班，及救护班等。

这种所谓自卫组织，在各城市业已完成：如哈尔滨自卫队有四千二百人，吉林城自卫队有十四保十三甲，共一千余排人。这些队员中许多是白俄人，朝鲜人及日本人。

正式武力以外，日本还有两种特别办法：一为“集团村落”，其目的在强迫小村落合并于大的村落，易于管理和调查。集团村落名义上系由伪县政府强制组织。订有春耕贷款等等办法以为诱饵，其目的在使多数散漫的小村落能成为大村落，使义勇军不易躲藏。但日本人的标语则说这是“确定地方治安，发展农业”。二为“爱护团”，其用意一方面重在束缚人民的活动，一方面为保护铁道。哈尔滨至满洲里一带，已经办有一百五十八个村落有爱护团的组织。这种所谓爱护团组织分两种队伍：（一）为少年组，组员年龄从十一岁至十五岁，（二）为青年组，组员年龄自十六岁至二十岁，日本对于他们每施行一种诱骗办法，如许以开发农业，给予职业等，目的在笼络民众，监视民众，使不能进行破坏铁路的工作。

最近且有“爱护汽车路会”“各日爱路会”等，分路为若干段，如山路，平路，有盗之路等等，责令沿路人民负责保护，偶有差池，即惟护路人是问；致年来因此而遭杀戮监禁以至倾家荡产者不决凡几。

日本人在东北新添许多无线电台及航空军站等等，我们不必去多多细讲，总括一句，东北已变成日本帝国主义的练兵场所。

日本将东北分为十省。各有宣抚委员会，由伪政府组织。每个伪省政府或伪县政府均有日本指导官，除处理地方政务外，他们常到乡下宣传，演电影等以施奴化教育，同时严密侦察人民的反日反伪情形。

尚有所谓治安工作队，由宣抚委员会派人组织，与日本人合办的协和会合作。治安工作队有时多至二十组，最重要者有七：即行政警察指挥班，集团村落指导班，保甲指导班，道路电话设施班，施疗班，武器收回班，及宣传宣抚班，层层压制，密如蛛网。

还有劳工协会，道德会，日“满”亲善会，敬老会，日“满”妇人会，人类爱善会，东亚民族同盟会等等名目，有系日本浪人主持的组织，有系东北官吏逢迎日人意旨而设办的，目的仍不外实行奴化及压迫。

据此以观，日本对于东北的设施极为周到，武力以外，又有其他的各种各样的奴化和压迫民众的办法。似此，东北人民大概可以不必起而抗日了，然而断然不是的。

二 东北人民反日的原因

东北人民不满意日本者非仅是没有饭吃的人，即有饭吃的人也大大不满意，现在把这些不满意的原因，分城市乡村两方面来说：

（一）城市人民反日的原因——城市人民第一为怕被日

寇派去参加战争，怕被征为兵，充当炮灰。这种心理我们可以举两个例来证明：（一）伪满中央陆军训练处招兵广告，说“仅为暂时训练，并不参加讨伐”，（二）哈尔滨警察厅长于镜涛演说，“一班人怕打仗，不愿参加自卫队，实出于误会。”

一般市民反日的第二原因是恨和怕日本浪人的骚扰，敲诈及垄断。东北许多工商业，自九一八以后，都为日本浪人所垄断。例如甚至牛乳生意，打扫工作等等，都一齐为日人包办，然而他们又并不是好好的做生意，他们的目的，只是抢一点钱就跑回日本国去，日本人所办的盛京时报在该报本年二月一日社论上也不得不说：“最好不允许浪人来，少一浪人，较杀十个‘土匪’，尚为有利”。

市民反日的第三个原因，即教育之摧残。日本人把以前的学校逐渐裁并缩减，新设立的学校，又有许多限制，所以中小学生失学者很多，计九一八以前，中小学校数目有二万一千；九一八以后，减为一万四千；现在则仅有八百余所；学校及学额都日在减少，凡中国人简直有不能受教育的危险。

第四种不满意日本的份子，为大商人，中国人从前有自己的商会，现在日本人的命令，商会只能有一个。不能有日“满”两个存在。所以他们要把中国原有商会合并于日本工商事务所。一切以日本原有组织为根据，中国商人加入日本商会和纳费是具有强迫性的，而且许多行业为日本所垄断。

去年七月十五日伪外交部长张燕卿与日本南大将订约，

由日本借大批款项与伪满中央银行，这个所谓国家银行，非仅为银行之银行，而且具有普通商业银行的性质，垄断许多商业。例如为其附属品的大兴公司，就办有当铺，油行等等与商民争利。当铺属于大兴公司者有一百四十五家，他们的资本雄厚，组织严密，尚有政治势力为保护，当然非民营商行所能与之竞争。

所以现时东北的最小商人为日本浪人所欺侮，中等以上的商人，为银行所欺侮，这也是市民仇日的一大因素。

民众方面，现时各地有反日会及反日总会之组织，红胡子对于反日会特别要好，红胡子所在的地方，如果没有反日会的证件，不易通过。

在受人民革命军影响的地方，有农民协会，在人民革命军占领的区域内，有农民委员会，此外矿工也有许多加入反日会。报载一九三四年冬，吉林有金矿工人三百余名，因加入反日会而被捕。

到一九三五年春，义军更有进步，他们正式组织联军，称“东北抗日联军”。联军现在有六军，第一军军长为杨靖宇，第二军军长为王德泰，第三军军长为赵尚志，第四军军长为李延禄，第五军军长为周保中，第六军军长为谢文东。此六军合计至少八万人，富有政治民族意识。此外还有两游击队，一为汤原反日游击队，一为海伦反日游击队，另有关东区游击队，合计至少尚有七万人。

第五类反对日本的人们，为薪资收入者——除很小数人外，一般人的薪水均逐渐减低，而日本人的薪水则逐渐提高。

在同一机关中，中国人即具有与日人同等的技能，并担任同等的工作，但是薪资收入却远较日本人为低，这当然引起中国人的不平。

又如苦力，一方面强迫去做工，一方面却常欠薪。例如拉滨线铁路对于路工欠资巨万，甚至拖延半年不发。后来更简直不认账。

市民不满意之最普遍的一个原因，为赋税的增加，特别是营业税的增加，又商店破产，不能随便关门，不得许可而随便关门者，罚款很重。

（二）乡村人民反日的原因——这也可从几方面去看：

第一，日本将好的田地抢去给朝鲜人耕种。今年七月以后，日本要东北完全开放土地，准日本人随便购买耕种，这样一来，非仅自耕农，即地主也要受到严重的打击。

其次，为农会的被强迫改组。

第三，富农方面，因受灾荒的影响，收入已少，并且可以出卖的出产品，如大豆，烟草等等，因为日本统制输出及种种检验之故，又遭很大的打击，因之也不满意。

最后，乡下的赋税增加也很快；田赋在这四年中便增加四分之一，畜税增加七分之一，甚至于户口捐每年要收四次。日人对东北之税捐方面，与百年前英国对印度办法极相似，所不同者，只是除税捐以外，日人更有强迫让出土地之举。

现在的税捐业已够重，假使日本与苏联或与美国作战，税捐还要巨额增加，有人计算，作战的第一年，至少要在东北四省括十万万元，第二年至少也得抽七万万元，乡下人为了这个日益增加的租税，所以也不满于东北的日人及卖国贼。

以上已经略述城市人民及乡下人民都要反对日本的各种原因，但是城市人民的反抗力量现时还是很弱的，他们不敢做先锋，乡下人则不但数量众多，而且因为有义勇军之故，反抗力量特别大，所以现在我们就应当说到义勇军了。

三 东北义勇军的过去及现在

义勇军到现在究竟还有多少人，多少力量，这是我们大家关心的问题。大连日人所办英文“满”报本年一月十五日的记载上说：“从前有三十万‘土匪’，现在只余二万，收回的武器，手枪长枪等已五十万枝，但尚有一百五十万枝未收回”。

伪总理张景惠在《建国四周年的感想》中也如日本人所说“建国时全‘满’有‘土匪’三十万，今仅余一万，不久可以渐次肃清”。

但是这些言论都不可信，根据盛京时报本年三月六日所载关东局的报告，关东租借地一隅的“土匪”尚有一千二百人。关东地域在东北既甚小，且警备森严，不易躲避，尚有这么多义勇军，全东北合计，为数当然很大，所谓二万之说，绝不可靠。

数量之外，我们最要注意的为义勇军之性质，依此说来，义勇军的活动可以分为三个时期。

第一时期——自九一八至一九三二年三月伪满建国。这一时期的义勇军，大多数分散于辽西，锦州，及打虎山一带，零星散乱，毫无联合，并且和张学良有若干来往而受其欺骗，终究被日本军队各个击破。

第二时期——自伪满建国至一九三三年六月塘沽协定结缔时止，这一时期虽已有联合，活动亦移向北方，吉林东部及松花江上，不复在打通及北宁路线，但当时的领袖尽是旧式军人，或则抱着英雄主义，完全想出风头，或则想将来再到日本及伪满方面去做官，这些所谓领袖军官，一遇失败，即将武器送与日本，以致全般解体。这一时期，东北义勇军与南京方面虽有若干来往，而得关内援助仍然很少。

第三时期——自一九三三年塘沽协定起至现在，在这时期内义勇军与张学良及南京方面的关系都完全断绝了，但义勇军本身却已有极好的联络。

义勇军的联络，本在一九三二年四月就开始，最初有正式队伍七万，农民游击队十万，大刀会红枪会等五万，红胡子四万人。红胡子有山林队之称，一九三四年以后，许多民众和学生参加其队伍，其本身性质已变，因其具有政治意识，所以日人称为“思想胡子”矣。

一九三四年夏东北人民革命军正式成立，所采策略有三个大的转变（一）放弃局部根据地（二）采取游击策略（三）组织民众，获得将官兵士与人民合作。

在民众反日组织方面，现在有一个东北抗日救国总会，此会及东北抗日联军最近曾派代表入关内，积极联络各方面，促成抗日统一战线。东北义勇军目前有些什么实际工作呢？

第一为破坏敌人铁道的工作，单说一九三四年那一年，东北铁路被断了五百次；这种工作在绥芬河打通路一带做得最多，一九三五年同样的多，今天五月二十八日的纽约时报又载义勇军截车的消息了。第二为打击载重汽车，如今年二月吉林省城附近有七辆汽车被抢，这些车辆都是敌人运兵器的。第三为农民拒缴地照，如一九三四年秋有五千多农民起义而加入了义勇军，他们就是因为反抗伪满和日本当局没收他们的地照，不得不起来抗日本。临别时他们非常悲壮，穿着白衣白帽预向父母磕头，说是将来不能回来哭吊了。第四为进攻高丽地主，例如今春即有离沈阳仅二十五里的地方，被日本利用的高丽走狗受到农民袭击的事。同时义勇军或游击队也干这种工作。

现在义勇军确已统一而能够积极动作了，他们正切望着与关内的一切抗日力量联合起来，我们在国内外的应当怎样地快快去响应他们呵。

東北義軍捷報頻來

楊靖宇部屢挫日偽

趙尚志部又痛擊寇軍第一師團

九一八五周年將屆

我東北抗日反「滿」之義軍，喋血轉戰，將屆五年，不特未爲日偽所「綏靖」，且而日見活躍，本報除已陸續發表義軍來信，敍述成立抗日聯軍經過及抗日戰爭經過外，復不斷有義軍出奇制勝之電訊發表，現察哈爾農民同胞，亦有起而反抗日偽之行動，吾人聞此，當不禁益爲奮興也。

奉天

東北抗日聯軍策源地之鴨綠江沿岸，我義軍於靑紗幛起時，人輕馬快，殺賊益見英勇，而聯軍總司令楊靖宇之威名，亦更震攝寇膽。據六月廿五日上海電，各報載楊靖宇部下義軍近分爲二十大隊，在安東、鳳城及朝鮮邊界一帶，極爲活動，屢挫日偽「討伐」部隊，日寇接連增援，現又派大隊前往云。

日寇之同盟社亦不得不承認我義軍之勝利，據該社六月二十九日安東電，義軍某部一百五十八人，二十八日襲擊安奉鐵路之鷄冠山警署，重傷日警兩名，日偽當局急由鳳城派大隊往援。又據朝日新聞載，日軍官四名，在韓「滿」交界被義軍埋伏襲擊，均受重傷，二名因傷喪命。又據六月二十九日東京電，朝日載，二十八日在距安東一百三十公里地方，日本「討伐」軍與義軍二百餘名接觸鏖戰半小時，雙方死傷未詳。又據二十二日東京電，同盟社訊，載貨三大汽車，由撫順駛往臨江，並有「滿洲國」警隊護送，十九日在途中被義軍二百名截擊，偽警損失甚衆，計當場死去撫順警長及偽警共九名，重傷六名，失蹤十九名，日偽由臨江急派偽軍百名馳援。

吉林

在濛江及吉黑交界地點，我義軍在趙尚志等軍長領導下，亦連給日偽以重大打擊，最近被派往「討伐」我義軍之寇軍第一師團，自經過「首次犧牲」，現更嘗到我義軍神鬼莫測之滋味矣。

據六月二十九日東京電，各報均載近日「滿洲國」內抗日義軍備極活動之消息，同盟社訊，日軍第一師團某部，二十七日在濱縣附近與義軍百名交綏，日軍死去副官一名。又訊，日軍第一師團於二十六日在哈爾濱穆陵路上被義軍抄襲，日軍特務隊長一名陣亡。又據二十八日上海電，新聞報載，義軍三百餘名於十八、三十等日在木蘭一帶襲擊日偽駐軍，計連日襲擊偽警崗位十三處，獲得機關槍六架，子彈、軍糧等勝利品甚夥。

熱河

據六月二十二日東京電，同盟社承德（熱河首都）通訊，義軍三百名，十日在熱河南部之永南鋪（譯音）襲擊日軍哨兵隊，日軍死去三名，並失去大批軍需。

察省

據二十五日上海電，新聞報載，察哈爾遠滿（譯音）一帶農民羣起抗繳偽軍李守信部勒收租稅，偽方派警八名前往設立稅局，竟被農民驅逐出境，日偽因此特派大軍，並帶有飛機數架前往「討伐」云，據此，不獨證明日偽魚肉與屠殺我察省同胞之慘酷，亦可見我察省同胞之羣起抗日反「滿」矣。

《救国时报》第四十一期 中华民国二十五年七月八日 第二版

（1936年7月8日）

九一八五周年将届

东北义军捷报频来

杨靖宇部屡挫日伪

赵尚志部又痛击寇军第一师团

我东北抗日反“满”之义军，喋血转战，将届五年，不特未为日伪所“绥靖”，且而日见活跃，本报除已陆续发表义军来信，叙述成立抗日联军经过及抗日战争经过外，复不断有义军出奇制胜之电讯发表，现察哈尔农民同胞，亦有起而反抗日伪之行动，吾人闻此，当不禁益为奋兴也。

奉天　东北抗日联军策源地之鸭绿江沿岸，我义军于青纱帐起时，人轻马快，杀贼益见英勇，而联军总司令杨靖宇之威名，亦更震慑寇胆。据六月廿五日上海电，各报载杨靖宇部下义军近分为二十大队，在安东、凤城及朝鲜边界一带、极为活动，屡挫日伪“讨伐”部队，日寇接连增援，现又派大队前往云。

日寇之同盟社亦不得不承认我义军之胜利，据该社六月二十九日安东电，义军某部一百五十人，二十八日袭击安奉铁路之鸡冠山警署，重伤日警两名，日伪当局急由凤城派大队往援。又据朝日新闻载，日军官四名，在韩“满”交界被义军埋伏袭击，均受重伤，二名因伤丧命。又据六月二十九日东京电，朝日载，二十八日在距安东一百三十公里地方，日本“讨伐”军与义军二百余名接触鏖战半小时，双方死伤未详。又据二十二日东京电，同盟社讯，载货三大汽车，由抚顺驶往临江，并有“满洲国”警队护送，十九日在途中被义军二百名截击，伪警损失甚众，计当场死去抚顺警长及伪警共九名，重伤六名，失踪十九名，日伪由临江急派伪军百名驰援。

吉林　在滨江及吉黑交界地点，我义军在赵尚志等军长领导下，亦连给日伪以重大打击，最近被派往“讨伐”我义军之寇军第一师团，自经过“首次牺牲”，现更当尝到我义军神鬼莫测之滋味矣。

据六月二十九日东京电，各报均载近日“满洲国”内抗日义军积极活动之消息，同盟社讯，日军第一师团某部，二十七日在滨县[①]附近与义军百名交绥，日军死去副官一名。又讯，日军第一师团于二十六日在哈尔滨穆陵路上被义军抄击，日军特务队长一名阵亡。又据二十八日上海电，新闻报载，义军三百余名于十八、二十等日在太兰一带袭击日伪驻军，计连日击溃伪警冈位十三处，获得机关枪六架，子弹、军粮等胜利品甚夥。

热河　据六月二十二日东京电，同盟社承德（热河首都）通讯，义军三百名，十日在热河南部之永南铺（译音）袭击日军哨兵队，日军死去三名，并失去大批军需。

察省　据二十五日上海电，新闻报载，察哈尔远清（译音）一带农民群起抗缴伪军李守信部勒收租税，伪方派警八名前往设立税局，竟被农民驱逐出境，日伪因此特派大军，并带有飞机数架前往“讨伐”云，据此，不独证明日伪鱼肉与屠杀我察省同胞之惨酷，亦可见我察省同胞之群起抗日反“满”矣。

---

① 应为宾县，今属黑龙江省。

東北義軍四出擊敵大獲勝利

趙尚志連破碉堡十三座繳獲軍需品無算
日寇定二十年殖民大計企圖滅亡我種族

我國東北義勇軍於最近一時期內因青紗帳起更形活躍，大獲勝利，敵軍常遭衝擊，狼狽不堪，於是日寇決增加僞國軍備並設立新軍區，藉以防範義軍；而且日寇深知我國義軍不易消滅，故又決在東北實施二十年殖民大計，以圖滅我義軍亡我種族，此誠日寇之毒計，國人切勿等閑視之。

義軍到處活躍

上海二十八日電：據東北通訊，我東北義勇軍，在青紗帳起之時，更利於行軍，故無論日夜常四出襲擊敵軍，縱使敵軍無法應戰，而往往獲得極大的勝利。僅據上一月（即六月間）日方統計，楊靖宇軍遊擊遼吉各縣，在本年上半年襲擊敵軍，發生大小戰爭，共達三百四十七次，每日平均約有二次之多，而且每次皆獲勝利，引起敵人之極大恐慌，至於吉東一帶義軍，亦甚發展，上月十八日，義軍趙尚志部三百餘人在木蘭縣附近一戰，連破碉堡十三座，並繳獲機關槍六挺，及其他軍需品與糧食無數。　祇此一戰，即可想見我國東北義勇軍之偉大發展。　又據最近日方傳出消息，日軍及僞軍在七月間，雖已四出佈防，嚴加戒備，但仍然常爲義軍所襲擊，屢受挫折，義軍活動之強烈，實不可諱言。　七月一日安奉路附近太石林口（譯音）發現義軍，日軍當即應戰，結果日方陣亡長官一人士兵六人，傷者甚多，義軍毫無損失。　至七月十五日義軍二百餘人又重襲該地，勢更猛烈，結果當地日軍傷亡不少。僞安東省東北鋼礦嶺，七月十八日亦曾發現義軍，日軍當即向目的地進攻，但義軍善於應戰，事先挫折日軍之銳氣而後安然撤退，毫無損失，結果日方反傷亡一人。　七月二十四日僞安東省小蒲石河（譯音）附近日軍進攻義軍，結果日軍傷亡三人。　七月八日僞奉天省東部錦春（譯音）附近，發現義軍三百人襲擊日軍，戰爭頗烈，日軍當即傷亡十一人，傷者甚多，於是日軍立即派兵增援，但義軍則已安然而退，日軍亦無從知其去向。又僞奉天省梅江（譯音）附近，義軍於七月十日與日軍激戰，持續至六小時之久，日軍死傷不少，損失頗大，後因日方援軍已至，義軍始退。又撫順附近義軍二百餘人襲擊日軍激戰至二小時之久，義軍乃向南退。　最近又傳聞義軍趙尚志部，欲與楊靖宇部會師於東邊道，是否確實尚未可知。　但七月十八日義軍有一大部進佔通化，傳係趙尚志部，日方當即派兵圍攻，竟受挫折，傷亡十八人，至七月二十四日，該部義軍尚在通化附近，抗禦日軍之進擊，日方死傷不少。　七月二十五日海龍亦發生戰事，日軍死長官三人。　以上所述，僅爲我遼寧省義軍活動之一斑。

吉林省義軍亦頗活躍，七月四日虎林義軍百餘人襲擊當地日僞軍隊，敵方傷亡甚多，日軍官佐亦有死傷。哈爾濱東一百三十公里附近於七月五日亦發現義軍，勢頗猛烈，敵人驚恐異常，當即趕派大批援兵前往，但義軍早已獲勝而退，日僞軍隊竟莫測其去向。　至七月二十三日賓縣附近日僞又遭受義軍之襲擊，日軍少尉一人及士兵六人受傷甚重。　又僞興安省之興陽縣（譯音）七月十七日又發現義軍，日僞軍隊向目的地進擊，義軍出而應戰，大獲勝利繳獲敵方槍彈甚多。同日義軍三百餘人又在僞興安省之小蒿子（譯音）襲擊日軍，亦獲大勝，是役日軍死傷甚多，尚有日軍官數人，竟被擊死云云。

敵人心驚胆寒

上述消息，僅係出自日寇之口輾轉達於吾人之耳，當然未能顯示我東北義軍英勇戰鬥之全貌，然而由此寥寥數段，亦可見我國義軍之發展，遍得日方無法掩藏義軍奮鬥之事實以及敵人心驚胆寒之情況。　義軍自不分黨派組織抗日聯軍以來，勢力愈聚愈大，發展甚速，目前義軍雖尚未能給日僞以致命的打擊，然而義軍四出遊擊，確已驚破敵人之胆，其前途正無可限量也。我國關內各實力派若能效法東北義軍之團結抗日而立即團結一致不分黨派建立抗日聯軍與國防政府，誓師抗日，以實現苦鬥多年的義軍之呼籲，則不僅全國抗日之陣勢，頓改舊觀，而且今日東北之義軍，亦將因而更大發展，必能會合全國抗日聯軍收復失地，還我山河。

日僞謀增軍備

又據東京電訊：最近日寇鑒於義軍之活躍，決由僞國政府增設第六軍區於牡丹江以防範義軍之活動，聞僞國政府現已下令增設，並委派王某爲該軍區司令。　然僅恃僞軍尚猶未足，故前數日寺內陸相提出軍費預算案之時，即明言須用大批經費增加日寇在我東北駐軍之兵力與軍備，當然此與進攻蘇聯有關，但第一步必先用以鎮壓義軍，免受我東北之牽制。　查自日僞「討伐」義軍以來，日寇所採取種種政策皆未見效，此皆因我東北人民愛國心熱，恨日甚深，衆皆相率而起紛紛加入或協助義軍作戰。　過去日寇曾採取清溝與歸大屯之辦法，極其燒殺之能事，藉以斬斷義軍與人民之聯系，孤立與削弱義軍之勢力，然而東北人民猶能與義軍聯系不斷，購送軍需，報告敵方消息，仍爲司空見慣之事，故東北人民不死，義軍活動，亦將不止。　荒木曾言消滅義軍須待十年，但恐十年以後未必能使日寇如願而償。於是最近日寇深思遠慮製定二十年殖民大計以圖滅我義軍亡我種族。　吾人雖深信我勇於抵抗之東北人民，尤其是東北義軍必不致聽爲日寇絕滅，然日寇對待我東北人民之慘酷則令人髮指，願我關內同胞知所自警也。

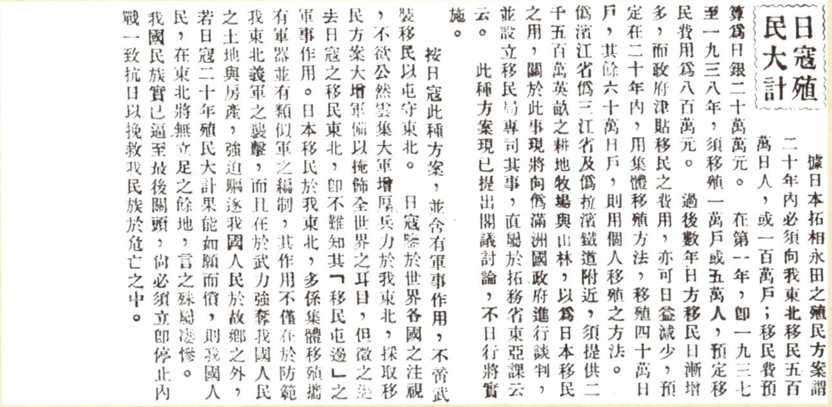

日寇殖民大計

據日本拓相永田之殖民方案謂二十年內必須向我東北移民五百萬日人，或一百萬戶；移民費預算爲日銀二十萬萬元。在第一年，即一九三七至一九三八年，須移殖一萬戶或五萬人，預定移民費用爲八百萬元。過後數年日方移民日漸增多，而政府津貼移民之費用，亦可日益減少，預定在二十年內，用集體移殖方法，移殖四十萬日戶，其餘六十萬日戶，則用個人移殖之方法。僞濱江省僞三江省及僞拉濱鐵道附近，須提供二千五百萬英畝之耕地牧場與山林，以爲日本移民之用，關於此事現將向僞滿洲國政府進行談判，並設立移民局專司其事，直屬於拓務省東亞課云云。此種方案現已提出閣議討論，不日行將實施。

按日寇此種方案，並含有軍事作用，不啻武裝移民以屯守東北。日寇鑒於世界各國之注視，不欲公然雲集大軍增厚兵力於我東北，採取移民方案大增軍備以掩飾全世界之耳目，但徵之過去日寇之移民東北，即不難知其「移民屯邊」之軍事作用。日本移民於我東北，多係集體移殖攜有軍器並有類似軍之編制，其作用不僅在於防範我東北義軍之襲擊，而且在於武力強奪我國人民之土地與房產，強迫驅逐我國人民於故鄉之外，若日寇二十年殖民大計果能如願而償，則我國人民，在東北將無立足之餘地，言之殊屬淒慘。我國民族實已逼至最後關頭，尚必須立即停止內戰一致抗日以挽救我民族於危亡之中。

《救国时报》第四十七期 中华民国二十五年八月五日 第一版

（1936年8月5日）

东北义军四出击敌大获胜利

赵尚志连破碉堡十三座缴获军需品无算

日寇定二十年殖民大计企图灭亡我种族

我国东北义勇军于最近一时期内因青纱帐起更形活跃，大获胜利，敌军常遭冲击，狼狈不堪，于是日寇决增加伪国军备并设立新军区，借以防范义军；而且日寇深知我国义军不易消灭，故又决在东北实施二十年殖民大计，以图灭我义军亡我种族，此诚日寇之毒计，国人切勿等闲视之。

义军到处活跃

上海二十八日电：据东北通讯，我东北义勇军，在青纱帐起之时，更利于行军，故无论日夜常四出袭击敌军，几使敌军无法应战，而往往获得极大的胜利。仅据上一月（即六月间）日方统计，杨靖宇军游击辽吉各县，在本年上半年袭击敌军，发生大小战争，共达三百四十七次，每日平均约有二次之多，而且每次皆获胜利，引起敌人之极大恐慌。至于吉东一带义军，亦甚发展，上月十八日，义军赵尚志部三百余人在木兰县附近一战，连破碉堡十三座，并缴获机关枪六挺，及其他军需品与粮食无数。只此一战，即可想见我国东北义勇军之伟大发展。又据最近日方传出消息，日军及伪军在七月间，虽已四出布防，严加戒备，但仍然常为义军所袭击，屡受挫折，义军活动之强烈，实不可讳言。七月一日安奉路附近太石林口（译音）发现义军，日军当即应战，结果日方阵亡长官一人士兵六人，伤者甚多，义军毫无损失。至七月十五日义军二百余人又重袭该地，势更猛烈，结果当地日军伤亡不少。伪安东省东北铜矿岭，七月十八日亦曾发现义军，日军当即向目的地进攻，但义军善于应战，事先挫折日军之锐气而后安然撤退，毫无损失，结果日方反伤亡一人。七月二十四日伪安东省小蒲石河（译音）附近日军进攻义军，结果日军伤亡三人。七月八日伪奉天省东部锦春（译音）附近，发现义军三百人袭击日军，战争颇烈，日军当即伤亡十一人，伤者甚多，于是日军立即派兵增援，但义军则已安然而退，日军亦无从知其去向。又伪奉天省梅江（译音）附近，义军于七月十日与日军激战，持续至六小时之久，日军死伤不少，损失颇大，后因日方援军已至，义军始退。又抚顺附近义军二百余人袭击日军激战至二小时之久，义军乃向南退。最近又传闻义军赵尚志部，欲与杨靖宇部会师于东边道，是否确实尚未可知。但七月十八日义军有一大部进占通化，传系赵尚志部，日方当即派兵围攻，竟受挫折，伤亡十人，至七月二十四日，该部义军尚在通化附近，抗御日军之进击，日方死伤不少。七月二十五日海龙亦发生战事，日军死长官三人。以上所述，仅为我辽宁省义军活动之一斑。

吉林省义军亦颇活跃，七月四日虎林义军百余人袭击当地日伪军队，敌方伤亡甚多，日军官佐亦有死伤。哈尔滨东一百三十公里附近于七月五日亦发现义军，势颇猛烈，敌人惊恐异常，当即赶派大批援兵前往，但义军早已获胜而退，日伪军队竟莫测其去向。至七月二十三日滨县附近日伪又遭受义军之袭击，日军少尉一人及士兵六人受伤甚重。又伪兴安省之与兴阳县（译音）七月十七日又发现义军，日伪军队向目的地进击，义军出而应战，大获胜利缴获敌方枪弹甚多。同日义军三百余人又在伪兴安省之小湾子（译音）袭击日军，亦获大胜，是役日军死伤甚多，尚有日军官数人，竟被击死云云。

敌人心惊胆寒

上述消息，仅系出自日寇之口辗转达于吾人之耳，当然未能显示我东北义军英勇战斗之全貌，然而由此寥寥数段，亦可见我国义军之发展，逼得日方无法掩藏义军奋斗之事实以及敌人心惊胆寒之情况。义军自不分党派组建抗日联军以来，势力愈聚愈大，发展甚速，目前义军虽尚未能给日伪以致命的打击，然而义军四出游击，却已惊破敌人之胆，其前途正无可限量也。我国关内各实力派若能效法东北义军之团结抗日而立即团结一致不分党派建立抗日联军与国防政府，誓师抗日，以实现苦斗多年的义军之呼吁，则不仅全国抗日之阵势，顿改旧观，而且今日东北之义军，亦将因而更大发展，必能会合全国抗日联军收复失地，还我山河。

日伪谋增军备

又据东京电讯：最近日寇鉴于义军之活跃，决由伪国政府增设第六军区于牡丹江以防范义军之活动，闻伪国政府现已下令增设，并委派王某为该军区司令。然仅恃伪军尚犹未足，故前数日寺内陆相提出军费预算案之时，即明言须用大批经费增加日寇在我东北驻军之兵力与军备，当然此与进攻苏联有关，但第一步必先用以镇压义军，免受我东北之牵制。查自日伪“讨伐”义军以来，日寇所采取种种政策皆未见效，此皆因我东北人民爱国心热，恨日甚深，众皆相率而起纷纷加入或协助义军作战。过去日寇曾采取清沟与归大屯之办法，极其烧杀之能事，借以斩断义军与人民之联系，孤立与削弱义军之势力，然而东北人民犹能与义军联系不断，购送军需，报告敌方消息，仍为司空见惯之事，故东北人民不死，义军活动，亦将不止。荒木曾言消灭义军须待十年，但恐十年以后未必能使日寇如愿而偿。于是最近日寇深思远虑制定二十年殖民大计以图灭我义军亡我种族。吾人虽深信我勇于抵抗之东北人民，尤其是东北义军必不致听为日寇绝灭，然日寇对待我东北人民之惨酷则令人发指，愿我关内同胞知所自警也。

日寇殖民大计

据日本拓相永田之殖民方案谓二十年内必须向我东北移民五百万日人，或一百万户；移民费预算为日银二十万万元。在第一年，即一九三七至一九三八年，须移殖一万户或五万人，预定移民费用为八百万元。过后数年日方移民日渐增多，而政府津贴移民之费用，亦可日益减少，预定在二十年内，用集体移殖方法，移殖四十万日户，其余六十万日户，则用个人移殖之方法。伪滨江省伪三江省及伪拉滨铁道附近，须提供二千五百万英亩之耕地牧场与山林，以为日本移民之用，关于此事现将向伪满洲国政府进行谈判，并设立移民局专司其事，直属于拓务省东亚课云云。此种方案现已提出阁议讨论，不日行将实施。

按日寇此种方案，并含有军事作用，不啻武装移民以屯守东北。日寇鉴于世界各国之注视，不欲公然云集大军增厚兵力于我东北，采取移民方案大增军备以掩饰全世界之耳目，但征之过去日寇之移民东北，即不难知其“移民屯边”之军事作用。日本移民于我东北，多系集体移殖携有军器并有类似军之编制，其作用不仅在于防范我东北义军之袭击，而且在于武力强夺我国人民之土地与房产，强迫驱逐我国人民于故乡之外，若日寇二十年殖民大计果能如愿而偿，则我国人民，在东北将无立足之余地，言之殊属凄惨。我国民族实已逼至最后关头，尚必须立即停止内战一致抗日以挽救我民族于危亡之中。

東北義軍戰績拾零錄

王亞

巴黎救國時報社諸位先生：自貴報社印行拙作「東北義軍抗日記」一本小冊子後，鄙人一面感謝貴報社的厚意，一面又覺非常慚愧，蓋「東北義軍抗日記」那本小冊子過於簡略，既不能表明我東北同胞過着亡國奴不如喪家狗的那種慘痛生活，又不能說明東北義軍那種英勇抗日的可泣可歌的事蹟。實無以對我東北冰天雪地中長期英勇抗日的十餘萬義軍健兒。慚愧之餘，遂于本年年初帶病自北平再度出關，在東北各地逗留數閱月，專門收集各義軍英勇抗日的事蹟。現返回北平，所收集之不少義軍抗日救國的材料，正在從事整理，頗費時日。貴報雖在國外出版，但在國內各地閱讀者日衆，聲譽亦日降，故借貴報篇幅先發表一些義軍的英勇戰蹟，以餉我海內外同胞。七月一日于北平。王亞

開話暫且不表，專講民族英雄楊靖宇率領下的人民革命軍第一軍的幾次英勇抗日救國的事蹟。

人民革命軍第一軍，游擊活動的範圍，包括遼寧省之西安，西丰，東丰，輝北，輝南，金川，柳河，安圖，臨江，通化，輯安，桓仁，興京，清源，寬甸，鳳城，安東，及吉林省之伊通，雙陽，樺甸，磐石，濛江等縣。有時還偷渡鴨綠江去打朝鮮，如李紅光女將軍坐白馬率八十輕騎，路東興城，即其一例。

人民革命軍第一軍的著名戰蹟：

（一）剿「匪」會，徐縣長歸來襲汽車，走命歸西天。

人民革命軍第一軍，自一九三三年冬期躲避日寇在磐石，伊通，雙陽等縣的嚴厲「討伐」，率主力渡過輝發江到柳河，金川，通化，臨江各縣游擊以來，克三原浦，路涼水河，打了無數次勝仗，打死日寇很多，日寇非常害怕，在一九三四年，日寇屢次召集討「匪」會議。大概在一九三五年三月間在柳河又舉行數縣的討「匪」聯席會議。通化縣長徐某亦出席會議，拚命替日寇賣力，極力主張痛剿，對于討伐人民革命軍的辦法，多所建議，事爲某抗日愛國志士所洞悉，四處派人送信告知人民革命軍，並說通化縣長徐某亦參加會議，會議大概在何時結束等等。人民革命軍第一師得信大喜，斷定會議結束，通化縣長，必經過三通路（柳河至通化）長途汽車回通化。雖有日軍護送，但取徐之首級，如探囊取物耳。遂秘密行軍至三通路線，並派出偵探，探明徐何時乘車返通化。

得徐返回通化之確實日期後，人民革命軍對于三通路本很熟識，即擇山崗起伏之險要處暗設埋伏，一日徐果然由日兵護送乘車徐徐開來，車近險地，人民革命軍從密林中躍出，猛烈地向汽車開槍射擊，擊斃日滿軍十餘人，徐亦當場被擊斃。人民革命軍獲得望遠鏡一個，匣槍十數支，及其他許多物品。

徐被擊斃後，通化百姓莫不額手相慶：一面，

稱贊人民革命軍的智勇；一面評論這是漢奸賣國賊日本走狗應有的歸宿。 而其他與徐地位相等的賣國賊日本走狗，看見徐剛剛在討「匪」會議上極力主張討「匪」，不轉瞬而他自己的老命反爲「匪」所剿滅，懼怕人民革命軍到處有眼睛，均莫不提心吊胆的害怕與徐遭受同一命運。 有些還有幾分民族天良的，還不願意徹底做賣國賊當日本走狗的，也說與其做漢奸賣國賊日本走狗而受救國同胞抗日部隊所懲罰而死，做鬼也不名譽，見不得祖宗，到不如抗日救國，死也光榮。

日寇見徐死後，百姓中這樣額手稱慶，走狗堆中那樣動搖害怕，就在徐斃命之地點建立一魂碑石，上刻徐某熱心討「匪」，但不幸爲「匪」所擊斃等字句。 人民革命軍後看見這一碑石，笑道：熱心討「匪」，爲「匪」擊斃，這是紀念人民革命軍的英勇戰績的，留着大家看看吧，不必破毀。 僅用鐵器在那碑石上的兩個「匪」字的頭上脚下鑿了一個括弧的記號，表明這並不是胡匪。

（二）濛江縣，燒死日軍百餘名。

人民革命軍第二師之一部，一九三五年正月遊擊至濛江縣境，一日探悉某地駐有日軍及「滿」軍各百餘名。人民革命軍即行軍至日「滿」軍駐防地附近之山中。 探明日軍與「滿」軍分駐前後兩屋，即計劃佈置包圍以消滅之。 一日拂曉，「滿」兵已先發覺人民革命軍前來包圍，但既不開槍，也不通知日軍，却率隊退出駐所。人民革命軍目的在消滅日軍，並不在攻打「滿」兵，故亦不追擊，讓他退走。 「滿」兵一聲不響退走後，日軍駐所立即爲人民革命軍所包圍。人民革命軍包圍日軍後，有一連長過于勇敢，單身帶匣槍直入日軍兵營，想繳日兵槍械。 可是日軍非「滿」軍可比，「滿」軍都是迫不得已而當兵的，往往繳槍之喊聲一出，立即繳到一大堆槍械，日軍是要同你拼命到底的。 該連長一入日兵營，日兵來不及開槍即舉起以刺刀搏戰，繼之開槍射擊。 迨聞槍聲，槍聲已極密，人民革命軍無法衝入營房，而闖入營房之連長亦無法得救出。 雙方以極劇烈之槍聲，激戰多時；人民革命軍不能衝入，日軍亦無法衝出。 想探聽闖進營房之連長的生死消息，終無法探到。 激戰數點鐘，日軍死不肯繳械，想撤退罷，連長出來固無望，又怕日軍追趕出來。 今軍部在焦急掛念着闖入日軍營的連長，蓋他們認定人民革命軍個連長的性命，比日軍百個連長都要寶貴些。停止射擊，試試連長能否出來，試了多次，仍不出來。 想來早被日軍擊斃了。 到天黑，實在沒有辦法，只好放火焚燒日軍營房，百餘日軍，一個不漏的完全燒死，而隻身闖入日軍營房之人民革命軍連長一人亦犧牲了。 燒死日軍百餘人，固然很大勝利，但人民革命軍死一連長，衆戰士莫不認爲是莫大之損失，同聲哀悼不已。

（未完）

《救国时报》第四十九期 中华民国二十五年八月十五日 第二版

（1936年8月15日）

东北义军战绩拾零录

王　亚

巴黎救国时报诸位先生：

自贵报社印行拙作《东北义军抗日记》一本小册子后，鄙人一面感谢贵报社的厚意，一面又觉非常惭愧，盖《东北义军抗日记》那本小册子过于简略，既不能表明我东北同胞过着亡国奴不如丧家狗的那种惨痛生活，又不能说明东北义军那种英勇抗日的可泣可歌的事迹。实无以对我东北冰天雪地中长期英勇抗日的十余万义军健儿。惭愧之余，遂于本年年初带病自北平再度出关，在东北各地逗留数阅月，专门收集各义军英勇抗日的事迹。现返回北平，所收集之不少义军抗日救国的材料，正在从事整理，颇费时日。贵报虽在国外出版，但在国内各地阅读者日众，声誉亦日隆，故借贵报篇幅先发表一些义军的英勇战绩，以饷我海内外同胞。

七月一日于北平

王亚

闲话暂且不表，专讲民族英雄杨靖宇率领下的人民革命军第一军的几次英勇抗日救国的事迹。人民革命军第一军，游击活动的范围，包括辽宁省之西安，西丰，东丰，辉北，辉南，金川，柳河，安图，临江，通化，辑安，桓仁，兴京，清源，宽甸，凤城，安东，[1] 及吉林省之伊通，双阳，桦甸，

① 西安，今吉林省辽源市。兴京，今辽宁省新宾满族自治县。安东，今辽宁省丹东市。文中西安（辽源）、东丰、辉南、金川、柳河、安图、临江、通化、辑安（集安），今属吉林省。

磐石，濛江[1]等县。有时还偷渡鸭绿江去打朝鲜，如李红光女将军坐白马率八十轻骑，陷东兴城，即其一例。

人民革命军第一军的著名战迹：

（一）剿“匪”会，徐县长归来 袭汽车，走命归西天

人民革命军第一军，自一九三三年冬期躲避日寇在磐石，伊通，双阳等县的严厉“讨伐”，率主力渡过辉发河到柳河，金川，通化，临江各县游击以来，克三原浦，陷凉水河，打了无数次胜仗，打死日寇很多，日寇非常害怕，在一九三四年，日寇屡次召集讨“匪”会议。大概在一九三五年三月间在柳河又举行数县的讨“匪”联席会议。通化县长徐某亦出席会议，拼命替日寇卖力，极力主张痛剿，对于讨伐人民革命军的办法，多所建议，事为某抗日爱国志士所洞悉，四处派人送信告知人民革命军，并说通化县长徐某亦参加会议，会议大概在何时结束等等。人民革命军第一师得信大喜，断定会议结束，通化县长，必经过三通路（柳河至通化）长途汽车回通化。虽有日军护送，但取徐之首级，如探囊取物耳。遂秘密行军至三通路线，并派出侦探，探明徐何时乘车返通化。

得徐返回通化之确实日期后，人民革命军对于三通路本很熟识，即择山岗起伏之险要处暗设埋伏，一日徐果然由日兵护送乘车徐徐开来，车近险地，人民革命军从密林中跃出，猛烈地向汽车开枪射击，击毙日满军十余人，徐亦当场被击

① 今吉林省靖宇县。

毙。人民革命军获得望远镜一个，匣枪十数支，及其他许多物品。

徐被击毙后，通化百姓莫不额手相庆：一面称赞人民革命军的智勇；一面评论这是汉奸卖国贼日本走狗应有的归宿。而其他与徐地位相等的卖国贼日本走狗，看见徐刚刚在讨“匪”会议上极力主张讨“匪”，不转瞬而他自己的老命反为“匪”所剿灭，惧怕人民革命军到处有眼睛，均莫不提心吊胆的害怕与徐遭受同一命运。有些还有几分民族天良的，还不愿意澈底做卖国贼当日本走狗的，也说与其做汉奸卖国贼日本走狗而受救国同胞抗日部队所惩罚而死，做鬼也不名誉，见不得祖宗，到不如抗日救国，死也光荣。

日寇见徐死后，百姓中这样额手称庆，走狗堆中那样动摇害怕，就在徐毙命之地点建立一块碑石，上刻徐某热心讨“匪”，但不幸为“匪”所击毙等字句。人民革命军后看见这一碑石，笑道：热心讨“匪”，为“匪”击毙，这是纪念人民革命军的英勇战绩的，留着大家看看吧，不必破毁。仅用铁器在那碑石上的两个“匪”字的头上脚下凿了一个括弧的记号，表明这并不是胡匪。

（二）濛江县，烧死日军百余名

人民革命军第二师之一部，一九三五年正月游击至濛江县境，一日探悉某地驻有日军及“满”军各百余名。人民革命军即行军至日“满”军驻防地附近之山中。探明日军与“满”军分驻前后两屋，即计划布置包围以消灭之。一日拂晓，“满”兵已先发觉人民革命军前来包围，但既不开枪，也不通知日军，却率队退出驻所。人民革命军目的在消灭日军，并不在攻打“满”兵，故亦不追击，让他退走。“满”兵一声不响退走后，日军驻所立即为人民革命军所包围。人民革命军包围日军后，有一连长过于勇敢，单身带匣枪直入日军兵营，想缴日兵枪械。可是日军非“满”军可比，“满”军都是迫不得已而当兵的，往往缴枪之喊声一出，立即缴到一大堆枪械，日军是要同你拼命到底的。该连长一入日兵营，日兵来不及开枪即群起以刺刀搏战，继之开枪射击。迨闻枪声，枪声已极密，人民革命军无法进入营房，而闯入营房之连长亦无法得救出。双方以极剧烈之枪声，激战多时；人民革命军不能冲进，日军亦无法冲出。想探听闯进营房之连长的生死消息，终无法探到。激战数点钟，日军死不肯缴械，想撤退罢，连长出来固无望，又怕日军追赶出来。全军都在焦急挂念着闯入日军营的连长，盖他们认定人民革命军一个连长的性命，比日军百个连长都要宝贵些。停止射击，试试连长能否出来，试了多次，仍不出来。想来早被日军击毙了。到天黑，实在没有办法，只好放火焚烧日军营房，百余日军，一个不漏的完全烧死，而只身闯入日军营房之人民革命军连长一人亦牺牲了。烧死日军百余人，固然很大胜利，但人民革命军死一连长，众战士莫不认为是莫大之损失，同声哀悼不已。

（未完）

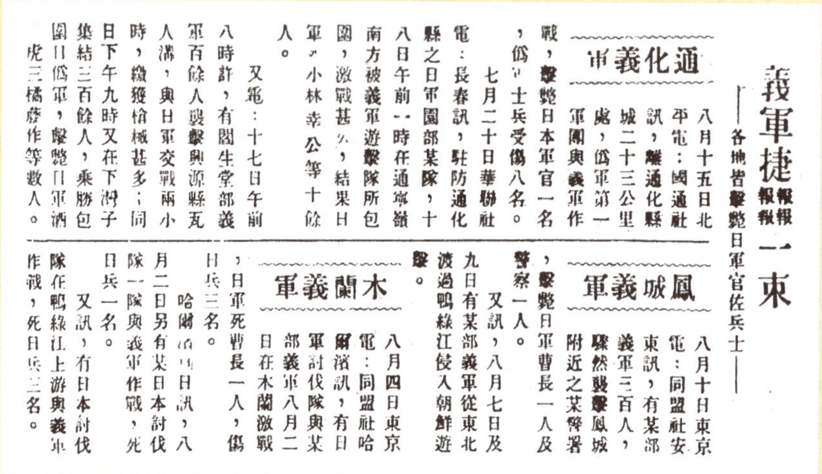
義軍捷報一束
——各地皆擊斃日軍官佐兵士——

通化義軍

八月十五日北平電：國通社訊，離通化縣城二十三公里處，僞軍第一軍團與義軍作戰，擊斃日本軍官一名，僞軍士兵受傷八名。

七月二十日華聯社電：長春訊，駐防通化縣之日軍團部某隊，十八日午前一時在通寧嶺南方被義軍遊擊隊所包圍，激戰甚久，結果日軍官小林幸公等十餘人。

又電：十七日午前八時許，有閻生堂部義軍百餘人襲擊興源縣瓦人溝，與日軍交戰兩小時，繳獲槍械甚多；同日下午九時又在下溝子集結三百餘人，乘勝包圍日僞軍，擊斃日軍酒虎三橋彦作等數人。

鳳城義軍

八月十日東京電：同盟社安東訊，有某部義軍三百人，驟然襲擊鳳城附近之某警署，擊斃日軍曹長一人及警察一人。

又訊，八月七日及九日有某部義軍從東北渡過鴨綠江侵入朝鮮遊擊。

木蘭義軍

八月四日東京電：同盟社哈爾濱訊，有日軍討伐隊與某部義軍八月二日在木蘭激戰，日軍死曹長一人，僞日兵三名。

哈爾濱日訊，八月二日另有某日本討伐隊一隊與義軍作戰，死日兵一名。

又訊，有日本討伐隊在鴨綠江上游與義軍作戰，死日兵三名。

《救国时报》第五十一期 中华民国二十五年八月二十五日 第二版
（1936年8月25日）

义军捷报一束

——各地皆击毙日军官佐兵士——

通化义军 八月十五日北平电：国通社讯，离通化县城二十三公里处，伪军第一军团与义军作战，击毙日本军官一名，伪军士兵受伤八名。

七月二十日华联社电：长春讯，驻防通化县之日军团部某队，十八日午前一时在通宁岭南方被义军游击队所包围，激战甚久，结果日军官小林幸公等十余人。

又电：十七日午前八时许，有阎生堂部义军百余人袭击兴源县瓦人沟，与日军交战两小时，缴获枪械甚多；同日下午九时又在下湾子集结三百余人，乘胜包围日伪军，击毙日军酒虎三桥藤作等数人。

凤城义军 八月十日东京电：同盟社安东讯，有某部义军三百人，骤然袭击凤城附近之某警署，击毙日军曹长一人及警察一人。

又讯，八月七日及九日有某部义军从东北渡过鸭绿江侵入朝鲜游击。

木兰义军 八月四日东京电：同盟社哈尔滨讯，有日军讨伐队与某部义军八月二日在木兰激战，日军死曹长一人，伤日兵三名。

哈尔滨日日讯，八月二日另有某日本讨伐队一队与义军作战，死日兵一名。

又讯，有日本讨伐队在鸭绿江上游与义军作战，死日兵三名。

東北義勇軍戰績拾零錄

脫出包圍線，靈活遊擊術

既陷三源浦，又克涼水河。

王亞

話說民國二十二年夏季，由楊靖宇等所發起，在東邊道成立了抗日聯軍。 而楊靖宇親身所率領的磐石反日遊擊隊又于「九一八」兩週年紀念日正式成立爲人民革命軍第一軍。因此，那時磐石，伊通，雙陽，樺甸各縣反日遊擊運動就更加蓬勃發展起來，老百姓的反日情緒，亦特別高漲，僞滿軍的官兵，經毛團，宋團，十四團等的陸續反正抗日救國，亦就表示非常動搖，不願意打抗日軍。日寇見到這樣的情形，非常害怕，自是意中之事。 所以于民國二十二年冬季舉行冬期大「討伐」，想把抗日軍活動的地帶，緊密包圍，一律燒成平地，置抗日軍于死地。

見到日寇這樣的一個毒辣計劃，人民革命軍不但不死守老遊擊地帶，坐待日寇來「討伐」，相反的，他只留了一小部份人馬在磐石巴黎河套老遊擊區，在磐石，伊通，樺甸各縣遊擊，主力兵將則當日寇大包圍之勢未成以前，早已渡過輝發江，到江南之輝南，金川，柳河，通化各縣去遊擊。

金川，柳河有姓邵名伯良者，原是僞滿軍的一個團長，日寇緊緊的逼迫着他，要他時常打抗日軍及義勇軍。他被迫沒有辦法，只得把良心擱在一邊，去拚命打抗日軍。 許多小部義勇軍部有幾分害怕他，不敢同他多計較。 且邵某又據有三源浦，涼水河，孤山子等軍事要地，這些地方皆駐有他的部隊，互相策應。因此，諸抗日軍更不敢打硬攻堅，恐爲邵某所算。

當人民革命軍渡輝發江，行軍至金川柳河縣境時，日寇即軍報頻緊，催促邵伯良消滅人民革命軍。 而邵某即吹牛屁放大炮，揚言要消滅人民革命軍。 人民革命軍要打日本子，本不願與邵某多計較，但事前已知邵某打抗日軍的兇很，現在日寇又逼得厲害，料到非與邵伯良打幾仗不可。 所以決定避免打硬攻堅，非以奇計取之不可。 人民革命軍司令部即特別警告其將士和部屬曰：「此處乃邵伯良之防區，我們應特別注意。 無進攻命令者不進攻，無退守命令者不退守，違者以軍法處置」。 三軍齊聲應曰：「執行軍令」。

一日三軍部署既定，乃施調虎離山之計，以別動隊佯攻某地，而以主力猛攻邵伯良根據地之一的三源沛。邵某早聽見日本子說過：「人民革命軍眞厲害，碰到要當心」。口頭上雖然說硬話，要消滅人民革命軍，但是內心裏何嘗不在那裏提心弔膽，整軍而待。一聞某地被攻擊之訊，即從三源浦發兵于該地，打算一鼓而大敗人民革命軍，不料正上人民革命軍的調虎離山計，人民革命軍以主力猛攻三源浦，戰不多時，三源浦遂被攻陷矣。

攻陷一源浦，邵伯良死傷兵卒數十人，損失槍械軍火不少，日寇及韓狗被捕二十餘人。商家店鋪均殺豬買酒，犒賞人民革命軍。人民革命軍對於百姓秋毫無犯。召集他們開會，說明人民革命軍抗日救國，收復失地，不當亡國奴的宗旨，大得百姓熱烈擁護，無論男女老幼，莫不一致認爲人民革命軍眞是抗日救國救民的軍隊。有人民革命軍，東北不會永久滅亡，民族決不會當亡國奴。當人民革命軍攻入城時，當即將城內之日寇及供其奔走之韓人共約二十餘人，悉加逮捕，百姓對此尤爲額手稱慶。蓋此二十餘人，平日都是欺壓百姓，強姦婦女，敲槓勒索，强佔民房，沒收槍械，視中國百姓如牛馬一樣的豺狼之猪。

人民革命軍知道三源浦乃邵伯良根據地之一，一戰而陷，邵某必不甘心，必調大軍來爭。與其等敵人大軍來援，且戰且走的退出，不如早日撤退另以妙計取之，較爲妥善，所以陷三源浦後，僅留五小時，在邵某援兵未至以前，即行撤退。

邵伯良回三源浦一看，面如七色，大喊：「不好了！不好了！活不成了！活不成了！」邵某之所以着急發慌，並非因爲人民革命軍攻陷了三源浦，也並非因爲死傷了幾十個兵卒，損失了一些槍彈，而是因爲人民革命軍捕去了二十多個日寇，恐日本子辦罪，非但要革職拿辦，而且要帶罪入獄，甚至自己性命亦且有不保之虞。

邵伯良敗後，心實不甘，調兵追擊人民革命軍，又沒有追得到。後探知人民革命軍所在之地點，因亦擬設計打敗人民革命軍，特發一虛信，佯言將自某地調兵至某地，並佯言邵將於某日自己率兵自某地至某地會同包圍人民革命軍，且故意使該信落入人民革命軍手中。邵某之出意蓋欲使人民革命軍信以爲眞，依期出兵於途中居險要進行襲擊，若此，則彼可抄出人民革命軍之背後而轉襲革命軍也。

但人民革命軍已料到這是邵伯良欲使人民革命軍上當的虛假信，所以將計就計，亦故意用司令部名義發給許多抗日軍的一封虛假信，說邵伯良某日將率兵自某地開至某地，要人民革命軍第三團立即開往某地，與司令部會合消滅邵伯良軍于某地，並亦故意使該信落入邵伯良之手。邵某得信大喜，以爲人民革命軍這次總要上當了，想消滅人民革命軍，以雪攻陷三源浦之大恨，遂悉調其另一根據地涼水河的兵力，按期行事。不料此時人民革命軍，星夜繞過邵伯良駐防地的後方，不化吹灰之力攻陷涼水河。繳到一些槍支，又捕了許多日寇及爲其幫兇的韓人。

邵伯良專在等候人民革命軍上當大敗，甚至被他消滅。不料又爲人民革命軍將計就計，攻陷涼水河，益發大怒。遂一面決調全部兵力，長追人民革命軍，一決雌雄，一面派人要日本再派兵幫助。

人民革命軍預料到連陷三源浦及涼水河後，邵伯良必向日寇討救兵，大規模「討伐」人民革命軍，所以在攻陷涼水河之翌日，即發出許多信，調各抗日軍部隊乘勝打卓木台。邵伯良見信，心慌意亂，想不到這又是人民革命軍的計策，又是一個虛假信，當邵伯良向西連夜派兵增防卓木台時，人民革命軍則向南慢慢退往別處遊擊去了。

攻陷三源浦及涼水河後，邵伯良不但不敢再說要消滅人民革命軍。反而說：「我邵伯良一生夠鬼了，但是人民革命軍的楊司令比我還要厲害多呢！」關于人民革命軍的戰鬥力，邵伯良說道：「打胡子，我的兵，一個能夠打十個，但是打人民革命軍，我的兵就不成，十個打一個，也還打不過」。

《救国时报》第五十二期 中华民国二十五年八月三十日 第二版

（1936 年 8 月 30 日）

东北义勇军战绩拾零录

脱出包围线，灵活游击术

王　亚

既陷三源浦，又克凉水河

话说民国二十二年夏季，由杨靖宇等所发起，在东边道成立了抗日联军。而杨靖宇亲身所率领的磐石反日游击队又于“九一八”两周年纪念日正式成立为人民革命军第一军。因此，那时磐石，伊通，双阳，桦甸各县反日游击运动就更加蓬勃发展起来，老百姓的反日情绪，亦特别高涨，伪满军的官兵，经毛团，宋团，十四团等的陆续反正抗日救国，亦就表示非常动摇，不愿意打抗日军。日寇见到这样的情形，非常害怕，自是意中之事。所以于民国二十二年冬季举行冬期大“讨伐”，想把抗日军活动的地带，紧密包围，一律烧成平地，置抗日军于死地。

见到日寇这样的一个毒辣计划，人民革命军不但不死守老游击地带，坐待日寇来“讨伐”，相反的，他只留了一小部份人马在磐石玻璃河套老游击区，在磐石，伊通，桦甸各县游击，主力兵将则当日寇大包围之势未成以前，早已渡过辉发江，到江南之辉南，金川，柳河，通化各县去游击。

金川，柳河有姓邵名伯良者，原是伪满军的一个团长，日寇紧紧的逼迫着他，要他时常打抗日军及义勇军。他被迫没有办法，只得把良心搁在一边，去拼命打抗日军。许多小部义勇军都有几分害怕他，不敢同他多计较。且邵某又据有三源浦，凉水河，孤山子等军事要地，这些地方皆驻有他的部队，互相策应。因此，诸抗日军更不敢打硬攻坚，恐为邵某所算。

当人民革命军渡辉发江，行军至金川柳河县境时，日寇即军报频繁，催促邵伯良[①]消灭人民革命军。而邵某即吹牛屁放大炮，扬言要消灭人民革命军。人民革命军要打日本子，本不愿与邵某多计较，但事前已知邵某打抗日军的凶狠，现在日寇又逼得厉害，料到非与邵伯良打几仗不可。所以决定避免打硬攻坚，非以奇计取之不可。人民革命军司令部即特别警告其将士和部属曰："此处乃邵伯良之防区，我辈应特别注意。无进攻命令者不进攻，无退守命令者不退守，违者以军法处置。"三军齐声应曰："执行军令"。

一日三军部署既定，乃施调虎离山之计，以别动队佯攻某地，而以主力猛攻邵伯良根据地之一的三源浦。邵某早听见日本子说过："人民革命军真厉害，碰到要当心。"口头上虽然说硬话，要消灭人民革命军，但是内心里何尝不在那里提心吊胆，整军而待。一闻某地被攻击之讯，即从三源浦发兵于该地，打算一鼓而大败人民革命军，不料正中人民革命军的调虎离山计，人民革命军以主力猛攻三源浦，战不多时，三源浦遂被攻陷矣。

攻陷三源浦，邵伯良死伤兵卒数十人，损失枪械军火不少，日寇及韩狗被捕二十余人。商家店铺均杀猪买酒，犒赏人民革命军。人民革命军队对于百姓秋毫无犯。召集他们开会，说明人民革命军抗日救国，收复失地，不当亡国奴的宗旨，

① 应为邵本良。

大得百姓热烈拥护，无论男女老幼，莫不一致认为人民革命军真是抗日救国救民的军队。有人民革命军，东北不会永久灭亡，民族决不会当亡国奴。当人民革命军攻入城时，当即将城内之日寇及供其奔走之韩人共约二十余人，悉加逮捕，百姓对此尤为额手称庆。盖此二十余人，平日都是欺压百姓，强奸妇女，敲诈勒索，强占民房，没收枪械，视中国百姓如牛马一样的豺狼之辈。

人民革命军知道三源浦乃邵伯良根据地之一，一战而陷，邵某必不甘心，必调大军来争。与其等敌人大军来援，且战且走的退出，不如早日撤退另以妙计取之，较为妥善，所以陷三源浦后，仅留五小时，在邵某援兵未至以前，即行撤退。

邵伯良回三源浦一看，面如土色，大喊："不好了！不好了！活不成了！活不成了！"邵某之所以着急发慌，并非因为人民革命军攻陷了三源浦，也并非因为死伤了几十个兵卒，损失了一些枪弹，而是因为人民革命军捕去了二十多个日寇，恐日本子办罪，非但要革职拿办，而且要带罪入狱，甚至自己性命亦且有不保之虞。

邵伯良败后，心实不甘，调兵追击人民革命军，又没有追得到。后探知人民革命军所在之地点，因亦拟设计打败人民革命军，特发一虚信，佯言将自某地调兵至某地，并佯言邵将于某日自己率兵自某地至某地会同包围人民革命军，且故意使该信落入人民革命军手中。邵某之出意盖欲使人民革命军信以为真，依期出兵于途中居险要进行袭击，若此，则彼可抄出人民革命军之背后而转袭革命军也。

但人民革命军已料到这是邵伯良欲使人民革命军上当的

虚假信，所以将计就计，亦故意用司令部名义发给许多抗日军的一封虚假信，说邵伯良某日将率兵自某地开至某地，要人民革命军第三团立即开往某地，与司令部会合消灭邵伯良军于某地，并亦故意使该信落入邵伯良之手。邵某得信大喜，以为人民革命军这次总要上当了，想消灭人民革命军，以雪攻陷三源浦之大恨，遂悉调其另一根据地凉水河的兵力，按期行事。不料此时人民革命军，星夜绕过邵伯良驻防地的后方，不化吹灰之力攻陷凉水河。缴到一些枪支，又捕了许多日寇及为其帮凶的韩人。

邵伯良专在等候人民革命军上当大败，甚至被他消灭。不料又为人民革命军将计就计，攻陷凉水河，益发大怒。遂一面决调全部兵力，长追人民革命军，一决雌雄，一面派人要日本再派兵帮助。

人民革命军预料到连陷三源浦及凉水河后，邵伯良必向日寇讨救兵，大规模“讨伐”人民革命军，所以在攻陷凉水河之翌日，即发出许多信，调各抗日军部队乘胜打卓木台。邵伯良见信，心慌意乱，想不到这又是人民革命军的计策，又是一个虚假信，当邵伯良向西连夜派兵增防卓木台时，人民革命军则向南慢慢退往别处游击去了。

攻陷三源浦及凉水河后，邵伯良不但不敢再说要消灭人民革命军。反而说：“我邵伯良一生够鬼了，但是人民革命军的杨司令比我还要厉害多呢！”关于人民革命军的战斗力，邵伯良说道：“打胡子，我的兵，一个能够打十个，但是打人民革命军，我的兵就不成，十个打一个，也还打不过”。

東北義軍活躍近訊

八百義軍擊敗日寇

東京八月二十八日電：日日新聞哈爾濱訊，八月二十六日在僞濱江省之賓縣縣城附近，有某部義軍八百名與某部日軍激戰十小時。日軍被擊斃上尉一名及士兵十六名，受傷七名。日軍急從哈爾濱及賓縣縣城派去部隊增援。八月二十七日，日軍又派飛機四次轟炸各部義軍。

朝日新聞哈爾濱訊，有某部義軍一百名，八月二十六日襲擊五常，該處警察分所被焚燬。

同盟社哈爾濱訊，八月二十四日在木蘭縣附近有某部義軍一百五十名與某部日軍作戰。擊斃日兵四名，日軍指揮官中尉一人及士兵一名。

該社又訊，八月二十三日，有日軍一部與某部義軍五十名戰於珠河縣境，擊斃日軍一名。

該社又訊，八月二十五日在僞三江省寶淸縣境，有日滿軍一連，與在志大湯德（譯音）及宋唐（譯音）領導之下之義軍二百名作戰，擊斃日軍上尉一人。

義軍進攻撫松縣城

東京八月二十日電：同盟社瀋陽訊，撫松縣城現爲某部義軍二千餘人所包圍。日軍一面自長春派出軍用飛機兩架，飛往撫松縣城，一面則從四平街派出日軍某部，前往救援。

同盟社聲稱，現在包圍撫松縣城之某部義軍，八月十七日開始，即向撫松縣城進攻。當日在撫松縣城近郊有義軍一百五十名與日滿軍作戰，日軍死一名，受傷數名。八月十八日，日軍爆炸機兩次向義軍集結之地點投擲炸彈多枚，義軍因躲避得法，未受損失。

東京八月二十二日電：同盟社漢城訊，現在包圍撫淞縣城之一部義軍，爲數千餘人，八月二十一日又向撫松縣城猛攻。日軍方面有爆炸飛機多架助戰，投擲炸彈，撫松縣城被燬三分之二，人民慘死者無算。

同盟社聲稱，二十一日的戰爭，日僞軍隊死三十二人，受傷四十三名。爲義軍俘虜者八名，步槍被義軍繳獲二十五支，此外，日僞軍士兵不知下落者數名。而戰爭的最後結果，現尚不明。

義軍截擊僞滿軍艦

東京八月十九日電：哈爾濱同盟社訊，八月十五日在僞濱江省三河通附近，有義軍一部在雙龍（譯音）率領之下，與日某軍作戰，日軍戰死曹長一名。

又據哈爾濱日日新聞載，在淞花江岸木蘭縣附近，有某部義軍與停泊淞花江中的僞滿軍艦一隻作戰，僞滿軍艦水兵死二十三名。

東京八月十九日電：吉林同盟社訊，在京圖鐵路線周里屯（譯音）附近，八月十五日，有某強大義軍一部與某部日軍激戰，日軍死士兵三名，受傷一名。

《救国时报》第五十三期 中华民国二十五年九月五日 第二版

（1936年9月5日）

东北义军活跃近讯

八百义军击败日寇

东京八月二十八日电：日日新闻哈尔滨讯，八月二十六日在伪滨江省之宾县县城附近，有某部义军八百名与某部日军激战十小时。日军被击毙上尉一名及士兵十六名，受伤七名。日军急从哈尔滨及宾县县城派去部队增援。八月二十七日，日军又派飞机四次轰炸各部义军。

朝日新闻哈尔滨讯，有某部义军一百名，八月二十六日袭击五常，该处警察分所被焚毁。

同盟社哈尔滨讯，八月二十四日在木兰县附近有某部义军一百五十名与某部日军作战。击毙日兵四名，日军指挥官中尉一人及士兵一名。

该社又讯，八月二十三日，有日军一部与某部义军五十名战于珠河县境，击毙日军一名。

该社又讯，八月二十五日在伪三江省宾清县[①]境，有日满军一连，与在志大汤德（译音）及宋唐（译音）领导之下之义军二百名作战，击毙日军上尉一人。

义军进攻抚松县城

东京八月二十日电：同盟社沈阳讯，抚松县城现为某部义军二千余人所包围。日军一面自长春派出军用飞机两架，飞往抚松县城，一面则从四平街派出日军某部，前往救援。

---

①应为宝清县，今属黑龙江省。

同盟社声称，现在包围抚松县城之某部义军，八月十七日开始，即向抚松县城进攻。当日在抚松县城近郊有义军一百五十名与日满军作战，日军死一名，受伤数名。八月十八日，日军爆炸机两次向义军集结之地点投掷炸弹多枚，义军因躲避得法，未受损失。

东京八月二十二日电：同盟社汉城讯，现在包围抚松县城之一部义军，为数千余人，八月二十一日又向抚松县城猛攻。日军方面有爆炸飞机多架助战，投掷炸弹，抚松县城被毁三分之二，人民惨死者无算。

同盟社声称，二十一日的战争，日伪军队死三十二人，受伤四十三名。为义军俘虏者八名，步枪被义军缴获二十五支，此外，日伪军士兵不知下落者数名。而战争的最后结果，现尚不明。

义军截击伪满军舰

东京八月十九日电：哈尔滨同盟社讯，八月十五日在伪滨江省三河通附近，有义军一部在双龙（译音）率领之下，与日某军作战，日军战死曹长一名。

又据哈尔滨日日新闻载，在松花江岸木兰县附近，有某部义军与停泊松花江中的伪满军舰一只作战，伪满军舰水兵死二十三名。

东京八月十九日电：吉林同盟社讯，在京图铁路线[1]周里屯（译音）附近，八月十五日，有某强大义军一部与某部日军激战，日军死士兵三名，受伤一名。

---

① 伪满洲国“新京”（长春）至图们的铁路。

東北抗日義軍之發展與現狀

楊崧

自九一八事變後，東北人民痛於亡國奴的恥辱，忍不住日寇之野蠻横暴，搶奪沒收，屠殺奸淫，文化奴辱，鴉片毒禍等等一切亡我種族的政策，於是奮起抗日，以圖自救，就產生廣大的抗日民族解放運動。曾有馬占山蘇炳文將軍高舉抗日義旗於江省，唐聚伍、鄧鐵梅等集合民族健兒於遼寧，而李杜、王德林等則成立救國軍和自衛軍于吉東。但因當時東北抗日民族運動本身的弱點：如像抗日部隊內部不僅未能形成統一的軍事政治領導，並且互相猜疑、互相衝突、特別是未改變過去軍閥對於民衆的政策，結果中了敵人挑撥離間、與各個擊破的毒計，而遭受了失敗。

馬、蘇、李、王等將軍抗日失敗後，他們相繼被迫退出國境。當時東北各地反日隊伍一時陷於渙散消沉。國民黨完全瓦解崩潰，一般上層份子，均紛紛逃走入關，而下層組織本來就沒有的，因此除了個別的國民黨員，忍不住亡國的義憤，而進行抗日鬥爭外，國民黨已經是毫無聲響了。只有中國共產黨東北黨部，雖然在當時的力量還很薄弱，但他在中國共產黨中央領導之下，堅持着抗日救亡的方針，並不因當時抗日軍事的

東北抗日聯軍第四軍軍長李延祿將軍

失敗而有所動搖，相反的，他更加積極起來組織東北人民抗日運動、擔負起解放東北人民的任務。中國共產黨在九一八事變開始時，就提出了「以武裝人民驅逐日本強盜出中國」之總口號；積極參加了當時馬、李、蘇、王等之武裝抗日運動；曾派自己的最優秀黨員到抗日義勇軍中去，積極參加抗日戰爭，組織了吉海與中東路工人罷工，援助抗日軍，動員了工人、農民，學生和一切抗日份子到抗日義勇軍去，發展了羣衆的抗日運動等等。

在馬、蘇、王、李等部隊失敗以後，中國共產黨更研究了和吸收了前一時期抗日民族戰爭失敗之經驗與教訓，乃提出在東北建立全體人民的抗日統一戰線爲總的策略方針，根據這一方針，乃提出建立東北統一戰線的軍隊——抗日人民革命軍，建立統一戰線的政府——抗日人民政府，組織廣大的統一戰線的羣衆團體——反日會。

由於這個正確的路線，由於共產黨員忠實於黨和忠實於自已的民族和國家，不顧自己身家和性命，去爲執行這一正確路線而鬥爭，才能將馬、蘇、李、王、唐等將軍失敗後殘留的四散各地的抗日隊伍，重新逐漸恢復和團結起來，並使他們得着新的更加堅強的軍事政治的領導而日益發展。並且，由於共產黨正確的政策，乃能改除過去抗日軍隊對於人民的關係，而與人民打成一片，得到人民在軍事上經濟上和精神上更大的實際援助，和自動的不斷的參加抗日軍隊。由於抗日義勇軍的領導者善於運用神奇巧妙的遊擊戰術，乃能以寡敵衆，抵抗日本強盜帝國主義的進攻，擊破數百次的日「滿」軍的進攻，而達到現今抗日軍日益擴大，日益團結的形勢。　經過五年來的苦戰，現在東北已建立起七個抗日聯軍，都在統一的東北抗日救國總會領導之下。　聯軍的共同主張非常簡單明瞭，就是：（一）抗日救國，收回失地，保護中華祖國；（二）沒收日寇及漢奸財產，作抗日戰費；（三）聯合民衆共同救國。

茲將各軍成立之簡略經過與現狀敍述如下：

東北抗日聯軍第一軍乃由前東北人民革命軍第一軍，唐聚伍舊部和各抗日山林隊等共同組織而成。軍長兼政治委員爲楊靖宇並兼任南滿抗日聯軍的總司令。　聯軍總參謀長爲李紅光。　楊靖宇是中國共產黨黨員，曾參加一九二五——二七年大革命，九一八事變後，由中共中央派至東北工作。　先任當時所謂中國紅軍三十二軍赤色遊擊隊隊長，（因此直到現在，日寇稱楊靖宇部爲紅軍）直接在中共盤石中心縣委領導之下。于一九三三年夏，接中共中央指示信後，楊靖宇同志就極力主張，以赤色遊擊隊爲基礎，號召南滿盤石、伊通、樺甸一帶唐聚伍舊部與各抗日山林隊，共同建立人民革命軍。是年「九一八」二週年紀念日，就成立東北人民革命軍盤石獨立第一師，公舉楊靖宇爲師長。次年正式成立爲人民革命軍第一軍。後來，楊靖宇與前國民黨影響下部隊毛、宋等司令，共同組織南滿抗日聯軍臨時總指揮部。因爲這一聯合戰線之建立，抗日隊伍不僅未被日寇冬期「討伐」擊潰，反而擴張數倍。去年接到中共中央八月一日：言後，又向其他各部隊提議，共同建立抗日聯軍，以謀抗日戰線之更加擴大。就成立了東北抗日聯軍第一軍，公舉楊靖宇爲軍長兼南滿抗日聯軍總司令。

人民革命軍第一軍，與日僞軍隊作戰，不下數百次，計陷三源浦，克凉水河，進佔汪清門，偷渡鴨綠江，進入高麗境，繞道陷東興等等許多著名戰績；均爲楊靖宇親自所籌劃，他親自所指揮。人民革命軍屢敗日僞軍，弄得日僞軍一聞人民革命軍之名，便戰戰兢兢，心胆俱寒。某部日軍告誡其部下曰：「人民革命軍眞厲害，碰到要特別當心」。而僞軍中最兇捍之邵伯良吃了多次敗仗後歎曰：「我邵伯良一生也夠鬼了，但楊司令比我更厲害」。又曰：「我的兵，打「胡子」，一個能夠打十個，打人民革命軍，就不行了，十個打一個也還打不過」。該第一軍現在吉林之盤石、雙陽等五縣，及遼寧之柳河、金川、安東、鳳城、安圖、臨江等三十餘縣活動。

東北抗日聯軍第二軍乃由前人民革命軍第二軍救國軍史仲恆旅及其他抗日部隊，共同組織而成。現任聯軍軍長兼第一師師長王德泰，山東人，政治委員爲魏拯民，參謀長劉漢興。該軍原來遊擊區域爲延邊一帶延吉、汪清、琿春、和龍等縣，但因日寇實行堅壁清野的政策，到處修築集團部落，驅逐人民歸大屯，使得遊擊活動較爲困難，乃只留一部分隊伍在原地活動，而另一部分向北滿和南滿一帶遊擊。該軍特色在于該軍內約有一半爲朝鮮人，他們原來在朝鮮亡國時避難至我國東北間島（即延、和、琿、汪等縣），及至我東北又遭亡國大禍時，他們無地方跑了，除一些極少數朝鮮民族敗類甘願作日寇走狗外，餘均上遊擊隊和抗日軍，與我國同胞共同聯合，去抵抗中韓民族的共同敵人——日本帝國主義。該軍第三師師長金日成即爲朝鮮人。該軍內亦有共產黨份子，但是他們却眞誠地與前國民黨影響的救國軍舊部親密合作抗日。

東北抗日聯軍第三軍乃由前東北人民革命軍第三軍李華堂部隊及其他抗日部隊共同合組織而

故。

趙尚志爲軍長兼江省抗日聯軍總司令，李華堂爲聯軍副司令。趙尚志熱河朝陽人，是中國共產黨黨員，畢業於黃埔軍官學校，參加過一九二五——二七年大革命。九一八事變後共產黨先派他到江省巴彥張甲洋抗日部隊內去工作，後到孫朝陽部隊上去，參加抗日戰爭，爲一普通的隊員。孫朝陽因中了日寇奸計被擒，其隊伍失去了領導，一時陷于四散。此時正是一九三三年夏秋的時候，當時趙尚志開始只帶着七個隊員組織抗日遊擊運動。此時，他與中國共產黨珠河中心縣委發生了聯繫，接受了抗日統一戰線的指示，就與各抗日部隊聯合，並盡力聯合地方的大排，共同抗日。不到一年，不僅將孫朝陽舊部重新團結起來了，並且聯合了許多新的部隊，更加擴大和發展了抗日的武裝力量；乃于去年春正式成立爲東北人民革命軍第三軍，後來接中共中央去年八一宣言，又聯合其他部隊，共同組織江省抗日聯軍總司令部，趙尚志又被推舉爲聯軍三軍軍長兼總司令。李華堂爲副總司令。三軍遊擊區域甚爲寬廣，哈東和江北二十餘縣皆爲其遊擊所到的地方。李華堂本爲前自衛軍之一營長，數年來抗日功績頗著，他與趙尚志司令親密合作，並不因趙尚志是共產黨員，而有什麼絲毫的隔膜。

在趙尚志指揮策劃之下，第三軍發展異常迅速，屢次打敗日僞軍，尤以三次圍困賓縣城，攻克五常堡，陷落方正城，計取二道河等戰役爲最著名。自哈爾濱東沿中東鐵路，沿松花江兩岸，直至沿牡丹江兩岸十餘縣，所向無敵，當者披靡。日僞聞之發抖，百姓聽到開心，莫不異口同聲贊譽趙司令的英勇與愛民。日寇故意散播空氣，說趙尚志是共產黨員，想藉此來進行挑撥恐嚇。百姓聽到說：「原來趙尚志是共產黨，難怪他這樣堅決打日本子，有武藝，名譽好，東三省多出幾個共產黨，就不怕日本子了」。于此可見東三省老百姓認定趙尚志是個眞正抗日的民族英雄，認識了共產黨是眞正澈底抗日救國的政黨。

東北抗日聯軍第四軍乃由前救國軍遊擊軍，密山反日遊擊隊，饒河反日遊擊隊及其他抗日山林隊等等共同組織而成。正式成立于「九一八」三週年紀念。四軍軍長兼吉東抗日聯軍總司令爲李延祿，吉林省延吉縣人，前救國軍總參謀長。四軍第一師師長爲李延平，二師師長爲鄭育岩，三師師長爲郭福德。該軍在吉東北各十餘縣活動，將前自衛軍舊部，及其他抗日山林隊，由渙散中團結起來了。該軍于去年曾攻破林口、二道河、郭鳳樓、黑咀子等地。去年冬天與三軍、六軍及七軍會合，並一度游擊江北，聲勢甚爲浩大。目前仍在各縣游擊，常給日寇不少的打擊。

該軍軍長李延祿在東北抗日五年，于民國二十三年曾一度入關，請求關内出兵，收復失地，未得要領，但他並未灰心，于當年又重返東北，繼續其抗日救國事業，眞不愧爲民族英雄。

東北抗日聯軍第五軍乃由前救國軍柴世榮、王毓峯、王汝起、姜振榮等部，抗日山林隊平南洋，寧安反日游擊隊及其他抗日隊伍共同組織而成，五軍軍長兼東滿抗日聯軍總司令爲周保中，副軍長兼副總司令爲柴世榮。周軍長雲南人，中國共産黨黨

1. 東北抗日聯軍第四軍李延祿軍長與上海武裝自衛會代表王克道先生
2. 農民爲東北抗日聯軍第四軍送信
3. 自右至左：王克道先生，抗日聯軍第三軍副司令李華堂，第四軍軍長李延祿，義軍隊長老來紅

員，曾爲國民革命軍的師長。九一八事變後，被派至東北，參加抗日鬥爭。先在救國軍吳義成部當參謀長。後王德林失敗離開國境，救國軍星散，周保中乃收集救國軍殘部留駐安圖，後率隊至寧安與平南洋部隊聯合組織同盟軍，到一九三五年二月，正式成立抗日聯軍第五軍。

東北抗日聯軍第六軍乃由謝文東隊、齊明山隊以及其他抗日隊伍共同組織而成。該軍軍長卽謝文東。謝司令吉林省依蘭縣人，本爲一地方保董，于民國二十三年春因對日寇在依蘭縣下江一帶繳槍繳照，集合當地大排隊領導農民四萬餘人，共同武裝起義抗日，曾將日本軍隊完全消滅，後來謝司令與趙尚志李華堂等部隊會合，由東北抗日救國總會提議，改編爲東北抗日聯軍第六軍。

東北抗日聯軍第七軍乃由前湯原縣遊擊隊聯合其他部隊，共同組織而成。軍長爲夏雲楷（夏軍長原爲湯原遊擊隊大隊長）。該軍在去年冬天成立後，發展甚爲迅速，今年六月二十六日攻破東北最有名的煤礦區之一——鶴立崗。

以上爲現已成立的七個軍，此外尚有許多抗日軍如吳義成、張雨亭、李化民、趙慶吉、王明祥、雙龍、綠林好、交的寬、天意隊及熱河省周永久部等等。全東北的抗日義勇軍約在十五萬餘人，而中國共產黨所領導的隊伍則佔着主要力量，而成爲抗日義勇軍的軍事政治的領導中心力量。這是因爲共產黨所領導的隊伍，對日作戰勇敢，善于用遊擊戰術，對待羣衆關係好，並且對于非共產黨領導下的抗日友軍在實際上給許多軍事上政治上經濟上和幹部上之幫助，也就是由于共產黨員的眼光看得遠些，他們會去建立抗日民族統一戰線，或組織和領導羣衆，共同來參加抗日民族鬥爭。其所以能夠組織和領導羣衆起來參加抗日民族鬥爭的原因，就在于共產黨員善于將抗日民族革命鬥爭和保護人民羣衆的利益配合起來。抗日是不能餓着肚子和不穿衣裳去抗的，爲着要吸引廣大工農羣衆起來參加抗日民族運動，非改善工農羣衆的物質生活，非給他們政治上的民主自由是不可的。

從最近幾年東北抗日的艱苦鬥爭中證明：中國共產黨是東北同胞爭取自己民族和社會解放的領袖，牠是團結一切抗日勢力的中心，牠爲着中華民族獨立解放和國家統一而奮鬥到底，我們相信東北三千五百萬人民在共產黨的抗日救國的統一戰線政策的領導之下，必能達到驅逐日寇，光復河山，最後解放的完全勝利。

《救国时报》第五十五—五十六期 中华民国二十五年九月十八日 第二版

（1936 年 9 月 18 日）

东北抗日义军之发展与现状

杨 崧

自九一八事变后，东北人民痛于亡国奴的耻辱，忍不住日寇之野蛮横暴，抢夺没收，屠杀奸淫，文化奴辱，鸦片毒祸等等一切亡我种族的政策，于是群起抗日，以图自救，就产生广大的抗日民族解放运动。曾有马占山苏炳文将军高举抗日义旗于江省，唐聚伍、邓铁梅等集合民族健儿于辽宁，而李杜、王德林等则成立救国军和自卫军于吉东。但因当时东北抗日民族运动本身的弱点：如像抗日部队内部不仅未能形成统一的军事政治领导，并且互相猜疑、互相冲突、特别是未改变过去军阀对于民众的政策，结果中了敌人挑拨离间、与各个击破的毒计，而遭受了失败。

马、苏、李、王等将军抗日失败后，他们相继被迫退出国境。当时东北各地反日队伍一时陷于涣散消沉。国民党完全瓦解崩溃，一般上层份子，均纷纷逃走入关，而下层组织本来就没有的，因此除了个别的国民党员，忍不住亡国的义愤，而进行抗日斗争外，国民党已经是毫无声响了。只有中国共产党东北党部，虽然在当时的力量还很薄弱，但他在中国共产党中央领导之下，坚持着抗日救亡的方针，并不因当时抗日军事的失败而有所动摇，相反的，他更加积极起来组织东北人民抗日运动，担负起解放东北人民的任务。中国共产党在九一八事变开始时，就提出了“以武装人民驱逐日本强盗出中国”之总口号；积极参加了当时马、李、苏、王等之武装抗日运动；曾派自己的最优秀党员到抗日义勇军中去，积极参加抗日战争，组织了吉海与中东路工人罢工，援助抗日军，动员了工人、农民、学生和一切抗日份子到抗日义勇军去，发展了群众的抗日运动等等。

在马、苏、王、李等部队失败以后，中国共产党更研究了和吸收了前一时期抗日民族战争失败之经验与教训，乃提出在东北建立全体人民的抗日统一战线为总的策略方针，根据这一方针，乃提出建立东北统一战线的军队——抗日人民革命军，建立统一战线的政府——抗日人民政府，组织广大的统一战线的群众团体——反日会。

由于这个正确的路线，由于共产党员忠实于党和忠实于自己的民族和国家，不顾自己身家和性命，去为执行这一正确路线而斗争，才能将马、苏、李、王、唐等将军失败后残留的四散各地的抗日队伍，重新逐渐恢复和团结起来，并使他们得着新的更加坚强的军事政治的领导而日益发展。并且，由于共产党正确的政策，乃能改除过去抗日军队对于人民的关系，而与人民打成一片，得到人民在军事上经济上和精神上更大的实际援助，和自动的不断的参加抗日军队。由于抗日义勇军的领导者善于运用神奇巧妙的游击战术，乃能以寡敌众，抵抗日本强盗帝国主义的进攻，击破数百次的日“满”军进攻，而达到现今抗日军日益扩大，日益团结的形势。经过五年来的苦战，现在东北已建立起七个抗日联军，都在统一的东北抗日救国总会领导之下。联军的共同主张非常简单明了，就是：（一）抗日救国，收回失地，保护中华祖国；（二）没收日寇及汉奸财产，作抗日战费；（三）联合民众共同救国。

兹将各军成立之简略经过与现状叙述如下：

东北抗日联军第一军乃由前东北人民革命军第一军，唐聚伍旧部和各抗日山林队等共同组织而成。军长兼政治委员为杨靖宇并兼任南满抗日联军的总司令。联军总参谋长为李红光。杨靖宇是中国共产党党员，曾参加一九二五—二七年大革命，九一八事变后，由中共中央派至东北工作。先任当时所谓中国红军三十二军赤色游击队队长，（因此直到现在，日寇称杨靖宇部为红军）直接在中共磐石中心县委领导之下。于一九三三年夏，接中共中央指示信后，杨靖宇同志就极力主张，以赤色游击队为基础，号召南满磐石、伊通、桦甸一带唐聚伍旧部与各抗日山林队，共同建立人民革命军。是年"九一八"二周年纪念日，就成立东北人民革命军磐石独立第一师，公举杨靖宇为师长。次年正式成立为人民革命军第一军。后来，杨靖宇与前国民党影响下部队毛、宋等司令，共同组织南满抗日联军临时总指挥部。因为这一联合战线之建立，抗日队伍不仅未被日寇冬期"讨伐"击溃，反而扩张数倍。去年接到中共中央八月一日宣言后，又向其他各部队提议，共同建立抗日联军，以谋抗日战线之更加扩大。就成立了东北抗日联军第一军，公举杨靖宇为军长兼南满抗日联军总司令。

人民革命军第一军，与日伪军队作战，不下数百次，计陷三源浦，克凉水河，进占汪清门，偷渡鸭绿江，进入高丽境，绕道陷东兴等等许多著名战绩；均为杨靖宇亲自所筹划，他亲自所指挥。人民革命军屡败日伪军，弄得日伪军一闻人民革命军之名，便战战兢兢，心胆俱寒。某部日军告诫其部下曰："人民革命军真厉害，碰到要特别当心"。而伪军中最凶悍之邵伯良吃了多次败仗后叹曰："我邵伯良一生也够鬼了，但杨司令比我更厉害"。又曰："我的兵，打'胡子'，一个能够打十个，打人民革命军，就不行了，十个打一个也还打不过”。该第一军现在吉林之磐石、双阳等五县，及辽宁之柳河、金川、安东、凤城、安图、临江等三十余县活动。

东北抗日联军第二军乃由前人民革命军第二军救国军史仲恒旅及其他抗日部队，共同组织而成。现任联军军长兼第一师师长王德泰，山东人，政治委员为魏拯民，参谋长刘汉兴。该军原来游击区域为延边一带延吉、汪清、珲春、和龙等县，但因日寇实行坚壁清野的政策，到处修筑集团部落，驱逐人民归大屯，使得游击活动较为困难，乃只留一部分队伍在原地活动，而另一部分向北满和南满一带游击。该军特色在于该军内约有一半为朝鲜人，他们原来在朝鲜亡国时避难至我国东北“间岛”（即延、和、珲、汪等县），及至我东北又遭亡国大祸时，他们无地方跑了，除一些极少数朝鲜民族败类甘愿作日寇走狗外，余均上游击队和抗日军，与我国同胞共同联合，去抵抗中韩民族的共同敌人——日本帝国主义。该军第三师师长金日成即为朝鲜人。该军内亦有共产党份子，但是他们却真诚地与前国民党影响的救国军旧部亲密合作抗日。

东北抗日联军第三军乃由前东北人民革命军第三军李华堂部队及其他抗日部队共同合组织而成。赵尚志为军长兼江省抗日联军总司令，李华堂为联军副司令。赵尚志热河朝阳人，是中国共产党党员，毕业于黄埔军官学校，参加过一九二五—二七年大革命。九一八事变后共产党先派他到江省巴彦张平洋抗日部队内去工作，后到孙朝阳部队上去，参加抗日战争，为一普通的队员。孙朝阳因中了日寇奸计被擒，其队伍失去了领导，一时陷于四散。此时正是一九三三年夏秋的时候，当时赵尚志开始只带着七个队员组织抗日游击运动。此时，他与中国共产党珠河中心县委发生了联系，接受了抗日统一战线的指示，就与各抗日部队联合，并尽力联合地方的大排，共同抗日。不到一年，不仅将孙朝阳旧部重新团结起来了，并且联合了许多新的部队，更加扩大和发展了抗日的武装力量；乃于去年春正式成立为东北人民革命军第三军，后来接中共中央去年《八一宣言》，又联合其他部队，共同组织江省抗日联军总司令部，赵尚志又被推举为联军三军军长兼总司令。李华堂为副总司令。三军游击区域甚为宽广，哈东和江北二十余县皆为其游击所到的地方。李华堂本为前自卫军之一营长，数年来抗日功绩显著，他与赵尚志司令亲密合作，并不因赵尚志是共产党员，而有什么丝毫的隔膜。

在赵尚志指挥策划之下，第三军发展异常迅速，屡次打败日伪军，尤以三次围困宾县城，攻克五常堡，陷落方正城，计取二道河等战役为最著名。自哈尔滨东沿中东铁路，沿松花江两岸，直至沿牡丹江两岸十余县，所向无敌，当者披靡。日伪闻之发抖，百姓听到开心，莫不异口同声赞誉赵司令的英勇与爱民。日寇故意散播空气，说赵尚志是共产党员，想借此来进行挑拨恐吓。百姓听到说："原来赵尚志是共产党，难怪他这样坚决打日本子，有武艺，名誉好，东三省多出几个共产党，就不怕日本子了"。于此可见东三省老百姓认定赵尚志是个真正抗日的民族英雄，认识了共产党是真正澈底抗日救国的政党。

东北抗日联军第四军乃由前救国军游击军，密山反日游击队，饶河反日游击队及其他抗日山林队等等共同组织而成。

正式成立于“九一八”三周年纪念。四军军长兼吉东抗日联军总司令为李延禄，吉林省延吉县人，前救国军总参谋长。四军第一师师长为李延平，二师师长为郑育岩，三师师长为郭福德。该军在吉东北各二十余县活动，将前自卫军救国军旧部，及其他抗日山林队，由涣散中团结起来了。该军于去年曾攻破林口、二道河、郭凤楼、黑咀子等地。去年冬天与三军、六军及七军会合，并一度游击江北，声势甚为浩大。目前仍在各县游击，常给日寇不少的打击。该军军长李延禄在东北抗日五年，于民国二十三年曾一度入关，请求关内出兵，收复失地，未得要领，但他并未灰心，于当年又重返东北，继续其抗日救国事业，真不愧为民族英雄。

东北抗日联军第五军乃由前救国军柴世荣、王疏峰、王汝起、姜振荣等部，抗日山林队平南洋，宁安反日游击队及其他抗日队伍共同组织而成，五军军长兼东满抗日联军总司令为周保中，副军长兼副总司令为柴世荣。周军长云南人，中国共产党党员，曾为国民革命军的师长。九一八事变后，被派至东北，参加抗日斗争。先在救国军吴义成部当参谋长。后王德林失败离开国境，救国军星散，周保中乃收集救国军残部留驻安图，后率队至宁安与平南洋部队联合组织同盟军，到一九三五年二月，正式成立抗日联军第五军。

东北抗日联军第六军乃由谢文东队、齐明山队以及其他抗日队伍共同组织而成。该军军长即谢文东。谢司令吉林省依兰县人，本为一地方保董，于民国二十三年春因对日寇在依兰县下江一代缴枪缴照，集合当地大排队领导农民四万余人，共同武装起义抗日，曾将日本军队完全消灭，后来谢司令与赵尚志李华堂等部队会合，由东北抗日救国总会提议，改编为东北抗日联军第六军。

东北抗日联军第七军乃由前汤原县游击队联合其他部队，共同组织而成。军长为夏云楷[1]（夏军长原为汤原游击队大队长）。该军在去年冬天成立后，发展甚为迅速，今年六月二十六日攻破东北最有名的煤矿区之一——鹤立岗。

以上为现已成立的七个军，此外尚有许多抗日军如吴义成、张雨亭、李化民、赵庆吉、王明祥、双龙、绿林好、交的宽、天意队及热河省周永久部等等。全东北的抗日义勇军约在十五万余人，而中国共产党所领导的队伍则占着主要力量，而成为抗日义勇军的军事政治的领导中心力量。这是因为共产党所领导的队伍，对日作战勇敢，善于用游击战术，对待群众关系好，并且对于非共产党领导下的抗日友军在实际上给许多军事上政治上经济上和干部上之帮助，也就是由于共产党员的眼光看得远些，他们会去建立抗日民族统一战线，或组织和领导群众，共同来参加抗日民族斗争。其所以能够组织和领导群众起来参加抗日民族斗争的原因，就在于共产党员善于将抗日民族革命斗争和保护人民群众的利益配合起来。抗日是不能饿着肚子和不穿衣裳去抗的，为着要吸引广大工农群众起来参加抗日民族运动，非改善工农群众的物质生活，非给他们政治上的民主自由是不可的。

从最近几年东北抗日的艰苦斗争中证明：中国共产党是东北同胞争取自己民族和社会解放的领袖，它是团结一切抗日势力的中心，它为着中华民族独立解放和国家统一而奋斗到底，我们相信东北三千五百万人民在共产党的抗日救国的统一战线政策的领导之下，必能达到驱逐日寇，光复河山，最后解放的完全胜利。

---

① 应为夏云杰。

上海各界同胞

踴躍捐助東北義勇軍及抗日綏軍

（續要訊）

△願海內外同胞聞風興起擴大募捐

九一八五週年紀念時，國內各地之反日行動，澎湃勃發，已誌前報。連日電訊，仍多有反日運動之消息，可見我國救亡運動，正在深刻地發展，而實已成爲根深蒂固的民族力量。若當局能給國人以民主自由，使得充分發展救國運動，則必能驅逐日寇出中國而達到我國家民族的解放。

據二十五日上海電，九一八五週年前夕由各界救國聯合會所發起的援助東北義勇軍及綏省抗日軍之募捐運動，舉行以來，雖當局曾加干涉，並捕去募捐者數人，但結果成績甚佳，無論男女老少，無論工農商學兵，不分黨派信仰，莫不踴躍輸將，其中由同胞節衣縮食，傾囊以助者，爲數不少，現已募得鉅款，即將分別轉交東北抗日義勇軍及抗日綏軍以充抗日軍費云。按上海全國各界救國聯合會發起之援助抗日軍募捐，實係救亡運動中的一種重要方式，特別是我東北抗日義軍，在白山黑水間，在冰天雪地中，不斷進行堅苦之民族自衛血戰，五年如一日，使日寇及其傀儡不遑應付，其英勇卓絕，而値得每個愛國同胞的竭力援助。深望國內外各地同胞，繼各界救國聯合會之後，起而進行同樣之募捐運動，並保證捐款達到援助抗日義軍之目的，則其裨益於國家民族，實非淺鮮。

北平婦女界慰勞廿九軍

又據二十四日上海電，立報載，北平婦女界救國會日前派二十團體之代表、攜帶慰勞品，慰問二十九軍，並鼓勵其官佐士兵，堅持抗日，保士衛國。各代表與二十九軍將士談話時，軍中抗日空氣極為緊張，有因該軍未能實行抗日而憤極下淚者，均謂彼等誓必為國捐軀以盡其軍人之天職云。

北平各界於九一八五週年紀念日舉行紀念大會，已誌前報，茲又據二十三日北平電，北平學聯會發表宣言，除縷數日寇對我國之侵略暴行及對南京政府之無理要挾外，並提出下列各項要求：堅決拒絕日方提出之條件，取消一切不平等條約，允許言論、集會、出版、行動與結社等自由，實行武裝緝私，抵制日貨，全民聯合、對日抗戰、收回失地。該宣言最後並謂：「吾人不怕任何壓迫，吾人獻身為國，決奮鬥至最後一滴血」云。

香港各界同胞積極反日

僑居香港之我國同胞，亦曾舉行反日大會並準備示威，可見我救亡運動之無遠不屆。據二十二日東京電，同盟社訊，九一八五週年紀念日，香港警察捕去籌備「擾亂治安行動」之中國共產黨員、學生與工人等共八十五名云。又據二十二日倫敦電，每日電報載，二十一日華人數百名在香港某華校內召集反日大會，並準備舉行反日示威，警察聞訊趕至，與開會者發生衝突，結果受傷者數人，被捕者百餘人。該報並謂香港反日運動係由學生所領導，但青年工人多積極參加云。日寇對我侵略，同時亦損及英國利益，今香港英當局竟大批逮捕我國反日志士，無異助長日寇之兇焰，是不獨為我國人所反對，實亦為英國遠見政治家所不取也。

《救国时报》第五十八期 中华民国二十五年九月三十日 第二版

（1936 年 9 月 30 日）

上海各界同胞

踊跃捐助东北义勇军及抗日绥军

△愿海内外同胞闻风兴起扩大募捐

九一八五周年纪念时，国内各地之反日行动，澎湃勃发，已志前报。连日电讯，仍多有反日运动之消息，可见我国救亡运动，正在深刻地发展，而实已成为根深蒂固的民族力量。若当局能给国人以民主自由，使得充分发展救国运动，则必能驱逐日寇出中国而达到我国家民族的解放。

据二十五日上海电，九一八五周年前夕由各界救国联合会所发起的援助东北义勇军及绥省抗日军之募捐运动，举行以来，虽当局曾加干涉，并捕去募捐者数人，但结果成绩甚佳，无论男女老少，无论工农商学兵，不分党派信仰，莫不踊跃输将，其中由同胞节衣缩食，倾囊以助者，为数不少，现已募得巨款，即将分别转交东北抗日义勇军及抗日绥军以充抗日经费云。按上海全国各界救国联合会发起之援助抗日军募捐，实系救亡运动中的一种重要方式，特别是我东北抗日义军，在白山黑水间，在冰天雪地中，不断进行坚苦之民族自卫血战，五年如一日，使日寇及其傀儡不遑应付，其英勇卓绝，也值得每个爱国同胞的竭力援助。深望国内外各地同胞，继各界救国联合会之后，起而进行同样之募捐运动，并保证捐款达到援助抗日义军之目的，则其裨益于国家民族，实非浅鲜。

北平妇女界慰劳廿九军

又据二十四日上海电，立报载，北平妇女界救国会日前派二十团体之代表，携带慰劳品，慰问二十九军，并鼓励其官佐士兵，坚持抗日，保土卫国。各代表与二十九军将士谈话时，军中抗日空气极为紧张，有因该军未能实行抗日而愤极下泪者，均谓彼等誓必为国捐躯以尽其军人之天职云。

北平各界于九一八五周年纪念日举行纪念大会，已志前报，兹又据二十三日北平电，北平学联会发表宣言，除历数日寇对我国之侵略暴行及对南京政府之无理要挟外，并提出下列各项要求：坚决拒绝日方提出之条件，取消一切不平等条约，允许言论、集会、出版、行动与结社等自由，实行武装缉私、抵制日货、全民联合、对日抗战、收回失地。该宣言最后并谓："吾人不怕任何压迫，吾人献身为国，决奋斗至最后一滴血"云。

香港各界同胞积极反日

侨居香港之我国同胞，亦曾举行反日大会并准备示威，可见我救亡运动之无远不届。据二十二日东京电，同盟社讯，九一八五周年纪念日，香港警察捕去筹备"扰乱治安行动"之中国共产党员、学生与工人等共八十五名云。又据二十二日伦敦电，每日电报载，二十一日华人数百名在香港某华校内召集反日大会，并准备举行反日示威，警察闻讯赶至，与开会者发生冲突，结果受伤者数人，被捕者百余人。该报并谓香港反日运动系由学生所领导，但青年工人多积极参加云。日寇对我侵略，同时亦损失英国利益，今香港英当局竟大批逮捕我国反日志士，无异助长日寇之凶焰，是不独为我国人所反对，实亦为英国远见政治家所不取也。

大會上的報告

王寶桓先生關於東北現狀的報告

諸位同胞——諸位親愛的同胞！　兄弟是東北人，自從「九一八」以後，流離關內，飽經亡省的慘痛。　今天得出席抗日會，看見諸位熱心愛國，恨不得叫一萬句親愛而又親愛的同胞！（鼓掌）現在把東北的抗日運動，大要說幾句：自從「九一八」事變後，東北的義勇軍風起雲湧，像馬占山、李杜、以及其他諸將軍的豐功偉績，永遠給中華民族解放史上，遺留下燦爛而光榮的一頁（鼓掌）。　這些以往的事，諸位都很知道，用不着兄弟詳說，而且這幾位將軍都慶生還，將來報國有日，更偉大更光榮的歷史，將來一定能表現出來。　現在把因抗日而流盡熱血，因救國而犧牲的兩位志士，約略說一說。

一位是鄧鐵梅，是國民黨。　過去抗日功績的偉大，是諸位所熟知的。在遼寧鳳凰城一帶，轉戰數載，敵人畏之如虎。　甚至日本人的小孩子哭了，大人便說：「別哭了！　鄧鐵梅來了！」（鼓掌）　然而不幸終於被漢奸捉送日本人去了。有一天晚間，鄧志士正在村中一家閒談，進來了幾個漢奸，要捉鄧鐵梅。　鄧志士便說：「諸位來得好，我知道日本人拿五萬塊錢買我的頭，諸位家裏都很窮，都有父母妻子，眼看要餓死，拿我一個人頭換諸位百十個父母妻子的生命，再合算沒有了。就請把我捉去好了」。當時便有幾個漢奸良心發現，懊悔交集的走了。　剩下幾個便把鄧鐵梅捉去了。　日本人自然是百般勸誘鄧鐵梅投降，然而我們的鄧志士卻抱定有斷頭將軍無投降將軍，終於慷慨就義了。　臨刑前，面南向，三呼中華民國萬歲，警告日本人說，「繼我而起的必大有人在」。　果然，繼之者便有苗可秀。　苗志士是東北大學的學生，是國家主義派的青年黨。　事變後入關練學生軍，練就後，偕同志五六十人出關殺敵，鄧鐵梅死後，便收拾鄧之舊部，轉戰東邊一帶，打擊日人最烈。致有一個日本軍官起誓說：「不殺苗可秀，誓不生還」。 終於不幸，苗志士在一度戰役後負傷，寄於一村中養病，被日本人探知。 捕去之後，日人極力優待，先送醫院養病，病後勸降。苗志士終於不屈，就在行刑的前幾分鐘，日本軍官還說，「現在降，我還可保證」，苗志士瞪起虎眼，大叫「什麽話，你日本人什麽東西，降你!?」在獄中有日本人請其寫字畫的，因爲苗志士是國學系學生，文武全才，寫作俱佳，苗君但寫「還我河山」，寫一百個「還我河山」，「還我河山」（鼓掌）。 我們看見這兩位志士的事跡，眞要汗流夾背，眞愧生於人世。

至於現在的義勇軍領袖呢，自然要說楊靖宇、趙尙志、李紅光諸位領袖。 這些人日本人稱之爲「思想匪」，實際便是共產黨，他們作什麽？他們抗日救國（鼓掌）。 他們不分黨派，聯合一切不願作亡國奴的同胞去抗日救國。 我們現在在討論聯合戰線，實在很慚愧。 其實他們這些工農大衆，不明白理論，不明白策略，他們只是由腥紅的血得來的經驗，惟有中國人不打中國人，大家聯合起來才能夠抗日（鼓掌）。因爲日本人來了不問你國民黨、共產黨、民族大同盟、國家主義派，都不管三七二十一的殺掉，在這種情形下，還有什麽黨派可爭？ 各黨派各個人有什麽血海的冤仇，都應當忘掉，共同去抗日（鼓掌）。 我有一個親眼看見的例子，是在事變前在大連的時候，有兩個中國人，因細故口角互相毆打，結果日本巡捕來了，不問誰有理沒理，一樣的打一頓。 日本人走了他們兩個人握手言歡，互相說：「從今以後我被人欺負死，也不再和中國人打架了，今後要把方才我們打架的勇敢，去打日本人去。」 我們現在便應當學這兩個人的精神，去抗日去。 我們現在看出，國民黨像鄧鐵梅等抗日，國家主義派像苗可秀等抗日，共產黨像楊靖宇等抗日，東北軍將領像馬占山等抗日，民族革命同盟像蔡廷楷等抗日。 中國的那一黨還有不抗日的？ 既然大家都抗日，雖然抗日的方法稍有出入，大體上還有什麽不可以聯合起來精誠團結，一致抗日的？（鼓掌）

大家都知道，日本侵略東北，完全抄襲帝國主義的慣技，多方面的侵略。 在政治上要收買幾個漢奸，使漢奸的利益和日帝的利益一致，結果：中國民衆要反對日本帝國主義的時候，不但日本人要壓迫；便這羣漢奸們首先來壓迫摧殘。 在經濟上對東北民衆作透骨的剝削，譬如高粱米在去多價值六角，日本人壓着價大量的收買。

到今春便提高價爲一元錢一斗賣出。 此外在文化上，要使中國人忘掉其爲中國人。 譬如日本人在街上問東北人：「你是那國人？」答以：「是中國人」，便遭毒打。 結着又問是那國人，有的人甚至答是日本人，也遭毒打，終至必說是「滿洲國」人爲止。 這還不算，最殘酷的要算武力上的侵略。 諸位知道有一件平頂山事件，

東北義軍

說起來要使我們憤不欲生。 平頂山是一個村莊，前一天來過義勇軍住一夜，殺死幾個日本人。隨後義勇軍去後日本兵來了。 日本兵來後，便叫全村人民不分老幼男女同到山上來，叫每人排隊站好，然後用機關槍掃射，一人不留，盡皆殺害。 在這一村內不問你是富人是窮人，並連平素効忠日本人的漢奸，都要殺掉。 這是如何殘酷的野蠻行爲!? 其實這並不足怪，整個的中國，就是平頂山的縮影。 日本人要殺的中國人，不但是窮人，而且是富人，不但是富人，而且是漢奸。 在這種情形下，抗日不但要不分黨派不分信仰，更要不分階級（鼓掌）。 不但窮人富人要一起抗日、甚至連漢奸都要抗日。

此外在義勇軍的隊伍中，最感動人的事情是，不但內中有中國人而且有高麗人，不但有高麗人而且有日本人。在東北的抗日的陣線上，中國人、高麗人自然要抗日，就連日本的勞苦羣衆和覺悟分子，眼看日本軍閥橫行，他們日益沒飯喫，所以他們也要反抗日本帝國主義。有一件最使我們感動的事情，就是有一次一隊義勇軍打退日本兵後，在樹林中發現一輛汽車，上邊滿載軍火，車旁有一死屍，由死屍的衣袋內發現一信，上邊說：「我是日本工人，同情你們打倒日本帝國主義，所以送給你們一車軍火。 但是我們不去日本兵營了，又沒處跑，只有在此處自殺，祝你們勝利」。 看見這一件事使我們相信，抗日不但在中國人方面要有統一戰線，便是在國際上，也要有統一戰線（鼓掌）。同胞們起來，聯合起來，打倒日本帝國主義，收復失地！（鼓掌）

《救国时报》第五十九期 中华民国二十五年十月五日 第三版

（1936 年 10 月 5 日）

大会上的报告

王宝桓先生关于东北现状的报告

诸位同胞——诸位亲爱的同胞！兄弟是东北人，自从“九一八”以后，流离关内，饱经亡省的惨痛。今天得出席抗日会，看见诸位热心爱国，恨不得叫一万句亲爱而又亲爱的同胞！（鼓掌）现在把东北的抗日运动，大要说几句：自从“九一八”事变后，东北的义勇军风起云涌，像马占山、李杜、以及其他诸将军的丰功伟绩，永远给中华民族解放史上，遗留下灿烂而光荣的一页（鼓掌）。这些以往的事，诸位都很知道，用不着兄弟详说，而且这几位将军都庆生还，将来报国有日，更伟大更光荣的历史，将来一定能表现出来。现在把因抗日而流尽热血，因救国而牺牲的两位志士，约略说一说。

一位是邓铁梅，是国民党。过去抗日功绩的伟大，是诸位所熟知的。在辽宁凤凰城一带，转战数载，敌人畏之如虎。甚至日本人的小孩子哭了，大人便说：“别哭了！邓铁梅来了！”（鼓掌）然而不幸终于被汉奸捉送日本人去了。有一天晚间，邓志士正在村中一家闲谈，进来了几个汉奸，要捉邓铁梅。邓志士便说：“诸位来得好，我知道日本人拿五万块钱买我的头，诸位家里都很穷，都有父母妻子，眼看要饿死，拿我一个人头换诸位百十个父母妻子的生命，再合算没有了。就请把我捉去好了”。当时便有几个汉奸良心发现，愧悔交集的走了。剩下几个便把邓铁梅捉去了。日本人自然是百般劝诱邓铁梅投降，然而我们的邓志士却抱定有断头将军无投降将军，终于慷慨就义了。临刑前，面南向，三呼中华民国万岁，警告日本人说，“继我而起的必大有人在”。果然，继之者便有苗可秀。苗志士是东北大学的学生，是国家主义派的青年党。事变后入关练学生军，练就后，偕同志五六十人出关杀敌，邓铁梅死后，便收拾邓之旧部，转战东边一带，打击日人最烈。致有一个日本军官起誓说：“不杀苗可秀，誓不生还”。终于不幸，苗志士在一度战役后负伤，寄于一村中养病，被日本人探知。捕去之后，日人极力优待，先送医院养病，病后劝降。苗志士终于不屈，就在行刑的前几分钟，日本军官还说，“现在降，我还可保证”，苗志士瞪起虎眼，大叫“什么话，你日本人什么东西，降你？！”在狱中有日本人请其写字画的，因为苗志士是国学系学生，文武全才，写作俱佳，苗君但写“还我河山”，写一百个“还我河山”，“还我河山”（鼓掌）。我们看见这两位志士的事迹，真要汗流夹背，真愧生于人世。

至于现在的义勇军领袖呢，自然要说杨靖宇、赵尚志、李红光诸位领袖。这些人日本人称之为“思想匪”，实际便是共产党，他们作什么？他们抗日救国（鼓掌）。他们不分党派，联合一切不愿作亡国奴的同胞去抗日救国。我们现在在讨论联合战线，实在很惭愧。其实他们这些工农大众，不明白理论，不明白策略，他们只是由腥红的血得来的经验，惟有中国人不打中国人，大家联合起来才能够抗日（鼓掌）。因为日本人来了不问你国民党、共产党、民族大同盟、国家主义派，都不管三七二十一的杀掉，在这种情形下，还有什么党派可争？各党派各个人有什么血海冤仇，都应当忘掉，共同去抗日（鼓掌）。我有一个亲眼看见的例子，是在事变前在大连的时候，有两个中国人，因细故口角互相殴打，结果日本巡捕来了，不问谁有理没理，一样的打一顿。日本人走了他们两个人握手言欢，互相说：“从今以后我被人欺负死，也不再和中国人打架了，今后要把方才我们打架的勇敢，去打日本人去。”我们现在便应当学这两个人的精神，去抗日去。我们现在看出，国民党像邓铁梅等抗日，国家主义派像苗可秀等抗日，共产党像杨靖宇等抗日，东北军将领像马占山等抗日，民族革命同盟像蔡廷楷等抗日。中国的那一党还有不抗日的？既然大家都抗日，虽然抗日的方法稍有出入，大体上还有什么不可以联合起来精诚团结，一致抗日的？（鼓掌）

大家都知道，日本侵略东北，完全抄袭帝国主义的惯技，多方面的侵略。在政治上要收买几个汉奸，使汉奸的利益和日帝的利益一致，结果：中国民众要反对日本帝国主义的时候，不但日本人要压迫；便这群汉奸们首先来压迫摧残。在经济上对东北民众作透骨的剥削，譬如高粱米在去冬价值六角，日本人压着价大量的收买。到今春便提高价为一元钱一斗卖出。此外在文化上，要使中国人忘掉其为中国人。譬如日本人在街上问东北人：“你是那国人？”答以：“是中国人”，便遭毒打。接着又问是那国人，有的人甚至答是日本人，也遭毒打，终至必说是“满洲国”人为止。这还不算，最残酷的要算武力上的侵略。诸位知道有一件平顶山事件，说起来要使我们愤不欲生。平顶山是一个村庄，前一天来过义勇军住一夜，杀死几个日本人。随后义勇军去后日本兵来了。日本兵来后，便叫全村人民不分老幼男女同到山上来，叫每人排队站好，然后用机关枪扫射，一人不留，尽皆杀害。

在这一村内不问你是富人是穷人，并连平素效忠日本人的汉奸，都要杀掉。这是如何残酷的野蛮行为?！其实这并不足怪，整个的中国，就是平顶山的缩影。日本人要杀的中国人，不但是穷人，而且是富人，不但是富人，而且是汉奸。在这种情形下，抗日不但要不分党派不分信仰，更要不分阶级（鼓掌）。不但穷人富人要一起抗日，甚至连汉奸都要抗日。

此外在义勇军的队伍中，最感动人的事情是，不但内中有中国人而且有高丽人，不但有高丽人而且有日本人。在东北的抗日的阵线上，中国人、高丽人自然要抗日，就连日本的劳苦群众和觉悟分子，眼看日本军阀横行，他们日益没饭吃，所以他们也要反抗日本帝国主义。有一件最使我们感动的事情，就是有一次一队义勇军打退日本兵后，在树林中发现一辆汽车，上边满载军火，车旁边有一死尸，由死尸的衣袋内发现一信，上边说："我是日本工人，同情你们打倒日本帝国主义，所以送给你们一车军火。但是我回不去日本兵营了，又没处跑，只有在此处自杀，祝你们胜利"。看见这一件事使我们相信，抗日不但在中国人方面要有统一战线，便是在国际上，也要有统一战线（鼓掌）。同胞们起来，联合起来，打倒日本帝国主义，收复失地！（鼓掌）

祖國消息

楊靖宇部義軍

飛—快—發—展

東北義軍到處活躍

（東）北抗日聯軍第一軍總司令楊靖宇，領導第一抗日聯軍，屢敗日軍，據大陸報訊，由於農民之幫助和擁護，楊部義軍，人數益增，聲勢益盛，聞日前襲擊海倫及呼蘭各部義軍，與楊靖宇部均有聯絡。

濱江義軍擊斃日軍五十名

（華）聯社訊，十月十日左右僞濱江蘭西地方有某部義軍百餘人，包圍某部義軍，激戰三小時，擊斃日軍官兵九十餘名。

又同盟社訊，十月十日在哈爾濱軍部有某部義軍一百五十名，與日軍「討伐」隊作戰，擊斃日軍一名。十二日在松花江岸木蘭縣境，有某部義軍擊斃日軍一名。

穆稜義軍亦擊斃日軍多名

（同）盟社訊，十月八日在穆稜縣有某部義軍三百名，與日軍作戰，擊斃日軍一名，重傷四名。又穆稜另一部義軍擊斃日軍一名，擊傷五名。十月十七日又有某部義軍百餘名，在穆稜附近與日軍戰，日軍死一名。穆稜鐵路路軌亦爲義軍折毀。

瀋陽附近義軍亦疊有活動

（同）盟社訊，十月二十一日在距瀋陽五十公里沿安奉線上之石橋子有某部義軍擊斃日軍及警察各一名，擊傷六名。又十月十日在遼寧省之維唐溝（譯音），有某部義軍擊斃日軍五名，擊傷五名。十月九日在遼寧四道溝有義軍六十餘名，與日軍作戰，死日軍一名，傷三名。十月十日在祥昌（譯音）有義軍二百名擊斃日軍三名，傷四名。

九月份內義軍戰績之統計

（國）通社訊（僞國通訊社），九月份內，在東三省東部，日僞軍與義軍作戰共九十四次。參加作戰之義軍共四千一百九十餘人。而駐瀋陽之某部日軍，九月份內與義軍作戰共五十四次，日軍戰死十五名，受傷十七名。

《救国时报》第六十四期 中华民国二十五年十月三十日 第二版

（1936 年 10 月 30 日）

杨靖宇部义军
飞快发展

东北义军到处活跃

东北抗日联军第一军总司令杨靖宇，领导第一抗日联军，屡败日军，据大陆报讯，由于农民之帮助和拥护，杨部义军，人数益增，声势益盛，闻日前袭击海伦及呼兰各部义军，与杨靖宇部均有联络。

滨江义军击毙日军五十名

华联社讯，十月十日左右伪滨江兰西地方有某部义军百余人，包围某部日军，激战三小时，击毙日军官兵九十余名。又同盟社讯，十月十日在哈尔滨军部有某部义军一百五十名，与日军“讨伐”队作战，击毙日军一名。十二日在松花江岸木兰县境，有某部义军击毙日军一名。

穆棱义军亦击毙日军多名

同盟社讯，十月八日在穆棱县有某部义军三百名，与日军作战，击毙日军一名，重伤四名。又穆棱另一部义军击毙日军一名，击伤五名。十月十七日又有某部义军百余名，在穆棱附近与日军战，日军死一名。穆棱铁路路轨亦为义军拆毁。

沈阳附近义军亦叠有活动

同盟社讯，十月二十一日在距沈阳五十公里沿安奉线上之石桥子有某部义军击毙日军及警察各一名，击伤六名。又十月十日在辽宁省之维唐沟（译音），有某部义军击毙日军五名，击伤五名。十月九日在辽宁四道沟有义军六十余名，与日军作战，死日军一名，伤三名。十月十日在祥昌（译音）有义军二百名击毙日军三名，伤四名。

九月份内义军战绩之统计

国通社讯（伪国通讯社），九月份内，在东三省东部，日伪军与义军作战共九十四次。参加作战之义军共四千一百九十余人。而驻沈阳之某部日军，九月份内与义军作战共五十四次，日军战死十五名，受伤十七名。

東北抗日義軍最近活動狀況

東北抗日聯軍第四軍李延祿軍長的談話

（上海通訊） 東北抗日聯軍軍長李延祿在東北抗日五年，最近由東北回國內，受東北各抗日義軍之委派，到國內向我國中央和地方軍政當局及各界同胞，報告東北義軍活動狀況，並懇請南京政府出兵收回東北失地。 李將軍所言東北一般情形和義軍活動狀況甚詳，茲略述如下：

（一）日寇亡我政策之毒辣——五年來日寇調動「皇軍」二十三萬人，分駐東北各地，將東北分為四個軍管區，「進剿」我東北義軍。日寇「進剿」的政策：在軍事上採取「穩紮穩打」和「堅壁清野」的辦法。日寇在各遊擊區城市要道口駐有日本軍守備隊，將遊擊區四面包圍，另派討伐隊，直入遊擊區內燒民房，搶糧食，強迫居民歸大屯。 企圖用這個辦法使斷絕人民對抗日義軍/援助，而使抗日義軍餓死和凍死。 日寇為着怕居民「勾結胡匪」和怕人民「向胡子上給養」，乃實行十家連座法，即是十家指定一家長為排長，互相簽字書押，擔保「不為匪，通匪和窩匪」，若有犯者十家連座。 並將居民多餘的糧食集中在大屯內或城市內，而城市內工業品（如帽子，烏拉鞋、棉衣、皮衣等等）的出賣都有一定的限制，以免得人民替義軍購買。

日寇為着斷絕東北同胞武裝自衛能力，除鎮壓武裝抗日運動外，還強繳民間自衛槍枝。 並且，強奪中國人的良田好地，強迫繳地照，將強得土地，移交日本武裝移民。 強徵民夫，為日寇修飛機場，修兵營和炮壘，在修築成功後將工人一律活埋，或是填大江，以免他們洩露軍事秘密。對於中國人買賣，則儘量排擠之，苛捐雜稅，各種名目，特別繁多；而對於日本商人的貨物，則一律免稅。 至於我國工商家所開工廠作坊，其中若無日本股分，則橫遭沒收。 學生念書不得自由，我國地理歷史禁止講授，我國報紙禁止閱讀。 對於一切抗日民族的和民主自由的思想，都在嚴禁之列。 不僅共產黨人的活動嚴受取締，就是國民黨的活動亦完全所不容許，東北同胞所受亡國痛苦，真是一言難盡，並非關內許多同胞所能想像的。

（二）東北抗日義軍的最近活動——李將軍繼言：因爲東北同胞各階層，不分士農工商兵都受日寇的民族壓迫；東北政治團體，不分共產黨和國民黨都遭禁止，認爲非法；並且東北同胞無分男女老少，不分籍貫之不同，都受日寇壓迫和屠殺，都受亡國痛苦；因此各界同胞，不分男女老少，不分政黨和信仰之不同；都直接地或間接地參加抗日民族解放運動。

李將軍繼言：今秋日僞準備進攻綏遠，並自綏東抗日戰爭爆發後，而我國國軍傅作義將軍所率健兒給日僞軍的打擊，更使東北同胞和義軍興奮起來抗敵。 李將軍言：東北各地抗日義軍自一九三四年秋起，開始在各地進行組織統一的抗日聯軍，其目的在使各抗日部隊互相取得聯絡，比較有統一的軍事和政治領導，以免陷入日寇挑撥離間與各個擊破之陰謀鬼計。 在進行這一工作時，完全站在抗日民族統一戰線的立場上。不分黨派，不分隊頭之不同，而以抗日第一爲唯一前提，打破過去一切成見，放棄過去一切舊仇宿怨，大家在抗日救國旗幟之下團結起來了。這一民族統一戰線運動在最近兩三年來，在東北得到很大的成績。

李將軍繼謂：第一軍軍長兼南滿抗日聯軍總司令爲楊靖宇。楊司令爲學生出身的青年民族英雄。 當唐聚伍失敗後，楊司令聯合唐之舊部，在遼寧省東邊道一帶活動。 該軍在事變後不久起義於磐石縣，曾稱磐石遊擊隊，後改人民革命軍，最近與其他隊伍聯合，共同組織抗日聯軍。與王鳳閣部，趙慶吉部，閻生堂部在南滿各縣遊擊，該軍於本年八月十七日佔領撫松縣城。於十月二十一日又佔領桓仁縣，曾將縣城佔領，將日本守備隊及憲兵隊擊潰繳械；而日憲兵隊長杉木林平陣亡云。據最近消息，閻生堂部曾佔領鳳凰城劉王廟市鎮，亦將日本駐軍擊潰。而趙慶吉部曾僞裝襲擊進安奉路四台子車站。而閻生堂與趙慶吉皆願意加入抗日聯軍，都已任爲軍長云。

第二軍軍長爲王德泰，王德泰山東人。 王部半由中國人半由朝鮮人合組而成。該軍佔據延邊各縣，利用老爺嶺山脈森林之險，四處遊擊，時而出沒於日寇新修之圖寧路；時而又出沒於吉會路。 該兩路甚有軍事戰略意義，時爲該軍所襲擊。 於今年民國成立二十五週年雙十節紀念日該軍在王軍長魏政治委員拯民領導之下，在敦化縣東清溝與日軍激戰八小時，終給日軍以大打擊，而將日本間島第二軍管區副司令日人石川重吉少將擊斃，川村中尉陣亡，日軍傷亡一百餘人，給日軍空前的打擊。是役後，日軍一時不敢出發討伐。

第三軍軍長趙尚志兼江省抗日聯軍總司令。該軍起義於吉林省珠河縣。曾攻打賓縣，佔依蘭縣，通河縣，鳳山縣城，聲勢振動淞花江南北兩岸。該軍於十一月二日在賓縣滿家店與僞軍劉居正騎兵團激戰，該騎兵團毫不開面，趙司令幾次去信，中國人不打中國人，專打日寇軍。該團長劉居正與失愛國天良，率隊來擊我義軍，那知中我義軍設埋。結果該團被我包圍，全部繳械；該團長頭部受傷，幾被活擒。在戰爭時，僞軍陣亡連長兩名，司務長一名。我軍得步槍五百餘枝，子彈數萬發，機關槍四挺。

第四軍軍長兼吉東抗日聯軍總司令爲李延祿。李將軍謂自他奉谷軍委派，到關內來後，他底一切職務由李延平代理。該軍多前救國軍王德林舊部。抗日救國有最長的歷史。以前戰績且不敘述，只在今年四月曾佔領閣鳳樓，與謝文東李華堂部會合，共同攻刁翎與林口。與趙司令在淞花江南北岸互相呼應，時出時沒，時去時來，在吉林省完達山脈一帶森林區域內活動；經常破壞日寇林密線與林佳線鐵路之建築。

第五軍軍長兼東滿抗日聯軍總司令周保忠，該軍常在中東路圖寧路和穆陵路附近活動，該軍於今年曾將穆陵路三道河子車站擊破；而於九月十二日曾在中東路穆陵車站附近擊倒日本頂用列車，與日軍激戰，日本陣亡長官和士兵二十五人，日軍受傷六十五人。義軍得槍數百枝，子彈萬餘發。五軍常與二軍共同活動，並與吳義成部亦保持密切關係云。

第六軍軍長夏雲楷，亦在江省遊擊，於今年春曾一度佔領北滿最大煤鑛區，鶴立崗煤鑛，工人愛國熱忱毫不落後於他人，參加抗日軍者數百人。夏部得到迅速之發展，於十二月一日該部在夏雲楷領導之下，實行意外襲擊佛山縣城，當將該城佔領，將該縣日本人縣參事官警察官及縣長等一律活擒云。

第七軍軍長陳榮久，該部原屬四軍，現因指揮便利起見，單成一軍，但總的作戰計劃方面仍受吉東抗日聯軍總司令部之指揮。該軍縱橫於饒虎一帶，該地素稱天險，易於遊擊活動。日軍視爲畏途。

除這已編七軍外，他如李華堂部，齊明山部皆已參加聯軍，謝文東部亦常與趙尚志共同活動，謝爲江省聯軍副司令。此外在南滿活動之汪亞臣，李壽臣，樂天林，閻新闕，閻生堂，白君實，趙慶吉等部亦參加聯軍，新任爲各軍軍長云。

（三）對於國內黨軍政中央地方當局及同胞請求援助。　李將軍末謂：東北同胞未忘祖國，東北同胞和義軍甚望國內和平統一，槍口一致對外，收回失地。　李將軍謂：一年前（即民國二十四年）十一月十一日東北抗日聯軍曾向國內軍政領袖呼籲國內和平，一致對外。在該電內曾云：「我們代表東北三千五百萬同胞和各地抗日隊伍，向諸公們誠懇地要求：不論蔣總司令的軍隊也好，不論其他國民黨的軍隊也好，不論共產黨領導下的紅軍也好，不論過去參加過抗日戰爭的軍隊或未參加過的也好，互相打過仗的或沒有打過的也好，都應該不分黨派信仰籍貫之不同，都應不記舊仇宿怨，應該都以中華民族利益爲前提，馬上停止內戰，拿山一致對外，一致去武裝抗日，一致去爭取中華民族獨立與統一，一致去保護中華祖國領土完整。」李將軍末後很激昂地說：「我想東北三千五百萬同胞和抗日義軍這一政治主張和請求在今天還是絕對正確的。　我來關內目的就在請求南京中央政府對內力求和平統一，團結各黨各派去一致抗日，去一致收回東北失地。」

李將軍最後還說：東北抗日義軍在冰天雪地下與敵作戰五年多，在作戰中爲國家爲民族犧牲不少的民族烈士，如俞伯陽，鄧鐵梅，孫朝陽，胡澤民，董長榮，何忠國，史仲恆，傅顯明，李斗文，張文楷，李守中等等烈士，他們爲國捐軀了，他們的遺志由東北和全國抗日同胞和將士來繼承者；但是，他們遺留下的孤兒寡婦老母等等無人救濟，不能爲生，並且在東北時受日寇陷害和屠殺，急需救濟。此外，東北苦寒，有許多抗日義軍直到冬月，尚有未換上棉衣者，其困難情形可想而知。　東北民間槍和子彈甚多，在東北販賣私槍和子彈亦不少，但是，經濟困難，無款購買。　傷兵在後方養傷，其因無錢買藥而致死者，常有之。　因此，希望國內和海外各界同胞，速立發啓募助東北義軍運動，定當將捐款負責交到各軍部，得到收條，登報鳴謝云。

民國二十五年十二月六日

《救国时报》第七十五—七十六期　中华民国二十六年一月八日　第二版

（1937 年 1 月 8 日）

东北抗日义军最近活动状况

东北抗日联军第四军李延禄军长的谈话

（上海通讯）东北抗日联军军长李延禄在东北抗日五年，最近由东北回国内，受东北各抗日义军之委派，到国内向我国中央和地方军政当局及各界同胞，报告东北义军活动状况，并恳请南京政府出兵收回东北失地。李将军所言东北一般情形和义军活动状况甚详，兹略述如下：

（一）日寇亡我政策之毒辣——五年来日寇调动“皇军”二十三万人，分驻东北各地，将东北分为四个军管区，“进剿”我东北义军。日寇“进剿”的政策：在军事上采取“稳扎稳打”和“坚壁清野”的办法。日寇在各游击区城市要道口驻有日本军守备队，将游击区四面包围，另派讨伐队，直入游击区内烧民房，抢粮食，强迫居民归大屯。企图用这个办法使断绝人民对抗日义军之援助，而使抗日义军饿死和冻死。日寇为着怕居民“勾结胡匪”和怕人民“向胡子上给养”，乃实行十家连座法，即是十家指定一家长为排长，互相签字画押，担保“不为匪，通匪和窝匪”，若有犯者十家连座。并将居民多余的粮食集中在大屯内或城市内，而城市内工业品（如帽子、乌拉鞋、棉衣、皮衣等等）的出卖都有一定的限制，以免得人民替义军购买。

日寇为着断绝东北同胞武装自卫能力，除镇压武装抗日运动外，还强缴民间自卫枪枝。并且，强夺中国人的良田好地，强迫缴地照，将强得土地，移交日本武装移民。强征民夫，为日寇修飞机场，修兵营和炮垒，在修筑成功后将工人一律活埋，或是填大江，以免他们泄露军事秘密。对于中国人买卖，则尽量排挤之，苛捐杂税，各种名目，特别繁多；而对于日本商人的货物，则一律免税。至于我国工商家所开工厂作坊，其中若无日本股分，则横遭没收。学生念书不得自由，我国地理历史禁止讲授，我国报纸禁止阅读。对于一切抗日民族的和民主自由的思想，都在严禁之列。不仅共产党人的活动严受取缔，就是国民党的活动亦完全所不容许，东北同胞所受亡国痛苦，真是一言难尽，并非关内许多同胞所能想像的。

（二）东北抗日义军的最近活动——李将军继言：因为东北同胞各阶层，不分士农工商兵都受日寇的民族压迫；东北政治团体，不分共产党和国民党都遭禁止，认为非法；并且东北同胞无分男女老少，不分籍贯之不同，都受日寇压迫和屠杀，都受亡国痛苦；因此各界同胞，不分男女老少，不分政党和信仰之不同；都直接地或间接地参加抗日民族解放运动。

李将军继言：今秋日伪准备进攻绥远，并自绥东抗日战争爆发后，而我国国军傅作义将军所率健儿给日伪军的打击，更使东北同胞和义军兴奋起来抗敌。李将军言：东北各地抗日义军自一九三四年秋起，开始在各地进行组织统一的抗日联军，其目的在使各抗日部队互相取得联络，比较有统一的军事和政治领导，以免陷入日寇挑拨离间与各个击破之阴谋鬼计。在进行这一工作时，完全站在抗日民族统一战线的立场上。不分党派，不分队头之不同，而以抗日第一为唯一前提，打破过去一切成见，放弃过去一切旧仇宿怨，大家在抗日救国旗帜之下团结起来了。这一民族统一战线运动在最近两三年来，在东北得到很大的成绩。

李将军继谓：第一军军长兼南满抗日联军总司令为杨靖宇。杨司令为学生出身的青年民族英雄。当唐聚伍失败后，杨司令联合唐之旧部，在辽宁省东边道一带活动。该军在事变后不久起义于磐石县，曾称磐石游击队，后改人民革命军，最近与其他队伍联合，共同组织抗日联军。与王凤阁部，赵庆吉部，阎生堂部在南满各县游击，该军于本年八月十七日占领抚松县城。于十月二十一日又占领桓仁县，曾将县城占领，将日本守备队及宪兵队击溃缴械；而日宪兵队长衫木林平阵亡云。据最近消息，阎生堂部曾占领凤凰城刘王庙市镇，亦将日本驻军击溃。而赵庆吉部曾伪装击进安奉路四台子车站。而阎生堂与赵庆吉皆愿意加入抗日联军，都已任为军长云。

第二军军长为王德泰，王德泰山东人。王部半由中国人半由朝鲜人合组而成。该军占据延边各县，利用老爷岭山脉森林之险，四处游击，时而出没于日寇新修之图宁路；时而又出没于吉会路。该两路甚有军事战略意义，时为该军所袭击。于今年民国成立二十五周年双十节纪念日该军在王军长魏政治委员拯民领导之下，在敦化县东清沟与日军激战八小时，终给日军以大打击，而将日本间岛第二军管区副司令日人石川重吉少将击毙，川村中尉阵亡，日军伤亡一百余人，给日军空前的打击。是役后，日军一时不敢出发讨伐。

第三军军长赵尚志兼江省抗日联军总司令。该军起义于吉林省珠河县。曾攻打宾县，占依兰县，通河县，凤山县城，声势振动松花江南北两岸。该军于十一月二日在宾县满家店与伪军刘居正骑兵团激战，该骑兵团毫不开面，赵司令几次去信，中国人不打中国人，专打日寇军。该团长刘居正丧失爱国天良，率队来击我义军，那知中我义军设埋。结果该团被我包围，全部缴械；该团长头部受伤，几被活擒。在战争时，伪军阵亡连长两名，司务长一名。我军得步枪五百余枝，子弹数万发，机关枪四挺。

第四军长兼吉东抗日联军总司令为李延禄。李将军谓自他奉各军委派，到关内来后，他底一切职务由李延平代理。该军多前救国军王德林旧部。抗日救国有最长的历史。以前战绩且不叙述，只在今年四月曾占领阁凤楼，与谢文东李华堂部会合，共同攻刁翎与林口。与赵司令在松花江南北岸互相呼应，时出时没，时去时来，在吉林省完达山脉一带森林区域内活动；经常破坏日寇林密线与林佳线铁路之建筑。

第五军军长兼东满抗日联军总司令周保忠，该军常在中东路图宁路和穆陵路附近活动，该军于今年曾将穆陵路三道河子车站击破；而于九月十二日曾在中东路穆陵车站附近击倒日本军用列车，与日军激战，日军阵亡长官和士兵二十五人，日军受伤六十五人。义军得枪数百枝，子弹万余发。五军常与二军共同活动，并与吴义成部亦保持密切关系云。

第六军军长夏云楷，亦在江省游击，于今年春曾一度占领北满最大煤矿区，鹤立岗煤矿，工人爱国热忱毫不落后于他人，参加抗日军者数百人。夏部得到迅速之发展，于十二月一日该部在夏云楷领导之下，实行意外袭击佛山县城，当将该城占领，将该县日本人县参事官警察官及县长等一律活擒云。

第七军军长陈荣久，该部原属四军，现因指挥便利起见，单成一军，但总的作战计划方面仍受吉东抗日联军总司令部之指挥。该军纵横于饶虎一带，该地素称天险，易于游击活动。

日军视为畏途。

除这已编七军外，他如李华堂部，齐明山部皆已参加联军，谢文东部亦常与赵尚志共同活动，谢为江省联军副司令。此外在南满活动之汪亚臣，李寿臣，乐天林，阎新阙，阎生堂，白君实，赵庆吉等部亦参加联军，新任为各军军长云。

（三）对于国内党军政中央地方当局及同胞请求援助。李将军末谓：东北同胞未忘祖国，东北同胞和义军甚望国内和平统一，枪口一致对外，收回失地。李将军谓：一年前（即民国二十四年）十一月十一日东北抗日联军曾向国内军政领袖呼吁国内和平，一致对外。在该电内曾云："我们代表东北三千五百万同胞和各地抗日队伍，向诸公们诚恳地要求：不论蒋总司令的军队也好，不论其他国民党的军队也好，不论共产党领导下的红军也好，不论过去参加过抗日战争的军队或未参加过的也好，互相打过仗的或没有打过的也好，都应该不分党派信仰籍贯之不同，都应不记旧仇宿怨，应该都以中华民族利益为前提，马上停止内战，枪口一致对外，一致去武装抗日，一致去争取中华民族独立与统一，一致去保护中华祖国领土完整。"李将军末后很激昂地说："□想东北三千五百万同胞和抗日义军这一政治主张和请求在今天还是绝对正确的。我来关内目的就在请求南京中央政府对内力求和平统一，团结各党各派去一致抗日，去一致收回东北失地。"

李将军最后还说：东北抗日义军在冰天雪地下与敌作战五年多，在作战中为国家为民族牺牲不少的民族烈士，如金伯阳，邓铁梅，孙朝阳，胡泽民，童长荣，何忠国，史仲恒[1]，傅显明，李斗文，张文楷，李守中等等烈士，他们为国捐躯了，他们的遗志由东北和全国抗日同胞和将士来继承着；但是，他们遗留下的孤儿寡妇老母等等无人救济，不能为生，并且在东北时受日寇陷害和屠杀，急需救济。此外，东北苦寒，有许多抗日义军直到冬月，尚有未换上棉衣者，其困难情形可想而知。东北民间枪和子弹甚多，在东北贩卖私枪和子弹亦不少，但是，经济困难，无款购买。伤兵在后方养伤，其因无钱买药而致死者，常有之。因此，希望国内和海外各界同胞，速立发启募助东北义军运动，定当将捐款负责交到各军部，得到收条，登报鸣谢云。

民国二十五年十二月十日

① 应为史忠恒。

多一分努力一定有多一分的成績

——一個東北同胞來信——

主編救國時報諸位先生！

我此刻所寫的這封信，預備託人帶出這個惡劣環境去付郵，能否收到，殊不敢必，但是，我總盼望它能夠安抵巴黎！

我住在東北一個窮鄉僻壤中，居然能讀到救國時報，這不能不說是我的幸運，同時更不能不佩服你們推銷員的努力，我想你們的推銷員不是爲了蠅頭之利而努力，而是爲了抗日救國而努力，歸根一句話，還是 貴報的救國主張，強烈的震動了一般人的心弦，所以推銷者不顧危險的推銷，讀者也不顧危險的閱讀。 寫到這裏，我虔誠的起立，向你們致熱烈的敬禮！

首先我要報告東北人——就是你們的在苦海中的同胞們，如何喜歡 貴報，以我親身的經歷來說，當我得到一份第三十二期的救國時報，真是如獲至寶，我偷偷的在煤油燈下讀了又讀，一遍兩遍三遍，以至於四遍五遍，我感到滿足，我又感到惆悵，滿足的是我覺能讀到這樣一份報紙；惆悵的是僅僅只有一份，已出的三十一期我未曾讀過，以後續出的無數期我也不一定能讀到；這夜一點不說假話，我真是輾轉反側，澈夜不寐！後來，我用盡方法，試探我所認識的朋友們，當我認爲是無妨的時候，我便取出這份報紙給他們看，幾乎是毫無例外，他們也都堅定的說：假使我全國同胞都擁護並奉行救國時報的主張，我們中國便得救了，我們東北同胞便得撥雲霧而重見天日了。 後來知道在我們的朋々中有人經常的讀過這種報紙，因而我也得以繼續的閱讀了，許多不能得到這種報紙的人，每次遇見我便問「有新的來嗎？」久而久之，這已成爲我們很熟悉的一種暗語了。 由此，你們可以知道你們的心血並未白費，許多讀者——我自然是其中之一——已經以你們的言論爲自己行動的指南針了。

請你們相信，——我想你們不會爲謠言所惑——東北同胞始終是你們的同胞。 我們在日寇淫威之下，度的是狗彘生活，然而如說甘心做亡國奴，只有最少最少的幾個賊種，絕大多數都是對敵人懷着不共戴天的憤怒，有的已經組織起來並武裝起來，和日寇作殊死的戰鬥，這就是我們至英勇至光榮的東北義勇軍；有的雖因環境關係，暫時還未和敵人公開拚命，然而這不過是時機尚未成熟而已，有一天，必然有這麼一天，白山黑水間變成個茫無涯際的大戰場！有一天，必然有這麼一天，把這個無惡不作的異國小醜，驅逐回到他們的三島！但，這不是誇說東北同胞之自救能力，而是說，貴報的主張貫徹之日，也就是我國轉危為安之時，那時，東北同胞無疑的會風起雲湧，在抗日第一道火線上為我們民族奪取生存權。

是的，日寇統治我們東北已經五年了，一定有人疑為他們的惡濁勢力相當根深蒂固了，其實，這是大謬不然的，因為，東北人何嘗有絲毫脫離祖國的願望？日寇用飛機大炮來征服人心，那是一種無可再大的愚蠢!!他們也似乎多少懂得這層道理，所以甘利用漢奸鄭孝胥的「王道」來欺騙，可是，誰還不明白所謂「王道」就是毒藥上塗的糖汁，而況，日寇連假仁假義的風度都沒有，他們確是一天比一天更顯露的施行殘暴，現在，陷在火坑中的我們，隨時隨地都有被慘殺的可能。「偶語者棄市」的現象，不期復見於今日！一般人自然時刻在日寇的屠刀下殘喘着，就是漢奸又何嘗不像「風裏殘燭」！舉個例子來說：在黑龍江省教育界素有地位的王氏兄弟，王寅卿和王紫卿最近都被日寇槍斃了。王寅卿在吳俊陞時代曾任教育廳長，王紫卿直到「九一八」還任省立第一中學校長，龍沙陷落後，日寇要利用所謂地方名流們，所以王寅卿在偽國任命之下又作了教育廳長，而王紫卿依然把持着他的固有地盤，實際上，他們兄弟是經常持着無可無不可的態度。然而，日寇還嫌他們不夠忠實，不夠馴服，竟公然無理由的處以極刑，其他素具反抗精神的人們，遭受日寇的毒手，那眞所謂「司空見慣」，而這種慘痛的事實，確已筆難罄述了。

貴報主張不分任何黨派和界限，大家協力同心的來挽救亡國大禍，這種卓見，不成問題的百分之百的正確。在中國內地大概消除歷史的成見之運動還在演進中，發展中。但在東北，想是被亡國奴的帽子教訓過了，不論什麽黨，什麽派，什麽階級，什麽信仰，大家都有迫切的一致的要求——就是抗日救國。所以，過去滿可以互相仇視，而現在却成了患難的兄弟，這一事實，在東北義勇軍裏表現得最清晰，尤其是國民黨員和共產黨員，北伐初期親密攜手的情況，已經在那裏整個的復活了，而且當他們每次聚談的時際常常以南京政府仍不放棄所謂「勦共」政策，深爲痛惜！這，不是我在「道聽途說」，而是我親自見聞的事實。我們——日坐針氈的我們，切盼全國統一的抗日救國戰線早日建立起來！大敵當前，國破家亡的巨禍迫在眉睫，我們難道還不覺悟嗎？我們難道還能斤斤於一黨一派的利益而依然從事於可恥的內戰嗎？

先生們!!我想說的話太多了，雖然已經拉雜的寫了一些，可是我意實有未盡也。然而，在一次通訊中我能夠把東北現實的情形，合盤托給你們嗎？這是不可能的。最後我寄語諸位先生，加倍的努力罷！多一分努力，一定有多一分的成績！知道你們在儉衣縮食，知道你們在含辛茹苦，但如果你們想想東北同胞正在仰天泣血，那，你們便會覺得「節衣縮食」和「含辛茹苦」都算不了一回事了！謹致

抗日救國敬禮！

十一月十八日曉存草於松花江畔

《救国时报》第七十五—七十六期 中华民国二十六年一月八日 第六版

（1937 年 1 月 8 日）

多一分努力一定有多一分的成绩

——一个东北同胞来信——

主编救国时报诸位先生！

我此刻所写的这封信，预备托人带出这个恶劣环境去付邮，能否收到，殊不敢必，但是，我总盼望它能够安抵巴黎！

我住在东北一个穷乡僻壤中，居然能读到救国时报，这不能不说是我的幸运，同时更不能不佩服你们推销员的努力，我想你们的推销员不是为了蝇头之利而努力，而是为了抗日救国而努力，归根一句话，还是贵报的救国主张，强烈的震动了一般人的心弦，所以推销者不顾危险的推销，读者也不顾危险的阅读。写到这里，我虔诚的起立，向你们致热烈的敬礼！

首先我要报告东北人——就是你们的在苦海中的同胞们，如何喜欢贵报，以我亲身的经历来说，当我得到一份第三十二期的救国时报，真是如获至宝，我偷偷的在煤油灯下读了又读，一遍两遍三遍，以至于四遍五遍，我感到满足，我又感到惆怅，满足的是我竟能读到这样一份报纸；惆怅的是仅仅只有一份，已出的三十一期我未曾读过，以后续出的无数期我也不一定能读到；这夜一点不说假话，我真是辗转反侧，澈夜不寐！后来，我用尽方法，试探我所认识的朋友们，当我认为是无妨的时候，我便取出这份报纸给他们看，几乎是毫无例外，他们也都坚定的说：假使我全国同胞都拥护并奉行救国时报的主张，我们中国便得救了，我们东北同胞便得拨云雾而重见天日了。后来知道在我们的朋友中有人经常的读过这种报纸，因而我也得以继续的阅读了，许多不能得到这种报纸的人，每次遇见我便问“有新的来吗？”久而久之，这已成为我们很熟悉的一种暗语了。由此，你们可以知道你们的心血并未白费，许多读者——我自然是其中之一——已经以你们的言论为自己行动的指南针了。

请你们相信，——我想你们不会为谣言所惑——东北同胞始终是你们的同胞。我们在日寇淫威之下，度的是狗彘生活，然而如说甘心做亡国奴，只有最少最少的几个贼种，绝大多数都是对敌人怀着不共戴天的愤怒，有的已经组织起来并武装起来，和日寇作殊死的战斗，这就是我们至英勇至光荣的东北义勇军；有的虽因环境关系，暂时还未和敌人公开拼命，然而这不过是时机尚未成熟而已，有一天，必然有这么一天，白山黑水间变成个茫无涯际的大战场！有一天，必然有这么一天，把这个无恶不作的异国小丑，驱逐回到他们的三岛！ 但，这不是夸说东北同胞之自救能力，而是说，贵报的主张贯澈之日，也就是我国转危为安之时，那时，东北同胞无疑的会风起云涌，在抗日第一道火线上为我们民族夺取生存权。

是的，日寇统治我们东北已经五年了，一定有人疑为他们的恶浊势力相当根深蒂固了，其实，这是大谬不然的，因为，东北人何尝有丝毫脱离祖国的愿望？日寇用飞机大炮来征服人心，那是一种无可再大的愚蠢！！他们也似乎多少懂得这层道理，所以会利用汉奸郑孝胥的“王道”来欺骗，可是，谁还不明白所谓“王道”就是毒药上涂的糖汁，而况，日寇连假仁假义的风度都没有，他们确是一天比一天更显露的施行残暴，现在，陷在火坑中的我们，随时随地都有被惨杀的可能。“偶语者弃市”的现象，不期复见于今日！一般人自然时刻在日寇的屠刀下残喘着，就是汉奸又何尝不像“风里残烛”！举个例子来说：在黑龙江省教育界素有地位的王氏兄弟，王寅卿和王紫卿最近都被日寇枪毙了。王寅卿在吴俊升时代曾任教育厅长，王紫卿直到“九一八”还任省立第一中学校长，龙沙陷落后，日寇要利用所谓地方名流们，所以王寅卿在伪国任命之下又作了教育厅长，而王紫卿依然把持着他的固有地盘，实际上，他们兄弟是经常持着无可无不可的态度。然而，日寇还嫌他们不够忠实，不够驯服，竟公然无理由的处以极刑，其他素具反抗精神的人们，遭受日寇的毒手，那真所谓“司空见惯”，而这种惨痛的事实，确已笔难罄述了。

贵报主张不分任何党派和界限，大家协力同心的来挽救亡国大祸，这种卓见，不成问题的百分之百的正确。在中国内地大概消除历史的成见之运动还在演进中，发展中。但在东北，想是被亡国奴的帽子教训过了，不论什么党，什么派，什么阶级，什么信仰，大家都有迫切的一致的要求——就是抗日救国。所以，过去满可以互相仇视，而现在却成了患难的兄弟，这一事实，在东北义勇军里表现得最清晰，尤其是国民党员和共产党员，北伐初期亲密携手的情况，已经在那里整个的复活了，而且当他们每次聚谈的时际常常以南京政府仍不放弃所谓“剿共”政策，深为痛惜！这，不是我在“道听途说”，而是我亲自见闻的事实。我们——日坐针毡的我们，切盼全国统一的抗日救国战线早日建立起来！大敌当前，国破家亡的巨祸迫在眉睫，我们难道还不觉悟吗？我们难道还能斤斤于一党一派的利益而依然从事于可耻的内战吗？

先生们！！我想说的话太多了，虽然已经拉杂的写了一些，可是我意实有未尽也。然而，在一次通讯中我能够把东北现实的情形，合盘托给你们吗？这是不可能的。最后我寄语诸位先生，加倍的努力罢！多一分努力，一定有多一分的成绩！知道你们在俭衣缩食，知道你们在含辛茹苦，但如果你们想想东北同胞正在仰天泣血，那，你们便会觉得“节衣缩食”和“含辛茹苦”都算不了一回事了！

谨致

抗日救国敬礼！

十一月十八日竟存草于松花江畔

抗日聯軍第二軍
擊死日軍副司令

據哈爾濱出版的大北新報十二月十九日載，僞滿第二軍區十一月份「討伐」義軍統計如下：與義軍作戰共九十九次，共遇義軍一千六百三十五名，僞滿軍戰死九名，傷三名。這一數目無疑是由日寇大大縮小了的，但是就從這些數目字已可見東北義軍，是在如何繼續英勇抗日鬥爭。

又據滿洲報十月中旬載，日本討伐隊在石川隆吉少將指揮之下，于十月十日在吉林省敦化縣東淸溝與「共產軍」（記者按：卽抗日義軍）安鵬學及劉副官聯合部隊二百餘人激戰八小時，日軍指揮官石川少將陣亡，重傷中尉日人一名，死傷十二名。安劉部義軍亦死傷二十餘人。石川少將爲僞滿軍第二軍區副司令，石川屍首于十九日運往長春。

上述這兩個消息，是王德泰將軍所領導之下的抗日聯軍第二軍之一部及圍聚第二軍周圍的各部義軍的作戰消息。而安鵬學及劉副官則爲王德泰抗日聯軍第二軍的直轄部隊。十一月份的統計中，僞滿軍死傷的人數，從石川少將敦化縣戰死的一戰中，就可斷定是僞滿軍故意把他縮少了。王德泰史忠恆等的抗日聯軍第二軍，是由中國共產黨領導之下的東北人民革命軍第二軍與王德林舊部下救國軍史忠恆部及其他抗日軍和掛山頭或已取消掛山頭的許多東北義勇軍大小部隊共同組織而成。該軍實在各黨各派各軍不問信仰只問救國的抗日聯軍。抗日聯軍第二軍，不僅是中國人民中間各黨各派的抗日聯軍，而且是表現中韓民衆共同抗日的大的民族聯合戰線。因爲該軍內朝鮮人佔了半數，朝鮮人和中國人共同作戰、衝鋒、陷陣、宿營、同甘苦，共患難，出生入死，成爲最親愛的戰友。不同民族的朝鮮人尚且能夠與中國人親密合作抗日，而關內各省的同胞，各派各部軍隊難道還不能聯合一致共同抗日嗎？

《救国时报》第七九—八〇期 中华民国二十六年一月三十日 第二版

（1937年1月30日）

抗日联军第二军击死日军副司令

据哈尔滨出版的大北新报十二月十九日载，伪满第二军区十一月份“讨伐”义军统计如下：与义军作战共九十九次，共遇义军一千六百三十五名，伪满军战死九名，伤三名。这一数目无疑是由日寇大大缩小了的，但是就从这些数目字已可见东北义军，是在如何继续英勇抗日斗争。

又据满洲报十月中旬载，日本讨伐队在石川隆吉少将指挥之下，于十月十日在吉林省敦化县东清沟与“共产军”（记者按：即抗日义军）安鹏学及刘副官联合部队二百余人激战八小时，日军指挥官石川少将阵亡，重伤中尉日人一名，死伤十二名。安刘部义军亦死伤二十余人。石川少将为伪满军第二军区副司令，石川尸首于十九日运往长春。

上述这两个消息，是王德泰将军所领导之下的抗日联军第二军之一部及团聚第二军周围的各部义军的作战消息。而安鹏学及刘副官则为王德泰抗日联军第二军的直辖部队。十一月份的统计中，伪满军死伤的人数，从石川少将敦化县战死的一战中，就可断定是伪满军故意把他缩少了。王德泰史忠恒等的抗日联军第二军，是由中国共产党领导之下的东北人民革命军第二军与王德林旧部下救国军史忠恒部及其他抗日军和挂山头或已取消挂山头的许多东北义勇军大小部队共同组织而成。该军实在各党各派各军不问信仰只问救国的抗日联军。抗日联军第二军，不仅是中国人民中间各党各派的抗日联军，而且是表现中韩民众共同抗日的大的民族联合战线。因为该军内朝鲜人占了半数，朝鲜人和中国人共同作战、冲锋、陷阵、宿营、同甘苦，共患难，出生入死，成为最亲爱的战友。不同民族的朝鲜人尚且能够与中国人亲密合作抗日，而关内各省的同胞，各派各部军队难道还不能联合一致共同抗日吗？

東北抗日聯軍

統一戰綫愈擴大

史忠恆救國軍宣佈加入第二軍
王子榮義勇軍宣佈加入第五軍

東北冰天雪地中的抗日義軍，不僅是英勇抗日的模範，而且是眞誠實行抗日救國統一戰線的模範。遠在民國二十二年的春季，在中國共產黨的不分黨派、不分信仰、不分階級、不分抗日救國部隊的名稱，一致團結抗日救國統一戰線的策略之下，東北的抗日人民革命軍、救國軍以及掛山頭的義勇軍等等許多部隊，漸漸結成了東北抗日聯軍。從前還有許多抗日部隊，或者由於還不知道抗日統一戰線策略的好處，或者由於日寇的惡宣傳而對於共產黨所提倡的抗日統一戰線仍舊抱着懷疑觀望的態度，所以一時未能加入東北抗日聯軍。但是後來無數的戰鬥經驗和寶貴的流血教訓，使那些尚未加入抗日聯軍的救國軍及義勇軍相信，的確只有救國統一戰線的抗日聯軍才是救國打日本的最好辦法，所以亦就紛紛加入抗日聯軍。王德林舊部下救國軍史忠恆部以及義勇軍王子榮部，便是去年三月間宣佈加入抗日聯軍的部隊。前者加入抗日聯軍第二軍，後者加入抗日聯軍第五軍。讀者不要以爲這是去年三月間太陳舊了的文件，要曉得這是東北救國軍及義勇軍在長期的血的鬥爭教訓中，才領會了中國共產黨所提倡的抗日聯軍的策略的重要，毅然決然加入抗日聯軍。這不僅是東北救國軍及義勇軍的血的寶貴教訓，而且是全中國軍隊和各黨各派各界的寶貴教訓。因此，本報把牠當作很重要的文件來發表，這是一。第二，本報駐北平的代表，以極大的努力，打破一切困難，才與東北抗日聯軍的若干部份建立了聯繫，因道路阻隔，傳遞爲難，經過十閱月，始抵達本報，由此可見得到東北抗日聯軍文件的不容易，而同時可見這些文件的重要了。

(一)史忠恆加入東北聯軍第二軍的宣言

民衆們！

各反日軍隊同志們！

在日本強盜帝國主義企圖加緊進攻華北，呑併全華的時候，同時日本強盜以我中國人民爲更大犧牲品，要進行反蘇聯，進攻外蒙古的大戰。因此全中國近來團結一致，號召組織抗日救國之國防政府、全國一致之抗日聯軍、統一反日救國力量、整齊鬥爭步伐就爲目前救國圖存之要圖。九一八事變，忠恆與愛國志士發難延邊，組織救國軍，嗣改編爲東北義勇軍，現以反日救國大勢所趨，必須結成鞏固之反日陣線，對於日本寇賊，得更便利之掃蕩清除，因此忠恆率部屬參加東北抗日聯軍第二軍，將部屬改爲第二師第六團。忠恆謬蒙各方推獎，担任第二軍第二師師長，而救國抗日意志益堅，才輕任重，尚望各抗日軍隊同志，予以援助爲幸。謹此宣言。　大中華民國二十五年三月二十日。抗日聯軍第二軍第二師師長史忠恆。

（二）「江北」取消山頭加入第五軍的宣言

親愛的同胞們！

親愛的反日武裝同志們！

只有強盜日本帝國——奪我中國領土，摧殘我主義用野蠻殘酷的手段——同胞生命財產，日本帝國主義強盜軍閥今後若不打倒，中華民族國家人民將永陷於萬刼不復的奴隸牛馬生活。　報字「江北」子榮以往反日救國，誤以綠林方式，使日寇有所藉口，掩蔽民族反抗之實蹟，殊非計之所得。至今以往，取消「江北」山頭，參加抗日聯軍第五軍，改編部屬爲第五軍特務大隊，受反日救國之正確領導；澈底實行民族革命，反抗日本寇賊到底，必達到中華民族解放勝利領土恢復之目的。　希望我各界同胞，各反日武裝同志，加以提携援助爲幸。　特此宣言。　大中華民國二十五年三月二十日，抗日聯軍第五軍，特務大隊隊長王子榮。

《救国时报》第七九一八〇期　中华民国二十六年一月三十日　第二版

（1937 年 1 月 30 日）

东北抗日联军

统一战线愈扩大

史忠恒救国军宣布加入第二军
王子荣义勇军宣布加入第五军

东北冰天雪地中的抗日义军，不仅是英勇抗日的模范，而且是真诚实行抗日救国统一战线的模范。远在民国二十二年的春季，在中国共产党的不分党派、不分信仰、不分阶级、不分抗日救国部队的名称，一致团结抗日救国统一战线的策略之下，东北的抗日人民革命军、救国军以及挂山头的义勇军等等许多部队，渐渐结成了东北抗日联军。从前还有许多抗日部队，或者由于还不知道抗日统一战线策略的好处，或者由于日寇的恶宣传而对于共产党所提倡的抗日统一战线仍旧抱着怀疑观望的态度，所以一时未能加入东北抗日联军。但是后来无数的战斗经验和宝贵的流血教训，使那些尚未加入抗日联军的救国军及义勇军相信，的确只有救国统一战线的抗日联军才是救国打日本的最好办法，所以亦就纷纷加入抗日联军。王德林旧部下救国军史忠恒部以及义勇军王子荣部，便是去年三月间宣布加入抗日联军的部队。前者加入抗日联军第二军，后者加入抗日联军第五军。读者不要以为这是去年三月间太陈旧了的文件，要晓得这是东北救国军及义勇军在长期的血的斗争教训中，才领会了中国共产党所提倡的抗日联军的策略的重要，毅然决然加入抗日联军。这不仅是东北救国军及义勇军的血的宝贵教训，而且是全中国军队和各党各派各界的宝贵教训。因此，本报把它当作很重要的文件来发表，这是一。第二，本报驻北平的代表，以极大的努力，打破一切困难，才与东北抗日联军的若干部份建立了联系，因道路阻隔，传递为难，经过十阅月，始抵达本报，由此可见得到东北抗日联军文件的不容易，而同时可见这些文件的重要了。

（一）史忠恒加入东北联军第二军的宣言

民众们！

各反日军队同志们！

在日本强盗帝国主义企图加紧进攻华北，吞并全华的时候，同时日本强盗以我中国人民为更大牺牲品，要进行反苏联，进攻外蒙古的大战。因此全中国近来团结一致，号召组织抗日救国之国防政府、全国一致之抗日联军、统一反日救国力量、整齐斗争步伐就为目前救国图存之要图。九一八事变，忠恒与爱国志士发难延边，组织救国军，嗣改编为东北义勇军，现以反日救国大势所趋，必须结成牢固之反日阵线，对于日本寇贼，得更便利之扫荡清除，因此忠恒率部属参加东北抗日联军第二军，将部属改为第二师第六团。忠恒谬蒙各方推奖，担任第二军第二师师长，救国抗日意志益坚，而才轻任重，尚望各同胞，各抗日军队同志，予以援助为幸。谨此宣言。

大中华民国二十五年三月二十日

抗日联军第二军第二师师长史忠恒

（二）“江北”取消山头加入第五军的宣言

亲爱的同胞们！

亲爱的反日武装同志们！

只有强盗日本帝国主义用野蛮残酷的手段夺我中国领土，摧残我同胞生命财产，日本帝国主义强盗军阀今后若不打倒，中华民族国家人民将永陷于万劫不复的奴隶牛马生活。报字“江北”子荣以往反日救国，误以绿林方式，使日寇有所借口，掩蔽民族反抗之实迹，殊非计之所得。至今以往，取消“江北”山头，参加抗日联军第五军，改编部属为第五军特务大队，受反日救国之正确领导；澈底实行民族革命，反抗日本寇贼到底，必达到中华民族解放胜利领土恢复之目的。希望我各界同胞，各反日武装同志，加以提携援助为幸。特此宣言。

大中华民国二十五年三月二十日

抗日联军第五军，特务大队队长王子荣

祖國消息

請聽東北同胞之呼籲

我東北三千餘萬同胞，在日寇壓迫蹂躪之下已五年有餘。不管日寇極盡其殘暴政策，焚燒殺戮，無所不至，然東北同胞，至今奮鬥不屈，以期驅逐日寇，光復河山。不僅他們之愛國熱忱，可爲全國模範，特別是其英勇奮鬥所得之經驗，更是抗日救國運動的最好的教訓，是值得每個同胞所特別注意的。現在本報又收到東北同胞發出之宣言數件，先擇其特別重要者，發表於左，想讀者必然聞風興起也。……編者

東北抗日聯軍第七軍宣言

我們（東北人民革命軍第四軍第二師、君子仁隊、北海隊、三江隊、寶山隊、好勝隊、好友隊、東山隊、海鶴君隊、訪賢隊、永遠隊等）在這五年抗日戰爭中，得到血的教訓，知道「團結則生分裂則死」這句話是天經地義至理名言！我們深信中國蘇維埃中央政府和中國共產黨主張建立國防政府及抗日聯軍，停止內戰、一致抗日，這一號召，實爲救亡圖存惟一辦法；我們爲的對立日寇「各個擊破」「歸大屯」「圍剿抗日軍」底毒辣政策和陰謀；我們知道沒有統一的領導，沒有整個的計劃，就不能在將來更大的事變中，取得更大的勝利；並且我們在這一年中，因爲同志的英勇作戰，羣衆的竭誠擁護，使我們的隊伍有長足的發展，根據以上的條件，所以我們放棄個人的稱號與山頭，以平等的原則，成立抗日聯軍第七軍。

自今以後，我們願意與東北底各抗日聯軍共同組織統一的軍事領導機關，進而與全中國願意抗日的各黨派的軍隊，建立總的軍事領導機關；我們希望全國各政黨、各團體、各名流學者，本着「兄弟鬩牆，外禦其侮」的天良，早日實現國防政府以領導我們；我們歡迎「滿洲國」的軍隊不要再受日寇和賣國賊的欺騙，趕快反正到抗日聯軍來，共同作抗日救國的神聖事業，我們願意與日本愛好和平的士兵和勞動羣衆，親密的聯合起來，打倒共同的敵人——對外侵略弱少民族對內剝削勞苦羣衆的日本帝國主義者；我們不分民族，不分籍貫，不分黨派，不分職業，不分信仰，不分性別，不管過去有任何敵對行爲，不管有任

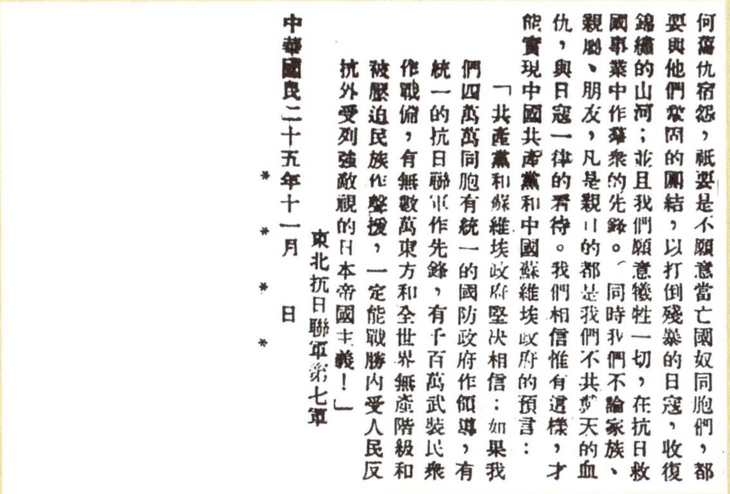
何啻仇宿怨，祇要是不願意當亡國奴同胞們，都要與他們共同的團結，以打倒殘暴的日寇，收復錦繡的山河；並且我們願意犧牲一切，在抗日救國事業中作羣衆的先鋒。「同時我們不論家族、親戚、朋友，凡是親日的都是我們不共戴天的血仇，與日寇一律的看待。我們相信惟有這樣，才能實現中國共產黨和中國蘇維埃政府的預言：

「共產黨和蘇維埃政府堅决相信：如果我們四萬萬同胞有統一的國防政府作領導，有統一的抗日聯軍作先鋒，有千百萬武裝民衆作戰備，有無數萬東方和全世界無產階級和被壓迫民族作聲援，一定能戰勝內受人民反抗外受列強敵視的日本帝國主義！」

東北抗日聯軍第七軍

中華國民二十五年十一月　日

* * * *

《救国时报》第八十六期　中华民国二十六年三月五日　第二版（1937年3月5日）

祖国消息

请听东北同胞之呼吁

我东北三千余万同胞，在日寇压迫蹂躏之下已五年有余。不管日寇极尽其残暴政策，焚烧杀戮，无所不至，然东北同胞，至今奋斗不屈，以期驱逐日寇，光复河山。不仅他们之爱国热忱，可为全国模范，特别是其英勇奋斗所得之经验，更是抗日救国运动的最好的教训，是值得每个同胞所特别注意的。现在本报又收到东北同胞发出之宣言数件，先择其特别重要者，发表于左，想读者必然闻风兴起也。

编者

东北抗日联军第七军宣言

我们（东北人民革命第四军第二师、君子仁队、北海队、三江队、宝山队、好胜队、好友队、东山队、海鸥君队、访贤队、永远队等）在这五年抗日战争中，得到血的教训，知道“团结则生分裂则死”这句话是天经地义至理名言！我们深信中国苏维埃中央政府和中国共产党主张建立国防政府及抗日联军，停止内战、一致抗日，这一号召，实为救亡图存惟一办法；我们为的对立日寇“各个击破”“归大屯”“冒充抗日军”底毒辣政策和阴谋；我们知道没有统一的领导，没有整个的计划，就不能在将来更大的事变中，取得更大的胜利；并且我们在这一年中，因为同志的英勇作战，群众的竭诚拥护，使我们的队伍有长足的发展，根据以上的条件，所以我们放弃个人的称号与山头，以平等的原则，成立抗日联军第七军。

自今以后，我们愿意与东北底各抗日联军共同组织统一的军事领导机关，进而与全中国愿意抗日的各党派的军队，建立总的军事领导机关；我们希望全国各政党、各团体、各名流学者，本着“兄弟阋墙，外御其侮”的天良，早日实现国防政府以领导我们；我们欢迎“满洲国” 的军队不要再受日寇和卖国贼的欺骗，赶快反正到抗日联军来，共同作抗日救国的神圣事业，我们愿意与日本爱好和平的士兵和劳动群众亲密的联合起来，打倒共同的敌人——对外侵略弱少民族对内剥削劳苦群众的日本帝国主义者；我们不分民族，不分籍贯，不分党派，不分职业，不分信仰，不分性别，不管过去有任何敌对行为，不管有任何旧仇宿怨，只要是不愿意当亡国奴同胞们，都要与他们牢固的团结，以打倒残暴的日寇，收复锦绣的山河；并且我们愿意牺牲一切，在抗日救国事业中作群众的先锋。同时我们不论家族、亲属、朋友，凡是亲日的都是我们不共戴天的血仇，与日寇一律的看待。我们相信惟有这样，才能实现中国共产党和中国苏维埃政府的预言：

“共产党和苏维埃政府坚决相信：如果我们四万万同胞有统一的国防政府作领导，有统一的抗日联军作先锋，有千百万武装民众作战备，有无数万东方和全世界无产阶级和被压迫民族作声援，一定能战胜内受人民反抗外受列强敌视的日本帝国主义！”

东北抗日联军第七军

中华民国二十五年十一月　日

冰天雪地中

我東北義勇軍英勇奮鬥屢挫日僞

抗日聯軍第三軍趙尚志部曾佔鶴立崗

日陸次梅津宣稱不知何年方可完成「討伐」

日本陸軍次相梅津於二月廿六日在下院回答民政黨議員關於日本在僞國「討伐」抗日義勇軍的問題時說：雖然近來「討伐」頗見功效；但他不敢說，到底還需要多少年份，才可完成對「滿洲國」內抗日義勇軍的「討伐」。從前日本軍部的「炸彈」荒木曾說，要「澈底肅清」東北義勇軍，「大約需要十年」；現在梅津却連大約的十年也不敢擔保；而說不知要多少年了。日寇對於東北抗日義軍英勇鬥爭的消息，總是諱莫如深或故意造謠污衊的；但即只就上面的消息看來，就可知道我東北義軍聲勢益大，實力愈厚了。

本來在夏秋間青紗帳起時，馬輕人快，是我東北義勇軍最活動的時期；但即在冰天雪地中，我東北健兒亦不斷活躍於白山黑水間。東北抗日義勇軍作戰的消息，是很難得到的；但即就零星碎片的報告看來，舉一反三，就可想見一斑。據最近電訊，我義軍英勇抗戰，就有下列各項消息：

各地義軍活動
給日僞以巨大打擊

在奉天方面：同盟社三月六日瀋陽訊，日軍與抗日義勇軍，於二月廿七日在寬甸附近接觸，結果日軍死一人傷二人。東京朝日新聞載，僞國軍隊與抗日義勇軍二百餘人在距撫順十五公里地方激戰，僞軍大敗，死廿三名，中有日軍中尉一人，日軍隊長一人及其他日軍官數名；傷十一名。東京日日新聞載，最近在「滿洲國」之義勇軍異常活動，日軍於二月廿六日在奉天省內爲義勇軍襲擊，日軍死二人，傷三人。

在黑龍江及吉林方面：三月四日北平電訊，各報載，趙尚志部下抗日義勇軍千餘名於二月廿二日襲擊東北有名煤礦區鶴立崗（由日本南鐵公司經營），日軍出而抵抗，被義軍擊敗，日軍死十三名，義勇軍捕獲日本工程師一名及礦警一名，佔領該礦，至次日始從容退去。東京日日新聞齊齊哈爾通訊宣稱，在距通北十五公里地方，於二月廿七日僞國軍隊與義勇軍二百餘歷戰，結果僞警死傷三十七人。又訊，趙尚志部下義勇軍三百餘名，與日僞「討伐」隊五百餘人，在湯原境內作戰，歷四小時，義勇軍爲避免受包圍而退却，但日僞雖然人數較多，損失反較義勇軍爲大云。

義軍戰術靈活
熟悉地勢出奇制勝

據中華日報二月廿六日齊齊哈爾通訊，過去數月，在東北之義勇軍，倍見活動，義勇軍最善乘敵人之空虛而出奇制勝。義勇軍熟悉地勢，出沒無常，日僞部隊屢爲此困而喪失大批軍械糧糈。只就延邊一帶之義勇軍而言，人數即在十萬以上。義勇軍化整爲零，避免正面戰，而多從事襲擊，日僞部隊，屢爲所挫。義勇軍現有輕重機關槍及射彈機等利器，其戰鬥力不亞於日軍云。由此看來，梅津所謂不知何年何月才能完成「討伐」義勇軍，實非虛驕也。

《救国时报》第八十七期 中华民国二十六年三月十日 第一版

（1937年3月10日）

冰天雪地中
我东北义勇军英勇奋斗屡挫日伪
抗日联军第三军赵尚志部曾占鹤立岗

日陆次梅津宣称不知何年方可完成"讨伐"

日本陆军次相梅津于二月廿六日在下院回答民政党议员关于日本在伪国"讨伐"抗日义勇军的问题时说：虽然近来"讨伐"颇见功效；但他不敢说，到底还需要多少年份，才可完成对"满洲国"内抗日义勇军的"讨伐"。从前日本军部的"炸弹"荒木曾说，要"澈底肃清"东北义勇军，"大约需要十年"；现在梅津却连大约的十年也不敢担保；而说不知要多少年了。日寇对于东北抗日义军英勇斗争的消息，总是讳莫如深或故意造谣污蔑的；但即只就上面的消息看来，就可知道我东北义军声势益大，实力愈厚了。

本来在夏秋间青纱帐起时，马轻人快，是我东北义勇军最活动的时期；但即在冰天雪地中，我东北健儿亦不断活跃于白山黑水间。东北抗日义勇军作战的消息，是很难得到的；但即就零星碎片的报告看来，举一反三，就可想见一斑。据最近电讯，我义军英勇抗战，就有下列各项消息：

各地义军活动给日伪以巨大打击

在奉天方面：同盟社三月六日沈阳讯，日军与抗日义勇军，于二月廿七日在宽甸附近接触，结果日军死一人伤二人。东京朝日新闻载，伪国军队与抗日义勇军二百余人在距抚顺十五公里地方激战，伪军大败，死廿三名，中有日军中尉一人，日军队长一人及其他日军官数名；伤十一名。东京日日新闻载，最近在“满洲国”之义勇军异常活动，日军于二月廿六日在奉天省内为义勇军袭击，日军死二人，伤三人。

在黑龙江及吉林方面：三月四日北平电讯，各报载，赵尚志部下抗日义勇军千余名于二月廿二日袭击东北有名煤矿区鹤立岗（由日本南铁公司经营），日军出而抵抗，被义军击败，日军死十三名，义勇军捕获日本工程师一名及矿 警一名，占领该矿，至次日始从容退去。东京日日新闻齐齐哈尔通讯宣称，在距通北十五公里地方，于二月廿七日伪国军队与义勇军二百余鏖战，结果伪警死伤三十七人。又讯，赵尚志部下义勇军三百余名，与日伪“讨伐”队五百余人，在汤原境内作战，历四小时，义勇军为避免受包围而退却，但日伪虽然人数较多，损失反较义勇军为大云。

义军战术灵活熟悉地势出奇制胜

据中华日报二月廿六日载哈尔滨通讯，过去数月，在东北之义勇军，倍见活动，义勇军最善乘敌人之空虚而出奇制胜。义勇军熟悉地势，出没无常，日伪部队屡为此困而丧失大批军械糈粮。只就延边一带之义勇军而言，人数即在十万以上。义勇军化整为零，避免正面战，而多从事袭击，日伪部队，屡为所挫。义勇军现有轻重机关枪及射弹机等利器，其战斗力不亚于日军云。由此看来，梅津所谓不知何年何月才能完成“讨伐”义勇军，实非虚语也。

英勇喋血 可歌可泣

東北義軍捷訊頻傳

△在吉林奉天等地均給日偽重大打擊
△組織抗日聯軍後義軍更活躍與強大

據三月廿九日北平電，最近東北義勇軍捷訊頻傳，國人聞之，莫不倍加奮興。　同盟社訊，日偽「討伐軍」大隊於三月廿七、廿八等日在松花江附近地方與義軍五百名激戰，結果日軍陣亡士兵十九名，隊長一名，受傷數未詳。廿三日在奉天鳳城附近，「討伐軍」與義軍一隊交綏，日軍死傷頗衆，中有少尉一名陣亡。　廿二日由佳木斯至富錦（吉林北部）路上，有日偽汽車兩輛經過，載有乘客六十八名，行至樺川東二十公里地方，突被義軍襲擊，車內日軍官一名，被槍擊重傷。　二十四日，在富錦附近地方，義軍又襲擊日偽貨車九輛，護送該貨車之日軍五名，偽警十三名，均無下落。

國內各報多登載義軍益形發展與強大之消息。　申報謂，自東北義軍組織抗日聯軍後，實力大增，出動愈多。　在北滿一帶，即有義軍三萬餘人，在過去五月中，與日偽接觸五百二十八次，計義軍共陣亡千人；日偽匪隊則死去一千四百名。　山西日報載稱，在南滿一帶，有義軍二萬餘名，在本年一二兩月內與日偽匪隊作戰三百十八次，義軍陣亡九百八十五名，受傷三百二十五名。　日偽匪隊則死去三百二十一名，中有軍官十一名，受傷一百九十四名，中有軍官九名。　由此可見我東北健兒，英勇喋血，五年來如一日，在極端困難條件之下，前仆後繼，給日偽以嚴重打擊，其爲民族生存而奮鬥犧牲之精神，實是我國之望，民族之光，各界同胞，特別是南京政府，必須給東北義勇軍以實力的援助云。

《救国时报》第九十一期　中华民国二十六年三月三十一日　第一版
（1937年3月31日）

英勇喋血　可歌可泣

东北义军捷讯频传

△在吉林奉天等地均给日伪重大打击
△组织抗日联军后义军更活跃与强大

据三月廿九日北平电，最近东北义勇军捷讯频传，国人闻之，莫不倍加奋兴。同盟社讯，日伪“讨伐军”大队于三月廿七、廿八等日在松花江附近地方与义军五百名激战，结果日军阵亡士兵十九名，队长一名，受伤数未详。廿三日在奉天凤城附近，“讨伐军”与义军一队交绥，日军死伤颇众，中有少尉一名阵亡。廿二日由佳木斯至富锦（吉林北部）路上，有日伪汽车两辆经过，载有乘客六十八名，行至桦川东二十公里地方，突被义军袭击，车内日军官一名，被枪击重伤。廿四日，在富锦附近地方，义军又袭击日伪货车九辆，护送该货车之日军五名，伪警十三名，均无下落。

国内各报多登载义军益形发展与强大之消息。申报谓，自东北义军组织抗日联军后，实力大增，出动愈多。在北满一带，即有义军三万余人，在过去五月中，与日伪接触五百二十八次，计义军共阵亡千人；日伪匪队则死去一千四百名。山西日报载称，在南满一带，有义军二万余名，在本年一二两月内与日伪匪队作战三百十八次，义军阵亡九百八十五名，受伤三百二十五名。日伪匪队则死去三百二十一名，中有军官十一名，受伤一百九十四名，中有军官九名。由此可见我东北健儿，英勇喋血，五年来如一日，在极端困难条件之下，前仆后继，给日伪以严重打击，其为民族生存而奋斗牺牲之精神，实是我国之望，民族之光，各界同胞，特别是南京政府，必须给东北义勇军以实力的援助云。

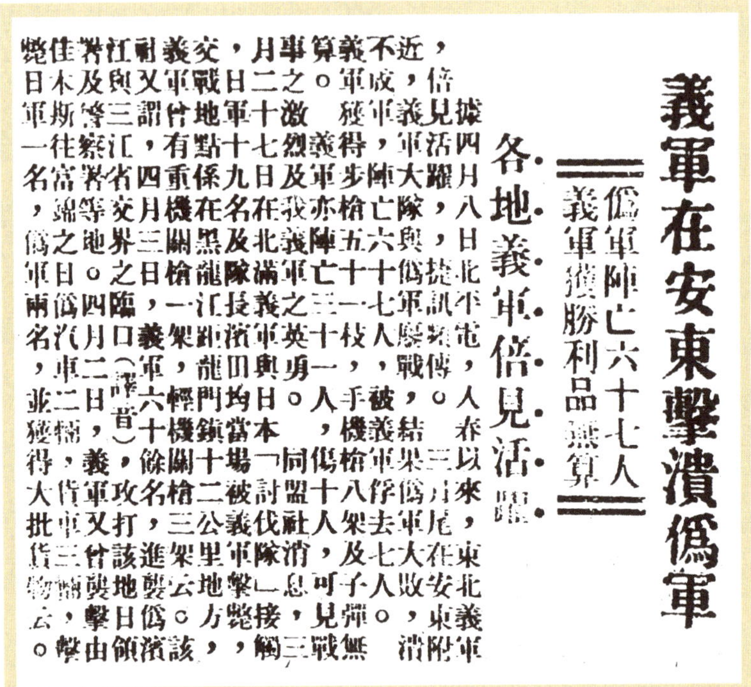

義軍在安東擊潰僞軍

僞軍陣亡六十七人 義軍獲勝利品無算

各地義軍倍見活躍

據四月八日北平電，入春以來，東北義軍，倍見活躍，，捷訊頻傳。三月尾在安東附近，義軍大隊與僞軍激戰，結果僞軍大敗，潰不成軍，陣亡六十七人，被義軍俘去七人。義軍獲得步槍五十一枝，手機槍八架及子彈無算。義軍亦陣亡三十一人，傷十人，可見戰事之激烈及我義軍之英勇。同盟社消息，三月二十七日在北滿義軍與日本「討伐隊」接觸，日軍十九名及隊長濱田均當場被義軍擊斃，交戰地點係在黑龍江距龍門鎮十二公里地方，義軍付有重機關槍一架，輕機關槍三架云。該軍又訊，四月三日，義軍六十餘名，進襲僞濱江與三江省交界之臨口（譯音），攻打該地日領署及警察署等地。四月二日，義軍又復襲擊由佳木斯往富錦之日僞汽車二輛，貨車三輛，擊斃日軍一名，僞軍兩名，並獲得大批貨物云。

《救国时报》第九十三期　中华民国二十六年四月十日 第一版

（1937 年 4 月 10 日）

义军在安东击溃伪军

伪军阵亡六十七人　义军获胜利品无算

各地义军倍见活跃

据四月八日北平电，入春以来，东北义军，倍见活跃，捷讯频传。三月尾在安东附近，义军大队与伪军鏖战，结果伪军大败，溃不成军，阵亡六十七人，被义军俘去七人。义军获得步枪五十一枝，手机枪八架及子弹无算。义军亦阵亡三十一人，伤十人，可见战事之激烈及我义军之英勇。同盟社消息，三月二十七日在北满义军与日本“讨伐队”接触，日军十九名及队长滨田均当场被义军击毙，交战地点系在黑龙江距龙门镇十二公里地方，义军曾有重机关枪一架，轻机关枪三架云。该社又谓，四月三日，义军六十余名，进袭伪滨江与三江省交界之临口[1]（译音），攻打该地日领署及警察署等地。四月二日，义军又曾袭击由佳木斯往富锦之日伪汽车二辆，货车三辆，击毙日军一名，伪军两名，并获得大批货物云。

① 应为林口，今属黑龙江省。

东北义军

告日本軍初級軍官士兵書

這是東北抗日義軍抗日救國文獻之一，書中所云，理直氣壯，義正詞嚴，娓娓動人，可見我東北義軍不獨能對日寇作英勇堅決之鬥爭；而且能洞悉日寇對外侵略，對內壓迫之猙獰面目而曉彼日軍官兵以大義。年來僞部隊，叛變反正，屢有所聞，不得不謂是我義軍努力之結果。義軍此種正確策略，實值得國人取法。該書輾轉至今始寄至本報，但其意義則未曾稍失，用特發表於后——編者。

官兵諸君：

諸君遠離明媚和暖櫻花爛開的三島，拋家鄉，別父母妻子，何爲乎？或於炎天烈日之下，或於冰天雪地之中，遠征中國滿州領土，衝鋒陷陣出入槍林彈雨，使諸君自己活潑可愛寶貴之生命，隨處犧牲，赤血白骨遺棄遍地，遊魂離散，徘徊異域，竟何爲乎！

回視日本內地，經濟不景氣瀰漫各地，農村破產，農民生活困苦，捐稅重擔，累累增加，風災震災流離失所之人民，政府既窮兵黷武，肆意對外侵略，軍費所出，悉從民衆搾取，何能設法救濟。至於產業勞動者，失業年年增加，缺乏衣食居住，資產階級政府，不但不想挽回匡正，反而利用憲兵警察橫施壓迫。即日本之智識份子，學生教員，自由職業者，前數年數十年，都能勉強度活，今則窮途無歸，任隨法西斯軍閥統治者橫蠻無理支配，驅迫遠走求冒險之生活於各殖民地，或供作掠奪戰爭之犧牲品，使姣妻幼子，老父老母飲泣鄉里，背灰寄歸三島，不辨是眞是假，熱血洒於大陸究竟爲誰？

凡今日本內社會不安，農村經濟生活瀕於破產，殖民地時起騷亂，政黨，政治團體互相傾軋，五一五事件以後愈見緊張複雜，加田少將被殺，大本教徒陰謀暴亂，工農勞動群衆企圖自己武裝，意欲脫離現今統治而自謀解放。去年十二月，吉林邊境日軍一部叛走，今年一月廿九日「滿洲」兵二百名之國境監視隊在日本時務曹長橋本領導下，在吉林密山暴動，殺死上級官而叛逃，此爲何因乎？一言以蔽之，現今日本內地反革命與革命鬥爭，氣燄燃燒，有如富士山之火山噴發，隨時都有可能。然而日本國勢內部危機日加尖銳化，而遠征諸君含辛茹苦，拋屍露骨於異域，竟何所爲乎？是何原因招致而來乎？總之爲日本資產階級大資本家，財政寡頭，皇室貴族，地主軍閥之市場搶奪利潤豐收而已。彼等很少數人爲其自己利益，進行殖民搶奪戰爭，一切困苦重擔加於日本內地勞動大衆，復使諸君長期遠征立於陣頭，炮彈槍丸紛紛落於諸君之身，生死不能自主，犧牲毫無價值。戰場吶喊拚命之時，正是彼很少數人特殊階級者挾其嬌妻美婦酣歌狂飲優遊舞蹈之時，諸君閉目深思，天下事寧有如此沈痛者乎?!

所有一切，軍國民教育，大和魂主義，大亞細亞主義，天皇至尊，萬世一系等等，乃彼少數人特殊階級反革命，違背世界文明進化給與諸君思想上之麻醉飲劑耳，利用此麻醉飲劑使諸君破家喪產，犧牲生命。九一八滿州事變至今，日本勞苦大衆，遠征諸君無一所得，惟有病苦加深，即爲證明。

現今日本政府軍閥首腦部，殖民地奪取軍事冒險更趨狂熱：侵略中國北部，進攻外蒙古共和國，進攻建設社會主義，維持世界和平之蘇聯，一一序幕。因日本國際環境之孤立與不利，日本政府軍閥首腦部，乃與反動的、危險的、阻礙人類社會幸福與進步的德國法西斯蒂希特勒政府互相勾結，訂立秘密軍事協定。同時又與遭受阿比西利亞人猛烈反抗之意大利法西斯莫索里尼政府互相呼應，製造世界二次大戰，反對英美法，反對蘇聯。此不但遠征軍諸君之命運，愈陷於極可恐怖悲慘之境地，且必使日本人民大多數陷入於更危險之前途，甚過一九二三年東京大地震百千萬倍!!!

諸君之命運惟有兩途：甘願爲資產階級大資本家、財政寡頭、貴族、地主、軍閥之奴隸牛馬，忍受其欺騙壓迫，犧牲自己之生命，拋屍露骨於戰場，復使日本國內勞苦大衆沈入苦海；抑或揭穿所受欺騙之壓迫，扯斷縛束枷鎖，『非戰返國』，『反對派遣中國遠征』，『反對進攻蘇聯和英美世界大戰』，『要求派遣或自動回國』，與工人大衆攜手，推倒皇室貴族大資本家，地主軍閥政府，改造黑暗痛苦之日本三島社會，變爲工農兵士自由幸福之明朗世界。

吾人，爲中國領土恢復，爲中國民族獨立自由，吾人爲自己生命財產，實行鬥爭，必須達到打倒日本帝國主義之目的。吾人不但同情於亞細亞民族之團結，共存共榮，吾人尤同情於全世界被壓迫被剝削之民族勞苦大衆親密團結，向人類社會眞正自由平等之途邁進。吾人之舉動正大光明，有實際意義，吾人有衆多鮮血，有最終五分鐘的精神，吾人得世界人道正義與一切革命力量之援助，深信最後勝利必爲吾人獲得。

吾人與諸君戰場相見，仇敵，惟有以英勇，充足之血肉相拚，從容堅決之鬥爭，絕無猶豫之餘地。同時深知諸君蒙着被欺騙，受壓迫之痛幕，願提醒諸君，自己揭開轉向光明路途行走，諸君應當進行：

非戰運動，要求派遣返國！

與國內勞苦大衆攜手，燃起革命燈塔，推倒軍閥政府！

建立日本工農兵士自由幸福的新社會！

大中華民國二十五年一月十日

東北反日救國總會

東北抗日聯軍第五軍軍本部

吉東方面軍辦事處印發。

《救国时报》第九十三期 中华民国二十六年四月十日 第二版

（1937年4月10日）

东北义军

告日本军初级军官士兵书

这是东北抗日义军抗日救国文献之一，书中所云，理直气壮，义正词严，娓娓动人，可见我东北义军不独能对日寇作英勇坚决之斗争；而且能洞悉日寇对外侵略，对内压迫之狰狞面目而晓彼日军官兵以大义。年来伪部队，叛变反正，屡有所闻，不得不谓是我义军努力之结果。义军此种正确策略，实值得国人取法。该书转辗至今始寄至本报，但其意义则未曾稍失，用特发表于后。

编者

官兵诸君：

诸君远离明媚和暖樱花盛开的三岛，抛家乡，别父母妻子，何为乎？或于炎天烈日之下，或于冰天雪地之中，远征中国满洲领土，冲锋陷阵出入枪林弹雨，使诸君自己活泼可爱宝贵之生命，随处牺牲，赤血白骨遗弃遍地，游魂离梦，徘徊异域，竟何为乎？

回视日本内地，经济不景气弥漫各地，农村破产，农民生活困苦，捐税重担，累累增加，风灾震灾流离失所之人民，政府既穷兵黩武，肆意对外侵略，军费所出，悉从民众榨取，何能设法救济。至于产业劳动者，失业年年增加，缺乏衣食居住，资产阶级政府，不但不想挽回匡正，反而利用宪兵警察横施压迫。即日本之智识份子，学生教员，自由职业者，前数年数十年，都能勉强度活，今则穷途无归，任随法西斯军阀统治者横蛮无理支配，驱迫远走求冒险之生活于各殖民地，或供作抢夺战争之牺牲品，使姣妻幼子，老父老母饮泣乡里，骨灰寄归三岛，不辨是真是假，热血洒于大陆究竟为谁？

凡今日本内社会不安，农村经济生活濒于破产，殖民地时起骚乱，政党，政治团体互相倾轧，五一五事件以后愈见紧张复杂，加田少将被杀，大本教徒阴谋暴乱，工农劳动群众企图自己武装，意欲脱离现今统治而自谋解放。去年十二月，吉林边境日军一部叛走，今年一月廿九日“满洲”兵二百名之国境监视队在日本时务曹长橘本领导下，在吉林密山暴动，杀死上级官而叛逃，此为何因乎？一言以蔽之，现今日本内地反革命与革命斗争，气焰燃烧，有如富士山之火山喷发，随时都有可能。然而日本国势内部危机日加尖锐化，而远征诸君含辛茹苦，抛尸露骨于异域，竟何所为乎？是何原因招致而来乎？总之为日本资产阶级大资本家，财政寡头，皇室贵族，地主军阀之市场抢夺利润丰收而已。彼等很少数人为其自己利益，进行殖民抢夺战争，一切困苦重担加于日本内地劳动大众，复使诸君长期远征立于阵头，炮弹枪丸纷纷落于诸君之身，生死不能自主，牺牲毫无价值。战场呐喊拼命之时，正是彼很少数人特殊阶级者挟其娇妻美妇酣歌狂饮优游舞蹈之时，诸君闭目深思，天下事宁有如此沉痛者乎？！

所有一切，军国民教育，大和魂主义，大亚细亚主义，天皇至尊，万世一系等等，乃彼少数人特殊阶级反革命，违背世界文明进化给与诸君思想上之麻醉饮剂耳，利用此麻醉饮剂使诸君破家丧产，牺牲生命。九一八满洲事变至今，日本劳苦大众，远征诸君无一所得，惟有病苦加深，即为证明。

现今日本政府军阀首脑部，殖民地夺取军事冒险更趋狂热：侵略中国北部，进攻外蒙古共和国，进攻建设社会主义，维持世界和平之苏联，一一序幕。因日本国际环境之孤立与不利，日本政府军阀首脑部，乃与反动的、危险的、阻碍人类社会幸福与进步的德国法西斯蒂希特勒政府互相勾结，订立秘密军事协定。同时又与遭受阿比西利亚人猛烈反抗之意大利法西斯墨索里尼政府互相呼应，制造世界二次大战，反对英美法，反对苏联。此不但远征军诸君之命运，愈陷于极可恐怖悲惨之境地，且必使日本人民大多数陷入于更危险之前途，甚过一九二三年东京大地震百千万倍！！！

诸君之命运惟有两途：甘愿为资产阶级大资本家、财政寡头、贵族、地主、军阀之奴隶牛马，忍受其欺骗压迫，牺牲自己之生命，抛尸露骨于战场，复使日本国内劳苦大众沉入苦海；抑或揭穿所受欺骗之压迫，扯断缚束枷锁，“非战返国”，“反对派遣中国远征”，“反对进攻苏联和英美世界大战”，“要求派遣或自动回国”，与工人大众携手，推倒皇室贵族大资本家，地主军阀政府，改造黑暗痛苦之日本三岛社会，变为工农兵士自由幸福之明朗世界。

吾人，为中国领土恢复，为中国民族独立自由，吾人为自己生命财产，誓行斗争，必须达到打倒日本帝国主义之目的。吾人不但同情于亚细亚民族之团结，共存共荣，吾人尤同情于全世界被压迫被剥削之民族劳苦大众亲密团结，向人类社会真正自由平等之途迈进。吾人之举动正大光明，有实际意义，吾人有众多鲜血，有最终五分钟的精神，吾人得世界人道正义与一切革命力量之援助，深信最后胜利必为吾人获得。

吾人与诸君战场相见，仇敌，惟有以英勇，充足之血肉相拼，从容坚决之斗争，绝无犹豫之余地。同时深知诸君蒙着被欺骗，受压迫之烟幕，愿提醒诸君，自己揭开转向光明路途行走，诸君应当进行：

非战运动，要求派遣返国！

与国内劳苦大众携手，燃起革命灯塔，推倒军阀政府！

建立日本工农兵士自由幸福的新社会！

大中华民国二十五年一月十日

东北反日救国总会

东北抗日联军第五军军本部

吉东方面军办事处印发

日寇亦承認

東北抗日聯軍及義軍之義勇

奉天車站站長謂每月由該站運返日本之日軍屍首八十具

據四月十四日東京電，南鐵公司顧問大倉不久前由「滿洲國」回抵東京，在「現代日本」雜誌上發表論文，內述東北抗日聯軍及各地義軍發展情形。內謂，不久前，義軍約一萬五千人，在奉天安東鐵路附近滙合，聲勢甚大，若要加以鎮壓，則非動員巨大力量不可。在「三江省」亦到處有義軍活躍，其隊伍全係反日份子，各地居民多對彼等表示同情而紛紛自動加入。 在北滿之義軍首領中其最著名者爲東北抗日聯軍第三軍軍長趙尙志。 他曾在哈爾濱工業專門學校肄業，彼行踪所至，周濟貧民，故甚爲一般人所崇拜。 此外另一義軍領袖爲謝文東，亦在「滿洲國」積極活動。 據奉天車站站長報告，因與義軍交戰而死亡之日本「討伐軍」將士之屍首，經由奉天車站運回日本者，每月平均有八十具云。

各地義軍最近捷訊

又據同盟社哈爾濱訊，四月十日在黑龍江樺南鎭（一譯音）東一百公里地方，義軍與日寇「討伐隊」接觸，義軍約二千人，並有輕重機關槍等武器。四月九日在通河附近地方，義軍約二百人襲攻經過該地之「討伐軍」，日軍死去少尉一名，士兵一名。 四月六日在濱縣附近地方，亦曾有義軍一隊與日軍激戰，打死「滿洲國墾植會社」日本職員兩名云。

《救国时报》第九十四期 中华民国二十六年四月十五日 第一版

（1937年4月15日）

日寇亦承认

东北抗日联军及义军之义勇

奉天车站站长谓每月由该站运返日本之日军尸首八十具

据四月十四日东京电，南铁公司顾问大仓不久前由“满洲国” 回抵东京，在“现代日本”杂志上发表论文，内述东北抗日联军及各地义军发展情形。内谓，不久前，义军约一万五千人，在奉天安东铁路附近汇合，声势甚大，若要加以镇压，则非动员巨大力量不可。在“三江省”亦到处有义军活跃，其队伍全系反日份子，各地居民多对彼等表示同情而纷纷自动加入。在北满之义军首领中其最著名者为东北抗日联军第三军军长赵尚志。他曾在哈尔滨工业专门学校肄业，彼行踪所至，周济贫民，故甚为一般人所崇拜。此外另一义军领袖为谢文东，亦在“满洲国”积极活动。据奉天车站站长报告，因与义军交战而死亡之日本“讨伐军”将士之尸首，经由奉天车站运回日本者，每月平均有八十具云。

各地义军最近捷讯

又据同盟社哈尔滨讯，四月十日在黑龙江桦南镇（译音）东一百公里地方，义军与日寇“讨伐队”接触，义军约二千人，并有轻重机关枪等武器。四月九日在通河附近地方，义军约二百人袭攻经过该地之“讨伐军”，日军死去少尉一名，士兵一名。四月六日在滨县附近地方，亦曾有义军一队与日军激战，打死 “满洲国垦植会社”日本职员两名云。

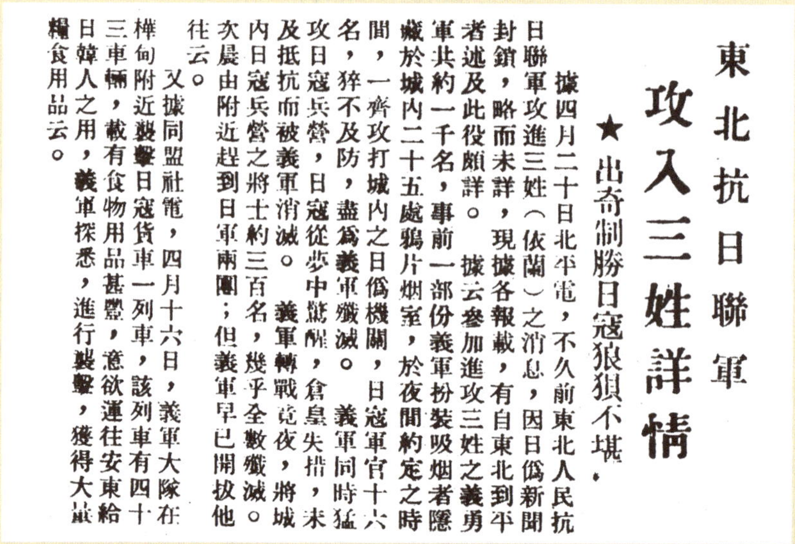

東北抗日聯軍

攻入三姓詳情

★出奇制勝日寇狼狽不堪

據四月二十日北平電，不久前東北人民抗日聯軍攻進三姓（依蘭）之消息，因日僞新聞封鎖，略而未詳，現據各報載，有自東北到平者述及此役頗詳。據云參加進攻三姓之義勇軍共約一千名，事前一部份義軍扮裝吸烟者隱藏於城內二十五處鴉片烟室，於夜間約定之時間，一齊攻打城內之日僞機關，日寇軍官十六名，猝不及防，盡爲義軍殲滅。義軍同時猛攻日寇兵營，日寇從夢中驚醒，倉皇失措，未及抵抗而被義軍消滅。義軍轉戰竟夜，將城內日寇兵營之將士約三百名，幾乎全數殲滅。次晨由附近趕到日軍兩團；但義軍早已開拔他往云。

又據同盟社電，四月十六日，義軍大隊在樺甸附近襲擊日寇貨車一列車，該列車有四十三車輛，載有食物用品甚豐，意欲運往安東給日韓人之用，義軍探悉，進行襲擊，獲得大量糧食用品云。

《救国时报》第九十六期 中华民国二十六年四月二十五日 第一版
（1937年4月25日）

东北抗日联军

攻入三姓详情

★出奇制胜日寇狼狈不堪

据四月二十日北平电，不久前东北人民抗日联军攻进三姓（依兰）之消息，因日伪新闻封锁，略而未详，现据各报载，有自东北到平者述及此役颇详。据云参加进攻三姓之义勇军共约一千名，事前一部份义军扮装吸烟者隐藏于城内二十五处鸦片烟室，于夜间约定之时间，一齐攻打城内之日伪机关，日寇军官十六名，猝不及防，尽为义军歼灭。义军同时猛攻日寇兵营，日寇从梦中惊醒，仓皇失措，未及抵抗而被义军消灭。义军转战竟夜，将城内日寇兵营之将士约三百名，几乎全数歼灭。次晨由附近赶到日军两团；但义军早已开拔他往云。

又据同盟社电，四月十六日，义军大队在桦甸附近袭击日寇货车一列车，该列车有四十三车辆，载有食物用品甚丰，意欲运往安东给日韩人之用，义军探悉，进行袭击，获得大量粮食用品云。

東北抗日聯軍及義勇軍的「過去和現在」

逸民

本篇是轉載自國內出版的「東北之光」雜誌的第二期，論東北抗日聯軍和義勇軍的過去與現狀頗詳，能使關心東北的愛國同胞對於東北抗日聯軍的發展得一系統的觀念，故特轉載於此。 但有一點必須指出，就是本文對於在東北抗日聯軍及整個東北人民反日運動發展起着領導作用的共產黨未曾一字道及，這很顯然的是由於國內言禁酷烈，作者迫不得已默而不提的原故。 共產黨在東北抗日義軍中艱苦卓絕忠誠勇敢，奮鬥犧牲，已爲全國人民所公認之事實，特別是東北人民莫不稱頌共產黨爲眞正救國救民的政黨。 如現在抗日聯軍中卓著威望的領袖如楊靖宇、趙尙志將軍等均爲共產黨員，而且抗日聯軍的成立正是共產黨反日民族統一戰線政策的結果。 所以現在東北抗日聯軍的發展，實爲共產黨的莫大的功績。 本報第五十五——五十六期發表之「東北抗日義軍之發展與現狀」一文已有大概之記載，望讀者參閱之。……編者

九一八的發生，是具有歷史的意義；義勇軍的爆發，亦負有歷史的使命，由散漫性到達規律性，這正是義軍完成歷史任務的主要日程，爲便於說明起見，約分三期：

第一時期：是義軍鼎盛時期，這一時期的義軍將領多爲正式陸軍軍官，所屬軍隊多爲正式軍隊，軍長如馬占山；旅長如苑崇穀，邢占青，蘇炳文，張明久等；團長如馮占海，唐聚伍，劉斌，陳東山，才鴻猷，濮大同，鄧文，霍剛等；營長如王得林，田霖，宋國榮，李春潤，李化堂，孫秀岩，王鳳閣，鄧鐵梅等；縣長如樺川的張希侯，綏東的陳大凡等。 平民揭竿而起者，如李海青，富殿臣，宮長海，高玉山，戰韜，黃守忠，耿繼丹，小白龍，鄭桂林等。 中委如朱霽青，方覺慧等。 槍會如賓縣的五座毛紅槍會衆五千餘人，歐法師的紅門二千餘人，舒蘭楊大法師黑槍會，二千餘人歸田霖統制，國民黨員如李忠選，蓋文華，梁文洲，趙冠民，王育文，任重等。 此種毀家救國的農工，投筆從戎的教員及學生。 或參加隊伍或獨樹一幟，均趨於抗日救國的一大目標。

至此時的番號，甚爲複雜。如馬占山方面通稱爲義勇軍，李杜系統稱爲自衛軍，王德林方面通稱爲救國軍，此

外如平民救國軍，忠民救國軍，適衆救國軍，道德救國軍（在吉林南山裏之紅槍會多用此種旗幟），各造名稱，各造旗幟。

據那個時候的日報發表，義軍數目，不下百萬，實際上也有這個數目。 此時義軍最大的缺點：

1 彼此觀望，互少聯絡，各抱野心，各逞英雄。

2 未能與民衆打成一片，單純的軍事行動。

3 指揮不統一，動作不統一。

4 無中心政治主張，幻想日俄開火，幻想國聯制裁，幻想政府出兵，未能注意長期準備，發動民衆力量。

5 關內援助與前方戰事未能協調，且方法錯誤，流弊多端。如後援會的官僚化，以及等級意識的濃厚。如過去某人曾當過大官，他組織的義軍卽令少數，甚至沒有，也可領到一筆費用。 然後利用金錢再招黨徒，製造自己勢利。或用義軍代表名義，而找到要人的介紹信或關說，也能領一筆款子。 至眞正由山裏幹的所派代表，多半土頭土腦，既無名人介紹，更無新聞吹噓，苦居小店，靜候後援會或救國會的審問、調查、訪問，往往延遲數月，而終不得要領，只好嗒然歸去。 或蹲至數月，僅發百數十元路費，敷衍先歸。或代表被刁難很久，積恨莫釋，騙得路費，恣情玩樂，另謀別途，終不歸隊。

因此前後方消息往往隔絕，且歸去的人，廢話過多，或歪曲事實，造成前方戰士灰心喪志苦悶，後方援助者的牢騷消極，中間奔走者的雙方失信。如庤某至後援會放手槍，鄭某架機關槍，王某摘救國會牌子。 這都是救國過程中一筆算不清的賬！

同時最大的錯誤，領袖既無時代的新辦法，且手中稍有舊日官囊積蓄，故一部份動搖，逃避，或向關內拔步，以爲升官發財的企圖，或潛伏都市，消聲匿跡，以終餘年。 而在戰術方面始終保持大兵團的戰略，不懂採用遊擊戰術，同時日寇利用我遼寧兵工廠的飛機大炮向我作無情的，猛烈的轟擊！ 於是百萬健兒不能支撑危局。 於一九三二年冬季拉至關內者有馮占海，宮長海，李海青、霍剛、鄧文、檀自新等部；拉到熱河阜新，爲日軍殲滅的有田霖部；拉至蘇聯或留俄境，或轉去新疆的，有李杜、馬占山、王德林、蘇炳文等殘部數萬人。而各地槍會，也均化裝歸農，消聲匿跡。

至於國人只注意北方危亡，而對東北義軍已成淡忘，而義軍氣勢也由此大減。

第二時期：是低潮時期。如李杜部殘存的陳東山部，一千餘人，散佈在密山寶清一帶；高玉山部，千餘人，散佈在鏡河虎林一帶，王勇部汝有財部，約千餘人，散佈在樺川富錦一帶，李華堂部五百餘人，散佈在勃利依蘭一帶，張希候部三百餘人，孫寶鼎，張國祝等部，約七百餘人，散佈在同江虎林一帶。馬占山舊部，如陳大凡在江省綏賓有四百餘人，嗣作戰負傷始至蘇俄。王德林部有孔憲榮、吳義成、李延祿等部三千餘人，分散在汪清敦化密山寧安一帶。唐聚伍部有鄧鐵梅、李春潤、王鳳閣等二千餘人，散佈在遼寧東邊道區各縣。

在這一階段，所殘存的，多爲義軍中下級幹部，數量雖然減少，而本質則漸漸變佳。蓋此時義軍受環境各種刺激而有新的認識。其認識及轉化的動因如下：

一、後援會、救國會在政府安內而後攘外的國策之下，完全取消。義軍工作者，政府認爲防害友邦的障礙，民衆目爲沒辦法的流氓！各部義軍陷於此種環境，乃始打破關內出兵政府與民衆援助的幻想，而謀自力更生的企圖。

二、過去義軍本身無政治主張、缺乏宣傳工作，以致神聖偉大的工作，多不爲羣衆所了解，故義軍每日遊擊所到地方，使車用馬，一食一宿，民衆均認爲騷擾！經此刺激，乃力謀避免民衆的麻煩，並徵求智識份子，擔任宣傳，由此軍民合作，新具雛形。

三、爲避免食宿的困難，不能不化整爲零分途遊擊，減輕人民負擔，爲的民槍已歸日軍繳收，而子彈的來源告實絕，乃不能不採取避實擊虛的遊擊戰術，以免消耗子彈。於是遊擊戰術漸在實踐之中經驗成功。

四、在一方面受日寇的刺激；一方面在實踐鬥爭中，加強了民族意識，因而覺悟到：結合各抗日團體，發動各民衆力量，並聯合一切弱小民族，及以平等待我的民族，結成統一戰線，抵抗侵略者。於是民族主義，潛滋暗長。

在這一階段中，異軍突起的，有周太平部二千餘人，在舒蘭一帶；宋德林部五百餘人，在五常一帶；于九江、孫朝陽等部在賓縣阿城一帶。同時先後潛伏各部義軍中做地下工作的：如趙尙志、楊靖宇、周寶忠、王德泰、苗克秀、趙倜、白君實、張甲州、趙作華、李一明、王國華、蘇安人、趙吉民、王一川等一般智識份子，共本救國目標，分途努力，因應客觀環境，採取穩健步驟，漸漸發生核心作用，由此各部政治意義逐漸加深，而投機性能逐漸爲事實所克服。

在是年冬底（一九三三年）陳東山、高玉山、王勇、汝有才、張希候、孫寶鼎等部，爲日軍所追擊，紛紛由驛馬寶入俄境，轉入新島。此爲義軍低落時期，也爲由量變質的轉換期。

第三時期：爲復興期。這一期的長成是由第一期的造因，第二期的孕育。

在一九三四年的春季雷厲風行的繳械驗照，予農民以嚴重的刺激，這時依蘭縣土龍山的農民領袖謝文東結合了五千餘農民，武裝起義。如怒潮的民衆力量，擊斃了討伐軍飯塚大佐以下百餘名。當時擊落飛機一架，獲得機關槍五架，裝甲車十餘輛，子彈十餘萬發。這一洶湧的風潮，激起各地的農民抗日的熱情與希望。同時也刺激了各地潛伏的義軍新的興奮與新的意識；並且各部分參加了許多農民的生力軍。

由於日寇的繳槍，繳照，移民的刺激，由於各機關裁員減薪排擠中國人的實施；由於裁併僞軍，縮小僞軍的陰謀；而一般人民越發覺悟到亡國奴的命運，有極悲慘的前途！如大地主、富農、各機關的職員以及教員學生，也漸漸受生活實際的危害；打破了過去的觀望主義，等待主義，逃避主義屈服主義種種的心理；而認清了民族的本位，無可避免的人人應當爲生存而鬥爭。因而少壯者，多跑到義軍裏面去；老年以及弱者，無論貧富，也均有同仇敵愾的心腸。

在日寇種種慘痛事實教訓之下，不但促醒了多數的民衆自覺，就是僞國軍隊，也多半回心轉意。遇到進剿義軍時候，先喊「中國人不打中國人」的口號，然後向天空放槍，虛張聲勢，作假攻擊，藉以遮掩在後面執機槍大炮督隊的日兵。故日軍常說僞軍：「心壞了的有」！所以日寇監視僞軍行動益嚴和不信任，而僞軍也對日軍離心離德，加深祖國觀念。例如僞軍士兵常說：「咱們都是中國人何必自殘骨肉，我們當「滿洲國」的兵，不過目前混飯吃罷了。趕到國家有那一天的時候，大家還不是中國人嗎？義勇軍就是逼的沒有活路，我們沒有活路那一天，也得那樣子幹？……義勇軍存在一天，我們也能被人利用存在一天，義勇軍消滅了，我們也就消滅了」。適充分的說明了僞軍的心理及其同情之感。

因爲客觀環境種種條件的成熟，於是決定了主觀領導力量的變換。而領導力量最高的形勢，就是在一九三四年六月一日由民衆反日組織成立東北人民抗日救國總會。同時擬立了東北人民革命軍。當由人民選舉：楊靖宇爲人民革命軍第一軍軍長王德泰爲人民革命軍第二軍軍長趙尙志爲人民革命軍第三軍軍長

當時在政略和戰略，也有四項重要的決議：一、放棄局部根據地，擴大遊擊區。二、採取遊擊戰略，避免大部衝突。三、組織民衆，訓練民衆，宣傳民衆，加深軍民合作，共赴國難。四、切實聯絡各抗日團體。

當時並通過東北人民革命軍的行動綱領：一、驅逐日本帝國主義的海陸空軍滾出東北！二、沒收日貨及日寇走狗的財產充作抗日軍費，並分配給抗日民衆和抗日戰士的家屬！三、沒收日本帝國主義的企業，銀行等，全歸民衆所有！四、民衆自動武裝起來，打倒傀儡政府，建立抗日民衆政權！五、抗日軍保護民衆利益。六、一切抗日隊伍聯

合起來；訂立作戰協定。

七、抗日武裝戰士，成立反日士兵委員會；有選舉，監督，並撤換領袖之權。

八、打破民族成見，中鮮抗日民衆團結一致，並聯合日本士兵與民衆。

九、聯合同情中國反對日本帝國主義的蘇聯；中蘇民衆友誼聯盟。

自從這次大會將救亡工作重新整理之後，無論在精神方面，指揮方面，聯絡方面，策略方面，均在新姿態之下，有了新發展。由這以後，不但是東北抗日團體有了聯繫，同時與關內各抗日團體，也有了呼應與聯絡。

一九三五年八月以後，義軍更有進一步的新組織。即「東北抗日聯軍」的成立：

第一軍楊靖宇
第二軍王德泰
第三軍趙尚志
第四軍李延祿
第五軍周保忠
第六軍謝文東
第七軍夏雲階
湯原反日遊擊隊
海倫反日遊擊隊
額敦反日遊擊隊
伊通反日遊擊隊
五常反日遊擊隊

以上共計人數約八萬人。富有政治民族意識。各軍各隊皆派有交通網，同時並由各軍各隊，派遣幹部，組織聯軍辦事處。

一九三六年春，內地各抗日團體先後派赴東北各地義軍中工作人員，分途工作，又正式成立以下各部，計：

八軍軍長汪亞臣副軍長姚青山
九軍軍長李壽臣
十軍軍長欒天林
十一軍軍長閻新闕
十二軍軍長趙〇〇
十三軍軍長賈〇〇
十四軍軍長孫〇〇
十五軍軍長張〇〇
十六軍軍長閻生堂
十七軍軍長白君實
十八軍軍長趙慶吉
挺進軍軍長宮〇〇
撫松遊擊司令薛茂山
樺甸遊擊司令齊永全

此外並委派軍事聯絡員政治聯絡員四十名分去東北工作。

現在東北義勇軍統改為抗日聯軍。不分黨派，不分種族，不分階層，不分性別，完全站在抗日統一戰線上，作民族生存自衛的鬥爭。他們正切望着關內的同胞，立即發動抗日力量，結成統一陣容，來打退日本帝國主義的進攻，完成中華民族的解放運動。

《救国时报》第九七—九八期　中华民国二十六年五月一日　第五版

（1937年5月1日）

东北抗日联军及义勇军的过去和现在

逸　民

本篇是转载自国内出版的《东北之光》杂志的第二期，论东北抗日联军和义勇军的过去与现状颇详，能使关心东北的爱国同胞对于东北抗日联军的发展得一系统的观念，故特转载于此。但有一点必须指出，就是本文对于在东北抗日联军及整个东北人民反日运动发展起着领导作用的共产党未曾一字道及，这很显然的是由于国内言禁酷烈，作者迫不得已默而不提的原故。共产党在东北抗日义军中艰苦卓绝忠诚勇敢，奋斗牺牲，已为全国人民所公认之事实，特别是东北人民莫不称颂共产党为真正救国救民的政党。如现在抗日联军中卓著威望的领袖如杨靖宇、赵尚志将军等均为共产党员，而且抗日联军的成立正是共产党反日民族统一战线政策的结果。所以现在东北抗日联军的发展，实为共产党的莫大的功绩。本报第五十五—五十六期发表之《东北抗日义军之发展与现状》一文已有大概之记载，望读者参阅之。

编者

九一八的发生，是具有历史的意义；义勇军的爆发，亦负有历史的使命，由散漫性到达规律性，这正是义军完成历史任务的主要日程，为便于说明起见，约分三期：

第一时期：是义军鼎盛时期。这一时期的义军将领多为正式陆军军官，所属军队多为正式军队，军长如马占山；旅长如苑崇穀，邢占青，苏炳文，张明久等；团长如冯占海，唐聚伍，刘斌，陈东山，才鸿猷，濮大同，邓文，霍刚等；营长如王得林[①]，田霖，宋国荣，李春润，李化堂，孙秀岩，王凤阁，邓铁梅等；县长如桦川的张希侯，绥东的陈大凡等。平民揭竿而起者，如李海青，富殿臣[②]，宫长海，高玉山，战韬，黄守忠，耿继丹，小白龙，郑桂林等。中委如朱霁青，方觉慧等。枪会如宾县的五座毛红枪会众五千余人，欧法师的红门二千余人，舒兰杨大法师黑枪会，二千余人归田霖统制，国民党员如李忠选，盖文华，梁文洲，赵冠民，王育文，任重等。此种毁家救国的农工，投笔从戎的教员及学生。或参加队伍或独树一帜，均趋于抗日救国的一大目标。

至此时的番号，甚为复杂。如马占山方面通称为义勇军，李杜系统称为自卫军，王德林方面通称为救国军，此外如平民救国军，忠民救国军，逼累救国军，道德救国军（在吉林南山里之红枪会多用此种旗帜），各造名称，各造旗帜。

据那个时候的日报发表，义军数目，不下百万，实际上也有这个数目。此时义军最大的缺点：

1. 彼此观望，互少联络，各抱野心，各逞英雄。

2. 未能与民众打成一片，单纯的军事行动。

3. 指挥不统一，动作不统一。

4. 无中心政治主张，幻想日俄开火，幻想国联制裁，幻想政府出兵，未能注意长期准备，发动民众力量。

① 应为王德林。

② 应为傅殿臣。

5. 关内援助与前方战事未能协调，且方法错误，流弊多端。如后援会的官僚化，以及等级意识的浓厚。如过去某人曾当过大官，他组织的义军即令少数，甚至没有，也可领到一笔费用。然后利用金钱再招党徒，制造自己势利。或用义军代表名义，而找到要人的介绍信或关说，也能领一笔款子。至真正由山里干的所派代表，多半土头土脑，既无名人介绍，更无新闻吹嘘，苦居小店，静候后援会或救国会的审问、调查、访问，往往延迟数月，而终不得要领，只好嗒然归去。或蹲至数月，仅发百数十元路费，敷衍先归。或代表被刁难很久，积恨莫释，骗得路费，恣情玩乐，另谋别途，终不归队。

因此前后方消息往往隔绝，且归去的人，废话过多，或歪曲事实，造成前方战士灰心丧志苦闷，后方援助者的牢骚消极，中间奔走者的双方失信。如唐某至后援会放手枪，郑某架机关枪，王某摘救国会牌子。这都是救国过程中一笔算不清的账！

同时最大的错误，领袖既无时代的新办法，且手中稍有旧日官囊积蓄，故一部份动摇，逃避，或向关内拔步，以为升官发财的企图，或潜伏都市，消声匿迹以终余年。而在战术方面始终保持大兵团的战略，不懂采用游击战术，同时日寇利用我辽宁兵工厂的飞机大炮向我作无情的，猛烈的轰击！于是百万健儿不能支撑危局。于一九三二年冬季拉至关内者有冯占海、宫长海、李海青、霍刚、邓文、檀自新等部；拉到热河阜新，为日军歼灭的有田霖部；拉至苏联或留俄境，或转去新疆的，有李杜、马占山、王德林、苏炳文等残部数万人。而各地枪会，也均化装归农，销声匿迹。

至于国人只注意北方危亡，而对东北义军已成淡忘，而义军气势也由此大减。

第二时期：是低潮时期。如李杜部残存的，陈东山部，一千余人，散布在密山宝清一带；高玉山部，千余人，散布在饶河虎林一带，王勇部汝有财部，约千余人，散布在桦川富锦一带，李华堂部五百余人，散布在勃利依兰一带，张希候部三百余人，孙宝鼎、张国祝等部，约七百余人，散布在同江虎林一带。马占山旧部，如陈大凡在江省绥宾有四百余人，嗣作战负伤始至苏俄。王德林部有孔宪荣、吴义成、李延禄等三千余人，分散在汪清敦化密山宁安一带。唐聚伍部有邓铁梅、李春润、王凤阁等二千余人，散布在辽宁东边道区各县。

在这一阶段，所残存的，多为义军中下级干部，数量虽然减少，而本质则渐渐变佳。盖此时义军受环境各种刺激而萌有新的认识。其认识及转化的动因如下：

一、后援会、救国会在政府安内而后攘外的国策之下，完全取消。义军工作者，政府认为防害友邦的障碍，民众目为没办法的流氓！各部义军鉴于此种环境，乃始打破关内出兵政府与民众援助的幻想，而谋自力更生的企图。

二、过去义军本身无政治主张、缺乏宣传工作，以致神圣伟大的工作，多不为群众所了解，故义军每日游击所到地方，使车用马，一食一宿，民众均认为骚扰！经此刺激，乃力谋避免民众的麻烦，并征求智识份子，担任宣传，由此军民合作，渐具雏形。

三、为避免食宿的困难，不能不化整为零分途游击，减轻人民负担，为的民枪已归日军缴收，而子弹的来源告绝，乃不能不采取避实击虚的游击战术，以免消耗子弹。于是游击战术渐在实践之中经验成功。

四、在一方面受日寇的刺激；一方面在实践斗争中，加强了民族意识，因而觉悟到：结合各抗日团体，发动各民众力量，并联合一切弱小民族，及以平等待我的民族，结成统一战线，抵抗侵略者。于是民族主义，潜滋暗长。

在这一阶段中，异军突起的，有周太平部二千余人，在舒兰一带；宋德林部五百余人，在五常一带；于九江、孙朝阳等部在宾县阿城一带。同时先后潜伏各部义军中做地下工作的：如赵尚志、杨靖宇、周宝忠[①]、王德泰、苗克秀、赵侗、白君宝、张甲州、赵作华、李一明、王国华、苏安人、赵吉民、王一川等一般智识分子，共本救国目标，分途努力，因应客观环境，采取稳健步骤，渐渐发生核心作用，由此各部政治意义逐渐加深，而投机性能逐渐为事实所克服。

在是年冬底（一九三三年）陈东山、高玉山、王勇、汝有才、张希候、孙宝鼎等部，为日军所追击，纷纷由驿马□入俄境，转入新疆。此为义军低落时期，也为由量变质的转换期。

第三时期：为复兴期。这一时期的长成是由第一期的造因，第二期的孕育。

在一九三四年的春季雷厉风行的缴械验照，予农民以严重的刺激这时依兰县土龙山的农民领袖谢文东结合了五千余农民，武装起义。如怒潮的民众力量，击毙了讨伐军饭塚大佐以下百余名。当时击落飞机一架，获得机关枪五架，装甲车十余辆，子弹十余万发。这一汹涌的风潮，激起各地的农民抗日的热情与希望。同时也刺激了各地潜伏的义军新的

① 应为周保中。

兴奋与新的意识；并且各部分参加了许多农民的生力军。

由于日寇的缴枪，缴照，移民的刺激，由于各机关裁员减薪排挤中国人的实施；由于裁并伪军，缩小伪军的阴谋；而一般人民越发觉悟到亡国奴的命运，有极悲惨的前途！如大地主、富农、各机关的职员以及教员学生，也渐渐受生活实际的危害；打破了过去的观望主义，等待主义，逃避主义屈服主义种种的心理；而认清了民族的本位，无可避免的人人应当为生存而斗争。因而少壮者，多跑到义军里面去；老年以及弱者，无论贫富，也均有同仇敌忾的心肠。

在日寇种种惨痛事实教训之下，不但促醒了多数的民众自觉，就是伪国军队，也多半回心转意。遇到进剿义军时候，先喊“中国人不打中国人”的口号，然后向天空放枪，虚张声势，作假攻击，借以遮掩在后面执机枪大炮督队的日兵。故日军常说伪军：“心坏了的有”！所以日寇监视伪军行动益严和不信任，而伪军也对日军离心离德，加深祖国观念。例如伪军士兵常说：“咱们都是中国人何必自残骨肉，我们当‘满洲国’的兵，不过目前混饭吃罢了。赶到国家有那一天的时候，大家还不是中国人吗？义勇军就是逼的没有活路，我们没有活路那一天，也得那样子干？……义勇军存在一天，我们也能被人利用存在一天，义勇军消灭了，我们也就消灭了”。这充分的说明了伪军的心理及其同情之感。

因为客观环境种种条件的成熟，于是决定了主观领导力量的变换。而领导力量最高的形势，就是在一九三四年六月一日由民众反日组织成立东北人民抗日救国总会。同时成立了东北人民革命军。当由人民选举：

杨靖宇为人民革命军第一军军长

王德泰为人民革命军第二军军长

赵尚志为人民革命军第三军军长

当时在政略和战略，也有四项重要的决议：

一、放弃局部根据地，扩大游击区。

二、采取游击战略，避免大部冲突。

三、组织民众，训练民众，宣传民众，加深军民合作，共赴国难。

四、切实联络各抗日团体。

当时并通过东北人民革命军的行动纲领：

一、驱逐日本帝国主义的海陆空军滚出东北！

二、没收日货及日寇走狗的财产充作抗日军费，并分配给抗日民众和抗日战士的家属！

三、没收日本帝国主义的企业，银行等，全归民众所有！

四、民众自动武装起来，打倒傀儡政府，建立抗日民众政权！

五、抗日军保护民众利益。

六、一切抗日队伍联合起来；订立作战协定。

七、抗日武装战士，成立反日士兵委员会；有选举，监督，并撤换领袖之权。

八、打破民族成见，中鲜抗日民众团结一致，并联合日本士兵与民众。

九、联合同情中国反对日本帝国主义的苏联；中苏民众友谊联盟。

自从这次大会将救亡工作重新整理之后，无论在精神方面，指挥方面，联络方面，策略方面，均在新姿态之下，有了新发展。

由这以后，不但是东北抗日团体有了联系，同时与关内各抗日团体，也有了呼应与联络。

一九三五年八月以后，义军更有进一步的新组织。即“东北抗日联军”的成立：

第一军　杨靖宇

第二军　王德泰

第三军　赵尚志

第四军　李延禄

第五军　周保忠

第六军　谢文东

第七军　夏云阶

汤原反日游击队

海伦反日游击队

额敦反日游击队

伊通反日游击队

五常反日游击队

以上共计人数约八万人。富有政治民族意识。各军各队皆派有交通网，同时并由各军各队，派遣干部，组织联军办事处。

一九三六年春，内地各抗日团体先后派赴东北各地义军中工作人员，分途工作，又正式成立以下各部，计：

八军军长　汪亚臣　副军长　姚青山

九军军长　李寿臣

十军军长　乐天林

十一军军长　阎新阙

十二军军长　赵〇〇
十三军军长　贾〇〇
十四军军长　孙〇〇
十五军军长　张〇〇
十六军军长　阎生堂
十七军军长　白君宝
十八军军长　赵庆吉
挺进军长　　宫〇〇
抚松游击司令　薛茂山
桦甸游击司令　齐永全

此外并委派军事联络员政治联络员四十名分去东北工作。

现在东北义勇军统改为抗日联军。不分党派，不分种族，不分阶层，不分性别，完全站在抗日统一战线上，作民族生存自卫的斗争。

他们正切望着关内的同胞，立即发动抗日力量，结成统一阵容，来打退日本帝国主义的进攻，完成中华民族的解放运动。

自文學第八卷第四期）

是時候了：張望刻（

《是时候了》　张望　刻

《救国时报》第九七一九八期　中华民国二十六年五月一日　第五版（1937 年 5 月 1 日）

自衞：陳烟橋刻　（轉載自 文學 第八卷第四期）

《自卫》　陈烟桥　刻

《救国时报》第九七—九八期　中华民国二十六年五月一日　第五版（1937 年 5 月 1 日）

東北抗日救國運動的發展與反對日本奸細偵探的鬥爭

（楊松）

自從民國二十二年一月中國共產黨號召東北各地抗日隊伍和民衆，建立抗日民族統一戰線以後，最近三年半以來，東北抗日救國運動得到了很大的發展；特別是，去年受關內綏遠抗日戰爭勝利與西安事變之影響，在全國同胞趨向於停止內戰，國共合作，去一致對外的全民一致要求影響之下，東北抗日民族革命運動更趨向於不分黨派、信仰、隊頭和階級之不同，而共同聯合起來，去反對共同敵人——日本強盜，爲收回失地光復祖國而鬥爭。

正因爲，在最近兩三年來，東北抗日民族統一戰線運動順利發展，乃引起日寇採用更兇惡的陰謀鬼計，來破壞這個抗日民族統一戰線。日寇針對着東北抗日聯軍新提出的『聯合民衆』的口號，而提出『民匪分離』的口號，即是竭力挑撥東北同胞與抗日軍的關係，實行保甲制度，十家連座，以限制人民投抗日軍，以破壞抗日軍與人民的一致團結。日寇針對着東北抗日聯軍所提出的不分黨派信仰隊頭之不同，各抗日隊伍親密聯合起來，建立抗日聯軍總指揮部，共同抗日的口號；提出『匪賊分離』的口號，即挑撥共產黨領導下的所謂『思想匪』與其他抗日山林隊義勇軍（日寇所稱的馬賊）的關係，使得抗日營壘內部互相對立和火併，日寇得以乘機實行用中國人殺中國人和各個擊破的故技。

日寇針對着東北抗日聯軍所提出的：『沒收日寇和賣國賊財產，充作抗日軍費』的口號，而提出經濟封鎖的政策，在抗日軍經常活動的根據地周圍建立集中部落和大屯，實行粮食、食鹽和工業品的集中和專賣的政策，以斷絕抗日軍的經濟給養和武裝的來源。

日寇爲着破壞東北抗日民族統一戰線運動，不僅實行挑撥離間和進行大規模的軍事『討伐』，最近並且更陰險地選派大批奸細和偵探到抗日聯軍內部來，假裝抗日，在內部偵探一切軍事上的秘密，並且暗殺抗日軍的政治領導幹部，特別是日寇爲着準備吞併我全中國的大戰，鞏固其東北的血腥統治，以防在更大事變到來時，東北抗日救國運動將更大的發展，乃預先在抗日軍和抗日團體內部安置大批奸細和暗探，以準備大事變到來時，來一個有計劃的暗殺主要幹部的罪行，而使東北抗日救國運動在緊急關頭受到大的打擊，以達到所謂『羣龍無首』，不知怎麽行動的目的。日本強盜這一陰謀最是卑鄙下賤，同時亦最是毒辣。 現在敍述幾件最顯明的事實。

（一）東北抗日聯軍第三軍李啓東被暗殺事件。 東北人民革命軍第三軍在民國二十三年夏才成立。 正因為三軍長趙尙志聯合各抗日部隊，抗日統一戰線運動得到了初步的成績，日寇即一方面挑撥趙尙志領導下的隊伍與其他抗日義勇軍之關係，乃有三軍與余九江隊之分裂；另一方面日本關東軍特務機關却派哈爾濱哈字偵探隊隊長周光亞（吉林賓縣人，賣國漢奸李文柄的小舅子）冒充共產黨員投入三軍。原來日本偵探周光亞在哈爾濱破壞共產黨組織甚多，甚知哈爾濱共產黨內部組織和部份幹部姓名，他乃假冒越獄潛逃，到三軍隊上，聲稱哈埠共產黨組織遭破壞，越獄來此，請收留在隊上工作。 當時三軍軍事和政治工作人員違反共產黨組織原則，很幼稚的即信以為眞，且留在軍部，先委之在軍部工作，後且委為軍部秘書長之職。 那知日本偵探周光亞在打聽得一切軍事秘密後，已得哈爾濱特務機關新派來三軍隊上假冒醫生的另一偵探之通知，謂日寇召周光亞回哈，周乃乘人不備，暗將三軍軍需長李啓東刺斃，劫款三千餘元，潛逃回哈，現在尙在替日寇當偵探。三軍軍部乃將該假裝醫生的偵探逮捕，審訊結果，始知底細。

（二）二軍反民生團的鬥爭。 東滿間島東北人民革命軍第二軍在民國二十二，廿三年在建立抗日民族統一戰線運動上得到了初步的成績，日寇已實行其挑撥離間的陰謀和派奸細到隊內活動之故技。 日寇一方面挑撥二軍與救國軍和山林隊的關係，造謠該二軍要繳救國軍和山林隊的武裝，以使抗日山林隊與二軍火併起來，還挑撥中國人與高麗人的民族感情，並且在二軍和共產黨內部組織民生團，在內部來瓦解抗日軍和革命團體。 日寇奸細甚至混進到最高軍事領導地位。 例如在民國二十四年一月，朱振（高麗人）本民生團份子，假裝抗日，因民生團而被提拔為二軍軍長。 後來隊內破壞大批民生團份子，發現朱振亦參加該反革命團體，乃將他逮捕，朱振却又勾結隊內民生團份子將他私自釋放逃出，投降日寇，而為『剿共』奮勇隊的隊長。 二軍在民國二十四年將隊內日本奸細肅清以後，二軍更得到大的發展，乃由該軍戰士與指揮員共同推舉該軍作戰最勇敢的最忠實於民族革命的王德泰為軍長，於去年該軍向南滿發展，而與一軍楊靖宇滙合，共同建立東北抗日聯軍第一路軍，楊為一路軍軍長，王為一路副軍長云。

在去年二軍四團三連又曾發現日軍派來奸細

方友張海峯拐搶潛逃的事情。 原來方友和劉海峯在寧縣六道河子被日寇所逮捕，他們將個人利益放在民族和國家利益之上，被日寇所收買，由日寇派回原隊當奸細。 該團負責人未詳加考察而收留在隊上，終於去年七月拐搶逃跑，投降日寇了。

（三）一軍發現謀刺楊靖宇軍長案件。、去年夏在東北抗日聯軍第一軍亦發現謀刺一軍軍長楊司令的案件，在一軍警衛團內有一個警衛連的連長乃為日本關東軍特務機關所派出之一個偵探，於去年夏曾秘密組織連下七人，準備夜深十二時暗刺楊靖宇軍長後，投降日寇領功。 該軍被同連忠實的抗日戰士於事變前三小時所發覺，乃將該七人逮捕，審問結果，該連長承認乃日本特務機關所派的奸細，目的在刺殺楊靖宇軍長。

（四）五軍三團楊營長與張倩珊女士被刺殺案件。 東北抗日聯軍第五軍團結各抗日部伍，共同抗日救國，兩年來得到相當發展。 日寇在軍事上『討伐』，不僅不能消滅五軍，而五軍且日益發展，日寇乃派暗探到內部去破壞和瓦解。 在去年四月，五軍第一師第三團楊營長曾收留一個舊相識的「胡子」，楊營長作事缺乏革命警惕性，明知該「胡子」曾將自己底掌櫃的（即山林部隊頭）槍斃了，投降了日本，却只聽該人口頭上甜言蜜語，說一套什麼過去投降錯誤，現在悔過自新，又重新抗日，而未詳加考察，收留在自己隊上。 那知該人正乃日寇所派到隊上的偵探，在寧安縣鏡泊湖老黑山，該偵探乘着楊營長睡覺時，將楊營長繳械鎗決了，並將五軍一最勇敢女遊擊隊員張倩珊女士（即五軍參謀長張建東的夫人）亦鎗斃繳械了，自己拐鎗投降了日本。

（五）日寇在今年春曾收買安邦隊（山林隊）部下隊員為日本奸細，密派到七軍團部去，企圖暗殺七軍軍長陳榮久。 事先被堅決抗日戰士發覺而未果。

在東北地方共產黨組織內和抗日團體內亦曾發現過日本的奸細，例如金東山（高麗人）於一九三六年正月被日本捕去，供出五個高麗共產黨員（朴東根，朴東恆，朴東山兄弟三人，李宗根，沈陽仙），五個堅決為中國和高麗民族獨立而奮鬥的戰士被日本鎗決了，他們在臨刑時還高喊，『打倒日本帝國主義，中韓民族親密聯合萬歲，打倒叛徒和奸細』的口號。 金東山因出賣自己同胞而有功，日本人更加相信之，將他又重新放出來，假裝越獄逃跑，以後又冒充中國共產黨員，而替日寇作偵探。

東北和全國反日民族統一戰線運動愈進展，國共及各黨派合作愈成熟，則日寇將愈採用各種卑鄙下賤的方法來反對革命鬥爭。日寇將更用千百萬的金錢，收買民族敗類，人類蟊賊，特別是收買反革命的賣國的託洛茨基派份子去作日寇的奸細和偵探，來危害中華祖國，來暗殺東北遊擊隊抗日軍的領導者。 在這個革命鬥爭最緊急的時候，正需要每個愛國的民族革命戰士，提警高惕性，去作反對日本奸細和偵探的鬥爭。

《救国时报》第一〇〇期 中华民国二十六年五月十九日 第二版
（1937 年 5 月 19 日）

东北抗日救国运动的发展与反对日本奸细侦探的斗争

杨　松

自从民国二十二年一月中国共产党号召东北各地抗日队伍和民众，建立抗日民族统一战线以后，最近三年半以来，东北抗日救国运动得到了很大的发展；特别是，去年受关内绥远抗日战争胜利与西安事变之影响，在全国同胞趋向于停止内战，国共合作，去一致对外的全民一致要求影响之下，东北抗日民族革命运动更趋向于不分党派、信仰、队头和阶级之不同，而共同联合起来，去反对共同敌人——日本强盗，为收回失地光复祖国而斗争。

正因为，在最近两三年来，东北抗日民族统一战线运动顺利发展，乃引起日寇采用更凶恶的阴谋鬼计，来破坏这个抗日民族统一战线。日寇针对着东北抗日联军新提出的“联合民众”的口号，而提出“民匪分离”的口号，即是竭力挑拨东北同胞与抗日军的关系，实行保甲制度，十家连坐，以限制人民投抗日军，以破坏抗日军与人民的一致团结。日寇针对着东北抗日联军所提出的不分党派信仰队头之不同，各抗日队伍亲密联合起来，建立抗日联军总指挥部，共同抗日的口号；提出“匪贼分离”的口号。即挑拨共产党领导下的所谓“思想匪”与其他抗日山林队义勇军（日寇所称的马贼）的关系，使得抗日营垒内部互相对立和火拼，日寇得以乘机实行用中国人杀中国人和各个击破的故技。

日寇针对着东北抗日联军所提出的：“没收日寇和卖国贼财产，充作抗日战费”的口号，而提出经济封锁的政策，在抗日军经常活动的根据地周围建立集中部落和大屯，实行粮食、食盐和工业品的集中和专卖的政策，以断绝抗日军的经济给养和武装的来源。

日寇为着破坏东北抗日民族统一战线运动，不仅实行挑拨离间和进行大规模的军事“讨伐”，最近并且更阴险地选派大批奸细和侦探到抗日联军内部来，假装抗日，在内部侦探一切军事上的秘密，并且暗杀抗日军的政治领导干部，特别是日寇为着准备吞并我全中国的大战，巩固其东北的血腥统治，以防在更大事变到来时，东北抗日救国运动将更大的发展，乃预先在抗日军和抗日团体内部安置大批奸细和暗探，以准备大事变到来时，来一个有计划的暗杀主要干部的罪行，而使东北抗日救国运动在紧急关头受到大的打击，以达到所谓“群龙无首”，不知怎么行动的目的。日本强盗这一阴谋最是卑鄙下贱，同时亦最是毒辣。现在叙述几件最显明的事实。

（一）东北抗日联军第三军李启东被暗杀事件

东北人民革命军第三军在民国二十三年夏才成立。正因为三军长赵尚志联合抗日部队，抗日统一战线运动得到了初步的成绩，日寇即一方面挑拨赵尚志领导下的队伍与其他抗日义勇军之关系，乃有三军与于九江队之分裂；另一方面日本关东军特务机关却派哈尔滨哈字侦探队队长周光亚（吉林宾县人，卖国汉奸李文柄[①]的小舅子）冒充共产党员投入三军。原来日本侦探周光亚在哈尔滨破坏共产党组织甚多，甚知哈尔滨共产党内部组织和部份干部姓名，他乃假冒越狱潜逃，到三军队上，声称哈埠共产党组织遭破坏，越狱来此，请收留在队上工作。当时三军军事和政治工作人员违反共产党组织原则，很幼稚的即信以为真，且留在军部，先委之在军部工作，后且委为军部秘书长之职。那知日本侦探周光亚在打听得一切军事秘密后，已得哈尔滨特务机关新派来三军队上假冒医生的另一侦探之通知：谓日寇召周光亚回哈，周乃乘人不备，暗将三军军需长李启东刺毙，拐款三千余元，潜逃回哈，现在尚在替日寇当侦探。三军军部乃将该假装医生的侦探逮捕，审讯结果，始知底细。

---

① 应为李文炳。

（二）二军反民生团的斗争

东满间岛东北人民革命军第二军在民国二十二，廿三年在建立抗日民族统一战线运动上得到了初步的成绩，日寇已实行其挑拨离间的阴谋和派奸细到队内活动之故技。日寇一方面挑拨二军与救国军和山林队的关系，造谣该二军要缴救国军和山林队的武装，以使抗日山林队与二军火拼起来，还挑拨中国人与高丽人的民族感情，并且在二军和共产党内部组织民生团，在内部来瓦解抗日军和革命团体。日寇奸细甚至混进到最高军事领导地位。例如在民国二十四年一月，朱振[1]（高丽人）本民生团份子，假装抗日，因民生团而被提拔为二军军长。后来队内破坏大批民生团份子，发现朱振亦参加该反革命团体，乃将他逮捕，朱振却又勾结队内民生团份子将他私自释放逃出，投降日寇，而为“剿共”奋勇队的队长。二军在民国二十四年将队内日本奸细肃清以后，二军更得到大的发展，乃由该军战士与指挥员共同推举该军作战最勇敢的最忠实于民族革命军的王德泰为军长，于去年该军向南满发展，而与一军杨靖宇汇合，共同建立东北抗日联军第一路军，杨为一路军军长，王为一路副军长云。

在去年二军四团三连又曾发现日军派来奸细方友张海峰拐枪潜逃的事情。原来方友和刘海峰在宁县六道河子被日寇所逮捕，他们将个人利益放在民族和国家利益之上，被日寇所收买，由日寇派回原队当奸细。该团负责人未详加考察而收留在队上，终于于去年七月拐枪逃跑，投降日寇了。

① 应为朱镇，后叛变投敌。

（三）一军发现谋刺杨靖宇军长案件

去年夏在东北抗日联军第一军亦发现谋刺一军军长杨司令的案件，在一军警卫团内有一个警卫连的连长乃为日本关东军特务机关所派出之一个侦探，于去年夏曾秘密组织连下七人，准备夜深十二时暗刺杨靖宇军长后，投降日寇领功。该军被同连忠实的抗日战士于事变前三小时所发觉，乃将该七人逮捕，审问结果，该连长承认乃日本特务机关所派的奸细，目的在刺杀杨靖宇军长。

（四）五军三团杨营长与张倩珊女士被刺杀案件

东北抗日联军第五军团结各抗日队伍，共同抗日救国，两年来得到相当发展。日寇在军事上“讨伐”，不仅不能消灭五军，而五军且日益发展，日寇乃派暗探到内部去破坏和瓦解。在去年四月，五军第一师第三团杨营长曾收留一个旧相识的“胡子”，杨营长作事缺乏革命警惕性，明知该“胡子”曾将自己底掌柜的（即山林部队头）枪毙了，投降了日本，却只听该人口头上甜言蜜语，说一套什么过去投降错误，现在悔过自新，又重新抗日，而未详加考察，收留在自己队上。那知该人正乃日寇所派到队上的侦探，在宁安县镜泊湖老黑山，该侦探乘着杨营长睡觉时，将杨营长缴械枪决了，并将五军一最勇敢女游击队员张倩珊女士（即五军参谋长张建东的夫人）亦枪毙缴械了，自己拐枪投降了日本。

（五）日寇在今年春曾收买安邦队（山林队）部下队员为日本奸细，密派到七军团部去，企图暗杀七军军长陈荣久。事先被坚决抗日战士发觉而未果

在东北地方共产党组织内和抗日团体内亦曾发现过日本的奸细，例如金东山（高丽人）于一九三六年正月被日本捕去，供出五个高丽共产党员（朴东根，朴东恒，朴东山兄弟三人，李宗根，沈阳仙），五个坚决为中国和高丽民族独立而奋斗的战士被日本枪决了，他们在临刑时还高喊“打倒日本帝国主义，中韩民族亲密联合万岁，打倒叛徒和奸细”的口号。金东山因出卖自己同胞而有功，日本人更加相信之，将他又重新放出来，假装越狱逃跑，以后又冒充中国共产党员，而替日寇作侦探。

东北和全国反日民族统一战线运动愈进展，国共及各党派合作愈成熟，则日寇将愈采用各种卑鄙下贱的方法来反对革命斗争，日寇将更用千百万的金钱，收买民族败类，人类蟊贼，特别是收买反革命的卖国的托洛茨基派份子去作日寇的奸细和侦探，来危害中华祖国，来暗杀东北游击队抗日军的领导者。在这个革命斗争最紧急的时候，正需要每个爱国的民族革命战士，提高警惕性，去作反对日本奸细和侦探的斗争。

東北抗日聯軍第八軍成立經過

謝文東

本報承東北抗日聯軍第八軍軍長謝文東先生寄來該軍成立宣言及謝軍長簡述該軍成立經過一文，觀此足知該軍的艱難締造與英勇奮鬥的情形，急爲轉載於左，以餉國人，並向謝軍長致謝——編者誌。

一、土龍山起義的起因

土龍山居於吉林省依蘭縣東一百二十里，爲依蘭勃利樺川三縣之交界。（其平原地帶爲依蘭管轄之三區，亦即依蘭全境最富裕的地方。共有土地七萬餘晌，居民八千餘戶，民間槍支九千八百餘桿。「九一八」後日軍侵佔了依蘭勃利等縣。民國二十一年春東北各地成千成萬的自衛軍作反抗日賊的英勇的血戰，依蘭等縣人民亦紛起武裝自衛。但當時各立系統，紊亂異常，終爲日寇所打退。）於是日賊垂涎土龍山之富裕，企圖在這裏開拓其移民政策的首區。二十二年十二月開始繳照，二十三年正月繼而繳槍，規定每一個中國人發給五元「滿」洋，勒移他處，又向每甲索取六個年青美貌的姑娘，作日賊的官娼。以上種種事實激起了廣大人民的憤怒。是年正月二十三日三區五保（八虎力）地方，由謝文東井振清（井現已犧牲）領導人民武裝起義，迅即遍及全區。

二、起義的經過與勝利

這次起義的首倡者是井振清。當時謝文東爲該區保董，與謝文章（現八軍副官），秦秀權（現八軍一師師長），關文吉（現八軍二師師長），徐懷民（現八軍一師二團團長）等力贊其議，共籌舉事，經大家公舉謝文東爲起義總指揮，後又得滕副軍長于參謀長等相繼參加領導。

從三區五保開始發動，立即遍及全三區，參加起義的不下二千餘名，許多粮戶的掌櫃的，少掌櫃的都參加了。起義的次日清早，起義隊伍進攻十龍山街基（太平鎮），下午攻陷。日賊派來汽車三輛共三十餘人，我軍應戰，日賊死亡過半，僞軍也死了二名。我軍繳得步槍十五支，子彈千餘發，並獲日賊文件多起。這是起義後第一次大勝利。

正月二十五日早，十龍山白家泃又開到日賊汽車七輛，賊軍四十五名。我軍立即包圍日賊，奮勇激戰，有兩輛汽車突圍脫逃，我軍即分兵一部，上馬加鞭，疾駛追擊，終於俘獲回來。是役我們消滅賊軍全部，繳獲輕機槍五挺，步槍十數支，殺死關東軍軍官飯塚大佐。這是我們第二次的，有名的大勝利。

正月二十八日又連戰日寇兩次，都獲全勝，繳得步槍十餘支，子彈七箱。二月初五在九里六又與日寇大血戰。日寇開來汽車五十七輛，賊軍一千餘人，我軍奮勇迎戰，予以重創，打壞汽車十七輛，賊軍死亡一百數十人。十二日在橫出道子與日寇二百餘名激戰一天，繳得迫擊炮一門，步槍十餘支，賊軍死亡三十餘名。是役，殺死賊軍司令廣瀨，日寇祕不發表，但從日軍祕密舉行的追悼會上得到了確證。此後又有流家崗的激戰，擊敗敵軍五百餘名，殺死三十餘。

三月初十日我軍進攻駝腰子金廠，與日軍二十餘名，滿軍四百餘名激戰一天，克服該地，日賊死亡十餘，滿軍五十餘，繳野炮一門，輕機四挺、重機一架、步槍二百餘支，金子四百餘兩，及其他戰利品無算。當地人民對我軍熱烈歡迎。日寇雖經重創，亦不敢正視我軍，因此，我軍佔據該地五十餘日，益見擴大與增強。

三月十八日我軍進攻湖南營，激戰未克，井指揮振清力戰陣亡，全體將士一致悲悼，共同宣誓爲井烈士所首倡的偉大事業而奮鬥。因即回師進攻十龍山，擊落日寇飛機兩架。以上是本軍起義的經過與起義後兩個月中勝利發展的大概。

二、兩年多以來的艱苦奮鬥

這時，我軍人槍日衆，聲震遐邇，乃於三月二十九日開始遠征饒河虎林等地，經過了無數的戰鬥，襲擊了賊軍，繳獲了械彈等。日賊害怕我軍將士的堅強的戰鬥力和爲國殺賊的決心，看見正面進攻屢次失敗，乃收買走狗潛入我軍，陰謀破壞。然而我軍不爲所動，不僅保持了堅強精幹的隊伍，而且吸收了一千六百多名的山林隊加入我軍，共同作再接再厲的奮鬥。

在樺木崗遇日賊大軍五千餘名，滿軍三千餘名

出於不備，中敵包圍，一場大血戰，我

□餘名，終于衝出重圍。然而在這樣

一下，我軍將士始終沒有頹喪退縮，還

是收集了基幹的部隊，移動地區，到勃利縣一帶遊擊，又有新的發展。

二十四年春，我軍開始到方正遠征，有很大的發展。兩年多以來，我們始終出生入死的與日賊肉搏。我們曾經屢屢襲擊日寇，予以重創。我們曾經遭受很慘痛的犧牲，損失了非振清指揮以及其他許多愛國健兒。我們的戰鬥環境常常是困難的，然而我們並不畏縮。我們立誓要挽回亡國奴的刼運，要收復已失的河山。二十五年九月我軍為了與一切抗日隊伍密切聯絡共同奮鬥起見，改編為東北抗日聯軍第八軍。我們深得我們有了更嚴密的組織，更正確的綱領，更有力的領導，今後我們一定能更奮勇的殺賊報國。

《救国时报》第一〇一期 中华民国二十六年五月二十二日 第二版
（1937 年 5 月 22 日）

东北抗日联军第八军成立经过

谢文东

本报承东北抗日联军第八军军长谢文东先生寄来该军成立宣言及谢军长简述该军成立经过一文，观此足知该军的艰难缔造与英勇奋斗的情形，急为转载于左，以饷国人，并向谢军长致谢。

编者志

一、土龙山起义的起因

土龙山居于吉林省依兰县[1]东一百二十里，为依兰勃利桦川三县之交界。其平原地带为依兰管辖之三区，亦即依兰全境最富裕的地方。共有土地七万余垧，居民八千余户，民间枪支九千八百余杆。

"九一八"后日军侵占了依兰勃利等县。民国二十一年春东北各地成千成万的自卫军作反抗日贼的英勇的血战，依兰等县人民也纷起武装自卫。但当时各立系统，紊乱异常，终为日寇所打退。于是日贼垂涎土龙山之富裕，企图在这里开拓其移民政策的首区。二十二年十二月开始缴照，二十三年正月继而缴枪，规定每一个中国人发给五元"满"洋，勒移他处，又向每甲索取六个年青美貌的姑娘，作日贼的官娼。以上种种事实激起了广大人民的愤怒。是年正月二十三日三区五保（八虎力）地方，由谢文东井振清（井现已牺牲）领导人民武装起义、迅即遍及全区。

二、起义的经过与胜利

这次起义的首倡者是井振清。当时谢文东为该区保长，与谢文章（现八军副官），秦秀权（现八军一师师长），关文吉[2]（现八军二师师长），徐德民（现八军一师二团团长）等力赞其议，共筹举事。经大家公举谢文东为起义总指挥，后又得滕副军长[3]于参谋长等相继参加领导。

① 今属黑龙江。

② 关文吉，后叛变。

③ 应为滕松柏，后叛变。

从三区五保开始发动，立即遍及全三区，参加起义的不下二千余名，许多粮户的掌柜的，少掌柜的都参加了。起义的次日清早，起义队伍进攻土龙山街基（太平镇），下午攻陷。日贼派来汽车三辆共三十余人，我军应战，日贼死亡过半，伪军也死了二名。我军缴得步枪十五支，子弹千余发，并获日贼文件多起。这是起义后第一次大胜利。

正月二十五日早，土龙山白家沟又开到日贼汽车七辆，贼军四十五名。我军立即包围日贼，奋勇激战，有两辆汽车突围脱逃，我军即分兵一部，上马加鞭，疾驶追击，终于俘获回来。是役我们消灭贼军全部，缴获轻机枪五挺，步枪十数支，杀死关东军军官饭塚大佐。这是我们第二次的，有名的大胜利。

正月二十八日又连战日寇两次，都获全胜，缴得步枪十余支，子弹七箱。二月初五在九里六又与日寇大血战。日寇开来汽车五十七辆，贼军一千余人，我军奋勇迎战，予以重创，打坏汽车十七辆，贼军死亡一百数十人。十二日在横山道子与日寇二百余名激战一天，缴得迫击炮一门，步枪十余支，贼军死亡三十余名。是役，杀死贼军司令广濑，日寇秘不发表，但从日军秘密举行的追悼会上得到了确证。此后又有孟家岗的激战，击败敌军五百余名，杀死三十余。

三月初十日我军进攻驼腰子金厂，与日军二十余名，满军四百余名激战一天，克服该地，日贼死亡十余，满军五十余，缴野炮一门，轻机四挺，重机一架，步枪二百余支，金子四百余两，及其他战胜品无算。当地人民对我军热烈欢迎。

日寇屡经重创，亦不敢正视我军，因此，我军占据该地五十余日，益见扩大与增强。

三月十八日我军进攻湖南营，激战未克，井指挥振清力战阵亡，全体将士一致悲悼，共同宣誓为井烈士所首倡的伟大事业而奋斗。因即回师进攻土龙山，击落日寇飞机两架。以上是本军起义的经过与起义后两个月中胜利发展的大概。

三、两年多以来的艰苦奋斗

这时，我军人枪日众，声震遐迩，乃于三月二十九日开始远征饶河虎林等地，经过了无数的战斗，袭击了贼军，缴获了械弹等。日贼害怕我军将士的坚强的战斗力和为国杀贼的决心，看见正面进攻屡次失败，乃收买走狗潜入我军，阴谋破坏。然而我军不为所动，不仅保持了坚强精干的队伍，而且吸收了一千六百多名的山林队加入我军，共同作再接再励的奋斗。

在桦木岗遇日贼大军五千余名，满军三千余名。□□□出于不备，中敌包围，一场大血战，我□□□□百余名，终于冲出重围。然而在这样□□□□□下，我军将士始终没有颓丧退缩，还是收集了基干的部队，移动地区，到勃利县一带游击，又有新的发展。

二十四年春，我军开始到方正远征，有很大的发展。两年多以来，我们始终出生入死的与日贼肉搏。我们曾经屡屡袭击日寇，予以重创。我们曾经遭受很惨痛的牺牲，损失了井振清指挥以及其他许多爱国健儿。我们的战斗环境常常是困难的，然而我们并不畏缩。我们立誓要挽回亡国奴的劫运，要收复已失的河山。二十五年九月我军为了与一切抗日队伍密切联络共同奋斗起见，改编为东北抗日联军第八军。我们深得我们有了更严密的组织，更正确的纲领，更有力的领导，今后我们一定能更奋勇的杀贼报国。

《兵士》　固林　作

《救国时报》第一一七期　中华民国二十六年八月十五日　第四版

（1937 年 8 月 15 日）

日義勇軍

東的中壕戰

《战壕中的东北抗日义勇军》

《救国时报》第一〇一期　中华民国二十六年五月二十二日　第二版

（1937 年 5 月 22 日）

出版的叢報

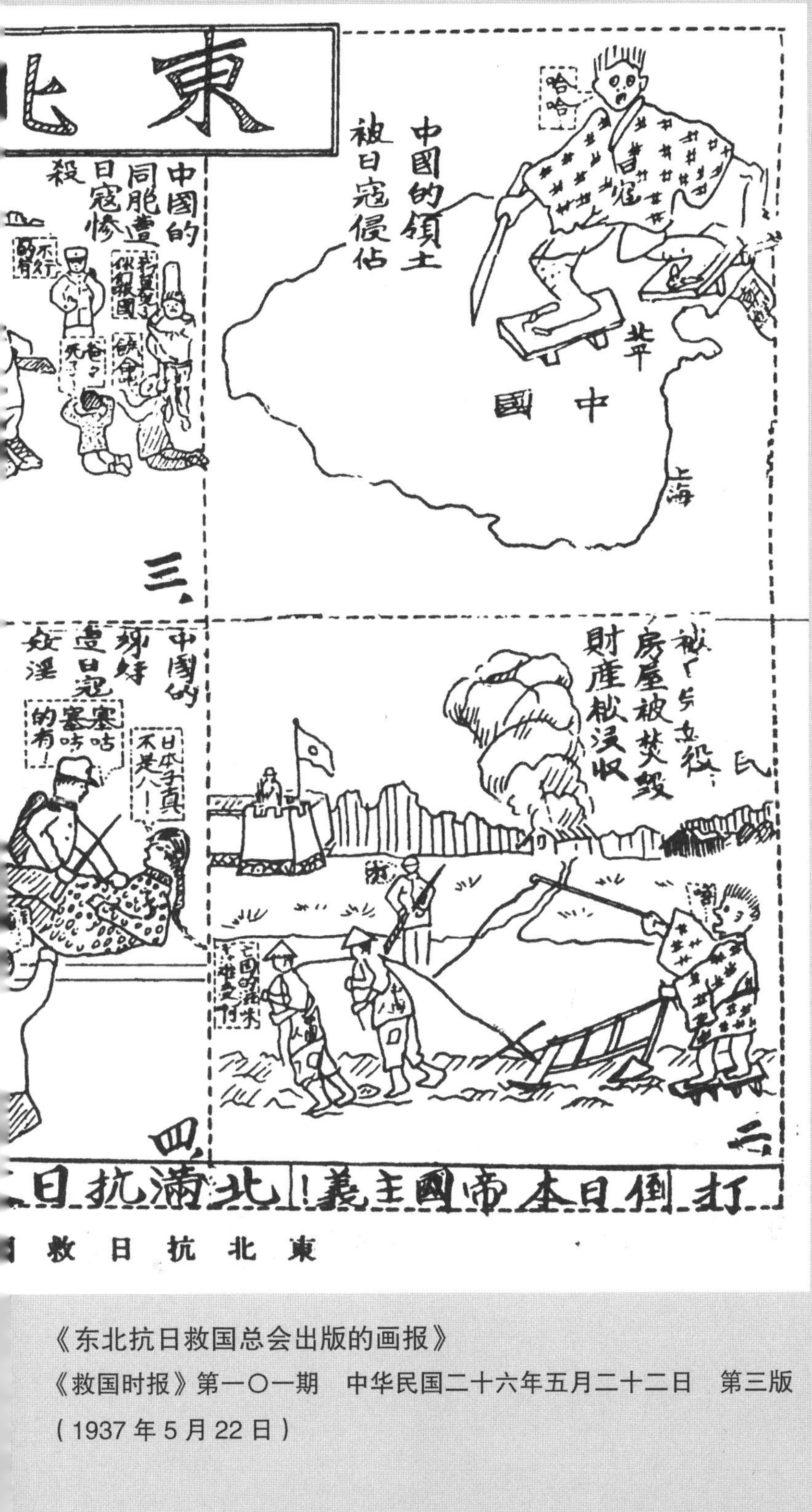

《东北抗日救国总会出版的画报》

《救国时报》第一〇一期　中华民国二十六年五月二十二日　第三版

（1937 年 5 月 22 日）

東北抗日聯軍第八軍成立宣言

全國同胞們！

全東北一切武裝抗日同志們！

日本強盜，佔領東北天然富源之山河，已五年有餘了，在這五年多的過程中，日本帝國主義焚燒了我們多少鄉村!?監禁和屠殺了我們多少同胞愛國戰士，多少婦女被強姦，財產被收沒，武裝被繳除，教育強迫奴隸化！ 東北四省簡直弃成地獄!!

現日寇正企圖軍事冒險，更加緊向和平政策的蘇聯，屢屢挑撥，想造成萬人懼怕的二次世界大戰，把我東北變爲進攻蘇聯之戰場，使我們中國四萬萬同胞生命財產做大戰的犧牲品。

我們中國正處在千鈞一髮之際，中華民族正處在懸崖之危，每個有熱血有祖國觀念的人們都知道：現在忍耐而不足自存，苟且而不得偷安，當此亡國滅種之秋，抗日救國已成爲每個中華男兒之天職。

自去年秋天以來，中國南北各地勃發抗日救國運動，中間經過雖有曲折，可是抗日則生不抗日則死，已成爲全國同胞不可否認的事實。

現在中國正走向：「組織國防政府，建立全國抗日聯軍，實行全國總動員對日抗戰，……」這一抗日運動，實爲我中華民族爭取領土完整，國家統一，民族獨立之關鍵。

諸位同胞們！愛國志士們！

大家還記得能，在中華民族之反日歷史上永遠存在的最光榮的轟轟烈烈民國二十二年之土龍山農民起義，這次起義雖還未得到最後完滿的結果，可是給了中華民族一抗日救國之良策——只有廣大羣衆的起義，才能得到抗日勝利。當時日本強盜似瘋狗般的調動了無數的日「滿」匪兵，用最殘酷的屠殺手段鎮壓這次農民起義，大小激戰數百戰，我軍不獨沒有潰散景象，反在廣大羣衆極力擁護之下 給日本帝國主義以莫大之打擊——日本軍閥關東軍司令光瀨副司令飯塚被殺，日寇士兵死亡千餘名。在這四年中間，我軍雖有許多曲折，可是終未脫離反日戰綫，誓必奮鬥到底，爭取民族之反日光榮勝利。因此，本軍決非日「滿」之反動勢力所能消滅，本軍已形成眞正能發動及領導廣大民衆之反日力量，已得到廣大勞苦羣衆擁護及愛戴。

本軍順着中國抗日運動之轉移，依照抗日軍隊組織越加鞏固思想行動與領導之統一，名稱一致，因此，近奉東北反日總會及東北抗日聯軍總司令部之指令，決定繼東北人民革命軍一、二、三軍東北抗日聯合軍四、五、六、七軍，在「九一八」國恥五週年紀念日，本軍正式宣佈改編為東北抗日聯軍第八軍，繼續的更擴大的發動反日戰爭事業，本軍向來之政治主張及軍事行動，早已一再宣佈，但在正式成立聯軍之今天願再詳告東北三千萬同胞及對反日表同情的各民族之面前：

一、本軍在軍事上，政治上在民衆救國運動緊急關係上，完全接受東北反日總會之領導。

二、凡愛國同胞及一切反日隊伍，不分宗教、黨派、性別、職業、民族、窮富，任何社會團體要抗日救國，本軍願與行動一致，結成聯絡，同時歡迎目前東北所有抗日隊伍參加東北抗日聯軍組織——並公意建立全東北抗日聯軍總司令部。

三、本軍對海內外同胞，及南京政府內派別，軍政名流，西南政府，以至中國蘇維埃紅軍，一切抗日救國對日抗戰之主張，均竭力擁護。

四、凡被壓迫民族，高麗人，蒙古人，台灣人，個人和團體，或軍隊均一律歡迎參加本軍，並願意與反帝國主義的社會主義國家蘇聯友好提攜。同時對日寇立於反對地位的其他國家，本軍均為贊助。

五、昨天為國賊漢奸，做日寇的間諜走狗，今天若能悔過自新，回念中華祖國民族的生存而欲反正抗日救國者，本軍全不咎既往，均歡迎參加抗日救國之組織。

東北三千萬同胞們！

國民黨及南京政府幾年來的錯誤政策，陷國家於危亡之險境，我東北民衆之痛苦，他們更是置之不理，事實經驗告訴我們，只有起來救國自救，學士龍山之起義，才是我們唯一的出路。

起來啊！ 我們為領土完整，國家統一民族獨立而鬥爭！

戰鬥啊！ 最後反日勝利終久歸於我們呵！

東北抗日聯軍第八軍

軍長謝文東 副軍長滕松柏

政治部主任劉曙華 及全體戰鬥員 同啓

大中華民國二十五年九月二十日

《救国时报》第一〇一期 中华民国二十六年五月二十二日 第二版

（1937 年 5 月 22 日）

东北抗日联军第八军成立宣言

全国同胞们！

全东北一切武装抗日同志们！

日本强盗，占领东北天然富源之山河，已五年有余了，在这五年多的过程中，日本帝国主义焚烧了我们多少乡村？！监禁和屠杀了我们多少同胞爱国战士，多少妇女被强奸，财产被收没，武装被缴除，教育强迫奴隶化！东北四省简直弄成地狱！！

现日寇正企图军事冒险，更加紧向和平政策的苏联，屡屡挑拨，想造成万人惧怕的二次世界大战，把我东北变为进攻苏联之战场，使我们中国四万万同胞生命财产做大战的牺牲品。

我们中国正处在千钧一发之际，中华民族正处在悬崖之危，每个有热血有祖国观念的人们都知道：现在忍耐而不足自存，苟且而不得偷安，当此亡国灭种之秋，抗日救国已成为每个中华男儿之天职。

自去年秋天以来，中国南北各地勃发抗日救国运动，中间经过虽有曲折，可是抗日则生不抗日则死，已成为全国同胞不可否认的事实。

现在中国正走向“组织国防政府，建立全国抗日联军，实行全国总动员对日抗战……”这一抗日运动，实为我中华民族争取领土完整，国家统一，民族独立之关键。

诸位同胞们！爱国志士们！

大家还记得罢，在中华民族之反日历史上永远存在的最光荣的轰轰烈烈民国二十二年之土龙山农民起义，这次起义虽还未得到最后完满的结果，可是给了中华民族一抗日救国之良策——只有广大群众的起义，才能得到抗日胜利。当时日本强盗似疯狗般的调动了无数的日“满”匪兵，用最残酷的屠杀手段镇压这次农民起义，大小激战数百战，我军不独没有溃散景象，反在广大群众极力拥护之下给日本帝国主义以莫大之打击——日本军阀关东军司令光濑副司令饭塚被杀，日寇士兵死亡千余名。在这四年中间，我军虽有许多曲折，可是终未脱离反日战线，誓必奋斗到底，争取民族之反日光荣胜利。因此，本军决非日“满”之反动势力所能消灭，本军已形成真正能发动及领导广大民众之反日力量，已得到广大劳苦群众拥护及爱戴。

本军顺着中国抗日运动之转移，依照抗日军队组织越加巩固思想行动与领导之统一，名称一致，因此，近奉东北反日总会及东北抗日联军总司令部之指令，决定继东北人民革命军一、二、三军东北抗日联合军四、五、六、七军，在“九一八” 国耻五周年纪念日，本军正式宣布改编为东北抗日联军第八军，继续的更扩大的发动反日战争事业，本军向来之政治主张及军事行动，早已一再宣布，但在正式成立联军之今天愿再详告东北三千万同胞及对反日表同情的各民族之面前：

一、本军在军事上，政治上在民众救国运动紧急关系上，完全接受东北反日总会之领导。

二、凡爱国同胞及一切反日队伍，不分宗教、党派、性别、职业、民族、穷富，任何社会团体要抗日救国，本军愿与行动一致，结成联络，同时欢迎目前东北所有抗日队伍参加东北抗日联军组织——并公意建立全东北抗日联军总司令部。

三、本军对海内外同胞，及南京政府内派别，军政名流，西南政府，以至中国苏维埃红军，一切抗日救国对日抗战之主张，均竭力拥护。

四、凡被压迫民族，高丽人，蒙古人，台湾人，个人和团体，或军队均一律欢迎参加本军，并愿意与反帝国主义的社会主义国家苏联友好提携。同时对日寇立于反对地位的其他国家，本军均为赞助。

五、昨天为国贼汉奸，做日寇的间谍走狗，今天若能悔过自新，回念中华祖国民族的生存而欲反正抗日救国者，本军全不咎既往，均欢迎参加抗日救国之组织。

东北三千万同胞们！

国民党及南京政府几年来的错误政策，陷国家于危亡之险境，我东北民众之痛苦，他们更是置之不理，事实经验告诉我们，只有起来救国自救，学土龙山之起义，才是我们唯一的出路。

起来啊！我们为领土完整，国家统一民族独立而斗争！战斗啊！最后反日胜利终究归于我们呵！

东北抗日联军第八军

军长谢文东　副军长滕松柏

政治部主任刘曙华及全体战斗员　同启

大中华民国二十五年九月二十日

東北抗日聯軍第三軍抗日救國文獻 三

東北抗日義軍的忠勇戰績，本報曾迭爲披露。[illegible]對於東北一切抗日部隊統一團結，組織成爲一致的系統的抗日聯軍的運動，本報尤樂爲介紹，以證反日民族統一戰線之正確，而爲關內之借鏡。在東北抗日聯軍第三軍趙尚志軍長統率義軍，屢創日寇，早爲國人所共同欽敬。[illegible]此次承寄由北人民革命軍第三軍改編爲抗日聯軍第三軍的通告及該軍第八師成立宣言，實爲救國運動中之重要文獻，特載於下以餉讀者。

編者

（一）東北人民革命軍第三軍改編爲抗日聯軍第三軍通告

爲通告事，照得本軍自民國二十三年春季以來，卽在不斷戰勝強敵下，自身之擴大與千百萬反日同胞擁護中，組織東北人民革命軍第三軍。幸賴將士用命，努力殺敵，各界脅助，奔走有方，兩年來不獨擴展數倍之反日行動區域，取得更多同胞信仰，尤其滙合無數抗日友軍，打破日寇之各個擊破詭計，領導許多作戰部隊，致使強敵首尾自顧無暇，此固本軍足以自慰者。但仰瞻抗日前途，尙須籌謀多方，尤其團結一切抗日部隊爲統一無間之整體，實爲當前急務之急。因此，本軍決定於八月一日起，在全體戰鬥員自動提議下，將原東北人民革命軍第三軍改編爲東北抗日聯軍第三軍，改編各隊，聯絡各軍，無他，消滅此疆彼界，各樹一幟，爾東我西，各行所志；以發揚與光大我抗日之旗幟，以團結與鞏固我反日爲之武裝而已。行動在卽，整頓需時，尙希我弟兄軍與各地抗日友軍，全體同胞，大展鴻猷，不吝賜教，國家幸甚！我軍幸甚！

東北抗日聯軍第三軍軍長趙尚志及全體指揮戰鬥員同啓

大中華民國二十五年　月　日

（二）東北抗日聯軍第三軍第八師成立宣言

全體東北父老兄弟姊妹們，一切武裝反日戰士們！

鳳林於事變之秋，卽負戈抗日，不圖効死有志，救國無方，强寇未至，中樞動搖，旣見南京政府之不抵抗，復覩自衛軍等之逃亡，鳳林猶復不悟，受內地軍閥之欺騙，帶隊入關，方以爲共籌反攻大計，孰料不旋踵而武裝竟被解除。夫以數千抗日餘生，竟成徒手戰士，鳳林不敏，除詔自毁抗日力量外，實不得其解也。

所幸鳳林深悉失敗之因，成功之附，因而於民國二十三年之春，再歸東北，集合餘部，重整陣容，旣更與强敵周旋於疆埸，復再伸我抗日神聖之企求，亦足以對我同胞告慰矣。

但鳳林於此三年血戰之中，深肯欲獲抗日之澈底勝利，勢非聯合反日同胞，武裝反日民衆，改造舊式部隊，加緊政治教育，絕不爲功，此十數抗日聯軍之所以創造，足爲明鑑也。

鳳林於決意之後，適接抗日聯軍第三軍軍長趙尙志同志之委任頒來，於是立集所部，取消原有名義，改編爲東北抗日聯軍第三軍第八師，將於我軍部指揮之下，追從各師，爲團結一致，爲抗日救國，爲民族獨立，爲國土完整，爲消滅走狗政府與叛徒漢奸，誓必逐强寇於國土之外，躋大中華於復興之途，此我師之志也。

鳳林不敏，才寡力微，抗日同胞，愛國志士，如有所示，必倒屣以趨迎，特此宣言，

東北抗日聯軍第三軍第八師師長考鳳林及全體指揮員戰鬥員　同啓

中華民國二十五年　月　日

《救国时报》第一〇一期　中华民国二十六年五月二十二日　第三版

（1937 年 5 月 22 日）

东北抗日联军第三军抗日救国文献

东北抗日义军的忠勇战绩，本报曾迭为披露。对于东北一切抗日部队统一团结，组织成为一致的系统的抗日联军的运动，本报尤乐为介绍，以证反日民族统一战线之正确，而为关内之借镜。在东北抗日联军第三军赵尚志军长统率义军，屡创日寇，早为国人所共同钦敬。此次承寄东北人民革命军第三军改编为抗日联军第三军的通告及该军第八师成立宣言，实为救国运动中之重要文献，特载于下以饷读者。

编者

（一）东北人民革命军第三军改编为抗日联军第三军通告

为通告事，照得本军自民国二十三年春季以来，即在不断战胜强敌下，自身之扩大与千百万反日同胞拥护中，组织东北人民革命军第三军。幸赖将士用命，努力杀敌，各界臂助，奔走有方，两年来不独扩展数倍之反日行动区域，取得更多同胞信仰，尤其汇合无数抗日友军，打破日寇之各个击破诡计，领导许多作战部队，致使强敌首尾自顾无暇，此固本军足以自慰者。但仰瞻抗日前途，尚须筹谋多方，尤其团结一切抗日部队为统一无间之整体，实为当前急务之急。因此，本军决定于八月一日起，在全体战斗员自动提议下，将原东北人民革命军第三军改编为东北抗日联军第三军，改编各队，联络各军，无他，消灭此疆彼界，各树一帜，尔东我西，各行所志；以发扬与光大我抗日之旗帜，以团结与巩固我反日伪之武装而已。行动在即，整顿需时，尚希我弟兄军与各地抗日友军，全体同胞，大展鸿猷，不吝赐教，国家幸甚！我军幸甚！

东北抗日联军第三军军长赵尚志及
全体指挥战斗员　同启
大中华民国二十五年　月　日

（二）东北抗日联军第三军第八师成立宣言

全体东北父老兄弟姊妹们，一切武装反日战士们！

凤林于事变之秋，即负戈抗日，不图效死有志，救国无方，强寇未至，中枢动摇，既见南京政府之不抵抗，复睹自卫军等之逃亡，凤林犹复不悟，受内地军阀之欺骗，带队入关，方以为共筹反攻大计，孰料不旋踵而武装竟被解除。夫以数千抗日余生，竟成徒手战士，凤林不敏，除谓自毁抗日力量外，实不得其解也。

所幸凤林深悉失败之因，成功之母，因而于民国二十三年之春，再归东北，集合余部，重整阵容，既更与强敌周旋于疆场，复再伸我抗日神圣之企求，亦足以对我同胞告慰矣。

但凤林于此三年血战之中，深悟欲获抗日之澈底胜利，势非联合反日同胞，武装反日民众，改造旧式部队，加紧政治教育，绝不为功，此十数抗日联军之所以创造，足为明鉴也。

凤林于决意之后，适接抗日联军第三军军长赵尚志同志之委任颁来，于是立集所部，取消原有名义，改编为东北抗日联军第三军第八师，将于我军部指挥之下，追从各师，为团结一致，为抗日救国，为民族独立，为国土完整，为消灭走狗政府与叛徒汉奸，势必逐强寇于国土之外，跻大中华于复兴之途，此我师之志也。

凤林不敏，才寡力微，抗日同胞，爱国志士，如有所示，必倒屣以趋迎，特此宣言。

东北抗日联军第三军第八师师长考凤林及
全体指挥员、战斗员　同启
中华民国二十五年　月　日

東北抗日聯軍救國文獻

本報最近接到東北抗日聯軍之文件多種，誠爲不可多得之貴重救國文獻，必爲海內外同胞所樂讀，除本報上期已將一部份發表外，本期又登載二種，以後仍當陸續刊佈，以餉國人。…………編　者

東北抗日聯軍第九軍成立宣言

親愛的全東北同胞、一切武裝抗日弟兄們！

自九一八事變後，日寇旣佔領了瀋陽，復進據濱江，當此之時，一方面固然有了政府當局之一再不抵抗，而另方面則有馬占山、李杜、王林等部下之英勇殺敵，因而華堂以爲國家養兵千日，用兵一時，當此民族存亡之秋，正男兒効命疆埸之時；馬、李、王諸公旣起義於前，華堂自當率部接踵於後，蓋華堂爲李杜將軍的部屬，自應受命於革命長官了。　神聖的抗日戰爭旣起，戰士踴躍，萬衆騰歡，華堂方指揮部隊於疆埸，滿以爲強敵雖猛，消滅有人，我黃帝子孫五千年的古國，英雄志士尚多，行見追奔逐北，痛飲於黃龍罷！

誰想弟兄抗日有心，長官殺敵無志，救國軍旣失敗於前，自衛軍復潰退於後，其餘數十萬戰士，流離疆埸，尤其華堂目覩自衛軍的弟兄痛苦慘淡，於是恨日寇之心，實令人有不能一時遏止者！

奈華堂抗日有心，收拾無力，只好領導自己所部，對日寇從事無期的決鬥。　四年來縱橫於松江之濱，長白之陰，與日寇滿匪不斷血戰，雖未能達到我最後勝利的初衷，但展視抗日前途，方興未艾，尤其協助抗日聯軍第三軍組織抗日聯軍總部，以號召一切反日部隊，進而形成有計劃的行動與領導，則見集團新軍作戰，勝利殺敵，遐夜自思，亦足以自慰矣！

華堂不敏，於五年來血戰教訓中，暇嘗憶及義軍過去抗日失敗之因與聯軍未來必然勝利之由，知是否政治教育士兵與盡量保護民衆，武裝民衆，實爲中心樞紐，故近決意改造所部，於指揮員自動發起下，聯軍總部與抗日救國會協助中，繼抗日聯軍第八軍之後，組織抗日聯軍第九軍，加緊士兵教育，組織反日民衆，此後並協同各軍，促進我一切抗日部隊之團結一致，與民衆攜手；完成我

大中華民族的獨立統一與國土完整；創造我東北民選的抗日救國政府，實施民主政治；建立我祖國於磐石，永遠和平；剷除走狗，誓死殺敵，武裝我民衆，解放我民族，此我軍之志也。尙希我同胞時加指導爲荷。

東北抗日聯軍第九軍軍長李華堂
暨全體指導員、戰鬥員　仝啓

中華民國二十五年　月　日

東北抗日聯軍第三軍第七師成立宣言

全東北同胞與一切武裝反日弟兄們！

慨自東北事變以來，海雲卽從事於武裝反日戰爭，不圖士兵奮勇，而政府反實行不抵抗政策，致使日寇猖獗，走狗囂張，錦繡山河，轉瞬淪喪，暇嘗思之，實有增我大中華民族之恥辱，有損於我炎皇子孫之英風者！

於是海雲不敏，集合餘部，奔走吉黑，游擊殺敵，雖未予日寇以致命，亦實使強敵無稍暇，奈因殺敵有志，整軍無方，每一憶及，未嘗不以爲憂也。

今者抗日聯軍第三軍西來，與趙司令尙志會見之下，詳談衷懷，細審經驗，知抗日大業之完成，非澈底團結一致與改造隊伍，絕不爲功，因而立將所部取消原有名義，交趙軍長予以點編，今於奉令之下，編爲東北抗日聯軍第三軍第七師，今後我師誓在軍部指揮之下，爲團結一致、爲抗日救國、爲民族獨立、爲國土完整、爲消滅走狗與漢奸而奮鬥到底，此身可滅，而抗日救國之志不可移也。

成立雖旣，整頓需時尙希反日志士，愛國同胞，不吝示教爲荷。特此宣言

東北抗日聯軍第三軍第七師師長于海雲
及全體指揮員、戰鬥員　仝啓

大中華民國二十五年　月　日

《救国时报》第一〇二期 中华民国二十六年五月二十五日 第二版
（1937年5月25日）

东北抗日联军救国文献

本报最近接到东北抗日联军之文件多种，诚为不可多得之贵重救国文献，必为海内外同胞所乐读，除本报上期已将一部份发表外，本期又登载二种，以后仍当陆续刊布，以饷国人。

编者

东北抗日联军第九军成立宣言

亲爱的全东北同胞、一切武装抗日弟兄们！

自九一八事变后，日寇既占领了沈阳，复进据滨江，当此之时，一方面固然有了政府当局之一再不抵抗，而另方面则有马占山、李杜、王德林等部下之英勇杀敌，因而华堂以为国家养兵千日，用兵一时。当此民族存亡之秋，正男儿效命疆场之时；马、李、王诸公既起义于前，华堂自当率部接踵于后，盖华堂为李杜将军的部署，自应受命于革命长官了。神圣的抗日战争既起，战士踊跃，万众腾欢，华堂方指挥部队于疆场，满以为强敌虽猛，消灭有人，我黄帝子孙五千年的古国，英雄志士尚多，行见追奔逐北，痛饮于黄龙罢！

谁想弟兄抗日有心，长官杀敌无志，救国军既失败于前，自卫军复溃退于后，其余数十万战士，流离疆场，尤其华堂目睹自卫军的弟兄痛苦惨淡，于是恨日寇之心，实令人有不能一时遏止者！

奈华堂抗日有心，收拾无力，只好领导自己所部，对日寇从事无期的决斗。四年来纵横于松江之滨，长白之阴，与日寇满匪不断血战，虽未能达到我最后胜利的初衷，但展视抗日前途，方兴未艾，尤其协助抗日联军第三军组织抗日联军总部，以号召一切反日部队，进而形成有计划的行动与领导，则见集团新军作战，胜利杀敌，遐夜自思，亦足以自慰矣！

华堂不敏，于五年来血战教训中，暇尝忆及义军过去抗日失败之因与联军未来必然胜利之由，知是否政治教育士兵与尽量保护民众，武装民众，实为中心枢纽，故近决意改造所部，于指挥员自动发起下，联军总部与抗日救国会协助中，继抗日联军第八军之后，组织抗日联军第九军，加紧士兵教育，组织反日民众，此后并协同各军，促进我一切抗日部队之团结一致，与民众携手；完成我大中华民族的独立统一与国土完整；创造我东北民选的抗日救国政府，实施民主政治；建立我祖国于磐石，永远和平；铲除走狗，誓死杀敌，武装我民众，解放我民族，此我军之志也。尚希我同胞时加指导为荷。

东北抗日联军第九军军长李华堂
及全体指导员、战斗员　同启
中华民国二十五年　月　日

东北抗日联军第三军第七师成立宣言

全东北同胞与一切武装反日弟兄们!

概自东北事变以来，海云即从事于武装反日战争，不图士兵奋勇，而政府反实行不抵抗政策，致使日寇猖獗，走狗嚣张，锦绣山河，转瞬沦丧，暇尝思之，实有增我大中华民族之耻辱，有损于我炎皇子孙之英风者!

于是海云不敏，集合余部，奔走吉黑，游击杀敌，虽未予日寇以致命，亦实使强敌无稍暇，奈因杀敌有志，整军无方，每一忆及，未曾不以为忧也。

今者抗日联军第三军西来，与赵司令尚志会见之下，详谈衷怀，细审经验，知抗日大业之完成，非澈底团结一致与改造队伍，绝不为功，因而立将所部取消原有名义，交赵军长予以点编，今于奉令之下，编为东北抗日联军第三军第七师，今后我师誓在军部指挥之下，为团结一致、为抗日救国、为民族独立、为国土完整、为消灭走狗与汉奸而奋斗到底，此身可灭，而抗日救国之志不可移也。

成立虽既，整顿需时尚希反日志士，爱国同胞，不吝示教为荷。特此宣言

东北抗日联军第三军第七师师长于海云

及全体指挥员、战斗员　同启

大中华民国二十五年　月　日

東北抗日聯軍救國文獻

本報最近接到的東北抗日聯軍救國文獻多種，經已陸續在本報發表，本期刊載之第三軍去年秋間發出之『為反對秋冬季「討伐」告一切反日部隊及全體戰士書』．係根據數年血戰的經驗，指出抗日戰爭的正確道路，不獨為東北抗日義勇軍抗日的指南，而且足為全國同胞救亡的借鏡，特別是書內所云『在抗日救國的旗幟下團結一致，不要中敵人挑撥奸計』，尤為血的教訓之至理名言，值得每個愛國同胞所銘心不忘的——編者

東北抗日聯軍第三軍
為反對秋冬季『討伐』告一切反日部隊及全體戰士書

親愛的東北一切反日部隊及全體戰士們！

眼看着惡犬般殘酷的反動的秋冬季大『討伐』又到來了！我們一切反日部隊及全體戰士們，究竟應當怎樣共同佈置來反對這一『討伐』，這實在是我們當前緊急的任務！我們為了很好的研究和佈置這一工作，請把過去幾年來敵人『討伐』的情形和我們反對『討伐』所採取的各種不同辦法及其所得結果，來詳細的研究一下能——

首先說敵人的反動『討伐』：敵人的反動『討伐』佈置，因地域而不一樣。在軍事上一般是大隊圍剿，輕兵奇襲，分散遊擊，長驅直追，堵擊要路，步步為營，設置大排，修築堡壘；在政治上強迫併戶歸大屯，嚴行戶口制度，以政治工作班示小惠、造謠言、欺騙民眾，以隔絕反日民眾對反日部隊之親密關係，利用走狗收降，漢奸暗探，尤其挑撥反日部隊與反日部隊之友好關係，使互相反對，以備各個擊破；在經濟上，一方嚴重封鎖城市，另方毀滅反日鄉村，以杜絕我各反日部隊之給養軍用品與衣服的來源！

其次再說我各反日部隊反對敵人各種進攻的各種辦法及其所得結果能！

第一種辦法：投降敵人。這是消滅自身的辦法，結果，不但武裝全被繳去，全部戰士都死於機關槍下或填在冰眼中，如去年哈東的三百餘人，廣林三百餘人，北來一百餘人，前年通河的吉興等一百餘

人，吉東的新順等百餘人，首領也一樣無一倖免，這簡直是數不勝數！那時雖知道敵人的殘酷厲害，可惜又來不及了！

第二種辦法：插槍不幹。這是以消滅反日力量來反對敵人進攻的辦法，結果，無論跑到城市鄉村，遠方或近地，在敵人嚴厲戶口制度，殺人的連坐法之下，可以說沒有一個不被敵人捕去而幸免於死亡的！

第三種辦法：跑到山裏，學老熊墩倉。這是坐吃山空，瓦解隊伍的辦法。結果，吃的不足，穿的不夠，挨冷受凍，於是弟兄怨言羣起，逃跑接踵，趕到出山的時候，也就所剩無幾了！

第四種辦法：佔據地盤，死守一方。這是消滅隊伍實力的辦法。結果，敵人大舉進攻，力既不敵，經濟封鎖，吃穿不夠，於是或受損失或使隊伍瓦解零散，如去年夏季哈南之德林，就是這樣。

第五種辦法：突破敵人包圍要地，襲擊敵人兵少的後方，不死守一地，開闢新區，領導友軍，共同作戰。這是衝破敵人進攻，不損失實力，且能增長實力的辦法。結果，經濟充裕，給養不艱，武裝發展，到處勝利。這是抗日聯軍所採取的辦法，尤其是我第三軍是這樣。

本來，我們要知道，東北反日遊擊運動是不平衡的，有的地方有反日部隊，有的地方沒有，或者少有反日部隊的活動。因爲敵人對於全般『討伐』的佈置，兵力並不一樣，有的地方非常之多，有的地方很少，所以我各反日部隊，如果能奮勇沉着，在敵人採取各種戰術大舉進攻中，保存實力突出包圍，開闢新區（包含過去能活動而本年不能活動或未活動之區域），英勇突擊，一定會得到勝利。這樣一來，一方敵人對我各反日部隊既經準備之進攻，既失其效，另方以準備較少或無準備之區域，絕難防禦我有戰鬥經驗各反日部隊之進擊，這樣如果我們能改善對民衆之關係，自使敵人一時所採取之軍事進攻辦法，隔絕民衆對我反日部隊之各種援助，以及經濟封鎖等，一時失其效力！

當然，在共同反對敵人『討伐』中，首須精誠團結，不中敵人各種挑撥離間毒計，務使各方部隊佈置適宜，以制敵人之進擊，最爲要事！

親愛的各反日部隊及全體戰士們！我抗日聯軍第三軍，過去曾屢發預言：大前年之秋季，我們曾告各反日部隊謂：投降不獨必被繳械，恐性命也生危險，蓋彼時反日戰爭尚未如今日之激烈，所以投降後，雖被繳械，弟兄尚未全部殺亡。至去年秋季，於敵人尚未『討伐』之先，曾大敲警鐘，預言：今年（指去秋）如果投降，不獨槍枝不保，生命也絕難留。蓋二三年來，反日戰爭，已至你死我活之境，所以去歲哈東的五省、北來、廣林以及其他等等，都應驗了我們的預言！

今年我們敢說：投降是送死，插槍也完命，墩山是拆散自己部隊，死守會損失實力而無發展！

最好的辦法，是造成反日部隊的一致，在抗日救國旗幟下，開展廣泛的遊擊，創造廣大而新鬪的反日陣地，這樣，只有這樣，今年才能勝利的衝破強敵的大舉『討伐』，所以我們的口號是：

一、反對投降送死！

二、反對插槍不幹！

三、反對墩山挨餓受冷！

四、反對死守一方，坐受敵人包圍和損失實力！

五、衝破敵人包圍，開闢新的反日陣地！

六、在抗日救國的旗幟下團結一致，不要中敵人挑撥奸計！

七、擴大遊擊，使全東北沒有一地無我抗日救國部隊的遊擊足跡！

八、打倒日寇及其走狗『滿洲國』！

九、保護民衆與全體民衆聯合一致！

十、衝破『討伐』勝利萬歲！

東北抗日聯軍第三軍全體指揮員戰鬥員同啓

☆ ☆ ☆

東北抗日聯軍第三軍第五團之一部隊

《救国时报》第一〇三期 中华民国二十六年五月三十日 第二版

（1937年5月30日）

东北抗日联军救国文献

本报最近接到的东北抗日联军救国文献多种，经已陆续在本报发表，本期刊载之第三军去年秋间发出之《为反对秋冬季“讨伐”告一切反日部队及全体战士书》，系根据数年血战的经验，指出抗日战争的正确道路，不独为东北抗日义勇军抗日的指南，而且足为全国同胞救亡的借镜，特别是书内所云“在抗日救国的旗帜下团结一致，不要中敌人挑拨奸计”，尤为血的教训之至理名言，值得每个爱国同胞所铭心不忘的。

编者

东北抗日联军第三军
为反对秋冬季“讨伐”
告一切反日部队及全体战士书

亲爱的东北一切反日部队及全体战士们！

眼看着恶犬般残酷的反动的秋冬季大“讨伐”又到来了！我们一切反日部队及全体战士们，究竟应当怎样共同布置来反对这一“讨伐”，这实在是我们当前紧急的任务！我们为了很好的研究和布置这一工作，请把过去几年来敌人“讨伐”的情形和我们反对“讨伐”所采取的各种不同办法及其所得结果，来详细的研究一下罢——

首先说敌人的反动“讨伐”：敌人的反动“讨伐”布置，因地域而不一样。在军事上一般是大队围剿，轻兵奇袭，分散游击，长驱直追，堵击要路，步步为营，设置大排，修筑堡垒；在政治上强迫并户归大屯，严行户口制度，以政治工作班示小惠、造谣言、欺骗民众，以隔绝反日民众对反日部队之亲密关系，利用走狗收降，汉奸暗探，尤其挑拨反日部队与反日部队之友好关系，使互相反对，以备各个击破；在经济上，一方严重封锁城市，另方毁灭反日乡村，以杜绝我各反日部队之给养军用品与衣服的来源！

其次再说我各反日部队反对敌人各种进攻的各种办法及其所得结果罢！

第一种办法：投降敌人。这是消灭自身的办法，结果，不但武装全被缴去，全部战士都死于机关枪下或填在冰眼中，如去年哈东的三百余人，广林三百余人，北来一百余人，前年通河的吉兴等一百余人，吉东的新顺等百余人，首领也一样无一幸免，这简直是数不胜数！那时虽知道敌人的残酷厉害，可惜又来不及了！

第二种办法：插枪不干。这是以消灭反日力量来反对敌人进攻的办法，结果，无论跑到城市乡村，远方或近地，在敌人严厉户口制度，杀人的连坐法之下，可以说没有一个不被敌人捕去而幸免于死亡的！

第三种办法：跑到山里，学老熊蹾仓。这是坐吃山空，瓦解队伍的办法。结果，吃的不足，穿的不够，挨冷受冻，于是弟兄怨言群起，逃跑接踵，赶到出山的时候，也就所剩无几了！

第四种办法：占据地盘，死守一方。这是消灭队伍实力的办法。结果，敌人大举进攻，力既不敌，经济封锁，吃穿不够，于是或受损失或使队伍瓦解零散，如去年夏季哈南之德林，就是这样。

第五种办法：突破敌人包围要地，袭击敌人兵少的后方，不死守一地，开辟新区，领导友军，共同作战。这是冲破敌人进攻，不损失实力，且能增长实力的办法。结果，经济充裕，给养不艰，武装发展，到处胜利。这是抗日联军所采取的办法，尤其是我第三军是这样。

本来，我们要知道，东北反日游击运动是不平衡的，有的地方有反日部队，有的地方没有，或者少有反日部队的活动。因为敌人对于全般"讨伐"的布置，兵力并不一样，有的地方非常之多，有的地方很少，所以我各反日部队，如果能奋勇沉着，在敌人采取各种战术大举进攻中，保存实力突出包围，开辟新区（包含过去能活动而本年不能活动或未活动之区域），英勇突击，一定会得到胜利。这样一来，一方敌人对我各反日部队既经准备之进攻，既失其效，另方以准备较少或无准备之区域，绝难防御我有战斗经验各反日部队之进击，这样如果我们能改善对民众之关系，自使敌人一时所采取之军事进攻办法，隔绝民众对我反日部队之各种援助，以及经济封锁等，一时失其效力！

当然，在共同反对敌人"讨伐"中，首须精诚团结，不中敌人各种挑拨离间毒计，务使各方部队布置适宜，以制敌人之进击，最为要事！

亲爱的各反日部队及全体战士们！我抗日联军第三军，过去曾屡发预言：大前年之秋季，我们曾告各反日部队谓：投降不独必被缴械，恐性命也生危险，盖彼时反日战争尚未如今日之激烈，所以投降后，虽被缴械，弟兄尚未全部杀亡。至去年秋季，于敌人尚未"讨伐"之先，曾大敲警钟，预言：

今年（指去秋）如果投降，不独枪枝不保，生命也绝难留。盖二三年来，反日战争，已至你死我活之境，所以去岁哈东的五省、北来、广林以及其他等等，都应验了我们的预言！

今年我们敢说：投降是送死，插枪也完命，墩山是拆散自己部队，死守会损失实力而无发展！

最好的办法，是造成反日部队的一致，在抗日救国旗帜下，开展广泛的游击，创造广大而新辟的反日阵地，这样，只有这样，今年才能胜利的冲破强敌的大举“讨伐”，所以我们的口号是：

一、反对投降送死！

二、反对插枪不干！

三、反对墩山挨饿受冷！

四、反对死守一方，坐受敌人包围和损失实力！

五、冲破敌人包围，开辟新的反日阵地！

六、在抗日救国的旗帜下团结一致，不要中敌人挑拨奸计！

七、扩大游击，使全东北没有一地无我抗日救国部队的游击足迹！

八、打倒日寇及其走狗“满洲国”！

九、保护民众与全体民众联合一致！

十、冲破“讨伐”胜利万岁！

东北抗日联军第三军

全体指挥员战斗员　同启

遼寧省抗日軍最近活動狀況

——與東北抗日聯軍第一軍的代表談話——

北平通信：最近由關外來平一位抗日聯軍第一軍代表，記者曾得友人之介紹，與該代表面談數小時。據該代表言：他乃是東北抗日聯軍第一軍楊靖宇軍長所派遣，至平辦理某種要公，不日將返原地抗日。因沿途受日賊檢查甚嚴，乃再三告記者，請勿發表其眞名實姓，同時並請記者勿將其攝影，以恐日賊在途逮捕，而不能返原地，完成其來平使命。

第一軍 過去和現在

據該代表言：目下東北抗日聯軍第一軍的前身乃在磐石縣一帶活動之中國紅軍三十二軍赤色游擊隊。在民國二十一年該游擊隊人數不過百餘人，並因政見上的差異，當時曾受國民黨領導下抗日部隊的攻擊，以致互生意見衝突。後來於民國二十二年夏該游擊隊受中國共產黨中央之指示，取消紅軍名稱，而改爲人民革命軍，並號召東北各地抗日部隊和人民不分信仰、黨派、階級、隊頭等之不同，放棄一切舊仇宿怨，本兄弟鬩牆，外禦其侮之義，建立起反日民族統一戰線，成立統一的抗日聯軍總指揮部，去反對共同敵人——日本強盜，去爲保護中華民國的領土完整和國家統一自由而鬥爭。這一轉變，在四年來曾因日賊從中挑撥離間，東北抗日民族統一戰線幾次曾受到破裂和挫折；但是，由於共產黨誠心誠意爲國爲民和眼光遠大，這一轉變業已有初步的成効，並已成爲東北各地抗日軍民所公認的事實了。

由於反日民族統一戰線之順利進行、人民仇恨日本的民族壓迫而給抗日軍以直接和間接的幫助，並由於抗日軍善於運用巧妙神奇的游擊戰術，遼寧省人民革命軍和其他許多抗日義軍不僅未被日賊所消滅；並且日益增長着和發展着。目前東北抗日聯軍第一軍已發展至一萬二千餘人，在奉天省東邊道（前唐聚伍根據地）和三角地帶（前鄧鐵梅根據地）三十餘縣游擊活動。

楊軍長 爲同胞愛戴

據該代表稱：現在一軍軍長爲楊靖宇。楊司令南方人，中國共產黨黨員，曾參加過一九二五——二七年大革命，並曾爲江西紅軍幹部之一。在九一八事變後，受該黨中央的指示，派往東北工作。楊司令抵東北，至今將近六年，身經數百次大小戰爭，爲日賊所最畏懼和最仇恨者。在遼寧省東邊道各縣城市鎮滿貼日本佈告，日賊出資一萬日金，購買其首級。楊司令爲日賊所仇恨，却爲東北和全國同胞所愛戴和敬仰，當牠與日賊作戰時甚至東北鄉中老太婆都祈神許願，祝楊司令打勝仗云。

抗日聯軍第一軍之一部在楊司令領導之下，於去年陰歷四月十二日在本溪縣梨樹溝與日寇匪軍及滿洲僞軍騎兵旅邵伯良部約共一千二百餘人作戰。由於抗日軍長官和士兵作戰勇敢，楊司令領導得法，乃給日僞部隊以重大打擊，日僞陣亡一百餘名，受傷九十餘名，著名漢奸邵伯良於是役受傷被擒，不久即死。抗日軍得步槍一百八十六枝，匣子二十枝，迫擊炮一尊。自此戰役後，日賊調動更大部隊來包圍「堵剿」，楊司令乃更加採取化整爲零政策，部隊分散，跳出敵人包圍線以外去遊擊活動。

各部隊

聯絡更密切

據該代表言：該軍分三師，第一師師長爲陳司令，第二師師長爲曾國安，第三師師長爲王任責。該軍的各師、團、連皆有政治工作人員，軍政治部主任爲宋鐵言。該軍與抗吉義軍青林，青山好，萬順等部隊聯絡，互相關係甚好。以前在東北軍系統下之吳義成抗日軍與共產黨領導下抗日軍曾有舊嫌，因而未能團結一致地合作。但於去年因受關內人民一致要求停止中國人殺中國人的內戰，國共合作，一致抗日等趨勢之影響，特別是受綏遠抗日戰爭勝利與西安事變之影響，目前共產黨所領導的東北抗日聯軍第一軍第二軍與吳義成部隊的關係已趨改善。例如去年共同進攻撫松縣城，乃表示在東北真正不分信仰和黨派之不同，實地共同抗日合作之具體事實的證明。可惜與王鳳閣所遺留下抗日部隊，曾因小的誤會，至今尚未共同建立起抗日民族統一戰線，是爲憾事。楊司令現在又再三派人與該部接洽，共同商議抗日救國事業共同殺賊。

少年營

作戰極勇敢

該代表又言：於去年陰歷五月十三日一軍和二軍曾開聯席會議，共同決定，爲着領導便利和作戰有計劃起見，將原來抗日聯軍第一軍與第二軍共同建立第一路軍，共推楊靖宇爲第一路軍總指揮，王德泰爲副總指揮。

一軍尚有一少年營，多爲十六歲至二十二歲的青年，作戰極勇敢，鑽樹林和上高粱地最快和隱藏最敏捷，使日軍難防，而使日軍常吃敗仗；

日軍和僞軍乃稱之爲『紅軍士豆子隊』，形容其善戰和善跑。

五年多以來不斷和日賊作戰，給日賊不斷打擊，使得日賊亦不得不承認，東北抗日軍爲『帝國隱憂』；然而，在作戰中我英勇抗日義軍亦不能無損失，如前一軍一師師長李紅光於去年與日賊作戰陣亡，是乃不僅一軍之不幸並爲全東北和全國同胞之損失。記者聞民族英雄李紅光陣亡，甚爲痛惜，詢問李烈士究竟是女子還是男子，因關內一時曾在報上登載爲巾幗丈夫。該代表說：李烈士乃一男子，朝鮮人，幼生長於東北，中國共產黨黨員，關內報紙曾登載爲女子乃遠道傳聞之誤云。（日新寄）

東北抗日聯軍第三軍第五師軍需處於一九三六年十二月在羅北縣觀都金礦局沒收日寇大批麵粉千餘袋分給礦工和附近居民情形。圖中左：第一人爲葛軍需 第二人爲[illegible]指導員

《救国时报》第一〇五期 中华民国二十六年六月十三日 第二版

（1937 年 6 月 13 日）

辽宁省抗日军最近活动状况

——与东北抗日联军第一军的代表谈话——

北平通信：最近由关外来平一位抗日联军第一军代表，记者曾得友人之介绍，与该代表面谈数小时。据该代表言：他乃是东北抗日联军第一军杨靖宇军长所派遣，至平办理某种要公，不日将返还原地抗日。因沿途受日贼检查甚严，乃再三告记者，请勿发表其真名实姓，同时并请记者勿将其摄影，以恐日贼在途逮捕，而不能返原地，完成其来平使命。

第一军过去和现在

据该代表言：目下东北抗日联军第一军的前身乃在磐石县一带活动之中国红军三十二军赤色游击队。在民国二十一年该游击队人数不过百余人，并因政见上的差异，当时曾受国民党领导下抗日部队的攻击，以致互生意见冲突。后来于民国二十二年夏该游击队受中国共产党中央之指示，取消红军名称，而改为人民革命军，并号召东北各地抗日部队和人民不分信仰、党派、阶级、队头等之不同，放弃一切旧仇宿怨，本兄弟阋墙，外御其侮之义，建立起反日民族统一战线，成立统一的抗日联军总指挥部，去反对共同敌人——日本强盗，去为保护中华民国的领土完整和国家统一自由而斗争。这一转变，在四年来曾因日贼从中挑拨离间，东北抗日民族统一战线几次曾受到破裂和挫折；但是，由于共产党诚心诚意为国为民和眼光远大，这一转变业已有初步的成效，并已成为东北各地抗日军民所公认的事实了。

由于反日民族统一战线之顺利进行，人民仇恨日本的民族压迫而给抗日军以直接和间接的帮助，并由于抗日军善于运用巧妙神奇的游击战术，辽宁省人民革命军和其他许多抗日义军不仅未被日贼所消灭；并且日益增长着和发展着。目前东北抗日联军第一军已发展至一万二千余人，在奉天省东边道（前唐聚伍根据地）和三角地带（前邓铁梅根据地）三十余县游击活动。

杨军长为同胞爱戴

据该代表称：现在一军军长为杨靖宇。杨司令南方人，中国共产党党员，曾参加过一九二五—二七年大革命，并曾为江西红军干部之一。在九一八事变后，受该党中央的指示，派往东北工作。杨司令抵东北，至今将近六年，身经数百次大小战争，为日贼所最畏惧和最仇恨者。在辽宁省东边道各县城市镇满贴日本布告，日贼出资一万日金，购买其首级。杨司令为日贼所仇恨，却为东北和全国同胞所爱戴和敬仰，当他与日贼作战时甚至东北乡中老太婆都祈神许愿，祝杨司令打胜仗云。

抗日联军第一军之一部在杨司令领导之下，于去年阴历四月十二日在本溪县梨树沟与日贼匪军及满洲伪军骑兵旅邵伯良部约共一千二百余人作战。由于抗日军长官和士兵作战勇敢，杨司令领导得法，乃给日伪部队以重大打击，日伪阵亡一百余名，受伤九十余名，著名汉奸邵伯良于是役受伤被擒，不久即死。抗日军得步枪一百八十六枝，匣子二十枝，迫击炮一尊。自此战役后，日贼调动更大部队来包围“堵剿”，杨司令乃更加采取化整为零政策、部队分散，跳出敌人包围线以外去游击活动。

各部队联络更密切

据该代表言：该军分三师，第一师师长为陈司令①，第二师师长为曹国安，第三师师长为王任责②。该军的各师、团、连皆有政治工作人员，军政治部主任为宋铁言③。该军与抗日义军占林，青山好，万顺等部队联络，互相关系甚好。以前在东北军系统下之吴义成抗日军与共产党领导下抗日军曾有旧嫌，因而未能团结一致地合作。但于去年因受关内人民一致要求，停止中国人杀中国人的内战，国共合作，一致抗日等趋势之影响，特别是受绥远抗日战争胜利与西安事变之影响，目前共产党所领导的东北抗日联军第一军第二军与吴义成部队的关系已趋改善。例如去年共同进攻抚松县城，乃表示在东北真正不分信仰和党派之不同，实地共同抗日合作之具体事实的证明。可惜与王凤阁所遗留下抗日部队，曾因小的误会，至今尚未共同建立起抗日民族统一战线，是为憾事。杨司令现在又再三派人与该部接洽，共同商议抗日救国事业共同杀贼。

① 应为程斌，后叛变投敌。

② 应为王仁斋。

③ 应为宋铁岩。

少年营作战极勇敢

该代表又言：于去年阴历五月十三日一军和二军曾开联席会议，共同决定，为着领导便利和作战有计划起见，将原来抗日联军第一军与第二军共同建立第一路军，公推杨靖宇为第一路军总指挥，王德泰为副总指挥。

一军尚有一少年营，多为十六岁至二十三岁的青年，作战极勇敢，钻树林和上高粱地最快和隐藏最敏捷，使日军难防，而使日军常吃败仗；日军和伪军乃称之为“红军土豆子队”，形容其善战和善跑。

五年多以来不断和日贼作战，给日贼不断打击，使得日贼亦不得不承认，东北抗日军为“帝国隐忧”；然而，在作战中我英勇抗日义军亦不能无损失，如前一军一师师长李红光于去年与日贼作战阵亡，是乃不仅一军之不幸并为全东北和全国同胞之损失。记者闻民族英雄李红光阵亡，甚为痛惜，询问李烈士究竟是女子还是男子，因关内一时曾在报上登载为巾帼丈夫。该代表说：李烈士乃一男子，朝鲜人，幼生长于东北，中国共产党党员，关内报纸曾登载为女子乃远道传闻之误云。

（日新寄）

清溝子戰役

（陳 新）

——東北抗日聯軍第五軍戰績之一頁——

倒霉日寇全數覆沒 一羣走狗僥倖脫險，

東北抗日聯軍第五軍第一師西部派遣隊，在李師長精樸關主任書範領導之下，開闢額穆縣新游擊區域。 因爲在新區域裏活動較順利一些的緣故，把我五軍政治影響很快的擴大了，抗日救國的主張也滲入到羣衆中間去了，在普通的有腦筋有愛國思想的人們也知道第五軍是保國衛民的軍隊啦！ 在僞軍方面也知道我們不是『胡子』啦！ 在各反日友軍方面的關係也逐漸改善啦！ 對於農民的關係也逐漸親密了。

（聯）（合）（一）（致）

因此，當着日寇唆使額穆縣一羣主要走狗漢奸（張主任於署長平中隊長及其他等等）下鄉清鄉及討伐，清洗鄉間的反日份子的時候，農民就搶先向李師長報信。 李師長得信後，就計想到要消滅這些走狗，最低限度給他們一個嚴重打擊。 這羣走狗出城來，李師長就專門帶隊在他們後尾找機會，跟了七八天也未找着便利的條件來打擊他們，他們每天晚上宿營都在鞏固的大院套或保壘裏頭。 這天他們宿營在塔站距額穆縣街六十里，次天一定回額穆，我軍準備在途中襲擊他們。 以前他們出發在塔站住，由塔站回去的時候，都是走到清溝子打午尖（清溝子距額穆三十里，距塔站三十里）我軍計劃在清溝子通額穆的大路中途設伏襲擊。 這時在十一月初旬，天氣很寒冷，風雪交加，而我軍還未穿上棉衣服，有的衛生衣都沒有，只穿着兩層布的衣服，爲了到這處地方來，走了一整夜才到這個設伏地點附近之掃箒頂子休息。

（襲）（擊）（敵）（人）

掃箒頂子距清溝子三里地，距設伏地點四里，如果早晨設伏等候，是對的，但是服裝不佳，一定凍壞了，所以決定當着這羣走狗來到清溝子，打午尖的時候，我們再去設伏也還不晚。 李師長當即派妥實偵探到清溝子去探看，如果他們一進屯子的時候，急速回來報告。不久派出之偵探跑回來了，跑得滿頭流汗，連喘帶吁的說：『我看見這羣走狗進清溝子屯子啦！共五十九名兵力，帶一架馬克新機槍，都下馬到各戶去休息啦』！

李師長聞報，即帶隊前進，至設伏地一看，這羣走狗已經過去啦！咳，放跑這羣走狗眞可惜呀！ 李師長乃齊請大家到山上去談話，他先報告這次工作的計劃，打擊走狗的意義，可惜未成功！ 未成功的主因就是因爲咱們大家的服裝不佳，天氣寒冷，早來放卡子怕凍壞了同志們，所以才這時來，如果走狗要在清溝子打尖，我們一點也不晚，不料他們不吃午飯就跑了，我想大概是有走狗把咱們消息暴露了，大家務必更加(小)(心)(在)(意)。 是日晚，隊伍到後清溝子去宿營，當晚又得到消息，來了三十名日寇駐在清溝子大屯走狗隊的防所，明天攜同走狗隊出發。 次日早，我軍就把隊伍分開了，李師長帶一二團兩個連赴小河沿，行至中途，聽到清溝子西南嶺上槍聲大作，就知我軍某一部分隊伍與敵人衝突。 聽槍聲有六七里地遠，李師長即帶隊用跑走前往援助。至戰塲既不見敵人，也不見我軍。 李師長即令隊伍散開，搜查戰地；一面搜索，一面前進。 正搜索之中，發現敵人，由東南方向約二里之遙的幾家民房出來了，正往我方前進來呀！ 我軍下令倒伏，敵人來到附近，相距半里之遙，一聲下令，一齊張槍射擊，當時敵人還擊，正面衝鋒開始了，戰鬥甚爲激烈，我軍採取半包圍形式，見有僞兵我軍齊聲喊：『我們是抗日軍，中國兵不打中國兵，我們只打日本子，請你反正出來罷！如不然，你們趕緊退却，我們不打你們』！果然僞兵都退却了。 有一個僞班長負傷，李師長上前去對他說：『你不要害怕，我們不要你的命，我問你日本子來多少，帶幾架機關槍，你們後邊有沒有援隊？』那僞班長說：『我們後邊沒有援助隊，日本子共來三十一名，出發來三十名，那一名留在防所聽電話，帶來一架機關槍。』李師長將那個負傷僞班長(安)(慰)(一)(番)，即回來向大家高聲喊：『同志們日本子來三十名，帶一架機關槍，僞兵都退了，我們下決心將這些日本子消滅，奪取新式機關槍。』李師長的話，大大地鼓起了隊員們的戰鬥情緒，隊員們也知道敵人的數目，知有勝利的可能，於是大家勇敢前進。 把敵人通通包圍起來。 但是敵人頑強抵抗，戰爭已經支持三小時之久，我方還未完全得手。 李師長知道，如果沒有特別的努力就不能迅速得到勝利。 李師長乃又高聲喊：『同志們；戰爭時間不少啦，如果不很快解決，恐敵人援兵到來咱們就要受損失啦！』戰鬥員聞聲，立刻拿出(不)(怕)(犧)(牲)的精神，奮不顧身的向前衝鋒搏戰。 這一衝鋒才把敵人完全消滅了。 計獲得十一年式輕機關槍一架，新式三八式馬步槍二十八支，十四年式手槍二支，子彈四千餘粒，他如大衣，銅帽子，手錶，水瓶，皮包等軍用品很多。但是，我方人員也有損失，第一團一連一排長楊德山、隊員徐慶海，第二團一連王連長，因勇不顧身的殺敵而光榮犧牲了。洪班長吳清珍負傷。　據說距作戰地點八里地駐有一連偽兵，他們聞槍聲響，齊說這一定是抗日軍和日本子打上了。　有幾個兵士拿着香碼子，上廟上去燒香祝禱，保佑保佑多保佑，保佑抗日軍把日本子消滅了罷！他們還說抗日軍勝利萬歲。　連長說：我們不去援助，聽槍不響啦，戰爭結束啦，咱們去走走就算了罷。　以後偽兵得着確實消息，眞把日本消滅了。　那幾個燒香的士兵說道：『多靠我們去燒香罷！　抗日軍把日本子消滅了呵』！從這裏就可以知道偽滿軍中有不少同情抗日軍的軍官和士兵。

東北抗日聯軍第四軍部隊之軍事演習

《救国时报》第一一〇期　中华民国二十六年七月十日　第三版

（1937年7月10日）

清沟子战役

——东北抗日联军第五军战绩之一页——

陈　新

倒霉日寇全数覆没　一群走狗侥幸脱险

东北抗日联军第五军第一师西部派遣队，在李师长精朴关主任书范领导之下，开辟额穆县新游击区域。因为在新区域里活动较顺利一些的缘故，把我五军政治影响很快的扩大了，抗日救国的主张也浑入到群众中间去了，在普通的有脑筋有爱国思想的人们也知道第五军是保国卫民的军队啦！在伪军方面也知我们不是“胡子”啦！在各反日友军方面的关系也逐渐改善联合一致啦！对于农民的关系也逐渐亲密了。因此，当着日寇唆使额穆县一群主要走狗汉奸（张主任于署长平中队长及其他等等）下乡清乡及讨伐，清洗乡间的反日份子的时候，农民就事先向李师长报信。李师长得信后，就计想到要消灭这些走狗，最低限度给他们一个严重打击。这群走狗出城来，李师长就专门带队在他们后尾找机会，跟了七八天也未找着便利的条件来打击他们，他们每天晚上宿营都在巩固的大院套或堡垒里头。这天他们宿营在塔站距额穆县街六十里，次天一定回额穆，我军准备在途中袭击他们。以前他们出发在塔站住，由塔站回去的时候，都是走到清沟子打午尖（清沟子距额穆三十里，距塔站三十里）我军计划在清沟子通额穆的大路中途设伏袭击。这时在十一月初旬，天气很寒冷，风雪交加，而我军还未穿上棉衣服，有的卫生衣都没有，只穿着两层布的衣服，为了到这处地方来袭击敌人，走了一整夜才到这个设伏地点附近之扫帚顶子休息。扫帚顶子距清沟子三里地，距设伏地点四里，如果早晨设伏等候，是对的，但是服装不佳，一定冻坏了，所以决定当着这群走狗来到清沟子，打午尖的时候，我们再去设伏也还不晚。李师长当即派妥实侦探到清沟子去探看，如果他们一进屯子的时候，急速回来报告。不久派出之侦探跑回来了，跑得满头流汗，连喘带呃的说："我看见这群走狗进清沟子屯子啦！共五十九名兵力，带一架马克新机枪，都下马到各户去休息啦"！

李师长闻报，即带队前进，至设伏地一看，这群走狗已经过去啦！咳，放跑这群走狗真可惜呀！李师长乃齐请大家到山上去谈话，他先报告这次工作的计划，打击走狗的意义，可惜未成功！未成功的主因就是因为咱们大家的服装不佳，天气寒冷，早来放卡子怕冻坏了同志们，所以才这时来，如果走狗要在清沟子打尖，我们一点也不晚，不料他们不吃午饭就跑了，我想大概是有走狗把咱们消息暴露了，大家务必更加小心在意。

是日晚，队伍到后清沟子去宿营，当晚又得到消息，来了三十名日寇驻在清沟子大屯走狗队的防所，明天携同走狗队出发。次日早，我军就把队伍分开了，李师长带一二团两个连赴小河沿，行至中途，听到清沟子西南岭上枪声大作，就知我军某一部分队伍与敌人冲突。听枪声有六七里地远，李师长即带队伍用跑走前往援助。至战场既不见敌人，也不见我军。李师长即令队伍散开，搜查战地；一面搜索，一面前进。正搜索之中，发现敌人，由东南方向约二里之遥的几家民房出来了，正往我方前进来呀！我军下令倒伏，敌人来到附近，相距半里之遥，一声下令，一齐张枪射击，当时敌人还击，正面冲锋开始了，战斗甚为激烈，我军采取半包围形式，见有伪兵我军齐声喊："我们是抗日军，中国兵不打中国兵，我们只打日本子，请你反正出来罢！如不然，你们赶紧退却，我们不打你们"！果然伪兵都退却了。有一个伪班长负伤，李师长上前去对他说："你不要害怕，我们不要你的命，我问你日本子来多少，带几架机关枪，你们后边有没有援队？"那伪班长说："我们后边没有援助队，日本子共来三十一名，出发来三十名，那一名留在防所听电话，带来一架机关枪。"李师长将那个负伤伪班长安慰一番，即回来向大家高声喊："同志们日本子来三十名，带来一架机关枪，伪军都退了，我们下决心将这些日本子消灭，夺取新式机关枪。"李师长的话，大大地鼓起了队员们的战斗情绪，队员们也知道敌人的数目，知有胜利的可能，于是大家勇敢前进。把敌人通通包围起来。但是敌人顽强抵抗，战争已经支持三小时之久，我方还未完全得手。李师长知道，如果没有特别的努力就不能迅速得到胜利。李师长乃又高声喊："同志们；战争时间不少啦，如果不很快解决，恐敌人援兵到来咱们就要受损失啦！"战斗员闻声，立刻拿出不怕牺牲的精神，奋不顾身的向前冲锋搏战。这一冲锋才把敌人完全消灭了。计获得十一年式轻机关枪一架，新式三八式马步枪二十八支，十四年式手枪二支，子弹四千余粒，他如大衣，铜帽子，手表，水瓶，皮包等军用品很多。但是，我方人员也有损失，第一团一连一排长杨德山、队员徐庆海，第二团一连王连长，因勇不顾身的杀敌而光荣牺牲了。洪班长吴清珍负伤。据说距作战地点八里地驻有一连伪兵，他们闻枪声响，齐说这一定是抗日军和日本子打上了。有几个兵士拿着香码子，上庙上去烧香祝祷，保佑保佑多保佑，保佑抗日军把日本子消灭了罢！他们还说抗日军胜利万岁。连长说：我们不能去援助，听枪不响啦，战争结束啦，咱们去走走就算了罢。以后伪兵得着确实消息真把日本消灭了。那几个烧香的士兵说道："多靠我们去烧香罢！抗日军把日本子消灭了呵"！从这里就可以知道伪满军中有不少同情抗日军的军官和士兵。

東北抗日聯軍第五軍第一師特派隊

清溝子戰役的堅苦鬥爭

——東北通訊——

寧安遊擊隊，木棚去活動，七天打八仗，損失一員兵，
密營去休息，病了幾十名，敵人來進攻，危難是並行，
幸能負辛苦，東滿去集中。

我在上次通訊中（「清溝子戰役」見本報一百十一期——編者）述及東北抗日聯軍第五軍第一師特派隊在清溝子戰役時，如何將日寇全軍消滅的狀況，想讀者同胞一定私衷礙祝我們義勇軍的勝利。却是東北健兒的抗日事業，並不是一帆風順的直線行程；而是荊棘滿途的堅苦鬥爭。現在略為敘述這個特派隊於清溝子戰役後到二道河子溝木棚去活動時所遇到的困難，以見我義勇軍如何克服困難，艱苦奮鬥之一斑。

我東北健兒固然為着收回失地，堅決鬥爭到最後一滴血而絲毫不退縮，同時希望關內同胞對於我東北健兒繼續盡可能地援助，特別是希望我國當局實行對日抗戰，收回東北失地，那麼，我們裏應外合，必能夠驅逐日寇，得到勝利。

（抗）（日）（救）（國）

東北抗日聯軍第五軍第一師特派隊於清溝子戰爭以後，接到同盟軍軍事委員會周主席的指示，令到寧安東南山二道河子溝裏木棚去活動。時在臘月廿日，至木棚接見該棚把頭後，即召集各棚把頭開會，說明遊擊隊抗日救國，保衛人民的宗旨。請他們本着抗日救國的熱忱，替抗日軍捐募一些給養。同時並請說明抗日軍不是胡子開搶，而是請他們幫助抗日救國，決不是幫助某一個人，若不願幫助，我們亦不強要，因為我們是抗日救國救民的軍隊。在木棚內部有日本帝國主義的走狗，他們去報告了日方，「靖安軍」即上來「討伐」，廿四日這天，遊擊隊在清館東南岔木棚休息，將晚得報，敵人即來進攻，這時因遊擊隊人數不多，敵情不詳，不能抵抗，所以採取避開的政策，等找到有利條件時再來打擊敵人。當晚在夜擬往大石頭河退却，不科道路為敵人封鎖，在林子裏雪又大又深，走了一個整夜，

天將拂曉才到了大石頭河木棚。

發現敵情

休息至太陽將上，聞兵報告，李大隊長即下令一面抵抗，一面退却，一部份首先搶上山頂掩護，後一部份亦退上山去，集中一起，拉林子向北方退。 大雪很深，走的非常慢，走好幾個鐘頭才退十幾里，到一個山坡上，看見河套邊上有十幾個人，又有火堆，但看不很清楚，部隊就在此遲疑了一下。 因我軍退却，把雪踏出一條路來，而敵軍就很容易走，所以很快就追擊上來了。我軍後方瞭望兵見敵軍進來，即鳴槍抵抗，因雪深，退却比較困難，而敵人猛烈進攻，且用機槍掃射，結果我軍損失隊員一名，退到河埃子，利用河埃子抵抗，這才平安退出去。 順河退了十餘里，上一個山頂休息，又見敵人順河跟追來了，部隊又開始向林子裏頭退，天已將黑，從早晨到晚還沒有喫過飯。 每一個隊員都沒有給養了，有的平素儉省給養者，也祇殺喫一頓，有些祇剩一個包米麵子窩頭乾糧了。 黑夜在樹林子裏辨不出方向，簡直就是轉了向，迷糊了。 大家祇好就在林內休息，打上火堆。 但火堆將要燃起來時，李大隊長却下令起隊走，一般隊員不解其意，有的不了解的隊員，還表現出不滿意的樣子。 走了五六里地，打上火堆，這才休息。

李大隊長

便向他們解釋：頭一個打火堆的地方爲什麼沒有休息呢？ 因爲後有敵人追擊，恐其見火來攻，那麼我們難免要受損失，所以咱們在那邊打了個假火堆，敵人若放槍進攻那個火堆，我們就知道敵人來了。李大隊長繼續向隊員談到，我們爲了抗日救國，爲了東北三千五百萬同胞不當亡國奴，爲了中華民族的解放，爲了咱們自身找出路，爲了民族革命事業，免不了有許許多多的艱難困苦，或忍饑挨餓，祇有我們衝破這些困難，克服這些困難，才能得到勝利和眞正解放。他這樣解釋以後，隊員們皆反憂爲喜，大家興高彩烈，掘了一個雪窩，大家都在雪窩裏睡着了。天將拂曉，忽聽機關槍掃射，聲音很近，衛兵報告，大家起來準備，一聽就知道是敵人進攻那個火堆，我們於是又立即起隊前進。 走出四五里地，又聽着機槍響，原來是敵人向第一個火堆撲了空，現在又進攻第二個火堆，所以大家必須急退，不然敵人定會追擊上來的。 又走出大約七八里地，看見拉木方的大道，順大道而走，天已過午，見前邊有十幾匹馬，也有人聲，細看不像是敵人的馬，就派三名勇敢的偵探前往偵查，原來是木梆拉木方的爬犁。 前去問拉木的工人：「這是什麼地方呢？ 距木棚多遠呢？ 木棚有沒有討伐隊呢？」工人答：這是天橋溝，距木棚廿多里

地，我來的時候沒有討伐隊，現在有沒有不知道」。我們找一個

（工人領路）

，直撲木棚而去，進木棚去就看見棹上面放着許多大饅頭，隊員們長官們都兩天沒有喫飯，那有不餓呢？大家都看着饅頭着急，但是沒有一個人敢私自動手。李大隊長向把頭說：「把你們這些饅頭賣給我們作給養罷！該多少錢給多少錢。」把頭慷慨允諾說：「不要錢，我們應當幫助你們給養，因爲你們是給我們打日本子的軍隊。」經李大隊長交涉以後，大家這才有秩序地平均分發饅頭。但饅頭還未喫完，而步哨槍又響了起來，敵人跟踪追擊上來了。這次我們仍是一面抵敵，一面退却，退到林子裏在窰窩裏過了夜。廿七日到達穆棱縣境涼水泉子，在木棚裏休息了兩天。廿九日早敵人又來了，與敵接觸半小時即退走，當日晚又達到天橋嶺後堵木棚，正喫着飯，工人說木棚距此二里地，有靖安軍在那邊住着。將喫完飯，又來了一個工人報告說，靖安軍準備向這個木棚來，哨兵又報告林子裏有響動。李大隊長即帶隊從速退出房子，僅退出百步，就聽得機關槍掃射和人聲嘈雜。木棚被包圍着了，工人被打死一名，且強迫其他工人引道追擊。被強迫而引路的幾個工人故意把敵人領到錯路上去，使其無法追到抗日軍。我們聽到後邊沒有敵人追擊，因太疲乏了，又加夜間不知方向，就打上火堆休息，用刺刀伐一些松樹枝，舖在地上就睡了。天將拂曉聽有爬犂聲音，派幾名隊員將工人請來詢問：「此處係何地？距靖安軍駐地有多遠？」工人說：「你們在這裏打小宿眞危險哪！距靖安軍駐的木棚不過一里來地」。我們向工人道了謝，立即起隊沿一個拉木方大道退却，一直走到天已過午才達到樺皮河子木棚。時古歷十二月卅日下午，見木棚工人皆準備着過新年。隊員中就有的人說：「咱們的軍應該怎麼過？喫什麼過年呢？」有些覺悟程度高的隊員就說：「什麼叫年節!?把日本子打出去，才有年有節過。日本子打不出去，過年也過不安的。所以咱們不怕犧牲，不怕困難，無日無夜，長年長月與日本作鬥爭。」又有些隊員說：「南京政府眞不來收復東北的失地了嗎？眞忘記了給日本當亡國奴而任日本屠掠姦淫了嗎？可惜得很，南京政府爲什麼到現在還不出兵打日本，

（東北同胞）

使我們東北人失望。」李大隊長即向木棚把頭商量：「已經新年哪！我們走到你們這幾個木棚來了，咱們大家好好過一個年罷！我們現在去買年份子也來不及了，請把你們的年份子分給我們一些，我給你們錢，你們再去買，誤不了你們喫。」木棚把頭允許了，這就開晚飯。木棚把頭

和工人讓遊擊隊先喫，而全體隊員齊聲讓工人先喫。工人飯還未喫完，步哨槍響，隊員餓着肚子即與敵人抵抗，戰半小時，我軍安全退出。退出十幾里地外，有一座木棚，打算在該處喫飯，飯還未準備好，步哨槍聲又響，又退出十餘里到大林子裏。隊員都非常疲乏，天也黑了，就在此地打火休息，烤着鞋子。隊員們就說：「敵人緊跟着追擊，爲什麽咱們不打呢？」李大隊長開言便解釋說：「我們不打的原因，因爲隊員衣履單薄，大家都穿膠皮鞋子，我們要打正面衝突是不可能的。我們兵力沒有敵人兵力多，我們火器沒有敵人的精良，如果正面衝突，我們恐受損失。所以我們要打，就(必)(須)(設)(伏)，出敵人意外，乘其無備，暗襲敵人，這才有勝利的把握。同志們穿着膠皮鞋放卡子，是不凍脚嗎？我想一定凍，又加長時間在雪窩臥着身體是冷，因而不能打。又想敵人追擊的原因，一方面各木棚一定有走狗，給敵人通消息，另方面因爲我們脚底下有花，所以敵人看見有花的脚跡就知道是遊擊隊。」原來我們遊擊隊穿膠皮鞋，所以踏雪有花，其他反日部隊和木棚工人則無花，因未穿膠皮鞋。休息至十一時起隊又走，幸是有指南針，能知道東南西北方向，所以按着方向走。時值大年初一上午一時，到樺皮河子一座木棚，工人正喫包餃子，工人就讓遊擊隊喫，隊員齊聲答道：「我們喫過飯，確實喫過飯哪」。其實並沒有喫飯，不過隊員感覺到民衆過年的餃子，如果拿來喫了，影響不好，所以寧願忍餓。李大隊長向木棚主人說：請你們給兩張爬犁，斫四顆松樹，每張爬犁後綑上兩顆。當時隊員不解其意。木棚把頭便問：「這是作什麽用的呢？」李大隊長答：「作什麽用你可不必管，祇要預備就行了。」爬犁預備好以後使起隊順大道而走。李大隊長當時令爬犁在後尾跟着隊走，疲乏的隊員可以坐上休息一會。我們從此走出了，而敵人也就找不到我們的蹤跡了，遊擊隊比較(安)(全)(一)(些)。隊員們才明白，原來爬犁作用是爲了掃除脚跡。因爲隊員太疲乏了，而敵人「討伐」正在緊張時候，爲了休息避免敵人起見，打一點給養，沒收日本走狗幾條大牛到密營去休息去。至密營後，休息兩天，隊員病二分之一，李師長亦病的很重。在密營裏有七八十名反日高麗羣衆及隊員的家屬，亦病了很多。休息了四五天，這一天是正月初八下午四時，忽聽步哨槍響，機關槍即時掃射起來。這時病人完全沒有穿膠皮鞋，病輕的有穿上鞋就退的，有光着脚退的。遊擊隊未病隊員，經指導員王興帶着就地抵抗，掩護病人及羣衆退却。李大隊長帶着一些病人及羣衆退到五六里遠的林子裏，等候群衆及隊伍到此集合，等了多時，祇來了一個隊員說：後面掩護隊亦被敵包圍，以後衝破包圍線出來，又被敵人趕散了。他們往那一個方向去還不知道，密營未退出的病人也退出來了，密營已經被敵人包圍了。李大隊長聞言之下即下令向東滿一帶退走。祇有少數沒有病的隊員在後邊掩護病人，群衆和小孩老太婆。這一群老小不齊，走也走不動，走一里歇一歇，走二里歇兩歇。是日晚在一個不知道地名的河套邊上打火堆歇宿，由少數沒有病的隊員擔任

(步)(哨)(警)(衛)

。此時聽到群衆聲音雜亂，有的說：「咳！不知道這是什麼地方，也不知道那天才能走到東滿呢？」有的人說：「咳！這回又不知道要挨幾天餓。」又有人說：「餓死還比當亡國奴強。」李大隊長非常愛護民衆，時時到各火堆照顧民衆。半明半暗的火堆，照着人們的面目青白，饑寒交迫，流離失所，悽慘悲哀的狀况，實非言語所能形容，這樣不知不覺，昏昏沈沈就到了天亮。大家又起身走。又是這樣又冷又餓走了一天，將晚到了一個空𪩘子房，在那裏有不少整株包米棒子，大家齊將包米粒子伐下來，用自帶的行軍鍋煮上煮熟大家喫，或者用鍋炒包米花吃，這樣的生活又度了三天，一粒鹽也沒有吃，那些老太婆吃整包米也咬不動，那些病人病得很重，這些東西便吃不了，眞是困難已極。這天走到了東滿汪清界嘎水河子，這個地方是一個山溝子，是祕密的地方，有十幾家高麗反日民衆在此地住，還是有幾家是我們隊員的家庭，這是日本子找不着的地方。

(當)(地)(群)(衆)

遊擊隊到了此處，熱烈歡迎，立即開了軍民聯歡大會，還有很多兒童跳舞唱歌，又有很多婦女唱歌遊戲，這就鼓勵起了隊員的情緒過了三天，從密營退出來時被敵人衝散的隊員們也都來到此地集合了。該地群衆向日吃乾飯或乾糧，遊擊隊去後他們都改換喝粥，把糧食節省下來給遊擊隊喫。休息了幾日，給養又極困難，隊員們在物質上缺乏到極點，所穿的膠皮鞋，補又補，縫又縫，外套在拉林子時也都弄破了，襯衣也都壞了，至於胰子手巾等更是沒有。此時李大隊長病已將愈，於是就把有病的隊員留在當地休養，帶一部份隊伍赴腰營溝與第二軍一師三團方團長會合。至腰營溝與方團長會合後，計劃進攻小三岔車站。進攻小三岔口，得了很多勝利品，才把隊員們的物質生活改善了。

東北抗日同盟軍（卽現在之東北抗日聯軍）第四軍總司令部

《救国时报》第一一四期 中华民国二十六年七月三十一日 第二版
（1937 年 7 月 31 日）

东北抗日联军第五军第一师特派队

清沟子战役的坚苦斗争

——东北通讯——

宁安游击队，木棚去活动，七天打八仗，损失一员兵，
密营去休息，病了几十名，敌人来进攻，危难是并行，
幸能负辛苦，东满去集中。

我在上次通讯中(《清沟子战役》见本报一百十一期——编者)述及东北抗日联军第五军第一师特派队在清沟子战役时，如何将日寇全军消灭的状况，想读者同胞一定私衷庆祝我们义勇军的胜利。却是东北健儿的抗日事业，并不是一帆风顺的直线行程；而是荆棘满途的坚苦斗争。现在略为叙述这个特派队于清沟子战役后到二道河子沟木棚去活动时所遇到的困难，以见我义勇军如何克服困难，艰苦奋斗之一斑。我东北健儿固然为着抗日救国，收回失地，坚决斗争到最后一滴血而丝毫不退缩，同时希望关内同胞对于我东北健儿继续尽可能地援助，特别是希望我国当局实行对日抗战，收回东北失地，那么，我们里应外合，必能够驱逐日寇，得到胜利。

东北抗日联军第五军第一师特派队于清沟子战争以后，接到同盟军军事委员会周主席的指示，令到宁安东南山二道河子沟里木棚去活动。时在腊月廿日，至木棚接见该棚把头后，即召集各棚把头开会，说明游击队抗日救国，保卫人民的宗旨。请他们本着抗日救国的热忱，替抗日军捐募一些给养。同时并请说明抗日军不是胡子开捐，而是请他们帮助抗日救国，决不是帮助某一个人，若不愿帮助，我们亦不强要，因为我们是抗日救国救民的军队。在木棚内部有日本帝国主义的走狗，他们去报告了日方，“靖安军”即上来“讨伐”，廿四日这天，游击队在清馆东南岔木棚休息，将晚得报，敌人即来进攻，这时因游击队人数不多，敌情不详，不能抵抗，所以采取避开的政策，等找到有利条件时再来打击敌人。当晚在夜拟往大石头河退却，不料道路为敌人封锁，在林子里雪又大又深，走了一个整夜，天将拂晓才到了大石头河木棚。休息至太阳将上，冈兵报告发现敌情，李大队长即下令一面抵抗，一面退却，一部份首先抢上山顶掩护，后一部份亦退上山去，集中一起，拉林子向北方退。大雪很深，走的非常慢，走好几个钟头才退十几里，到一个山坡上，看见河套边上有十几个人，又有火堆，但看不很清楚，部队就在此迟疑了一下。因我军退却，把雪踏出一条路来，而敌军就很容易走，所以很快就追击上来了。我军后方瞭望兵见敌军进来，即鸣枪抵抗，因雪深，退却比较困难，而敌人猛烈进攻，且用机枪扫射，结果我军损失队员一名，退到河埃子，利用河埃子抵抗，这才平安退出去。顺河退了十余里，上一个山顶休息，又见敌人顺河跟追来了，部队又开始向林子里头退，天已将黑，从早晨到晚还没有吃过饭。每一个队员都没有给养了，有的平素俭省给养者，也只够吃一顿，有些只剩一个包米面子窝头干粮了。黑夜在树林子里辨不出方向，简直就是转了向，迷糊了。大家只好就在林内休息，打上火堆。但火堆将要燃起来时，李大队长却下令起队走，一般队员不解其意，有的不了解的队员，还表现出不满意的样子。走了五六里地，打上火堆，这才休息。

李大队长便向他们解释：头一个打火堆的地方为什么没有休息呢？ 因为后有敌人追击，恐其见火来攻，那么我们难免要受损失，所以咱们在那边打了个假火堆，敌人若放枪进攻那个火堆，我们就知道敌人来了，李大队长继续向队员谈到，我们为了抗日救国，为了东北三千五百万同胞不当亡国奴，为了中华民族的解放，为了咱们自身找出路，为了民族革命事业，免不了有许许多多的艰难困苦，或忍饥挨饿，只有我们冲破这些困难，克服这些困难，才能得到胜利和真正解放。他这样解释以后，队员们皆反忧为喜，大家兴高采烈，掘了一个雪窝，大家都在雪窝里睡着了。天将拂晓，忽听机关枪扫射，声音很近，卫兵报告，大家起来准备，一听就知道是敌人进攻那个火堆，我们于是又立即起队前进。走出四五里地，又听着机枪声，原来是敌人向第一个火堆扑了空，现在又进攻第二个火堆，所以大家必须急退，不然敌人定会追击上来的。又走出大约七八里地，看见拉木方的大道，顺大道而走，天已过午，见前边有十几匹马，也有人声，细看不像是敌人的马，就派三名勇敢的侦探前往侦查，原来是木梆拉木方的爬犁。前去问拉木的工人："这是什么地方呢？距木棚多远呢？木棚有没有讨伐队呢？"工人答："这是天桥沟，距木棚廿多里地，我来的时候没有讨伐队，现在有没有不知道"。我们找一个工人领路，直扑木棚而去，进木棚去就看见桌上面放着许多大馒头，队员们长官们都两天没有吃饭，那有不饿呢？大家都看着馒头着急，但是没有一个人敢私自动手。李大队长向把头说："把你们这些馒头卖给我们作给养罢！该多少钱给多少钱。"把头慷慨允诺说："不要钱，我们应当帮助你们给养，因为你们是给我们打日本子的军队。"经李大队长交涉以后，大家这才有秩序地平均分发馒头。但馒头还未吃完，而步哨枪又响了起来，敌人跟踪追击上来了。这次我们仍是一面抵敌，一面退却，退到林子里在雪窝里过了夜。廿七日到达穆棱县境凉水泉子，在木棚里休息了两天。廿九日早敌人又来了，与敌接触半小时即退走，当日晚又达到天桥岭后堵木棚，正吃着饭，工人说木棚距此二里地，有靖安军在那边住着。将吃完饭，又来了一个工人报告说，靖安军准备向这个木棚来，哨兵又报告林子里有响动。李大队长即带队从速退出房子，仅退出百步，就听得机关枪扫射和人声嘈杂。木棚被包围着了，工人被打死一名，且强迫其他工人引道追击。被强迫引路的几个工人故意把敌人领到错路上去，使其无法追到抗日军。我们听到后边没有敌人追击，因太疲乏了，又加夜间不知方向，就打火堆休息，用刺刀伐一些松树枝，铺在地上就睡了。天将拂晓听有爬犁声音，派几名队员将工人请来询问："此处系何地？距靖安军驻地有多远？"工人说："你们在这里打小宿真危险哪！距靖安军驻的木棚不过一里来地"。我们向工人道了谢，立即起队沿一个拉木方大道退却，一直走到天已过午才达到桦皮河子木棚。时古历十二月卅日下午，见木棚工人皆准备着过新年。队员中就有的人说："咱们的军应该怎么过？吃什么过年呢？"有些觉悟程度高的队员就说："什么叫年节？！把日本子打出去，才有年有节过。日本子打不出去，过年也过不安的。所以咱们不怕牺牲，不怕困难，无日无夜，长年长月与日本作斗争。"又有些队员说："南京政府真不来收复东北的失地了吗？真忘记了东北同胞给日本当亡国奴而任日本屠抢奸淫了吗？可惜得很，南京政府为什么到现在还不出兵打日本，使我们东北人失望。"李大队长即向木棚把头商量："已经新年哪！我们走到你们这几个木棚来了，咱们大家好好过一个年罢！我们现在去买年份子也来不及了，请把你们的年份子分给我们一些，我给你们钱，你们再去买，误不了你们吃。"木棚把头允许了，这就开晚饭。木棚把头和工人让游击队先吃，而全体队员齐声让工人先吃。工人饭还未吃完，步哨枪响，队员饿着肚子即与敌人抵抗，战半小时，我军安全退出。退出十几里地外，有一座木棚，打算在该处吃饭，饭还未准备好，步哨枪声又响，又退出十余里到大林子里。队员都非常疲乏，天也黑了，就在此地打火休息，烤着鞋子。队员们就说：“敌人紧跟着追击，为什么咱们不打呢？”李大队长闻言便解释说：“我们不打的原因，因为队员衣履单薄，大家都穿胶皮鞋子，我们要打正面冲突是不可能的。我们兵力没有敌人兵力多，我们火器没有敌人的精良，如果正面冲突，我们恐受损失。所以我们要打，就必须设伏，出敌人意外，乘其无备，暗袭敌人，这才有胜利的把握。同志们穿着胶皮鞋子放卡子，是不冻脚吗？我想一定冻，又加长时间在雪窝卧着身体是冷，因而不能打。又想敌人追击的原因，一方面各木棚一定有走狗，给敌人通消息，另方面因为我们脚底下有花，所以敌人看见有花的脚迹就知道是游击队。”原来我们游击队穿胶皮鞋，所以踏雪有花，其他反日部队和木棚工人则无花，因未穿胶皮鞋。休息至十一时起队又走，幸是有指南针，能知道东南西北方向，所以按着方向走。时值大年初一上午一时，到桦皮河子一座木棚，工人正吃包饺子，工人就让游击队吃，队员齐声答道：“我们吃过饭，确实吃过饭哪”。其实并没有吃饭，不过队员感觉到民众过年的饺子，如果拿来吃了，影响不好，所以宁愿忍饿。李大队长向木棚主人说：请你们给两张爬犁，砍四棵松树，每张爬犁后捆上两棵。当时队员不解其意。木棚把头便问：“这是作什么用的呢？”李大队长答：“作什么用你可不必管，只要预备就行了。”爬犁预备好以后便起队顺大道而走。李大队长当时令爬犁在后尾跟着队走，疲乏的队员可以坐上休息一会。我们从此走出了，而敌人也就找不到我们的踪迹了，游击队比较安全一些。队员们才明白，原来爬犁作用是为了扫除脚迹。因为队员太疲乏了，而敌人“讨伐”正在紧张时候，为了休息避免敌人起见，打一点给养，没收日本走狗几条大牛到密营去休息去。至密营后，休息两天，队员病二分之一，李师长亦病的很重。在密营里有七八十名反日高丽群众及队员的家属，亦病了很多。休息了四五天，这一天是正月初八下午四时，忽听步哨枪响，机关枪即时扫射起来。这时病人完全没有穿胶皮鞋，病轻的有穿上鞋就退的，有光着脚退的。游击队未病队员，经指导员王兴带着就地抵抗，掩护病人及群众退却。李大队长带着一些病人及群众退到五六里远的林子里，等候群众及队伍到此集合，等了多时，只来了一个队员说：后面掩护队亦被敌包围，以后冲破包围线出来，又被敌人赶散了。他们往那一个方向去还不知道，密营未退出的病人也退出来了，密营已经被敌人包围了。李大队长闻言之下即下令向东满一带退走。只有少数没有病的队员在后边掩护病人，群众和小孩老太婆。这一群老小不齐，走也走不动，走一里歇一歇，走二里歇两歇。是日晚在一个不知道地名的河套边上打火堆歇宿，由少数没有病的队员担任步哨警卫。此时听到群众声音杂乱，有的说：“咳！不知道这是什么地方，也不知道那天才能走到东满呢？”有的人说：“咳！这回又不知道要挨几天饿。”又有人说：“饿死还比当亡国奴强。”李大队长非常爱护民众，时时到各火堆照顾民众。半明半暗的火堆，照着人们的面目青白，饥寒交迫，流离失所，凄惨悲哀的状况，实非言语所能形容，这样不知不觉，昏昏沉沉就到了天亮。大家又起身走。又是这样又冷又饿走了一天，将晚到了一个空蹚子房，在那里有不少整株包米棒子，大家齐将包米粒子伐下来，用自带的行军锅煮上煮熟大家吃，或者用锅炒包米花吃，这样的生活又度了三天，一粒盐也没有吃，那些老太婆吃整包米也咬不动，那些病人病得很重，这些东西便吃不了，真是困难已极。这天走到了东满汪清界响水河子，这个地方是一个山沟子，是秘密的地方，有十几家高丽反日民众在此地住，还是有几家是我们队员的家庭，这是日本子找不着的地方。游击队到了此处，当地群众热烈欢迎，立即开了军民联欢大会，还有很多儿童跳舞唱歌，又有很多妇女唱歌游戏，这就鼓励起了队员的情绪。过了三天，从密营退出来时被敌人冲散的队员们也来到此地集合了。该地群众向日吃干饭或干粮，游击队去后他们都改换喝粥，把粮食节省下来给游击队吃。休息了几日，给养又极困难，队员们在物质上缺乏到极点，所穿的胶皮鞋，补又补，缝又缝，外套在拉林子时也都弄破了，衬衣也都坏了，至于胰子手巾等更是没有。此时李大队长病已将愈，于是就把有病的队员留在当地休养，带一部份队伍赴腰营沟与第二军一师三团方团长会合。至腰营沟与方团长会合后，计划进攻小三岔车站。进攻小三岔口，得了很多胜利品，才把队员们的物质生活改善了。

論統一的抗日聯軍

時敏

據電訊，本月六日、南京有重要集會，中央和地方軍事當局幾全體參加，會議共開五日，其內容雖迄未宣佈，但國內報紙都目之為國防會議，而該會議也確有推定蔣介石馮玉祥閻錫山白崇禧等分任各線最高指揮的決議。

在日寇進攻我全中國的今天，無論關於任何加強國防的消息，都能夠使我們興奮，使我們欣慰，因此我們誠懇地希望南京的會議確能決心徹底抗日，確能樹立國防大計，我們對於這會議的一切徹底抗日和有利國防的決議和辦法，決能極力擁護和幫助。

南京會議在國防問題上究竟計劃了些什麼，會議內容迄未公表，使我們無從作具體的論列。但因為祇有正確地樹立國防大計才能救亡，因此我們認為關於國防問題，有亟提出來從政治上詳加討論之必要。

這裏首先應該指出來的是：我們現在來論國防，決不能祇是保守的，因為我們所失已多，敵人進攻未已，假如我們再不轉退讓為進攻、驅逐日寇收復失土，我們必永無國防之可言，我們必盡失生存之餘地。我們現在的國防也不能祇是被動的抗戰，因為被動的抗戰就是允許日寇從我們的領土上來進攻我們，就是給日寇以大舉進兵的時間和機會，就是讓日寇利用我們的物力，財力來屠殺我們自己。

我們現在的國防軍事更不能祇是局部的，自發地，彼此不相呼應地抵戰，因為現在日寇業已在各方下手，假如我們還是無計劃地局部抵抗，那就是使日寇集中兵力，不受牽制來各個地次第地擊破我們。並且，從戰略上言，我們祇有運用廣泛地運動戰和遊擊戰才能殺敵致果，而要應用這一戰術，斷然就非有全盤的組織和整個的計劃不可。

因此今日的國防問題應當百分之百的是進行全國一致的總抗戰的問題。

怎樣才能夠進行全國一致的總抗戰呢？很明白，祇有組織統一的抗日聯軍。——才能實現全國武力大團結，才能把全國武力都吸收到抗日前線上來，才能使全國有集中統一的軍事指揮和統一的軍事紀律，才能使各個地方，各條戰線的抗日軍事行動，都能靈活地互相配合。

這裏我們所主張的不是名義上的問題，我們所着眼的不是在於改變軍隊名稱，而是實質上真正統一全國武力去抗日。

因此，組織統一的抗日聯軍應當是進行全國

軍隊總抗戰上最主要的問題。同時抗日聯軍應如何組織，這完全應取決於在進行組織中各方面的各種具體條件和情形；但其組織原則却未嘗不可提出作一般的討論。

據我們所見，抗日聯軍的組織原則，應有這麽幾點：

（一）在統一的抗日綱領之下聯結全國範圍的一切武力。凡是由中國人組成，願意進行抗日的軍隊，都應組織於聯軍之內，不得排斥，不得偏頗，不得歧視。

（二）應樹立強力的集中領導和劃一的紀律，以爲一致的，勝利地進行抗日戰爭的保證。但眞正強力的領導和紀律，無不是由於得到全體的擁護而來，因此抗日聯軍的統帥機關之組織應當完全適用民主方法，即應由參加聯軍的各部隊的全體軍官兵士的代表會議選舉而成。各部隊內的代表選舉單位皆不應過大，應以團或營爲單位。

（三）各軍對於民主選舉出來的聯軍總司令部的命令，應絕對服從，總司令部應有代表分駐各軍，監視命令之執行，各軍亦應有代表駐紮總部，傳達意見。

（四）爲鞏固和加強全國武力爲一致抗日而精誠團結的基礎起見，應保全參加聯軍的各個部隊的自己組織，特性和其內部的人事分配。各部隊之武裝、經濟、物質供給和待遇一律平等。

（五）有統一的抗戰計劃，各部隊擔任一定的防線。

在這些原則上組織起來的統一的抗日聯軍，首先可以使到全國將士皆能自覺地爲民族而戰；經過統帥機關之民主的選舉等等，這可以把全國軍人的政治覺悟數倍地提高起來，這就可以使全國軍隊的作戰能力驟然增高到數倍。同時聯軍的各部份既皆自覺地爲民族而戰，則各部份必皆能在英勇上，紀律上與政治覺悟上互相砥礪，互相競賽、互相推動着向前進展。像紅軍和東北義勇軍等，更可以把他們優越的經驗，勇敢和紀律作爲友軍的楷模，使到中國軍隊的質量發生偉大的改進。而尤其重要的是統一的抗日聯軍一經組成，目前國防戰爭所繫要的重要條件，爲全國作戰的全盤計劃，一致行動，靈巧配合等等，便都有可能來指揮自如。 在統一的抗日聯軍的強力的集中領導和劃一紀律之下，全國軍事立可劃然剷一新的局面；數年來[illegible]疑懼，和沒有整個抗戰的形式立可消除，偉大的，靈活的眞正足以勝敵救國的抗戰立可展開。統一的抗日聯軍一經組織成功，中華民族便是眞正地樹立了國防大計， 走上了有效的自救之路。

《救国时报》第一一七期 中华民国二十六年八月十五日 第四版

（1937 年 8 月 15 日）

论统一的抗日联军

时　敏

据电讯，本月六日、南京有重要集会，中央和地方军事当局几全体参加，会议共开五日，其内容虽迄未宣布，但国内报纸都目之为国防会议，而该会议也确有推定蒋介石冯玉祥阎锡山白崇禧等分任各线最高指挥的决议。

在日寇进攻我全中国的今天，无论关于任何加强国防的消息，都能够使我们兴奋，使我们欣慰，因此我们诚恳地希望南京的会议确能决心澈底抗日，确能树立国防大计，我们对于这会议的一切澈底抗日和有利国防的决议和办法，决能极力拥护和帮助。

南京会议在国防问题上究竟计划了些什么，会议内容迄未公表，使我们无从作具体的论列。但因为只有正确地树立国防大计才能救亡，因此我们认为关于国防问题，有亟提出来从政治上详加讨论之必要。

这里首先应该指出来的是：我们现在来论国防，决不能只是保守的，因为我们所失已多，敌人进攻未已，假如我们再不转退让为进攻，驱逐日寇收复失土，我们必永无国防之可言，我们必尽失生存之余地。我们现在的国防也不能只是被动的抗战，因为被动的抗战就是允许日寇从我们的领土上来进攻我们，就是给日寇以大举进兵的时间和机会，就是让日寇利用我们的物力，财力来屠杀我们自己。我们现在的国防军事更不能只是局部的，自发地，彼此不相呼应地抵战，因为现在日寇业已在各方下手，假如我们还是无计划地局部抵抗，那就是使日寇集中兵力，不受牵制来各个地次第地击破我们。并且，从战略上言，我们只有运用广泛地运动战和游击战才能杀敌致果，而要应用这一战术，虽然就非有全盘的组织和整个的计划不可。

因此今日的国防问题应当百分之百的是进行全国一致的总抗战的问题。

怎样才能够进行全国一致的总抗战呢？很明白，只有组织统一的抗日联军。只有组织统一的抗日联军。——才能实现全国武力大团结，才能把全国武力都吸收到抗日前线上来，才能使全国有集中统一的军事指挥和统一的军事纪律，才能使各个地方，各条战线的抗日军事行动，都能灵活地互相配合。这里我们所主张的不是名义上的问题，我们所着眼的不是在于改变军队名称，而是实质上真正统一全国武力去抗日。

因此，组织统一的抗日联军应当是进行全国军队总抗战上最主要的问题。

抗日联军应如何组织，这完全应取决于在进行组织中各方面的各种具体条件和情形；但其组织原则却未尝不可提出作一般的讨论。

据我们所见，抗日联军的组织原则，应有这么几点：

（一）在统一的抗日纲领之下联结全国范围的一切武力。凡是由中国人组成，愿意进行抗日的军队，都应组织于联军之内，不得排斥，不得偏颇，不得裁并。

（二）应树立强力的集中领导和划一的纪律，以为一致的，胜利地进行抗日战争的保证。但真正强力的领导和纪律，无不是由于得到全体的拥护而来，因此抗日联军的统帅机关之组织应当完全适用民主方法，即应由参加联军的各部队的全体军官兵士的代表会议选举而成。各部队内的代表选举单位皆不应过大，应以团或营为单位。

（三）各军对于民主选举出来的联军总司令部的命令，应绝对服从，总司令部应有代表分驻各军，监视命令之执行，各军亦应有代表驻扎总部，传达意见。

（四）为巩固和加强全国武力为一致抗日而精诚团结的基础起见，应保全参加联军的各个部队的自己组织，特性和其内部的人事分配。各部队之武装、经济、物质供给和待遇一律平等。

（五）有统一的抗战计划，各部队担任一定的防线。

在这些原则上组织起来的统一的抗日联军，首先可以使到全国将士皆能自觉地为民族而战；经过统帅机关之民主的选举等等，这可以把全国军人的政治觉悟数倍地提高起来，这就可以使全国军队的作战能力骤然增高到数倍。同时联军的各部份既皆自觉地为民族而战，则各部份必皆能在英勇上，纪律上与政治觉悟上互相砥砺，互相竞赛，互相推动着向前进展。像红军和东北义勇军等，更可以把他们优越的经验，勇敢和纪律作为友军的楷模，使到中国军队的质量发生伟大的改进。而尤其重要的是统一的抗日联军一经组成，目前国防战争所需要的重要条件，为全国作战的全盘计划，一致行动，灵巧配合等等，便都有可能来指挥自如。在统一的抗日联军的强力的集中领导和划一纪律之下，全国军事立可划然开一新的局面：数年来观望疑惧，和没有整个抗战的形式立可消除，伟大的，灵活的真正足以胜敌救国的抗战立可展开。统一的抗日联军一经组织成功，中华民族便是真正地树立了国防大计，走上了有效的自救之路。

東北抗日聯軍
第一軍第一師特派隊
石門子的戰績

——東北通訊——

寧安遊擊隊，戰術真靈敏，
天雪地中，出沒如鬼神，
將計就了計，引誘靖安軍，
石門設埋伏，襲擊我敵人。

前次通訊（見本報第一百一十四期——編者）講到東北抗日聯軍第五軍第一師特派隊（寧安遊擊隊），經過千辛萬苦，終於抵達腰營溝，並與第二軍第一師第三團方團長部隊聯合進攻三岔口，得到勝利的情形。

進攻小三岔口獲得勝利後，將隊員們的物質生活改善了，隊員們的病也都好了，隊伍休養的也恢復原氣了，便起隊回寧安。

★——行至密營——★

各處搜索，見着那幾名未退出來的病人，已經被敵人屠殺了。密營的房子也都焚燒了，檢查損失後轉回寧安界，又至二道河子溝裏，東北岔木棚，休息了一天。當時得到木棚把頭報告、說靖安軍就要到來「討伐」，崗位聞訊即報告大家，大家準備迎敵。同時迎面來了一隊人馬，起初以爲就是靖安軍；但雙方答話結果・原來是到來和李大隊長連絡的遊擊隊馬中隊長隊伍。會合後，即決定襲擊靖安軍。當時赴另外一個地方，沒收走狗的一條大牛，準備一些給養，就去找相當的地勢去了。遊擊隊最熟習地理，早就知道有一個石門子地勢最適宜，可以埋伏，襲擊敵人，所以就開隊到那裏去。這時是陰歷二月初旬，天氣很冷，地上積雪有半尺多深，我們在冰天雪地的石門子山上，忍冷受凍，已經等了兩天也沒見敵人來。有的隊員說挨這個凍，是白受凍的，紅鬍頭那能來呢？再等着，不是凍壞啦嗎，經過李大隊長向他們解釋後，無論怎樣受凍也沒有說什麼了。在第三日下午來了一個農民，盤詰的結果，那個農民公然坦白的說：「你們既是同盟軍部下的遊擊隊，我不瞞你們說，我是有頭坑子的住戶，大就你們也有人知道我，紅鬍頭前天把我抓來，叫我到這裏來探聽有胡子沒有。我決不是一個壞人，想你們不致於搶驚我罷！」機巧的

★——老人隊長——★

馬上心來一計說：「你既是這樣老老實實的對我們說了實話，足證你是好人，我們決不責難你，一定放你回去，不過你回去怎樣對紅鬍頭說呢？」農民說：「我就說沒有胡子」李大隊長說：「那不妥當，假如紅鬍頭真上來時看見了我們，或者聽別人說我們在此地，那末紅鬍頭便要拿你質問，這樣對於你是很不好的，因爲你是有家有業的人，倘要真發生問題，你走也走不了，逃也逃不得，那時怎樣辦呢？」農民問：「那末，我怎樣說好呢？」李大隊長說：「你最好是說，我走到由東北奔西偏臉子的這個道上，看見由路上過去十幾名穿便衣的胡子，上西偏臉子去了，不要說是同盟軍的隊

伍，我們今天晚上就離開此地，紅袖頭要上來，我們早巳走遠了，道樣對於你也好，對於我們也好。」農民說：「好能！我現在就囘去對他們道樣說，大概紅袖頭後天就能上來，因爲他們的日本官業巳指定他們到此地出發，現正等着我一個消息呢。」李大隊長又着重的囑說：「你一定按照我們所規定的話去說，你要說錯了，將來知道也拿你償命的。」原來石門子是個險要之地，是上西偏臉子必經之地，我們的隊伍囘到大營（是臨時密營距石門子不遠），殺了一條大牛，每人準備了一些牛肉乾和乾粮，第二日休息了一整天・第三日天還未明我們就把隊伍埋伏到石門子去了。

★——雖是天險——★

石門子的地形，在路旁聳立着連綿不斷的大山，山上和山腰有無數的大臥石，山下則爲一片平原，還有一道河，在河兩二里地方也就是連綿不斷的大山。李大隊長觀察地勢後，就決定在較適宜的兩個山頭上，每一個山頭上設伏兵數名，告知他們，任務是虛張聲勢，正面開火衝突時，他們應將大旗高舉，正面火線槍聲如果不響，敵人必向那方退，他們就應開槍迎擊。同時，在河北路旁山上，我軍分成左右中三路，伏於半山中，或山頂上。上午十一時紅袖頭三四十個人順着山下的道兒走來了，他們都仰着首往山上看，七嘈八喚的說着話，有的說道山長得眞奇怪，有的說道山眞好看，還有一個類似班長的樣子，他說：如果遊擊隊在此地設埋伏，可眞鈎受叫。正在道時，李大隊長下分闊槍，我們一領對着他們射擊起來，他們就鬼哭狼叫亂七八糟的跑起來了，我們立刻下山，一面追擊，一面搜索戰捞，同時卽搜出機關槍來，就我們的戰門員拿起來。

★——射擊敵人——★

道時我們追擊的隊伍有一個班長名李金達，是一個高麗人，他把「要槍不要命」的口號喊成了「要命不要槍」了，紅袖頭跑得更快了，別人趕緊給他更正過來，紅袖頭才紛紛去槍，去大衣，去背包，去子彈等等，把他們直追出去五里地以外，俘擄了二名。他們據着一個山頂的時候，我們才停止追擊。詳細搜查陣地，結果得輕機關槍兩架，新式步槍十一支，匣槍一支，子彈大衣其他軍用品很多。敵人死傷十餘名，道時見殘敗的敵人還在那個高山上未退走，一面派隊分兵兩路包圍此山，以消滅敵人，最低限度把他們趕跑，另一面安慰俘捞兵，其中有負傷的在道雪窩裏臥着凍得發抖。我們把他們拾到一起，給他們攏火取燬。距此地二里之遠，有木棚堆的谷草，李大隊長令隊員去擠來，給被俘兵士去舖上，免得他們在雪上臥着受凍。李大隊長並向他們說：「你們負傷我們心裏很難過的，我們的槍是往日本身上打的，决不願意打你們，因爲我們都是中國的親兄弟，日本鬼子利用中國人殺中國人的鬼計，才道成你們道樣的慘狀。可惜我們的醫官既未在道裏，我們的醫院又離此太遠，我們帶來的傷藥又被前進的隊伍帶去了，暫時不能給你們醫治，但絕對給你們想辦法，你們不要害怕。」我們並給俘捞兵講了許多中國人

★——抗日救國——★

的大道理，和抗日救國基本辦法，並對他們說：「你們再與我們作戰的時候，請你們擧槍來投降，我們决不打中

國人，決不陷害中國人○」我們並且拿出很多牛肉給他們吃，告訴他們：「我們抗日救國的軍隊吃得比你們吃的還好，你看看你們吃的盡是那樣粗黑麵的窩頭」○有一個隊員用手指着紅袖頭帶來的被打落在地上的窩頭向俘擄及傷兵說：「窩頭是包米麵製成的乾粗，你們吃這樣東西還得日本子搶槍子，你們應當回去聯合你們的兵士打死日本官，拉出來抗日救國能！」同時我們從俘擄口中知道了，他們來的是一排人，排長是日本人名叫宮藤，業已負重傷○天將黑時，我們叫把未傷的俘擄兵放下去找老百姓把受傷的俘擄兵抬回去，我們的每個隊員都和俘擄兵客客氣氣的握握手才別開○自此戰後，所謂遠自奉天開來的一排「皇軍」已經成了長猫之鼠了，他們不僅怕我們而且「

★——欽佩我們——★

，他們了解我們不是胡子，而是真正抗日救國的軍隊，他們回到盧家屯團部，那個團長站在院心高聲叫罵：「混蛋們，告訴你們不要打遊蠏隊，你們偏要打，現在弄得頭破血流的叫我怎樣安排呢？別的靖安軍比我們還強，都被遊蠏隊打得落花流水，我們忘得了人家嗎？」

讀者諸君：我的通訊到此暫作結束○

我的文墨夠不上寫出什麼好東西；却是我知道，東北淪亡雖已六年，但關內同胞們，一定忘不掉我們，一定願意得到關於我們在東北抗日的消息，所以我有空的時候，還繼續寫信給你們○在我通信內所講的，只是我們底部隊作戰的幾件事實，在東北，像我們部隊這樣奮鬥的，還有其他許許多多的部隊，而且自從東北

★——抗日聯軍——★

組織以後，抗日義勇軍不分黨派信仰，一致團結起來，我們的隊伍，更加擴大了，更加團結了，更加堅強了○

我們相信，當着我國政府，能夠實行對日抗戰的時候，我們在東北的抗日聯軍，全體東北同胞，和關內的抗日軍隊，全國的同胞，裏應外合，一鼓作氣，必能達到驅逐日寇，收復失地的目的○（陳新）

《救国时报》第一一九期 中华民国二十六年八月二十五日 第二版

（1937年8月25日）

东北抗日联军第一军第一师特派队

石门子的战绩

——东北通讯——

宁安游击队，战术真灵敏，
冰天雪地中，出没如鬼神，
将计就了计，引诱靖安军，
石门设埋伏，袭击我敌人。

前次通讯（见本报第一百一十四期——编者）讲到东北抗日联军第五军第一师特派队（宁安游击队），经过千辛万苦，终于抵达腰营沟，并与第二军第一师第三团方团长部队联合进攻三岔口，得到胜利的情形。

进攻小三岔口获得胜利后，将队员们的物质生活改善了，队员们的病也都好了，队伍休养的也恢复原气了，便起队回宁安。行至密营各处搜索，见着那几名未退出来的病人，已经被敌人屠杀了。密营的房子也都焚烧了，检查损失后转回宁安界，又至二道河子沟里，东北岔木棚，休息了一天。当时得到木棚把头报告，说靖安军就要到来“讨伐”，岗位闻讯即报告大家，大家准备迎敌。同时迎面来了一队人马，起初以为就是靖安军；但双方答话结果，原来是到来和李大队长连络的游击队马中队长队伍。会合后，即决定袭击靖安军。当时赴另外一个地方，没收走狗的一条大牛，准备一些给养，就去找相当的地势去了。游击队最熟习地理，早就知道有一个石门子地势最适宜，可以埋伏，袭击敌人，所以就开队到那里去。这时是阴历二月初旬，天气很冷，地上积雪有半尺多深，我们在冰天雪地的石门子山上，忍冷受冻，已经等了两天也没见敌人来。有的队员说挨这个冻，是白受冻的，红袖头那能来呢？再等着，不是冻坏啦吗。经过李大队长向他们解释后，无论怎样受冻也没有说什么了。在第三日下午来了一个农民，盘问的结果，那个农民公然坦白的说："你们既是同盟军部下的游击队，我不瞒你们说，我是石头坑子的住户，大概你们也有人知道我，红袖头前天把我抓来叫我到沟里来探听有胡子没有。我决不是一个坏人，想你们不致于枪毙我罢！"机巧的李大队长马上心来一计说："你既是这样老老实实的对我们说了实话，足证你是好人，我们决不责难你，一定放你回去，不过你回去怎样对红袖头说呢？"农民说："我就说没有胡子。"李大队长说："那不妥当，假如红袖头真上来时看见了我们，或者听别人说我们在此地，那末红袖头便要拿你质问，这样对于你是很不好的，因为你是有家有业的人，倘要真发生问题，你走也走不了，逃也逃不得，那时怎样办呢？"农民问："那末，我怎样说好呢？"李大队长说："你最好是说，我走到由东北奔西偏脸子的这个道上，看见由路上过去十几名穿便衣的胡子，上西偏脸子去了，不要说是同盟军的队伍，我们今天晚上就离开此地，红袖头要上来，我们早已走远了，这样对于你也好，对于我们也好。"农民说："好罢！我现在就回去对他们这样说，大概红袖头后天就能上来，因为他们的日本官业已指定他们到此地出发，现正等着我一个消息呢。"李大队长又着重的嘱说："你一定按照我们所规定的话去说，你要说错了，将来知道也拿你质问的。”

原来石门子是个险要之地，是上西偏脸子必经之地，我们的队伍回到大营（是临时密营距石门子不远），杀了一条大牛，每人准备了一些牛肉干和干粮，第二日休息了一整天，第三日天还未明我们就把队伍埋伏到石门子去了。石门子的地形确是天险，在路旁耸立着连绵不断的大山，山上和山腰有无数的大卧石，山下则为一片平原，还有一道河，在河南二里地方也就是连绵不断的大山。李大队长观察地势后，就决定在较适宜的两个山头上，每一个山头上设伏兵数名，告知他们，任务是虚张声势，正面开火冲突时，他们应将大旗高举，正面火线枪声如果不响，敌人必向那方退，他们就应开枪迎击。同时，在河北路旁山上，我军分成左右中三路，伏于半山中，或山顶上。上午十一时红袖头三四十个人顺着山下的道儿走来了，他们都仰着首往山上看，七嘈八嚷的说着话，有的说这山长得真奇怪，有的说这山真好看，还有一个类似班长的样子，他说：如果游击队在此地设埋伏，可真够受呵。正在这时，李大队长下令开枪，我们一齐对着他们射击起来，他们就鬼哭狼叫乱七八糟的跑起来了，我们立刻下山，一面追击，一面搜索战场，同时即搜出机关枪来，我们的战斗员拿起来就射击敌人。这时我们追击的队伍有一个班长名李金达是一个高丽人，他把“要枪不要命”的口号喊成了“要命不要枪”了，红袖头跑得更快了，别人赶紧给他更正过来，红袖头才纷纷丢枪，丢大衣，丢背包，丢子弹等等，把他们直追出去五里地以外，俘虏了二名。他们据着一个山顶的时候，我们才停止追击。详细搜查阵地结果，得轻机关枪两架，新式步枪十一支，匣枪一支，子弹大衣其他军用品很多。敌人死伤十余名，这时见残败的敌人还在那个高山上未退走，一面派队分兵两路包围此山，以消灭敌人，最低限度把他们赶跑，另一面安慰俘虏兵，其中有负伤的在这雪窝里卧着冻得发抖。我们把他们抬到一起，给他们拢火取暖。距此地二里之远，有木棚堆的谷草，李大队长令队员去扛来，给被俘兵士去铺上，免得他们在雪上卧着受冻。李大队长并向他们说："你们负伤我们心里很难过的，我们的枪是往日本身上打的，决不愿意打你们，因为我们都是中国的亲兄弟，日本鬼子利用中国人杀中国人的鬼计，才造成你们这样的惨状。可惜我们的医官既未在这里，我们的医院又离此太远，我们带来的伤药又被前进的队伍带去了，暂时不能给你们医治，但绝对给你们想办法，你们不要害怕。" 我们并给俘虏兵讲了许多中国人抗日救国的大道理，和抗日救国基本办法，并对他们说："你们再与我们作战的时候，请你们举枪来投降，我们决不打中国人，决不陷害中国人。"我们并且拿出很多牛肉给他们吃，告诉他们："我们抗日救国的军队吃得比你们吃的还好，你看看你们吃的尽是那样粗黑面的窝头"。有一个队员用手指着红袖头带来的被打落在冰上的窝头向俘虏及伤兵说："窝头是包米面制成的干粮，你们吃这样东西还得替日本子挡枪子，你们应当回去联合你们的兵士打死日本官，拉出来抗日救国罢！"同时我们从俘虏口中知道了，他们来的是一排人，排长是日本人名叫宫藤，业已负重伤。天将黑时，我们叫把未伤的俘虏兵放下去找老百姓把受伤的俘虏兵抬回去，我们的每个队员都和俘虏兵客客气气的握手才别开。

自此战后，所谓远自奉天开来的一排"皇军"已经成了畏猫之鼠了，他们不仅怕我们而且钦佩我们，他们了解我们不是胡子，而是真正抗日救国的军队，他们回到卢家屯团部，那个团长站在院心高声叫骂：“混蛋们，告诉你们不要打游击队，你们偏要打，现在弄得头破血流的叫我怎样安排呢？别的靖安军比我们还强，都被游击队打得落花流水，我们惹得了人家吗？”

读者诸君：我的通讯到此暂作结束。我的文墨够不上写出什么好东西；却是我知道，东北沦亡虽已六年，但关内同胞们，一定忘不掉我们，一定愿意得到关于我们在东北抗日的消息，所以我有空的时候，还继续写信给你们。在我通信内所讲的，只是我们底部队作战的几件事实，在东北，像我们部队这样奋斗的，还有其他许许多多的部队，而且自从东北抗日联军组织以后，抗日义勇军不分党派信仰，一致团结起来，我们的队伍，更加扩大了，更加团结了，更加坚强了。我们相信，当着我国政府，能够实行对日抗战的时候，我们在东北的抗日联军，全体东北同胞，和关内的抗日军队，全国的同胞，里应外合，一鼓作气，必能达到驱逐日寇，收复失地的目的。

（陈新）

全國對日總抗戰與東北抗日民族革命運動

（奐　平）

日本帝國主義反對我全中國人民的戰爭已經開始了。日本新進攻的目的就在：把我全中國都變成日本的殖民地，把我四萬萬五千萬同胞都變成日本的亡國奴。

日本帝國主義的新進攻已引起全國各界同胞、各黨派、各軍隊，以及中央和各地方政府的一致憤怒，全國抗日羣衆運動和北方局部的抗戰已變成全國人民、軍隊及政府的一致對日總抗戰。

在全國一致對日總抗戰的條件之下目前我全國人民的最中心任務就在：動員全國一切兵力物力和人力，去驅逐日寇出中國，去抗戰到底，收回北方和東北失地，以求取得抗戰的最後完全勝利，獲得我中華民族獨立和自由。在決定這個戰爭勝敗中，東北四省佔着極重要的地位，特別是在東北發展廣大抗日遊擊運動，破壞日軍的後防運輸和電信，這就是給前線上我國軍隊以直接的幫助，同時也是爭取全國抗戰最後勝利最主要的原素之一。

一、東北是日軍進攻我國北方各省的後防軍事根據地。

從軍事戰略觀點來看，東北是日軍進攻我國北方各省的後防。這個後防是不鞏固的，正是日軍的最大弱點。因爲，東北三千餘萬同胞在大年來飽嘗亡國的痛苦，東北人民局部抗日遊擊戰爭在六年來一天也沒有停止過。現在當全國總抗戰的時候，東北人民和抗日義勇軍必然更加積極起來，更廣大的發展遊擊戰爭，來擾亂和襲擊日軍的後防。

在盧溝橋事變前，日本帝國主義爲着鎮壓東北抗日民族革命運動，在東北駐有日軍五個步兵師團（第六、第八、第十、第十四及第十六師團）一個混成師團，四個獨立警衛旅團，兩個騎兵旅團，一個電信聯隊，一個鐵道聯隊，一個坦克車聯隊，四個航空聯隊，一個重炮兵聯隊，[illegible]。總共駐紮東北日軍約有十六萬至十七萬人。飛機約有三百架至四百架，坦克車約一百五十輛至一百八十輛，重炮約有三十至四十門。

在盧溝橋事變後，在目前日軍對我國作戰計劃中，在北方就以東北四省爲根據地，在南方以台灣爲根據地，最近日軍佔領了長江口的崇明島，企圖將該島變爲進攻上海和長江流域各省的根據地。日本並用海軍，封鎖我國海岸，炮擊和飛機轟炸我國沿海口岸。在日軍對我國作戰計劃中，東北四省佔着很重要的地位。早在田中義一奏摺中就曾講到：『欲征服中國，必先征服滿蒙』。在日寇佔領我國東北四省後，現在就利用東北爲『征服』我全中國的軍事根據地。

日本進攻我國北方各省，除自海道在塘沽、大沽上陸而攻天津外，還自東三省有三條道路，可以進攻北方各省。第一、沿北寧路經山海關而至天津，再由津浦路而進攻山東。第二、沿新築錦承路（自錦州至承德）而至承德，再沿承平（自承德至北平）汽車路，經古北口而至北平，再沿平漢路攻冀南和山西省。第三、自多倫沿張多（張家口多倫）汽車路而攻張家口，並經獨石口而從背面攻南口。最近北平和張家口失陷，就因敵人利用後面兩條路線進兵，而抄襲我軍後防。

至於說，東北與日本內地聯絡，亦有三條主要道路：第一、自日本越對馬海峽，而在朝鮮釜山上陸，沿朝鮮鐵道至安東，再沿安奉路而至奉天。第二、自大連上陸，沿南滿路而至奉天。第三、自新築朝鮮東北清津港上陸，沿吉會路而至北滿各地。

東北四省不僅是日軍進攻北方各省的後防，並且是日本軍需工業原料和糧食的供給地。第一次世界大戰的經驗告訴我們，爲着使戰爭持久，終久戰勝敵軍，必需有充足的糧食和軍事工業原料之供給。

東北四省煤的儲藏量，據日人估計有四、八〇四、〇〇〇、〇〇〇噸。煤的生產量在一九三三年爲七、一〇八、〇〇〇噸。日本國內缺乏無煙煤，全靠自東北撫順和朝鮮輸入。由東北輸入至日本的煤，每年平均有兩百萬噸。

東北四省生鐵的儲藏量，據日人估計有一、二二一、九八六、〇〇〇噸。在一九三四年由東北輸入至日本的生鐵爲九八九、〇〇〇噸，約佔由國外輸入至日本生鐵總數三分之一。而日本及其殖民地每年自己生鐵生產僅佔全國生鐵消耗總量百分之二十四——二五，餘皆依靠國外的輸入，首先是依靠東北和我國內地生鐵之輸入。自蘆溝橋事變後，我國大冶的鐵已停止運日，日本更是依賴東北生鐵之生產，作爲日本重工業的原料。

自山鞍昭和製鋼所改造後，在東北每年熟鐵生產約爲五十萬噸，鋼的生產每年約爲三十五萬噸。自東北輸入至日本的熟鐵約佔從國外輸入至日本熟鐵總額二分之一，可見東北熟鐵對於日本重工業，特別是軍事工業之重要性。

東北油母頁岩儲藏量約有五、四〇〇、〇〇〇、〇〇〇噸。由油母頁岩可以煉成石油，供海軍和飛機之用。該油母頁岩主要儲藏地在撫順，最近兩三年來日人已在撫順建工廠煉此種石油，爲軍需用。

東北出產的糧食和牲畜更是日本軍糧和軍衣主要來源之一。根據日本的統計，最近十年來平均計算，東北每年糧食品的總收穫量爲一千三百萬噸至一千八百五十萬噸。東北牲畜總數爲七、三九九、八五〇頭。其中馬有三百萬匹；牛有一百八十萬頭；羊有三百二十萬頭，等等。

（數目字都是引自日本人所出東北經濟地圖）。

東北原料和糧食在決定中日戰爭勝敗中所佔的地位，可由田中義一在一九二七年上日皇奏摺中看出來。地寫道：『敵人若能封鎖對馬海峽與千島海峽，而我國（指日本——平註）即與滿蒙隔離。喪失了這些來源（指原料和糧食——平註）以後，我國將必失敗』。（見田中奏摺中文第二十九頁）。

根據以上的敘述，我們看出東北四省在日本帝國主義反對我國人民的戰爭中所佔的地位的重要性。因此，爲着戰勝日本帝國主義，必需收回東北失地，這不僅是因爲東北乃中華民國的領土，東北三千餘萬同胞乃中華民族之一部分，幫助東北同胞從日寇鐵蹄下解放出來，乃是全國同胞應盡的義務；並且是，因爲從軍事戰略觀點看，收回東北失地，乃是戰勝日本帝國主義所必需採取的作戰步驟。

在日軍後防的東北四省內，發展廣大的抗日遊擊戰爭，破壞和擾亂日軍後防軍事、原料和糧食的運輸，特別是破壞和擾亂北方前線上的日軍與後防聯絡的三條道路，並破壞和擾亂東北四省和日本內地聯絡的三條主要幹線，這就是襲擊敵人的要害，給北方前線上日軍的打擊，而給北方前線上我國軍隊以大的援助。

二、六年來東北抗日民族革命運動之發展與中國共產黨在東北之策略

從『九一八』事變至現在日寇佔領東北六年中，東北三千餘萬同胞，不論階級、黨派、信仰、民族、性別、籍貫和年齡等等之不同，都遭受空前未有的異族日本帝國主義的殖民地民族壓迫。這個民族壓迫不會不引起被壓迫的東北人民之反抗，從這裏就產生六年來再接再厲的東北抗日民族革命運動，特別是抗日遊擊運動。

在六年來東北抗日民族革命運動可分爲三個時期：第一個時期，自『九一八』事變至一九三三年一月救國軍和自衛軍的失敗。第二個時期，自一九三三年一月以後至今年七月蘆溝橋事變。第三個時期，自蘆溝橋事變起，爲全國人民抗日鬥爭的新時期，同時也是東北人民抗日民族革命鬥爭的新時期。

在第一個時期內在一九三二年上海革命防守戰爭影響和推動之下，在東北爆發了廣大的抗日遊擊運動。如當時馬占山、蘇炳文將軍等高舉抗日義旗於江省；王德林、李杜等組織救國軍和自衛軍於吉東，唐聚伍等佔有遼寧省東邊道各縣及其他各地抗日武裝隊伍等等。在東北抗日聲勢一時甚爲浩大。

在這個時期內東北抗日民族解放運動的特點是什麽呢？當時運動的特點就在：運動帶着自發的性質，缺乏組織性和明確的政治目標，大多

數抗日武裝隊伍是在國民黨影響之下，不僅沒有建立起國共和其他黨派的抗日民族統一戰線，並且，同在國民黨影響下的抗日隊伍也無統一的軍事和政治領導，其結果是抗日力量渙散，缺乏一致的抗日行動；乃中了敵人以華制華和各個擊破的毒計，抗日義軍遭受了暫時的失敗。

在這個時期內中國共產黨東北黨組織根據該黨中央所提出『武裝人民驅逐日寇出中國』的口號，在東北曾進行了很大的鼓動和組織工作，並且派遣了許多黨員參加抗日義軍，組織工人抗日罷工，募捐金錢服裝等等，去援助了抗日義軍；然而，在這個時期內，該黨還未曾提出在東北建立抗日民族統一戰線的政策，以保證這個口號之具體運用和實現。

在馬、李、王等將軍在東北抗日失敗以後，在東北抗日義軍更陷於渙散，義軍領袖有逃回關內者，有改稱為抗日山林隊者，有少數人變節降寇者；國民黨在『九一八』事變前在東北本無廣大下層羣衆工作基礎；經『九一八』事變和馬、王、李等將軍失敗後，東北國民黨組織更無形瓦解了，許多國民黨員，亦相繼逃往關內，而東北抗日義軍一時陷於缺乏統一的軍事政治領導中心，實有被敵人完全擊潰之危險。

當這艱難困苦的時候，在東北的中國共產黨人，本着真正革命黨人的鬥爭精神，留在東北，收集抗日義軍舊部，重新整理抗日部隊，在四年半刻苦工作中，創造出目前東北抗日聯軍十個軍，鍛鍊出數萬民族戰士和民族英雄。這便是東北抗日民族革命運動的第二個時期。在這個時期內，該黨在東北為國為民和為工人階級解放而犧牲了的著名烈士，有李紅光、蕭長榮、金伯陽、陳榮久、夏雲傑、何忠國、王惠同、史忠恆、張文楷、李斗文等等。

在第二個時期內東北抗日民族革命運動的特點是什麼呢？在這個時期內運動的特點就是：由於中國共產黨員在東北四年半來刻苦工作的結果，在東北各地已建立起初步的抗日民族統一戰線（如各地抗日聯軍總指揮部），東北大多數抗日武裝隊伍落在共產黨領導之下，共產黨所領導的抗日部隊在各地變成中心的政治軍事領導力量，抗日部隊與人民的關係部分改善了，游擊區域比較普遍的發展而不死守某個根據地，在不斷和敵人作戰中學會了游擊戰術的經驗，在共產黨領導之下，並鍛鍊出一些民族英雄如楊靖宇、王德泰、趙尚志、李延祿、周保中、謝文東、李延平、李華堂、李學福、柴世榮等等。

在第二個時期內中國共產黨在東北黨組織估計到前時期內局部對日抗戰失敗的經驗與教訓，因此不僅早在一九三三年一月在東北就提出了：建立東北全民抗日統一戰線的政策，並且在一九三五年還提出了在全國範圍內建立各界、各黨各派和各軍隊的抗日民族統一戰線的新政策，號召『停止內戰，一致抗日』。

然而，由於在這個時期內東北抗日游擊戰爭得不着外邊物質上和軍事上的直接援助，以致陷於孤軍獨戰的狀態，和特別是由於這個運動本身之弱點：如像東北大多數人民的對日仇恨和不滿並

偷襲（新波作）

未變成廣大的抗日羣衆運動，該黨在城市內和僞軍內工作非常薄弱，遊擊隊的活動亦缺乏總的遊擊活動方針上總的戰略上的配合，失去牽制敵人之效果等等。中共中央指出了這個時期不是同日寇進行決定勝負的戰鬥時期，而是準備羣衆，積蓄力量，準備去同敵人作最後決定勝負戰鬥的準備時期。

由於中共在東北黨組織基本上執行了這個正確的路線，在黨內進行了兩條戰線的鬥爭，既反對了這個時期內悲觀失望的右傾機會主義者，同時又打擊了『左』傾關門主義者和冒險主義者，才能在這個艱難困苦的四年半中，不僅保存了抗日遊擊隊的活的力量；並且造成了在目前日軍後防的東北發展廣大抗日遊擊運動的基礎。這真正不僅是中國共產黨足引爲自豪者，並且是我們整個偉大中華民族的光榮。

自從盧溝橋事變以後，在目前東北抗日民族革命運動開始了新的時期，在這新時期內特點又是什麽呢？目前運動最主要的特點就在：這個運動已非如過去一樣的孤立的運動，而是全國一致對日總抗戰之有機組成部分，已經得到全國人民抗敵之援助與推動。這個優越的客觀條件，不僅是第一個時期所不及，因爲在一九三二年上海戰爭還只是局部抗戰，而非像目前全國對日總抗戰的形勢；更是第二個時期內所未曾有的。在全國對日抗戰影響之下，在東北的形勢已經發生很大的變化，對日突擊的思想不僅在先進份子中認識着和形成着；並且在落後的觀望的羣衆中亦日益成熟着，六年來東北人民對日怨恨和不滿族，將變成最廣大的直到現在所未看見過的抗日民族革命運動。

在全國對日總抗戰條件之下，目前東北抗日民族革命運動還保存着前時期內許多舊的弱點：如像第一、各地抗日民族統一戰線只是初步的形成，並未包括各個抗日武裝隊伍，並未真正不分黨派、信仰、隊頭名稱、籍貫、民族等等之不同，而建立起真正包括所有抗日部隊的抗日聯軍。有些地方只建立統一戰線，却還沒有在政治上、經濟上和組織上去鞏固和擴大統一戰線。 第二、在偽軍內工作異常薄弱。 在日軍內工作更可說沒有。第三、在大工業中心城市內工作非常薄弱，特別是最英勇的民族革命運動中的先鋒隊——東北工人階級還未組織起來。 第四、對於敵人保甲制度和歸大屯政策，不會用『將計就計』和『以毒攻毒』的辦法，去對付敵人。 第五、在抗日遊擊隊伍內政治羣衆工作異常薄弱，許多與日本作戰數年的民族英雄和戰士未吸收入共產黨，第六、在抗日團體內和抗日隊伍內革命警惕性非常不夠，甚至有容納已向日寇自首的叛徒回黨入隊還種不可容許的現象了，使許多日寇偵探和奸細混進了革命營壘內部來了。還些奸細叛徒，特別是被日寇收買的托洛茨基匪徒，在內部破壞抗日民族統一戰線，並實行暗殺抗日民族英雄和戰士。第七、在青年，婦女和東北少數民族（如朝鮮人、蒙古人等）中工作薄弱。 第八、六年來東北黨的組織雖有更大的進步，然而直到現在東北黨組織在組織上的發展比政治影響大大落後，黨內布爾塞維克化還非常不夠，還未真正實行布爾塞維克的組織原則，去鞏固和擴大黨的組織。 這是非常大的弱點，所有這些舊的工作弱點，在目前全國對日總抗戰新的條件之下實更爲嚴重，需要立即糾正。

二、東北抗日鬥爭的新時期與東北人民的新任務

估計到目前全國對日總抗戰的長期性，東北敵我力量對比相差甚遠，並估計到東北抗日民族革命運動本身之優點和弱點；就正像中國共產黨東北黨組織自己所指出的任務：在目前必需不失掉一分鐘和一點鐘的時機，去真正在各地方不分黨派、信仰、隊頭、民族和籍貫等等之不同，把各地所有的一切抗日武裝隊伍都團結在各地抗日聯軍的周圍，並去大量的擴大和補充現有的抗日聯軍，並組織新的抗日遊擊隊伍。 去重新佈置遊擊活動方向，用極靈活的遊擊戰爭的方法去破壞和騷亂日軍後防運輸電信，特別是破壞和騷亂與北方及日本內地聯絡的重要鐵路和汽車路，並在武裝起義抗日客觀條件具備的某些地方，組織民變和兵變，以與遊擊戰爭配合起來，並且與北方前線上中國軍隊的抗戰配合起來；同時，在敵人工業中心城市和敵人統治力最較強區域內在工人中、農民中、偽軍中、青年中、婦女中和少數民族中進行最刻苦耐煩的羣衆工作與組織工作

，在進行這個工作的時候，應該更巧妙地利用一切合法的和半合法的可能與團體，去進行不合法的秘密的反日工作。這個工作在戰時更應千百倍的小心和刻苦耐勞。

在全國對日總抗戰新條件之下，必需進行反『左』傾關門主義和右傾機會主義的鬥爭，因為他們對於革命運動是有害的，阻礙抗日民族統一戰線之擴大，也就是阻礙抗日民族革命運動之發展。當然，共產黨員的任務首先要鞏固自己的基本武裝隊伍，以造成抗日民族革命運動的骨幹，造成抗日聯軍的核心部隊；同時却也必需在組織上、幹部上、經濟上和軍事上幫助一切參加抗日聯軍的友軍之發展，因為，友軍之勝敗亦即整個抗日民族戰線之勝敗，亦即共產黨所領導隊伍的勝敗。在組織各地方抗日聯軍總指揮部或總司令部時，必需吸收各抗日黨派和隊頭的代表參加，而不要由共產黨領導的隊伍自己包辦。

目前抗日義軍隊伍的佈置尚不完全妥當，時有擁擠在某個區域的毛病。從軍事戰略觀點上來看，這是不適當的，容易被敵人包圍而不能牽制敵人；並且在目前全國對日抗戰的新條件之下，這種的佈置不合乎新的需要，因此重新佈置抗日遊擊隊伍，開闢新的遊擊區域和新的遊擊活動方向，以求與全國抗戰配合，這在目前是非常需要的。因此，在目前首先要鞏固各地抗日聯軍總指揮部（或司令部），吸收各黨派的抗日隊伍的代表參加總指揮部；並且更進一步來共同討論全東北抗日聯軍總司令部之建立，以謀東北各地抗日聯軍之配合，並謀東北抗日遊擊活動與北方前線上軍事行動之配合，這不是空想，而是真實的前途和實際可能的。

在一百二十五年以前稱雄全歐洲的拿破侖曾親帶五十萬大軍，侵入俄國腹地，佔領俄國京城莫斯科。終因俄國人民全體一致起來抵抗外來寇軍，在敵軍後防發動廣大遊擊戰爭，以與前線上正規軍事行動配合起來，終將拿破侖打得一敗塗地，驅逐出俄國。現在日本寇軍雖已佔領我國舊京北平，然而只要我國同胞團結一致以俄國人民為模範，在寇軍後防東北發展廣大遊擊戰爭，以與我國北方前線上正規軍的作戰配合起來，則日軍在今日中國不會不重演與拿破侖同樣的悲劇。

在盧溝橋事變前，在東北偽軍有二十六個警備旅、四個蒙古騎兵團、五個教導隊、及靖安軍兩個步兵旅，等等，總共約有七萬至八萬人，有輕機約一千架，重機約有四百五十至五百架。這些偽軍除靖安軍外，多由前東北軍改編而成。

在盧溝橋事變前，在這些軍隊中普遍口號為：『維持現狀，等待關內出兵』。現在關內已經出兵抗日了，現在就不應『維持現狀』，而要在適當時機下反正抗日，救國救民了。當日軍在北方前線進攻緊急時，通州殷逆兩個整師偽軍反正抗日，將日本守備隊全部繳械，生擒殷汝耕。八月底奉天城附近兩營偽軍反正抗日，在九月一日張海鵬部下四團人整個反正抗日，黃德誠一團人於九月三日在打虎山反正，這都是東北偽軍士兵和長官的模範。

在前線上或偽軍『討伐』遊擊時組織偽軍反

正，使偽軍眞正實際上實行『中國人不打中國人』，『反正抗日』的口號，去與抗日義軍共同殺敵人，還在目前是萬分的必要而且時機非常適當。同時，在大工業中心城市偽軍中進行有計劃的工作，準備有計劃的打擊敵人，而不輕舉忘動，亦是合理的行爲。

日本軍閥進行反對中國人民的戰爭，在國內却加重日本人民的負擔，加強對於人民的壓迫。日本國內人民經濟政治情形的惡化不會不反映到前線上和駐東北日本兵士情緒上。

我國軍隊在各個戰線上的頑強抗戰，這就更加引起日軍內部動搖。所以，在目前東北日軍內進行革命宣傳，成爲非常重要的工作。

特別要向日本士兵解釋：我們僅僅反對日本的軍閥，地主和財閥；並不反對日本人民，在中日衝突中，日軍的失敗只是日本軍閥的失敗，這個失敗將幫助日本人民更容易打倒日本軍閥和天皇，去建立民主共和的日本。

當俄國十月大革命時，俄國布爾塞維克在武裝佔領俄國烏克蘭的德國軍隊中的工作經驗告訴我們，目前在東北日軍內進行反戰爭反軍閥法西斯帝的革命宣傳，不僅是可能的，而且將收到實際的效果。

東北各農村和小市鎮內有許多地方武裝隊伍（如自衛團、壯丁團、大排隊等等），就牠底性質、隊員和隊長成份，餉項來源和武器的質量及同人民關係等等方面看來，既與日本軍不同，也與偽軍有別。

日寇在東北成立這些地方武裝隊伍的目的就在藉口避免『胡子』的騷亂，而實際上實行『利用中國人去殺中國人』的政策。

爲着不中日寇的毒計，應仍本『中國人不打中國人』的口號去聯絡這些隊伍。並且，向這些隊伍解釋，抗日軍不是『胡子』，而是眞正保國保鄉和保護中國人生命財產的軍隊，鼓動他們反正抗日，參加抗日聯軍，去共同殺敵。但是，若某個別隊伍專門和抗日軍作敵，忠心效力於寇軍者，則與寇軍同樣對待，直至將他們完全繳械。

日本在東北遍地實行保甲制度和歸大屯政策，對於敵人保甲政策要向東北抗日聯軍第一軍學習，採用『將計就計』和『以毒攻毒』的方法，去回答敵人。

對於敵人歸大屯政策，抗日軍處處要以不脫離羣衆爲基本原則。

農民是民族革命中的基本羣衆，同時是民族革命的主力之一。因此，在目前東北農民中工作中心着重在吸收農民參加抗日民族革命鬥爭，特別是參加和援助抗日游擊運動。但是，在估計到建立農村抗日統一戰線條件之下，當局改善農民的生活，如像向地主要求減租免租，反對日本加捐加稅，反對日本抓車抓馬，反對派糧派草，拉夫和抽丁等等要求，實甚爲正當。

東北工人階級是抗日民族革命的先鋒隊，在全國對日抗戰條件之下，這個先鋒隊的作用將更加表現出來，爲着使城市內工人階級的鬥爭不孤立起見，必需在城市內也組織抗日民族統一戰線。

在全國對日抗戰情形之下，在東北除共產黨員外，其他各抗日黨派和羣衆團體，如像前國民黨員，國家主義者，基督教靑年會，天主教會，在家裏人士等等，聽着關內出兵對日抗戰，關內國共和其他反日黨派合作，共同抗日等等消息，將也積極起來，進行各種形式的或明或暗的抗日鬥爭。 在東北的中國共產黨員將像在關內一樣，實現早已宣佈的主張，歡迎與各黨派的代表接洽和談判，建立東北和各地方的抗日行動委員會，以便共同進行抗日鬥爭。

在全國對日抗戰情形之下，東北青年和婦女也更加積極起來了。 吸收青年和婦女參加抗日民族統一戰線，特別是參加抗日義軍，是非常重要的。 像現在東北抗日聯軍第一軍已有少年營，第三軍有少年連，許多青年婦女不願受日本的和半封建的壓迫而參加抗日義軍，這種人在將來將更擴大千百倍。

朝鮮人也是受日本的殖民地民族壓迫，日本帝國主義是朝鮮人和中國的共同敵人，在日本進攻中國人民戰爭中日本的失敗，卽是朝鮮人民的勝利。 因為這個失敗將使朝鮮人容易實現自己的民族解放。所以，在目前東北的中國人和朝鮮人共產黨員的任務就是：不僅組織中韓人民的共同抗日統一戰線，去驅逐日寇出中國，去謀眞正間島朝鮮人民族自治區的實現，並且，要幫助朝鮮內民族解放運動，以求朝鮮民族獨立與自由。

漢蒙親密聯合起來，驅逐日寇出中國，以實現蒙古人的民族自決，這在目前更顯得迫切需要。 因為日本帝國主義正在繼續進攻綏遠省，企圖把所有內蒙都變成日本殖民地，把蒙古人都變為日本的奴隸。在目前東北已是組織蒙古人抗日遊擊隊的時候了。

肅清內部的日本偵探和奸細，正是對日抗戰的必要的組成部分。 日寇慣於運用其偵探奸細系統，來作為侵略與鎮壓東北的重要工具。 在東北，特別在今天全國抗戰的形勢之下，日寇必然派遣其偵探奸細，如民生團（朝鮮人的）託洛茨基匪徒和其他民族敗類，用兩面派的手段，混入和暗藏在抗日隊伍中，將軍事秘密告訴日寇，阻撓和破壞抗戰，在內部破壞反日民族統一戰線，暗殺和暗害抗日救國的領袖與幹部。 很明顯的，託洛茨基匪徒和民生團等等決不是中國或朝鮮人民中的一個政派，而只是日寇偵探機關的分部。 為要順利的進行抗日戰爭，東北的抗日救國的軍隊和其他組織都必須刻不容緩的揭發和肅清自己隊伍中的內奸。 正因為過去個別部隊付經對奸細叛徒有不可允許的縱容，已經領受了慘痛的血的教訓，所以，在今天抗日戰爭的新任務前面，必須更加百倍的提高我們每一部隊每一組織的警惕性， 無情的進行揭發與肅清內奸的鬥爭。

正因為東北人民的抗日鬥爭是全國對日總抗戰的一部分，因此、東北同胞和東北抗日聯軍有全權向我國南京中央政府要求，將東北抗日聯軍編入全中國的統一抗日聯軍（卽統一的國民革命軍）一個系統中去，並有全權要求中央和各地方政府不僅允許他們的代表在關內設立公開的辦事處，在關內人民中實行公開募捐援助東北抗日義軍的運動；並且也有全權請求中央和各地方（特別是北方的）軍政當局，給東北抗日義軍以槍械和其他物質上的幫助。

從社會經濟和政治軍事各方面來看，今日的中國已不是二十四年前中日戰爭時的中國了，也不是六年前『九一八』事變時的中國了。 今日的中國不僅比四十二年前進步些和強盛些，並且比六年前『九一八』事變時向前進一步了。 首先值得着重指出的，就是自從西安事變以後，在

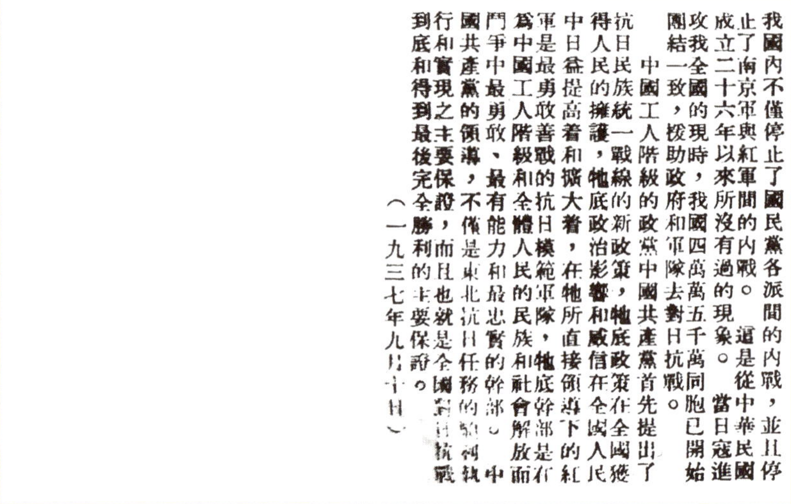

我國內不僅停止了國民黨各派間的內戰，並且停止了南京軍與紅軍間的內戰。這是從中華民國成立二十六年以來所沒有過的現象。當日寇進攻我全國的現時，我國四萬萬五千萬同胞已開始團結一致，援助政府和軍隊去對日抗戰。

中國工人階級的政黨中國共產黨首先提出了抗日民族統一戰線的新政策，牠底政策在全國獲得人民的擁護，牠底政治影響和威信在全國人民中日益提高着和擴大着，在牠所直接領導下的紅軍是最勇敢善戰的抗日模範軍隊，牠底幹部是在爲中國工人階級和全體人民的民族和社會解放而鬥爭中最勇敢、最有能力和最忠實的幹部。中國共產黨的領導，不僅是東北抗日任務的順利執行和實現之主要保證，而且也就是全國對日抗戰到底和得到最後完全勝利的主要保證。

（一九三七年九月十日）

《救国时报》第一二三—一二四期 中华民国二十六年九月十八日 第九版（1937年9月18日）

全国对日总抗战与东北抗日民族革命运动

吴　平

日本帝国主义反对我全中国人民的战争已经开始了。日本新进攻的目的就在：把我全中国都变成日本的殖民地，把我四万万五千万同胞都变成日本的亡国奴。

日本帝国主义的新进攻已引起全国各界同胞、各党派、各军队，以及中央和各地方政府的一致愤怒，全国抗日群众运动和北方局部的抗战已变成全国人民、军队及政府的一致对日总抗战。

在全国一致对日总抗战的条件之下目前我全国人民的最中心任务就在：动员全国一切兵力物力和人力，去驱逐日寇出中国，去抗战到底，收回北方和东北失地，以求取得抗战的最后完全胜利，获得我中华民族独立和自由。在决定这个战争胜败中，东北四省占着极重要的地位，特别是在东北发展广大抗日游击运动，破坏日军的后防运输和电信，这就是给前线上我国军队以直接的帮助，同时也是争取全国抗战最后胜利最主要的原素之一。

一、东北是日军进攻我国北方各省的后防军事根据地

从军事战略观点来看，东北是日军进攻我国北方各省的后防。这个后防是不巩固的，正是日军的最大弱点。因为，东北三千余万同胞在六年来饱尝亡国的痛苦，东北人民局部抗日游击战争在六年来一天也没有停止过。现在当全国总抗战的时候，东北人民和抗日义勇军必然更加积极起来，更广大的发展游击战争，来扰乱和袭击日军的后防。

在卢沟桥事变前，日本帝国主义为着镇压东北抗日民族革命运动，在东北驻有日军五个步兵师团（第六、第八、第十、第十四及第十六师团），一个混成师团，四个独立警卫旅团，两个骑兵旅团，一个电信联队，一个铁道联队，一个唐克车联队，四个航空联队，一个重炮兵联队等等。总共驻扎东北日军约有十六万至十七万人。飞机约有三百架至四百架，唐克车有一百五十辆至一百八十辆，重炮约有三十至四十挺。

在卢沟桥事变后，在目前日军对我国作战计划中，在北方就以东北四省为根据地，在南方以台湾为根据地，最近日

军占领了长江口的崇明岛，企图将该岛变为进攻上海和长江流域各省的根据地。日本并用海军，封锁我国海岸，炮击和飞机爆炸我国沿海口岸。在日军对我国作战计划中，东北四省占着很重要的地位。早在田中义一奏折中就曾讲到："欲征服中国，必先征服满蒙"。在日寇占领我国东北四省后，现在就利用东北为"征服"我全中国的军事根据地。

日本进攻我国北方各省，除自海道在塘沽、大沽上陆而攻天津外，还自东三省有三条道路，可以进攻北方各省。第一、沿北宁路经山海关而至天津，再由津浦路而进攻山东。第二、沿新筑锦承路（自锦州至承德）而至承德，再沿承平（自承德至北平）汽车路，经古北口而至北平，再沿平汉路攻冀南和山西省。第三、自多伦沿张多（张家口多伦）汽车路而攻张家口，并经独石口而从背面攻南口。最近北平和张家口失陷，就因敌人利用后面两条路线进兵，而抄击我军后防。

至于说，东北与日本内地联络，亦有三条主要道路：第一、自日本越对马海峡，而在朝鲜釜山上陆，沿朝鲜铁道至安东，再沿安奉路而至奉天。第二、自大连上陆，沿南满路而至奉天。第三、自新筑朝鲜东北清津港上陆，沿吉会路而至北满各地。

东北四省不仅是日军进攻北方各省的后防，并且是日本军需工业原料和粮食的供给地。第一次世界大战的经验告诉我们，为着使战争持久，终久战胜敌军，必需有充足的粮食和军事工业原料之供给。

东北四省煤的储藏量，据日人估计有四、八〇四、〇〇〇、〇〇〇吨。煤的生产量在一九三三年为七、一〇八、〇〇〇吨。日本国内缺乏无烟煤，全靠自东北抚顺和朝鲜输入。由东北输入至日本的煤，每年平均有两百万吨。

东北四省生铁的储藏量，据日人估计有一、二二一、九八六、〇〇〇吨。在一九三四年由东北输入至日本的生铁为九八九、〇〇〇吨，约占由国外输入至日本生铁总数三分之一。而日本及其殖民地每年自己生铁生产仅占全国生铁消耗总量百分之二十四—二五，余皆依靠国外的输入，首先是依靠东北和我国内地生铁之输入。自卢沟桥事变后，我国大冶的铁已停止运日，日本更是依赖东北生铁之生产，作为日本重工业的原料。

自鞍山昭和制钢所改造后，在东北每年熟铁生产约为五十万吨，钢的生产每年约为三十五万吨。自东北输入至日本的熟铁约占从国外输入至日本熟铁总额二分之一，可见东北熟铁对于日本重工业，特别是军事工业之重要性。

东北油母页岩储藏量约有五、四〇〇、〇〇〇、〇〇〇吨。由油母页岩可以炼成石油，供海军和飞机之用。该油母页岩主要储藏地在抚顺，最近两三年来日人已在抚顺建工厂炼此种石油，为军需用。

东北出产的粮食和牲畜更是日本军粮和军衣的主要来源之一。根据日本的统计，最近十年来平均计算，东北每年粮食品的总收获量为一千三百万吨至一千八百五十万吨。东北牲畜总数为七、三九九、八五〇头。其中马有三百万匹；牛有一百八十万头；羊有三百二十万头，等等。（数目字都是引自日本人所出东北经济地图）。

东北原料和粮食在决定中日战争胜败中所占的地位，可由田中义一在一九二七年上日皇奏折中看出来。他写道：“敌人若能封锁对马海峡与千岛海峡，而我国（指日本——平注）

即与满蒙隔离。丧失了这些来源（指原料和粮食——平注）以后，我国将必失败”。（见田中奏折中文第二十九页）。

根据以上的叙述，我们看出东北四省在日本帝国主义反对我国人民的战争中所占的地位的重要性。因此，为着战胜日本帝国主义，必需收回东北失地，这不仅是因为东北乃中华民国的领土，东北三千余万同胞乃中华民族之一部分，帮助东北同胞从日寇铁蹄下解放出来，乃是全国同胞应尽的义务；并且是，因为从军事战略观点看，收回东北失地，乃是战胜日本帝国主义所必需采取的作战步骤。

在日军后防的东北四省内，发展壮大的抗日游击战争，破坏和扰乱日军后防军事、原料和粮食的运输，特别是破坏和扰乱北方前线上的日军与后防联络的三条道路，并破坏和扰乱东北四省和日本内地联络的三条主要干线，这就是袭击敌人的要害，给北方前线上日军的打击，而给北方前线上我国军队以大的援助。

二、六年来东北抗日民族革命运动之发展与中国共产党在东北之策略

从“九一八”事变至现在日寇占领东北六年中，东北三千余万同胞，不论阶级、党派、信仰、民族、性别、籍贯和年龄等等之不同，都遭受空前未有的异族日本帝国主义的殖民地民族压迫。这个民族压迫不会不引起被压迫的东北人民之反抗，从这里就产生六年来再接再励的东北抗日民族革命运动，特别是抗日游击运动。

在六年来东北抗日民族革命运动可分为三个时期：第一

个时期，自“九一 八”事变至一九三三年一月救国军和自卫军的失败。第二个时期，自一九三三年一月以后至今年七月卢沟桥事变。第三个时期，自卢沟桥事变起，为全国人民抗日斗争的新时期，同时也是东北人民抗日民族革命斗争的新时期。

在第一个时期内在一九三二年上海革命防守战争影响和推动之下，在东北爆发了广大的抗日游击运动。如当时马占山、苏炳文将军等高举抗日义旗于江省；王德林、李杜等组织救国军和自卫军于吉东，唐聚伍等占有辽宁省东边道各县及其他各地抗日武装队伍等等。在东北抗日声势一时甚为浩大。

在这个时期内东北抗日民族解放运动的特点是什么呢?当时运动的特点就在：运动带着自发的性质，缺乏组织性和明确的政治目标，大多数抗日武装队伍是在国民党影响之下，不仅没有建立起国共和其他党派的抗日民族统一战线，并且，同在国民党影响下的抗日队伍也无统一的军事和政治领导，其结果是抗日力量涣散，缺乏一致的抗日行动；乃中了敌人以华制华和各个击破的毒计，抗日义军遭受了暂时的失败。

在这个时期内中国共产党东北党组织根据该党中央所提出“武装人民驱逐日寇出中国”的口号，在东北曾进行了很大的鼓励和组织工作，并且派遣了许多党员参加抗日义军，组织工人抗日罢工，募捐金钱服装等等，去援助了抗日义军；然而，在这个时期内，该党还未曾提出在东北建立抗日民族统一战线的政策，以保证这个口号之具体运用和实现。

在马、李、王等将军在东北抗日失败以后，在东北抗日义军更陷于涣散，义军领袖有逃回关内者，有改称为抗日山林队者，有少数人变节降寇者；国民党在“九一八”事变前，在东北本无广大下层群众工作基础；经“九一八”事变和马、王、李等将军失败后，东北国民党组织更无形瓦解了，许多国民党员，亦相继逃往关内，而东北抗日义军一时陷于缺乏统一的军事政治领导中心，实有被敌人完全击溃之危险。

当这么艰难困苦的时候，在东北的中国共产党人，本着真正革命党人的斗争精神，留在东北，收集抗日义军旧部，重新整理抗日部队，在四年半刻苦工作中，创造出目前东北抗日联军十个军，锻炼出数万民族战士和民族英雄。这便是东北抗日民族革命运动的第二个时期。在这个时期内，该党在东北为国为民和为工人阶级解放而牺牲了的著名烈士，有李红光、童长荣、金伯阳、陈荣久、夏云杰、何忠国、王惠同、史忠恒、张文楷、李斗文等等。

在第二个时期内东北抗日民族革命运动的特点是什么呢？在这个时期内运动的特点就是：由于中国共产党员在东北四年半来刻苦工作的结果，在东北各地已建立起初步的抗日民族统一战线（如各地抗日联军总指挥部），东北大多数抗日武装队伍落在共产党领导之下，共产党所领导的抗日部队在各地变成中心的政治军事领导力量，抗日部队与人民的关系部分改善了，游击区域比较普遍的发展而不死守某个根据地，在不断和敌人作战中学会了游击战术的经验，在共产党领导之下，并锻炼出一些民族英雄如杨靖宇、王德泰、赵尚志、李延禄、周保中、谢文东、李延平、李华堂、李学福、柴世荣等等。

在第二个时期内中国共产党在东北党组织估计到前时期内局部对日抗战失败的经验与教训，因此不仅早在一九三三年一月在东北就提出了：建立东北全民抗日统一战线的政策，并且在一九三五年还提出了在全国范围内建立各界、各党派和各军队的抗日民族统一战线的新政策，号召“停止内战，一致抗日”。

然而，由于在这个时期内东北抗日游击战争得不着外边物质上和军事上的直接援助，以致陷于孤军独战的状态，特别是由于这个运动本身之弱点：如像东北大多数人民的对日仇恨和不满并未变成广大的抗日群众运动，该党在城市内和伪军内工作非常薄弱，游击队的活动亦缺乏总的游击活动方针上总的战略上的配合，失去牵制敌人之效果等等。中共中央指出了这个时期不是同日寇进行决定胜负的战斗时期，而是准备群众，积蓄力量，准备去同敌人作最后决定胜负战斗的准备时期。

由于中共在东北党组织基本上执行了这个正确的路线，在党内进行了两条战线的斗争，既反对了这个时期内悲观失望的右倾机会主义者，同时又打击了“左”倾关门主义者和冒险主义者，才能在这个艰难困苦的四年半中，不仅保存了抗日游击队的活的力量；并且，造成了在目前日军后防的东北发展广大抗日游击运动的基础。这真正不仅是中国共产党足引为自豪者，并且是我们整个伟大中华民族的光荣。

自从卢沟桥事变以后，在目前东北抗日民族革命运动开始了新的时期，在这新时期的特点又是什么呢？目前运动最主要的特点就在：这个运动已非如过去一样的孤立的运动，而是全国一致对日总抗战之有机组成部分，已经得到全国人民抗敌之援助与推动。这个优越的客观条件，不仅是第一个时期所不及，因为在一九三二年上海战争还只是局部抗战，而非像目前全国对日总抗战的形势；更是第二个时期内所未曾有的。在全国对日抗战影响之下，在东北的形势已经发生很大的变化，对日突击的思想不仅在先进份子中认识着和形成着；并且在落后的观望的群众中亦日益成熟着，六年来东北人民对日怨恨和不满，将变成最广大的直到现在所未看见过的抗日民族革命运动。

在全国对日总抗战条件之下，目前东北抗日民族革命运动还保存着前时期内许多旧的弱点：如像第一、各地抗日民族统一战线只是初步的形成，并未包括各个抗日武装队伍，并未真正不分党派、信仰、对头名称、籍贯、民族等等之不同，而建立起真正包括所有抗日部队的抗日联军。有些地方只建立统一战线，却还没有在政治上、经济上和组织上去巩固和扩大统一战线。第二、在伪军内工作异常薄弱。在日军内工作更可说没有。第三、在大工业中心城市内工作非常薄弱，特别是最英勇的民族革命运动中的先锋队——东北工人阶级还未组织起来。第四、对于敌人保甲制度和归大屯政策，不会用“将计就计”和“以毒攻毒”的办法，去对付敌人。第五、在抗日游击队伍内政治群众工作异常薄弱，许多与日本作战数年的民族英雄和战士未吸收入共产党。第六、在抗日团体内和抗日队伍内革命警惕性非常不够，甚至有容纳已向日寇自首的叛徒回党入队这种不可容许的现象，使许多日寇侦探和奸细混进了革命营垒内部来了。这些奸细叛徒，特别是被日寇收买的托洛茨基匪徒，在内部破坏抗日民族统一战线，并实行暗杀抗日民族英雄和战士。第七、在青年，妇女和东北少数民族（如朝鲜人、蒙古人等）中工作薄弱。第八、六年来东北党的组织虽有更大的进步，然而，直到现在东北党组织在组织上的发展比政治影响大大落后，党内布尔塞维克化还非常不够，还未真正实行布尔塞维克的组织原则，去巩固和扩大党的组织。这是非常大的弱点，所有这些旧的工作弱点，在目前全国对日总抗战新的条件之下实更为严重，需要立即纠正。

三、东北抗日斗争的新时期与东北人民的新任务

估计到目前全国对日总抗战的长期性，东北敌我力量对比相差甚远，并估计到东北抗日民族革命运动本身之优点和弱点；就正像中国共产党东北党组织自己所指出的任务：在目前必需不失掉一分钟和一点钟的时机，去真正在各地方不分党派、信仰、队头、民族和籍贯等等之不同，把各地所有的一切抗日武装队伍都团结在各地抗日联军的周围，并去大量的扩大和补充现有的抗日联军，并组织新的抗日游击队伍。去重新布置游击活动方向，用极灵活的游击战争的方法去破坏和骚乱日军后防运输电信，特别是破坏和骚乱与北方及日军内地联络的重要铁路和汽车路，并在武装起义抗日客观条件具备的某些地方，组织民变和兵变，以与游击战争配合起来，并且与北方前线上中国军队的抗战配合起来；同时，在敌人工业中心城市和敌人统治力量较强区域内在工人中、农民中、伪军中、青年中、妇女中和少数民族中进行最刻苦耐烦的群众工作与组织工作，在进行这个工作的时候，应该更巧妙地利用一切合法的和半合法的可能与团体，去进行不合法的秘密的反日工作。这个工作在战时更应千百倍的小心和刻苦耐劳。

在全国对日总抗战新条件之下，必需进行反“左”倾关门主义和右倾机会主义的斗争，因为他们对于革命运动是有害的，阻碍抗日民族统一战线之扩大，也就是阻碍抗日民族革命运动之发展。当然，共产党员的任务首先要巩固自己的基本武装队伍，以造成抗日民族革命运动的骨干，造成抗日联军的核心部队；同时却也必需在组织上、干部上、经济上和军事上帮助一切参加抗日联军的友军之发展，因为，友军之胜败亦即整个抗日民族战线之胜败，亦即共产党所领导队伍的胜败。在组织各地方抗日联军总指挥部或总司令部时，必需吸收各抗日党派和队头的代表参加，而不要由共产党领导的队伍自己包办。

目前抗日义军队伍的布置尚不完全妥当，时有拥挤在某个区域的毛病。从军事战略观点上来看这是不适当的，容易被敌人包围而不能牵制敌人；并且在目前全国对日抗战的新条件之下，这种旧的布置不合乎新的需要，因此重新布置抗日游击队伍，开辟新的游击区域和新的游击活动方向，以求与全国抗战配合，这在目前是非常需要的。因此，在目前首先要巩固各地抗日联军总指挥部（或司令部）。吸收各党派的抗日队伍的代表参加总指挥部；并且，更进一步来共同讨论全东北抗日联军总司令部之建立，以谋东北各地抗日联军之配合，并谋东北抗日游击活动与北方前线上军事行动之配合，这不是空想，而是真实的前途和实际可能的。

在一百二十五年以前称雄全欧洲的拿破仑曾亲带五十万大军，侵入俄国腹地，占领俄国京城莫斯科。终因俄国人民全体一致起来抵抗外来寇军，在敌军后防发动广大游击战争，以与前线上正规军军事行动配合起来，终将拿破仑打得一败涂地，驱逐出俄国。现在日本寇军虽已占领我国旧京北平，然而只要我国同胞团结一致以俄国人民为模范，在寇军后防东北发展扩大游击战争，以与我国北方前线上正规军的作战配合起来，则日军在今日中国不会不重演与拿破仑同样的悲剧。

在卢沟桥事变前，在东北伪军有二十六个警备旅、四个蒙古骑兵团、五个教导队、及靖安军两个步兵旅等等，总共约有七万至八万人，有轻机约一千架，重机约有四百五十至五百架。这些伪军除靖安军外，多由前东北军改编而成。在卢沟桥事变前，在这些军队中普遍口号为："维持现状，等待关内出兵"。现在关内已经出兵抗日了，现在就不应"维持现状"，而要在适当时机下反正抗日，救国救民了。当日军在北方前线进攻紧急时，通州殷逆两个整师伪军反正抗日，将日本守备队全部缴械，生擒殷汝耕。八月底奉天城附近两营伪军反正抗日，在九月一日张海鹏部下四团人整个反正抗日，黄德诚一团人于九月三日在打虎山反正，这都是东北伪军士兵和长官的模范。

在前线上或伪军"讨伐"游击时组织伪军反正，使伪军真正实际上实行"中国人不打中国人""反正抗日"的口号，去与抗日义军共同杀敌人，这在目前是万分的必要而且时机非常适当。同时，在大工业中心城市伪军中进行有计划的工作，准备有计划的打击敌人，而不轻举妄动，亦是合理的行为。

日本军阀进行反对中国人民的战争，在国内却加重日本人民的负担，加强对于人民的压迫。日本国内人民经济政治情形的恶化不会不反映到前线上和驻东北日本兵士情绪上。我国军队在各个战线上的顽强抗战，这就更加引起日军内部动摇。所以，在目前东北日军内进行革命宣传，成为非常重要的工作。特别要向日本士兵解释：我们仅仅反对日本的军阀，地主和财阀；并不反对日本人民，在中日冲突中日军的失败只是日本军阀的失败，这个失败将帮助日本人民更容易打倒日本军阀和天皇，去建立民主共和的日本。

当俄国十月大革命时，俄国布尔塞维克在武装占领俄国乌克兰的德国军队中的工作经验告诉我们，目前在东北日军内进行反战争反军阀法西斯蒂的革命宣传，不仅是可能的，而且将收到实际的效果。

东北各农村和小市镇内有许多地方武装队伍（如自卫团、壮丁团、大排队等等），就它底性质、队员和队长成份，饷项来源和武器的质量及同人民关系等等方面看来，既与日本军不同，也与伪军有别。日寇在东北成立这些地方武装队伍的目的就在借口避免“胡子”的骚乱，而实际上实行“利用中国人去杀中国人”的政策。为着不中日寇的毒计，应仍本“中国人不打中国人”的口号去联络这些队伍。并且，向这些队伍解释，抗日军不是“胡子”，而是真正保国保乡和保护中国人生命财产的军队，鼓励他们反正抗日，参加抗日联军，去共同杀敌。但是，若某个别队伍专门和抗日军作敌，忠心效力于寇军者，则与寇军同样对待，直至将他们完全缴械。

日本在东北遍地实行保甲制度和归大屯政策，对于敌人保甲政策要向东北抗日联军第一军学习，采用“将计就计”和“以毒攻毒”的方法，去回答敌人。对于敌人归大屯政策，抗日军处处要以不脱离群众为基本原则。

农民是民族革命中的基本群众，同时是民族革命的主力之一。因此，在目前东北农民中工作中心着重在吸收农民参加抗日民族革命斗争，特别是参加和援助抗日游击运动。但是，在估计到建立农村抗日统一战线条件之下，尽量改善农民的生活，如像向地主要求减租免租，反对日本加捐加税，反对日本抓车抓马，反对派粮派草，拉夫和抽丁等等要求，实甚为正当。

东北工人阶级是抗日民族革命的先锋队，在全国对日抗战条件之下，这个先锋队的作用将更加表现出来，为着使城市内工人阶级的斗争不孤立起见，必需在城市内也组织抗日民族统一战线。在全国对日抗战情形之下，在东北除共产党员外，其他各抗日党派和群众团体，如像前国民党员，国家主义者，基督教青年会，天主教会，在家里人士等等，听着关内出兵对日抗战，关内国共和其他反日党派合作，共同抗日等等消息，将也积极起来，进行各种形式的或明或暗的抗日斗争。在东北的中国共产党员将像在关内一样，实现早已宣布的主张，欢迎与各抗日党派的代表接洽和谈判，建立东北和各地方的抗日行动委员会，以便共同进行抗日斗争。

在全国对日抗战情形之下，东北青年和妇女也更加积极起来了。吸收青年和妇女参加抗日民族统一战线，特别是参加抗日义军，是非常重要的。像现在东北抗日联军第一军已有少年营，第三军有少年连，许多青年妇女不愿受日本的和半封建的压迫而参加抗日义军，这种人在将来将更扩大千百倍。

朝鲜人也是受日本的殖民地民族压迫，日本帝国主义是朝鲜人和中国的共同敌人，在日本进攻中国人民战争中日本的失败，即是朝鲜人民的胜利。因为这个失败将使朝鲜人容易实现自己的民族解放。所以，在目前东北的中国人和朝鲜人共产党员的任务就是：不仅组织中韩人民的共同抗日统一战线，去驱逐日寇出中国，去谋真正间岛朝鲜人民族自治区的实现，并且，要帮助朝鲜内民族解放运动，以求朝鲜民族独立与自由。

汉蒙亲密联合起来，驱逐日寇出中国，以实现蒙古人的民族自决，这在目前更显得迫切需要。因为日本帝国主义正在继续进攻绥远省，企图把所有内蒙都变成日本殖民地，把蒙古人都变为日本的奴隶。在目前东北已是组织蒙古人抗日游击队的时候了。

肃清内部的日本侦探和奸细，正是对日抗战的必要的组成部分。日寇惯于运用其侦探奸细系统，来作为侵略与镇压东北的重要工具。在东北，特别在今天全国抗战的形势之下，日寇必然派遣其侦探奸细，如民生团（朝鲜人的）托洛茨基匪徒和其他民族败类，用两面派的手段，混入和暗藏在抗日队伍中，将军事秘密告诉日寇，阻挠和破坏抗战，在内部破坏反日民族统一战线，暗杀和暗害抗日救国的领袖与干部。很明显的，托洛茨基匪徒和民生团等等决不是中国或朝鲜人民的一个政派，而只是日寇侦探机关的分部。为要顺利的进行抗日战争，东北的抗日救国的军队和其他组织都必须刻不容缓的揭发和肃清自己队伍中的内奸。正因为过去个别部队曾经对奸细叛徒有不可允许的纵容，已经领受了惨痛的血的教训，所以，在今天抗日战争的新任务前面，必须更加百倍的提高我们每一部队每一组织的警惕性，无情的进行揭发与肃清内奸的斗争。

正因为东北人民的抗日斗争是全国对日总抗战的一部

分，因此，东北同胞和东北抗日联军有全权向我国南京中央政府要求，将东北抗日联军编入全中国的统一抗日联军（即统一的国民革命军）一个系统中去，并有全权要求中央和各地方政府不仅允许他们的代表在关内设立公开的办事处，在关内人民中实行公开募捐援助东北抗日义军的运动；并且也有全权请求中央和各地方（特别是北方的）军政当局，给东北抗日义军以饷械和其他物质上的帮助。

从社会经济和政治军事各方面来看，今日的中国已不是二十四年前中日战争时的中国了，也不是六年前“九一八”事变时的中国了。今日的中国不仅比四十二年前进步些和强盛些，并且比六年前“九一八”事变时向前进一步了。首先值得着重指出的，就是自从西安事变以后，在我国内不仅停止了国民党各派间的内战，并且停止了南京军与红军间的内战。这是从中华民国成立二十六年以来所没有过的现象。当日寇进攻我全国的现时，我国四万万五千万同胞已开始团结一致，援助政府和军队去对日抗战。

中国工人阶级的政党中国共产党首先提出了抗日民族统一战线的新政策，它底政策在全国获得人民的拥护，它底政治影响和威信在全国人民中日益提高着和扩大着，在它所直接领导下的红军是最勇敢善战的抗日模范军队，它底干部是在为中国工人阶级和全体人民的民族和社会解放而斗争中最勇敢、最有能力和最忠实的干部。中国共产党的领导，不仅是东北抗日任务的顺利执行和实现之主要保证，而且也就是全国对日抗战到底和得到最后完全胜利的主要保证。

（一九三七年九月十日）

東北最堅強的抗日武裝

東北抗日聯軍第一軍

松五

松五先生是東北抗日聯軍第一軍第一師的戰士，他對於一軍有些將領的名字記不清楚，但這對於一軍的英勇抗戰史實，是沒有多大關係的。他底來稿分爲一軍的成立與發展和抗日戰績兩部份，茲首先發表第一部份，第二部份以後續刊。——編者。

第一軍完全是從羣衆抗日鬥爭中產生出來的。

這事磐石縣二區吉昌子一帶的老百姓，因爲受不了亡國奴的氣，都要團結起來打日本子。一九三二年就先後爆發了三次大的抗日鬥爭。第一次在吉昌子北郭家店三月七日反日(((羣衆大會)))，到會千餘人，當日羣衆包圍當地警察署，要求他們出來抗日，走狗王署長不但不應允羣衆要求，反而向磐石街調兵來彈壓，羣衆堅持甚久始散。

第二次是四月初旬。日本走狗曾逮捕東北反日羣衆數名，並想繼續向吉昌子捕人，吉昌子北部一帶的羣衆得到了消息，就立刻動員了六百多人，準備了辣椒麵子，剪子等，等走狗們帶同被捕人到吉昌子北二三里地方，羣衆就開始行動，把辣椒麵子塗到走狗眼睛上，用剪子把被捕人的綁繩剪斷，走狗一看事情不好，就穿上兔子鞋，撒腿拚命的跑了。羣衆立刻追上去，一直追了四十多里，走狗好容易跑到三道崗，遇到一個大院套燒鍋（白酒製造廠），就像老鼠一般鑽進院藏起來。羣衆進不去就把燒鍋包圍起來，燒鍋附近的老百姓都援助追趕走狗的羣衆，給羣衆殺豬喫。雙方對峙到夜裏，走狗由磐石街調來騎兵，羣衆才退回來。

第三次羣衆鬥爭是五月間，在磐石北二區蛤螞河子（吉海路沿線）地方開工農羣衆抗日大會，到會五百多人，當時將日本走狗高家大院糧食等都給沒收，羣衆每人分得高粱三升。當天羣衆將吉海路鐵道折毀。羣衆經過這三次(((反日鬥爭)))，抗日熱血更沸騰了，同時羣衆從三次鬥爭中得到了經驗：赤手空拳的抗日效力是小的，是解決不了問題的，要想打出日本子，脫離亡國奴的生活，祇有武裝抗日才行哩。於是吉昌子一帶舉義進行了籌劃組織武裝隊伍的工作。

經過兩月工夫，弄得八棵步槍，三支手槍，幾十顆洋炮（土炮），三十二年七月間在郭家店即正式成立反日義勇軍；五分之三爲高麗人，五分之二是中國人，隊長穆榮山。當天開幹部大會，全體隊員及隊長在群衆面前誓師抗日。今日威震全滿的東北抗日聯軍第一軍由此產生了。

這批生力軍產生之後立刻轟動了磐石縣，雖然有此義勇軍開始對我們倘不了解，不久就有許多義軍來同我們聯合。八月間我軍即與義軍長占合併，隊名仍叫長占。到伊通縣樺木林子又收繳走狗的十餘支槍，

（隊伍擴大）

了，又組織了騎兵隊。不久由伊通回磐石，與駐磐之「滿軍」宋營長（他是國民黨員）暗中聯絡好，在八月中秋節那天，我軍聯合了千餘名之義軍與宋營長裏應外合的將磐石縣街佔領了。義勇軍進街後將日本子及走狗的財產都沒收了，一般商店及住戶絲毫未擾及。在街裏過的中秋節，義軍與宋營士兵聯歡，大喫大喝，眞是鬧個不亦樂乎。在磐石街駐了兩天，全部義軍與宋營一同退出。自此不僅長占隊威名大震，且將磐石一帶的抗日運動向前推進了。

長占隊長這小子不堅決，他打算要去投降日本子。部下將他就繳了械，將隊伍又從新整編了一下，改隊名爲五洋。孟〇〇（中學生）爲大隊長，他是中國共產黨員，邱〇〇爲政治委員，他也是共產黨員，出身是中學生。隊伍經過編整之後，戰鬥力更加強了，於是在九月隊伍開赴樺甸縣活動。當時以樺甸北區狗皮溝爲臨時根據地，四出活動；對待老百姓不打，不罵，不搶，不奪，同時向他們宣傳我們的，在作戰方面又勇敢，所以老百姓說：「五洋隊眞好，中國軍隊都像這樣，亡不了國……」就

（抗日主張）

連那些和日本子相近的地主們也不能不贊成我們軍隊眞能幹。有一次一個地主（他平日和日本常往來）不許我們的隊伍通過他家附近的道路，他們從院套的炮台向我們射擊，我們從炮台眼中將他們的炮手（射手）打死一個，從此樺甸的大院套同我們的關係都不錯，不僅允許我們進院去住宿，並且常常在物質上供給我們。

十一月間，楊靖宇受中國共產黨的指派來到我們隊伍上。我們初次見着他就感覺到他是一個莊嚴的政治家，他的態度很沉靜，待人接物和

藹可親，而觀察事理又深刻銳敏，因此大家愛戴楊靖宇，推舉他爲我們的司令員。楊靖宇到隊後，立刻將隊內政治工作，對民衆的宣傳與組織工作，以及軍事計劃等，均加以指示與整頓，並於十二月開率隊回磐石。這時日本子派「滿軍」劉司令在磐石一帶進行「討伐」，我們的隊伍在楊靖宇的（天才領導）之下，靈活地運用了游擊戰術，避實擊虛，神出鬼沒地同他們周旋了三個月，非但「討伐」沒有絲毫效果，而且

黎明 李樺

他們還喫虧。「討伐隊」受了我們的感動的結果，毛團殿臣都拉出來抗日，與我軍聯合在一起，共五六百人，一軍聲勢更浩大起來。日本子又動員了十四團來「討伐」在「討伐」中十四團同樣受了我軍的影響，同時因爲他們「討伐」無效，日本子企圖繳他們的械，這樣兵心非常動搖。

受反日影響最深的要算十四團的迫擊炮連，尤其是他們中間有二個學生，一個是曹國安，在團部當書記，一個是宋鐵岩，在迫擊炮連。他們素來是反日的，這次到磐石，他們親眼看到了抗日軍猛烈活動的情形，便決定發動譁變抗日。他們兩個人在士兵中積極活動，得到了大部士兵的同情。

在五月下旬，迫擊炮連駐於磐石二區煙筒山，連長有一天不在營，他們認爲機會到來了，這天夜裏正當士兵們熟睡時，曹國安便大聲喊：「日本子來繳械了！」士兵都驚醒，正在發慌中，曹國安、宋鐵岩、及其他幾個預先知道的士兵，都齊聲喊：「大家還不快跑！」士兵都馬上準備拉走。這時副連長想出來干涉，被士兵一槍打死，於是全連架了迫擊炮及一切軍用品，在曹國安、宋鐵岩領導之下，就跑出來了。

結果他們跑了四天，在煙筒山南四十里之龍觀廟找到了我們的隊伍，全部加入，受楊靖宇編制。

在談話中知道了曹宋之準備譁變已非一日！

宋鐵岩是北平大學學生，他加入十四團祗在迫擊炮連當一個簡單的兵，由此可知他的投身「滿軍」爲的是要瓦解「滿軍」，組織「滿軍」譁變來

的，眞令人佩服之至。

（抗日救國）

這時我們的隊伍更擴大了，改編爲反日遊擊隊。同時與毛團，殿臣等隊共組織聯合軍，磐石一帶的反日聲勢更加浩大。

六月間與毛團，殿臣等部共同進攻吉昌子，我軍一方用迫擊炮轟擊，一方衝鋒。但臨時步驟未能一致，毛團殿臣先撤退，於是敵人又來反攻。

冒失鬼高錫甲帶領三十多個敵兵向我軍衝鋒，我軍把高打死了，兵士被打得抱頭鼠竄地退了。這次雖然吉昌子未攻下，可是在這次戰爭中表現了我軍的英勇，連吉昌子的走狗們都不能不贊嘆。

我們的隊伍在義勇軍中的信仰最大，各義勇軍都願意和我們來聯合；天龍、馬團、天虎等都與我軍聯合。

這時爲適合抗日的需要，楊靖宇決定準備成立人民革命軍。

經過相當時間的籌備，當年（一九三三年）紀念節在磐石區石虎溝的軍民大會上正式宣佈成立東北人民革命軍第一軍第一獨立師。

大會上軍民一致推楊靖宇爲獨立師的司令，於是在掌聲和歡呼聲中即宣佈就職了。

（楊司令員）

獨立師開始組織是很簡單的：楊靖宇是司令兼政治委員，參謀長李紅光，政治部主任劉短脖，第一團團長袁德勝，第三團團長曹國安，政治保安隊隊長朴○○。

十月間又成立少年營，全部隊員都是青年

人（十六歲至廿三歲）。少年營營長姓玄，他是中國共產主義青年團員。

人民革命軍成立之後，採用遊擊戰術積極活動，當時的遊擊區在磐石、樺甸、雙湯、伊通等縣，這時敵人又進行討伐，人民革命軍十一月間決定向江南開闢新遊擊區。第一團少年營仍留江北遊擊區，司令部帶同第三團，保安隊到江南去活動。在江南活動五個月，開闢了十幾縣新的遊擊區：金川、濛江、撫松、臨江、通化、寬甸、集安、興京、清源、柳河、桓仁、安圖。在這些新遊擊區的活動，得到民衆熱烈的擁護。對「滿洲國」的軍隊我們提出「中國人不打中國人」的口號，他們也都同情我們。對義勇軍我們和他們親密地聯合，在作戰上常常援助他們，在喫糧和服裝上也都幫助他們，因此各義勇軍對我們的關係也都很好。有個田司令的隊伍，帶機關槍全部加入我獨立師，這時隊伍比三十三年擴大了三倍，因為隊伍的擴大在指揮上發生不便，在組織上就不能不加以改變，經過獨立師的高級軍官會議的決定，當獨立師成立一週年的時候（即一九三四年的「九一八」），在臨江縣板石溝正式成立第一軍，當天開

軍民大會

，到會民衆七百多，首先由楊司令講話，「當楊上台時羣衆自動高呼楊司令萬歲」痛陳日寇的強盜行為及民衆痛苦後，又報告獨立師在一年當中鬥爭的情形，次由宋鐵岩志士及義勇軍代表出來講話，並在大會上宣佈了東北人民革命軍第一軍的組織：軍長兼軍政委員楊靖宇，政治部主任宋鐵岩，第一師師長李紅光，師政治部主任程斌，第二師師長曹國安，師政治部主任周○○，師參謀長丁○○，南滿遊擊隊隊長田○○，教導連連長高○○，連政治委員王印哲，衛隊連連長朴○○。

此後，人民革命軍和楊軍長這幾個字，在南滿一帶差不多城市鄉村的人都曉得，他的威名震破了日寇的胆子。義勇軍同我們聯合的也更多了，直接受楊軍長指揮的有千餘人，在我軍影響下有萬餘人，和楊軍長關係最密切的義勇軍有雙盛，陳勝，高麗獨立軍，青山好，天虎，馬團，天龍，雙生，老二哥等等。

十二月第一師偷渡鴨綠江，平安北海之槑河衛被我軍攻下

入高麗境

，當地高麗羣衆非常喜歡，他們殺豬作粳飯給我們喫。我軍向他們宣傳應該中韓聯合起來反對共同的敵人日本帝國主義。當時有十幾個高麗青年人加入我軍，在該地駐了一天，我軍即撤回鴨綠江北岸。

一九三五年我軍又向西南活動，開闢了西安海龍、撫順、本溪等縣。

一九三五年八月在濛江拉拉紅與第二軍第一師政治部主任李忠學所率之隊伍會合，當天開軍民聯歡大會，有抗日軍雙盛參加。在大會上二軍代表李忠學講話，略謂：「一軍在南滿，二軍在東滿，兩軍相距甚遠，在敵人包圍封鎖之下，兩軍今能會師於此是不容易的。……」次由一軍政治部主任宋鐵岩，第二師師長曹國安講話。會後雙方拿出自己的特長技能來演習，二軍拋手溜彈，一軍拋刀，並由兩軍士兵及指揮官完全同意之下兩軍訂立

（競賽條約）

，有效期間爲一年，其條文是：（一）爲全部換三八式步槍而鬥爭，（二）我軍完全變爲鐵軍，（三）互相供給經驗。　此條約當時經過雙方負責者簽字，由即日起發生効力；同時爲了紀念兩軍之會師，雙方交換了幹部和互贈禮品，如一軍給二軍一個婦女幹部，二軍給一軍一個炮手，一軍送給二軍二支匣子槍，二軍送給一軍一些手溜彈。

甲午中日戰爭前後
日寇掠取之我國前屬地的面積及人口

	面積（平方公哩）	人口
琉球	二、三八七	五五八、〇〇〇
台灣	三五、八四一	四、三〇〇、〇〇〇
朝鮮	二二〇、七四一	一九、五二〇、〇〇〇

這次的會師是非常有意義的，不僅在軍事上取得了聯系，可以有計劃地牽掣敵人，打擊敵人，而且在幾年鬥爭中所得的寶貴的經驗都相互交換了，更可以使每個士兵從自己經驗中感覺到我們抗日不是孤立的。

九三五年冬季，日寇動員紅袖頭，教導隊等共三千人，專打司令部，司令部爲了避免「討伐」調動要去活動，結果使日寇這次「討伐」又歸失敗，我軍未受損失。

這年檢查隊伍的發展，比上年要增加一倍。

一九三六年一月擊潰「討伐軍」教導隊，獲得大批輕重武裝，使隊伍的擴大更加速了。由一九三五年九月至三六年六月，隊伍擴大二倍（一師擴大一倍半，二師擴大一倍，新編第三師，師長王任齋），在武裝方面全軍百分之八十已換成三八式步槍，「爲全部換三八式步槍而鬥爭」這條比賽條約，在第一軍方面快要完成了。

第一軍的遊擊區在一九三六年六月計算已達二十多縣，分爲五大區：

第一個區域——磐石、樺甸、雙陽、伊通、鐵嶺。

第二個區域——濛江、金川、安圖、撫松、輝南。

第三個區域——臨江、通化。

第四個區域——桓仁、寬甸、輯安。

第五個區域——清源、柳河、海龍、興京、撫順、本溪。

我們一軍從一九三三年的「九一八」成立、到今年的「九一八」巳有四年，在這四年中我們的隊伍在十分艱難困苦的條件之下擴大了二十倍（若從一九三二年初次成立遊擊隊時算起，就擴大了一二百倍），由小部隊變成大部隊，由一縣的遊擊區擴大到二十餘縣，一軍巳成爲東北最堅強的抗日武裝力量。

《救国时报》第一二三——二四期　中华民国二十六年九月十八日　第十版

（1937 年 9 月 18 日）

东北最坚强的抗日武装

东北抗日联军第一军

松　五

松五先生是东北抗日联军第一军第一师的战士，他对于一军有些将领的名字记不清楚，但这对于一军的英勇抗战史实，是没有多大的关系的。他底来稿分为一军的成立与发展和抗日战绩两部份，兹首先发表第一部份，第二部份以后续刊。

编者

第一军完全是从群众抗日斗争中产生出来的。

辽宁磐石县二区吉昌子一带的老百姓，因为受不了亡国奴的气，都要团结起来打日本子。一九三二年就先后爆发了三次大的抗日斗争。第一次在吉昌子北郭家店三月七日反日群众大会，到会千余人，当日群众包围当地警察署，要求他们出来抗日，走狗王署长不但不应允群众要求，反而向磐石街调兵来弹压，群众坚持甚久始散。第二次是四月初旬。日本走狗曾逮捕东北岔反日群众数名，并想继续向吉昌子捕人，吉昌子北部一带的群众得到了消息，就立刻动员了六百多人，准备了辣椒面子，剪子等，等走狗们带同被捕人到吉昌子北二三里地方，群众就开始行动，把辣椒面子涂到走狗眼睛上，用剪子把被捕人的绑绳剪断，走狗一看事情不好，就穿上兔子鞋，撒腿拼命的跑了。群众立刻追上去，一直追了四十多里，走狗好容易跑到三道岗，遇到一个大院套烧锅（白酒制造厂），就像老鼠一般钻进院藏起来。群众进不去就把烧锅包围起来，烧锅附近的老百姓都援助追赶走狗的群众，给群众杀猪吃。双方对峙到夜里，走狗由磐石街调来骑兵，群众才退回来。第三次群众斗争是五月间，在磐石北二区蛤蚂河子（吉海路沿线）地方开工农群众抗日大会，到会五百多人，当时将日本走狗高家大院粮食等都给没收，群众每人分得高粱三升。当天群众将吉海路铁道拆毁。群众经过这三次反日斗争，抗日热血更沸腾了，同时群众从三次斗争中得到了经验：赤手空拳的抗日效力是小的，是解决不了问题的，要想打出日本子，脱离亡国奴的生活，只有武装抗日才行哩。于是吉昌子一带群众进行了筹划组 织武装队伍的工作。

经过两月工夫，弄得八棵步枪，三支手枪，几十颗洋炮（土炮），三十二年七月间在郭家店即正式成立反日义勇军；五分之三为高丽人，五分之二是中国人，队长穆荣山。当天开群众大会，全体队员及队长在群众面前誓师抗日。今日威震全满的东北抗日联军第一军由此产生矣。

这批生力军产生之后立刻轰动了磐石县，虽然有些义勇军开始对我们尚不了解，不久就有许多义军来同我们联合。八月间我军即与义军长占合并，队名仍叫长占。到伊通县桦木林子又收缴走狗的十余支枪，队伍扩大了，又组织了骑兵队。不久由伊通回磐石，与驻磐之“满军”宋营长（他是国民党员）暗中联络好，在八月中秋节那天，我军联合了千余名之义军与宋营长里应外合的将磐石县街占领了。义勇军进街后将日本子及走狗的财产都没收了，一般商店及住户丝毫未扰及。在街里过的中秋节，义军与宋营士兵联欢，大吃大喝，真是闹个不亦乐乎。在磐石街驻了两天，全部义军与宋营一同退出。自此不仅长占队威名大震，且将磐石一带的抗日运动向前推进了。

长占队长这小子不坚决，他打算要去投降日本子。部下将他就缴了械，将队伍又重新整编了一下，改队名为五洋。孟〇〇（中学生）为大队长，他是中国共产党员，邱〇〇为政治委员，他也是共产党员，出身是中学生。队伍经过编整之后，战斗力更加强了，于是在九月队伍开赴桦甸县活动。当时以桦甸北区狗皮沟为临时根据地，四出活动；对待老百姓不打，不骂，不抢，不夺，同时向他们宣传我们的抗日主张，在作战方面又勇敢，所以老百姓说："五洋队真好，中国军队都像这样，亡不了国……"就连那些和日本子相近的地主们也不能不赞成我们军队真能干。有一次一个地主（他平日和日本常往来）不许我们的队伍通过他家附近的道路，他们从院套的炮台向我们射击，我们从炮台眼中将他们的炮手（射手）打死一个，从此桦甸的大院套同我们的关系都不错，不仅允许我们进院去住宿，并且常常在物质上供给我们。

十一月间，杨靖宇受中国共产党的指派来到我们队伍上。我们初次见着他就感觉到他是一个庄严的政治家，他的态度很沉静，待人接物和蔼可亲，而观察事理又深刻锐敏，因此大家爱戴杨靖宇，推举他为我们的司令员。杨靖宇到队后，立刻将队内政治工作，对民众的宣传与组织工作，以及军事计划等，均加以指示与整顿，并于十二月间率队回磐石。这时日本子派"满军"刘司令在磐石一带进行"讨伐"，我们的队伍在杨靖宇的天才领导之下，灵活地运用了游击战术，避实击虚，神出鬼没地同他们周旋了三个月，非但"讨伐"

没有丝毫效果，而且他们还吃亏。“讨伐队”受了我们的感动的结果，毛团殿臣都拉出来抗日，与我军联合在一起，共五六百人，一军声势更浩大起来。日本子又动员了十四团来“讨伐”，在“讨伐”中十四团同样受了我军的影响，同时因为他们“讨伐”无效，日本子企图缴他们的械，这样兵心非常动摇。

受反日影响最深的要算十四团的迫击炮连，尤其是他们中间有二个学生，一个是曹国安，在团部当书记，一个是宋铁岩，在迫击炮连。他们素来是反日的，这次到磐石，他们亲眼看到了抗日军猛烈活动的情形，便决定发动哗变抗日。他们两个人在士兵中积极活动，得到了大部士兵的同情。在五月下旬，迫击炮连驻于磐石二区烟筒山，连长有一天不在营，他们认为机会到来了，这天夜里正当士兵们熟睡时，曹国安便大声喊：“日本子来缴械了！”士兵都惊醒，正在发慌中，曹国安、宋铁岩、及其他几个预先知道的士兵，都齐声喊：“大家还不快跑！”士兵都马上准备拉走。这时副连长想出来干涉，被士兵一枪打死，于是全连架了迫击炮及一切军用品，在曹国安、宋铁岩领导之下，就跑出来了。结果他们跑了四天，在烟筒山南四十里之龙观庙找到了我们的队伍，全部加入，受杨靖宇编制。在谈话中知道了曹宋之准备哗变已非一日！宋铁岩是北平大学学生，他加入十四团只在迫击炮连当一名简单的兵，由此可知他的投身“满军”为的是要瓦解“满军”，组织“满军”哗变来抗日救国的，真令人佩服之至。

这时我们的队伍更扩大了，改编为反日游击队。同时与毛团，殿臣等队共组织联合军，磐石一带的反日声势更加浩大。六月间与毛团，殿臣等部共同进攻吉昌子，我军一方用迫击炮轰击，一方冲锋。但临时步骤未能一致，毛团殿臣先撤退，于是敌人又来反攻。冒失鬼高锡甲带领三十多个敌兵向我军冲锋，我军把高打死了，兵士被打得抱头鼠窜地退了。这次虽然吉昌子未攻下，可是在这次战争中表现了我军的英勇，连吉昌子的走狗们都不能不赞叹。

我们的队伍在义勇军中的信仰最大，各义勇军都愿意和我们来联合；天龙、马团、天虎等都与我军联合。这时为适合抗日的需要，杨靖宇决定准备成立人民革命军。经过相当时间的筹备，当年（一九三三年）纪念节在磐石三区石虎沟的军民大会上正式宣布成立人民革命军第一军第一独立师。大会上军民一致推杨靖宇为独立师的司令，于是杨司令员在掌声和欢呼声中即宣誓就职了。独立师开始组织是很简单的：杨靖宇是司令兼政治委员，参谋长李红光，政治部主任刘短脖，第一团团长袁德胜，第三团团长曹国安，政治保安队队长朴〇〇。十月间又成立少年营，全体队员都是青年人（十六岁至廿三岁）。少年营营长姓玄，他是中国共产主义青年团员。

人民革命军成立之后，采用游击战术积极活动，当时的游击区在磐石、桦甸、双阳、伊通等县，这时敌人又进行讨伐，人民革命军十一月间决定向江南开新游击区。第一团少年营仍留江北游击区，司令部同第三团，保安队到江南去活动。在江南活动五个月，开辟了十几县新的游击区：金川、濛江、抚松、临江、通化、宽甸、集安、兴京、清源、柳河、桓仁、安图。在这些新游击区的活动，得到民众热烈的拥护。对“满洲国”的军队我们提出“中国人不打中国人”的口号，他们也都同情我们。对义勇军我们和他们亲密地联合，在作战上常常援助他们，在吃粮和服装上也都帮助他们，因此各义勇军对我们的关系也都很好。有个田司令的队伍，携带机关枪全部加入我独立师，这时队伍比三十三年扩大了三倍，因为队伍的扩大在指挥上发生不便，在组织上就不能不加以改变，经过独立师的高级军官会议的决定，当独立师成立一周年的时候（即一九三四年的“九一八”）在临江县板石沟正式成立第一军，当天开军民大会，到会民众七百多，首先由杨司令讲话，“当杨上台时群众自动高呼杨司令万岁” 痛陈日寇的强盗行为及民众痛苦后，又报告独立师在一年当中斗争的情形，次由宋铁岩志士及义勇军代表出来讲话，并在大会上宣布了东北人民革命军第一军的组织：军长兼军政治委员杨靖宇，政治部主任宋铁岩，第一师师长李红光，师政治部主任程斌，第二师师长曹国安，师政治部主任周〇〇，师参谋长丁〇〇，南满游击队队长田〇〇，教导连连长高〇〇，连政治委员王印哲，卫队连连长朴〇〇。

此后，人民革命军和杨军长这几个字，在南满一带差不多城市乡村的人都晓得，他的威名震破了日寇的胆子。义勇军同我们联合的也更多了，直接受杨军长指挥的有千余人，在我军影响下有万余人，和杨军长关系最密切的义勇军有双盛，陈胜，高丽独立军，青山好，天虎，马团，天龙，双生，老二哥等等。

十二月第一师偷渡鸭绿江，入高丽境，平安北海之累河卫被我军攻下，当地高丽群众非常喜欢，他们杀猪作粳饭给我们吃。我军向他们宣传应该中韩联合起来反对共同的敌人日本帝国主义。当时有十几个高丽青年人加入我军，在该地驻了一天，我军即撤回鸭绿江北岸。

一九三五年我军又向西南活动，开辟了西安海龙、抚顺、本溪等县。

一九三五年八月在濛江拉拉红与第二军第一师政治部主任李忠学[①]所率之队伍会合，当天开军民联欢大会，有抗日军双盛参加。在大会上二军代表李忠学讲话，略谓：“一军在南满，二军在东满，两军相距甚远，在敌人包围封锁之下，两军今能会师于此是不容易的。……”次由一军政治部主任宋铁岩，第二师师长曹国安讲话。会后双方拿出自己的特长技能来演习，二军抛手榴弹，一军抛刀，并由两军士兵及指挥官完全同意之下两军订立竞赛条约，有效期间为一年，其条文是：（一）为全部换三八式步枪而斗争，（二）我军完全变为铁军，（三）互相供给经验。此条约当时经过双方负责者签字，由即日起发生效力；同时为了纪念两军之会师，双方交换了干部和互赠礼品，如一军给二军一个妇女干部，二军给一军一个炮手，一军送给二军二支匣子枪，二军送给一军一些手榴弹。

这次的会师是非常有意义的，不仅在军事上取得了联系，可以有计划地牵制敌人，打击敌人，而且在几年斗争中所得的宝贵的经验都相互交换了，更可以使每个士兵从自己经验中感觉到我们抗日不是孤立的。

一九三五年冬季，日寇动员红袖头，教导队等共三千人，专打司令部，司令部为了避免“讨伐”到绥安去活动，结果使日寇这次“讨伐”又归失败，我军未受损失。这年检查队

① 应为李学忠。

伍的发展，比上年要增加了一倍。

一九三六年一月击溃“讨伐军”教导队，获得大批轻重武装，使队伍的扩大更加速了。由一九三五年九月至三六年六月，队伍扩大二倍（一师扩大一倍半，二师扩大一倍，新编第三师，师长王任斋[①]），在武装方面全军百分之八十已换成三八式步枪，“为全部换三八式步枪而斗争”这条比赛条约，在第一军方面快要完成了。

第一军的游击区在一九三六年六月计算已达二十多县，分为五大区：第一个区域——磐石、桦甸、双阳、伊通、铁岭。第二个区域——濛江、安图、抚松、金川、辉南。第三个区域——临江、通化。第四个区域——桓仁、宽甸、辑安。第五个区域——清源、柳河、海龙、兴京、抚顺、本溪。

我们一军从一九三三年的“九一八”成立，到今年的“九一八”已有四年，在这四年中我们的队伍在十分艰难困苦的条件之下扩大了二十倍（若从一九三二年初次成立游击队时算起，就扩大了一二百倍），由小部队变成大部队，由一县的游击区扩大到二十余县，一军已成为东北最坚强的抗日武装力量。

① 应为王仁斋。

東北抗日聯軍第二軍

在與日寇血戰中發展和鞏固起來

（林維）

東北抗日聯軍的前身是在延吉、琿春、和龍、汪清四縣的反日遊擊隊當民國二十一年日本帝國主義在東北進行瘋狂的「討伐」的時候，許多大的抗日義勇軍部隊，不得不化整爲零，同時救國軍和自衛軍的總司令部也垮了台，一部份不堅定的份子，在日本帝國主義壓迫與欺騙下，或則逃跑、或則投降。另外剩下一部份較堅定的部隊，也在軍事上失去集中的領導，各自爲戰，有被日寇各個擊破的危險。在這個緊急關頭，中國共產黨東滿特委動員其最好的幹部，號召最堅定的反日羣衆，開始組織自己底反日遊擊隊來和日寇作長期艱苦的鬥爭。這樣就在延吉、琿春、和龍、汪清一帶組織了反日遊擊隊，並建立密切的聯系與中心的領導。

開始每隊只有三四十人或五六十人，同時，反日遊擊隊和其他反日隊伍之間，仍存在着誤會和芥蒂，仍沒有建立統一的領導機關，因此，遊擊隊的發展和鞏固，受到很大的障礙。

幸而中國共產黨於民國二十二年一月提出了反日民族統一戰線的政策，指示反日遊擊隊去團結東北反日部隊和力量來反對民族共同敵人日寇。

此後我們就積極和救國軍山林隊及其他反日部隊聯絡，號召他們不分黨派，不間信仰，聯合起來。經過長期的努力，乃逐漸消滅從前的誤會和仇視，並經常聯合在一塊與日寇作戰，因此我們底隊伍就日益發展起來。到二十三年春天，反日遊擊隊就擴充爲人民革命軍第二軍。救國軍山林隊，鋒營長、熊連附、平日軍、靠勝等部隊數百人亦都加入。

那時未建立軍部，只以延吉、和龍的反日遊擊隊及救國軍山林隊編成第一獨立師；以汪淸、琿春的反日遊擊隊及救國軍山林隊編成第二獨立師。

遊擊區域由間島四縣擴大到東寧、寧安、敦化、安圖等縣，屢次擊敗日寇，軍威大振。

根據中國共產黨反日民族統一戰線的政策，東北人民革命軍更進而組織全東北的抗日聯軍。

在民國二十四年春，人民革命軍第二軍就與前救國軍史忠恆部以及其他山林隊共同組織了東北抗日聯軍第二軍，推舉王德泰爲軍長，魏拯民爲政治委員。

抗日聯軍第二軍到現在已有身經百戰的數千英勇戰士，活躍於遼東邊區間島吉東三十餘縣，成爲浩浩蕩蕩的一支鐵的軍隊。

抗日聯軍第二軍是在連年和日寇肉搏血戰中發展和強大起來的。幾年來轉戰數千里，固然常常得到大快人心的勝利；但也會有時遭受極大的困難和犧牲。在打破日寇不斷的「討伐」中，我軍最愛戴的創造者及領導者、中共東滿特委書記童長榮同志以及許多智勇兼全的民族英雄，如史忠恆、黃文青、杜希僚，李金才、張彥明、崔正和諸同志，都先後爲驅逐日寇、收復失地、人民幸福和國家獨立而流了他們底最後一滴血。

日寇每年進行定期「討伐」，並大肆其挑撥離間的伎倆，發散「民匪分離」、「消亡匪患安定民生」

」、「專打抗日軍不打救國軍」等欺騙和挑撥的口號。日寇又會指使其奸細僞託洛茨基份子，朝鮮人的「民生團」等混到我軍內部，進行告密、破壞、離間、危害、暗殺等勾當，作爲日寇的內應。這些日寇奸細知道我軍是共產黨直接組織起來的，將士很多是共產黨員，而且共產黨的反日民族統一戰線政策，確是驅逐日寇收回失地的唯一政策，所以這些日寇奸細就設法混入軍內的共產黨組織，屬行其兩面派的陰謀手段，假意做出「堅決積極」的樣子，以便騙取領導者的信任，來更兇悍地進行其奸細工作。

但是，不管日寇怎樣猖狂地「討伐」，如何企圖挑撥離間，和極力進行其奸細活動；但我軍不斷努力奮鬥的結果，內部更加團結和鞏固起來，和民衆的關係更加親密起來，特別是我軍將士加緊了反對託洛茨基份子及其他日寇奸細的鬥爭，在二十三年春天就破獲並處決了日寇的奸細組織，因而各方面工作更見發展，接三連四地給日寇以嚴重的打擊。

第二軍所經過的戰爭，實難盡述，今只略舉一二件頑強戰鬥的事實，就可見我軍將士殺敵的勇敢及戰鬥的藝術。

☆ ☆ ☆

在民國二十三年冬期的「討伐」中，到延吉灣灣溝的「討伐隊」有七百多人，我們的軍長王德泰那時任延吉遊擊隊大隊部的政治委員，得到日寇進溝「討伐」的消息，即準備迎敵。灣灣溝的地勢非常險要，敵人要進溝，只有從溝堂中的大道通過，而兩旁的山，離大道至多不過四百米達。我們的軍長只帶着六十多名的戰士，在路兩旁設下埋伏，每個山峯有兩三名，很多民衆也跑到山上助威。當寇軍進入埋伏時，各山槍聲四起，同時各山民衆，一齊呼喊和唱吹，各山互相迴響，更如千軍萬馬，天崩地裂。日寇背腹受敵，也不知道遊擊隊到底有多少人，雖然日寇有許多機關槍和大砲，也無能爲力。結果，日寇退至溝外宿營，我軍則在溝裏休息。我軍知道日寇次日一定再來進攻，因此在夜間我軍派了很少的隊員到日寇營宿附近，遊擊擾亂，使之不得安寢。這樣一連戰了七日七夜，我軍子彈用罄，先行退出，日寇亦精疲力竭，只燒了幾間民屋，便退往延吉。這七日夜激戰的結果，遊擊隊只陣亡一名，傷三名，但敵人方面，則傷亡將士達一百二十多名。

去年九月初，第四團團長侯國忠同志與張丰任中華同志帶着一百多人，在中東路東段穆陵站附近活動。他們初到那裏，人地生疎，所以多半是靠着新聯合的山林部隊和民衆去從事偵查。某日據山林隊隊員報告，次日夜間十一時，有一趟票車經過，押車的軍隊不過四十人，並說，打幾槍，喊口號，那些「靖安軍」便可繳械。第二天晚間，我軍與山林隊二十多人同到九站台馬溝之間，折斷路軌、設下埋伏，兩頭卡子各三十多人，各有輕機一架，堵截敵人援軍，中央部隊五十多人，有輕機一架，埋伏在鐵道旁的水溝中。不久火車到來，在鐵軌破拆的地方停止。侯團長立即下令射擊，有數分鐘光景，車中沒有動靜，遂下令停射，大聲喊口號，也沒有回答。侯團長此時已縱判明，這不是票車而是日本子的兵車，遂卽下令猛烈射擊，不許寇軍下車，車內日本子亦開始還擊。

激戰多時，因我軍據險射擊，目標清楚，彈多命中。一部份日兵跳入車底。有一個徒手的日本兵從車裏猛力向外一跳，落在我軍一個隊員的身上，剛要奪槍，却被別一個隊員一槍打死。那時車上已沒有槍擊；但在車底下的日兵四十多名，則強頑抵抗，我們一面打着，一面派人上車搜查，搜了五六個車箱，都是白米麵粉，罐頭盒子和日本衣服。

這時戰事非常激烈，我軍子彈快要用盡，只得攜帶輕便物品，退到林子裏。

這役我軍七連連長張彥明同志與二位隊員英勇殉國。

到戰後三天，聽到被日寇迫去抬埋日寇屍骸的老百姓說，日寇這次死了一百名以上，傷四十名左右，車上日兵二百名，只剩下五十多名。那些老百姓又說，車上還有一百名「靖安軍」，沒有傷亡，當槍聲一響，他們拿定了主意：『抗日聯軍上車來就交槍，他們要槍不要命，專打日本子，不打中國人，不上車就拉倒。』可是那些滿兵的官，到下城子却吃了日本子的罷頭，日本子問他：『紅胡子爲什麽不打你們？我們人死了一百多，你底兵爲什麽一個也不死？你一定與紅胡子有聯絡。』日寇幾乎把他槍決，煩了許多的人做保求情，結果來了一個撤差大吉。我們聽了老百姓這些話，知道山林隊這次的情報太疎忽了，不然，我們必當有更大的收獲，只好再候時機了。

日寇這次死傷奇重，次日找到戰塲附近的居民大出其氣，將戰塲附近的居民共四百多人，都趕到戰塲上，年青的抬死屍，老頭小孩婦女在傍邊跪着，既不准灣腰，又不准抬頭，抬死屍的抬了一天，那些跪的也跪了一天。日本子又將山邊滿裏的民房都燒了，在田裏的麥子也都燒掉。他們認爲這樣抗日聯軍就再不來了，既無住處，又無糧食，不用打也會餓死了。

六年來日寇一貫地用這樣殘酷的辦法，可是我們一個也沒有餓死。

目前在日寇猖狂進攻下，我國已進行抗戰，這一消息，傳到東北，必然千百倍地加強抗日聯軍第二軍全軍將士及其他抗日聯軍部隊與東北民衆的抗日意志，必然千百倍地努力進行抗日戰爭，與全國同胞一起，奮鬥到最後的勝利。

《救国时报》第一二三——二四期 中华民国二十六年九月十八日 第十版

（1937 年 9 月 18 日）

东北抗日联军第二军

在与日寇血战中发展和巩固起来

林　维

东北抗日联军的前身是在延吉、珲春、和龙、汪清四县的反日游击队，当民国二十一年日本帝国主义在东北进行疯狂的“讨伐”的时候，许多大的抗日义勇军部队，不得不化整为零，同时救国军和自卫军的总司令部也塌了台，一部份不坚定的份子，在日本帝国主义压迫与欺骗下，或则逃跑、或则投降。另外剩下一部份较坚定的部队，也在军事上失去集中的领导，各自为战，有被日寇各个击破的危险。在这个紧急关头，中国共产党东满特委动员其最好的干部，号召最坚定的反日群众，开始组织自己底反日游击队来和日寇作长期艰苦的斗争。这样就在延吉、珲春、和龙、汪清一带组织了反日游击队，并建立密切的联系与中心的领导。开始每队只有三四十人或五六十人，同时，反日游击队和其他反日队伍之间，仍存在着误会和芥蒂，仍没有建立统一的领导机关，因此，游击队的发展和巩固，受到很大的障碍。

幸而中国共产党于民国二十二年一月提出了反日民族统一战线的政策，指示反日游击队去团结东北反日部队和力量来反对民族共同敌人日寇。此后我们就积极和救国军山林队及其他反日部队联络，号召他们不分党派，不问信仰，联合起来。经过长期的努力，乃逐渐消灭从前的误会和仇视，并经常联合在一块与日寇作战，因此我们底队伍就日益发展起来。到二十三年春天，反日游击队就扩充为人民革命军第二军。救国军山林队，钱营长、熊连附、平日军、靠胜等部队数百人亦都加入。那时未建立军部，只以延吉、和龙的反日游击队及救国军山林队编成第一独立师；以汪清、珲春的反日游击队及救国军山林队编成第二独立师。游击区域由“间岛”四县扩大到东宁、宁安、敦化、安图等县，屡次击败日寇，军威大振。

根据中国共产党反日民族统一战线的政策，东北人民革命军更进而组织全东北的抗日联军。在民国二十四年春，人民革命军第二军就与前救国军史忠恒部以及其他山林队共同组织了东北抗日联军第二军，推举王德泰为军长，魏拯民为政治委员。抗日联军第二军到现在已有身经百战的数千英勇战士，活跃于辽东边区间岛吉东三十余县，成为浩浩荡荡的一支铁的军队。

抗日联军第二军是在连年和日寇肉搏血战中发展和强大起来的。几年来转战数千里，固然常常得到大快人心的胜利；但也会有时遭受极大的困难和牺牲。在打破日寇不断的“讨伐”中，我军最爱戴的创造者及领导者、中共东满特委书记童长荣同志以及许多智勇兼全的民族英雄，如史忠恒、黄文青、杜希俭、李金才、张彦明、崔正和诸同志，都先后为驱逐日寇、收复失地、人民幸福和国家独立而流了他们底最后一滴血。

日寇每年进行定期“讨伐”，并大肆其挑拨离间的伎俩，发散“民匪分离、“消亡匪患安定民生”、“专打抗日军不打救国军”等欺骗和挑拨的口号。日寇又曾指使其奸细间谍托洛茨基份子，朝鲜人的“民生团”等混到我军内部，进行告密、破坏、离间、危害、暗杀等勾当，作为日寇的内应。这些日寇奸细知道我军是共产党直接组织起来的，将士很多是共产党员，而且共产党的反日民族统一战线政策，的确是驱逐日寇收回失地的唯一政策，所以这些日寇奸细就设法混入军内的共产党组织，厉行其两面派的阴谋手段，假意做出“坚决积极”的样子，以便窃取领导者的信任，来更凶悍地进行其奸细工作。

但是，不管日寇怎样猖狂地“讨伐”如何企图挑拨离间，和极力进行其奸细活动；但我军不断努力斗争的结果，内部更加团结和巩固起来，和民众的关系更加亲密起来，特别是我军将士加紧了反对托洛茨基份子及其他日寇奸细的斗争，在二十三年春天就破获并处决了日寇的奸细组织，因而各方面工作更见发展，接三连四地给日寇以严重的打击。第二军所经过的战争，实难尽述，今只略举一二件顽强战斗的事实，就可见我军将士杀敌的勇敢及战斗的艺术。

在民国二十三年冬期的“讨伐”中，到延吉湾湾沟的“讨伐队”有七百多人，我们底军长王德泰那时任延吉游击队大队部的政治委员，得到日寇进沟“讨伐”的消息，即准备迎敌。湾湾沟的地势非常险要，敌人要进沟，只有从沟堂中的大道通过，而两旁的山，离大道至多不过四百米远。我们底军长只带着六十多名的战士，在路两旁设下埋伏，每个山峰有两三名，很多民众也跑到山上助威。当寇军进入埋伏时，各山枪声四起，同时各山民众，一齐呼喊和唱歌，各山互相回应，更如千万军马，天崩地裂。日寇背腹受敌，也不知道游击队到底有多少人，虽然日寇有许多机关枪和大炮也无能为力。结果，日寇退至沟外宿营，我军则在沟里休息。我军知道日寇次日一定再来进攻，因此在夜间我军派了很少的队员到日寇营宿附近，游击扰乱，使之不得安寝。这样一连战了七日七夜，我军子弹用罄，先行退出，日寇亦精疲力竭，只烧了几间民屋便退往延吉。这七日夜激战的结果，游击队只阵亡一名，伤三名，但敌人方面，则伤亡将士达一百二十多名。

去年九月初，第四团团长侯国忠同志与张主任中华同志带着一百多人，在中东路东段穆陵站附近活动。他们初到那里，人地生疏，所以多半是靠着新联合的山林部队和民众去从事侦查。某日据山林队队员报告，次日夜间十一时，有一趟票车经过，押车的军队不过四十人，并说，打几枪，喊口号，那些“靖安军”便可缴械。第二天晚间，我军与山林队二十多人同到九站台马沟之间，拆断路轨、设下埋伏，两翼卡子各三十多人，各有轻机一架，堵截敌人援军，中央部队五十多人，有轻机一架，埋伏在铁道旁的水沟中。不久火车到来，在铁轨被拆的地方停止。侯团长立即下令射击，有数分钟光景，车中没有动静，遂下令停射，大声喊口号，也没有回答。侯团长此时已经判明，这不是票车而是日本子的兵车，遂即下令猛烈射击，不许寇军下车，车内日本子亦开始还击。激战多时，因我军据险射击，目标清楚，弹多命中。一部份日兵跳入车底。有一个徒手的日本兵从车里猛力向外一跳，落在我军一个队员的身上，刚要夺枪，却被另一个队员一枪打死。那时车上已没有枪声；但在车底下的日兵四十多名，则顽强抵抗，我们一面打着，一面派人上车搜查，搜了五六个车厢，都是白米面粉，罐头盒子和日本衣服。这时战事非常激烈，我军子弹快要用尽，只得携带轻便物品，退到林子里。

这役我军七连连长张彦明同志与二位队员英勇殉国。到战后三天，听到被日寇迫去抬埋日寇尸骸的老百姓说，日寇这次死了一百名以上，伤四十名左右，车上日兵二百名，只剩下五十多名。那些老百姓又说，车上还有一百名“靖安军”，没有伤亡，当枪声一响，他们拿定了主意：“抗日联军上车来就交枪，他们要枪不要命，专打日本子，不打中国人，不上车就拉倒。”可是那些满兵的官，到下城子却吃了日本子的霉头，日本子问他：“红胡子为什么不打你们？我们人死了一百多，你底兵为什么一个也不死？你一定与红胡子有联络。”日寇几乎把他枪决，烦了许多的人做保求情，结果来了一个撤差大吉。我们听了老百姓这些话，知道山林队这次的情报太疏忽了，不然，我们必当有更大的收获，只好再候时机了。日寇这次死伤奇重，次日找到战场附近的居民大出其气，将战场附近的居民共四百多人，都赶到战场上，年青的抬死尸，老头小孩妇女在旁边跪着，既不准弯腰，又不准抬头，抬死尸的抬了一天，那些跪的也跪了一天。日本子又将山边沟里的民房都烧了，在田里的麦子也都烧掉。他们认为这样抗日联军就再不来了，既无住处，又无粮食，不用打也会饿死了。六年来日寇一贯地用这样残酷的办法，可是我们一个也没有饿死。

目前在日寇猖狂进攻下，我国已进行抗战，这一消息，传到东北，必然千百倍地加强抗日联军第二军全军将士及其他抗日联军部队与东北民众的抗日意志，必然千百倍地努力进行抗日战争，与全国同胞一起，奋斗到最后的胜利。

英勇奮鬥的東北抗日聯軍第三軍

（熙　文）

「提起了九月十八令人痛傷情，萬惡日本來進兵，強佔東三省，大炮轟轟不住聲，飛機炸彈扔，無辜羣衆遭屠殺，血染遍地紅……」

北滿有一支愛唱歌的反日部隊，經常唱着這個歌。自一九三三年到一九三六年，他們由長白山唱過了中東路，唱過了松花江，唱過了興安嶺之高峯，唱到了黑龍江畔。今年一九三七年，他們的歌聲就更普遍了，雄壯的歌聲震盪着悲慘的東北，無論城市鄉村，無論是什麼人（祇要不是狗）沒有不喜歡聽，也沒有不喜歡唱，尤其是僞國軍隊常和他們同唱在戰場，甚至傀儡機關的職員官吏也在自己辦公室內哼着。這是三千萬奴隸六年來被壓迫的吼聲，聽罷！

「中國內有僞滿洲，「滿洲國」便是活地獄，死亡流離日夜愁，自從亡省後，祇有壓迫，並無自由，同胞三千萬，同胞三千萬，誰肯甘心作亡國奴?!不抗日，不團結那有出路，失田地傾家產衣食難求，快快起來爭回祖國，雪盡中華奇恥冤仇。」（仿僞國國歌調）

這支愛唱歌的反日部隊就是雄飛北滿，名震東北的抗日聯軍第三軍。牠的軍長就是民族英雄趙尚志，他是中國共產黨員。

說起三軍的歷史不能不回憶到三個反日部隊的慘敗。第三軍的創造者正是直接由巴彥反日遊擊隊，珠河工農反日義勇軍和孫朝陽部這三個反日部隊的慘敗經驗中鍛煉出來的。三大抗日義軍部隊之慘敗是在民國廿一年至民國廿二年之間。趙尚志曾參加反巴彥反日遊擊隊的領導，當時更姓爲李，江北一帶的老百姓都知道李先生。巴彥反日遊擊隊敗後，趙尚志繼續參加孫朝陽部義軍，但孫爲日寇反間計所愚，置趙尚志所提的正確策略於不顧，且對趙懷疑。趙爲揭破日寇詭計及證明共產黨人之亦誠救國起見，率共產黨員和青年團員七名退出朝陽部隊。

民族英雄趙尚志在脫離朝陽部隊後，找到了中共珠河縣委，他們熱血沸騰地討論了中共中央的在廿二年一月廿六號向東北指示的反日民族統一戰線的新政策，血的經驗與失敗的教訓使他們得到了這個策略如獲至寶，於是他們根據共產黨中央這個指示，聯合山林隊，滿軍，大排，紅槍會共同抗日，並積極創立反日會領導民衆進行反日戰爭。打跑了當地著名走狗袁得勝，取消了僞國的一切苛捐雜稅，努力揭破日寇一切欺騙宣傳，不倦地向民衆解說過去反日部隊失敗的經驗與教訓。最初他們曾遭到很大困難，農民把他們認爲「文明鬍子」，他們窮困得沒有衣穿，沒有飯唆，但一直用誠實的行爲，忍耐的態度去教育，感化農民。農民從事實上了解了他們是抗日救國的隊伍以後，大家都相信他們了。

「九一八」二週年紀念日，他們開始第一次軍事行動，一夜出去九十里外，繳了雙城縣九區板子房的日寇走狗的局所得大槍十餘支，逮捕日寇走狗一名，沒收財產六百元。這是第一次的勝利，此後他們就不斷地行動起來，不到一個月共發展大槍四十支，隊員五十餘名。

民國廿二年十月十號中華民國國慶紀念日那天，他們正式宣佈，成立了珠河東北反日遊擊隊，公舉趙尚志爲大隊長，王德全爲機關槍隊長，李根植爲少年先鋒隊長，在成立典禮開幕時，青林等反日義勇軍代表，當地紅槍會，大排隊，反日農民自衛隊的代表以及哈爾濱反日總會的代表與中共珠河縣委的代表等皆來參加。當日發表了珠河東北反日遊擊隊成立宣言，鬥爭綱領，以及慶祝南滿人民革命軍第一軍成立的賀電，最後鳴槍宣誓，其誓詞有謂「我珠河東北反日遊擊隊全體戰士，爲收復東北失地，爭回祖國自由，那怕槍林彈雨，萬死不辭，那怕赴湯蹈火，千辛不避，誓必武裝東北三千萬同胞，驅逐日寇海陸空軍滾出滿洲，爲中華民族的獨立解放奮鬥到底。」但此時隊伍還不大，組織也還未鞏固，因此曾有過戰敗和內部叛變的事情，但因隊內政治工作不斷加強和不斷地洗清動搖的與反革命的走狗奸細，是冬以後隊伍逐逐漸強大鞏固起來。

民國二十三年春，土龍山的民衆起義曾鼓舞了哈東一帶的反日情緒，不久東滿東北人民革命軍第二軍成立的消息傳來，更大大興奮了這個處於危難中的珠河東北反日遊擊隊。他們以滿腔熱血，冲天勇氣，在趙尚志領導之下誓爲創造東北人民革命軍第三軍而奮鬥；當即突擊於賓延一帶，聯合呂紹才返回來（反正之「滿軍」）等反日義勇軍共同成立鐵北（中東鐵路）抗日聯軍指揮部，公選趙尚志爲總指揮；攻下珠河五區亮珠河鎮，大破延壽二區黑龍宮，大青川大排首領朱萬全反正，繼之號召黃炮反日。四五月間，團結哈東反日義勇軍至數千人，三次圍攻賓洲城，孫朝陽舊部聞風景從，沉默一時之著名反日義軍于海雲老風林等部亦復興起，影響賓縣大排紛紛抗日。這時珠河東北反日遊擊隊已達六百餘人，合黃炮鐵軍等共一千五百餘人，六月間正式成立東北反日遊擊隊哈東支隊，支隊司令趙尚志兼第一總隊長，政治主部任張壽箋，第二總隊長黃英（卽黃炮），政治部主任馬宏力，第三總隊長劉海濤，副總隊長鏡遠，政治部主任孟克。共九個步兵大隊，一個騎兵隊，一個教導隊，一個迫擊炮隊，一時人馬堂皇，打遍了賓縣之八大區，進攻了五常縣城，進擊到荒山川子一帶，哈爾賓的街頭巷尾都在談論着反日聯軍趙尚志。

日寇見反日遊擊隊勢盛，亟調集所謂日「滿」皇軍萬餘人及飛機等大舉「討伐」。 但在賓縣三岔河一役，由於趙尚志遊擊戰術之精，計日僞軍死傷五百餘名，且有部分僞軍反正。日寇知不可以力勝，於是更採用陰謀詭計，派刺客周光亞（哈爾賓日寇哈字偵探隊隊長）謀刺趙尚志不遂，而刺殺了抗日烈士李起東，利用漢奸收降黃炮，指使國民黨親日派在于海雲部隊中破壞反日民族統一戰線，鼓吹「國共不兩立」，另一方面日寇又宣傳于海雲已秘密降日，於是雙方中計，互相火併。　這是三軍哈東支隊極痛心的損失，使三軍的勝利發展受莫大挫折。

但哈東支隊的英勇領導人及全體戰士們並不因此而絲毫沮喪，且更加奮發積極進取之心，以奪取新的勝利來彌補這個損失。　於是南下五常堡，西取雙城康家爐，東征延方，十月間與日偽聯軍望月部與鄧團會戰舉田地（方正縣之排鬼山）遊擊隊被困重圍，趙尚志右腕已爲流彈所傷，然猶奮臂洒血指揮作戰。　曾昏迷數次，乃由劉師長繼續指揮，晚間脫圍退走。　當退走時一連接一連，次序井然，使敵無法追擊，日軍望月對該軍作戰之英勇與退却時之紀律表示驚奇，謂其中必有名將指揮。　此役日寇傷亡百餘名，並擊斃舊俄白匪二十餘名，遊擊隊還失戰馬數十匹，司令部青年科長宋階平烈士犧牲。　日寇第一次有計劃的大討伐遂被沖破。

是年冬冰雪在地，江河封鎖，下江謝文東之起義民軍已經受挫折，李華堂率隊西來與趙尚志會師賓縣，兩位久戰東北的民族英雄緊握攜手，暢快非凡。民國廿四年春，李華堂，謝文東，趙尚志會師於方正縣大羅勒密地點，共同組織北滿東北抗日聯軍總司令部，公選謝文東爲軍事委員長，趙尚志爲總司令，李華堂爲副總司令，旋即集合大軍攻破方正縣城，以慶祝北滿東北抗日聯軍總司令部的成立，日寇對這三位大英雄有歷史意義的聚首，極爲驚惶，急佈置沿江「討伐」，我軍擊之於羅勒密，消滅日寇三十餘名，偽百餘名，繳得機關槍一架，迫擊炮一門。　待日寇再從新佈置，則三位英雄已各擊一方矣。

在滬戰三週年紀念日，東北遊擊隊哈東支隊全體戰士在軍樂悠揚中舉行了東北人民革命軍第三軍成立典禮，發表了三軍成立之通電宣言，各地反日義勇軍代表，反日會代表，偽國軍隊中的

在冬夜裏

祕密代表，以及當地武裝農民自衛隊，轟轟烈烈數萬人參加典禮。民族英雄趙尙志向大會作慷慨激昂的軍事報告，歷述兩年來的堅苦戰績外，並謂「我軍要踏着犧牲烈士鮮血爲發展三個師而奮鬥，這個新的任務爲大會一致贊同。當人民革命軍第三軍成立之初還不過一個師，師長張壽籛率第二團團長王惠童，活動於賓縣阿城一帶，第三團團長張聯科，政治部主任侯啓剛，活動於五常雙城之間，珠河則爲兩團之根據地。軍長趙尙志親率司令部保安團，少年營，及第一團團長劉海濤，政治部主任金策，活動於延方葦河一帶。這時第三軍積極發展武裝，擴張人數，加強隊內政治教育，組織武裝反日農民自衛隊數萬人，其他各婦女反日會，青年反日義勇軍，反日兒童團等，普及於他們所活動的鄉村。五六月間曾於珠河方正一帶建立東北臨時人民革命政府，日寇僅不過統治區區縣城而已。入秋後，第三軍已迅速發展爲三個師。

是年夏，日寇採取「歸大屯」政策，狂殺百姓，使義軍不易在鄉間活動，同時並大舉「討伐」，第三軍乃渡過松花江，遊擊於通湯一帶，幫助湯原反日遊擊隊組織東北人民革命軍第六軍，開展通湯反日遊擊區的反日羣衆組織。

這時第三軍已接得中共中央的「八一」宣言廿四年八月一日爲抗日救國告全體同胞書），全軍將士曾熱烈討論，一致擁護，並根據這個宣言檢查了自己已往的工作，他們深覺得過去的抗日救國工作中雖有了初部成績，但仍帶有狹隘的關門主義，不能使反日民族統一戰線更廣泛地發展。爲了改正這個錯誤，乃於民國廿五年春夏之交遊擊於巴、木、東、慶、鐵各縣，曾於木蘭一帶，截斷松江航運，擊斃日寇江防艦隊倭賊五十餘名，奪得機關槍兩架，迫擊炮一門，且與于海雲部重新團結。巴木一帶反日遊擊運動大興，新起之反日部隊如雨後春筍。第三軍迅速發展，隊伍遂擴大編制，乃於同年八月一號，正式取銷原有東北人民革命軍第三軍之名，改稱東北抗日聯軍第三軍。

第三軍作戰英勇，日寇聞名喪膽，其遊擊戰術之特長在於靈活的突擊。年來戰績之多不勝枚舉。該軍第五師之一部曾由湯原出發，經千里山林遠征黑龍江畔，佔領佛山縣城，茲得該軍政治工作人員日記一頁，公佈於下，以見一斑。

「……我們一大隊人馬，有老的，也有小的，因爲氣候寒冷，穿着黃的藍的顏色極不一致的服裝，背着乾糧袋，肩着槍，還帶着一些刺刀和手溜彈，在冰天雪地裏舉着紅旗，唱着歌，一步一步地前進着，眞是：

豪氣壯山河　長征樂趣多
紅旗映白雪　風雲奏凱歌

馬無草料，隨綢摔死，人無房屋，露天臥雪，我們犧牲的精神和勇氣戰勝了一切困難，堅定了我們爲民族爲祖國的鬥爭意志，終於一步一步地穿過了千里山林。當我們爬上興安嶺的高峯時，我們齊呼第五師勝利萬歲！

陰曆七月十七日晚與十八日夜不到兩天我們繳了三個局所，這就是日寇的觀都金礦局；該局所地勢優良，防禦工事完善，可是我們出其不意攻其不備呀！我們沒收了日賊官小舖的一切財產，及白麵千餘袋，分給了礦工和附近居民，我們也大喫大喝，休兵三日，於是人壯馬肥，風馳電閃地殺奔佛山而來。

二十一號晚我們打了一夜，終於將佛山縣徹底解決。佛山縣雖事先聞知已有相當戒備，可是他們沒有想到我們有如此之速，況且我們還是乘戰勝之威而來的啊！為慶祝這次新勝利，全體戰士又唱起白黑長征歌，我覺得這首歌詞還不錯，特記下來：

（滿江紅調）冰結花殘，千里外白黑長征，憶故國倭奴殘暴，男兒奮興，慣矣軍旅未覺苦，飄泊數載焉知辛。但使那東北光復後，安我心。　山河壯，起征塵，頭顱擲，慰英魂，這軍威橫掃黑水之濱，不會收復失去地，那堪重聽亡國音，欲歸來共奏凱旋曲，待來春。

（註：此歌是司令部送別第五師遠征時蔡主任所作，末兩句是指完成了一冬的軍事計劃，明春重見趙司令。）

總計第五師此次北征初步所得之勝利為消滅了二十餘名日寇，逮捕了偽國佛山縣長夏廣卿及其警察處長（當即釋放），並打死警察署長一名，獲得大批重要地圖與秘密文件，焚毀縣署等一切統治機關，消除了日偽國境監視隊，繳得二百支大槍，一架輕機關槍，兩架無線電，萬餘元現款，百兩沙金，和許多子彈軍需品等，尤其重要者為吸收了百餘名礦工戰鬥員。總計損失為犧牲抗日戰士一名，輕傷連長一名，戰鬥員三名。我們獲得了許多醫藥並得到衛生，，傷人送往軍醫處。全師開追悼會，會有詩贊犧牲烈士云：

與安嶺上雪猶飛　萬里長征馬頻催
不得龍江還故國　男兒誓不願生歸

二十二日晚於佛山縣城

總觀第三軍是由兩年中三個反日部隊的失敗與四年艱苦鬥爭中發長起來的。第三軍之所以日益發展和鞏固起來，其最重要的原因就是因為該軍中堅的共產黨員和共產主義青年團員能堅決執行中國共產黨反日民族統一戰線的政策，聯合一切真正抗日部隊，一致為抗日救國而共同奮鬥。在這六年的英勇抗日血戰中，第三軍的七個創造者中王德全、李根植、李啓東、姜喜善、朴吾德諸烈士犧牲了；英勇的軍事幹部王惠同、李德信、姚萬春、王家林、李雲吉、姜四海、引慶述、李春山、于廣臣、柳少春等烈士犧牲了；堅苦的政治幹部楊主任、馬宏力、宋平階、張士林、姜臨善、祁振亞等諸烈士犧牲了；地方羣衆工作的領袖周百學、宋一夫·王書岐、金紀元、賈

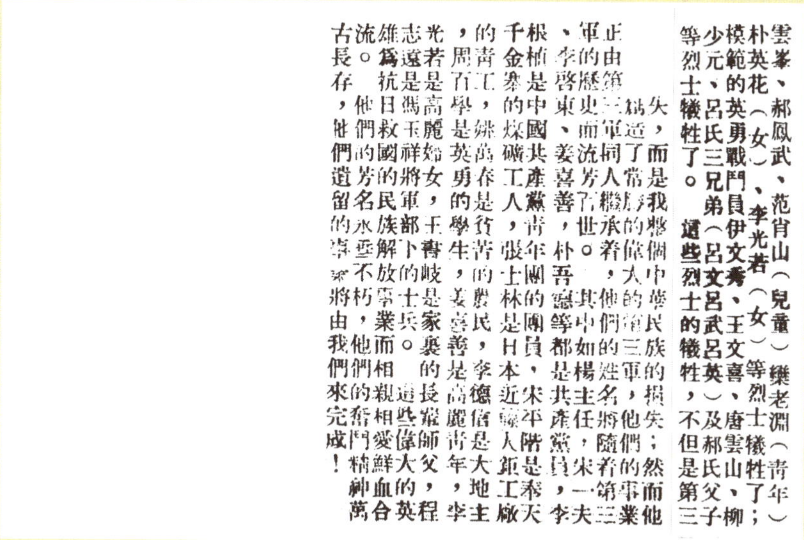

雲峯、郝鳳武、范肖山（兒童）樂老淵（青年）朴英花（女）、李光若（女）等烈士犧牲了；模範的英勇戰鬥員伊文秀、王文喜、唐雲山、柳少元、呂氏三兄弟（呂文呂武呂英）及郝氏父子等烈士犧牲了。

這些烈士的犧牲，不但是第三

失，而是我整個中華民族的損失；然而他[illegible]造了常[illegible]的偉大的第三軍，他們的事業正由第三軍同人繼承着，他們的姓名將隨着第三軍的歷史而流芳百世。其中如楊主任、宋一夫、李啓東、姜喜善，朴吾德等都是共產黨員，李根植是中國共產黨青年團的團員，宋平階是泰天千金寨的煤礦工人，張上林是日本近[illegible]人鉅工廠的青工，孫萬春是貧苦的農民，李德信是大地主，周百學是英勇的學生，姜喜善是高麗青年，李光若是高麗婦女，王青岐是家裏的長寵師父，程志遠是馮玉祥將軍部下的士兵。這些偉大的英雄爲抗日救國的民族解放事業而相親相愛鮮血合流。他們的芳名永垂不朽，他們的奮鬥精神萬古長存，他們遺留的事業將由我們來完成！

《救国时报》第一二三——二四期 中华民国二十六年九月十八日 第十一版

（1937 年 9 月 18 日）

英勇奋斗的东北抗日联军第三军

熙 文

“提起了九月十八令人痛伤情，万恶日本来进兵，强占东三省，大炮轰轰不住声，飞机炸弹扔，无辜群众遭屠杀，血染遍地红……”

北满有一支爱唱歌的反日部队，经常唱着这个歌。自一九三三年到一九三六年，他们由长白山唱过了中东路，唱过了松花江，唱过了兴安岭之高峰，唱到了黑龙江畔。今年一九三七年，他们的歌声就更普遍了，雄壮的歌声震荡着悲惨的东北，无论城市乡村，无论是什么人（只要不是狗）没有不喜欢听，也没有不喜欢唱，尤其是伪国军队常和他们同唱在战场，甚至傀儡机关的职员官吏也在自己办公室内哼着。这是三千万奴隶六年来被压迫的吼声，听罢！

“中国内有伪满洲，‘满洲国’便是活地狱，
死亡流离日夜愁，自从亡省后，只有压迫，并无自由，
同胞三千万，同胞三千万，谁肯甘心作亡国奴？！
不抗日，不团结那有出路，失田地倾家产衣食难求，
快快起来争回祖国，雪尽中华奇耻冤仇。”（仿伪国国歌调）

这支爱唱歌的反日部队就是雄飞北满，名震东北的抗日联军第三军。它的军长就是民族英雄赵尚志，他是中国共产党员。

说起三军的历史不能不回忆到三个反日部队的惨败。第三军的创造者正是直接由巴彦反日游击队，珠河工农反日义勇军和孙朝阳部这三个反日部队的惨败经验中锻炼出来的。三大抗日义军部队之惨败是在民国廿一年至民国廿二年之间。赵尚志曾参加巴彦反日游击队的领导，当时更姓为李，江北一带的老百姓都知道李先生。巴彦反日游击队败后，赵尚志继续参加孙朝阳部义军，但孙为日寇反间计所愚，置赵尚志所提的正确策略于不顾，且对赵怀疑。赵为揭破日寇诡计及证明共产党人之赤诚救国起见，率共产党员和青年团员七名退出朝阳部队。

民族英雄赵尚志在脱离朝阳部队后，找到了中共珠河县委，他们热血沸腾地讨论了中共中央的在廿二年一月廿六号向东北指示的反日民族统一战线的新政策，血的经验与失败的教训使他们得到了这个策略如获至宝，于是他们根据共产

党中央这个指示，联合山林队，满军，大排，红枪会共同抗日，并积极创立反日会领导民众进行反日战争。打跑了当地著名走狗袁得胜，取消了伪国的一切苛捐杂税，努力揭破日寇一切欺骗宣传，不倦地向民众解说过去反日部队失败的经验与教训。最初他们曾遭到很大困难，农民把他们认为“文明胡子”，他们穷困得没有衣穿，没有饭吃，但一直用诚实的行为，忍耐的态度去教育，感化农民。农民从事实上了解了他们是抗日救国的队伍以后，大家都相信他们了。

“九一八”二周年纪念日，他们开始第一次军事行动，一夜出去九十里外，缴了双城县九区板子房的日寇走狗的局所得大枪十余支，逮捕日寇走狗一名，没收财产六百元。这是第一次的胜利，此后他们就不断地行动起来，不到一个月共发展大枪四十支，队员五十余名。

民国廿二年十月十号中华民国国庆纪念日那天，他们正式宣布，成立了珠河东北反日游击队，公举赵尚志为大队长，王德全为机关枪队长，李根植为少年先锋队长，在成立典礼开幕时，青林等反日义勇军代表，当地红枪会，大排队，反日农民自卫队的代表以及哈尔滨反日总会的代表与中共珠河县委的代表等皆来参加。当日发表了珠河东北反日游击队成立宣言，斗争纲领，以及庆祝南满人民革命军第一军成立的贺电，最后鸣枪宣誓，其誓词有谓“我珠河东北反日游击队全体战士，为收复东北失地，争回祖国自由，那怕枪林弹雨，万死不辞，那怕赴汤蹈火，千辛不避，誓必武装东北三千万同胞，驱逐日寇海陆空军滚出满洲，为中华民族的独立解放奋斗到底。”但此时队伍还不大，组织也还未巩固，因此曾有过战败和内部叛变的事情，但因队内政治工作不断加强和不断地洗清动摇的与反革命的走狗奸细，是冬以后队伍遂逐渐强大巩固起来。民国二十三年春，土龙山的民众起义曾鼓舞了哈东一带的反日情绪，不久东满东北人民革命军第二军成立的消息传来，更大大兴奋了这个处于危难中的珠河东北反日游击队。他们以满腔热血，冲天勇气，在赵尚志同志领导之下誓为创造东北人民革命军第三军而奋斗；当即突击于宾延[①]一带，联合吕绍才返回来（反正之“满军”）等反日义勇军共同成立铁北（中东铁路）抗日联军指挥部，公选赵尚志为总指挥；攻下珠河五区亮珠河镇，大破延寿二区黑龙宫，大青川大排首领朱万全反正，继之号召黄炮反日。四五月间，团结哈东反日义勇军至数千人，三次围攻宾洲城，孙朝阳旧部闻风景从，沉默一时之著名反日义军于海云老凤林[②]等部亦复兴起，影响宾县大排纷纷抗日。这时珠河东北反日游击队已达六百余人，合黄炮铁军等共一千五百余人，六月间正式成立东北反日游击队哈东支队，支队司令赵尚志兼第一总队长，政治部主任张寿笺[③]，第二总队长黄英（即黄炮），政治部主任马宏力，第三总队长刘海涛，副总队长镜远，政治部主任孟克。共九个步兵大队，一个骑兵队，一个教导队，一个迫击炮队，一时人马堂皇，打遍了宾县之八大区，进攻了五常县城，进击到荒山咀子一带，哈尔滨的街头巷尾都在谈论着反日联军赵尚志。

日寇见反日游击队势盛，亟调集所谓日“满”皇军万余人及飞机等大举“讨伐”。但在宾县三岔河一役，由于赵尚志游击战术之精，计日伪军死伤五百余名，且有部分伪军反正。日寇知不可以力胜，于是更采用阴谋诡计，派刺客周光亚（哈尔滨日寇哈字侦探队队长）谋刺赵尚志不遂而刺杀

①宾县、延寿。

②应为考凤林。

③应为张寿篯，即李兆麟。

了抗日烈士李起东，利用汉奸收降黄炮，指使国民党亲日派在于海云部队中破坏反日民族统一战线，鼓吹“国共不两立”，另一方面日寇又宣传于海云已秘密降日，于是双方中计，互相火并。这是三军哈东支队极痛心的损失，使三军的胜利发展受莫大挫折。

但哈东支队的英勇领导人及全体战士们并不因此而丝毫沮丧，且更加奋发积极进取之心，以夺取新的胜利来弥补这个损失。于是南下五常堡，西取双城康家卢，东征延方，十月间与日伪联军望月部与邓团会战学田地（方正县之排鬼山）游击队被困重围，赵尚志右腕已为流弹所伤，然犹奋臂洒血指挥作战。曾昏迷数次，乃由刘师长继续指挥，晚间脱团退走。当退走时一连接一连，次序井然，使敌无法追击，日军望月对该军作战之英勇与退却时之纪律表示惊奇，谓其中必有名将指挥。此役日寇伤亡百余名，并击毙旧俄白匪二十余名，游击队遗失战马数十匹，司令部青年科长宋阶平烈士牺牲。日寇第一次有计划的大讨伐遂被冲破。

是年冬冰雪在地，江河封锁，下江谢文东之起义民军已经受挫折，李华堂率队西来与赵尚志会师宾县，两位久战东北的民族英雄疆场携手，畅快非凡。民国廿四年春，李华堂，谢文东，赵尚志会师于方正县大罗勒密地点，共同组织北满东北抗日联军总司令部，公选谢文东为军事委员长，赵尚志为总司令，李华堂为副总司令，旋即集合大军攻破方正县城，以庆祝北满东北抗日联军总司令部的成立，日寇对这三位大英雄有历史意义的聚首，极为惊惶，急布置沿江“讨伐”，我军击之于罗勒密，消灭日寇三十余名，伤百余名，缴得机关枪一架，迫击炮一门。待日寇再从新布置，则三位英雄已各击一方矣。

在沪战三周年纪念日，东北游击队哈东支队全体战士在军乐悠扬中举行了东北人民革命军第三军成立典礼，发表了三军成立之通电宣言，各地反日义勇军代表，反日会代表，伪国军队中的秘密代表，以及当地武装农民自卫队，轰轰烈烈数万人参加典礼。民族英雄赵尚志向大会作慷慨激昂的军事报告，历述两年来的坚苦战绩外，并谓“我军要踏着牺牲烈士鲜血为发展三个师而奋斗，”这个新的任务为大会一致赞同。当人民革命军第三军成立之初还不过一个师，师长张寿篯率第二团团长王惠童，活动于宾县阿城一带，第三团团长张联科，政治部主任侯启刚，活动于五常双城之间，珠河则为两团之根据地。军长赵尚志亲率司令部保安团，少年营，及第一团团长刘海涛，政治部主任金策，活动于延方苇河一带。这时第三军积极发展武装，扩张人数，加强队内政治教育，组织武装反日农民自卫队数万人，其他各妇女反日会，青年反日义勇军，反日儿童团等，普及于他们所活动的乡村。五六月间曾于珠河方正一带建立东北临时人民革命政府，日寇仅不过统治区区县城而已。入秋后，第三军已迅速发展为三个师。

是年夏，日寇采取“归大屯”政策，狂杀百姓，使义军不易在乡间活动，同时并大举“讨伐”，第三军乃渡过松花江，游击于通汤一带，帮助汤原反日游击队组织东北人民革命军第六军，开展通汤反日游击区的反日群众组织。

这时第三军已接得中共中央的《八一宣言》（廿四年八月一日为抗日救国告全体同胞书），全军将士曾热烈讨论，一致拥护，并根据这个宣言检查了自己已往的工作，他们深觉得过去的抗日救国工作中虽有了初部成绩，但仍带有狭隘的关门主义，不能使反日民族统一战线更广泛地发展。为了改正这个错误，乃于民国廿五年春夏之交游击于巴、木、东、庆、铁各县，曾于木兰一带，截断松江航运，击毙日寇江防舰队倭贼五十余名，夺得机关枪两架，迫击炮一门，且与于海云部重新团结。巴木一带反日游击运动大兴，新起之反日部队如雨后春笋。第三军迅速发展，队伍遂扩大编制，乃于同年八月一号，正式取消原有东北人民革命军第三军之名，改称东北抗日联军第三军。

第三军作战英勇，日寇闻名丧胆，其游击战术之特长在于灵活的突击。年来战绩之多不胜枚举。该军第五师之一部曾由汤原出发，经千里山林远征黑龙江畔，占领佛山县城，兹得该军政治工作人员日记一页，公布于下，以见一斑。

……我们一大队人马，有老的，也有小的，因为气候寒冷，穿着黄的蓝的颜色极不一致的服装，背着干粮袋，肩着枪，还带着一些刺刀和手榴弹，在冰天雪地里举着红旗，唱着歌，一步一步地前进着，真是：

豪气壮山河　长征乐趣多

红旗映白雪　风云奏凯歌

马无草料，坠涧摔死，人无房屋，露天卧雪，我们牺牲的精神和勇气战胜了一切困难，坚定了我们为民族为祖国的斗争意志，终于一步一步地穿过了千里山林。当我们爬上兴安岭的高峰时，我们齐呼第五师胜利万岁！

阴历七月十七日晚与十八日夜不到两天我们缴了三个局所，这就是日寇的观都金矿局；该局所地势优良，防御工事完善，可是我们出其不意攻其不备呀！我们没收了日贼官小铺的一切财产，及白面千余袋，分给了矿工和附近居民，我们也大吃大喝，休兵三日，于是人壮马肥，风驰电闪地杀奔佛山而来。

二十一号晚我们打了一夜，终于将佛山县澈底解决。佛山县虽事先闻知已有相当戒备，可是他们没有想到我们有如此之速，况且我们还是乘战胜之威而来的啊！为庆祝这次新胜利，全体战士又唱起白黑长征歌，我觉得这首歌词还不错，特记下来：

（满江红调）冰结花残，千里外白黑长征，忆故国倭奴残暴，男儿奋兴，惯矣军旅未觉苦，飘泊数载焉知辛。但使那东北光复后，安我心。山河壮，起征尘，头颅掷，慰英魂，逞军威横扫黑水之滨，不曾收复失去地，那堪重听亡国音，欲归来共奏凯歌旋曲，待来春。

（注：此歌是司令部送别第五师远征时蔡主任所作，末两句是指完成了一冬的军事计划，明春重见赵司令。）

总计第五师此次北征初步所得之胜利为消灭了二十余名日寇，逮捕了伪国佛山县长夏虞卿及其警察处长（当即释放），并打死警察署长一名，获得大批重要地图与秘密文件，焚毁县署等一切统治机关，消除了日伪国境监视队，缴得二百支大枪，一架轻机关枪，两架无线电，万余元现款，百两沙金，和许多子弹军需品等，尤其重要者为吸收了百余名矿工战斗员。总计损失为牺牲抗日战士一名，轻伤连长一名，战斗员三名。我们获得了许多医药并得到医生，伤人送往军医处。全师开追悼会，曾有诗赞牺牲烈士云：

兴安岭上雪犹飞　万里长征马频催
不得龙江还故国　男儿誓不愿生归

二十二日晚于佛山县城

总观第三军是由两年中三个反日部队的失败与四年艰苦斗争中发长起来的。第三军之所以日益发展和巩固起来，其最重要的原因就是因为该军中坚的共产党员和共产主义青年团团员能坚决执行中国共产党反日民族统一战线的政策，联合一切真正抗日部队，一致为抗日救国而共同奋斗。在这六年的英勇抗日血 战中，第三军的七个创造者中王德全、李根植、李启东、姜喜善、朴吾德诸烈士牺牲了；英勇的军事干部王惠同、李德信、姚万春、王家林、李云吉、姜四海、引庆述、李春山、于广臣、柳少春等烈士牺牲了；坚苦的政治干部杨主任、马宏力、宋平阶、张士林、姜临善、祁振亚等烈士牺牲了；地方群众工作的领袖周百学、宋一夫[1]、王书岐、金纪元、贾云峰、郝凤武、范肖山（儿童）、乐老渊（青年）、朴英花（女）、李光若（女）等烈士牺牲了；模范的英勇战斗员伊文秀、王文喜、唐云山、柳少元、吕氏三兄弟（吕文吕武吕英）及郝氏父子等烈士牺牲了。这些烈士的牺牲，不但是第三军的损失，而是我整个中华民族的损失；然而他□□□创造了常胜的伟大的第三军，他们的事业正由第三军同人继承着，他们的姓名将随着第三军的历史而流芳百世。其中如杨主任、宋一夫、李启东、姜喜善、朴吾德等都是共产党员，李根植是中国共产党青年团的团员，宋平阶是奉天千金寨的煤矿工人，张士林是日本近藤人钜工厂的青工，姚万春是贫苦的农民，李德信是大地主，周百学是英勇的学生，姜喜善是高丽青年，李光若是高丽妇女，王书岐是家里的长辈师父，程志远是冯玉祥将军部下的士兵。这些伟大的英雄为抗日救国的民族解放事业而相亲相爱鲜血合流。他们的芳名永垂不朽，他们的奋斗精神万古长存，他们遗留的事业将由我们来完成！

---

① 应为宋毅夫。

東北抗日聯軍第四軍戰績紀

永宏

東北抗日聯軍第四軍是民國二十三年「九一八」三週年紀念日成立的。這就是王德林將軍領導的救國軍失敗以後，救國軍參謀長李延祿將軍收拾舊部繼續遊擊，並聯合許多義勇軍山林隊，同意中國共產黨倡導的反日民族統一戰線政策，加入東北抗日聯軍而組成的。李延祿將軍被選爲第四軍軍長。關於這一切歷史的經過本報已刊行孫杰先生著的『東北抗日聯軍第四軍』爲本報叢書之五，茲不詳贅。本文爲永宏先生親自參加四軍抗戰之回憶，爲孫杰先生書中所未詳者，特急爲發表於後。——編者——

（一）密山遊擊隊

天還沒有亮，進入馬鹿溝東北裏一間孤另另的小房子。房主人是一個矮子。我們告訴他，我們是密山反日會新組織的遊擊隊，過這兒暫歇。矮子主人連忙招待，要殺鷄做菜待客。崔隊長說：「不要忙，我們是抗日遊擊隊，決不擾民，只吃便飯就夠了」。

天亮了，吃完了主人招待的飯，主人還留我們多休息一下。來往的行人都停下來，我們都讓位給他們在炕裏坐，聽我們的政治指導員講話。

是午飯時光了，忽聽步哨報告：「前面發現一個穿軍衣的人，走向這裏來」。崔隊長下令全隊立即隱蔽起來，埋伏好，候敵人來。不久，這個人果真來了，只有他一個，剛剛在院子跟前一拐彎，伏兵就一聲不嚮的把他捉住。盤問結果，原來是能爪滿的催捐員王海天，今天由馬鹿溝防所出發，到各民戶催收地捐。搜他身上只有五十元大洋。我們沒收了這筆款，對於他本人絲毫也不留難，還向他宣傳。崔隊長計上心來，就把他留下，等到太陽下山，吃過晚飯，大家輕輕的吹着口笛，集合到房屋前院心裏，帶着催捐員就出發。我們向矮子主人致謝告别，主人依依不捨，一直送到大路口還站着望我們走。

全隊進入林中，馬上轉方向，直向馬鹿溝大排隊駐防所進發。不到半夜時出了林子，走上大路，已接近駐防所了。崔隊長令王海天唱小調，來掩護我們行進的腳步聲。

「誰？唱什麼？」門崗問，一邊在上子彈。「連我都聽不出來了！是催捐員王海天。」這時已到門邊，崗兵已把門關了。崔隊長和另一個隊員緊隨着催捐員擠進，用匣子槍指着崗兵。那兵崗還想抵抗，被崔隊長一槍打倒。我們一齊三腳兩步衝進屋裏去。那些自衛團夢中驚醒，已被我們繳了槍械了，沒收了子彈軍衣。政治指導員下令叫他們集合，對他們講話，說明怎樣去反日，中國人不打中國人，並發給他們每人五元大洋。我們帶了勝利品當即連夜向東溝退去。

我們密山遊擊隊就是如此這般的奪取敵人武裝來武裝自己，後來成爲第四軍的基本力量。

第四軍在方正成立人民自衛隊

（二）接應僞軍反正

廿五年四月第四軍在石頭子大獲全勝後，回師勃利縣南嶺一帶活動。李司令派了第三團隨同第四師郝師長及政治部金主任到哈達河進行繳械工作。

哈達河滿軍受到日寇及走狗長官們的殘暴壓迫，特别是受到抗日軍方面「中國人不打中國人」「一致抗日」的宣傳，因此，他們不僅絕不願意爲日僞作戰，而且有一部份先進覺悟分子密商反正，並派了秘密交通來請抗日聯軍第四軍迎接他們的譁變反正。這首先是由於中國共產黨人的堅忍艱苦的秘密工作的結果。

四月二十日，第四師協同第五團出發，經過兩日夜的行軍，二十三日晚上已渡過了哈達河，偷進了市鎮的中心，進到了僞滿軍團部的大院子。恰好院門的崗兵在睡覺，毫不知覺的，我們把他捉住，即大開院門，我軍勇猛衝入。裏面已約期起義舉事的弟兄們都早就準備好了，即刻出來匯合，眞是熟門熟路，一下子把兵房全部解決，進向團長室。那團長還想抵抗，用匣子炮亂打，我們非但沒有受傷，却把那團長打倒了，後來傷重斃命。全團解決後，立卽收拾槍枝子彈及其他勝利品，連同起義反正的弟兄們，迅速退出。

當時，日本的「討伐隊」駐在離開團部不到一里的地方，可是，他們聽得槍聲，都不敢出洞。等待槍聲息時，他們想出來探望，連抗日軍的半個影子都找不到了。

我們抗日軍便是如此這般的繳獲敵人武裝，組織僞軍反正，而使自己的隊伍強大起來。

（三）東征小挫後的勝利發展

二十五年春，圖佳鐵路已鋪到勃利。五月初日寇大運賊兵，集中了一千餘名「討伐隊」，更從林口、刁翎、勃利、依蘭各縣各處發動大軍，揭着「討伐第四軍李延祿」。當時勃利西山一帶成了日寇日夜出沒的地方，動輒有大兵三五百人，直穿靑山來追踪第四軍，並于各重要地點設埋伏。

在這個緊張環境下，我四軍司令部決議東征，卽由勃利出發，經密山樺川接界地而到寶淸與第七軍匯合，再創造新的游擊區，同時分派第二團由團長張奎帶領出征。這個決定是完全正確的，因爲在敵人大軍進攻之下，堅守是等於束手待斃，相反的，我們應該『避實擊虛』，以保存我們的實力，去創造新的游擊區。

五月十五日，東征部隊經過詳細的解釋與安慰，告別了當地民衆以後，卽出發沿黃溝東進。上午十一時，行至溝中，忽得前哨報告，前面半里許的河邊發現日寇十餘名。我軍欲繞道，兩面都是高山，攀登不得，欲退又恐背後有敵軍在跟踪追來。在這兩難的時候，前進不到幾步，河邊日寇的輕機關槍已經掃射過來，兩邊山上的伏兵也用重機關槍和鋼炮集中火力向我陣地打來。炮聲連續的響着，子彈像暴雨一般！我們就向後退却，日寇便以重機關槍掩護，從山上直衝下來。我軍此時雖已有傷亡，但個個奮勇作戰，絲毫也不慌亂，用輕機關槍射擊那些衝過來的寇軍，當卽打倒十餘名，于是敵人不得不退到樹背後去隱蔽起來。我軍便一面抵抗，一面退却，沿着河邊的林中退下去了。日寇也怕我軍的頑強抵抗，未敢窮追。

是役我軍損失了我們的最勇敢的機槍射手于古省烈士和我們的李連長，士兵十餘名，機槍一架，步槍十餘支。這是四軍成立以來第一次的大損失。司令部和政治部立卽檢討這次戰役的教訓，指出：第一，我們不應該白天行軍，致爲敵人偵悉，遭其暗算；第二，探兵與主力間的距離太近，所以山角一轉彎，探兵才來報告，而敵人已在眼前了；第三，溝內行軍時，左右兩山上必須同樣派出探兵。

然而這個損失只有更加強我軍全體將士抗日到底的決心與勇氣，我們從損失內得出教訓來鍛鍊自己。不僅這樣，我們雖然遭受了意外的襲擊，却能很有秩序的退出了，保存了我們的隊伍；日寇雖然有優勢的軍器與兵力，雖然預先設伏企圖消滅我們，然而非但沒有達到這一企圖，而且寇軍的傷亡比我們大。從此，也更證明在長期艱苦中壯大起來的，自覺的進行着抗日戰爭的抗日聯軍是東北人民的堅強的武裝力量，是日寇所不能消滅，而反日益壯大的力量。

黃溝戰役後，我們匯合了第五團，經過勃利縣的南溝，夜行到倭肯河東去。後來又從新與第四師匯合，繼續東征。我們走過了高山峻嶺，渡過了沒有橋樑擺渡的大河，夜則露宿，饑則高唱革命歌曲，受盡了千辛萬苦，始終是全軍一致的興奮而堅決，終於達到寶淸與七軍匯合。這兩個久經抗戰的軍隊會師的時候，雙方將士的歡忻鼓舞，簡直不能以言語形容。略事休息之後，七月中，我們卽與七軍共同進攻寶淸縣的自衛團，消滅了北門外的自衛團，斃其團長，繳槍五十餘支，大獲全勝，聲勢浩大，人民皆簞食壺漿來迎接，而日寇則更寢不安枕了。

第四軍政治談話

《救国时报》第一二三——二四期　中华民国二十六年九月十八日　第十一版

（1937年9月18日）

东北抗日联军第四军战绩纪

永　宏

东北抗日联军第四军是民国二十三年“九一八”三周年纪念日成立的。这就是王德林将军领导的救国军失败以后，救国军参谋长李延禄将军收拾旧部继续游击，并联合许多义勇军山林队，同意中国共产党倡导的反日民族统一战线政策，加入东北抗日联军而组成的。

李延禄将军被选为第四军军长。关于这一切历史的经过本报已刊行孙杰先生著的《东北抗日联军第四军》为本报丛书之五，兹不详赘。本文为永宏先生亲自参加四军抗战之回忆，为孙杰先生书中所未详者，特急为发表于后。

编者

（一）密山游击队

天还没有亮，进入马鹿沟东北里一间孤另另的小房子。房主人是一个矮子。我们告诉他，我们是密山反日会新组织的游击队，过这儿暂歇。矮子主人连忙招待，要杀鸡做羹待客。崔队长说：“不要忙，我们是抗日游击队，决不扰民，只吃便饭就够了”。

天亮了，吃完了主人招待的饭，主人还留我们多休息一下。来往的行人都停下来，我们都让位给他们在炕里坐，听我们的政治指导员讲话。

是午饭时光了，忽听步哨报告：“前面发现一个穿军衣的人，走向这里来”。崔队长下令全队立即隐蔽起来，埋伏好，候敌人来。不久，这个人果真来了，只有他一个，刚刚在院子跟前一拐弯，伏兵就一声不响的把他捉住。盘问结果，原来是龙爪沟的催捐员王海天，今天由马鹿沟防所出发，到各民户催收地捐。搜他身上只有五十元大洋。我们没收了这笔款，对于他本人丝毫也不留难，还向他宣传。崔队长计上心来，就把他留下，等到太阳下山，吃过晚饭，大家轻轻的吹着口笛，集合到房屋前院心里，带着催捐员就出发。我们向矮子主人致谢告别，主人依依不舍，一直送到大路口还站着望我们走。

全队进入林中，马上转方向，直向马鹿沟大排队驻防所进发。不到半夜时出了林子，走上大路，已接近驻防所了。崔队长令王海天唱小调，来掩护我们行进的脚步声。“谁？唱什么？”门岗问，一边在上子弹。“连我都听不出来了！是催捐员王海天。”这时已到门边，岗兵已把门开了。崔队长和另一个队员紧随着催捐员挺进，用匣子枪指着岗兵。那兵岗还想抵抗，被崔队长一枪打倒。我们一齐三脚两步冲进屋里去。那些自卫团梦中惊醒，已被我们缴了枪械了，没收子弹军衣。政治指导员下令叫他们集合，对他们讲话，说明怎样去反日，中国人不打中国人等，并发给他们每人五元大洋。我们带了胜利品当即连夜向东沟退去。

我们密山游击队就是如此这般的夺取敌人武装来武装自己，后来成为第四军的基本力量。

（二）接应伪军反正

廿五年四月第四军在石头子大获全胜后，回师勃利县南岭一带活动。李司令派了第三团随同第四师郝师长及政治部金主任到哈达河进行缴械工作。

哈达河满军受到日寇及走狗长官们的残暴压迫，特别是受到抗日军方面“中国人不打中国人”“一致抗日”的宣传，因此，他们不仅绝不愿意为日寇作战，而且有一部份先进觉悟分子密商反正，并派了秘密交通来请抗日联军第四军迎接他们哗变反正。这首先是由于中国共产党人的坚忍艰苦的秘密工作的结果。

四月二十日，第四师协同第五团出发，经过两日夜的行军，二十三日晚上已渡过了哈达河，偷进了市镇的中心，进到了伪满军团部的大院子。恰好院门的岗兵在睡觉，毫不知觉的，我们把他捉住，即大开院门，我军勇猛冲入。里面已约期起义举事的弟兄们都早就准备好了，即刻出来汇合，真是熟门熟路，一下子把兵房全部解决，进向团长室。那团长还想抵抗，用匣子枪乱打，我们非但没有受伤，却把那团长打倒了，后来伤重毙命。全团解决后，立即收拾枪枝子弹及其他胜利品，连同起义反正的弟兄们，迅速退出。

当时，日本的“讨伐队”驻防在离开团部不到一里的地方，可是，他们听得枪声，都不敢出动。等待枪声息时，他们想出来探望，连抗日军的半个影子 都找不到了。

我们抗日军便是如此这般的缴获敌人武装，组织伪军反正，而使自己的队伍强大起来。

（三）东征小挫后的胜利发展

二十五年春，图佳铁路已铺到勃利。五月初日寇大运贼兵，集中了一千余名“讨伐队”，更从林口、刁翎、勃利、依兰各县各处发动大军，扬言“讨伐第四军李延禄”。当时勃利西山一带成了日寇日夜出没的地方，动辄有大兵三五百人，直穿青山来追踪第四军，并于各重要地点置埋伏。

在这个紧张环境下，我四军司令部决议东征，即由勃利出发，经密山桦川接界地而到宝清与第七军汇合，再创造新的游击区，同时分派第二团由团长张奎带领出征。这个决定是完全正确的，因为在敌人大军进攻之下，坚守是等于束手待毙，相反的，我们应该“避实击虚”，以保存我们的实力，去创造新的游击区。

五月十五日，东征部队经过详细的解释与安慰，告别了当地民众以后，即出发沿黄沟东进。上午十一时，行至沟中，忽得前哨报告，前面半里许的河边发现日寇十余名。我军欲绕道，两面都是高山，攀登不得，欲退又恐背后有敌军在跟踪追来。在这两难的时候，前进不到几步，河边日寇的轻机关枪已经扫射过来，两边山上的伏兵也用重机关枪和钢炮集中火力向我阵地打来。炮声连续的响着，子弹像暴雨一般！我们就向后退却，日寇便以重机关枪掩护，从山上直冲下来。我军此时虽已有伤亡，但个个奋勇作战，丝毫也不慌乱，用轻机关枪射击那些冲过来的寇军，当即打倒十余名，于是敌人不得不退到树背后去隐蔽起来。我军便一面抵抗，一面退却，沿着河边的林中退下去了。日寇也怕我军的顽强抵抗，未敢穷追。

是役我军损失了我们的最勇敢的机枪射手于古宾烈士和我们的李连长，士兵十余名，机枪一架，步枪十余支。这是四军成立以来第一次的大损失。司令部和政治部立即检讨这次战役的教训，指出：第一，我们不应该白天行军，致为敌人侦悉，遭其暗算；第二，探兵与主力间的距离太近，所以山角一转弯，探兵才来报告，而敌人已在眼前了；第三，沟内行军时，左右两山上必须同样派出探兵。

然而这个损失只有更加强我军全体将士抗日到底的决心与勇气，我们从损失内得出教训来锻炼自己。不仅这样，我们虽然遭受了意外的袭击，却能很有秩序的退出了，保存了我们的队伍；日寇虽然有优势的军器与兵力，虽然预先设伏企图消灭我们，然而非但没有达到这一企图，而且寇军的伤亡比我们大。从此，也更证明在长期艰苦中壮大起来的，自觉的进行着抗日战争的抗日联军是东北人民的坚强的武装力量，是日寇所不能消灭，而反日益壮大的力量。

黄沟战役后，我们汇合了第五团，经过勃利县的南沟，夜行到倭肯河东去。后来又从新与第四师汇合，继续东征。我们走过了高山峻岭，渡过了没有桥梁摆渡的大河，夜则露营，饥则高唱革命歌曲，受尽了千辛万苦，始终是全军一致的兴奋而坚决，终于达到宝清与七军汇合。这两个久经抗战的军队会师的时候，双方将士的欢欣鼓舞，简直不能以言语形容。略事休息之后，七月中，我们即与七军共同进攻宝清县，消灭了北门外的自卫团，毙其团长，缴枪五十余支，大获全胜，声势浩大，人民皆箪食壶浆来迎接，而日寇则更寝不安枕了。

東北抗日聯軍第五軍一

團山子與青溝子戰鬥

我們執行中國共產黨的反日民族統一戰線的政策，還在二十三年春駐紮於寧安的東南山時，我們卽派人與寧安的西北山的山林隊聯絡共同抗日，結果很完滿。 到八月初，我們約他們一同進攻寧安南的東京城，他們答應了，就於八月十三日下午在團山子會合，第二天又開了一次聯席會議，一致決定於八月十五日進攻東京城。

在下午兩點鐘，我們的會議剛剛開完後，許多農民跑來說日本七輛大汽車滿載日軍，並若干日本騎兵和百餘「滿」軍準備向我們進攻。 當時各山林隊首領就與周軍長（保中）商議對付辦法。 周軍長認爲我軍旣佔有地利，必須應戰。在團山子西十里內共有小山七個，在小山前面就是大路。 周軍長卽下令一部份遊擊隊帶輕機關槍二架在第一個小山上佈防，其餘每個小山都置有輕機關槍一架。 並在後面大山上佈置掩護隊，帶有輕機關槍多架。 佈置完畢後，周軍長復命令第一個小山上的遊擊隊不得先開槍，等待敵人進到我們的卡子裏，再實行前後夾攻以便一鼓消滅敵人。

十四日下午三點鐘，日本汽車到了，平安地經過第一個小山後，一個一個都進到卡子裏。突然炮聲一起，最後那輛汽車被第一小山上的輕機關槍擊碎，車上十八個日本子全數覆沒，又有兩輛被其他小山上的機槍擊碎，其餘四輛見勢不妙，馬上轉了車頭，倉皇逃命。 經過了幾分鐘後，日本騎兵和「滿」軍來到，馬上向我們的七個小山衝鋒。 我們英勇應戰，把他們打退，並打死了他們四十餘人。 此時我們的周軍長知道敵人將要舉行第二次的衝鋒，乃命令將後面大山上機槍三架運到前面小山上增援。 果然在五點鐘，當日落西山的時候，日本子就舉行第二次的衝鋒。 我軍奮不顧身，又把日本子打退，並打死了日本子二十餘人。 此時天已快黑，日本子又準備第三次的衝鋒。 周軍長以日本子大批援軍將至，敵衆我寡，犧牲必大，再則如果我們失去小山而在平原作戰，則對我們更爲不利。 於是就下令作有組織的退却。 走時我們將紅旗插上山頂，直到第二天，日本子還不敢上山。 此次戰鬥，我方參加者有一千餘人，日寇損失極大而我方則未犧牲一人。

是年十一月，我們曾同東滿第二軍的第二連，以及山林隊，卽青山隊二十餘人，到了額穆縣的青溝子。 該地駐有「滿」軍一連。 於我們到的那一夜就送信來請我們離開該地，因爲日本子明天就要開來。 我們回信說我們不是胡子，我們是抗日救國的遊擊隊，我們不打中國人而只是打日本子，我們因走得疲倦，所以擬在此地稍事休息。 他們得到我們的回信後，馬上送來很多白麵和香烟來慰勞我們。 翌日上午十一時，他們又來信說，十幾個日本子帶有輕機關槍一架將會同該連進攻我們，請我們趕快走開。

在青溝子有一條汽車路，該路穿過一個小漫山。 我們的隊伍是住在汽車路和小漫山的兩邊，一部份住在路東，一部份住在路西。 「滿」軍二十餘人向汽車路西開去時，我們那邊的隊伍就向路邊一個樹林內退去，此時我們路東的隊伍亦開始向這個樹林內出發。 在經過汽車路剛上小漫山時，我們就和日本子碰了頭，雙方就都臥地對射。 但他們只有十餘日本子和四五十個「滿」兵。 這時我們大聲喊叫中國人不打中國人，我們專打小日本子。 「滿」軍卽向他們的防線退却。 我們以小部力量應付着退却的「滿」軍，其餘的都集中於對付日本子，激戰了三個鐘頭之久，把小日本子打得落花流水。 十個日本子被打死，只剩下了一個機槍射手和一個副射手，而且這個副射手也受了重傷，不能移動，這個機槍射手也沒有子彈了。 此時我們的李大隊長就說，「你們不要打槍，讓我用繩子槍把他定住。」話猶未完，槍聲一響，那個日本子就一命嗚呼。 李大隊長乃下令衝鋒，衝到日本陣地時李大隊長又下令搜查陣地，共搜得三八式輕機一架，馬槍七支，南洋快兩支，步槍三支，子彈三千發。 我們就拿了勝利品暫行退却。

守望——東北義勇軍之哨兵——

《救国时报》第一二三——二四期 中华民国二十六年九月十八日 第十二版

（1937年9月18日）

东北抗日联军第五军

团山子与青沟子战斗

我们执行中国共产党的反日民族统一战线的政策，还在二十三年春驻扎于宁安的东南山时，我们即派人与宁安的西北山的山林队联络共同抗日，结果很完满。到八月初，我们约他们一同进攻宁安南的东京城，他们答应了，就于八月十三日下午在团山子会合，第二天又开了一次联席会议，一致决定于八月十五日进攻东京城。

在下午两点钟，我们的会议刚刚开完后，许多农民跑来说日本七辆大汽车满载日军，并若干日本骑兵和百余“满”军准备向我们进攻。当时各山林队首领就与周军长（保中）商议对付办法。周军长认为我军既占有地利，必须应战。在团山子西十里内共有小山七个，在小山前面就是大路。周军长即下令一部份游击队挈轻机关枪二架在第一个小山上布防，其余每个小山都置有轻机关枪一架。并在后面大山上布置掩护队，带有轻机关枪多架。布置完毕后，周军长复命令第一个小山上的游击队不得先开枪，等待敌人进到我们的卡子里，再实行前后夹攻以便一鼓消灭敌人。

十四日下午三点钟，日本汽车到了，平安地经过第一个小山后，一个一个都进到卡子里。突然炮声一起，最后那辆汽车被第一小山上的轻机关枪击碎，车上十八个日本子全数覆没，又有两辆被其他小山的机枪击碎，其余四辆见势不妙，马上转了车头，仓皇逃命。经过了几分钟后，日本骑兵和“满”

军来到，马上向我们的七个小山冲锋。我们英勇应战，把他们打退，并打死了他们四十余人。此时我们的周军长知道敌人将要举行第二次的冲锋，乃命令将后面大山上机枪三架运到前面小山上增援。果然在五点钟，当日落西山的时候，日本子就举行第二次的冲锋。我军奋不顾身，又把日本子打退，并打死了日本子二十余人。此时天已快黑，日本子又准备第三次的冲锋。周军长以日本子大批援军将至，敌众我寡，牺牲必大，再则如果我们失去小山而在平原作战，则对我们更为不利。于是就下令作有组织的退却。走时我们将红旗插上山顶，直到第二天，日本子还不敢上山。此次战斗，我方参加者有一千余人，日寇损失极大而我方则未牺牲一人。

是年十一月，我们会同东满第二军的第二连，以及山林队，即青山队二十余人，到了额穆县的青沟子。该地驻有“满”军一连。于我们到的那一夜就送信来请我们离开该地，因为日本子明天就要开来。我们回信说我们不是胡子，我们是抗日救国的游击队，我们不打中国人而只是打日本子，我们因走得疲倦，所以拟在此地稍事休息。他们得到我们的回信后，马上送来很多白面和香烟来慰劳我们。翌日上午十一时，他们又来信说，十几个日本子带有轻机关枪一架将会同该连进攻我们，请我们赶快走开。

在青沟子有一条汽车路，该路穿过一个小漫山。我们的队伍是住在汽车路和小漫山的两边，一部份住在路东，一部份住在路西。“满”军二十余人向汽车路路西开去时，我们那边的队伍就向路边一个树林内退去，此时我们路东的队伍亦开始向这个树林内出发。在经过汽车路刚上小漫山时，我们就和日本子碰了头，双方就都卧地对射。但他们只有十余日本子和四五十个“满”兵。这时我们大声喊叫中国人不打中国人，我们专打小日本子。“满”军即向他们的防线退却。我们以小部力量应付着退却的“满”军，其余的都集中于对付日本子，激战了三个钟头之久，把小日本子打得落花流水。十个日本子被打死，只剩下了一个机枪射手和一个副射手，而且这个副射手也受了重伤，不能移动，这个机枪射手也没有子弹了。此时我们的李大队长就说，“你们不要打枪，让我用匣子枪把他定住。”话犹未完，枪声一响，那个日本子就一命呜呼。李大队长乃下令冲锋，冲到日本阵地时李大队长又下令搜查阵地，共搜得三八式轻机一架，马枪七支，南洋快两支，步枪三支，子弹三千发。我们就拿了胜利品实行退却。

松花江下游的

東北抗日聯軍第七軍

（顧山）

在松花江下游一帶進行英勇鬥爭反對日寇血腥統治的，是我們東北抗日聯軍第七軍。

四年前，當救國軍先後克復虎林、饒河、寶清、撫遠各縣，聲勢極盛的時候，我們不過是百多人的小隊伍。救國軍遭受日寇擊破後，我們還是繼續堅持抗戰，並在張文和李學福兩同志領導下毅然執行中國共產黨所指示的反日民族統一戰線政策。我們以正確的政策與誠懇的說服，漸次把下江一帶各遊擊隊伍在反日救國綱領之下聯合起來，於是反守為攻，奪取敵人槍械，發展遊擊區域，統一戰線的陣容益加擴大，我軍連攻虎林三人班各地，皆獲大勝，抗日形勢遂為好轉。民國廿四年秋初，我們遊擊隊因為要擴大軍事聯絡，接收東北抗日聯軍第四軍軍長李延祿的領導，改編為第四軍第四團。廿五年春後，我們的隊伍益擴大，被擴編成為第四軍第二師。至是年秋冬之間，下江各抗日部隊加入統一戰線的更多，皆要求建立統一領導機關，遂正式組織東北抗日聯軍第七軍，為東北抗日聯軍十個軍之一。第七軍共有三個師，第一師師長陳榮久，第二師師長李學福，第三師師長景樂亭，第七軍軍長共舉陳榮久同志擔任。不幸陳同志已於今年春和日寇對陣時奮鬥殉國，在白山黑水間留下了[illegible]芳的熱血。

九一八事變後

日寇奪去之我國東北四省之面積及人口

	面積（平方公哩）	人口
遼寧	二五〇、八一三	一五、二三〇、〇〇〇
吉林	二八二、三三二	七、六三五、〇〇〇
黑龍江	五七七、九六四	三、七五五、〇〇〇
熱河	一七三、九六〇	六、五九四、〇〇〇
總數	一、二八五、〇六九	三三、二一四、〇〇〇

松花江下游一帶都是新開荒的地方，森林稠密，河渠交錯，道路極壞，甚至沒有。義勇軍在夏季雖可利用這一形勢，出入自如，與日寇進行鏖戰，但一到冬令，川河凝凍，地面積雪，車馬扒犁和汽車都能長驅直入，縱橫無阻，日寇便要利用這個機會來進行「討伐」。他們除擁有大隊汽車隊而外，還有在民間強迫徵發來的車輛扒犁，還可驅使人民挖雪修道。這樣，反日部隊就要遭受困難了。救國軍在極盛之時，對於日寇的冬季進攻也非常懼怕，一些新敗之後的小隊伍對此自更感覺麻煩。二十三年冬，雪落的特別大，平地積雪三尺，徒步行走，每天祇能五里，日寇趁此時期特別進行慘酷的進攻。當時形勢確極險惡，但我們毫不懼怕，我們創造了『橇板隊』來克復這一困難。『橇板』是東北一種土人——『橇子』的乘雪工具，蹬着『橇板』，撐動木棍子，人便可以在雪山如飛地行走，普通每人每天可走六七十里，更多的可走一百里，穿山越嶺，過荒原，度森林，不經任何道路皆可便捷無阻。若是乘着『橇板』自山上衝下，那簡直有在柏油馬路上開足馬力跑的汽車那樣快，用來追擊敵人，更是便利。自從我們充分利用了這一利器之後，敵我形勢為之一變。我軍來去飄忽，敵人捉摸不定，敵人離開道路行走，易被我軍包圍。而且雪地一望浩白，自然隱蔽物極少，我們抄着敵人便可看準目標，痛快射擊。這一個冬期我們遂在勝利裏度過。我們打敗了不少敵人，奪獲了不少槍械，我們大大興奮了自己，興奮了友軍；這確是我們第七軍發展強大的一大關鍵。

度過冬季，我們的遊擊戰爭更加迅速開展。我們在饒虎之間勝利地轉戰着。虎林的黑咀子戰役，饒河的西通戰役都曾給日寇以重創，而尤以西通一役給日本子喫的敗仗為最大。日寇軍官中校以下被擊斃者達數十名，其他便可想見。當時日寇紛紛撤退鄉村駐軍，保守縣城。我軍聲威在松花江下游一帶日益增高起來。

松花江下游一帶的人民因為我們處處都能代表人民利益，而「打起日本子來卻不要命的幹」，因此他們在供給我們的戰費之外，還組織了交通網，偵探網來從多方面幫助我們，使我們有時得到意外的勝利。

對於「滿軍」我們始終貫徹中國人不打中國人的政策。我們提高歡迎「滿軍」嘩變出來救國的口號。我們不僅用傳單小報等向「滿軍」宣傳，我們還利用戰塲作鼓勸「滿軍」反正的講壇；在饒河暴馬頂子之役，在虎林黑咀子之役，我們都和「滿軍」作過長時期的講話，都得到很好的成績。在作戰時我們的槍彈祗朝着日本兵打，避開「滿軍」。西通之役敵軍以千人以上的兵力包圍我軍二百餘人，「滿軍」有一個營圍參加，結果敵軍大敗，擊斃日軍極多，「滿兵」却連一個僞者也沒有。我們這種對待「滿軍」的誠懇態度，不僅取得「滿軍」的同情和物質幫助，不僅使他們也不願打我們，而且幫助他們中間的覺悟分子實行反正，過渡到我們抗日軍方面來。現在我們軍中有好些新起的幹部，就是由反正的「滿軍」中培養出來的。

經過四年來奮鬥，我們第七軍已從百戰中鍛鍊出來了，我們是有組織的，強大的，富有戰鬥力的反日軍隊，我們在撫遠、饒河、虎林、同江、富錦、等廣大區域內勝利的游擊着。我們為驅逐日寇，光復故士，解放東北人民，解放全中國人民而英勇奮鬥。

《救国时报》第一二三——二四期　中华民国二十六年九月十八日　第十二版

（1937 年 9 月 18 日）

松花江下游的

东北抗日联军第七军

福　山

在松花江下游一带进行英勇斗争反对日寇血腥统治的，是我们东北抗日联军第七军。

四年前，当救国军先后克复虎林、饶河、宝清、抚远各县，声势极盛的时候，我们不过是百多人的小队伍。救国军遭受日寇击破后，我们还是继续坚持抗战，并在张文偕和李学福两同志领导下毅然执行中国共产党所指示的反日民族统一战线政策。我们以正确的政策与诚恳的说服，渐次把下江一带各游击队伍在反日救国纲领之下联合起来，于是反守为攻，夺取敌人枪械，发展游击区域，统一战线的阵容益加扩大，我军连攻虎林三人班各地，皆获大胜，抗日形势遂为好转。民国廿四年秋初，我们游击队因为要扩大军事联络，接受东北抗日联军第四军军长李延禄的领导，改编为第四军第四团。廿五年春后，我们的队伍益扩大，被扩编成为第四军第二师。至是年秋冬之间，下江各抗日部队加入统一战线的更多，皆要求建立统一领导机关，遂正式组织东北抗日联军第七军，为东北抗日联军十个军之一。第七军共有三个师，第一师师长陈荣久，第二师师长李学福，第三师师长景洛亭[1]；第七军军长共举陈荣久同志担任。

不幸陈同志已于今年春和日寇对阵时奋斗殉国；在白山

① 应为景乐亭。

黑水间留下了千古流芳的碧血。

松花江下游一带都是新开荒的地方，森林稠密，河渠交错，道路极坏，甚至没有。义勇军在夏季虽可利用这一形势，出入自如，与日寇进行鏖战，但一到冬令，川河凝冻，地面积雪，车马爬犁和汽车都能长驱直入，纵横无阻，日寇便要利用这个机会来进行“讨伐”。他们除拥有大队汽车队而外，还有在民间强迫征发来的车辆爬犁，还可驱使人民挖雪修道。这样，反日部队就要遭受困难了。救国军在极盛之时，对于日寇的冬季进攻也非常惧怕，一些新败之后的小队伍对此自更感觉麻烦。二十三年冬，雪落的特别大，平地积雪三尺，徒步行走，每天只能五里，日寇趁此时期特别进行惨酷的进攻。当时形势确极险恶，但我们毫不惧怕，我们创造了“鞑板队”来克服这一困难。“鞑板”是东北一种土人——鞑子的乘雪工具，蹬着“鞑板”，撑动木棍子，人便可以在雪山如飞地行走，普通每人每天可走六七十里，更多的可走一百里，穿山越岭，过荒原，度森林，不经任何道路皆可便捷无阻。若是乘着“鞑板”自山上冲下，那简直有在柏油马路上开足马力跑的汽车那样快，用来追击敌人，更是便利。自从我们充分利用了这一利器之后，敌我形势为之一变。我军来去飘忽，敌人捉摸不定，敌人离开道路行走，易被我军包围。而且雪地一望浩白，自然隐蔽物极少，我们抄着敌人便可看准目标，痛快射击。这一个冬期我们遂在胜利里度过。我们打败了不少敌人，夺获了不少枪械，我们大大兴奋了自己，兴奋了友军；这确是我们第七军发展强大的一大关键。

度过冬季，我们的游击战争更加迅速开展。我们在饶虎之间胜利地转战着。虎林的黑咀子战役，饶河的西通战役都曾给日寇以重创，而尤以西通一役给日本子吃的败仗为最大。日寇军官中佐以下被击毙者达数十名，其他便可想见。当时日寇纷纷撤退乡村驻军，保守县城。我军声威在松花江下游一带日益增高起来。

松花江下游一带的人民因为我们处处都能代表人民利益，而“打起日本子来却不要命的干”，因此他们在供给我们的战费之外，还组织了交通网，侦探网来从多方面帮助我们，使我们有时得到意外的胜利。

对于“满军”我们始终贯彻中国人不打中国人的政策。我们提高欢迎“满军”哗变出来救国的口号。我们不仅用传单小报等向“满军”宣传，我们还利用战场作鼓动“满军”反正的讲坛；在饶河暴马顶子之役，在虎林黑咀子之役，我们都和“满军”作过长时期的讲话，都得到很好地成绩。在作战时我们的枪弹只朝着日本兵打，避开“满军”。西通之役敌军以千人以上的兵力包围我军二百余人，“满军”有一个整团参加，结果敌军大败，击毙日军极多，“满兵”却连一个伤者也没有。我们这种对待“满军”的诚恳态度，不仅取得“满军”的同情和物质帮助，不仅使他们也不愿打我们，而且帮助他们中间的觉悟分子实行反正，过渡到我们抗日军方面来。现在我们军中有好些新起的干部，就是由反正的“满军”中培养出来的。

经过四年来奋斗，我们第七军已从百战中锻炼出来了，我们是有组织的，强大的，富有战斗力的反日军队，我们在抚远、饶河、虎林、同江、富锦等广大区域内胜利的游击着。我们为驱逐日寇，光复故土，解放东北人民，解放全中国人民而英勇奋斗。

兩件打日本子的事實

——東北抗日聯軍第八軍戰蹟的片斷——

吳德禮

我是東北抗日聯軍第八軍第二團的一個隊員，在我們的民族英雄謝文東軍長領導之下，參加了幾年的抗日戰爭。去年因病離隊，忽忽又是『九一八』的六週紀念了。在全國上下一致抗戰的今天，遙想我八軍同志轉戰於白山黑水之間，我不能不急切思歸，繼續爲收復失地而奮戰。我現在只就記憶所及，略述我八軍二團抗日游擊戰之片斷事實，以說明我八軍如何生長壯大、堅持抗戰之一斑。

我想講的打日本子的第一個事實，是發生在吉林省，日本子所謂三江省的孟家崗地方。這地是在大山深林中，附近有金礦。一九三五年夏，日本子想在該地伐木材，因之先派有三十名日本子攜帶着三十支槍在那裏造房屋。東北的房屋大都蓋洋草。割洋草，須得有特別訓練的農民，土話所謂『老博特』來作。日本子找到兩個『老博特』割洋草，割了三天，日本子就表示相信他們，說他們『不反日』。正觸動了這兩個『老博特』的反日心機和他們奪取槍支的企謀，所以他們更表示忠實，以圖堅日本子的信心。他們計算兩人勢單，必須求援，因向日本子建議再找『老博特』來助割洋草。結果，日本子許以一人去找。這一人就一直跑到我們隊上，要求我們去奪槍。隊上就選能扮裝『老博特』的人去，我是新上隊，手上還有幹貨的巴痕，因之當選。隊上六人與『老博特』一道走，並暗藏四支駁殼槍。到了孟家崗，日本子檢查我們六人，認爲合格，給我們割洋草。現在我們一共有八人了，計劃在白天動手，因爲白天日本子沒有人站崗，且都在屋上做工，槍亦都存貯着在一個房子內，由一人看守。能把這一人刺死，就成功了。六月廿日那天，日本子吃飯後都到屋上去做工。看槍的人，亦恰巧到河邊去提水。我們八人就乘機拿出帶來的手槍跑到貯槍室，把所有的槍支子彈刺刀都拿在手裏。我拿着駁殼槍站在門口，守槍的人提水回，就比之以槍口。在屋上做工的日本子看見了，下屋來援，可是到下面知道槍支已落在我們手中，亦祇得舉手聽命。我們決計不槍殺他們，一因爲他們都是受騙的農民，二因爲開槍就得驚動鄰近的日本駐軍。我們決定毀滅電話機及電線，以免他們電告鄰近日軍駐在地來援。　這樣做去，結果我們八人攜帶三十支槍，一千五百發子彈，安全地回到隊上，武裝了一些徒手隊員，並添加了一些新隊員。

第二次打日本子的事實，是發生在一九三五年八月二十四日的夜間。　斯時我八軍二團正駐在佳木斯城南二十餘里的一個偏僻鄉村裏。　八月二十四日午飯後，突有鄰村反日會的會員來報告，稱本日上午有十餘輛日本載重汽車，滿載着布疋和軍服，停留在距城十里的一座大房內，準備住宿。　隊員十分興奮，就要求當晚去襲擊，奪取這大批布疋和軍服，來準備過冬。　團長就決定在黃昏時，親率一隊人出發，計算至夜色漆黑時達到軍路旁。　這時我是擔任前衛偵探，當我踏上軍路時，已隱約聽得到前面有日本子說話；立刻發出信號，催促大隊趕上。　團長領隊跑到，立令隊員散臥軍路兩旁，並架起帶來之一架機關槍。　我隱藏在前面的一棵小樹後，裝好子彈，上好刺刀。　兩分鐘後日本子走近約莫相距二十五米了，已聽到了我們的聲響，就發出口號問是誰？　我回說是警察隊；接着我問他們是誰。　他們回稱是金礦警察隊。　轉瞬間，他們已在距我兩尺的地段，我站起來把刺刀向着他們，呼令不許動。　他們才知道我們是游擊隊，槍都負在背上，已是不及解下了，衹好舉手聽命。

我們未發一彈，就解除了兩個日本子、六個滿兵的全副武裝。　團長問他們從那裏來，向那裏去，幹什麽；兩個日本子一聲不做，中國人爭先恐後地說他們從金礦來，趕上城裏去，在半途因汽車被另一支游擊隊打壞，不能載重駛行，天色又黑，故日本軍官命令這兩個日本子帶同他們跑上城去，另找汽車來接。　又報告原來汽車上除日本汽車夫外，有日本軍官一名，三個日本兵士，一架機關槍，子彈一箱，以及軍用大衣與毛毯。我們就把這兩個日本子刺死，六個中國人的軍服由我們隊員穿上，我們隊員的衣給他們穿，以便誘惑敵人。　佈置好後，坐守路旁等候汽車來。汽車來了，可是在距十米的地段就停下，似已發現我們的埋伏。　我們馬上開槍，彈中油箱，使汽車立即着火。　日本兵士三人攜機關槍逃往山中。　我們把軍官及汽車夫打死，奪得子彈一箱，軍衣軍毯數件，及大洋五百元。　車上鮮血散滿，似那三名逃兵是已受傷。　其地距城不遠，槍聲已爲守城日本子所聞，城內已有大隊出發前來。　我們便帶着勝利品暫時退至山中。　城中援兵衹接回屍首四具，傷兵三名，焚燬的汽車一架。　他們去後，我們又從原路歸。　六個同胞，每名給以大洋兩元，勸令他們回家，不要再替日本子當礟灰。　這件事實，後來傳遍日本子所謂三江省中的僞國軍。

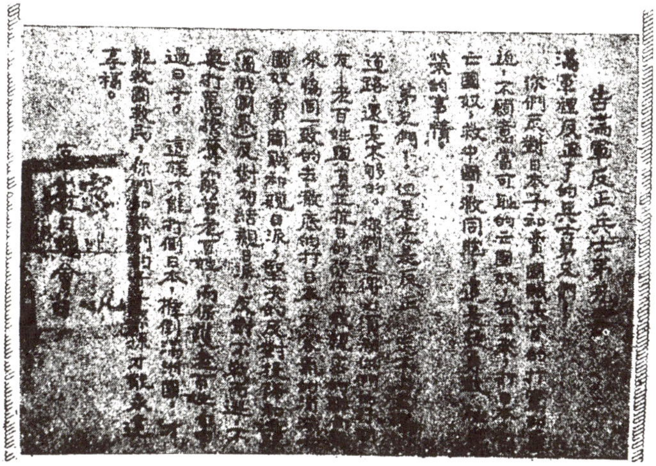

告滿軍反正兵士弟兄們

《救国时报》第一二三—一二四期　中华民国二十六年九月十八日　第十二版（1937年9月18日）

两件打日本子的事实

——东北抗日联军第八军战绩的片断——

吴德礼

我是东北抗日联军第八军第二团的一个队员，在我们的民族英雄谢文东军长领导之下，参加了几年的抗日战争。去年因病离队，忽忽又是“九一八”的六周年纪念了。在全国上下一致抗战的今天，遥想我八军同志转战于白山黑水之间，我不能不急切思归，继续为收复失地而奋战。我现在只就记忆所及，略述我八军二团抗日游击战之片断事实，以说明我八军如何生长壮大、坚持抗战之一斑。

我想讲的打日本子的第一个事实，是发生在吉林省，日本子所谓三江省的孟家岗地方。这地是在大山深林中，附近有金矿。一九三五年夏，日本子想在该地伐木材，因之先派有三十名日本子携带着三十支枪在那里造房屋。东北的房屋大都盖洋草。割洋草，须得有特别训练的农民，土话所谓“老博特”来干。日本子找到两个“老博特”割洋草，割了三天，日本子就表示相信他们，说他们“不反日”。正触动了这两个“老博特”的反日心机和他们夺取枪支的企谋，所以他们更表示忠实，以图坚日本子的信心。他们计算两人势单，必须求援，因向日本子建议再找“老博特”来助割洋草。结果，日本子许以一人去找。这一人就一直跑到我们队上，要求我们去夺枪。队上就选能扮装“老博特”的人去，我是新上队，手上还有干货的巴痕，因之当选。队上六人与“老博特”一道走，并暗藏四支驳壳枪。到了孟家岗，日本子检查我们六人，认为合格，给我们割洋草。现在我们一共有八人了，计划在白天动手，因为白天日本子没有人站岗，且都在屋上做工，枪亦都存贮着在一个房子内，由一人看守。能把这一人刺死，就成功了。六月廿日那天，日本子吃饭后，都到屋上去做工。看枪的人，亦恰巧到河边去提水。我们八人就乘机拿出带来的手枪跑到贮枪室，把所有的枪支子弹刺刀都拿在手里。我拿着驳壳枪站在门口，守枪的人提水回，就比之以枪口。在屋上做工的日本子看见了，下屋来援，可是到下面知道枪支已落在我们手中，亦只得举手听命。我们决计不枪杀他们，一因为他们都是受骗的农民，二因为开枪就得惊动邻近的日本驻军。我们决定毁灭电话机及电线，以免他们电告邻近日军驻在地来援。这样做去，结果我们八人携带三十支枪，一千五百发子弹，安全地回到队上，武装了一些徒手队员，并添加了一些新队员。

第二次打日本子的事实，是发生在一九三五年八月二十四日的夜间。斯时我八军二团正驻在佳木斯城南二十余里的一个偏僻乡村里。八月二十四日午饭后，突有邻村反日会的会员来报告，称本日上午有十余辆日本载重汽车，满载着布匹和军服，停留在距城十里的一座大房内，准备住宿。队员十分兴奋，就要求当晚去袭击，夺取这大批布匹和军服，来准备过冬。团长就决定在黄昏时，亲率一队人出发，计算至夜色漆黑时达到军路旁。这时我是担任前卫侦探，当我踏上军路时，已隐约听得到前面有日本子说话；立刻发出信号，催促大队赶上。团长领队跑到，立令队员散卧军路两旁，并架起带来之一架机关枪。我隐藏在前面的一棵小树后，装好子弹，上好刺刀。两分钟后日本子走近约莫相距二十五米了，已听到了我们的声响，就发出口号问是谁。我回说是警察队；接着我问他们是谁。他们回称是金矿警察队。转瞬间，他们已在距我两尺的地段，我站起来把刺刀向着他们，呼令不许动。他们才知道我们是游击队，枪都负在背上，已是不及解下了，只好举手听命。我们未费一弹，就解除了两个日本子、六个满兵的全副武装。团长问他们从那里来，向那里去，干什么；两个日本子一声不做，中国人争先恐后地说他们从金矿来，赶上城里去，在半途因汽车被另一支游击队打坏，不能载重驶行，天色又黑，故日本军官命令这两个日本子带同他们跑上城去，另找汽车来接。又报告原来汽车上除日本汽车夫外，有日本军官一名，三个日本兵士，一架机关枪，子弹一箱，以及军用大衣与毛毯。我们就把这两个日本子刺死，六个中国人的军服由我们队员穿上，我们队员的衣给他们穿，以便诱惑敌人。布置好后，坐守路旁等候汽车来。汽车来了，可是在距十米的地段就停下，似已发现我们的埋伏。我们马上开枪，弹中油箱，使汽车立即着火。日本兵士三人携机关枪逃往山中。我们把军官及汽车夫打死，夺得子弹一箱，军衣军毯数件，及大洋五百元。车上鲜血散满，似那三名逃兵是已受伤。其地距城不远，枪声已为守城日本子所闻，城内已有大队出发前来。我们便带着胜利品暂时退至山中。城中援兵只接回尸首四具，伤兵三名，焚毁的汽车一架。他们去后，我们又从原路归。六个同胞，每名给以大洋两元，劝令他们回家，不要再替日本子当炮灰。这件事实，后来传遍日本子所谓三江省中的伪国军。

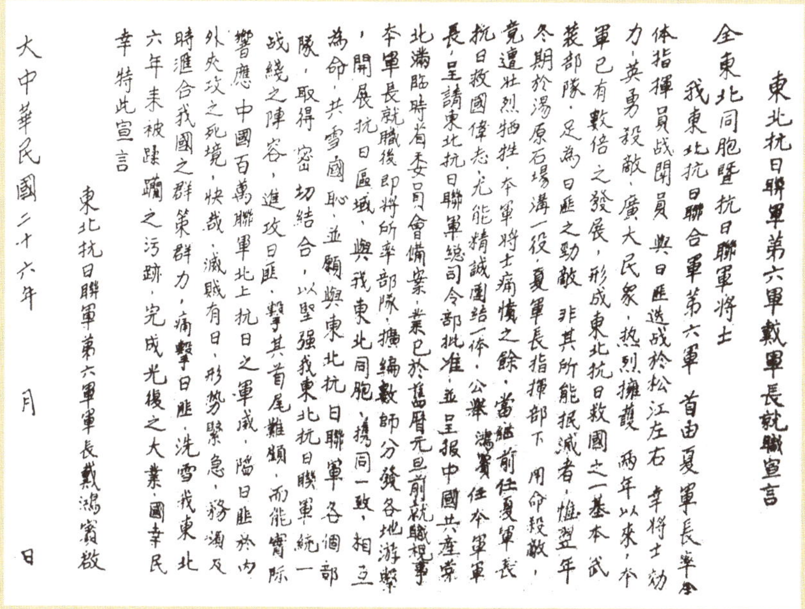
東北抗日聯軍第六軍戴軍長就職宣言

全東北同胞暨抗日聯軍將士

我東北抗日聯合軍第六軍 首由夏軍長率全体指揮員战鬥員與日匪迭战於松江左右 幸將士効力，英勇殺敵，廣大民衆，热烈擁護 兩年以來，本軍已有數倍之發展，形成東北抗日救國之一基本武裝部隊，足為日匪之勁敵 非其所能抵滅者，惟翌年冬期於湯原石場溝一役，夏軍長指揮部下 用命殺敵，竟遭壮烈牺牲，本軍將士痛憤之餘，當繼前任夏軍長抗日救國偉志，尤能精誠團結一体，公舉鴻賓任本軍軍長，呈請東北抗日聯軍總司令部批准，並呈报中國共產黨北滿臨時省委員會備案，業已於舊曆元旦前就職視事 本軍長就職後即將所率部隊，擴編數師分發各地游擊，開展抗日區域，與我東北同胞，攜同一致，相互為命，共雪國恥，並願與東北抗日聯軍各個部隊，取得密切結合，以堅强我東北抗日聯軍統一战綫之陣容，進攻日匪，擊其首尾難顧，而能實際響應中國百萬聯軍北上抗日之軍威，陷日匪於內外夾攻之死境，快哉，滅賊有日，形勢緊急，務須及時滙合我國之群策群力，痛擊日匪，洗雪我東北六年來被蹂躪之污跡，完成光復之大業，國幸民幸 特此宣言

東北抗日聯軍第六軍軍長戴鴻賓敬

大中華民國二十六年 月 日

《救国时报》第一二八期 中华民国二十六年十月十日 第二版
（1937 年 10 月 10 日）

东北抗日联军第六军戴军长就职宣言

全东北同胞暨抗日联军将士

我东北抗日联合军第六军，首由夏军长率全体指挥员战斗员与日匪迭战于松江左右，幸将士效力，英勇杀敌，广大民众，热烈拥护。两年以来，本军已有数倍之发展，形成东北抗日救国之一基本武装部队，足为日匪之劲敌，非其所能抿灭者。惟翌年冬期于汤原石场沟一役，夏军长指挥部下用命杀敌，竟遭壮烈牺牲。本军将士痛愤之余，当继前任夏军

长抗日救国伟志，尤能精诚团结一体。公举鸿宾任本军军长，呈请东北抗日联军总司令部批准，并呈报中国共产党北满临时省委员会备案，业已于旧历元旦前就职视事。本军长就职后即将所率部队，扩编数师分发各地游击，开展抗日区域，与我东北同胞携同一致，相互为命，共雪国耻，并愿与东北抗日联军各个部队，取得密切结合，以坚强我东北抗日联军统一战线之阵容。进攻日匪，击其首尾难顾，而能实际响应中国百万联军北上抗日之军威，陷日匪于内外夹攻之死境，快哉，灭贼有日，形势紧急，务须及时汇合我国之群策群力，痛击日匪，洗雪我东北六年来被蹂躏之污迹，完成光复之大业，国幸民幸。

特此宣言

东北抗日联军第六军军长戴鸿宾启

大中华民国二十六年　月　日

東北抗日聯軍

第一軍英勇戰績之追述

松五

本報今年九一八特刊曾登載松五先生歷述東北抗日聯軍第一軍成立與發展壯大的經過。本文則爲松五先生追述一軍英勇戰績的片斷事實之作。讀者閱此文，當可想像到一軍與其他義軍在白山黑水間破壞敵軍後方、配合祖國抗戰之英勇戰鬥。

——編者——

硝子溝戰爭

●日本鬼子四面包圍，滿兵助戰夜脫敵人

在三十五年春四月中旬軍部在楊靖宇直接領導之下，爲了執行新的任務，乃赴桓仁縣去遊擊活動。到該縣不久，和日軍就作戰數次，每次都給日軍很多的損失，故當地老百姓及滿兵都是很器重我們的，滿兵常說：「楊靖宇所領的人民革命軍，那才眞是打日本子的軍隊呢！ 我們要遇着，放幾下朋友槍就行。中國人那能眞打中國人呢！……」。日本鬼子慌了，牠調動了許多的日滿大兵追蹤來，企圖消滅我們。

一天，當我們活動到硝子溝時，隊伍都覺得很疲乏，乃到山頂上去休息。到下午三點鐘時，碰碰……一陣機槍的掃射聲從東邊溝口傳來。楊軍長乃大喊一聲：「同志們！ 注意！」，當我們全部隊都緊握着槍向四外注視之際，東西南

北四面的溝口，機槍都響了！我們再又向外一看，三面是滿兵，東面是日寇，四面的包圍我們，殺向前來！ 當時楊軍長看見這種情形，知道是退不走了，乃 復大喊一聲：「同志們！」 我們要誓死的抵抗！ 機鎗向日本方面射擊！」 在兩下互相還擊相持有一點多鐘時，我方因子彈不充足，有點不能支持了，敵人是愈發的逼近。 個別的新隊員有些慌張了。 楊軍長乃高聲說道：「同志們！ 不要慌，不要亂放槍！要瞄準敵人，等接近時才打他，要保證一槍一個日本子呀！ 我們血戰三四年了！ 我們的光榮戰績，全國都知道了！ 同志們！ 我們都是東北人！ 請我們自己想想：誰的父母妻子在被日寇槍殺姦淫着？ 誰的房屋田地叫日寇強佔去了？ 誰的祖墳叫日本給強弄平坦修鐵路呢？ 這都是我們的家庭，我們的親戚朋友，遭受這樣的痛苦呀！ 難道我們到了這樣的緊急關頭，還不熱血沸騰，愁氣橫生的努力殺敵嗎！ …… 同志們！殺呀！打倒日本方能吃飽飯呢！……」

楊軍長這一番慷慨激昂的演講，一個比較年老的隊員，氣憤不平的駡道：「他媽八子的！ 誰要退後，就不是中國人，不是他父母養的！ 軍長是關內人，要不抗日，在家享福也比咱們當亡國奴的人多享幾年福呀。 何況這點小陣式，難道我們都沒見過麼！？ 莫是熊種！ 老劉，咱們二人監視着！ 誰要退後，我們先給他一槍，叫他去他媽的罷！」

隊伍經過這一番的鼓動，精神又再興奮了！楊軍長說：「別的方面不用開槍！ 單向日本方面注意和射擊！ 我們來、齊唱瓦解滿兵的歌！」

滿洲士兵弟兄們！ 眼看立了春，大家提精神，還不反正殺日本。 你們別在夢中睡沉沉。 日本是仇人，佔滿洲，殺中國人。

雄壯的歌聲，鼓動了四野，每個山谷都起了回音！ 除掉日本方面而外，那三面的槍聲便稀了少了！ 軍長復下命令一齊喊口號：「中國人不打中國人！」「殺死日本長官，譁變出來！」「歡迎滿兵參加人民革命軍！」……。

經過我們這一番的唱歌和喊口號，除掉日本方面還是很起勁的放槍而外，其餘三面排槍聲是停止了，僅只有零星的槍聲，聽那彈道的響聲只是在頭頂天空中。 我們知道滿兵是在放朋友槍了。

不多時在西方山底下發現了幾個滿兵手中拿着白手巾向我方跑來。軍長說：「同志們！注意，防備有詐降的！」我們齊端着槍注視着這幾個人，當他們跑到距我方有一百米時，我們喊：「站住！」他們立刻站下，接着他們就喊道：「你們是人民革命軍嗎！」我們答道：「是！」，他們乃說：「得了！都是中國人！自家弟兄！」說畢他們就坐在地上，用白手巾揩着臉上汗珠，跑的上氣不接下氣的說道：「楊軍長在那？ 我們有事要商量。」 楊軍長急忙跑到他們跟前，他們注視了一會，說道：「你眞是楊軍長嗎？」我們齊聲說道：「是！」因楊軍長和我們士兵穿着一樣的服裝，開始他們有點懷疑，一接談，他們才相信了。

滿兵便開始道：「眞險呀！我們廖旅，卻本良部隊加上日本子，四面包圍，你們人少，怎能抵抗呢？」

楊軍長回答說：「事爲盡忠魂，不做怕死鬼。 我們就是全犧牲了，也不能投降！死是爲了祖國爲了東北同胞，也是光榮的呀！」

滿洲兵說：「楊軍長！你不要多心，誰不是中國人，中國爹娘生的呢？我們並不是來說你投降的，我們是來幫助你們的。 中國人要打中國人，那還是人嗎？ 當滿兵也是無法呀！你們辛苦苦的打日本子，我們軍就知道。 我們是中國人有天良的！……當你們一唱歌，一喊口號，我們就知道你們是人民革命軍。 人民革命軍是打日本子的呀！ 當時我方就放朋友槍了！ 旅下又派我們來和你們商量退走的方法。 白天四面都是我們人。你們是無法退出的，爲了遮蔽日本的眼目，你們得挨到下晚夜間從我方才能退出呀。 ……他媽的，日本進攻的很厲害，大概你們子彈不多了罷。」 說着他們便把子彈解下來交給我們。

軍長說：「同胞們，你們是當兵的，一月薪餉不多，還得養活老小。 我們有錢，就算用的錢買你們的子彈罷。」 說着軍長給了他們很多的錢。

說畢，日本的火力更加強向我方掃射！滿兵看到這樣的情形說道：「楊軍長，不要緊，我們幫助你們抵抗，我們去叫兩架輕機來幫忙！」他們乃派兩個人回去取輕機，軍長也寫了一封感謝的信，叫取輕機的人帶去。 不多時我方的火力加強了，抵住了日方的進攻，推到夜間十時我們便和那幾位可敬愛的滿兵同胞分別，從西方退走。

（待續）

《救国时报》第一二八期 中华民国二十六年十月十日 第二版

（1937年10月10日）

东北抗日联军
第一军英勇战绩之追述

松　五

本报今年九一八特刊曾登载松五先生历述东北抗日联军第一军成立与发展壮大的经过。本文则为松五先生追述一军英勇战绩的片断事实之作。读者阅此文，当可想像到一军与其他义军在白山黑水间破坏敌军后方、配合祖国抗战之英勇战斗。

编者

砬子沟战争

——日本鬼子四面包围，满兵助战夜脱敌人——

在三十五年春四月中旬军部在杨靖宇直接领导之下，为了执行新的任务，乃赴桓仁县去游击活动。到该县不久，和日军就作战数次，每次都给日军很多的损失，故当地老百姓及满兵都是很器重我们的，满兵常说："杨靖宇所领的人民革命军，那才真是打日本子的军队呢！我们要遇着，放几下朋友枪就行。中国人那能真打中国人呢……"日本鬼子慌了，它调动了许多的日满大兵追踪来，企图消灭我们。

一天，当我们活动到砬子沟时，队伍都觉得很疲乏，乃到山顶上去休息。到下午三点钟时，碰碰……一阵机枪的扫射声从东边沟口传来。杨军长乃大喊一声："同志们！注意！”当我们全部队都紧握着枪向四外注视之际，东西南北四面的沟口，机枪都响了！我们再又向外一看，三面是满兵，东面是日寇，四面的包围我们，杀向前来！当时杨军长看见这种情形，知道是退不走了，乃复大喊一声：“同志们！我们要誓死的抵抗！机枪向日本方面射击！”

在两下互相还击相持有一点多钟时，我方因子弹不充足，有点不能支持了，敌人是愈发的逼近。个别的新队员有些慌张了。杨军长乃高声说道：“同志们！不要慌，不要乱放枪！要瞄准敌人，等接近时才打他，要保证一枪一个日本子呀！我们血战三四年了！我们的光荣战绩，全国都知道了！同志们！我们都是东北人！请我们自己想想：谁的父母妻子在被日寇枪杀奸淫着？谁的房屋田地叫日寇强占去了？谁的祖坟叫日本给强弄平坦修筑铁路呢？这都是我们的家庭，我们的亲戚朋友，遭受这样的痛苦呀！难道我们到了这样的紧急关头，还不热血沸腾，怒气横生的努力杀敌吗！……同志们！杀呀！打倒日本方能吃饱饭呢！……”

杨军长这一番慷慨激昂的演讲，一个比较年老的队员，气愤不平的骂道：“他妈八子的！谁要退后，就不是中国人，不是他父母养的！军长是关内人，要不抗日，在家享福也比咱们当亡国奴的人多享几年福呀。何况这点小阵式，难道我们都没见过么？！莫是熊种！老刘，咱们二人监视着！谁要退后，我们先给他一枪，叫他去他妈的罢！”

队伍经过这一番的鼓励，精神又再兴奋了！杨军长说：“别的方面不用开枪！单向日本方面注意和射击！我们来，齐唱瓦解满兵的歌！”

满洲士兵弟兄们！眼看立了春，大家提精神，还不反正杀日本。你们别在梦中睡沉沉。日本是仇人，占满洲，杀中国人。

雄壮的歌声，震动了四野，每个山谷都起了回音！除掉日本方面而外，那三面的枪声便稀少了！军长复下命令一齐喊口号："中国人不打中国人！""杀死日本长官，哗变出来！""欢迎满兵参加人民革命军！"……

经过我们这一番的唱歌和喊口号，除掉日本方面还是很起劲的放枪而外，其余三面排枪声是停止了，仅只有零星的枪声，听那弹道的响声只是在头顶天空中。我们知道满兵是在放朋友枪了。

不多时在西方山底下发现了几个满兵手中拿着白手巾向我方跑来。军长说："同志们！注意，防备有诈降的！"我们齐端着枪注视着这几个人，当他们跑到距我方有一百米时，我们喊："站住！"他们立刻站下，接着他们就喊道："你们是人民革命军吗！"我们答道："是！"他们乃说："得了！都是中国人！自家弟兄！"说毕他们就坐在地上，用白手巾揩着脸上汗珠，跑的上气不接下气的说道："杨军长在那？我们有事要商量。"杨军长急忙跑到他们跟前，他们注视了一会，说道："你真是杨军长吗？"我们齐声说道："是！"因杨军长和我们士兵穿着一样的服装，开始他们有点怀疑，一接谈，他们才相信了。

满兵便开始道："真险呀！我们廖旅，邵本良部队加上日本子，四面包围，你们人少，怎能抵抗呢？"

杨军长回答说："宁为尽忠魂，不做怕死鬼。我们就是全牺牲了，也不能投降！死是为了祖国为了东北同胞，也是光荣的呀！"

满洲兵说："杨军长！你不要多心，谁不是中国人，中国爹娘生的呢？我们并不是来说你投降的，我们是来帮助你们的。中国人要打中国人，那还是人吗？当满兵也是无法呀！你们辛辛苦苦的打日本子，我们早就知道。我们是中国人有天良的！……当你们一唱歌，一喊口号，我们就知道你们是人民革命军。人民革命军是打日本子的呀！当时我方就放朋友枪了！旅下又派我们来和你们商量退走的方法。白天四面都是我们人。你们是无法退出的，为了遮蔽日本的眼目，你们得挨到下晚夜间从我方才能退出呀。……他妈的，日本进攻的很厉害，大概你们子弹不多了罢。"说着他们便把子弹解下来交给我们。

军长说："同胞们，你们是当兵的，一月薪饷不多，还得养活老小。我们有钱，就算用钱买你们的子弹罢。"说着军长给了他们很多的钱。

说毕，日本的火力更加强向我方扫射！满兵看到这样的情形说道："杨军长，不要紧，我们帮助你们抵抗，我们去叫两架轻机来帮忙！"他们乃派两个人回去取轻机，军长也写了一封感谢的信叫取轻机的人带去。不多时我方的火力加强了，抵住了日方的进攻，捱到夜间十时我们便和那几位可亲爱的满兵同胞分别，从西方退走。

（待续）

東北抗日聯軍

第一軍英勇戰績之追述（一續）

松五

（一）柳通汽車路上活捉徐縣長

我軍入春以來，是積極活動，聲勢極爲浩大，柳河通化一帶的老百姓，是非常的擁護我們，幫助我們。 但我們也是經常幫助他們的，譬如我們得到日滿軍討伐隊大批給養和服裝時，我們也是分給各地老百姓的。 故老百姓常說『人民革命軍才是眞正打日本子救老百姓的軍隊呢！ 楊軍長爲人更好，和藹可親，和士兵同甘苦，要不聽他說話，還不知道他是軍長呢！』因爲軍民眞誠的聯合，我隊伍的物資生活也大大的改善了。

通化縣的徐縣長爲人詭詐多端，他是堅決執行日本命令的人，聽說我們在此活動，他又大施他的陰謀毒計，來魚肉鄉里，敲詐百姓，用「私通胡匪哪！」「給胡子上子彈哪！」等等罪名來欺侮老百姓，等幾次的動員本縣的滿兵來「討伐」我們，因之我軍及地方老百姓，都恨之入骨，都贈給徐縣長一個外號名叫徐老狗。

在本年二月間，徐老狗得到日本的命令由通化上柳河去開二縣聯防會議，討論「討伐」我軍之計劃。地方羣衆得到這一消息，急速便通知我們，叫我們去除掉地方上這一大害！

楊軍長得到這一消息，急忙計劃，決定在通化和柳河之間的汽車路上截他。後在縣城密訪到他回縣的日期，到時我們便在三元堡附近山上埋伏下了。不多時忽然聽見有汽車聲。軍長道，「同志們注意！」忽然一輛大汽車，飛駛而來。軍長說：「開槍！」這一顿排槍一放，便把汽車打住了。 我們上去一搜索，恰好有徐老狗，還有十幾名兵，我們當時便把械都繳了。徐老狗歲數本來就不小了，再加上這一陣槍聲，已經嚇的渾身亂抖，不能走動。 隊員上去把他拉出來，他雙膝跪在地下，顫聲的說道：「饒了本……縣長……罷！」

楊軍長上來問道：「你是徐老狗嗎？」

「是的」，他答道。 軍長又問：「你知道我們是什麼隊伍？」

他答，「你……們……是抗日的人民革命軍！」

軍長又問道：「你爲什麼打我們？」

他答：「日本叫打的。」

軍長又問：「你上柳河幹嗎去哪！」

他答：「開二縣聯防會議去了！」他把會議的情形統統的說了出來。

軍長又問：「你敲詐老百姓魚肉鄉里是眞的嗎？」

他答：「是眞的。」

他接着又說道：「請楊軍長饒了我的狗命罷，親日是無法呀！你們要什麼我都給。」

軍長說，「放屁！我們就是要淸除你們這般賣國漢奸！」

因爲敵人計劃要「

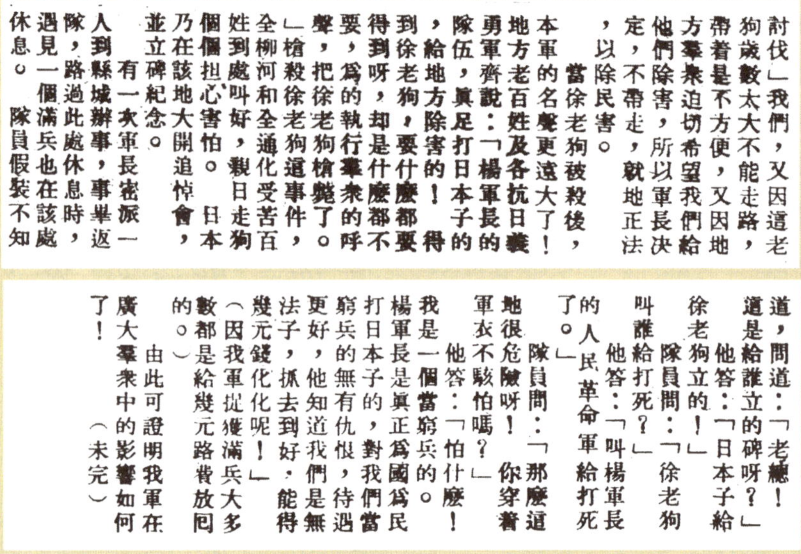

討伐」我們，又因這老狗歲數太大不能走路，又因地方羣衆迫切希望我們給他們除害，所以軍長決定，不帶走，就地正法，以除民害。

當徐老狗被殺後，本軍的名聲更遠大了！地方老百姓及各抗日義勇軍齊說：「楊軍長的隊伍，眞足打日本子的，給地方除害的！得到徐老狗，要什麽都要得到呀，却是什麽都不要，爲的執行羣衆的呼聲，把徐老狗槍斃了。」槍殺徐老狗這事件，全柳河和全通化受苦百姓到處叫好，親日走狗個個担心害怕。日本乃在該地大開追悼會，並立碑紀念。

有一次軍長密派一人到縣城辦事，事畢返隊，路過此處休息時，遇見一個滿兵也在該處休息。隊員假裝不知道，問道：「老總！這是給誰立的碑呀？」他答：「日本子給徐老狗立的！」隊員問：「徐老狗叫誰給打死？」他答：「叫楊軍長的人民革命軍給打死了。」隊員問：「那麽這地很危險呀！你穿着軍衣不駭怕嗎？」他答：「怕什麽！我是一個當窮兵的。楊軍長是眞正爲國爲民打日本子的，對我們當窮兵的無有仇恨，待遇更好，他知道我們是無法子，抓去到好，能得幾元錢化化呢！」（因我軍捉獲滿兵大多數都是給幾元路費放回的。）

由此可證明我軍在廣大羣衆中的影響如何了！（未完）

《救国时报》第一二九期 中华民国二十六年十月十五日 第二版

（1937 年 10 月 15 日）

东北抗日联军
第一军英勇战绩之追述（一续）

松 五

（一）柳通汽车路上活捉徐县长

我军入春以来，是积极活动，声势极为浩大，柳河通化一带的老百姓，是非常的拥护我们，帮助我们。但我们也是经常帮助他们的，譬如我们得到日满军讨伐队大批给养和服装时，我们也是分给各地老百姓的。故老百姓常说：“人民革命军才是真正打日本子救老百姓的军队呢！杨军长为人更好，和蔼可亲，和士兵同甘苦，要不听他说话，还不知道他是军长呢！”因为军民真诚的联合，我队伍的物质生活也大大的改善了。

通化县的徐县长为人诡诈多端，他是坚决执行日本命令的人，听说我们在此活动，他又大施他的阴谋毒计，来鱼肉乡里，敲诈百姓，用“私通胡匪哪！”“给胡子上子弹哪！”等等罪名来欺侮老百姓，几次的动员本县的满兵来“讨伐”我们，因之我军及地方老百姓，都恨之入骨，都赠给徐县长一个外号名叫徐老狗。

在本年二月间，徐老狗得到日本的命令由通化上柳河去开二县联防会议，讨论“讨伐”我军之计划。地方群众得到这一消息，急速便通知我们，叫我们去除掉地方上这一大害！杨军长得到这一消息，急忙计划，决定在通化和柳河之间的汽车路上截他。后在县城密访到他回县的日期，到时我们便在三元堡附近山上埋伏下了。不多时忽然听见有汽车声。军长道：“同志们注意！”忽然一辆大汽车，飞驶而来。军长说：“开枪！”这一顿排枪一放，便把汽车打住了。我们上去一搜索，恰好有徐老狗，还有十几名兵，我们当时便把械都缴了。徐老狗岁数本来就不小了，再加上这一阵枪声，已经吓的浑身乱抖，不能走动。队员上去把他拉出来，他双膝跪在地下，颤声的说道：“饶了本……县长……罢！”

杨军长上来问道：“你是徐老狗吗？”

“是的。”他答道。军长又问：“你知道我们是什么队伍？”

他答："你……们……是抗日的人民革命军！"

军长又问道："你为什么打我们？"

他答："日本叫打的。"

军长又问："你上柳河干吗去哪！"

他答："开二县联防会议去了！"他把会议的情形统统的说了出来。

军长又问："你敲诈老百姓鱼肉乡里是真的吗？"

他答："是真的。"

他接着又说道："请杨军长饶了我的狗命罢，亲日是无法呀！你们要什么我都给。"

军长说："放屁！我们就是要清除你们这般卖国汉奸！"

因为敌人计划要"讨伐"我们，又因这老狗岁数太大不能走路，带着是不方便，又因地方群众迫切希望我们给他们除害，所以军长决定，不带走，就地正法，以除民害。

当徐老狗被杀后，本军的名声更远大了！地方老百姓及各抗日义勇军齐说："杨军长的队伍，真是打日本子的，给地方除害的！得到徐老狗，要什么都要得到呀，却是什么都不要，为的执行群众的呼声，把徐老狗枪毙了。"枪杀徐老狗这事件，全柳河和全通化受苦百姓到处叫好，亲日走狗个个担心害怕。日本乃在该地大开追悼会，并立碑纪念。

有一次军长密派一人到县城办事，事毕返队，路过此处休息时，遇见一个满兵也在该处休息。队员假装不知道，问道："老总！这是给谁立的碑呀？"

他答："日本子给徐老狗立的！"

队员问："徐老狗叫谁给打死？"

他答："叫杨军长的人民革命军给打死了。"

队员问："那么这地很危险呀！你穿着军衣不骇怕吗？"

他答："怕什么！我是一个当穷兵的。杨军长是真正为国为民打日本子的，对我们当穷兵的无有仇恨，待遇更好，他知道我们是无法子，抓去到好，能得几元钱化化呢！"（因我军捉获满兵大多数都是给几元路费放回的。）

由此可证明我军在广大群众中的影响如何了！

（未完）

抗戰之一偉大力量

東北抗日聯軍及義勇軍大活躍

——東北形勢嚴重寇軍一部份由平津調回——

路透社及其他各方面傳述我東北抗日聯軍、義勇軍部隊及東北民衆發展抗日戰爭，東北形勢益趨嚴重等情，已誌前報。 現據中央社電訊云，因東北抗日浪潮，日見高漲，最近二十日以來，由僞國開往天津之寇軍已完全停止；反之，許多寇軍及大量軍實不得不由天津回還出關。駐守北寧路之寇軍亦被火急調回。 又據路透社訊，東北義軍襲擊火車之事益見增加，「滿洲國」當局已決自十月十九日起，大大限制各路車輛，現在停止中東及南滿等路之車輛五十二列車云。

中國共產黨領導的東北人民抗日聯軍，在白山黑水間與日寇肉搏戰爭中日更堅強起來，成爲我國在東北之偉大武裝力量。 彼等乘我國奮起抗戰之時，倍加活動，使日寇不獨不能調關東寇軍繼續入關，而且使日寇不得不將已抵平津之軍隊與軍實，調回東北，是則東北抗日軍隊及民衆之抗戰，對於我國全面抗戰有極重大的意義，甚爲顯然。 因此，我國上下應盡可能給東北抗日聯軍及義勇軍以一切精神和物質的協助。 同時我國各方面抗戰的勝利，亦將給東北同胞以極大的興奮與推動，故我國上下必須更加努力，堅持抗戰，以便與東北抗戰同胞、內外夾攻日寇而達到驅逐寇盜、收回失地之目的。

《救国时报》第一三〇期 中华民国二十六年十月二十日 第一版

（1937 年 10 月 20 日）

东北抗日联军及义勇军大活跃

东北形势严重　寇军一部份由平津调回

路透社及其他各方面传述我东北抗日联军、义勇军部队及东北民众发展抗日战争，东北形势益趋严重等情，已志前报。现据中央社电讯云，因东北抗日浪潮，日见高涨，最近二十日以来，由伪国开往天津至寇军已完全停止；反之，许多寇军及大量军实不得不由天津回运出关。驻守北宁路之寇军亦被火急调回。又据路透社讯，东北义军袭击火车之事益见增加，“满洲国”当局已决自十月十九日起，大大限制各路车辆，现在停止中东及南满等路之车辆五十二列车云。

中国共产党领导的东北人民抗日联军，在白山黑水间与日寇肉搏战争中日更坚强起来，成为我国在东北之伟大武装力量。彼等乘我国奋起抗战之时，倍加活动，使日寇不独不能调关东寇军继续入关，而且使日寇不得不将已抵平津之军队与军实，调回东北，是则东北抗日军队及民众之抗战，对于我国全面抗战有极重大的意义，甚属显然。因此，我国上下应尽可能给东北抗日联军及义勇军以一切精神和物质的协助。同时我国各方面抗战的胜利，亦将给东北同胞以极大的兴奋与推动，故我国上下必须更加努力，坚持抗战，以便与东北抗战同胞、内外夹攻日寇而达到驱逐寇盗、收回失地之目的。

东北抗日聯軍

第一軍英勇戰績之追述

（二續）　松五

（三）黑石頭戰爭

——邵本良不要臉，跟踪追擊四天，楊軍長一怒，暗設埋伏擊敗敵人——

我軍爲了避免柳河、通化二縣聯防的「討伐」，軍部乃決定新的計劃，到海龍一帶去活動。到海龍活動月餘，深得該地羣衆之熱烈擁護。日本帝國主義却慌張了，三令五申的叫邵本良部追擊包剿我們。

在七月中旬時，我軍稍有疏忽，被滿軍邵部第六團追踪襲擊，敵軍比我軍多一倍，我軍寡不敵衆，因此，軍長乃重改作戰計劃，企圖繞出海龍，到他縣活動。該死的第六團却是緊緊的死追。追至第四天，我軍到黑石頭，敵軍頃刻便要追上，情形是如此的嚴重，於是軍長復施展奇計，決心設伏殺敵。軍長當向本隊說道：

『同志們！敵人追擊已有四天了，再要向前跑也是退不出去。不如在此給他一個嚴重的打擊，叫他們知道人民革命軍並不是熊種！我軍督師抗日以來，從沒有畏怯退縮，何況敵人並不多呢！』

士兵們都說：『軍長！你有好計策就施吧！我們不是怕死的，軍長不怕犧牲，我們怕甚麼呢？怕死不來當人民革命軍了！我們是絕對的聽軍長命令的！』

黑暗的天空，佈滿了濃雲，微風是陣陣的吹着，別有一翻凄涼的景象。我們得到軍長的命令便在黑頭石山坡中窪地埋伏。不多時，敵人便從荒山坡的小路上來了！頭前走的是偵探部隊，我們放過，後邊是大隊，愈走愈近，「滿」兵的談話，我們聽的眞而且眞。

「滿」兵說：『嗳！老王，今天非打仗不可！』

別人問他道：『你怎麼知道今天要開火呢？』

他說：『因爲我今天只是撒尿。我要一不停的撒尿，就要開火！』別人又說：『老張眞能扯鷄八蛋！』

又一「滿」兵說：『老王！你別瞎想，那楊軍長可不是好惹的！那詭計多端，我們的日滿軍，吃過他很多虧了！據說他隊裏的能人有得是，還有會推八門的呢！』

又一滿兵說：『嗳！前面的脚印怎麼少了呢，這小子（指楊軍長說）詭計多端，不知埋伏下哪，這地方地勢很不好。』

另外一人又說『你瞎害怕！天膽，他敢在此埋伏？你放心大膽的走吧！』

他們一邊的走着，一邊的笑談着，當他們已經走過一半多了，楊軍長，匣槍一搖，挺身就站起來，大聲喊道，『同志們，衝鋒！』楊軍長才說完，他的匣槍一槽子彈已經飛出去了，所以我們便大步向前衝去，高喊着口號：『繳槍不要命，中國人不打中國人！歡迎滿兵參加人民革命軍抗日！』前面的滿兵，聽見我們的喊殺聲，早都跑盡了！後邊這一半在長官逼迫下的滿兵，頑固的抵抗，打的結果，滿兵死有四十多名。我方保安連，第二排排長劉全義慷慨光榮犧牲了！

為什麼「滿」兵犧牲如此的多呢？因為我們在他們中間的影響少，平常他們的官長告訴他們，『楊軍長太厲害，打仗又要槍又要命！他們恨咱們（指「滿」兵）太深了，所以我們要和楊軍長開火，寧背叫他們都打死，也不給他槍！』

這次戰鬥，我們得了四十多支『三八』式槍，還有迫擊炮一門，十幾箱炮彈。機槍則在前面，槍聲一響，他們早都跑了。

俘擄了二三十名「滿」兵，楊軍長和他們談了話，大意是：『你們是受了軍官和日本的欺騙了，我們人民革命軍，並不是和「滿」軍作對的，我們是打日本子的，我們知道你們當兵也是無法子的，但是你們是為了替日本子，和你們的官長打天下，死了也是無名，多麼冤枉呀！趕快醒悟參加抗日軍，把日本子打出去，是多麼光榮呀！』

我們又給他們許多傳單看，還給他們唱了許多革命歌曲，當時便有十幾名不願走的了，其餘的，楊軍長，每人供五元錢和許多的傳單，把他們放回出了。這一放回，邵部第六團，對我們的關係是大大的改善了。（未完）

《救国时报》第一三〇期 中华民国二十六年十月二十日 第二版

（1937 年 10 月 20 日）

东北抗日联军
第一军英勇战绩之追述（二续）

松　五

（三）黑石头战争

——邵本良不要脸，跟踪追击四天，
杨军长一怒，暗设埋伏击败敌人——

我军为了避免柳河、通化二县联防的“讨伐”，军部乃决定新的计划，到海龙一带去活动。到海龙活动月余，深得该地群众之热烈拥护。日本帝国主义却慌张了，三令五申的叫邵本良部追击包剿我们。

在七月中旬时，我军稍有疏忽，被满军邵部第六团追踪袭击，敌军比我军多一倍，我军寡不敌众，因此，军长乃重改作战计划，企图绕出海龙，到他县活动。该死的第六团却是紧紧的死追。追到第四天，我军到黑石头，敌军顷刻便要追上，情形是如此的严重，于是军长复施展奇计，决心设伏杀敌。军长当向本队说道：“同志们！敌人追击已有四天了，再要向前跑也是退不出去。不如在此给他一个严重的打击，叫他们知道人民革命军并不是熊种！我军誓师抗日以来，从没有畏怯退缩，何况敌人并不多呢！”

士兵们都说：“军长！你有好计策就施吧！我们不是怕死的，军长不怕牺牲，我们怕甚么呢！怕死不来当人民革命军了！我们是绝对的听军长命令的！”

黑暗的天空，布满了浓云，微风是阵阵的吹着，别有一番凄凉的景象。我们得到军长的命令便在黑头石山坡中洼地埋伏。不多时，敌人便从荒山坡的小路上来了！头前走的是侦探部队，我们放过，后边是大队，愈走愈近，“满”兵的谈话，我们听的真而且真。

“满”兵说：“嗳！老王，今天非打仗不可！”

别人问他道：“你怎么知道今天要开火呢？”

他说：“因为我今天只是撒尿。我要一不停的撒尿，就要开火！”别人又说：“老张真能扯鸡八蛋！”

又一“满”兵说：“老王！你别瞎想，那杨军长可不是好惹的！诡计多端，我们的日满军，吃过他很多亏了！据说他队里的能人有得是，还有会推八门的呢！”

又一满兵说：“嗳！前面的脚印怎么少了呢，这小子（指杨军长说）诡计多端，不知埋伏下哪，这地方地势很不好。”

另外一人又说：“你瞎害怕！大胆，他敢在此埋伏？你放心大胆的走吧！”

他们一边的走着，一边的笑谈着，当他们已经走过一半多了，杨军长，匣枪一摇，挺身就站起来，大声喊道，“同志们，冲锋！”杨军长才说完，他的匣枪一槽子弹已经飞出去了，所以我们便大步向前冲去，高喊着口号：“缴枪不要命，中国人不打中国人！欢迎满兵参加人民革命军抗日！”前面的满兵，听见我们的喊杀声，早就跑尽了！后边这一半在长官逼迫下的满兵，顽固的抵抗，打的结果，满兵死有四十多名。我方保安连，第二排排长刘全义慷慨光荣牺牲了！

为什么“满”兵牺牲如此的多呢？因为我们在他们中间的影响少，平常他们的官长告诉他们，“杨军长太厉害，打仗又要枪又要命！他们恨咱们（指‘满’兵）太深了，所以我们要和杨军长开火，宁肯叫他们打死，也不给他枪！”

这次战斗，我们得了四十多支“三八”式枪，还有迫击炮一门，十几箱炮弹。机枪则在前面，枪声一响，他们早都跑了。

俘虏了二三十名“满”兵，杨军长和他们谈了话，大意是：“你们是受了军官和日本的欺骗了，我们人民革命军，并不是和‘满’军作对的，我们是打日本子的，我们知道你们当兵也是无法子的，但是你们是为了替日本子，和你们的官长打天下，死了也是无名，多么冤枉呀！赶快醒悟参加抗日军，把日本子打出去，是多么光荣呀！”

我们又给他们许多传单看，还给他们唱了许多革命歌曲，当时便有十几名不愿走的了，其余的，杨军长，每人供五元钱和许多的传单，把他们放回出了。这一放回，邵部第六团，对我们的关系是大大改善了。

（未完）

要訊

我東北抗日義勇軍益見活躍

佔領延吉等要地

東北義軍蠭起

寇又繼續調軍回東北

在東北四省，我抗日聯軍及其他義勇軍部隊與民衆之抗日戰爭，益見積極，已屢誌前報。現據中央社訊，我東北抗日聯軍部隊襲攻吉東間島一帶之寇軍，已佔領重鎮延吉。（即僞間島省之省城）。在黑龍江之抗日義勇軍亦已佔領齊齊哈爾附近之昂昂溪，因義勇軍到處活動，滿洲里至哈爾濱之鐵路交通已經斷絕。寇方同盟社亦謂、在寶淸及濱縣等地之抗日義勇軍益見活動，屢次襲擊日僞之『討伐隊』。又訊、寇軍二十二列車於二十二日由天津開回東北。據此以觀，我東北健兒之抗戰活動，與日俱增，成爲我全面抗戰之重要力量。

《救国时报》第一三一期 中华民国二十六年十月二十五日 第一版

（1937年10月25日）

要　讯

我东北抗日义勇军益见活跃占领延吉等要地

东北义军蜂起　寇又继续调军回东北

在东北四省，我抗日联军及其他义勇军部队与民众之抗日战争，益见积极，已屡志前报。现据中央社讯，我东北抗日联军部队袭攻吉东间岛一带之寇军，已占领重镇延吉。（即伪间岛省之省城）。在黑龙江之抗日义勇军亦已占领齐齐哈尔附近之昂昂溪，因义勇军到处活动，满洲里至哈尔滨之铁路交通已经断绝。寇方同盟社亦谓，在宝清及滨县等地之抗日义勇军益见活动，屡次袭击日伪之“讨伐队”。又讯，寇军二十二列车于二十二日由天津开回东北。据此以观，我东北健儿之抗战活动，与日俱增，成为我全面抗战之重要力量。

東北抗日聯軍

第一軍英勇戰績之追述

(四)汗清溝戰爭

——楊軍長爲國爲民不貪女色，邵本良老婆被擄安全放回——

（續完） 松五

我軍在海龍和邵本良第六團激戰後，威名愈大，對於滿兵的關係也日趨改善，眞所謂『不打不相識』也。

遊擊數日，軍部忽改變遊擊方向，在八月初，曉夜兼行，饑餐渴飲，直奔臨江。八月十四日，我軍至臨江汗清溝，軍長乃停止行軍，招集隊員訓話：

『同志們！我們晝夜兼行，直趨臨江，想同志們都困乏了罷！但是我們還要秉着素來的勇氣與精神，來做這一不可多得的工作。什麼工作呢？就是我們在海龍得到臨江地方機關的報告，說邵部第七團，帶了很多軍需品，從臨江孤山子向八道江移防，準備「討伐」我們。他們必經過此地，我們就在此地堵擊他。』

我們聽說後，不覺都吐一吐舌頭，眞佩服軍長用兵之神速，而且地方和軍部的關係是很好呀！在上午十時，向八道江移防的第七團，果眞大車小輛綏綏的上山坡來！我們埋伏在荒草叢中。車臨切近，軍長乃大喊一聲衝鋒，喊口號「要槍不要命」，「中國人不打中國人」。第七團是受足我們影響的，激戰半小時，滿兵把槍一舉喊道：「要槍就給你們，還打什麼呀！都是中國人！」我們便跑到車前一看，除掉滿兵而外，車上還滿載軍用品，特別使我們吃驚的，還有好幾個車，滿載花貨（即滿兵軍官的老婆）都是連、營、排長等的家眷，還有邵本良的老婆也在內，當時繳了三十多支步槍，一萬多粒子彈，十幾箱的砲彈，二十多匹馬。

不多時又來了一批隊伍，身穿破爛不堪的農民衣服，有的拿着土槍、扎槍、大刀、木棒等原始武器，原來是本地的農民自衛隊，他們也來接迎我們。他們的隊長去到軍長跟前打了一個立正，報告：『軍長！方才槍響，本隊乃集合三十多人，埋伏在山底下，不多時來一滿兵，身騎一匹馬，馬後還有兩個滿兵，拉着馬尾跑，我們當時用我們道支不大好使的套筒槍打了一槍，便把他們截住了，候軍長發落！』

我們當時又是好笑，又是稱讚自衛隊的英勇。軍長當時誇獎了一番，勉勵了一回，給他們幾支快槍，並把才得的軍用品分給他們很多。被捕的滿兵們，經過軍長的訓話一人給五元錢都放了。所得的勝利品和滿兵各官長的家眷一齊用車拉着上山裏來了。

晚間軍長召集各滿兵官長家屬開談話會。軍長說：『各位女同胞們！你們不用駭怕，你們的性命和你們的身體，我是絕對負責來保護的，我們並不是貓三狗四的小幇土匪，乃是眞正打日本子的軍隊！』

各位婦女都說：『謝謝軍長的好意罷！』

軍長又問：『你們都是誰的家眷？』

婦女們答：『親日派的家屬。』

軍長又問；『你們的男人，都做什麼呀？』

婦女們答：『都當親日走狗呢。』

軍長問：『既然他們是親日走狗，你們也卽是親日走狗的老婆，該有多麼羞恥呀！你們怎麼不勸勸他們呢？』

軍長又問：『你們知道我們是幹嗎的呀？』

婦女們答：『你們是人民革命軍眞正打日本的軍隊。』

軍長又問：『我們把你們放回去，你們做些什麼呀？』

婦女們答：『我們只有盡我們的力量來勸自己的丈夫不要和你們眞正打日本的軍隊來作對。可是，軍長！當親日兵的也是無法子呀！我們的話說不上他們聽不聽呢！』

軍長說：『一日夫妻百日恩、只要你們婦女有愛國天良，架不住你們天天躺在床上勸說呀。』

婦女們又說：『好了！軍長！我們只有用我們的能力就是了。現在我們看見你們這樣待我們好，又看你們辛辛苦苦的，吃的不好穿的不好去打日本子，我們也是中國人那能不動心呀！』

軍長又向邵本良的大老婆說『你的男人就是眞正的走狗，對不對！』她答：『對的』！

軍長又問：『那麼你回去後，對他怎麼辦呢？』

她答：『我是一個婦道，說話他也不聽，回去後也只有用各種方法來勸解他，叫他不打你們就是了！』

軍長復又叫隊上女同志來和他們閒談，並做政治宣傳工作，他們看到我們的女同志，都表示出非常驚奇的神氣，談話的結果，有的感動的掉下眼淚來。休息了一二天，我們給他們寫了信，並給他們許多宣傳品，叫隊員把他們送到大路上，她們便回去了。

這一次戰爭，在政治上軍事上是有很大勝利的，以後不僅是邵本良部，卽是其他的滿兵部隊都對我們表示熱烈的敬意和好感，在以後的戰鬥中可以看出來。

此役之後還有些笑話呢。譬如地方的羣衆常說：『楊軍長眞傻，得着了那一幫很漂亮的女人兒，怎麼沒有留下一個當老婆呢？』別的羣衆就有的說：『楊軍長不是貓三狗四的人，爲什麼要人家的老婆呢？楊軍長眞是熱心救國救民的英雄，將來革命成功，怕沒有長的又漂亮，學問又好的愛國女英雄當老婆嗎！』

（完）

《救国时报》第一三四期 中华民国二十六年十一月十日 第二版

（1937年11月10日）

东北抗日联军
第一军英勇战绩之追述（续完）

松　五

（四）汗清沟战争

——杨军长为国为民不贪女色，邵本良老婆被掳安全放回——

我军在海龙和邵本良第六团激战后，威名愈大，对于满兵的关系也日趋改善，真所谓“不打不相识”也。

游击数日，军部忽改变游击方向，在八月初，晓夜兼行饥餐渴饮，直奔临江。八月十四日，我军至临江汗清沟，军长乃停止行军，招集队员训话：

“同志们！我们昼夜兼行，直趋临江，想同志们都困乏了罢！但是我们还要秉着素来的勇气与精神，来做这一不可多得的工作。什么工作呢？就是我们在海龙得到临江地方机关的报告，说邵部第七团，带了很多军需品，从临江孤山子向八道江移防，准备‘讨伐’我们。他们必经过此地，我们就在此地堵击他。”

我们听说后，不觉都吐一吐舌头，真佩服军长用兵之神速，而且地方和军部的关系是很好呀！在上午十时，向八道江移防的第七团，果真大车小辆缓缓的上山坡来！我们埋伏在荒草丛中。车临切近，军长乃大喊一声冲锋，喊口号“要枪不要命”，“中国人不打中国人”。第七团是受足我们影响的，激战半小时，满兵把枪一举喊道：“要枪就给你们，还打什么呀！都是中国人！”我们便跑到车前一看，除掉满兵而外，车上还满载军用品，特别使我们吃惊的，还有好几个车，满载花货（即满兵军官的老婆）都是连、营、排长等的家眷，还有邵本良的老婆也在内，当时缴了三十多支步枪，一万多粒子弹，十几箱的炮弹，二十多匹马。

不多时又来了一批队伍，身穿破烂不堪的农民衣服，有的拿着土枪、扎枪、大刀、木棒等原始武器，原来是本地的农民自卫队，他们也来接迎我们。他们的队长走到军长跟前打了一个立正，报告：“军长！方才枪响，本队乃集合三十多人，埋伏在山底下，不多时来一满兵，身骑一匹马，马后还有两个满兵，拉着马尾跑，我们当时用我们这支不大好使的套筒枪打了一枪，便把他们截住了，候军长发落！”

我们当时又是好笑，又是称赞自卫队的英勇。军长当时夸奖了一番，勉励了一回，给他们几支快枪，并把才得的军用品分给他们很多。被捕的满兵们，经过军长的训话一人给五元钱都放了。所得的胜利品和满兵各官长的家眷一齐用车拉着上山里来了。

晚间军长召集各满兵官长家属开谈话会。军长说：“各位女同胞们！你们不用骇怕，你们的性命和你们的身体，我是绝对负责来保护的，我们并不是猫三狗四的小帮土匪，乃是真正打日本子的军队！”

各位妇女都说：“谢谢军长的好意罢！”

军长又问：“你们都是谁的家眷？”

妇女们答：“亲日派的家属。”

军长又问：“你们的男人，都做什么呀？”

妇女们答：“都当亲日走狗呢。”

军长问：“既然他们是亲日走狗，你们也即是亲日走狗的老婆，该有多么羞耻呀！你们怎么不劝劝他们呢？”

军长又问：“你们知道我们是干吗的呀？”

妇女们答：“你们是人民革命军真正打日本的军队。”

军长又问：“我们把你们放回去，你们做些什么呀？”

妇女们答：“我们只有尽我们的力量来劝自己的丈夫不要和你们真正打日本的军队来作对。可是，军长，当亲日兵的也是无法子呀！我们的话说不上他们听不听呢！”

军长说：“一日夫妻百日恩，只要你们妇女有爱国天良，架不住你们天天躺在床上劝说呀。”

妇女们又说：“好了！军长！我们只有用我们的能力就是了。现在我们看见你们这样待我们好，又看你们辛辛苦苦的，吃的不好穿的不好去打日本子，我们也是中国人那能不动心呀！”

军长又向邵本良的大老婆说：“你的男人就是真正的走狗，对不对！”

她答：“对的！”

军长又问：“那么你回去后，对他怎么办呢？”

她答：“我是一个妇道，说话他也不听，回去后也只有用各种方法来劝解他，叫他不打你们就是了！”

军长复又叫队上女同志来和他们闲谈，并做政治宣传工作，他们看到我们的女同志，都表示出非常惊奇的神气，谈话的结果，有的感动的掉下眼泪来。休息了一二天，我们给他们写了信，并给他们许多宣传品，叫队员把他们送到大路上，她们便回去了。

这一次战争，在政治上军事上是有很大胜利的，以后不仅是邵本良部，即是其他的满兵部队都对我们表示热烈的敬意和好感，在以后的战斗中可以看出来。

此役之后还有些笑话呢。譬如地方的群众常说："杨军长真傻，得着了那一帮很漂亮的女人儿，怎么没有留下一个当老婆呢？"别的群众就有的说："杨军长不是猫三狗四的人，为什么要人家的老婆呢？杨军长真是热心救国救民的英雄，将来革命成功，怕没有长的又漂亮，学问又好的爱国女英雄当老婆吗！"

（完）

東北抗日聯軍活動日見積極

又據電訊，在日僞嚴重新聞封鎖政策下，仍有我東北抗日聯軍活動之消息漏出，可見在冰天雪地之艱苦情況下，我東北抗日聯軍仍再接再厲進行抗戰。十二月十二日，東北抗日聯軍部隊在北滿撫源（譯音）南面，佔領許多地點。不久前，我軍四百餘人在太平鎮（卽土龍山）與寇僞接戰，給寇僞以重大損失。現寇軍在東北以大軍駐守，並以飛機助戰，但我東北抗日聯軍之活動則日見積極云。

《救国时报》第一四三期 中华民国二十六年十二月二十五日 第一版

（1937 年 12 月 25 日）

东北抗日联军活动日见积极

又据电讯，在日伪严重新闻封锁政策下，仍有我东北抗日联军活动之消息漏出，可见在冰天雪地之艰苦情况下，我东北抗日联军仍再接再励进行抗战。十二月十二日，东北抗日联军部队在北满抚源[1]（译音）南面，占领许多地点。不久前，我军四百余人在太平镇（即土龙山）与寇伪接战，给寇伪以重大损失。现寇军在东北以大军驻守，并以飞机助战，但我东北抗日联军之活动则日见积极云。

① 应为抚远，今属黑龙江省。

東北抗日各軍積極行動

配合關內我軍之總抗戰

我東北抗日聯軍及其他抗日義勇軍遊擊隊等，在日寇鐵蹄之下，進行長期的英勇的抗戰，自全國實行總抗戰以來，他們更其積極行動，以牽掣寇軍，而配合關內的抗戰。但因寇軍的壓迫與封鎖，很難得到東北義軍英勇奮鬥之具體消息。茲據漢口十日電，中央社稱，東北抗日義軍近日較前更形發展，滿洲東北部現有抗日遊擊隊二十五萬人，佔有遊擊區域達廿八縣之廣。又據掃蕩報載，東北抗日各部隊及活動區域如下：楊靖宇、王德泰、趙尚志所部一萬五千人，沿松花江流域活動，吳義成部在撫松臨江；李華堂部在依蘭；周保忠部在寧安；柴世榮（譯音）部在敦化額穆；謝文東部在勃利；劉雄崇（譯音）部在東寧；史忠祺（譯音）部在延吉；徐子三（譯音）部在密山穆陵虎林。

《救国时报》第一四七期 中华民国二十七年一月十五日 第二版（1938 年 1 月 15 日）

东北抗日各军积极行动

配合关内我军之总抗战

我东北抗日联军及其他抗日义勇军游击队等，在日寇铁蹄之下，进行长期的英勇的抗战，自全国实行总抗战以来，他们更其积极行动，以牵制寇军，而配合关内的抗战。但因寇军的压迫与封锁，很难得到东北义军英勇奋斗之具体消息。

兹据汉口十日电，中央社称，东北抗日义军近日较前更形发展，满洲东北部现有抗日游击队二十五万人，占有游击区域达十八县之广。又据扫荡报载，东北抗日各部队及活动区域如下：杨靖宇、王德泰、赵尚志所部一万五千人，沿松花江流域活动，吴义成部在抚松临江；李华堂部在依兰；周保忠部在宁安；柴世荣（译音）部在敦化额穆；谢文东部在勃利；刘雄崇（译音）部在东宁；史忠祺（译音）部在延吉；徐子三（译音）部在密山穆陵虎林。

为有牺牲

抗战英烈小传

九一八事变后，东北大地烽烟四起，抗日战火遍燃白山黑水。东北抗日联军在这片土地上以顽强不屈之志，谱写了气壮山河的篇章。以杨靖宇将军为代表的抗联英烈们，为国捐躯、血沃疆场，许多人的姓名甚至未能留存于世。然而，他们的浩然正气，早已深深镌刻在这片山河之中，化作永不磨灭的民族记忆与精神丰碑。

悼東北長城一切無名殉國英雄

閔時夫

嗚呼！我至親愛之救國烈士，我至偉大之殉國英靈！公等生不同時，然均相率而犧牲。公等長各異地，然竟相偕死於護國之戰爭。公等各有父兄，各有妻子，然在公等最光榮之剎那，唯有攜手奮戰沙場之兄弟，把臂相望而成仁。倘國家獨立之日，必收公等之遺骨，公葬於一莊嚴之墳塋。吾不得知公等之生平，亦不能考公等之名姓，今惟以心香淚酒，哭公等無名之英魂。

嗚呼！彼殘毒之日賊欲亡我種族也，固已六十年於今。九一八更張其血吻，欲吞噬我四萬萬之人民。既蹂躪我東北四省，更進而入寇我千年故都之平津。東北之守吏既發無抵抗之亂命，而鎮靜之聲又出於南京。若輩不惜貪一己之榮利，殘民媚外，坐視祖宗國土之沈淪。

嗚呼，惟公等或以守土之責，或以興亡之義，奮戰疆場，肉搏賊軍。公等雖以孤軍陋械，抗日賊之倍衆與利兵，精誠所至，英勇殺賊，使賊胆戰而心驚。甚至以大刀短劍，砍日賊之首級，懲日賊之頑冥。然雖屢博奇勝，振大漢之天聲，終以彈盡援絕，而毀我之長城。惟公等誓死不屈，終作神聖之犧牲。豈公等之智勇不如賊寇，實我國內有不肖之子孫。然公等不計成敗，前仆後繼，冒彈雨鎗林而前進。白山黑水冰天雪地之間，血肉縱橫；公等之骸骨，遍塞外與長城。嗚呼，公等之壯烈，驚天地而泣鬼神。

嗚呼，人各有死，然即泰山之重，亦不能讚公等之神聖。日賊漢奸辱公等爲「匪」，蜀犬吠日，盜憎主人，然全中國全世界均知公等之血，爲民族獨立之先河，諸君之骨，爲中國解放之前軍。嗚呼，公等之英勇，長照萬古而震河嶽，公等之偉烈，永參天地而炳日星。

嗚呼，我五千年文明之古國，我四萬萬之人民！愛和平爲我民族之天性，護正義爲我民族之精神。吾人不侵他人之寸土，然外侮之橫來，我民族必作堅強反抗之鬥爭。不凌弱小，不屈畏強橫，此中國民族道德之根本。臨亂不苟，見危授命，亦我民族道德之菁英。捨身取義殺身成仁，此先聖賢之遺訓，亦我民族光華不竭之所耕溉。嗚呼，公等不惟民族鬥爭之英雄，亦古聖賢最忠實之子弟，民族精神傳統最堅定之繼承人，與夫全世界爲人類解放而鬥爭的戰士之典型。

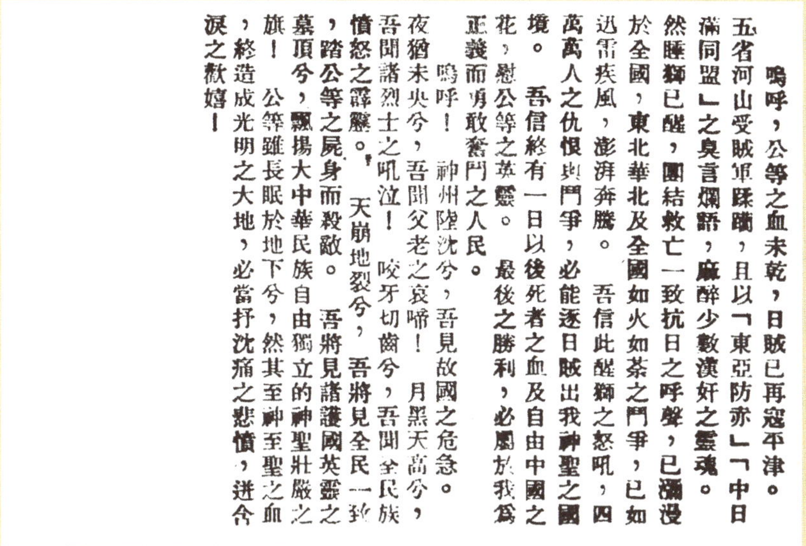
嗚呼，公等之血未乾，日賊已再寇平津。五省河山受賊軍蹂躪，且以「東亞防赤」「中日滿同盟」之臭言爛語，麻醉少數漢奸之靈魂。然睡獅已醒，團結救亡一致抗日之呼聲，已瀰漫於全國，東北華北及全國如火如荼之鬥爭，已如迅雷疾風，澎湃奔騰。吾信此醒獅之怒吼，四萬萬人之仇恨與鬥爭，必能逐日賊出我神聖之國境。吾信終有一日以後死者之血及自由中國之花，慰公等之英靈。最後之勝利，必屬於我爲正義而勇敢奮鬥之人民。

嗚呼！神州陸沈兮，吾見故國之危急。夜猶未央兮，吾聞父老之哀啼！月黑天高兮，吾聞諸烈士之吼泣！咬牙切齒兮，吾聞全民族憤怒之霹靂。天崩地裂兮，吾將見全民一致，踏公等之屍身而殺敵。吾將見諸護國英靈之墓頂兮，飄揚大中華民族自由獨立的神聖莊嚴之旗！公等雖長眠於地下兮，然其至神至聖之血，終造成光明之大地，必當抒沈痛之悲憤，迸令淚之歡嬉！

《救国时报》第四期 中华民国二十四年十二月二十八日 第四版

（1935 年 12 月 28 日）

悼东北长城一切无名殉国英雄

闵时夫

鸣呼！我至亲爱之救国烈士，我至伟大之殉国英灵！公等生不同时，然均相率而牺牲。公等长各异地，然竟相偕死于护国之战争。公等各有父兄，各有妻子，然在公等最光荣之刹那，唯有携手奋战沙场之兄弟，把臂相望而成仁。倘国家独立之日，必收公等之遗骨，公葬于一庄严之坟茔。吾不得知公等之生平，亦不能考公等之名姓，今惟以心香泪酒，哭公等无名之英魂。

呜呼！彼残毒之日贼欲亡我种族也，固已六十年于今。九一八更张其血吻，欲吞噬我四万万之人民。既蹂躏我东北四省，更进而入寇我千年故都之平津。东北之守吏既发无抵抗之乱命，而镇静之声又出于南京。若辈不惜贪一己之荣利，残民媚外，坐视祖宗国土之沉沦。

呜呼，惟公等或以守土之责，或以兴亡之义，奋战疆场，肉搏贼军。公等虽以孤军陋械，抗日贼之倍众与利兵，精诚所至，英勇杀贼，使贼胆战而心惊。甚至以大刀短剑，砍日贼之首级，惩日贼之顽冥。然虽屡博奇胜，振大汉之天声，终以弹尽援绝，而毁我之长城。惟公等誓死不屈，终作神圣之牺牲。岂公等之智勇不如贼寇，实我国内有不肖之子孙。然公等不计成败，前仆后继，冒弹雨枪林而前进。白山黑水冰天雪地之间，血肉纵横；公等之骸骨，遍塞外与长城。呜呼，公等之壮烈，惊天地而泣鬼神。

呜呼，人各有死，然即泰山之重，亦不能赞公等之神圣。日贼汉奸辱公等为“匪”，蜀犬吠日，盗憎主人，然全中国全世界均知公等之血，为民族独立之先河，诸君之骨，为中国解放之前军。呜呼，公等之英勇，长照万古而震河岳，公等之伟烈，永参天地而炳日星。

呜呼，我五千年文明之古国，我四万万之人民！爱和平为我民族之天性，护正义为我民族之精神。吾人不侵他人之寸土，然外侮之横来，我民族必作坚强反抗之斗争。不凌弱小，不屈畏强横，此中国民族道德之根本。临乱不苟，见危授命，亦我民族道德之菁英。舍身取义杀身成仁，此先圣贤之遗训，亦我民族光华不竭之所藉凭。呜呼，公等不惟民族斗争之英雄，亦古圣贤最忠实之子弟，民族精神传统最坚定之继承人，与夫全世界为人类解放而斗争的战士之典型。

鸣呼，公等之血未干，日贼已再寇平津。五省河山受贼军蹂躏，且以“东亚防赤”“中日满同盟”之臭言烂语，麻醉少数汉奸之灵魂。然睡狮已醒，团结救亡一致抗日之呼声，已弥漫于全国，东北华北及全国如火如荼之斗争，已如迅雷疾风，澎湃奔腾。吾信此醒狮之怒吼，四万万人之仇恨与斗争，必能逐日贼出我神圣之国境。吾信终有一日以后死者之血及自由中国之花，慰公等之英灵。最后之胜利，必属于我为正义而勇敢奋斗之人民。

鸣呼！神舟陆沉兮，吾见故国之危急。夜犹未央兮，吾闻父老之哀啼！月黑天高兮，吾闻诸烈士之吼泣！咬牙切齿兮，吾闻全民族愤怒之霹雳。天崩地裂兮，吾将见全民一致，踏公等之尸身而杀敌。吾将见诸护国英灵之墓顶兮，飘扬大中华民族自由独立的神圣庄严之旗！公等虽长眠于地下兮，然其至神至圣之血，终造成光明之大地，必当抒沉痛之悲愤，迸含泪之欢喜！

民族英雄王德林在奉天殉難

據五月三日上海電，申報載，東北義軍領袖王德林及其部下四人，潛入奉天飛機場，欲將該場及飛機燒燬，不幸被捕，並被日僞強盜，施以非刑，王與其部下四人均殉難云。

噩耗傳來，我海內外同胞，不能不悲憤填胸，對我被難烈士表示萬分的哀悼！對日僞強盜，增加無限的血仇！

據上海電訊，此次殉難之民族英雄王德林即前救國軍總司令王德林，但據本報特訊，實係另一義軍領袖而非前救國軍總司令王德林氏。即就事理推測，王氏爲前救國軍之首領，亦不會僅率四人以燬敵機。故併誌之，以待證實。然輕身潛入敵人虎口，以燬敵機，實爲英勇之壯舉，應受全國人民之尊敬也。

《救国时报》第二十八期 中华民国二十五年五月十日 第一版
（1936年5月10日）

民族英雄王德林在奉天殉难

据五月三日上海电，申报载，东北义军领袖王德林及其部下四人，潜入奉天飞机场，欲将该场及飞机烧毁，不幸被捕，并被日伪强盗，施以非刑，王与其部下四人均殉难云。

噩耗传来，我海内外同胞，不能不悲愤填胸，对我被难烈士表示万分的哀悼！对日伪强盗，增加无限的血仇！

据上海电讯，此次殉难之民族英雄王德林即前救国军总司令王德林，但据本报特讯，实系另一义军领袖而非前救国军总司令王德林氏。即就事理推测，王氏为前救国军之首领，亦不会仅率四人以毁敌机。故并志之，以待证实。然轻身潜入敌人虎口，以毁敌机，实为英勇之壮举，应受全国人民之尊敬也。

民族英雄楊靖宇

虎嘯

——轉載世界知識第四卷第四期——

「楊司令」的名字自一九三三年的春季由吉林的南部開始向全個東三省南部傳播了，日「滿」軍聽到這個名字就覺得像獅吼一樣。 他們曾派過探子去偵探，去投軍，企圖在內部譁變出來；結果，這些人的頭都被懸在樹梢上。 楊司令不但在東省南部數十縣的區域內時常有他的足跡，就是撫松、輯安的對岸朝鮮國境內也常發現他的隊伍。現在他已經和趙尚志、王德泰、謝文東等成為東北人民唯一有希望、有信仰的能有把握收復失地的民族英雄！

楊靖宇據說是安徽人，聽他的說話，似乎還帶一點兒含有強度山東調的北徽口音。他很注意的研究每個農村問題和戰術問題，在討論會上他的主張總能得到很熱烈的討論與正確的決定。 不斷的勞動使他漸漸的變成了個瘦長格子的青鐵棍子。 很少見到他的愁容和生氣，他沒有私人衛兵，只有司令部的衛隊連合教導隊保衛着這個領袖。 隊員會議中很愁他的身體，決定了特別的每天給他魚肝油吃。

起初，在事變後，東北到處是義勇軍，除了長春奉天吉林哈爾濱和南滿鐵道以外，其他義勇軍把民間的武裝全都取了去，他們希望着南京的援助，他們不了解誰出賣了他們，誰是他們的眞正的敵人，他們只須要太平，須要生活，誰管天下是誰家的呢？ 我們的楊靖宇就在這時走向東省南邊來，經過了好多的困難和危險，找到了反日會的隊伍，開始領導他們。 可是，一般農民們聽了走狗地主村長的造謠欺騙，到處屠殺反日的中韓民衆。 楊司令很艱苦地為他們解釋。

一九三三年春天，一個鐵路工人代表來報告：有一個鐵甲車帶着新式武器要由某處經過，這個地方兩面都有天然的堡壘，我們可以去進攻。 軍事會議決定去幹！ 馬上召集全體會員大會，他說：「同志們！ 我們不要說我們是抗敵的隊伍，我們也不要強迫着別人來相信我們，參加到我們隊伍裏來；我們只有幹！ 幹是事實，進攻敵人不是空談，事實勝於強辯，只要大家眞實要反抗敵人，大家能眞心的勇敢的對敵人作戰，我們不怕他機關槍，迫擊砲和鐵甲車，我們一定能勝利的！」

果然他們勝利了，這一砲就直接地戰勝了，日本帝國主義者和漢奸們的造謠也就被打破了。楊司令是東三省第一個執行遊擊戰術的人，在他的命令中只有「戰」，沒有「怕」，但是，他不是盲目的戰，而是估計到戰略上的，遊擊式的戰。 他所領導的隊伍時常和敵人的機關槍、迫擊砲、飛機、炸彈相週旋。 他時常受到襲擊，他都能夠從容的應戰，有過幾次，他們吃飯的碗都被敵打碎，他們還從容的應付退却了。 的確他是非常難得的遊擊戰爭的領導者。

他每天接見各地民衆，聽取民衆的生活報告和探報，他每到一處必親自講給民衆好多異異能解決民衆痛苦的問題。 於是，無論農民間的爭執，大衆的劃地問題以至於應由當地反日會決定執行的事項，羣衆都要聽他的「吩咐」。

他不但創造了東北人民革命軍，並且還造成了東北抗敵的統一陣線。這是一九三四年的春季，在東省南方以老龍崗山脈爲中心的各抗日隊伍統統的被聯合起來。在關門硝子鎮周圍集合了延長四五十里的宿營地，開了六天會議，組成了東北抗日聯合軍軍事委員會，公舉楊靖宇爲司令，老長青爲副司令，李紅光爲參謀長，以下設軍需，軍法，軍醫，政治……等處。 簽訂了反日聯合協定——即反日義勇軍，反日民衆代表與東北反日人民革命軍代表間的協定——，聯合軍賞罰條例，人民革命軍軍事醫院修械場共同使用規章，共同作戰勝利品處分條例，叛徒處分法……等。 從此全東北的抗日隊伍抗日民衆都在總的聯合上得到更多的經驗和勝利。我們就更不能忘記楊靖宇司令給我們的幫助與教訓！

楊司令不但現在是東北反日反帝戰爭的堅決領導者，我們敢相信，不久以後，他會變成伏洛西洛夫一樣的世界偉大人物之一。

《救国时报》第三十九期 中华民国二十五年六月三十日 第二版

（1936 年 6 月 30 日）

民族英雄杨靖宇

——转载《世界知识》第四卷第四期——

虎　啸

“杨司令”的名字自一九三三年的春季由吉林的南部开始向全个东三省南部传播了，日“满”军听到这个名字就觉得像狮吼一样。他们曾派过探子去侦探，去投军，企图在内部哗变出来；结果，这些人的头都被悬在树梢上。杨司令不但在东省南部数十县的区域内时常有他的足迹，就是抚松、辑安的对岸朝鲜国境内也常发现他的队伍。现在他已经和赵尚志、王德泰、谢文东等成为东北人民唯一有希望、有信仰的能有把握收复失地的民族英雄！

杨靖宇据说是安徽人，听他的说话，似乎还带一点儿含有强度山东调的北徽口音。他很注意的研究每个农村问题和战术问题，在讨论会上他的主张总能得到很热烈的讨论与正确的决定。不断的劳动使他渐渐的变成了个瘦长格子的青铁棍子。很少见到他的愁容和生气，他没有私人卫兵，只有司令部的卫队连和教导队保卫着这个领袖。队员会议中很愁他的身体，决定了特别的每天给他鱼肝油吃。

起初，在事变后，东北到处是义勇军，除了长春奉天吉林哈尔滨和南满铁道以外，其他义勇军把民间的武装全都取了去，他们希望着南京的援助，他们不了解谁出卖了他们，谁是他们的真正的敌人，他们只须要太平，须要生活，谁管天下是谁家的呢？我们的杨靖宇就在这时走向东省南边来，经过了好多的困难和危险，找到了反日会的队伍，开始领导他们。可是，一般农民们听了走狗地主村长的造谣欺骗，到处屠杀反日的中韩民众。杨司令很艰苦地为他们解释。

一九三三年春天，一个铁路工人代表来报告：有一个铁甲车带着新式武器要由某处经过，这个地方两面都有天然的堡垒，我们可以去进攻。军事会议决定去干！马上召集全体会员大会，他说："同志们！我们不要说我们是抗敌的队伍，我们也不要强迫着别人来相信我们，参加到我们队伍里来；我们只有干！干是事实，进攻敌人不是空谈，事实胜于强辩，只要大家真实要反抗敌人，大家能真心的勇敢的对敌人作战，我们不怕他机关枪，迫击炮和铁甲车，我们一定能胜利的！"

果然他们胜利了，这一炮就直接地战胜了，日本帝国主义者和汉奸们的造谣也就被打破了。杨司令是东三省第一个执行游击战术的人，在他的命令中只有"战"，没有"怕"，但是，他不是盲目的战，而是估计到战略上的，游击式的战。他所领导的队伍时常和敌人的机关枪、迫击炮、飞机、炸弹相周旋。他时常受到袭击，他都能够从容的应战，有过几次，他们吃饭的碗都被敌打碎，他们还从容的应付退却了。的确他是非常难得的游击战争的领导者。

他每天接见各地民众，听取民众的生活报告和探报，他每到一处必亲自讲给民众好多真真能解决民众痛苦的问题。于是，无论农民间的争执，大众的割地问题以至于应由当地反日会决定执行的事项，群众都要听他的"吩咐"。

他不但创造了东北人民革命军，并且还造成了东北抗敌的统一阵线。这是一九三四年的春季，在东省南方以老龙岗山脉为中心的各抗日队伍统统的被联合起来。在关门砬子镇周围集合了延长四五十里的宿营地，开了六天会议，组成了东北抗日联合军军事委员会，公举杨靖宇为司令，老长青为副司令，李红光为参谋长，以下设军需，军法，军医，政治……等处。签订了反日联合协定——即反日义勇军，反日民众代表与东北反日人民革命军代表间的协定——联合军赏罚条例，人民革命军军事医院修械场共同使用规章，共同作战胜利品处分条例，叛徒处分法……等。从此全东北的抗日队伍抗日民众都在总的联合上得到更多的经验和胜利。我们就更不能忘记杨靖宇司令给我们的帮助与教训！

杨司令不但现在是东北反日反帝战争的坚决领导者，我们敢相信，不久以后，他会变成伏洛西洛夫一样的世界伟大人物之一。

東北抗日聯軍第六軍軍長

夏雲傑烈士傳

張民夫

自「九一八」日寇強佔我東北後，在東北快到六年的抗日鬥爭中，最堅決和最勇敢的，就是共產黨人。正因爲如此，所以在抗日戰爭中爲國家民族而犧牲了的民族英雄，許多是共產黨的最優秀的幹部，東北抗日聯軍第六軍軍長夏雲傑烈士就是其中的一個。

夏雲傑烈士是堅決擁護並執行共產黨反日民族統一戰線的政策的一人。夏烈士爲反日民族統一戰線的堅決奮鬥，不僅可爲東北抗日鬥爭的模範，而且可爲全中國反日民族統一戰線運動所效法。

當一九三三年夏季，夏烈士得到共產黨中央關於反日民族統一戰線政策的指示後，夏烈士即與其他許多同志在黑龍江省沿淞花江岸的湯源等縣的許多抗日義軍中進行宣傳，鼓吹反日民族統一戰線，聯合救國。

在夏烈士等精誠感人宣傳說服之下，湯源附近各縣許多抗日義軍如當時中央隊、中原隊、忠厚隊、占中海隊、青山隊等等七八個部隊就組成了聯合指揮部。顯然的，這種聯合指揮部的組織確是抗日聯軍的雛形。當時聯合指揮部組成後，大大團聚了湯源附近各縣原來各部分散的抗日義軍部隊，大大開展了當時湯源附近各縣的抗日遊擊戰爭。

可是因爲當時所締結的抗日統一戰線還不很堅固，各部抗日義軍對於夏雲傑烈士等以抗日救國爲神聖事業的共產黨員提出之民族統一戰線的政策，尚未十分了解，另方面在當時聯合指揮部之下尚缺少有過很好的政治教育之部隊可爲聯合指揮部的主要基礎。因爲這樣，所以當時的聯合指揮部雖然存在了半年之久，但日寇冬期大「討伐」一到來，便遭失敗了。

夏雲傑烈士等從聯合指揮部的瓦解得到了寶貴的教訓，而且爲着抗日統一戰線更順利的建立，所以在一九三三年冬季，就進行武裝民衆，組織在他們直接領導之下的抗日義軍部隊。在他們號召之下，當地的反日會及反日民衆，即紛紛要求入隊，不久即組成了能實行遊擊作戰的部隊，定名爲湯源反日遊擊隊，以夏雲傑烈士爲隊長。遊擊隊成立後，即與閻王、黑山等義軍部隊締結抗日統一戰線。李杜部下的李華堂部隊當時與湯源反日遊擊隊的關係亦極密切。在夏雲傑烈士率領之下，湯源反日遊擊隊在襲擊日寇的戰爭中打了無數次勝仗，最著名的莫如攻破鶴立崗日寇強佔去的煤礦公司，使日寇寒心喪胆。同時，該部隊人數亦迅速的發展起來，遂於一九三六年正式成立東北抗日聯軍第六軍，仍推選夏雲傑烈士爲軍長。東北抗日聯軍第六軍，大大開展了淞花江下流兩岸的抗日遊擊戰爭，這不能不歸功於夏雲傑烈士。

夏雲傑烈士，不僅是全中國人民中的最好模範，而且是共產黨員中的最好模範。他堅決擁護並執行共產黨反日統一戰線的政策，同時就堅定的與日本奸細民生團（日本在韓國人中的組織）份子及託洛茨基匪徒作殘酷鬥爭。當一九三三年冬期日寇在湯源各縣大「討伐」中，平日鑽在湯源反日會、共產主義青年團甚至共產黨地方黨部中的日本奸細「民生團」份子及託洛茨基匪徒，卽向日寇告密，破壞組織，率領日軍到處逮捕抗日民衆及反日會會員和共產黨員。在這樣大屠殺的「討伐」和破壞中，夏雲傑烈士當時不但沒有絲毫動搖害怕的情緒，反而勇敢堅決與日寇奸細「民生團」及託洛茨基匪徒作殘酷鬥爭，艱苦的做保存抗日革命組織的工作。因此，卽在一九三三年冬期大「討伐」大破壞以後，而湯源的抗日組織還能好好的保存着和發展着。這就充分的表現出夏雲傑烈士的布爾塞維克的特色了。

夏烈士未任聯軍軍長之前，曾任中共湯源縣委書記。夏烈士曾受重傷一次，因醫藥缺乏，醫生遂勸吸鴉片以止痛。傷癒之後，因身爲軍長，恐因吃烟而使部隊發生不良影響，遂決心戒除鴉片，自行倒懸樑上，以抗烟癮，卒將鴉片戒除，此事引起義軍戰士中無限敬仰。

夏雲傑是山東人，因家貧移居黑龍江省淞花江岸湯源縣耕地多年。在「九一八」事變以前，曾一度爲警察分所所長，因上峯迫令魚肉鄉民，而他自己目擊農民之疾苦絕不願欺凌鄉民，乃憤而辭職歸耕。「九一八」日寇強佔我東北後，夏雲傑烈士卽雖別妻小數口之家庭，專心從事於抗日救國之活動。後來爲要求得抗日救國的正確領導起見，他就毫不遲疑的加入中國共產黨。加入共產黨後，他的工作有更光明的目標和更正確的領導，於是更堅決英勇從事於抗日救國的神聖事業。

夏雲傑烈士三十五六年紀，身材魁梧，語音響亮，完全表示出山東人的本色，態度沉着堅決勇敢，雙目炯炯有光，有天生的演說口才，待人接物，和藹可親，所以軍中戰士及地方民衆莫不異常愛戴，莫不異口同聲的說「老夏帶隊眞帶得好」，「老夏的隊伍眞是抗日救國的隊伍」。可惜，在一九三六年十二月間與日寇作戰時，下江一帶人人愛戴的夏雲傑烈士在前線指揮督戰，爲寇彈命中而犧牲了。這不僅是東北抗日聯軍第六軍的莫大損失，也不僅是東北抗日遊擊戰爭中的巨大損失，而且是中國全民族的莫大損失。但我們相信，夏烈士抗日救國未竟之遺志，有中國共產黨領導着全中國人民之堅決奮鬥，一定能達到最後的勝利！

《救国时报》第一一〇期 中华民国二十六年七月十日 第二版

（1937 年 7 月 10 日）

东北抗日联军第六军军长

夏云杰烈士传

张民夫

自“九一八”日寇强占我东北后，在东北快到六年的抗日斗争中，最坚决和最勇敢的，就是共产党人。正因为如此，所以在抗日战争中为国家民族而牺牲了的民族英雄，许多是共产党的最优秀的干部，东北抗日联军第六军军长夏云杰烈士就是其中的一个。

夏云杰烈士是坚决拥护并执行共产党反日民族统一战线的政策的一人。夏烈士为反日民族统一战线的坚决奋斗，不仅可为东北抗日斗争的模范，而且可为全中国反日民族统一战线运动所效法。当一九三三年夏季，夏烈士得到共产党中央关于反日民族统一战线政策的指示后，夏烈士即与其他许多同志在黑龙江省沿松花江岸的汤源等县的许多抗日义军中进行宣传，鼓吹反日民族统一战线，联合救国。在夏烈士等精诚感人宣传说服之下，汤源附近各县许多抗日义军如当时中央队、中原队、忠厚队、占中海队、青山队等等七八个部队就组成了联合指挥部。显然的，这种联合指挥部的组织确是抗日联军的雏形。当时联合指挥部组成后，大大团聚了汤源附近各县原来各部分散的抗日义军部队，大大开展了当时汤源附近各县的抗日游击战争。可是因为当时所缔结的抗日统一战线还不很坚固，各部抗日义军对于夏云杰烈士等以抗日救国为神圣事业的共产党员提出之民族统一战线的政策，尚未十分了解，另方面在当时联合指挥部之下尚缺少有过很好的政治教育之部队可为联合指挥部的主要基础。因为这样，所以当时的联合指挥部虽然存在了半年之久，但日寇冬期大“讨伐”一到来，便遭失败了。

夏云杰烈士等从联合指挥部的瓦解得到了宝贵的教训，而且为着抗日统一战线更顺利的建立，所以在一九三三年冬季，就进行武装民众，组织在他们直接领导之下的抗日义军部队。在他们号召之下，当地的反日会及反日民众，即纷纷要求入队，不久即组成了能实行游击作战的部队，定名为汤源反日游击队，以夏云杰烈士为队长。游击队成立后，即与阎王、黑山等义军部队缔结抗日统一战线。李杜部下的李华堂部队当时与汤源反日游击队的关系亦极密切。在夏云杰烈士率领之下，汤源反日游击队在袭击日寇的战争中打了无数次胜仗，最著名的莫如攻破鹤立岗日寇强占去的煤矿公司，使日寇寒心丧胆。同时，该部队人数亦迅速的发展起来，遂于一九三六年正式成立东北抗日联军第六军，仍推选夏云杰烈士为军长。东北抗日联军第六军，大大开展了松花江下流两岸的抗日游击战争，这不能不归功于夏云杰烈士。

夏云杰烈士，不仅是全中国人民中的最好模范，而且是共产党员中的最好模范。他坚决拥护并执行共产党反日统一战线的政策，同时就坚定的与日本奸细民生团（日本在韩国人中的组织）份子及托洛茨基匪徒作残酷斗争。当一九三三年冬期日寇在汤源各县大“讨伐”中，平日钻在汤源反日会、共产主义青年团甚至共产党地方党部中的日本奸细“民生团”份子及托洛茨基匪徒，即向日寇告密，破坏组织，率领日军到处逮捕抗日民众及反日会会员和共产党员。在这样大屠杀的“讨伐”和破坏中，夏云杰烈士当时不但没有丝毫动摇害怕的情绪，反而勇敢坚决与日寇奸细“民生团”及托洛茨基匪徒作残酷斗争，艰苦的做保存抗日革命组织的工作。因此，即在一九三三年冬期大“讨伐”大破坏以后，而汤源的抗日组织还能好好的保存着和发展着。这就充分的表现出夏云杰烈士的布尔塞维克的特色了。

夏烈士未任联军军长之前，曾任中共汤源县委书记。夏烈士曾受重伤一次，因医药缺乏，医生遂劝吸鸦片以止痛。伤愈之后，因身为军长，恐因吃烟而使部队发生不良影响，遂决心戒除鸦片，自行倒悬梁上，以抗烟瘾，卒将鸦片戒除，此事引起义军战士中无限敬仰。

夏云杰是山东人，因家贫移居黑龙江省松花江岸汤源县耕地多年。在“九一八”事变以前，曾一度为警察分所所长，因上峰迫令鱼肉乡民，而他自己目击农民之疾苦绝不愿欺凌乡民，乃愤而辞职归耕。“九一八”日寇强占我东北后，夏云杰烈士即离别妻小数口之家庭，专心从事于抗日救国之活动。后来为要求得抗日救国的正确领导起见，他就毫不迟疑的加入中国共产党。加入共产党后，他的工作有更光明的目标和更正确的领导，于是更坚决英勇从事于抗日救国的神圣事业。

夏云杰烈士三十五六年纪，身材魁梧，语音响亮，完全表示出山东人的本色，态度沉着坚决勇敢，双目炯炯有光，有天生的演说口才，待人接物，和蔼可亲，所以军中战士及地方民众莫不异常爱戴，莫不异口同声的说“老夏带队真带得好”“老夏的队伍真是抗日救国的队伍”。可惜，在一九三六年十二月间与日寇作战时，下江一带人人爱戴的夏云杰烈士在前线指挥督战，为寇弹命中而牺牲了。这不仅是东北抗日联军第六军的莫大损失，也不仅是东北抗日游击战争中的巨大损失，而且是中国全民族的莫大损失。但我们相信，夏烈士抗日救国未竟之遗志，有中国共产党领导着全中国人民之坚决奋斗，一定能达到最后的胜利！

悼東北抗日烈士夏雲傑陳榮玖
李紅光史忠恆傅顯明諸同志

我東北四省淪陷，於日本強盜之手，已經快到六年了。　在這六年中，我東北同胞不但受盡了野蠻殘酷的壓迫和剝削，而且成千成萬的遭受日寇及其走狗慘無人道的焚燒、虐殺、奸淫、搶掠，過着朝不保夕的生活。　因此，「抗日則生，不抗日則死」，成爲全東北數千萬同胞一致的呼聲。因此，東北同胞的抗日鬥爭，一開始就採取武裝對抗的形勢。　雖然馬占山、李杜、王德林、李海青、馮占海諸將軍所領導的武裝抗日鬥爭，因外援斷絕而先後失敗，然而抗日救國的偉業並未終止，相反的，抗日鬥爭更加堅韌和發展，抗日力量更加團結和一致。　繼馬、李、王諸將軍而起的有更多的新的抗日領袖，如舉世聞名的楊靖宇等諸民族英雄，即是這些抗日領袖的最好代表；而參加抗日的部隊，則不僅有舊東北軍餘部，並且有反日起義的「滿洲」軍，有矢志抗日的義勇軍和山林隊，有出關殺敵的關內志士，有朝鮮的愛國健兒。　而且這些力量，已經在我黨所提出的抗日救國統一戰線之下團結起來了，已經組成了不可戰勝的東北抗日聯軍了。

我黨——中國共產黨——六年以來在東北抗日救國的艱苦鬥爭中，曾經遭受過莫大的損失，遠之如金伯陽、童長榮、楊太和、胡士敏、張文楷、李斗文諸同志，都在反日戰線上壯烈的犧牲了。特別最近一年來東北抗日聯軍第六軍軍長夏雲傑同志，第七軍軍長陳榮玖同志，第一軍第一師師長李紅光同志，第二軍第二師師長史忠恆同志，第五軍第二師師長傅顯明同志等的先後犧牲，尤爲愴痛的不可補償的損失。　這些同志都是我黨最優秀的幹部，是抗日軍中最有威信的領袖，他們在與日寇數年來的搏戰中，確實表現了共產黨員的英勇模範，流了他們的最後一滴血，盡了他們保國衛民的最高職責。　他們的犧牲，不僅是我黨的嚴重損失，而且是整個民族的重大創傷，是抗日救國運動中之不幸的事件。

固然我們最好的同志，最英勇堅定的抗日烈士夏雲傑、陳榮玖、李紅光、史忠恆、傅顯明諸同志的犧牲，是我們最痛心的事，然而我們更痛心的還在於：

一、正當烈士們和他們的戰友楊靖宇等同志爲收復失地，爲民族解放，爲國家獨立，與日寇進行艱苦卓絕的鬥爭的時候，而南京當局卻在採取忍辱退讓的不抵抗政策，致國土日削，國權日促，使日本強盜得以到處橫行，繼續侵略，而且這種不抵抗政策，迄今雖表現多少改變的端倪，然而在南京內部親日派挾持之下，還未見徹底的轉變，還未見實行動員全國力量，作抗日的實際準備，相反的，「愛國有罪」，在今天仍是南京當局的對內方針。

二、正當烈士們和他們的戰友楊靖宇等同志在東北執行我黨反日民族統一戰線政策，聯合反日的各黨派，各部隊各民眾團體（首先是個別的國民黨員及其所領導的部隊和團體）進行堅決的抗日血戰的時候，而南京當局卻在以全力進行罪惡的「剿共」政策，以致國力消耗，外患加深，使中國人民紅軍的抗日志願，屢次受到阻礙而未能實現。而且這種「剿共」政策，在全國人民一致反抗之下，目前雖然暫時停止，民族統一戰線運動雖在繼續開展中，然而在日寇「共同防共」的威脅與親日派的挾持之下，南京當局仍不斷的從各方面來企圖削弱紅軍的力量，限制紅軍的發展，而對於我黨及全國人民所企求的「國共合作，」「一致對外」，至今仍未見有真誠的合理的適於全國人民公意的回答。

三、特別使我們痛心的，正當烈士們為民族、為祖國、為全國同胞的生存與日寇進行喋血抗戰、先後犧牲的時候，而南京當局在親日派挾持之下，卻仍在厲行對內壓迫政策。逮捕和審判全國救國會領袖，封閉反日刊物，禁止反日運動，京滬漢各地愛國青年大批失蹤與被捕，各大學主張抗日教授被辭退，以及福建領導反日鬥爭的共產黨員之被槍殺，鄂豫皖湘贛閩各地紅軍，抗日遊擊隊之被「圍剿」，凡此一切，都不能不使我們及全國民眾懷疑到南京當局屢次宣言的「和平統一、團結禦侮」的誠意。這簡直是我們追悼抗日烈士的悲感更加沉痛的一種悲感。

國家民族的危亡，已至千鈞一髮之機，不但東北諸民族英雄正在領導抗日聯軍及東北人民與日寇血肉相搏，而且綏遠抗戰的將士、察熱起義的同胞，特別是正在盧溝橋英勇殺敵喋血抗戰為國增光的二十九軍將士及北方同胞們，都在拚擲自己的頭顱，流犧自己的熱血，為保衛國土，為收復失地，為解放民族，為爭取獨立、自由、幸福的新中國而奮戰，然而他們同時更熱望着全國同胞之一致動員，全民族之一致抗敵，庶幾使他們的頭顱不致虛擲，他們的熱血不致空流，這是我們每一個有良心的中國人，和有誠意抗日救國的政府當局所不應絲毫漠視而應激勵奮發的呵！

讓我們告慰我們的抗日烈士們罷！

夏雲傑同志！

陳榮玖同志！

李紅光同志！

史忠恆同志！

傅顯明同志！

你們為了收復失地，為了民族解放，為了國家生存，為了執行黨的任務與政策與日寇作長期搏鬥；你們為了自己的志願，為了執行黨的革命任務，為了中國人民解放的事業，而流到最後一滴血；你們是人民的先驅，民族的英雄，黨員的模範；你們的事業雖未完成，你們的英名是永遠磨滅不了的，你們的軀殼雖然死去了，你們的精神將永遠的存留在每個中國人的心坎中活動着，你們未完成的事業，有你們所最敬愛的黨——中國共產黨正在領導着，有你們所最親近的戰友楊靖宇等同志所領導的抗日聯軍及東北人民正在繼續奮鬥着，有你們所最密切的數十萬黨員同志和紅軍戰士正在毛澤東朱德等同志領導之下積極活動着，並且有你們所最愛護的全國同胞正在奔走呼號着。

夏雲傑、陳榮玖、李紅光、史忠恆、傅顯明諸同志！

你們不要遺憾罷！

你們瞑目罷！

您們的事業一定在中國共產黨領導之下得到勝利的！

王明、康生、史平、方林、張黎、徐杰、王榮、周和生、府古、李廣、李明、米一平。

《救国时报》第一一〇期 中华民国二十六年七月十日 第二版

（1937年7月10日）

悼东北抗日烈士夏云杰陈荣玖[1]李红光史忠恒傅显明诸同志

我东北四省沦陷于日本强盗之手，已经快到六年了。在这六年中，我东北同胞不但受尽了野蛮残酷的压迫和剥削，而且成千成万的遭受日寇及其走狗惨无人道的焚烧、虐杀、奸淫、抢掠，过着朝不保夕的生活。因此，“抗日则生，不抗日则死”，成为全东北数千万同胞一致的呼声。因此，东北同胞的抗日斗争，一开始就采取武装对抗的形势。虽然马占山、李杜、王德林、李海青、冯占海诸将军所领导的武装抗日斗争，因外援断绝而先后失败，然而抗日救国的伟业并未终止，相反的，抗日斗争更加坚韧和发展，抗日力量更加团结和一致。继马、李、王诸将军而起的有更多的新的抗日领袖，如举世闻名的杨靖宇等诸民族英雄，即是这些抗日领袖的最好代表；而参加抗日的部队，则不仅有旧东北军余部，并且有反日起义的“满洲”军，有矢志抗日的义勇军和山林队，有出关杀敌的关内志士，有朝鲜的爱国健儿。而且这些力量，已经在我党所提出的抗日救国统一战线之下团结起来了，已经组成了不可战胜的东北抗日联军了。

我党——中国共产党——六年以来在东北抗日救国的艰苦斗争中，曾经遭受过莫大的损失，远之如金伯阳、童长荣、杨太和、胡士敏、张文楷、李斗文诸同志，都在反日战线上壮烈的牺牲了。特别最近一年来东北抗日联军第六军军长夏

[1] 应为陈荣久。

云杰同志，第七军军长陈荣玖同志，第一军第一师师长李红光同志，第二军第二师师长史忠恒同志，第五军第二师师长傅显明同志等的先后牺牲，尤为怆痛的不可补偿的损失。这些同志都是我党最优秀的干部，是抗日军中最有威信的领袖，他们在与日寇数年来的搏战中，确实表现了共产党员的英勇模范，流了他们的最后一滴血，尽了他们保国卫民的最高职责。他们的牺牲，不仅是我党的严重损失，而且是整个民族的重大创伤，是抗日救国运动中最不幸的事件。

固然我们最好的同志，最英勇坚定的抗日烈士夏云杰、陈荣玖、李红光、史忠恒、傅显明诸同志的牺牲，是我们最痛心的事，然而我们更痛心的还在于：

一、正当烈士们和他们的战友杨靖宇等同志为收复失地，为民族解放，为国家独立，与日寇进行艰苦卓绝的斗争的时候，而南京当局却在采取忍辱退让的不抵抗政策，致国土日削，国权日促，使日本强盗得以到处横行，继续侵略，而且这种不抵抗政策，迄今虽表现多少改变的端倪，然而在南京内部亲日派挟持之下，还未见澈底的转变，还未见实行动员全国力量，作抗日的实际准备，相反的，“爱国有罪”，在今天仍是南京当局的对内方针。

二、正当烈士们和他们的战友杨靖宇等同志在东北执行我党反日民族统一战线政策，联合反日的各党派，各部队各民众团体（首先是个别国民党员及其所领导的部队和团体）进行坚决的抗日血战的时候，而南京当局却在以全力进行罪恶的“剿共”政策，以致国力消耗，外患加深，使中国人民红军的抗日志愿，屡次受到阻碍而未能实现。而且这种“剿共”政策，在全国人民一致反抗之下，目前虽然暂时停止，民族统一战线运动虽在继续开展中，然而在日寇“共同防共”的威胁与亲日派的挟持之下，南京当局仍不断的从各方面来企图削弱红军的力量，限制红军的发展，而对于我党及全国人民所企求的“国共合作，一致对外”，至今仍未见有真诚的合理的适于全国人民公意的回答。

三、特别使我们痛心的，正当烈士们为民族、为祖国、为全国同胞的生存与日寇进行喋血抗战、先后牺牲的时候，而南京当局在亲日派挟持之下，却仍在厉行对内压迫政策。逮捕和审判全国救国会领袖，封闭反日刊物，禁止反日运动，京沪汉各地爱国青年大批失踪与被捕，各大学主张抗日教授被辞退，以及福建领导反日斗争的共产党员之被枪杀，鄂豫皖湘赣闽各地红军抗日游击队之被“围剿”，凡此一切，都不能不使我们及全国民众怀疑到南京当局屡次宣言的“和平统一、团结御侮”的诚意。这简直是我们比追悼抗日烈士的悲感更加沉痛的一种悲感。

国家民族的危亡，已至千钧一发之机，不但东北诸民族英雄正在领导抗日联军及东北人民与日寇血肉相搏，而且绥远抗战的将士、察热起义的同胞，特别是正在卢沟桥英勇杀敌喋血抗战为国增光的二十九军将士及北方同胞们，都在拼掷自己的头颅，流溅自己的热血，为保卫国土，为收复失地，为解放民族，为争取独立、自由、幸福的新中国而奋战，然而他们同时更热望着全国同胞之一致动员，全民族之一致抗敌，庶几使他们的头颅不致虚掷，他们的热血不致空流，这是我们每一个有良心的中国人，和有诚意抗日救国的政府当局所不应丝毫漠视而应激励奋发的呵！

让我们告慰我们的抗日烈士们罢！夏云杰同志！陈荣玖

抗日英雄之

上海各界紀念『九一八』在街上爲援助東北義勇軍進行募捐

《救国时报》第一一〇期　中华民国二十六年七月十日　第二版
（1937 年 7 月 10 日）

同志！李红光同志！史忠恒同志！傅显明同志！你们为了收复失地，为了民族解放，为了国家生存，为了执行党的任务与政策与日寇作长期搏斗；你们为了自己的志愿，为了执行党的革命任务，为了中国人民解放的事业，而流到最后一滴血；你们是人民的先驱，民族的英雄，党员的模范；你们的事业虽未完成，你们的英名是永远磨灭不了的，你们的躯壳虽然死去了，你们的精神将永远的留存在每个中国人的心坎中活动着，你们未完成的事业，有你们所最敬爱的党——中国共产党正在领导着，有你们所最亲近的战友杨靖宇等同志所领导的抗日联军及东北人民正在继续奋斗着，有你们所最密切的数十万党员同志和红军战士正在毛泽东朱德等同志领导之下积极活动着，并且有你们所最爱护的全国同胞正在奔走呼号着。夏云杰、陈荣玖、李红光、史忠恒、傅显明诸同志！你们不要遗憾罢！你们瞑目罢！您们的事业一定在中国共产党领导之下得到胜利的！

王明　康生　史平　方林
张黎　徐杰　王荣　周和生
唐古　李广　李明　宋一平

東北抗日聯軍第七軍軍長

陳榮玖烈士傳

岳　椿

陳榮玖烈士在一九〇四年生於寧安縣東京城三家子村。他是一個佃農出身，他感覺生活痛苦，剝削很重；同時他感覺到日寇在東北橫行無忌，早有吞併東北的野心；他就到張學良的軍隊裏當兵，以保士衛民，盡忠報國自誓。在中東路事變時，他就請假回了故鄉。在「九一八」事變前一年，烈士見日寇氣焰日張，多方挑釁，知大難將臨，烈士乃秉國家興亡匹夫有責之大義，又奮起從戎，到了東京城補在騎兵第二營七連當騎兵。「九一八」事變發生，烈士看見日寇侵佔東北，要把東北及全國同胞變成牛馬奴隸。烈士痛憤異常，在軍營中號召抵抗日寇，大得連中弟兄們的同情。却是該連連長要奉命退却，烈士等乃將該連長解除武裝，與義勇軍合作，共舉義旗，實行抗日。民衆聞風投效者日衆，該連就擴大到九百多人。因為烈士英勇善戰，待人以誠，所以大家公舉他為第五連連長。在烈士領導下，該連攻擊穆稜縣、海林站、寧安縣等地的日寇，不獨英勇異常，而且多能出奇制勝，日寇為之寒胆，而烈士之名，亦震於遐邇。當時義勇軍將領吳義成，見其英勇過人，乃邀請烈士合作，有一次吳義成派遣烈士到梨樹鎮，同劉廣乍去繳馬旅的械。烈士當時就反對這個命令，他說，我們要打日本，應當大家聯合起來，自己互相繳械，這是給日本進攻我們的好機會，但是烈士這些意見竟被拒絕。因為義勇軍未能聯合起來，各自為戰，且互相傾軋，日本就利用這個機會進攻中東路，結果救國義軍大退却。

劉廣乍叫烈士過界，也有人勸烈士投降，烈士無不嚴厲拒絕，並召集了兵士來討論，烈士說：我們不過界，就是剩一個人也要打日本的，也決不投降。

由此可見烈士之精忠為國，凜烈堅卓，實高出凡人一等。

救國軍敗潰後，烈士帶隊到東寧去找孔司令，却是孔司令也過界了。

當時李延祿將軍還在寧安縣領導八百人在那裏和日寇作戰。

烈士乃帶隊到了李延祿將軍那裏，李延祿將軍久聞烈士之英勇堅決，就留他在司令部當少校副官。一九三三年，烈士對於共產黨底團結一致抗日救國的綱領，極表同情，乃加入共產黨。

烈士和李司令一同打日寇打二道河子、

打東京城、馬蘭河的，都是直接領導作戰，身先士卒的。在一九三三年五月，烈士率隊到了密山縣和日寇打了幾十次的戰爭，他都是在前頭指揮作戰，所以士氣甚壯，日寇聞風披靡。在一九三五年秋，李司令上關裏去，把隊伍交給烈士與楊泰和等領導。到一九三四年七月，李司令才從關裏回來，在這幾月當中，隊伍有很大的發展。在統一戰線方面，聯合很多的山林隊，一起作戰。人馬軍械較前更爲充實，和民衆的關係也更加密切起來。第四軍的發展，多是出於烈士擘劃領導之功。他是第四軍最好的幹部，他能吃苦耐勞，不怕困難，在隊員當中最有信仰，他就是遊擊隊有幾次遭受打擊時，他並不悲觀，他常對隊員說：『我們不要悲觀，只要努力去幹，我們的隊伍就可以擴大，得到全國人民的擁護，就可打勝日寇。』他對羣衆關係是非常好，在密山縣的時候，我們隊伍出去，老百姓先問陳副官來沒來。在寧安縣密山縣，陳副官的英名男女老幼都知道的。烈士對待隊員，親如手足，非常和藹的，沒有和人家打過吵子。隊員都是很愛戴他的。他帶隊出發，大家都願和他出發。可見烈士感人之深。東北抗日聯軍成立後，烈士即被任爲第七軍軍長，領導抗日聯軍第七軍，在寧安、穆陵、密山一帶遊擊，大小數百戰，迭給日僞「討伐軍」以嚴重打擊。卻是，於一九三七年三月初，烈士率隊與日寇作戰時，烈士不顧敵人彈如雨下，仍奮不顧身在最前線率隊向前衝鋒，不幸於民族解放戰線上光榮的犧牲了。烈士的犧牲，不只是第七軍的重大損失，也是東北和全國同胞的重大損失。烈士的肉體，雖是犧牲了，但是烈士的精神是千古不朽的。烈士捨身取義，殺身成仁，成爲萬世流芳的民族英雄。我海內外一切愛國同胞，必須繼續烈士的精神，踏着烈士的血跡，奮勇前進，來完成烈士的遺志，來達到驅逐日寇，收回失地和民族獨立解放的目的！

《救国时报》第一一〇期 中华民国二十六年七月十日 第二版

（1937 年 7 月 10 日）

东北抗日联军第七军军长

陈荣玖烈士传

岳 椿

陈荣玖烈士在一九〇四年生于宁安县东京城三家子村。他是一个雇农出身，他感觉生活痛苦，剥削很重；同时他感觉到日寇在东北横行无忌，早有吞并东北的野心；他就到张学良的军队里当兵，以保土卫民，尽忠报国自誓。在中东路事变时，他就请假回了故乡。在“九一八”事变前一年，烈士见日寇气焰日张，多方挑衅，知大难将临，烈士乃秉国家兴亡匹夫有责之大义，又奋起从戎，到了东京城补在骑兵第二营七连当骑兵。“九一八”事变发生，烈士看见日寇侵占东北，要把东北及全国同胞变成牛马奴隶。烈士痛愤异常，在军营中号召抵抗日寇，大得连中弟兄们的同情。却是该连连长要奉命退却，烈士等乃将该连长解除武装，与义勇军合作，共举义旗，实行抗日。民众闻风投效者日众，该连就扩大到九百多人。因为烈士英勇善战，待人以诚，所以大家公举他为第五连连长。在烈士领导下，该连攻击额穆县、海林站、宁安县等地的日寇，不独英勇异常，而且多能出奇制胜，日寇为之寒胆，而烈士之名，亦震于遐迩。当时义勇军将领吴义成，见其英勇过人，乃邀请烈士合作，有一次吴义成派遣烈士到梨树镇同刘广奎去缴马旅的械。烈士当时就反对这个命令，他说，我们要打日本，应当大家联合起来，自己互相缴械，这是给日本进攻我们的好机会，但是烈士这些意见竟被拒绝。因为义勇军未能联合起来，各自为战，且互相倾轧，日本就利用这个机会进攻中东路，结果救国义军大退却。刘广奎叫烈士过界，也有人劝烈士投降，烈士无不严厉拒绝，并召集了兵士来讨论，烈士说：我们不过界，就是剩一个人也要打日本的，也决不投降。由此可见烈士之精忠为国，凛冽坚卓，实高出凡人一等。救国军败溃后，烈士带队到东宁去找孔司令，却是孔司令也过界了。当时李延禄将军还在宁安县领导八百人在那里和日寇作战。烈士乃带队到了李延禄将军那里，李延禄将军久闻烈士之英勇坚决，就留他在司令部当少校副官。一九三三年，烈士对于共产党底团结一致抗日救国的纲领，极表同情，乃加入共产党。烈士和李司令一同打日寇打二道河子、打东京城、马兰河，都是直接领导作战，身先士卒的。在一九三三年五月，烈士率队到了密山县和日寇打了几十次的战争，他都是在前头指挥作战，所以士气甚壮，日寇闻风披靡。在一九三五年秋，李司令上关里去，把队伍交给烈士与杨泰和等领导。到一九三四年七月，李司令才从关里回来，在这几月当中，队伍有很大的发展。在统一战线方面，联合很多的山林队，一起作战。人马军械较前更为充实，和民众的关系也更加密切起来。第四军的发展，多是出于烈士擘划领导之功。他是第四军最好的干部，他能吃苦耐劳，不怕困难，在队员当中最有信仰，就是游击队有几次遭受打击时，他并不悲观，他常对队员说：“我们不要悲观，只要努力去干，我们的队伍就可以扩大，得到全国人民的拥护，就可打胜日寇。”他对群众关系是非常好，在密山县的时候，我们队伍出去，老百姓先问陈副官来没来。在宁安县密山县，陈副官的英名男女老幼都知道的。

烈士对待队员，亲如手足，非常和蔼的，没有和人家打过吵子。队员都是很爱戴他的。他带队出发，大家都愿和他出发，可见烈士感人之深。

东北抗日联军成立后，烈士即被任为第七军军长，领导抗日联军第七军，在宁安、穆陵、密山一带游击，大小数百战，迭给日伪“讨伐军”以严重打击。却是，于一九三七年三月初，烈士率队与日寇作战时，烈士不顾敌人弹如雨下，仍奋不顾身在最前线率队向前冲锋，不幸于民族解放战线上光荣的牺牲了。烈士的牺牲，不只是第七军的重大损失，也是东北和全国同胞的重大损失。烈士的肉体，虽是牺牲了，但是烈士的精神是千古不朽的。烈士舍身取义，杀身成仁，成为万世流芳的民族英雄。我海内外一切爱国同胞，必须继续烈士的精神，踏着烈士的血迹，奋勇前进，来完成烈士的遗志，来达到驱逐日寇，收回失地和民族独立解放的目的！

東北抗日聯軍第一軍第一師師長

李紅光烈士傳

陳　忠

東北抗日聯軍第一軍第一師師長李紅光烈士，是東北抗日戰線最有威望的領袖之一，不幸於民國二十四年三月間春季在奉天桓仁縣廟嶺與日寇作戰時英勇犧牲了。

李紅光烈士（國內報章誤傳英雄爲女傑，烈士實一高麗之熱血男兒也。）是高麗人。在本國內飽嘗日本帝國主義的壓迫剝削，生計維艱，於民國八年隨同父母遷移到吉林省磐石縣。家境非常困難，簡直是家無隔宿之糧；尚有弟妹二人均年幼，一家人的生活即賴紅光烈士同乃父勞動維持。烈士天賦聰穎，半工半讀在鄉間的小學唸了一年書，便能誦讀寫作。嗣後因生活條件所迫，終日勞動於田間，不能繼續讀書。但他富研究性而好學不倦，特別注意時事問題，對於國內及國際狀况都有精確的認識。於民國十九年他加入了中國共產黨，爲該黨在東北最好幹部之一。他特別痛恨韓人中之派爭，他認爲派爭正是日寇破壞韓人團結，利用韓人當走狗的最好武器。民國廿年「九一八」事變，各地反日武裝隊伍紛起，紅光烈士深知日寇滅亡高麗國之毒辣殘酷，並深知中韓兩國民族有聯合一致來反對其共同敵人日本帝國主義之必要，乃積極參加反日運動，並參加了磐石反日義勇軍。烈士長於謀略，富有軍事天才，深得大衆的信仰。民國廿一年烈士被推爲反日義勇軍總隊部參謀長，運籌帷幄，屢建奇功。民國廿二年東北人民革命軍成立，推舉紅光烈士爲第一獨立師參謀長，民國廿三年，人民革命軍第一軍成立，紅光烈士任第一軍第一師師長。部下多屬青年，軍紀嚴明，士氣雄壯。烈士行軍所至，必發表宣言，散佈傳單，號召民衆抗日，爭取中國與朝鮮之自由獨立。該軍軍容甚整，設有救護隊與野戰醫院，若有負傷者，救護隊立刻出動，抬回醫院療治。總之，其行軍和軍紀與正式軍隊無二致，惟靈活敏捷則過之。紅光熟悉中國語言文字風俗人情，和各反日軍隊及反日民衆的關係非常密切，故對於反日民族統一戰線之工作，實多推動。烈士富有煽動力，而且能以至誠感人。如在二十二年的時候，烈士曾在戰場上煽動僞兵第十四團迫擊炮連全連反正，參加我軍共同抗日。

磐石縣東集場子之役，對於第一軍的發展有重大的意義，這役就是烈士聯合各反日部隊共同進行的。敵人以走狗高仕家爲首的日僞混合部隊約數二百餘名據險扼守東集場子街，放射高度火力，各反日隊於戰爭激烈時均行撤退以避其鋒。但紅光烈士則統率所部單獨應戰，鼓勵士氣向敵衝鋒，卒將敵人擊退，同時擊斃走狗首領高仕家，佔領東集場子街。經過這次戰爭之後，紅光烈士之威名大振，無論其他的反日民衆以至日寇「滿」軍，莫不讚揚李烈士之勇敢善戰，並且有許多的反日部隊皆願自動參加第一軍共同作戰。紅光烈士又率領部下曾數次攻克磐石，伊通縣城，給日寇以極大的打擊。

民國廿二年冬，日寇以重兵包圍磐石，伊通兩縣，企圖消滅我軍。紅光烈士運用敏捷的行動，衝出敵人包圍線，渡過淞花江，直搗柳河，用迅雷不及掩耳的機動戰術首先攻克三人堡，軍需子彈得到了相當的補充後，乘勝攻克大黃溝，涼水河子，柞木台子，草市站等十餘鎮，勢如破竹，所向披靡。駐防柳河縣一帶之日寇走狗素稱「剿匪名將」之團長邵百良，即調動大軍瘋狂的「圍剿」李紅光烈士之抗日軍。但烈士用天賦之軍士奇才埋伏襲敵，出奇制勝，將邵百良軍隊打得落花流水，潰不成軍，我方繳獲很多槍械子彈及其他軍需品，而邵走狗亦不得不佩服紅光烈士之奇謀勝算，聞風而逃，不敢同我軍作戰。因在烈士領導下第一師之英勇善戰，興奮了很多山林隊伍，如老常青，善人，青山好，馬旅等，皆自動參加抗日民族統一戰線共同進行抗日工作。提高了戰鬥情緒與抗日勇氣，並

民國廿三年日寇冬期「大討伐」時，烈士率隊在興京，桓仁等縣同敵人作了無數血戰，同時在柳河縣三人堡截擊敵人汽車，擊斃日寇廿餘名，俘虜日寇軍官二名，暨桓仁縣縣長，得槍卅餘枝，子彈一萬七千餘粒。十一月間，李紅光烈士又利用鴨綠江封鎖期間，率輕騎百餘名，暗渡鴨綠江，襲擊高麗之捷克城，繳獲日警察槍五十餘枝，而沒收日寇商店數家，並解除沿江警察署數處之武裝。及日寇調大軍趕到時，烈士已率隊安然回抵三角地帶，使日賊氣得目瞪口呆，徒喚奈何。

高麗之興東縣為日賊「國境警備線」上之後防要地，自鴨綠江至興東，日寇設有幾道警備網。自「九一八」事變後，防備更密，水陸警巡，日夜不斷。至於東興縣城工事，素極鞏固，有「銅牆鐵壁」之稱。乃紅光烈士於廿三年末，又率領部下健兒，趁着月色，計渡鴨綠江，衝破日寇防線，直搗東興，捕去當地為日寇作走狗之日韓豪紳十二人，並奪獲大批軍用品，全隊乃從容退回根據地。當時各報評論，謂此役為「九一八以來頭一次壯舉，高麗亡國後的空前事變。」日寇報紙亦目為『這是國境警備史上的重大事變。』由此可見烈士軍威之盛與戰績之偉。

紅光烈士乃高麗人，而能為中國抗日救國民族解放事業英勇犧牲，在中國民族解放鬥爭史上佔了最光榮的一頁，轟轟烈烈，千古不朽；回顧我國握有軍政大權的某些人們，不但不盡救國衞民之天職，反而壓迫反日運動，屠殺愛國同胞，中夜捫心，能無愧死！

東北抗日聯軍第三軍第五師師政治部主任與第一團第二三連合影，
有x符號者爲師政治部主任蔡近葵次爲連長和政治指導員

《救国时报》第一一〇期 中华民国二十六年七月十日 第二版
（1937 年 7 月 10 日）

东北抗日联军第一军第一师师长

李红光烈士传

陈 忠

东北抗日联军第一军第一师师长李红光烈士，是东北抗日战线最有威望的领袖之一，不幸于民国二十四年三月间春季在奉天桓仁县庙岭与日寇作战时英勇牺牲了。

李红光烈士（国内报章误传英雄为女杰，烈士实一高丽之热血男儿也。）是高丽人。在本国内饱尝日本帝国主义的压迫剥削，生计维难，于民国八年随同父母迁移到吉林省磐石县。家境非常困难，简直是家无隔宿之粮；尚有弟妹二人均年幼，一家人的生活即赖红光烈士同乃父劳动维持。烈士天赋聪颖，半工半读在乡间的小学念了一年书，便能诵读写作。嗣后因生活条件所迫，终日劳动于田间，不能继续读书。但他富研究性而好学不倦，特别注意时事问题，对于国内及国际状况都有精确的认识。于民国十九年他加入了中国共产党，为该党在东北最好干部之一。他特别痛恨韩人中之派争，他认为派争正是日寇破坏韩人团结，利用韩人当走狗的最好武器。民国廿年“九一八”事变，各地反日武装队伍纷起，红光烈士深知日寇灭亡高丽国之毒辣残酷，并深知中韩两国民族有联合一致来反对其共同敌人日本帝国主义之必要，乃积极参加反日运动，并参加了磐石反日义勇军。烈士长于谋略，富有军事天才，深得大众的信仰。民国廿一年烈士被推为反日义勇军总队部参谋长，运筹帷幄，屡建奇功。民国廿二年东北人民革命军成立，推举红光烈士为第一独立师参谋长，民国廿三年，人民革命军第一军成立，红光烈士任第一军第一师师长。部下多属青年，军纪严明，士气雄壮。烈士行军所至，必发表宣言，散布传单，号召民众抗日，争取中国与朝鲜之自由独立。该军军容甚整，设有救护队与野战医院，若有负伤者，救护队立刻出动，抬回医院疗治。总之，其行军和军纪与正式军队无二致，惟灵活敏捷则过之。红光熟悉中国语言文字风俗人情，和各反日军队及反日民众的关系非常密切，故对于反日民族统一战线之工作，实多推动。烈士富有煽动力，而且能以至诚感人。如在二十二年的时候，烈士曾在战场上煽动伪兵第十四团迫击炮连全连反正，参加我军共同抗日。

磐石县东集场子之役，对于第一军的发展有重大的意义，这役就是烈士联合各反日部队共同进行的。敌人以走狗高仕家为首的日伪混合部队约数二百余名据险扼守东集场子街，放射高度火力，各反日队于战争激烈时均行撤退以避其锋。但红光烈士则统率所部单独应战，鼓励士气向敌冲锋，卒将敌人击退，同时击毙走狗首领高仕家，占领东集场子街。经过这次战争之后，红光烈士之威名大振，无论其他的反日民众以至日寇“满”军，莫不赞扬李烈士之勇敢善战，并且有许多的反日部队皆愿自动参加第一军共同作战。红光烈士又率领部下曾数次攻克磐石，伊通县城，给日寇以极大的打击。

民国廿二年冬，日寇以重兵包围磐石，伊通两县，企图消灭我军。红光烈士运用敏捷的行动，冲出敌人包围线，渡过松花江，直捣柳河，用迅雷不及掩耳的机动战术首先攻克三人堡①，军需子弹得到了相当的补充后，乘胜攻克大黄沟②，凉水河子，柞木台子，草市站等十余镇，势如破竹，所向披靡。驻防柳河县一带之日寇走狗素称“剿匪名将”之团长邵百良③，即调动大军疯狂的“围剿”李红光烈士之抗日军。但烈士用天赋之军士奇才埋伏袭敌，出奇制胜，将邵百良军队打得落花流水，溃不成军，我方缴获很多枪械子弹及其他军需品，而邵走狗亦不得不佩服红光烈士之奇谋胜算，闻风而逃，不敢同我军作战。因在烈士领导下第一师之英勇善战兴奋了很多山林队伍，如老常青，善人，青山好，马旅等，皆提高了战斗情绪与抗日勇气，并自动参加抗日民族统一战

① 应为三源浦。
② 应为大荒沟。
③ 应为邵本良。

线共同进行抗日工作。

民国廿三年日寇冬期“大讨伐”时，烈士率队在兴京，桓仁等县同敌人作了无数血战，同时在柳河县三人堡截击敌人汽车，击毙日寇廿余名，俘虏日寇军官二名，暨桓仁县县长，得枪卅余枝，子弹一万七千余粒。十一月间，李红光烈士又利用鸭绿江封锁期间，率轻骑百余名，暗渡鸭绿江，袭击高丽之捷克城，缴获日警察枪五十余枝，而没收日寇商店数家，并解除沿江警察署数处之武装。及日寇调大军赶到时，烈士已率队安然回抵三角地带，使日贼气得目瞪口呆，徒唤奈何。

高丽之东兴县为日贼“国境警备线”上之后防要地，自鸭绿江至东兴，日寇设有几道警备网。自“九一八”事变后，防备更密，水陆警巡，日夜不断。至于东兴县城工事，素极巩固，有“铜墙铁壁”之称。乃红光烈士于廿三年末又率领部下健儿，趁着月色，计渡鸭绿江，冲破日寇防线，直捣东兴，捕去当地为日寇作走狗之日韩豪绅十二人，并夺获大批军用品，全队乃从容退回根据地。当时各报评论，谓此役为“九一八以来头一次壮举，高丽亡国后的空前事变。”日寇报纸亦目为“这是国境警备史上的重大事变。”由此可见烈士军威之盛兴战绩之伟。

红光烈士乃高丽人，而能为中国抗日救国民族解放事业英勇牺牲，在中国民族解放斗争史上占了最光荣的一页，轰轰烈烈，千古不朽；回顾我国握有军政大权的某些人们，不但不尽救国卫民之天职，反而压迫反日运动，屠杀爱国同胞，中夜扪心，能无愧死！

追悼東北抗日烈士

慘痛的「九一八」，快要到六週年了！特別是現在，日寇在我北方強蠻挑釁，大舉進攻，國難空前的時候，我舉國上下，必須深思「九一八」事變的教訓，必須秉承東北抗日烈士爲國犧牲的精神，全國一致，奮起抗敵，方可以保衛我國北方，戢滅日寇兇焰，進而收復失地，爭取國家的獨立與解放。因此，本報將數月來先後收到由東北抗日聯軍中寄來之東北抗日烈士夏雲傑、陳榮玖、李紅光、史忠恆、傅顯明等傳略，及中國共產黨領袖王明、康生諸先生之追悼文，一併發表，藉以申彰諸烈士之爲國家民族而奮鬥犧牲的豐功偉績，並淬勵我全國上下各界同胞的抗日決心。

我們接到的東北抗日烈士之傳記很多，除本期發表者之外，仍當繼續登載，並希望各地讀者能將所知之爲抗日而犧牲之民族英雄，寫成傳記，投寄本報。我們對於一切的抗日烈士，都一同表示萬分哀痛的悼念和無限的欽仰。我們對於現在踏着諸烈士血跡前進的，繼承諸烈士遺志奮鬥的東北抗日聯軍及義勇軍部隊，表示熱烈的擁護。他們的發展和強大，使我們得到極大的鼓舞興奮！

我們相信，若果我國當局能毅然實行抗日，而我國將士均以東北抗日諸烈士至死不屈的精神爲精神，保土衛國，奮鬥到底，則逐驅日寇，收復失地，可計日而待，是則諸烈士之精神將永遠不死，諸烈士之事業將永遠發揚而光大！

《救国时报》第一一〇期 中华民国二十六年七月十日 第二版

（1937 年 7 月 10 日）

追悼东北抗日烈士

惨痛的“九一八”，快要到六周年了！特别是现在，日寇在我北方强蛮挑衅，大举进攻，国难空前的时候，我举国上下，必须深思“九一八”事变的教训，必须秉承东北抗日烈士为国牺牲的精神，全国一致，奋起抗敌，方可以保卫我国北方，戢灭日寇凶焰，进而收复失地，争取国家的独立与解放。因此，本报将数月来先后收到由东北抗日联军中寄来之东北抗日烈士夏云杰、陈荣玖、李红光、史忠恒、傅显明等传略，及中国共产党领袖王明、康生诸先生之追悼文，一并发表，借以申彰诸烈士之为国家民族而奋斗牺牲的丰功伟绩，并淬励我全国上下各界同胞的抗日决心。

我们接到的东北抗日烈士之传记很多，除本期发表者之外，仍当继续登载，并希望各地读者能将所知之为抗日而牺牲之民族英雄，写成传记，投寄本报。我们对于一切的抗日烈士，都一同表示万分哀痛的悼念和无限的钦仰。我们对于现在踏着诸烈士血迹前进的，继承诸烈士遗志奋斗的东北抗日联军及义勇军部队，表示热烈的拥护。他们的发展和强大，使我们得到极大的鼓舞兴奋！

我们相信，若果我国当局能毅然实行抗日，而我国将士均以东北抗日诸烈士至死不屈的精神为精神，保土卫国，奋斗到底，则逐驱日寇，收复失地，可计日而待，是则诸烈士之精神将永远不死，诸烈士之事业将永远发扬而光大！

東北抗日聯軍第二軍第二師師長

史忠恆烈士傳

東北抗日聯軍
第二軍參謀長劉漢興

哀聲遍野，草木含怨，我們親愛的戰友，抗日救國的英勇戰士史忠恆同志光榮偉大的犧牲了。史忠恆同志是東北抗日聯軍第二軍第二師師長，是中國共產黨員，是東北人民愛戴的領袖之一。忠恆同志爲抗日救國收復失地，爲中華民族之獨立生存、自由解放而勇敢堅決不屈不撓的直到流了最後的一滴血。

民國二十五年十月間，日寇集中大兵施行最嚴重的冬期大討伐，忠恆同志爲了先發制人，利用敵人兵力尚未完全佈置就緒時，集合附近所部千餘人，截擊圖佳線老松嶺段的日寇兵車，將日寇消滅大半。然忠恆同志以未得盡殲寇敵爲憾，遂即奮勇直前，率所部呼躍衝鋒，不顧一切危險，以致目標顯露，敵知爲我高級將領，以數架機槍集中射擊，忠恆同志首先雙腿受重傷，倒臥地上。附近戰士見師長負傷即來救援，忠恆同志負痛坐起擺手說：『你們不要顧慮我，趕快衝鋒爭取最後勝利。』正談話間，又被敵機槍射擊中腹部應聲而倒，而忠恆同志仍一再呼着『打倒日本帝國主義』『收復失地』等口號。在這樣悲慘壯烈的聲中，東北同胞所愛戴之忠恆同志爲國犧牲了。全軍將士聽到忠恆同志犧牲的消息，皆頓足捶胸，忿不欲生，咬牙切齒，齊呼同日寇決一死戰，替師長復仇，如是將士們均含淚向敵猛衝，卒將敵擊潰三分之二，殘敵四散逃竄。是役計擊斃敵五百餘名，獲得槍械子彈軍需品甚多。

忠恆同志幾年來爲救祖國救故鄉進行英勇抗敵的鬥爭，在極端困難環境裏面，既受敵嚴重的封鎖，而又處處遭到寇賊重兵包剿，不但不稍減救國衛民之熱誠與鬥志，相反的更提高勇敢剛毅百折不撓的精神與決心，鼓勵將士，堅強的同日寇血戰，只殺得日寇聞名喪胆。忠恆同志受過初級軍事教育，特長遊擊戰術，料敵如神，善能出奇制勝。尤有一種特技，能雙手持匣槍同時發射，連續不斷的如同輕機一樣，勇敢過人，每次戰爭必身先士卒奮勇殺敵，在密如驟雨的敵彈下往來指揮。他常說：在火線上指揮官的勇敢行動，更能鼓勵士氣，我以身許國，生命已置之度外矣。史烈士數年血戰，共負重傷三次，受創八處，遍體都是創痕。特別是在民國二十四年冬日寇及僞滿軍施行大討伐時，烈士身負重傷．尚力疾指揮，經四月之久的長期戰鬥，衝破了敵人的討伐。忠恆同志之剛毅堅強，實非一般人所能比擬。而且史同志不僅勇於戰陣，並有過人的政治才能。當共產黨提出反日民族統一戰線政策，史同志擁護最早，執行最堅決之一人，因此能聯合各部義軍造成強大的抗日部隊；對秦書明，忠俠，中國，等組織散漫的山林隊，均能利用各種方法團結在自己的週圍，施以整理、組織、教育而皆成抗日勁旅。同時對於黨特別的忠實，誠懇的接受黨爲爭取中國領土完整，中華民族獨立生存自由解放的政策以及各種各樣的指示，並澈底執行黨所給他的任務，富有警惕性，具有自我批評的精神。

我同忠恆同志在抗日救國戰線上共事很久，在一起作過很多次有名的戰鬥，關於忠恆同志的歷史，及有名的戰績知道甚詳，茲簡略分述於下以紀念忠恆同志並餉我海內外愛國諸同胞。

忠恆同志原籍吉林省，吉林縣人，家中有父母，並有一個哥哥。家庭特別的貧困，專賴在農村傭工度生活。因家道貧寒，從未念書，於九歲時即替財主家牧猪。稍長作傭農，在民國十五年因爲農村維持生活困難，遂投効吉林督軍署衛隊團第二營八連當兵，繼而升充中士。於民國十八年請假離隊，轉投吉林陸軍第十三旅七團三營（即救國軍王德林部）九連當兵，深得王德林孔憲榮及全營的士兵的信任與愛戴。不久提升中士（即正班長），同時被選送至第十三旅軍士教育連受軍事訓練。「九一八」事變時該部駐防於延吉縣甕聲磖子。遼吉相繼失陷之噩耗傳來，烈士悲憤填膺，眥裂髮指，痛恨政府之不抵抗，與賣國賊漢奸之無恥投降，深信抵禦強敵之侵略爲惟一自救之途。遂本此抗日救國之志願，秘密聯絡全營的班長士兵，準備窺機豎立義旗，抗日救國收復失他，以盡軍人保國衛民之天職。恰巧十一月間日寇測量隊到甕聲磖子畫軍事地圖，忠恆同志見有機可乘，密率兵士十餘名到日寇測圖地帶，向測量隊開槍射擊，當場擊斃測量隊長一名，繪圖員二名。因此時駐間島的日寇總領事即向關東軍司令部請願，日寇本庄繁即轉令賣國賊熙洽、吉興，解除該營全體官兵的武裝，然後用機槍屠殺一名不留。馴良的走狗熙洽、吉興等，當然秉承日寇的意旨，調動大軍會合日寇軍隊逼近甕聲磖子；一時風雲緊張，忠恆同志積極號召全營士兵向營長王德林請願，並勸說王德林孔憲榮等速舉義旗，共赴國難。王孔等見兵士愛國熱情已達沸點，日滿匪軍又節節逼近，危險萬分，遂依兵士羣衆的意見，豎旗起義，號稱救國軍。由此可見救國軍的起義，史忠恆同志實有莫大的功績。救國軍起義後，忠恆同志被任爲第九連連長，繼而任第三營營長，率所部轉戰於吉東、東滿各縣。民國廿二年春，日寇動員在滿的全部兵力向救國軍自衛軍大舉進攻時，忠恆同志隸屬在李延祿部下，在中東路磨刀石站防守。磨刀石是敵人進攻最主的道路之一，敵入的兵力數倍於我，並利用飛機、大炮、府克、各種新式武器向我軍衝擊轟炸，血戰終日。 在這次戰役中，忠恆同志最卓絕的戰績是，當李延祿司令被敵包圍時，忠恆同志親率數十名勇敢戰士用刺刀手溜彈衝開一條血路，將李延祿及司令部全體人員救出重圍，然後率所部作掩護隊將全軍掩護安全退却。 當王德林等將領被迫退出國境時，忠恆同志即堅決向李延祿提議往東滿北滿一帶進行遊擊活動，李即採納這個意見開始從寧安一帶活動。民國二十二年春李延祿組織救國遊擊軍，史烈士被任爲第三團團長，我當時充遊擊軍參謀長，因得同忠恆同志經常在一起工作。是年三月初敵寇集中日僞軍一千三百餘名向我軍駐在地八道河子進攻，史烈士率精銳之一部在前線要衝地帶設伏，距敵人行進路不過五十米突時，首先將日寇的先頭部隊完全消滅於陣地前，當時史烈士胸部已中三傷，幸未中要害，史同志當即將自己衣服脫下用小刀將彈頭挖出，用裹腿將創口纏上，仍力疾指揮，毫不懈怠。 我得到史同志負傷的消息，立刻到該陣地，見他雖然遍體是血，用裹腿纏着胸部，但尚勇氣百倍的指揮軍隊。 恰遇敵人此時向我們施行衝鋒，我即勸他速下火線到後方醫治。 史同志答道，『我雖負傷，尚不致死，現在我已親手將日賊擊斃二十餘名，非常痛快，無論如何我是不下火線的。』我見他異常堅決，只好親身在此地進行指揮。 此時敵人以炮火壓制我軍陣線，衝鋒部隊已接近我陣地約百餘米突，我即下令將手溜彈準備好，等敵人距陣線五十米突時，一齊向敵拋擲。 史烈士見我在此參加指揮，更異常的興奮，拋手溜彈的命令下後，他親手連擲了十三個手溜彈，拋擲的技術非常的好，完全命中敵人，只炸的寇賊血肉橫飛，同時全線猛烈的拋擲，遂將敵擊退。 如此敵人連衝三次均被擊退。 嗣後因我軍子彈告罄，遂決定退却，我要他先行退走，他始終不肯，結果同我率一部隊伍在後面掩護，大部隊完全退走後，才一同退下。 這表現史同志的英勇堅決精神是如何的偉大呵！ 是年五月間，史烈士加入了中國共產黨。 當時遊擊軍全部往密山勃利等縣遊擊。 史烈士仍留在東滿活動。 八月間，會同義軍吳義成柴世榮等各部約百千餘衆進攻東寧縣城，該城之西部有高地築有堅固炮壘，日寇用重兵扼守，爲該城之支撑點，如果不先將炮壘攻下，即沒有佔領縣城的可能，而且容易受到損失。 史烈士奮勇願作前驅，攻擊炮壘，同敵人鏖戰三晝夜，衝鋒十餘次，始將該炮壘攻下，同時佔領了縣城。 在同敵衝鋒格鬥時，烈士手執大刀斫斷敵鐵絲網，率衆衝到陣地前，用手溜彈向敵陣地拋擲，守該堡壘之日軍共三百餘名，多被擊斃在陣地裏面。 是役史烈士又負傷四處，計被炸彈炸壞股腿及腹部，機槍子彈將左胳膊打穿，因此次戰鬥功績為全軍所敬仰，遂升任義勇軍第十四旅旅長。史烈士威名遠播，日寇大為畏忌，遂各處懸賞購買烈士之首級。民國廿四年二月間史烈士率部經過東寧縣二道溝，適值偽滿靖安軍出動討伐，在途中遭遇。史烈士以先發制人的手段，利用優良地勢，向敵人攻擊，靖安軍不支，當即敗退。史烈士即揮軍尾追，直搗敵人防所，敵人亡魂喪胆，不敢抵抗，全部被解除武裝。

是役共得敵捷克式輕機三挺，三八式步槍百餘支，子彈三萬餘發，手溜彈三百餘枚，其他軍需品甚多。得此勝利後即轉道汪清縣大荒溝，日寇進攻腰營溝之遊擊區，忠恆同志即決定在孫家營一帶消滅敵人，揮軍向孫家營前進。因天降大霧，對面不見人，對於行進路之展望特別困難。不料敵人亦沿大道向我前進，兩方的路上偵探走了個對面，相距約兩三步彼此尚辨別不清。我偵探即向對方問「誰的隊」，答「日軍討伐隊」，

日寇復問你們「什麼隊」，我偵探機警的答道，「我們是滿軍孟營」。因之日寇毫不注意，我方已有了充份的準備，即利用河岸散開待敵，行軍縱隊走到河岸邊時，我方一齊開槍射擊，日寇紛紛應聲而倒，先頭之一百餘人已被消滅。正在搜索戰場時，敵後續部隊又到，霧氣瀰漫，倉卒之間分不清楚敵我，互相以優勢的火力猛射，所以忠恆同志身負重傷，被機槍子彈由腰際穿過，彈頭在小腹的上邊夾住。史同志雖身負重傷尚勉強支持。同時我軍有一輕機射手陣亡在忠恆同志附近，他恐輕機丟失，想去將機槍拿在自己手裏，但因傷過重不能行動，只好勉力爬到機槍附近，將槍拖在手中，又爬回，再順河岸爬了約三百餘米，始遇救護隊將他背起來送到集合地點去。嗣後我到醫院去看他，見胳膊附腕均有傷痕，即問其受傷原因，他答因為負傷後，拖了一架輕機爬了半里多路，被石子樹根磨壞了。我即說，你既受這樣重傷，就應該趕快離開戰場，何必還顧慮機槍受更多的痛楚呢。他答道，『我們武器都是愛國的健兒用血肉由日寇手中得來的。只要我的一息氣不斷，決不忍目視他丟掉的』。由此幾句簡單談話裏即可證明忠恆同志之偉大愛國精神，對民族解放鬥爭事業上的澈底忠實性。是年秋季，東滿一帶之集團部落已告成，日寇以為封鎖政策成功，遂對忠恆同志施行威脅利誘的方法，由間島日駐軍司令同偽滿第七旅賈旅長共同派人持信要求忠恆同志投降，所許的條件 一、如率所部竭誠來歸，任偽滿軍旅長；二，先發給招安費二萬元，信內並用威嚇的言辭，謂滿洲國之成立是應天順人，現已莫若磐

石，絕非跳梁小醜所能動搖推翻，並且碉堡政策已實現，各處集團部林立，日滿軍即使不去圍剿，亦可以把你們餓死在山林裏，火速投降，勿稍遲疑等語。 忠恆同志讀後，怒髮冲冠，大罵日寇走狗之無恥，遂招集部下將士及民衆開會，痛陳日寇利誘之陰謀，凡我同志，勿中寇賊之詭計；同時鼓勵部下要精誠團結，抗敵禦侮，並號召將士共同宣誓謂「寧赴沙場死，不作亡國奴」，當場槍斃僞使。[illegible]在場軍民被忠恆同志之忠義所感，有痛哭流淚者，同時宣誓軍民一致擁護忠恆同志爲祖國奮鬥到底。 這一段光明磊落的措置，眞是可歌可泣，爲愛國同胞所共欽佩！ 是年冬期討伐特別的緊張，忠恆同志即率所部衝破敵人包圍線，到寧安同抗日聯軍第二—五軍的部隊會合。 在二—五軍掩護之下稍事休息整頓後，正式參加第二軍，以忠恆同志原有的部隊編爲一個團，並以第四五兩團補充編爲第二軍第二師，忠恆同志任師長。 不幸竟於老松嶺戰役犧牲了。 忠恆同志之死，固然是抗日戰線最大的一個損失，但是繼忠恆同志之後的，有千百萬的愛國同胞爲忠恆同志未竟的事業而奮鬥。 忠恆同志之死是永久光榮的，忠恆同志之事業是必然勝利的！ 東北抗日聯軍戰士沒有一個不因忠恆之死更加憤慨萬分，誓死殺敵！ 我希望全國同胞都秉着忠恆同志爲國奮鬥始終不移的精神，以爭取我偉大中華民族的徹底解放。

《救国时报》第一一〇期 中华民国二十六年七月十日 第三版

（1937 年 7 月 10 日）

东北抗日联军第二军第二师师长

史忠恒烈士传

东北抗日联军第二军参谋长刘汉兴

哀声遍野，草木含怨，我们亲爱的战友，抗日救国的英勇战士史忠恒同志光荣伟大的牺牲了。史忠恒同志是东北抗日联军第二军第二师师长，是中国共产党党员，是东北人民爱戴的领袖之一。忠恒同志为抗日救国收复失地，为中华民族之独立生存、自由解放而勇敢坚决不屈不挠的直到流了最后的一滴血。

民国二十五年十月间，日寇集中大兵施行最严重的冬期“大讨伐”，忠恒同志为了先发制人，利用敌人兵力尚未完全布置就绪时，集合附近所部千余人，截击图佳线老松岭段的日寇兵车，将日寇消灭大半。然忠恒同志以未得尽歼寇敌为憾，遂即奋勇直前，率所部呼跃冲锋，不顾一切危险，以致目标显露，敌知为我高级将领，以数架机枪集中射击，忠恒同志首先双腿受重伤，倒卧地上。附近战士见师长负伤即来救援，忠恒同志负痛坐起摆手说：“你们不要顾虑我，赶快冲锋争取最后胜利。”正谈话间，又被敌机枪射击中腹部应声而倒，而忠恒同志仍一再呼着“打倒日本帝国主义”“收复失地”等口号。在这样悲惨壮烈的声中，东北同胞所爱戴之忠恒同志为国牺牲了。全军将士听到忠恒同志牺牲的消息，皆顿足捶胸，忿不欲生，咬牙切齿，奔呼同日寇决一死战，替师长复仇，如是将士们均含泪向敌猛冲，卒将敌击溃三分之二，残敌四散逃窜。是役计击毙敌五百余名，获得枪械子弹军需品甚多。

忠恒同志几年来为救祖国救故乡进行英勇抗敌的斗争，在极端困难的环境里面，既受敌严重的封锁，而又处处遭到寇贼重兵包剿，不但不稍减救国卫民之热情与斗志，相反的更提高勇敢刚毅百折不挠的精神与决心，鼓励将士，坚强的同日寇血战，只杀得日寇闻名丧胆。忠恒同志受过初级军事教育，特长游击战术，料敌如神，善能出奇制胜。尤有一种特技，能双手持匣枪同时发射，连续不断的如同轻机一样，勇敢过人，每次战争必身先士卒奋勇杀敌，在密如骤雨的敌弹下往来指挥。他常说：在火线上指挥官的勇敢行动，更能鼓励士气，我以身许国，生命已置之度外矣。史烈士数年血战，共负重伤三次，受创八处，遍体都是创痕。特别是在民国二十四年冬日寇及伪满军施行大讨伐时，烈士身负重伤，尚力疾指挥，经四月之久的长期战斗，冲破了敌人的讨伐。忠恒同志之刚毅坚强，实非一般人所能比拟。而且史同志不仅勇于战阵，并有过人的政治才能。当共产党提出反日民族统一战线政策，史同志拥护最早，执行最坚决之一人，因此能联合各部义军造成强大的抗日部队；对秦书明，忠侠，中国，等组织散漫的山林队，均能利用各种方法团结在自己的周围，施以整理、组织、教育而皆成抗日劲旅。同时对于党特别的忠实，诚恳的接受党为争取中国领土完整，中华民族独立生存自由解放的政策以及各种各样的指示，并澈底执行党所给他的任务，富有警惕性，具有自我批评的精神。

我同忠恒同志在抗日救国战线上共事很久，在一起做过很多次有名的战斗，关于忠恒同志的历史，及有名的战绩知道甚详，兹简略分述于下以纪念忠恒同志并饷我海内外爱国诸同胞。

忠恒同志原籍吉林省，吉林县人，家中有父母，并有一个哥哥。家庭特别的贫困，专赖在农村佣工度生活。因家道贫寒，从未念书，于九岁时即替财主家牧猪。稍长作雇农，在民国十五年因为农村维持生活困难，遂投效吉林督军署卫队团第二营八连当兵，继而升充中士。于民国十八年请假离队，转投吉林陆军第十三旅七团三营（即救国军王德林部）九连当兵，深得王德林孔宪荣及全营的士兵的信任与爱戴。不久提升中士（即正班长），同时被选送至第十三旅军士教育连受军事训练。“九一八”事变时该部驻防于延吉县瓮声砬子。辽吉相继失陷之噩耗传来，烈士悲愤填膺，眦裂发指，痛恨政府之不抵抗，与卖国贼汉奸之无耻投降，深信抵御强敌之侵略为惟一自救之途。遂本此抗日救国之志愿，秘密联络全营的班长士兵，准备窥机竖立义旗，抗日救国收复失地，以尽军人保国卫民之天职。恰巧十一月间日寇测量队到瓮声砬子画军事地图，忠恒同志见有机可乘，密率兵士十余名到日寇测图地带，向测量队开枪射击，当场击毙测量队长一名，绘图员二名。此时驻"间岛"的日寇总领事即向关东军司令部请愿，日寇本庄繁即转令卖国贼熙洽、吉兴，解除该营全体官兵的武装，然后用机枪屠杀一名不留。驯良的走狗熙洽、吉兴等，当然秉承日寇的意旨，调动大军会合日寇军队逼近瓮声砬子；一时风云紧张，忠恒同志积极号召全营士兵向营长王德林请愿，并劝说王德林、孔宪荣等速举义旗，共赴国难。王孔等见兵士爱国热情已达沸点，日满匪军又节节逼近，危险万分，遂依兵士群众的意见，竖旗起义，号称救国军。由此可见救国军的起义，史忠恒同志实有莫大的功绩。救国军起义后，忠恒同志被任为第九连连长，继而任第三营营长，率所部转战于吉东、东满各县。民国廿二年春，日寇动员在满的全部兵力向救国军自卫军大举进攻时，忠恒同志隶属在李延禄部下，在中东路磨刀石站防守。磨刀石是敌人进攻最主的道路之一，敌人的兵力数倍于我，并利用飞机、大炮、坦克、各种新式武器向我军冲击轰炸，血战终日。在这次战役中，忠恒同志最卓绝的战绩是，当李延禄司令被敌包围时，忠恒同志亲率数十名勇敢战士用刺刀手榴弹冲开一条血路，将李延禄及司令部全体人员救出重围，然后率所部作掩护队将全军掩护安全退却。当王德林等将领被迫退出国境时，忠恒同志即坚决向李延禄提议往东满北满一带进行游击活动，李即采纳这个意见开始从宁安一带活动。民国二十二年春李延禄组织救国游击军，史烈士被任为第三团团长，我当时充游击军参谋长，因得同忠恒同志经常在一起工作。是年三月初敌寇集中日伪军一千三百余名向我军驻在地八道河子进攻，史烈士率精锐之一部在前线要冲地带设伏，距敌人行进路不过五十米突时，首先将日寇的先头部队完全消灭于阵地前，当时史烈士胸部已中三伤，幸未中要害，史同志当即将自己衣服脱下用小刀将弹头挖出，用裹腿将创口缠上，仍力疾指挥，毫不懈怠。我得到史同志负伤的消息，立刻到该阵地，见他虽然遍体是血，用裹腿缠着胸部，但尚勇气百倍的指挥军队。恰遇敌人此时向我们施行冲锋，我即劝他速下火线到后方医治。史同志答道，“我虽负伤，尚不致死，现在我已亲手将日贼击毙二十余名，非常痛快，无论如何我是不下火线的。”我见他异常坚决，只好亲身在此地进行指挥。此时敌人以炮火压制我军阵线，冲锋部队已接近我阵地约百余米突，我即下令将手榴弹准备好，等敌人距离阵线五十米突时，一齐向敌抛掷。史烈士见我在此参加指挥，更异常的兴奋，抛手榴弹的命令下后，他亲手连掷了十三个手榴弹，抛掷的技术非常的好，完全命中敌人，只炸的寇贼血肉横飞，同时全线猛烈的抛掷，遂将敌击退。如此敌人连冲三次均被击退。嗣后因我军子弹告罄，遂决定退却，我要他先行退走，他始终不肯，结果同我率一部队伍在后面掩护，大部队完全退走后，才一同退下。这表现史同志的英勇坚决精神是如何的伟大呵！是年五月间，史烈士加入了中国共产党。当时游击军全部往密山勃利等县游击。史烈士仍留在东满活动。八月间，会同义军吴义成柴世荣等各部约百千余众进攻东宁县城，该城之西部有高地筑有坚固炮垒，日寇用重兵扼守，为该城之支撑点，如果不先将炮垒攻下，即没有占领县城的可能，而且容易受到损失。史烈士奋勇愿作前驱，攻击炮垒，同敌人鏖战三昼夜，冲锋十余次，始将该炮垒攻下，同时占领了县城。在同敌冲锋格斗时，烈士手执大刀斫断敌铁丝网，率众冲到阵地前，用手榴弹向敌阵地抛掷，守该堡垒之日军共三百余名，多被击毙在阵地里面。是役史烈士又负伤四处，计被炸弹炸坏股腿及腹部，机枪子弹将左胳膊打穿，因此次战斗功绩为全军所敬仰，遂升任义勇军第十四旅旅长。史烈士威名远播，日寇大为畏忌，遂各处悬赏购买烈士之首级。民国廿四年二月间史烈士率部经过东宁县二道沟，适值伪满靖安军出动讨伐，在途中遭遇。史烈士以先发制人的手段，利用优良地势，向敌人攻击，靖安军不支，当即败退。史烈士即挥军尾追，直捣敌人防所，敌人亡魂丧胆，不敢抵抗，全部被解除武装。是役共得敌捷克式轻机三挺，三八式步枪百余支，子弹三万余发，手榴弹三百余枚，其他军需品甚多。得此胜利后即转道汪清县大荒沟，日寇进攻腰营沟之游击区，忠恒同志即决定在孙家营一带消灭敌人，挥军向孙家营前进。因天降大雾，对面不见人，对于行进路之展望特别困难。不料敌人亦沿大道向我前进，两方的路上侦探走了个对面，相距约两三步彼此尚辨别不清。我侦探即向对方问“谁的队”，答“日军讨伐队”，日寇复问你们“什么队”，我侦探机警的答道，“我们是满军孟营”。因之日寇毫不注意，我方已有了充份的准备，即利用河岸散开待敌，行军纵队走到河岸边时，我方一齐开枪射击，日寇纷纷应声而倒，先头之一百余人已被消灭。正在搜索战场时，敌后续部队又到，雾气弥漫，仓促之间分不清楚敌我，互相以优势的火力猛射，所以忠恒同志身负重伤，被机枪子弹由腰际穿过，弹头在小腹的上边夹住。史同志虽身负重伤尚勉强支持。同时我军有一轻机射手阵亡在忠恒同志附近，他恐轻机丢失，想去将机枪拿在自己手里，但因伤过重不能行动，只好勉力爬到机枪附近，将枪拖在手中，又爬回，再顺河岸爬了约三百余米，始遇救护队将他背起来送到集合地点去。嗣后我到医院去看他，见胳膊附腕均有伤痕，即问其受伤原因，他答因为负伤后，拖了一架轻机爬了半里多路，被石子树根磨坏了。我即说，你既受这样重伤，就应该赶快离开战场，何必还顾虑机枪受更多的痛楚呢。他答道，“我们武器都是爱国的健儿用血肉由日寇手中得来的。只要我的一息气不断，决不忍目视他丢掉的”。由此几句简单谈话里即可证明忠恒同志之伟大爱国精神，对民族解放斗争事业上的澈底忠实性。是年秋季，东满一带之集团部落已告成，日寇以为封锁政策成功，遂对忠恒同志施行威胁利诱的方法，由间岛日驻军司令同伪满第七旅贾旅长共同派人持信要求忠恒同志投降，所许的条件一，如率所部竭诚来归，任伪满军旅长；二，先发给招安费二万元，信内并用威吓的言辞，谓满洲国之成立是应天顺人，现已奠若磐石，绝非跳梁小丑所能动摇推翻，并且碉堡政策已实现，各处集团部林立，日满军即便不去围剿，亦可以把你们饿死在山林里，火速投降，勿稍迟疑等语。忠恒同志读后，怒发冲冠，大骂日寇走狗之无耻，遂招集部下将士及民众开会，痛陈日寇利诱之阴谋，凡我同志，勿中寇贼之诡计；同时鼓励部下要精诚团结，抗敌御侮，并号召将士共同宣誓谓“宁赴沙场死，不作亡国奴”，当场枪毙伪使。在场军民被忠恒同志之忠义所感，有痛哭流泪者，同时宣誓军民一致拥护忠恒同志为祖国奋斗到底。这一段光明磊落的措置，真是可歌可泣，为爱国同胞所共钦佩！是年冬期讨伐特别的紧张，忠恒同志即率所部冲破敌人包围线，到宁安同抗日联军第二—五军的部队会合。在二—五军掩护之下稍事休息整顿后，正式参加第二军，以忠恒同志原有的部队编为一个团，并以第四五两团补充编为第二军第二师，忠恒同志任师长。不幸竟于老松岭战役牺牲了。忠恒同志之死，固然是抗日战线最大的一个损失，但是继忠恒同志之后的，有千百万的爱国同胞为忠恒同志未竟的事业而奋斗。忠恒同志之死是永久光荣的，忠恒同志之事业是必然胜利的！东北抗日联军战士没有一个不因忠恒之死更加愤慨万分，誓死杀敌！我希望全国同胞都秉着忠恒同志为国奋斗始终不移的精神，以争取我伟大中华民族的澈底解放。

东北抗日聯軍第五軍第二師師長

傅顯明烈士傳

第一師師長李精樸
東北抗日聯軍第五軍

傅顯明烈士是吉林省雙城縣人，「九一八」事變前在中東路沿線十八旅某連充當班長，後因事故辭職，復到寧安縣南二區盧家屯充警署警長。

「九一八」事變後，烈士目睹山河易色，國土淪亡，同胞慘遭摧殘奴役，園林房舍橫被蹂躪，故烈士充滿了愛國抗敵的熱情，抱着爲國家爭獨立，爲民族謀解放之決心，常向本區民衆從事宣傳，闡明救國要道，喚醒民衆團結，民衆多深爲感動，故烈士卒能和其好友楊永山（后報字青山）糾合本區健兒，齊集幾十枝槍，高舉抗日義旗。

當救國軍先鋒司令吳義成從敦化到寧安時，烈士便加入救國軍，充當少尉連附，轉戰於安圖、敦化、額穆、寧安之間，數展奇謀，屢建大功，頗得該軍之器重，旋升任連長。當救國軍齊集東寧時，烈士隨與柴團長（世榮）同赴東寧，共議軍策。在東寧救國軍失敗後，有的過蘇聯界，有的投降。而烈士則在這緊急關頭，更堅定了爲國捐軀的素志，毅然隨柴世榮重返安圖和日敵繼續作遊擊戰爭。

救國軍失敗後，抗敵士氣爲之稍挫，各地義軍爲了適應當時環境，都紛紛報了山頭。烈士由安圖重返寧安和舊友平南洋（即本傳作者抗日聯軍第五軍第一師師長李精樸——編者）會面，經當地民衆之挽留，烈士乃和平南洋共同活動於寧安一帶。烈士報字爲「占中華」，部隊名爲「東北抗日山林義勇軍」，往來縣境，殲滅日寇，捕獲走狗甚多，戰績昭著，隊伍迅速擴展到四百餘人。烈士以能用較小的部隊，而能戰勝日僞的「討伐軍」，就是因爲他和民衆有極其密切的關係。烈士常常對地方居民說：『我的隊伍，也就是你們的隊伍，我們倆下團結一條心，日賊是不足怕的』！所以烈士及其隊伍，得到羣衆的信仰與擁護，行軍極爲靈活，因之本縣有一歌謠說：『沒有法，去找占中華』，這是證明烈士能與羣衆打成一片。與其抗日救國眞誠之深入人心也。

一九三三年冬，柴世榮調烈士率隊一同去打大甸子，而烈士身先士卒，首建大功，因之推升爲十四旅一團團長。後又轉戰東寧，在機關槍炮火猛烈攻擊之下，烈士毫無畏懼，率領本團健兒，勇敢前衝，並高喊：『同胞們！努力衝呀！要想過太平日子，非把日寇打出去不可！』士兵在烈士鼓舞之下，奮勇異常，破敵人三道防線，但終於在日寇的飛機大炮強烈的轟炸和掃射之下而退却了！是役雖未奏效，但烈士在軍中的威信，更加提高了。軍中常說：『團長眞勇敢，不怕死，雖未打勝，也算夠本』！

一九三四年春，在安圖活動之遼吉邊區救國軍留守處周處長保中（即現時抗日聯軍第五軍軍長）率隊重返寧安，在縣東南山天橋嶺平日坡和平南洋等共同組織綏寧反日同盟軍，烈士也率隊參加，隨後烈士並被派赴東滿一帶活動。在一九三五年春，烈士加入中國共產黨。因爲烈士英勇善戰，所以擢任反日聯合軍第五軍第二師師長。烈士常向別人說：『早先我只抱了抗日的決心，現在加入了共產黨，奮鬥的前途更有了光明的目標，更有堅決的心志，在共產黨領導之下，我誓必將用我滿腔的熱血，爲民族解放，爲社會解放而流洒』！烈士這種偉烈的精神，是值得我們讚揚的！

一九三六年，東北健兒，爲了鞏固和發展反日民族統一戰線，共同組織了東北抗日聯軍。反日聯合第五軍，也改爲抗日聯軍第五軍，軍長爲周保中，烈士仍爲二師師長。以後烈士和東滿抗日聯軍第二軍一部份隊伍共赴寧安南三道河子，爲實現羣衆的要求，將本地駐防的警備旅部隊全部繳械了，共得三八式步槍四十二支，輕機關槍二挺。烈士就是此役的直接指揮者。

五軍爲擴大遊擊區，特派胡政治部主任，率一師一部份部隊上穆稜、密山、勃力一帶去活動，後又派烈士率二師一部分前往配合，而烈士遊擊至密山黃泥河子，遭遇力量超過我軍二倍的日寇和舊俄白黨部隊。又因我軍初到該地，地理不甚熟悉，鏖戰的結果，烈士中機槍而受重傷，被士兵抬入醫院，當時烈士已因重傷而奄奄一息，但最後仍高呼『中國共產黨萬歲！抗日聯軍萬萬！中華民國萬歲！打倒日本帝國主義』！不止，這一個爲民族爲國家，始終鬥爭不倦的戰士，慷慨的犧牲了，消息傳到五軍與地方居民，無有不下淚者，可見烈士平時待人之厚及感人之深也！

《救国时报》第一一〇期 中华民国二十六年七月十日 第三版

（1937 年 7 月 10 日）

东北抗日联军第五军第二师师长

傅显明烈士传

东北抗日联军第五军第一师师长李精朴

傅显明烈士是吉林省双城县人，“九一八”事变前在中东路沿线十八旅某连充当班长，后因事故辞职，复到宁安县南二区卢家屯充警署警长。

“九一八”事变后，烈士目睹山河易色，国土沦亡，同胞惨遭摧残奴役，园林房舍横被蹂躏，故烈士充满了爱国抗敌的热情，抱着为国家争独立，为民族谋解放之决心，常向本区民众从事宣传，阐明救国要道，唤醒民众团结，民众多深为感动，故烈士卒能和其好友杨永山（后报字青山），□□本区健儿，齐集几十枝枪，高举抗日义旗。

当救国军先锋司令吴义成从敦化到宁安时，烈士便加入救国军，充当少尉连附，转战于安图、敦化、额穆、宁安之间，数展奇谋，屡建大功，颇得该军之器重，旋升任连长。当救国军齐集东宁时，烈士随与柴团长（世荣）同赴东宁，共议军策。在东宁救国军失败后，有的过苏联界，有的投降。而烈士则在这紧急关头，更坚定了为国捐躯的素志，毅然随柴世荣重返安图和日敌继续作游击战争。

救国军失败后，抗敌士气为之稍挫，各地义军为了适应当时环境，都纷纷报了山头。烈士由安图重返宁安和旧友平南洋（即本传作者抗日联军第五军第一师师长李精朴——编者）会面，经当地民众之挽留，烈士乃和平南洋共同活动于宁安一带。烈士报字为“占中华”，部队名为“东北抗日山林义勇军”，往来县境，歼灭日寇，捕获走狗甚多，战绩昭著，队伍迅速扩展到四百余人。烈士以能用较小的部队，而能战胜日伪的“讨伐军”，就是因为他和民众有极其密切的关系。烈士常常对地方居民说：“我的队伍，也就是你们的队伍，我们俩下团结一条心，日贼是不足怕的”！所以烈士及其队伍，得到群众的信仰与拥护，行军极为灵活，因之本县有一歌谣说：“没有法，去找占中华”，这是证明烈士能与群众打成一片。与其抗日救国真诚之深入人心也。

一九三三年冬，柴世荣调烈士率队一同去打大甸子，而烈士身先士卒，首建大功，因之推升为十四旅一团团长。后又转战东宁，在机关枪炮火猛烈攻击之下，烈士毫无畏惧，率领本团健儿，勇敢前冲，并高喊：“同胞们！努力冲呀！要想过太平日子，非把日寇打出去不可！”士兵在烈士鼓舞之下，奋勇异常，破敌人三道防线，但终于在日寇的飞机大炮强烈的轰炸和扫射之下而退却了！是役虽未奏效，但烈士在军中的威信，更加提高了。军中常说：“团长真勇敢，不怕死，虽未打胜，也算够本儿”！

一九三四年春，在安图活动之辽吉边区救国军留守处周处长保中（即现时抗日联军第五军军长）率队重返宁安，在县东南山天桥岭平日坡和平南洋等共同组织绥宁反日同盟军，烈士也率队参加，随后烈士并被派赴东满一带活动。在一九三五年春，烈士加入中国共产党。因为烈士英勇善战，所以擢任反日联合军第五军第二师师长。烈士常向别人说：“早先我只抱了抗日的决心，现在加入了共产党，奋斗的前途更有了光明的目标，更有坚决的心志，在共产党领导之下，我誓必将用我满腔的热血，为民族解放，为社会解放而流洒”！烈士这种伟烈的精神，是值得我们赞扬的！

一九三六年，东北健儿，为了巩固和发展反日民族统一战线，共同组织了东北抗日联军。反日联合第五军，也改为抗日联军第五军，军长为周保中，烈士仍为二师师长。以后烈士和东满抗日联军第二军一部分队伍共赴宁安南三道河子，为实现群众的要求，将本地驻防的警备旅部队全部缴械了，共得三八式步枪四十二支，轻机关枪二挺。烈士就是此役的直接指挥者。

五军为扩大游击区，特派胡政治部主任，率一师一部份部队上穆棱、密山、勃力一带去活动，后又派烈士率二师一部份前往配合，而烈士游击至密山黄泥河子，遭遇力量超过我军二倍的日寇和旧俄白党部队。又因我军初到该地，地理不甚熟悉，鏖战的结果，烈士中机枪而受重伤，被士兵抬入医院，当时烈士已因重伤而奄奄一息，但最后仍高呼“中国共产党万岁！抗日联军万岁！ 中华民国万岁！打倒日本帝国主义”！不止，这一个为民族为国家，始终斗争不倦的战士，慷慨的牺牲了，消息传到五军与地方居民，无有不下泪者，可见烈士平时待人之厚及感人之深也！

東北通訊

小英雄口中的楊靖宇

梁泊

救國時報編輯諸先生

謬蒙不棄，被委爲貴報駐東北記者；弟雖不才，却很樂意接受這一委托。誠以，爲貴報服務，是我認爲無上光榮的事業。至將來的工作，能否使諸先生滿意，尚望時賜教言，以匡不逮爲盼。茲先寄上弟最近和東北抗日聯軍第一軍一位青年戰士的談話，作爲第一次正式通信罷。此祝

撰安

弟 梁泊 敬上

第一軍這位青年戰士，年不滿二十，但已經親身參加了百數十次英勇的戰爭，所以記者有全權稱他是小英雄。

記者問：聽說楊司令在隊伍中的信仰很大，我想他一定有什麼特長，你能夠告訴我麼？

答：是的，他有很多使人不能不佩服的地方。首先就是他的不怕困難，不怕犧牲，捨身救國，堅持到底的精神。自九一八事變發生後，他就投身於抗日運動，組織抗日遊擊隊、人民革命軍，直到現在的東北抗日聯軍第一軍，經過了數百次的戰爭，遇到了無數次的危險，但是他從沒有灰心動搖過，所以東北各地的老百姓都稱他是抗日英雄。至於其他令人佩服的地方，那還多得很。比如說，我們吃什麼，他也吃什麼；老百姓給他送的野雞，那怕只有一隻，他也叫熬一大鍋湯，使大家都喝點，他什麼時候也不自己吃。比如說，到了什麼地方，睡的地方很狹小，他也和大家一樣，擠在一塊睡，如果擠的很利害，他第二天早晨只是笑，從來不說一句不滿意的話。

問：他打仗勇敢麼？

答：那當然！咳！我忘記說這一點了！他打仗勇敢極了。越到困難的時候，他越有精神。大家都佩服他，事實多得很。比如有一次，我們一百來人，叫敵人一千多四面包圍了，那才眞危險呢！許多隊員都有點心慌了。可是楊司令一面打仗，一面高喊打倒日本帝國主義的口號。隊員一聽到楊司令這樣精神，大家都興奮的跟着他喊，他又喊中國人不打中國人的口號，大家也跟他喊。誰知道這一喊比大砲還利害，一會兒有一面正在包圍着我們的敵人就向我們招呼起來了，原來這一方面是『滿州國』的士兵，他被口號感動了，他們招呼我們是想放我們走的，這一次戰爭很

有趣味，可是說起來話很長。

記者：好，我很想知道這一次戰爭的經過，請你以後專門講給我聽罷。

答：可以，以後再講罷，可是，我還想告訴你一很動人的事實：有一次，我們截獲了日軍三百袋的白麵，可是，一次也沒有吃到嘴裏，因爲日軍運輸白麵的軍用汽車被截以後，就急速調了一排日軍，緊緊的跟追着我們。每一次，我們剛蒸好饅頭，他們就到了，所以我們眼看着白饅頭吃不到嘴裏，楊司令惱透了。有一夜他探聽到日軍的地點以後，就計劃圍剿給以襲擊，割去這個討厭的尾巴。當襲擊敵人的時候，他怕隊員有些胆小，自己就拿着匣子，跑到一切人的前面。馬上一個隊員一手把他拉過來，問道：『司令幹麼?!』。、楊司令說：『難道我們『前進嘛！』隊員理直氣壯的說：『難道我們不會前進麼!?把你打壞了，我們怎麼辦呢！』這樣一來不要緊，大家你拉我推地，把楊司令送到後面，個個都勇敢的前進起來了。結果，這一仗打的非常漂亮，一排日軍全被消滅，把一個討厭的尾巴割去了。

問：我聽說楊司令在山林隊中的信仰也很大，這是事實麼？

答：是事實，他的信仰一天比一天大了。說起來也好笑，當楊司令第一次和山林隊講聯合的時候，我們的隊伍還很小，服裝也很壞，楊司令自己穿一雙破爛漏脚的鞋，許多隊員腿上用麻袋纏着，所以楊司令講了一大篇道理，也沒有說動他們，他們反而看一看楊司令的脚，送給司令一雙鞋。背後我們聽他們講：『得拉！連鞋都混不上，還打日本呢！』這以後，楊司令發誓要把隊伍的服裝整頓起來，一連打了幾次勝仗之後，我們隊伍的槍械和服裝馬上都整齊了。楊司令更穿得和日本的大軍官穿的一樣。

問：楊司令穿這樣好，隊員不說閒話麼？

答：閒話！爲什麼能有閒話呢！這都是隊員從日本子那裏奪來送給他的，他不穿還不行呢！每逢打了勝仗得到好的衣服以後，隊員成幾十里幾百里的背着，一定要送給楊司令穿上才能安心，大家都想讓他穿的漂亮點，免得人家看不起。

問：老百姓對楊司令有什麼感想呢？

答：好極了！我說一兩件事實，你一聽就知道。很久以前，有一回，當楊司令向老百姓講演之後，一個老頭對別人說：『我活的年紀也算不小了，可是，從長這麼大，也沒有看見過這樣的隊伍：說是鬍子？也不搶不奪！說是軍隊？他不打不罵！又沒有地盤！真的！這是日本子逼出來的好人。』於是老頭偷偷的買些魚、肉、酒送到隊上了，一面交給司令，一面說：『我是窮人，沒有什麼好東西送給弟兄們，這點小意思，司令留下罷！讓弟兄們吃點，好去打日本子。』現在，這樣的事情很多，所以許多山林隊說：「不送日本誰也過不關，帮咱們遊擊隊，（游擊隊的意思——就是）除了串山林，還是串山林，不管不擋，連吃穿都顧不上。 有人說楊司令：這裏也送，那裏也送，要吃，什麼沒有什」但他們不知道楊司令對老百姓也是很好的，司令常把沒收日本的東西分給百姓們。 所以，楊司令沒有到過的地方，老百姓傳出來許多傳說。我未上隊以前，我們的村裏就有一種傳說：「楊司令那裏有個十八歲，小皇帝的是真龍，他說打仗，一打就勝，他說不打，最好是躲開，所以楊司令從未打過敗仗」。我自己就是聽了這些話以後入隊的。 現在想起來，覺得很好笑的。

問：你說，你們常吃好東西，難道你們沒有過着困難生活麼？

答：那裏的話！ 困難的時候多的很！ 但有楊司令和我們在一塊，一點也不覺痛苦。 有一次在過新年的時候，我們什麼吃的都沒有，只有包米，但是沒有磨，不能磨成麵，大家只好炒包米花吃，楊司令一面吃，一面給大家講故事，說南方紅軍曾遇到過如何的困難，曾遇過了多少艱難，然後問大家：『你們現在過年吃包米花，覺得難受否？』大家都說：『不！不！ 很香！、很好吃！ 北方人難道比南方人熊麼！』

問：這樣說，楊司令的品格實在不錯，但是楊司令沒有使隊員不高興和不配服的時候麼？

答：他平常是很和氣的，雖然他批評人的時候很利害，很不客氣，無論如何狡猾的人都逃不過他的手，都說不過他。可是，他不輕易發脾氣，他很能忍耐，要真是到了不得已的時候，他一定能不客氣的把人說的閉口無言，所以，除了真正的壞蛋，誰都佩服他。

問：我聽說你們隊伍中有人要刺殺楊司令，這是一回什麼事呢？

答：要刺殺他的人是日本派來的刺客，這個傢伙是會吹號的，所以能混進司令部當了號長。他時常『怕司令的馬』，買野雞給司令吃，可是司令一吃他的野雞，就知道他不是好人，要大家留心觀察他。

累錢，他本是好傢伙[illegible]用日本帝國主義者給他的活動費，收買了幾個黨徒，準備着刺殺的陰謀。當司令覺得事有可疑的時候，就把這個刺客的乾兒子（一個小孩）叫到前面，經過一番哄騙，小孩子都照實說了，所以日本雖狡，陰謀也沒有成功，從這裏我們也可以看到楊司令是很精明的。

問：聽說楊司令是共產黨員，對嗎？

答：對啦！楊司令常對我們說共產黨的反日民族統一戰線的政策，說共產黨和紅軍的英勇事實，我們幾年來能打敗日本子，都是靠共產黨指導我們的好策略。不只是楊司令，而且在我們部隊的官長弟兄中有很多都是共產黨員。他們都是特別勇敢不怕死。打衝鋒他們就領頭，打敗仗，他們就擋後，弟兄們都特別敬愛他們。

談至此，天色已晚，正是記者便於走出游擊區的時候，我們就此暫別了。

四月四日

《救国时报》第一一〇期 中华民国二十六年七月十日 第四版

（1937 年 7 月 10 日）

东北通讯

小英雄口中的杨靖宇

梁　泊

救国时报编辑诸先生

谬蒙不弃，被委为贵报驻东北记者，弟虽不才，却很乐意接受这一委托。诚以，为贵报服务，是我认为无上光荣的事业。至将来的工作，能否使诸先生满意，尚望时赐教言，以匡不逮为盼。兹先寄上弟最近和东北抗日联军第一军一位青年战士的谈话，作为第一次正式通信罢。

此祝

撰安

弟梁泊　敬上

第一军这位青年战士，年不满二十，但已经亲身参加了百数十次英勇的战争，所以记者有全权称他是小英雄。

记者问：听说杨司令在队伍中的信仰很大，我想他一定有什么特长，你能够告诉我么？

答：是的，他有很多使人不能不佩服的地方。首先就是他的不怕困难，不怕牺牲，舍身救国，坚持到底的精神。自九一八事变发生后，他就投身于抗日运动，组织抗日游击队、人民革命军、直到现在的东北抗日联军第一军，经过了数百次的战争，遇到了无数次的危险，但是他从没有灰心动摇过，所以东北各地的老百姓都称他是抗日英雄。至于其他令人佩服的地方，那还多得很。比如说，我们吃什么，他也吃什么；老百姓给他送的野鸡，那怕只有一只，他也叫熬一大锅汤，使大家都喝点，他什么时候也不自己吃。比如说，到了什么地方，睡的地方很狭小，他也和大家一样，挤到一块睡，如果挤的很利害，他第二天早晨只是笑，从来不说一句不满意的话。

问：他打仗勇敢么？

答：那当然！咳！我忘记说这一点了！他打仗勇敢极了。越到困难的时候，他越有精神。大家都佩服他，事实多得很。比如有一次，我们一百来人，叫敌人一千多四面包围了，那才真危险呢！许多队员都有点心慌了。可是杨司令一面打仗，一面高喊打倒日本帝国主义的口号。队员一听到杨司令这样精神，大家都兴奋的跟着他喊，他又喊中国人不打中国人的口号，大家也跟他喊。谁知道这一喊比大炮还利害，一会儿有一面正在包围着我们的敌人就向我们招呼起来了，原来这一方面是“满洲国”的士兵，他被口号感动了，他们招呼我们是想放我们走的，这一次战争很有趣味，可是说起来话很长。

记者：好，我们很想知道这一次战争的经过，请你以后专门讲给我听罢。

答：可以，以后再讲罢，可是，我还想告诉你一很动人的事实：有一次，我们截获了日军三百袋的白面，可是，一次也没有吃到嘴里，因为日军运输白面的军用汽车被截以后，就急速调了一排日军，紧紧的跟追着我们。每一次，我们刚蒸好馒头，他们就到了，所以我们眼看着白馒头吃不到嘴里，杨司令恨透了。有一夜他探听到日军的地点以后，就计划回头给以袭击，割去这个讨厌的尾巴。当袭击敌人的时候，他怕队员有些胆小，自己就拿着匣子，跑到一切人的前面。马上一个队员一手把他拉过来，问道："司令干么？！"杨司令说："前进哪！"队员理直气壮的说："难道我们不会前进么？！把你打坏了，我们怎么办呢！"这样一来不要紧，大家你拉我推地，把杨司令送到后面，个个都勇敢的前进起来了。结果，这一仗打的非常漂亮，一排日军全被消灭，把一个讨厌的尾巴割去了。

问：我听说杨司令在山林队中的信仰也很大，这是事实么？

答：是事实，他的信仰一天比一天大了。说起来也好笑，当杨司令第一次和山林队讲联合的时候，我们的队伍还很小，服装也很坏，杨司令自己穿一双破烂漏脚的鞋，许多队员腿上用麻袋缠着，所以杨司令讲了一大篇道理，也没有说动他们，他们反而看一看杨司令的脚，送给司令一双鞋。背后我们听他们讲："得拉！连鞋都混不上，还打日本呢！"这以后，杨司令发誓要把队伍的服装整顿起来，一连打了几次胜仗之后，我们队伍的枪械和服装马上都整齐了。杨司令更穿得和日本的大军官穿的一样。

问：杨司令穿这样好，队员不说闲话么？

答：闲话！为什么能有闲话呢！这都是队员从日本子那里夺来送给他的，他不穿还不行呢！每逢打了胜仗得到好的衣服以后，队员成几十里几百里的背着，一定要送给杨司令穿上才能安心，大家都想让他穿的漂亮点，免得人家看不起。

问：老百姓对杨司令有什么感想呢？

答：好极了！我说一两件事实，你一听就知道。很久以前，有一回，当杨司令向老百姓讲演之后，一个老头对别人说："我活的年纪也算不小了，可是，从长这么大，也没有看见过这样的队伍：说是胡子？也不抢不夺！说是军队？他不打不骂！又没有地盘！真的！这是日本子逼出来的好人。"于是老头偷偷的买些鱼、肉、酒送到队上了，一面交给司令，一面说："我是穷人，没有什么好东西送给弟兄们，这点小意思，司令留下罢！让弟兄们吃点，好去打日本子。"现在，这样的事情很多，所以许多山林队说："不□日本谁也□不□，看咱们这些熊货（即无能的意思——记者）除了串山沟，还是串山沟，不抢不捐，连吃穿都混不上。看人家杨司令，这里也送，那里也送，要吃，什么没有啊？"但他们不知道杨司令对老百姓也是很好的，司令常把没收日本的东西分给百姓们。所以，杨司令没有到过的地方，老百姓传出来许多传说。我未上队以前，我们的村里就有一种传说："杨司令那里有个十八岁，小皇帝的是真龙，他说打仗，一打就胜，他说不打，最好是躲开，所以杨司令从未打过败仗"。我自己就是听了这些话以后入队的。现在想起来，觉得很好笑的。

问：你说，你们常吃好东西，难道你们没有过着困难生活么？

答：那里的话！困难的时候多的很，但有杨司令和我们在一块，一点也不觉痛苦。有一次在过新年的时候，我们什么吃的都没有，只有包米，但是没有磨，不能磨成面，大家只好炒包米花吃，杨司令一面吃，一面给大家讲故事，说南方红军曾遇到过如何的困难，曾通过了多少艰难，然后问大家："你们现在过年吃包米花，觉得难受否？"大家都说："不！不！很香！很好吃！北方人难道比南方人熊么！"

问：这样说，杨司令的品格实在不错，但是杨司令没有使队员不高兴和不佩服的时候么？

答：他平常是很和气的，虽然他批评人的时候很利害，很不客气，无论如何狡猾的人都逃不过他的手，都说不过他。可是，他不轻易发脾气，他很能忍耐，要真是到了不得已的时候，他一定能不客气的把人说的闭口无言，所以，除了真正的坏蛋，谁都佩服他。

问：我听说你们队伍中有人要刺杀杨司令，这是一回什么事呢？

答：要刺杀他的人是日本派来的刺客，这个家伙是会吹号的，所以能混进司令部当了号长。他时常"拍司令的马"，买野鸡给司令吃，可是司令一吃他的野鸡，就知道他不是好人，要大家留心观察他。果然，他不是好家伙，便暗中用日本帝国主义者给他的活动费，收买了几帮叛徒，准备着刺杀的阴谋。当司令觉得事有可疑的时候，就把这个刺客的干儿子（一个小孩）叫到前面，经过一番哄骗，小孩子都照实说了，所以日本虽狡，行刺也没有成功，从这里我们也可以看到杨司令是很精明的。

问：听说杨司令是共产党员，对吗？

答：对啦！杨司令常对我们说共产党的反日民族统一战线的政策，说共产党和红军的英勇事实，我们几年来能打败日本子，都是靠共产党指导我们的好策略，不只是杨司令，而且在我们部队的官长弟兄中有很多都是共产党员。他们都是特别勇敢不怕死。打冲锋他们就领头，打败仗，他们就挡后，弟兄们都特别敬爱他们。

谈至此，天色已晚，正是记者便于走出游击区的时候，我们就此暂别了。

四月四日

纸笔刀枪

抗战文学艺术鼓舞士气

民族觉醒的嘹亮声音响彻在硝烟弥漫的抗战岁月中：一部部革命文学作品，一首首高亢激昂的抗战歌曲鼓舞了战士们的斗志，成为催人奋进的精神号角，一幕幕生动的演出深刻呈现出民众的苦难、愤怒与觉醒，唤醒了更多沉睡的心灵，激励他们从旁观者成长为坚定的抗争者。抗战文学和艺术不仅是时代的真实写照，更是一股推动民族觉醒、振奋人心的特殊力量，为抗战最终胜利奠定了坚不可摧的精神基石。

喝乾了這杯血酒

——爲東北人民革命軍作——

海 漫

喝乾了這杯血酒， 只會清醒不會醉！
深深的灌進心頭， 記住這辛酸的滋味！
看哪！風景還像當年， 依然是舊日的河山；
聽呵！遍地的哭聲， 訴着亡國的哀怨。
三百萬方里的中國土地，變成了第二個朝鮮；
東北三千萬的人民哪，橫套上牛馬的索練！
富人的年會都消沉了， 民衆的秧歌更冷靜，
清明佳節的春郊， 也不見遊女的蹤影！
白髮駝背的老婦們， 抱着無限的冤屈：
「母親生的孩子們哪，本來是自由的兒女！」
少女們水冷冷的眼睛，似仇恨着哺兒的乳峯：
「你這慈愛的生命源泉哪，將滋溉奴隸的賤種！」
春花展開解放的紅旗，春草鋪好決戰的綠原，
正好躍馬在沙場，收拾起破碎的河山！
消消心頭的悶氣，喝盡了這杯血酒！
把我們的戰馬撤開，試試大好的身手！
撤開我們的戰馬，從遼河到黑龍江，
從長白山到醫巫閭山，踏開廣大的戰場！
持槍向前衝鋒，豁出來頭顱何用怕——
即使掉了頭顱呵，傷口也不過碗來大！
那富士山的積雪頹崩，是白色統治的象徵；
那燒紅了三島的櫻花，是工農同情的響應。
鑄劍奪回來立山的鐵，雪恥灑盡敵人的血，
把戰馬更往遠撤開，踏遍那骯髒的賊世界！

註：
一、富士山是日本的名山，山巔積雪，終年不消。
二、櫻花繁茂在三島的中部和南部，日本定爲國花。
三、立山是日帝在東三省的鐵礦。

一九三五年三月十七日

《救国时报》第十二期 中华民国二十五年二月十二日 第四版
（1936 年 2 月 12 日 ）

喝干了这杯血酒

——为东北人民革命军作——

海　漫

喝干了这杯血酒，只会清醒不会醉！
深深的灌进心头，记住这辛酸的滋味！
看哪！风景还像当年，依然是旧日的河山；
听呵！遍地的哭声，诉着亡国的哀怨。
三百万方里的中国土地，变成了第二个朝鲜；
东北三千万的人民哪，横套上牛马的锁链！
富人的年会都消沉了，民众的秧歌更冷静，
清明佳节的春郊，也不见游女的踪影！
白发驼背的老妇们，抱着无限的冤屈：
“母亲生的孩子们哪，本来是自由的儿女！”
少女们水冷冷的眼睛，似仇恨着哺儿的乳峰：
“你这慈爱的生命源泉哪，将灌溉奴隶的贱种！”
春花展开解放的红旗，春草铺好决战的绿原，
正好跃马在沙场，收拾起破碎的河山！
消消心头的闷气，喝尽了这杯血酒！
把我们的战马撒开，试试大好的身手！
撒开我们的战马，从辽河到黑龙江，
从长白山到医巫闾山，踏开广大的战场！
持枪向前冲锋，豁出来头颅何用怕——
即使掉了头颅呵，伤口也不过碗来大！
那富士山的积雪颓崩，是白色统治的象征；

那烧红了三岛的樱花，是工农同情的响应。
铸剑夺回来立山的铁，雪耻洒尽敌人的血，
把战马更往远撤开，踏遍那肮脏的贼世界！

注：

一、富士山是日本的名山，山岭积雪，终年不消。

二、樱花繁茂在三岛的中部和南部，日本定为国花。

三、立山是日帝在东三省的铁矿。

一九三五年三月十七日

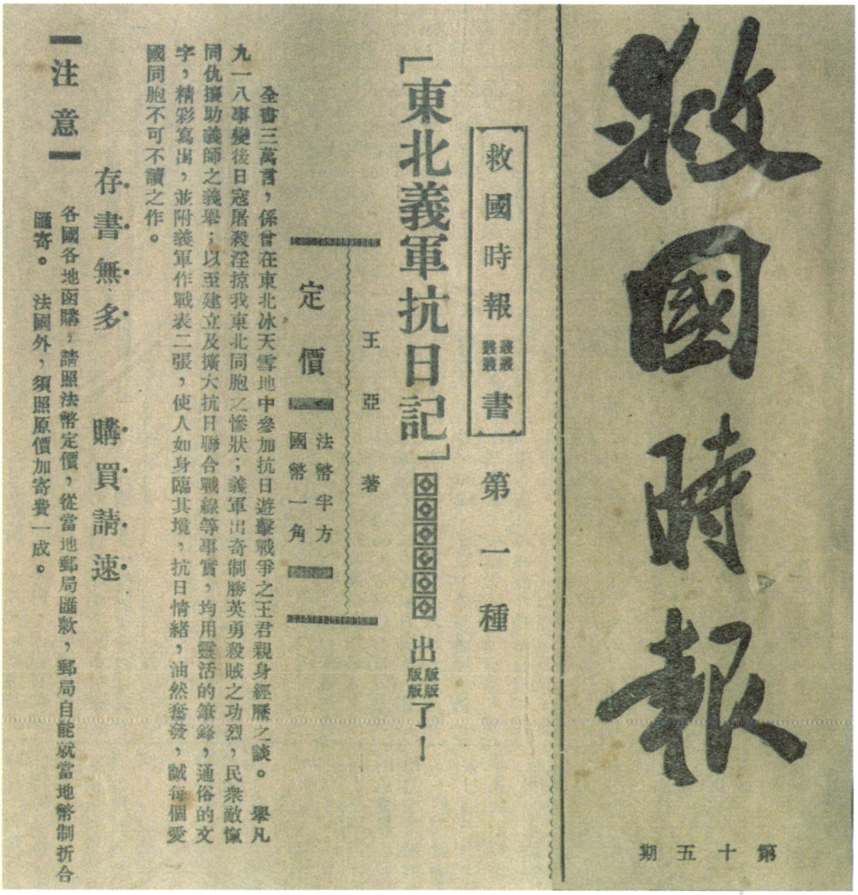

救國時報

第十五期

救國時報叢書 第一種

「東北義軍抗日記」出版了！

王亞 著

定價 法幣半方 國幣一角

全書三萬言，係曾在東北冰天雪地中參加抗日遊擊戰爭之王君親身經歷之談。舉凡九一八事變後日寇屠殺淫掠我東北同胞之慘狀；義軍出奇制勝英勇殺賊之功烈，民衆敵愾同仇擁助義師之義舉；以至建立及擴大抗日聯合戰線等事實，均用靈活的筆錄，通俗的文字，精彩寫出，並附義軍作戰表二張，使人如身臨其境，抗日情緒，油然奮發，誠每個愛國同胞不可不讀之作。

存書無多 購買請速

注意 各國各地函購，請照法幣定價，從當地郵局匯款，郵局自能就當地幣制折合匯寄。法國外，須照原價加寄費一成。

《救国时报》第十五期 中华民国二十五年二月二十九日 第一版

（1936 年 2 月 29 日）

救国时报丛书第一种

《东北义军抗日记》出版了！

王亚　著

定价　法币半方　国币一角

全书三万言，系曾在东北冰天雪地中参加抗日游击战争之王君亲身经历之谈。举凡九一八事变后日寇屠杀淫掠我东北同胞之惨状；义军出奇制胜英勇杀贼之功烈，民众敌忾同仇襄助义师之义举；以至建立及扩大抗日联合战线等事实，均用灵活的笔锋，通俗的文字，精彩写出，并附义军作战表二张，使人如身临其境，抗日情绪，油然奋发，诚每个爱国同胞不可不读之作。

存书无多　购买请速

注　意

各国各地函购，请照法币定价，从当地邮局汇款，邮局自能就当地币制折合汇寄。法国外，须照原价加寄费一成。

義軍四季遊擊歌

（下爲我東北義軍殺賊進行曲，承義軍兄弟投給本報者。 編者）

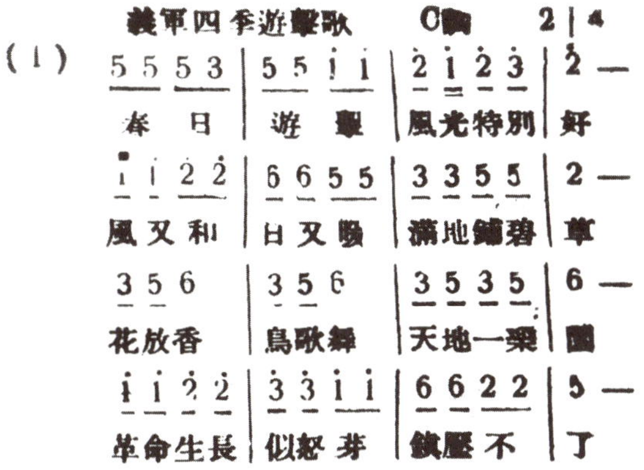

（二）春日遊擊，地利爲我用，路灣滑，河有水，敵人難行動，不貪生，不怕死，爲勇去殺敵，抗日革命的基礎，趁早奠定。

（三）夏日遊擊，草木來相幫，樹葉濃，草深長，到處可隱藏，不要慌，不要忙，瞄準我對象，臨陣殺敵要沈着，才能勝仗。

（四）夏日遊擊，我們不辭勞，日光晒，身出汗，天熱風又少，不怕飢，不怕難，那怕蚊虻咬，革命幸福在將來，誰能煩惱。

（五）秋日遊擊，景物別一天，風淒涼，草萎黃，雁羣飛滇關，咱倚門，父依閭，個個盼兒還，破巢之下無完卵，誓復河山。

（一）秋日遊擊，精神分外爽，打日賊，殺走狗，計策最優良，整化零，零聚整，神出又鬼沒，襲擊夜戰得勝利，四海名揚。

（七）雪地遊擊，不比夏秋間，朔風吹，大雪飛，雪地又冰天，風刺骨，雪打面，手足凍開裂，愛國男兒不怕死，那怕艱難。

（八）雪地遊擊，我們有特長，穿蹋板，扶長杆，不用喂草根，登高嶺，走窪甸，步履比馬快，趕走日本强盜者，功垂霄壤。

《救国时报》第二十一期 中华民国二十五年四月一日 第四版

（1936年4月1日）

义军四季游击歌

（下为我东北义军杀贼进行曲，承义军兄弟投给本报者。编者）

（一）春日游击，风光特别好，风又和，日又暖，满地铺碧草，花放香，鸟歌舞，天地一乐园，革命生长似怒芽，镇压不了。

（二）春日游击，地利为我用，路泞滑，河水冰，敌人难行动，不贪生，不怕死，奋勇去杀敌，抗日革命的基础，趁早奠定。

（三）夏日游击，草木来相帮，树叶浓，草深长，到处可隐藏，不要慌，不要忙，瞄准我对象，临阵杀敌要沉着，才能胜仗。

（四）夏日游击，我们不辞劳，日光晒，身出汗，天热风又少，不怕饥，不怕难，那怕蚊虻咬，革命幸福在将来，谁能烦恼。

（五）秋日游击，景物别一天，风凄凉，草萎黄，雁群飞汉关，母倚门，父依闾，个个盼儿还，破巢之下无完卵，誓复河山。

（六）秋日游击，精神分外爽，打日贼，杀走狗，计策最优良，整化零，零聚整，神出又鬼没，袭击夜战得胜利，四海名扬。

（七）雪地游击，不比夏秋间，朔风吹，大雪飞，雪地又冰天，风刺骨，雪打面，手足冻开裂，爱国男儿不怕死，那怕艰难。

（八）雪地游击，我们有特长，穿蹋板，扶长杆，不用喂草粮，登高岭，走洼甸，步履比马快，赶走日本强盗者，功垂霄壤。

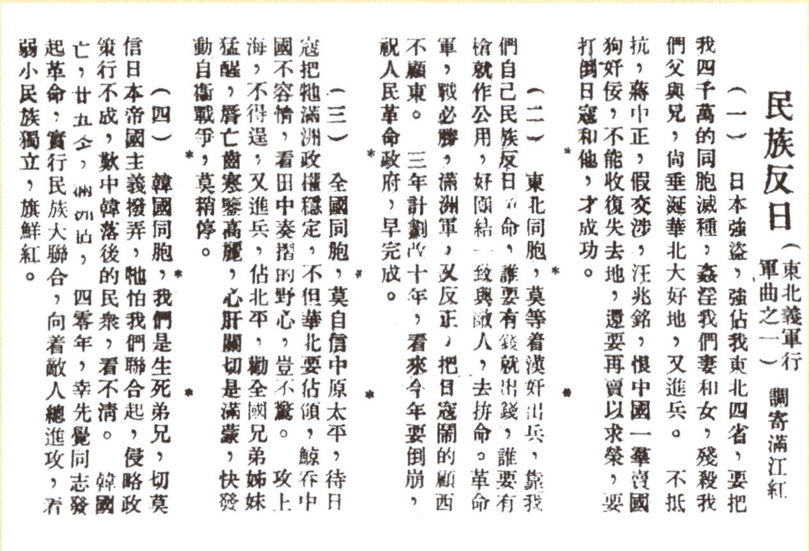

民族反日（東北義軍行軍曲之一） 調寄滿江紅

（一） 日本強盜，強佔我東北四省，要把我四千萬的同胞滅種，姦淫我們妻和女，殘殺我們父與兄，尚垂涎華北大好地，又進兵。 不抵抗，蔣中正，假交涉，汪兆銘，恨中國一羣賣國狗奸佞，不能收復失去地，還要再賣以求榮，要打倒日寇和他，才成功。

（二） 東北同胞，莫等着漢奸出兵，靠我們自己民族反日革命，誰要有槍就作公用，好團結一致與敵人，去拚命。革命軍，戰必勝，滿洲軍，又反正，把日寇鬧的顧西不顧東。 三年計劃改十年，看來今年要倒崩，祝人民革命政府，早完成。

（三） 全國同胞，莫自信中原太平，待日寇把牠滿洲政權穩定，不但華北要佔領，鯨吞中國不容情，看田中奏摺的野心，豈不驚。 攻上海，不得逞，又進兵，佔北平，勸全國兄弟姊妹猛醒，脣亡齒寒鑒高麗，心肝關切是滿蒙，快發動自衛戰爭，莫稍停。

（四） 韓國同胞，我們是生死弟兄，切莫信日本帝國主義撥弄，牠怕我們聯合起，侵略政策行不成，數中韓落後的民衆，看不清。 韓國亡，廿五年，滿洲亡，四零年，幸先覺同志發起革命，實行民族大聯合，向着敵人總進攻，看弱小民族獨立，旗鮮紅。

《救国时报》第二十二期 中华民国二十五年四月五日 第四版

（1936年4月5日）

民族反日

（东北义军行军曲之一）

调寄满江红

（一）日本强盗，强占我东北四省，要把我四千万的同胞灭种，奸淫我们妻和女，残杀我们父与兄，尚垂涎华北大好地，又进兵。不抵抗，蒋中正，假交涉，汪兆铭，恨中国一群卖国狗奸佞，不能收复失去地，还要再卖以求荣，要打倒日寇和他，才成功。

（二）东北同胞，莫等着汉奸出兵，靠我们自己民族反日革命，谁要有钱就出钱，谁要有枪就作公用，好团结一致与敌人，去拼命。革命军，战必胜，满洲军，又反正，把日寇闹的顾西不顾东。三年计划改十年，看来今年要倒崩，祝人民革命政府，早完成。

（三）全国同胞，莫自信中原太平，待日寇把它满洲政权稳定，不但华北要占领，鲸吞中国不容情，看田中奏折的野心，岂不惊。攻上海，不得逞，又进兵，占北平，劝全国兄弟姊妹猛醒，唇亡齿寒鉴高丽，心肝关切是满蒙，快发动自卫战争，莫稍停。

（四）韩国同胞，我们是生死弟兄，切莫信日本帝国主义拨弄，它怕我们联合起，侵略政策行不成，欺中韩落后的民众，看不清。韩国亡，廿五冬，满洲占，四零年，幸先觉同志发起革命，实行民族大联合，向着敌人总进攻，看弱小民族独立，旗鲜红。

統一戰線歌

陳湘 作歌
德國H. Eisler 製樂

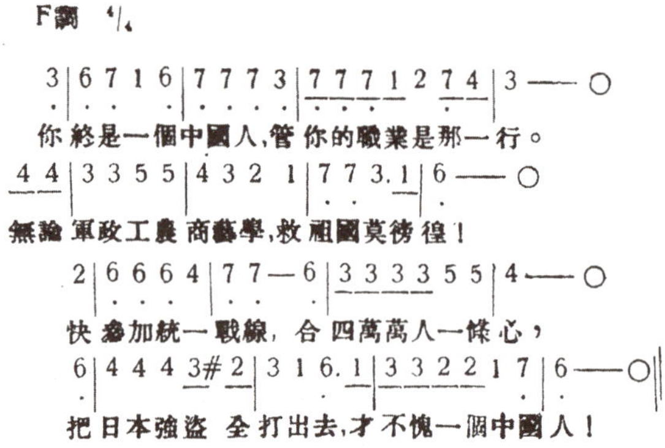

（一）

你終是一個中國人，
管你的職業是那一行。

復旦學生救國會宣傳漫畫

無論軍政工農商藝學，
救祖國，莫徬徨！

（尾歌）

快參加統一戰線，
合四萬萬人一條心，
把日本強盜全打出去，
才不愧一個中國人！

（二）

你終是一個中國人，
管你的政黨是那一派。

無論國與共，民族同盟，
救祖國，莫徘徊！
（尾煞同）

（三）

你終是一個中國人，
管你的軍隊是那一支。
無論軍師旅團營連排，
救祖國，莫延遲！
（尾煞同）

（四）

你終是一個中國人，
管你的信仰是那一教。
無論基督，清真，孔，老，佛，
救祖國，莫逍遙！
（尾煞同）

（五）

你終是一個中國人，
管你的民族是那一系。
無論漢滿蒙回藏黎苗，
救祖國，莫猶疑！
（尾煞同）

（六）

你終是一個中國人，
管你還僑居在那一方。
無論南洋，美洲，歐與亞，
救祖國，莫倘佯！
（尾煞同）

《救国时报》第三十二期 中华民国二十五年五月三十日 第四版
（1936 年 5 月 30 日）

统一战线歌

陈　湘　作歌

德国 H. Eisler 制乐

（一）

你终是一个中国人，管你的职业是那一行。

无论军政工农商艺学，

救祖国，莫彷徨！

（尾煞）

快参加统一战线，

合四万万人一条心，把日本强盗全打出去，

才不愧一个中国人！

（二）

你终是一个中国人，管你的政党是那一派。

无论国与共，民族同盟，

救祖国，莫徘徊！

（尾煞同）

（三）

你终是一个中国人，管你的军队是那一支。

无论军师旅团营连排，

救祖国，莫延迟！

（尾煞同）

（四）

你终是一个中国人，管你的信仰是那一教。
无论基督，清真，孔，老，佛，
救祖国，莫逍遥！
（尾煞同）

（五）

你终是一个中国人，管你的民族是那一系。
无论汉满蒙回藏黎苗，救祖国，莫犹疑！
（尾煞同）

（六）

你终是一个中国人，管你还侨居在那一方。
无论南洋，美洲，欧与亚，
救祖国，莫徜徉！
（尾煞同）

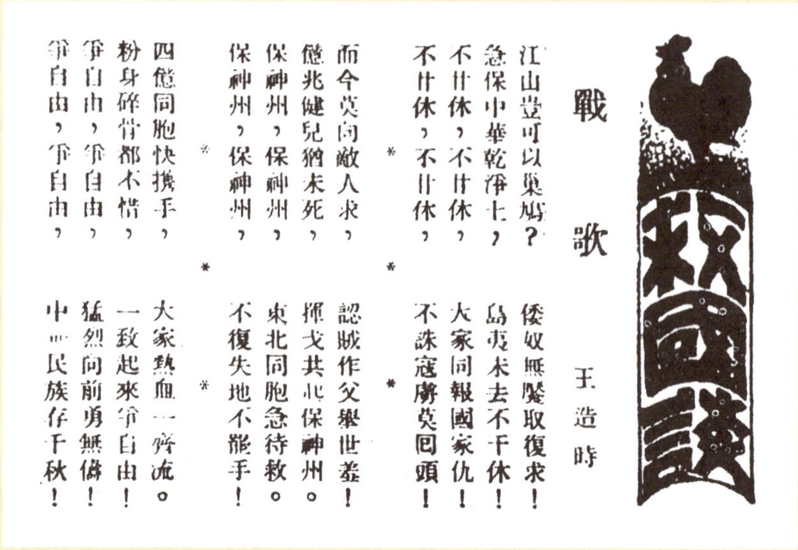

戰歌

王造時

江山豈可以巢鳩？倭奴無饜取復求！
急保中華乾淨土，島夷未去不甘休！
不甘休，不甘休，大家同報國家仇！
不甘休，不甘休，不誅寇虜莫回頭！

＊ ＊ ＊

而今莫向敵人求，認賊作父舉世羞！
億兆健兒猶未死，揮戈共北保神州。
保神州，保神州，東北同胞急待救。
保神州，保神州，不復失地不能手！

＊ ＊ ＊

四億同胞快攜手，大家熱血一齊流。
粉身碎骨都不惜，一致起來爭自由！
爭自由，爭自由，猛烈向前勇無儔！
爭自由，爭自由，中華民族存千秋！

《救国时报》第三十五期 中华民国二十五年六月十日 第四版
（1936 年 6 月 10 日）

战 歌

王造时

江山岂可以巢鸠？倭奴无厌取复求！
急保中华干净土，岛夷未去不甘休！

不甘休，不甘休，大家同报国家仇！
不甘休，不甘休，不诛寇虏莫回头！

而今莫向敌人求，认贼作父举世羞！
亿兆健儿犹未死，挥戈共起保神州。

保神州，保神州，东北同胞急待救。
保神州，保神州，不复失地不罢手！

四亿同胞快携手，大家热血一齐流。
粉身碎骨都不惜，一致起来争自由！

争自由，争自由，猛烈向前勇无俦！
争自由，争自由，中华民族存千秋！

救國

大衆說書

李紅光女英雄

周游 譯

（轉載生活教育第七期）

清明節前雪剛停，
手拿着唱本滿街行。
尊一聲南來北往的過路客，
住脚兒停車仔細聽。
開言不把閒文來唱，
單唱那東洋鬼子佔關東。
四年前佔了幾千里，
如今又要北京城。
洋槍大炮來得猛，
快馬兵車一陣風。

中國的衙門心害怕，
戰戰兢兢，低聲下氣滿口兒應。
嘆只嘆遭殃的全是老百姓，
受罪挨餓不敢哼。
關東的老百姓沒法子忍，
想一想，再忍也是活不成。
還不如，大夥兒齊心拚了罷，
一百個打他一個東洋兵。
抗日聯軍把旗子立，
人人呼弟又呼兄。
大隊人馬有幾萬，
東洋兵見了腦袋疼。
內中有個女司令，
她是個能征慣戰的女英雄。
李紅光，三個字兒叫得響，
快槍白馬八面威風。
帶領兵丁一千個，
人人似虎又如龍。
前一年，李將軍兵打東興縣，
兄弟只有八十名。

東興本在日寇手，
守的是銅牆鐵壁一般同。
鴨綠江到東興縣，
百來里，紮兵一層又一層。
鴨綠江，水上的巡船日夜有，
巡江放哨守住敵兵。
李將軍又從長春朝南走，
半夜包抄圍了東興。
兄弟們人馬安頓好，
一聲令下往前衝。
東洋兵，本來不願離鄉土，
奉差遣，沒法子才飄洋來戰爭。
誰也不願意來打仗，
皆因是，長官的命令不敢不聽。
李將軍，不怕機槍和大礮，
手拿着大刀往前攻。
嚇得日本人連忙跑，
當天戰馬到東興。
日本兵營的槍和礮，
全部落到咱手中。
告示安民別害怕，
義勇軍，打退東洋才太平。

百姓全明白這個理，
送茶送飯到兵營。
還有年輕的精壯漢，
立刻加入義勇軍。
十七八大姐聽見李司令，
想一想，全是爺娘父母生。
人家帶兵打日本，
英名傳遍在關東。
我們爲啥房中坐，
立時也到李將軍帳下報花名。
男女兵丁添了不少，
合力同心建大功。
一同打起了新旗子，
「人民革命」寫得清。
不但要把東洋打，
賣國的狗官兒也不能留情。

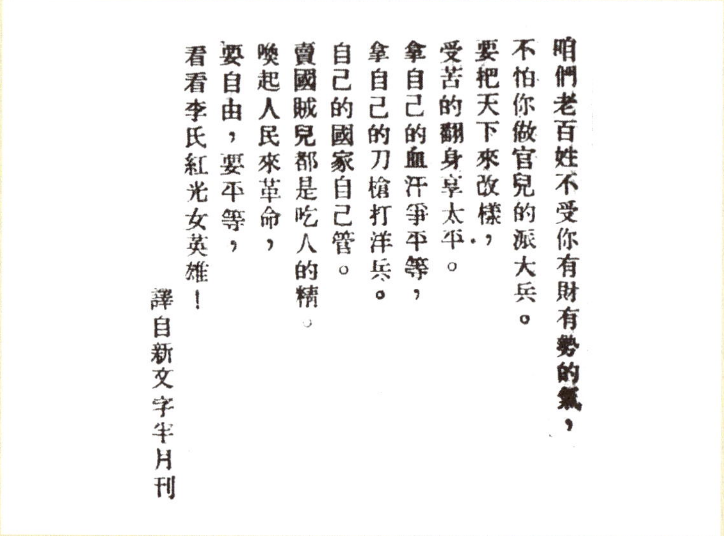
咱們老百姓不受你有財有勢的氣，
不怕你做官兒的派大兵。
要把天下來改樣，
受苦的翻身享太平。
拿自己的血汗爭平等，
拿自己的刀槍打洋兵。
自己的國家自己管。
賣國賊兒都是吃人的精。
喚起人民來革命，
要自由，要平等，
看看李氏紅光女英雄！
譯自新文字半月刊

《救国时报》第四十三期 中华民国二十五年七月十六日 第四版
（1936年7月16日）

李红光女英雄

周游 译

（转载《生活教育》第七期）

清明节前雪刚停，
手拿着唱本满街行。
尊一声南来北往的过路客，
住脚儿停车仔细听。
开言不把闲文来唱，

单唱那东洋鬼子占关东。
四年前占了几千里，
如今又要北京城。
洋枪大炮来得猛，
快马兵车一阵风。
中国的衙门心害怕，
战兢兢，低声下气满口儿应。
叹只叹遭殃的全是老百姓，
受罪挨饿不敢哼。
关东的老百姓没法子忍，
想一想，再忍也是活不成。
还不如，大伙儿齐心拼了罢，
一百个打他一个东洋兵。
抗日联军把旗子立，
人人呼弟又呼兄。
大队人马有几万，
东洋兵见了脑袋疼。
内中有个女司令，
她是个能征惯战的女英雄。
李红光，三个字儿叫得响，
快枪白马八面威风。
带领兵丁一千个，
人人似虎又如龙。
前一年，李将军兵打东兴县，
兄弟只有八十名。
东兴本在日寇手，

守的是铜墙铁壁一般同。
鸭绿江到东兴县，
百来里，扎兵一层又一层。
鸭绿江，水上的巡船日夜有，
巡江放哨守住敌兵。
李将军又从长春朝南走，
半夜包抄围了东兴。
兄弟们人马安顿好，
一声令下往前冲。
东洋兵，本来不愿离乡土，
奉差遣，没法子才飘洋来战争。
谁也不愿意来打仗，
皆因是，长官的命令不敢不听。
李将军，不怕机枪和大炮，
手拿着大刀往前攻。
吓得日本人连忙跑，
当天战马到东兴。
日本兵营的枪和炮，
全部落到咱手中。
告示安民别害怕，
义勇军，打退东洋才太平。
百姓全明白这个理，
送茶送饭到兵营。
还有年轻的精壮汉，
立刻加入义勇军。
十七八大姐瞧见李司令，

想一想，全是爷娘父母生。
人家带兵打日本，
英名传遍在关东。
我们为啥房中坐，
立时也到李将军帐下报花名。
男女兵丁添了不少，
合力同心建大功。
一同打起了新旗子，
“人民革命”写得清。
不但要把东洋打，
卖国的狗官儿也不能留情。
咱们老百姓不受你有财有势的气，
不怕你做官儿的派大兵。
要把天下来改样，
受苦的翻身享太平。
拿自己的血汗争平等，
拿自己的刀枪打洋兵。
自己的国家自己管。
卖国贼儿都是吃人的精。
唤起人民来革命，
要自由，要平等，
看看李氏红光女英雄！

译自《新文字》半月刊

救國叢書

「東北抗日聯軍第四軍」（孫杰著）出版了！

——定價國幣一毛 法幣五十生丁——

全書六萬餘言，有第四軍李延祿司令等幹部及四軍軍事演習插圖十餘幅，乃在四軍中抗日多年的孫君親身經驗之著作。以通俗文字，生動筆法，不僅描寫幾年來四軍英勇抗日之戰跡，而且詳細敘述四軍抗日之艱難奮鬥的境況、尤其重要的是四軍乃各黨派、各軍隊聯合戰線的具體結晶，孫君均有詳細之說明。不僅爲關心東北義軍抗日戰者所必讀，而且爲關心抗日聯合戰線者所不可不讀。存書無多，購者請速。

關心東北義軍抗日戰者

關心抗日聯合戰線者

〇〇〇〇〇〇〇〇〇〇
〇不 可 不 讀〇
〇〇〇〇〇〇〇〇〇〇

《救国时报》第五十八期 民国二十五年九月三十日 第四版

（1936年9月30日）

救国丛书

《东北抗日联军第四军》（孙杰[1]著）出版了！

——定价国币一毛　法币五十生丁——

关心东北义军抗日战者
关心抗日联合战线者
不　可　不　读

全书六万余言，有第四军李延禄司令等干部及四军军事演习插图十余幅，乃在四军中抗日多年的孙君亲身经历之著作。以通俗文字，生动笔法，不仅描写历年来四军英勇抗日之战绩，而且详细叙述四军抗日之艰难奋斗的境况、尤其重要的是四军乃各党派、各军队联合战线的具体结晶，孙君均有详细之说明。不仅为关心东北义军抗日战者所必读，而且为关心抗日联合战线者所不可不读。存书无多，购者请速。

① 即陈潭秋。

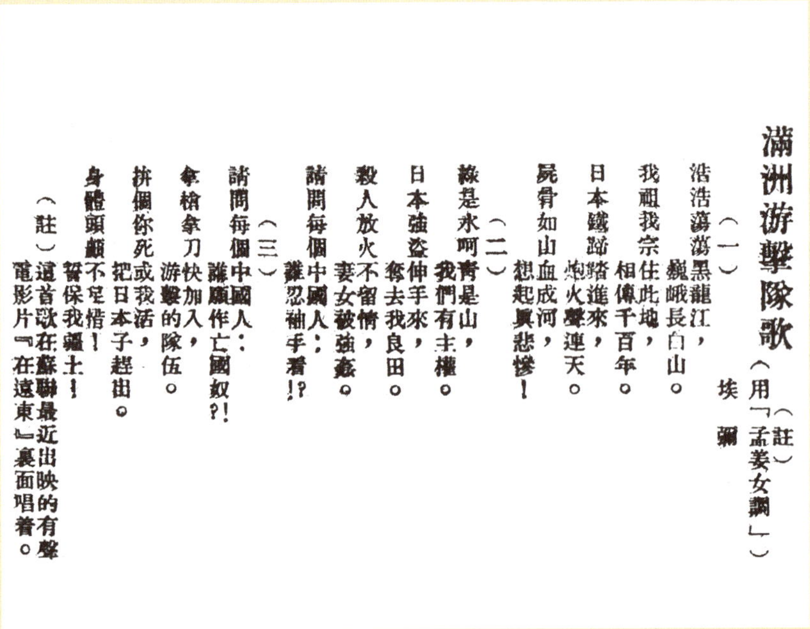

滿洲游擊隊歌（註）（用「孟姜女調」）

埃彌

（一）

浩浩蕩蕩黑龍江，巍峨長白山。

我祖我宗住此地，相傳千百年。

日本鐵蹄踏進來，炮火聲連天。

屍骨如山血成河，想起眞悲慘！

（二）

綠是水呵青是山，我們有主權。

日本強盜伸手來，奪去我良田。

殺人放火不留情，妻女被強姦。

請問每個中國人：誰忍袖手看!?

（三）

請問每個中國人：誰願作亡國奴?!

拿槍拿刀快加入，游擊的隊伍。

拚個你死或我活，把日本子趕出。

身體頭顱不足惜！誓保我疆土！

（註）這首歌在蘇聯最近出映的有聲電影片『在遠東』裏面唱着。

《救国时报》第一二六期　中华民国二十六年九月三十日　第四版

（1937年9月30日）

满洲游击队歌（注）

（用《孟姜女调》）

埃　弥

（一）

浩浩荡荡黑龙江，巍峨长白山。

我祖我宗住此地，相传千百年。

日本铁蹄踏进来，炮火声连天。
尸骨如山血成河，想起真悲惨！

（二）

绿是水呵青是山，我们有主权。
日本强盗伸手来，夺去我良田。
杀人放火不留情，妻女被强奸。
请问每个中国人：谁忍袖手看？！

（三）

请问每个中国人：谁愿作亡国奴？！
拿枪拿刀快加入，游击的队伍。
拼个你死或我活，把日本子赶出。
身体头颅不足惜！誓保我疆土！

（注）这首歌在苏联最近出映的有声电影片《在远东》里面唱着。

介紹救國時報叢書

本報爲灌輸救國智識，擴大救國宣傳起見，特編印救國叢書。該叢書選材精當，內容富豐，定價低廉，洵爲從事救國運動者不可不讀。凡我愛國同胞，皆宜人手一篇。茲將各叢書介紹於後：

第一種　東北義軍抗日記（王亞著）

定價　法幣半方　國幣一角

全書三萬餘言，係曾在東北冰天雪地中參加抗日游擊戰爭之王君親身經歷之談。舉凡九一八事變後日寇屠殺淫掠我東北同胞之慘狀，義軍出奇制勝英勇殺賊之功績，民衆敵愾同仇襄助義師之義舉，以至建立及擴大抗日聯合戰線等事實，均用靈活的筆鋒，通俗的文字，精彩寫出，並附義軍作戰表二張，使人如身臨其境，抗日情緒，油然奮發，誠每個愛國同胞不可不讀之作，業已出版。

第二種　抗日救國文選（一二兩集）

每集定價　法幣一方半　國幣三角

「抗日救國文選」係就年來散見于各報章雜誌之討論救國問題之文字及學生運動速寫與各方關於抗日救國主張之重要文件編成。搜羅完備，便利參考。而選擇謹嚴，可以作國文選集讀，可以作新聞政論讀，可以作救國方略讀。每集全書各八萬餘言，業已出版。

第三種　東北殉國烈士傳

定價　法幣一方　國幣二角

「東北殉國烈士傳」係就自「九一八」事變以來，我東省及熱河長城諸抗日烈士之殉國事跡著爲傳記，或一人一傳，或數人合傳，敍述每人事略，皆栩栩如生。全書執筆者十餘人，文筆生動，記載翔實，且得來材料，皆異常寶貴，讀之不但令人可歌可泣，並且由此可以了解年來國難日深之經過及我民族當前之出路究在何處，足資警惕策礪，喚醒國人。全書共七萬餘言，業已出版。

第四種　關於布勒斯特和約

教訓底論戰

定價　法幣半方　國幣一角

日寇侵略，亡國無日，民族出路問題，是每個中國人心坎中最高的問題，所以自丁文江先生在天津大公報發表「布勒斯特和約的教訓」提出「到堪察加去」的口號後，全國議論紛紛，各抒所見，參加論戰者有國內名流如馬相伯、胡適之、徐公達等先生，有學生及各界人士，還有中國共產黨領袖王明康生二先生之言論，珠琅滿目，蔚然大觀，本報彙集成册，使讀者得窺全豹，誠一切關心民族出路者必讀之書，業已出版。

第五種 **東北抗日聯軍第四軍**

（孫杰著）

定價 法幣半方 國幣一角

全書六萬餘言，有第四軍李延祿司令等幹部及四軍軍事演習插圖十餘幅，乃在四軍中抗日多年的孫君親身經歷之著作。以通俗文字，生動筆法，不僅描寫歷年來四軍英勇抗日之戰績，而且詳細敘述四軍抗日之艱難奮鬥的境況，尤其重要的是四軍乃各黨派各軍隊聯合戰線的具體結晶，孫君均有詳細之說明。　不僅為關心東北義軍抗日戰者所必讀，而且為關心抗日聯合戰線者所不可不讀，業已出版。

第六種 **學生救國運動**

自一九三五年十二九日北平學生界英勇地打起抗日戰鼓，而各地同學紛起響應以來之宣言，傳單，信札，文件，論文，搜集完備，這可說是中華民族抗日史中光榮的第一頁，分上下兩册十餘萬言，業已出版。

×××

本報同人為介紹世界政治經濟知識，各國進步思想，特別是關於中國抗日圖存的正確論著起見，特由各地採辦若干中文書籍，有翻譯，有著作，文筆通暢，內容豐富，裝訂完美，定價低廉，海內外同胞光顧，無任歡迎。茲錄書目於後：

一、民族英雄方志敏
二、論反帝統一戰線問題——陳紹禹（王明）著。
三、中國現狀與中共任務　王明、康生著
四、抗日救國政策　陳紹禹（王明）著
五、隨軍西行見聞錄　廉臣著
六、斯大林（譯錄）　巴比賽著
七、斯大林與威爾斯德底談話
八、紀念恩格斯　愛芬意斯基著
九、論統一戰線　季米特洛夫著
十、七年來的共產國際　皮　克著。
十一、青年運動與反法西斯主義和反戰爭危險的鬥爭　顧西寧著

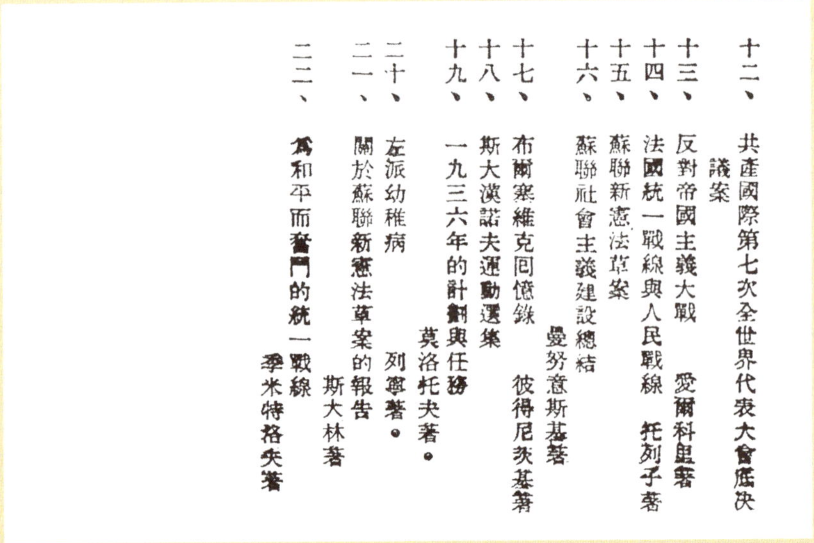
十二、共產國際第七次全世界代表大會底決議案
十三、反對帝國主義大戰　愛爾科里著
十四、法國統一戰線與人民戰線　托列子著
十五、蘇聯新憲法草案
十六、蘇聯社會主義建設總結　曼努意斯基著
十七、布爾塞維克回憶錄　彼得尼茨基著
十八、斯大漢諾夫運動選集
十九、一九三六年的計劃與任務　莫洛托夫著。
二十、左派幼稚病　列寧著。
二一、關於蘇聯新憲法草案的報告　斯大林著
二二、爲和平而奮鬥的統一戰線　季米特洛夫著

《救国时报》第七十五—七十六期 中华民国二十六年一月八日 第八版
（1937 年 1 月 8 日）

介绍救国时报丛书

本报为灌输救国智识，扩大救国宣传起见，特编印救国丛书。该丛书选材精当，内容富丰，定价低廉，洵为从事救国运动者不可不读。凡我爱国同胞，皆宜人手一篇。兹将各丛书介绍于后：

第一种　东北义军抗日记（王亚　著）

定价　法币半方　国币一角

全书三万余言，系曾在东北冰天雪地中参加抗日游击战争之王君亲身经历之谈。举凡九一八事变后日寇屠杀淫掠我

东北同胞之惨状，义军出奇制胜英勇杀贼之功绩，民众敌忾同仇襄助义师之义举，以至建立及扩大抗日联合战线等事实，均用灵活的笔锋，通俗的文字，精彩写出，并附义军作战表二张，使人如身临其境，抗日情绪，油然奋发，诚每个爱国同胞不可不读之作，业已出版。

第二种　抗日救国文选（一二两集）

每集定价　法币一方半　国币三角

《抗日救国文选》系就年来散见于各报章杂志之讨论救国问题之文字及学生运动速写与各方关于抗日救国主张之重要文件编成。搜罗完备，便利参考。而选择谨严，可以作国文选集读，可以作新闻政论读，可以作救国方略读。每集全书各八万余言，业已出版。

第三种　东北殉国烈士传

定价　法币一方　国币二角

《东北殉国烈士传》系就自“九一八”事变以来，我东省及热河长城诸抗日烈士之殉国事迹著为传记，或一人一传，或数人合传，叙述每人事略，皆栩栩如生。全书执笔者十余人，文笔生动，记载翔实，且得来材料，皆异常宝贵，读之不但令人可歌可泣，并且由此可以了解年来国难日深之经过及我民族当前之出路究在何处，足资警惕策砺，唤醒国人。全书共七万余言，业已出版。

第四种　关于布勒斯特和约教训底论战

定价　法币半方　国币一角

日寇侵略，亡国无日，民族出路问题，是每个中国人心坎中最高的问题，所以自丁文江先生在天津大公报发表《布勒斯特和约的教训》提出“到堪察加去”的口号后，全国议论纷纷，各抒所见，参加论战者有国内名流如马相伯、胡适之、徐公达等先生，有学生及各界人士，还有中国共产党领袖王明康生二先生之言论，珠琅满目，蔚然大观，本报汇集成册，使读者得窥全豹，诚一切关心民族出路者必读之书，业已出版。

第五种　东北抗日联军第四军（孙杰　著）

定价　法币半方　国币一角

全书六万余言，有第四军李延禄司令等干部及四军军事演习插图十余幅，乃在四军中抗日多年的孙君亲身经历之著作。以通俗文字，生动笔法，不仅描写历年来四军英勇抗日之战绩，而且详细叙述四军抗日之艰难奋斗的境况，尤其重要的是四军乃各党派各军队联合战线的具体结晶，孙君均有详细之说明。不仅为关心东北义军抗日战者所必读，而且为关心抗日联合战线者所不可不读，业已出版。

第六种　学生救国运动

自一九三五年十二月九日北平学生界英勇地打起抗日战鼓，而各地同学纷起响应以来之宣言，传单，信札，文件，论文，搜集完备，这可说中国民众抗日史中光荣的第一页，这可说是中华民族抗日图存方略的讨论集，分上下两册十余万言，业已出版。

本报同人为介绍世界政治经济知识，各国进步思想，特别是关于中国抗日图存的正确论著起见，特由各地采办若干中文书籍，有翻译，有著作，文笔通畅，内容丰富，装订完美，定价低廉，海内外同胞光顾，无任欢迎。兹录书目于后：

一、民族英雄方志敏

二、论反帝统一战线问题——陈绍禹（王明）著

三、中国现状与中共任务　王明、康生著

四、抗日救国政策　陈绍禹（王明）著

五、随军西行见闻录　廉臣[1]著

六、斯大林（择译）　巴比赛著

七、斯大林与霍尔瓦德底谈话

八、纪念恩格斯　曼努意斯基著

九、论统一战线　季米特洛夫著

十、七年来的共产国际　皮克著

十一、青年运动与反法西斯主义和反战争危险的斗争　顾西宁著

十二、共产国际第七次全世界代表大会底决议案

十三、反对帝国主义大战　爱尔科里著

十四、法国统一战线与人民战线　托列子著

十五、苏联新宪法草案

十六、苏联社会主义建设总结　曼努意斯基著

十七、布尔塞维克回忆录　彼得尼茨基著

十八、斯大汉诺夫运动选集

十九、一九三六年的计划与任务　莫洛托夫著

二十、左派幼稚病　列宁著

二一、关于苏联新宪法草案的报告　斯大林著

二二、为和平而奋斗的统一战线　季米特洛夫著

① 即陈云。

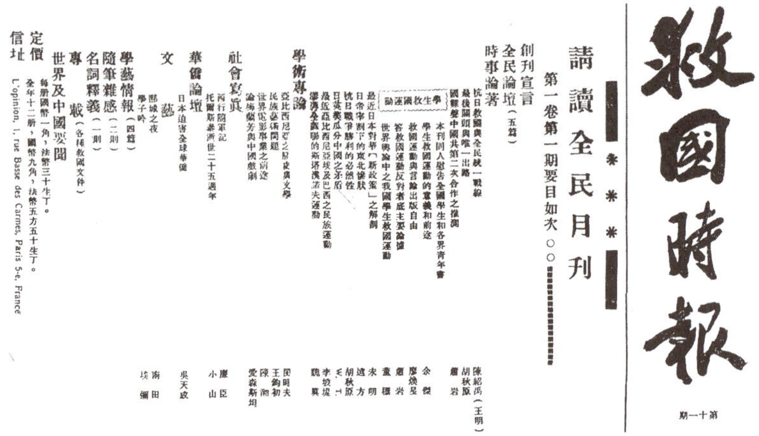
救國時報
第十一期

請讀全民月刊
第一卷第一期要目如次○○

創刊宣言
全民論壇（五篇）
時事論著
抗日救國與全民統一戰線　陳紹禹（王明）
最後關頭與唯一出路　胡秋原
國難與中國共第二次合作之推測　蕭岩
本刊同人敬告全國學生和各界青年書
學生救國運動
學生救國運動的意義和前途　余傑
救國運動與言論出版自由　廖煥星
答救國運動反對者底主要論據　蕭岩
世界輿論中之我國學生救國運動　董標
最近日本對華「新政策」之解剖　未明
日帝宰割下的東北慘狀　遠方
抗日戰爭勝利的必然性　胡秋原
日英美瓜分中國之矛盾　丁
最近亞比西尼亞埃及巴西之民族運動　李坡坡
蘇聯全蘇聯的斯塔漢諾夫運動　魏冀
學術專論
亞比西尼亞之歷史與文學　閔時夫
民族藝術問題　王鈞初
世界電影事業之前途　陳湘
論梅蘭芳與中國戲劇　愛森斯坦
社會寫真
西行隨軍記　廉臣
托爾斯泰逝世二十五週年　小山
華僑論壇
日本迫害全球華僑　吳天蔵
文藝
鄙城之夜　南田
學子吟　埃彌
學藝情報（四篇）
隨筆雜感（二則）
名詞釋義（一則）
專載（各種救國文件）
世界及中國要聞
定價　每册國幣一角，法幣三十生丁。全年十二册，國幣九角，法幣五方五十生丁。
信址　L'opinion, 1, rue Basse des Carmes, Paris 5-e, France

《救国时报》第十一期 中华民国二十五年二月四日 第一版
（1936 年 2 月 4 日）载廉臣《西行随军记》

《进攻》 胡其藻
《救国时报》第一一四期 中华民国二十六年七月三十一日 第四版
（1937 年 7 月 31 日）

杨定华、廉臣向《救国时报》捐赠图书版权启事

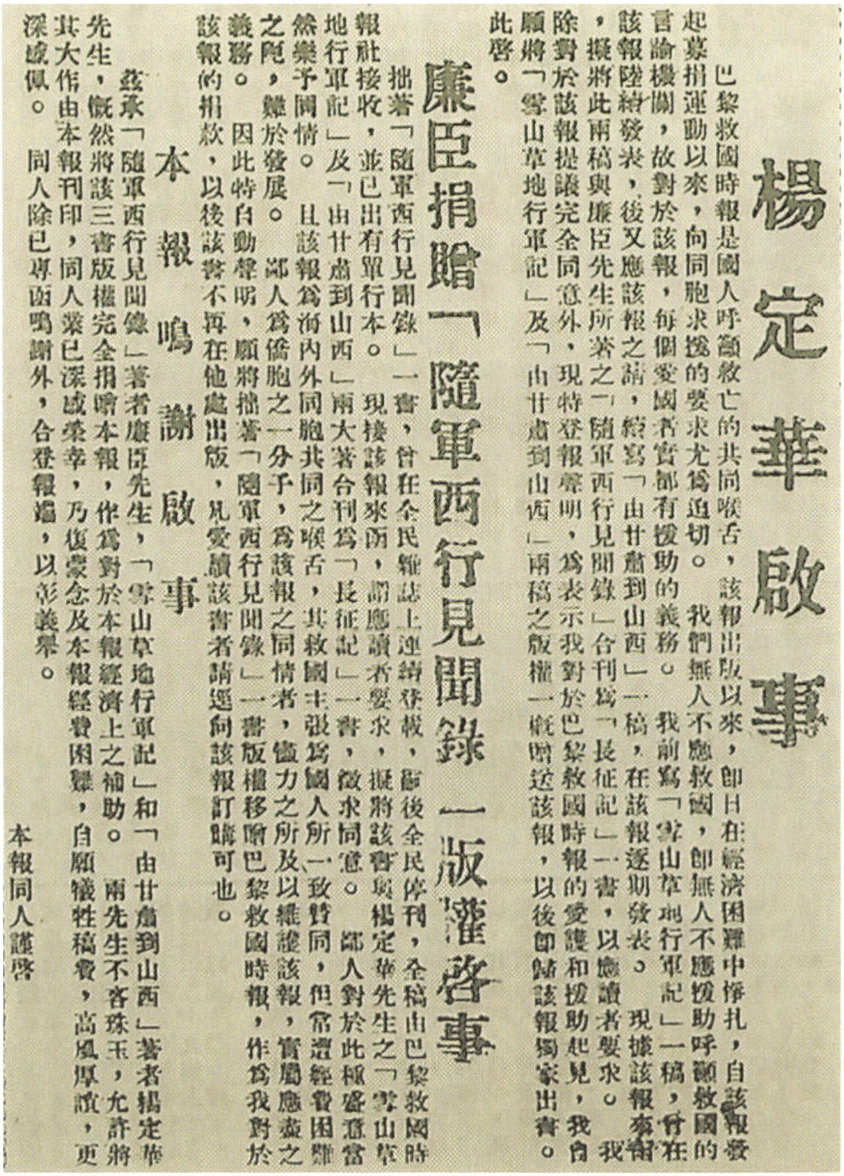

楊定華啓事

巴黎救國時報是國人呼籲救亡的共同喉舌，該報出版以來，卽日在經濟困難中掙扎，自該報發起募捐運動以來，向同胞求援的要求尤爲迫切。我們無人不應救國，卽無人不應援助呼籲救國的言論機關，故對於該報，每個愛國者實都有援助的義務。我前寫「雪山草地行軍記」一稿，曾在該報陸續發表，後又應該報之請，續寫「由甘肅到山西」一稿，在該報逐期發表。現據該報來函，擬將此兩稿與廉臣先生所著之「隨軍西行見聞錄」合刊爲「長征記」一書，以應讀者要求。我除對於該報提議完全同意外，現特登報聲明，爲表示我對於巴黎救國時報的愛護和援助起見，我自願將「雪山草地行軍記」及「由甘肅到山西」兩稿之版權一概贈送該報，以後卽歸該報獨家出書。此啓。

廉臣捐贈「隨軍西行見聞錄」版權啓事

拙著「隨軍西行見聞錄」一書，曾在全民雜誌上連續登載，嗣後全民停刊，全稿由巴黎救國時報社接收，並已出有單行本。現接該報來函，謂應讀者要求，擬將該書與楊定華先生之「雪山草地行軍記」及「由甘肅到山西」兩大著合刊爲「長征記」一書，徵求同意。鄙人對於此極盛意當然樂予同情。且該報爲海內外同胞共同之喉舌，其救國主張爲國人所一致贊同，但常遭經費困難之阨，難於發展。鄙人爲僑胞之一分子，爲該報之同情者，儘力之所及以維護該報，實屬應盡之義務。因此特自動聲明，願將拙著「隨軍西行見聞錄」一書版權移贈巴黎救國時報，作爲我對於該報的捐款，以後該書不再在他處出版，凡愛讀該書者請逕向該報訂購可也。

本報鳴謝啓事

茲承「隨軍西行見聞錄」著者廉臣先生，「雪山草地行軍記」和「由甘肅到山西」著者楊定華先生，慨然將該三書版權完全捐贈本報，作爲對於本報經濟上之補助。兩先生不吝珠玉，允許將其大作由本報刊印，同人業已深感榮幸，乃復垂念及本報經費困難，自願犧牲稿費，高風厚誼，更深感佩。同人除已專函鳴謝外，合登報端，以彰義舉。

本報同人謹啓

《救国时报》第一一四期 中华民国二十六年七月三十一日 第四版

（1937 年 7 月 31 日）

杨定华[1]启事

巴黎救国时报是国人呼吁救亡的共同喉舌，该报出版以来，即日在经济困难中挣扎，自该报发起募捐运动以来，向同胞求援的要求尤为迫切。我们无人不应救国，即无人不应援助呼吁救国的言论机关，故对于该报，每个爱国者实都有援助的义务。我前写《雪山草地行军记》一稿，曾在该报陆续发表，后又应该报之请，续写《由甘肃到山西》一稿，在该报逐期发表。现据该报来函，拟将此两稿与廉臣先生所著之《随军西行见闻录》合刊为《长征记》一书，以应读者要求。我除对于该报提议完全同意外，现特登报声明，为表示我对于巴黎救国时报的爱护和援助起见，我自愿将《雪山草地行军记》及《由甘肃到山西》两稿之版权一概赠送该报，以后即归该报独家出书。此启。

廉臣捐赠《随军西行见闻录》版权启事

拙著《随军西行见闻录》一书，曾在全民杂志上连续登载，嗣后全民停刊，全稿由巴黎救国时报社接收，并已出有单行本。现接该报来函，谓应读者要求，拟将该书与杨定华先生之《雪山草地行军记》及《由甘肃到山西》两大著合刊

[1] 即邓发。

为《长征记》一书，征求同意。鄙人对于此种盛意当然乐予同情。且该报为海内外同胞共同之喉舌，其救国主张为国人所一致赞同，但常遭经费困难之厄，难于发展。鄙人为侨胞之一分子，为该报之同情者，尽力之所及以维护该报，实属应尽之义务。因此特自动声明，愿将拙著《随军西行见闻录》一书版权移赠巴黎救国时报，作为我对于该报的捐款，以后该书不再在他处出版，凡爱读该书者请径向该报订购可也。

本报鸣谢启事

兹承《随军西行见闻录》著者廉臣先生，《雪山草地行军记》和《由甘肃到山西》著者杨定华先生，慨然将该三书版权完全捐赠本报，作为对于本报经济上之补助。两先生不吝珠玉，允许将其大作由本报刊印，同人业已深感荣幸，乃复蒙念及本报经费困难，自愿牺牲稿费，高风厚谊，更深感佩。同人除已专函鸣谢外，合登报端，以彰义举。

本报同人谨启

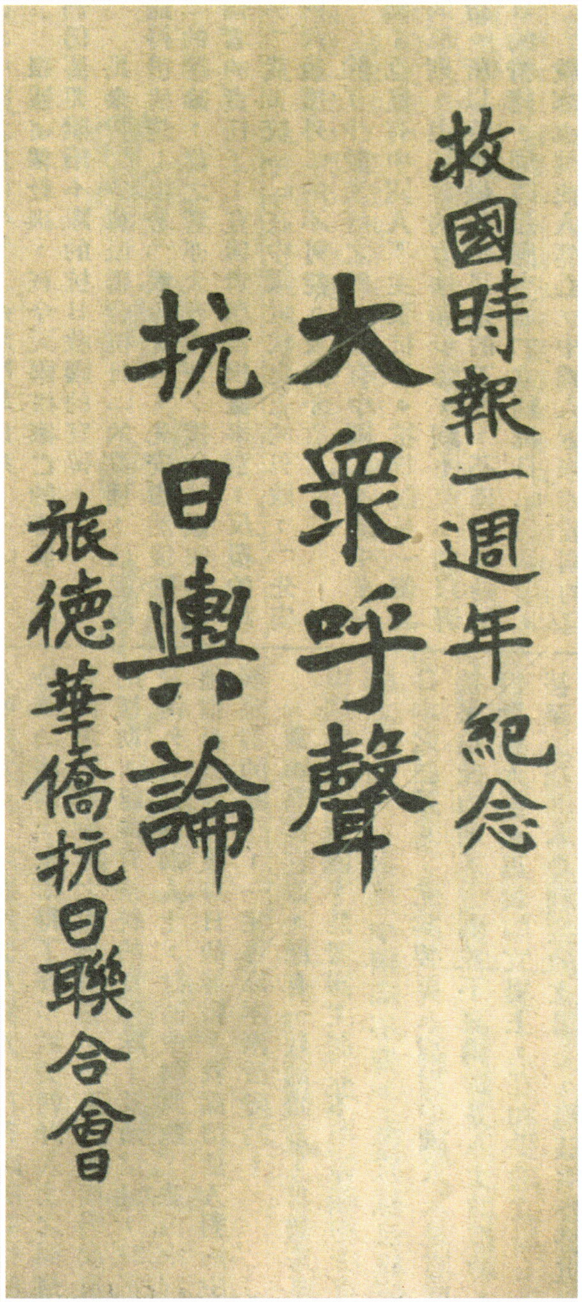

《救国时报》成立一周年之际，旅德华侨抗日联合会题写的贺词

《救国时报》成立一周年之际，旅法华工联合总会
题写的贺词

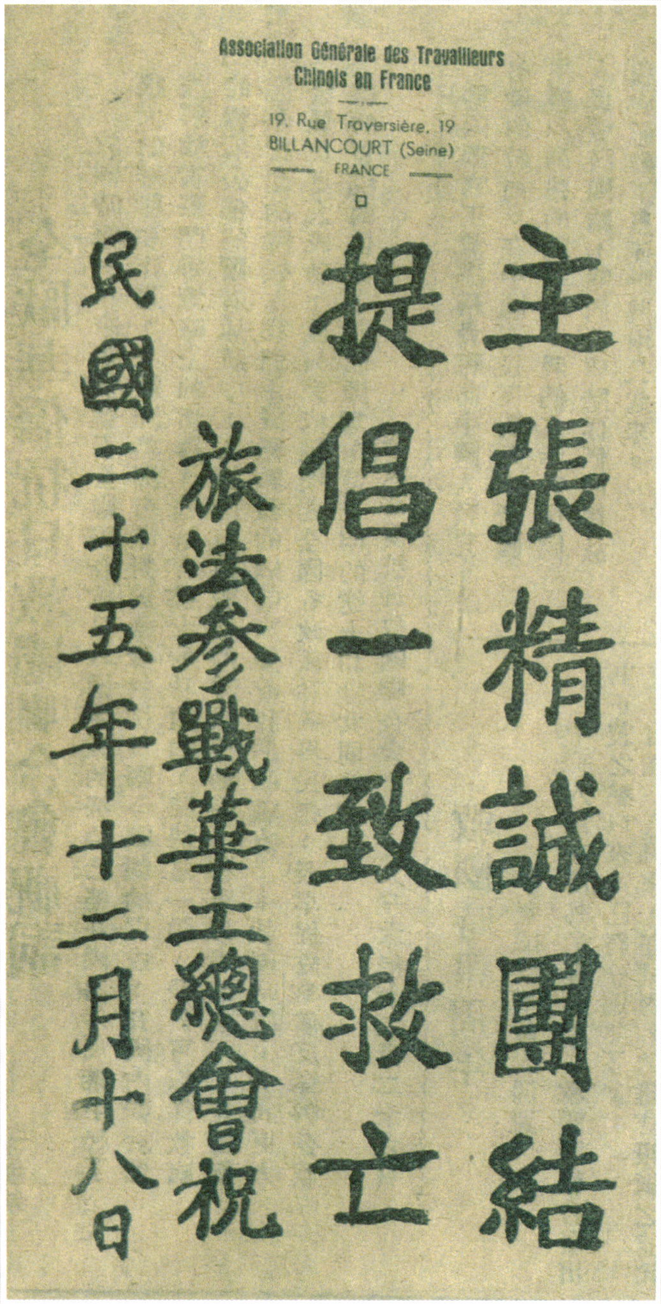
Association Générale des Travailleurs Chinois en France

19, Rue Traversière, 19
BILLANCOURT (Seine)
FRANCE

主張精誠團結

提倡一致救亡

旅法參戰華工總會祝

民國二十五年十二月十八日

《救国时报》成立一周年之际，
旅法参战华工总会祝

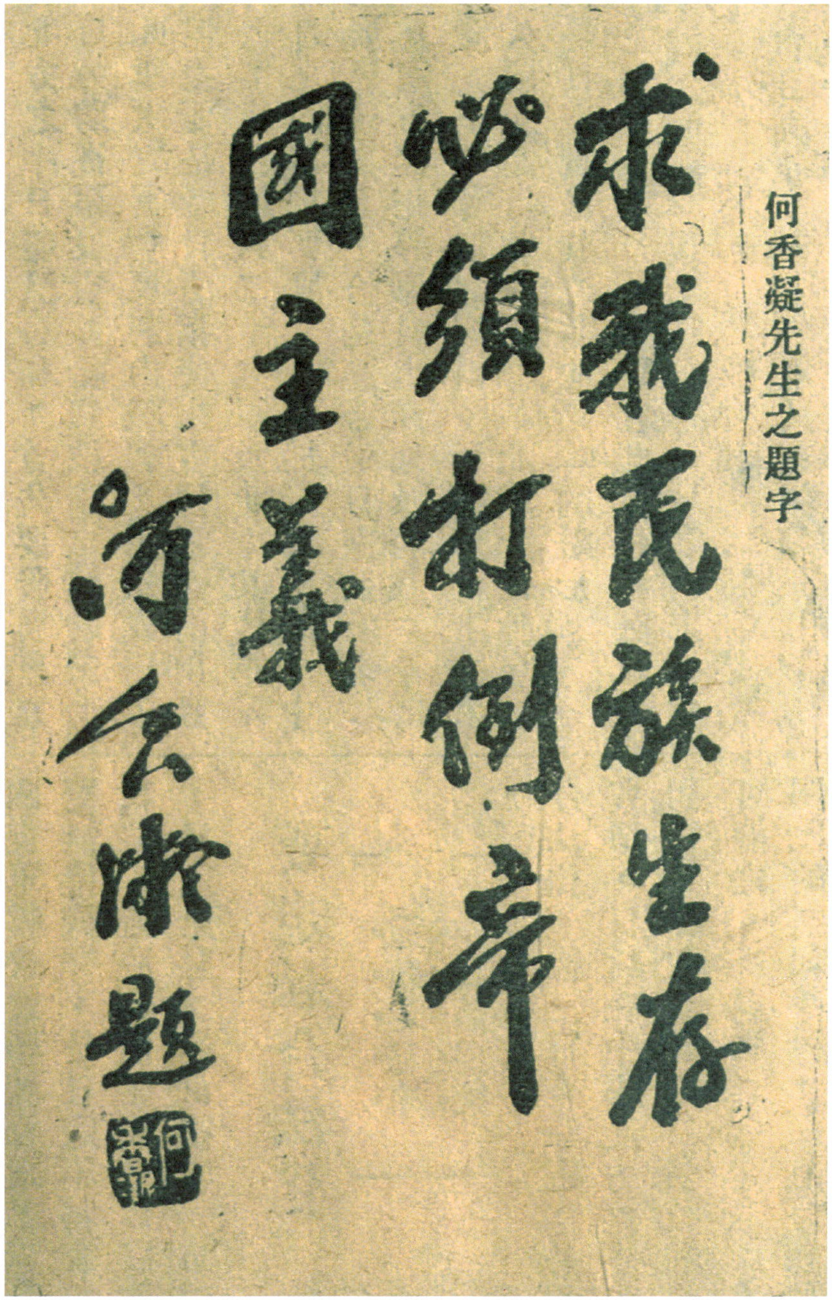

《救国时报》成立一周年之际，何香凝先生之题字

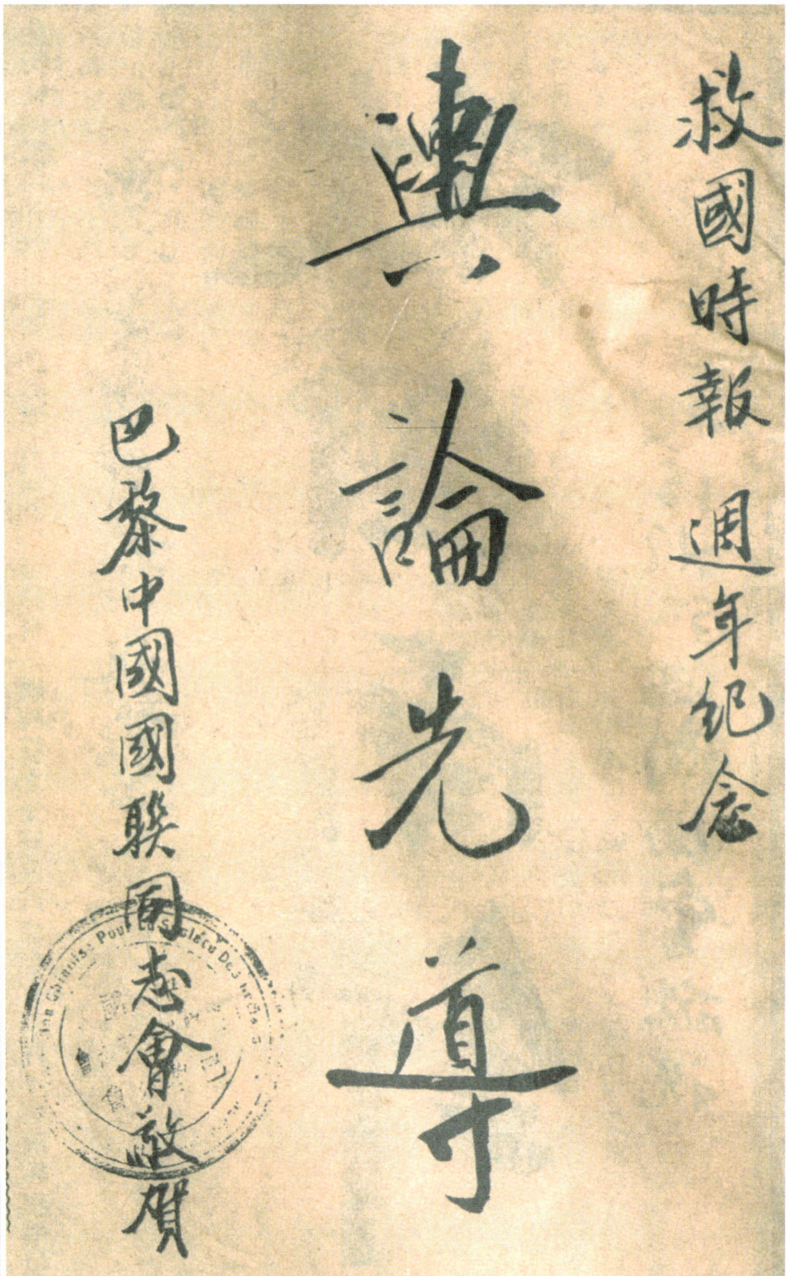
救國時報週年紀念

輿論先導

巴黎中國國聯同志會敬賀

《救国时报》成立一周年之际，巴黎中国国联同志会敬贺

血脉相连

东北抗联与《救国时报》

《救国时报》全面报道东北抗战事迹，传递抗战信息，与东北抗联建立了深厚的友谊。报纸深入报道抗联的斗争，东北抗联也慷慨解囊、真情相助，体现了两者之间血脉相连、肝胆相照的骨肉亲情，以及笔锋与刀锋并肩作战、共赴沙场的铮铮同心。

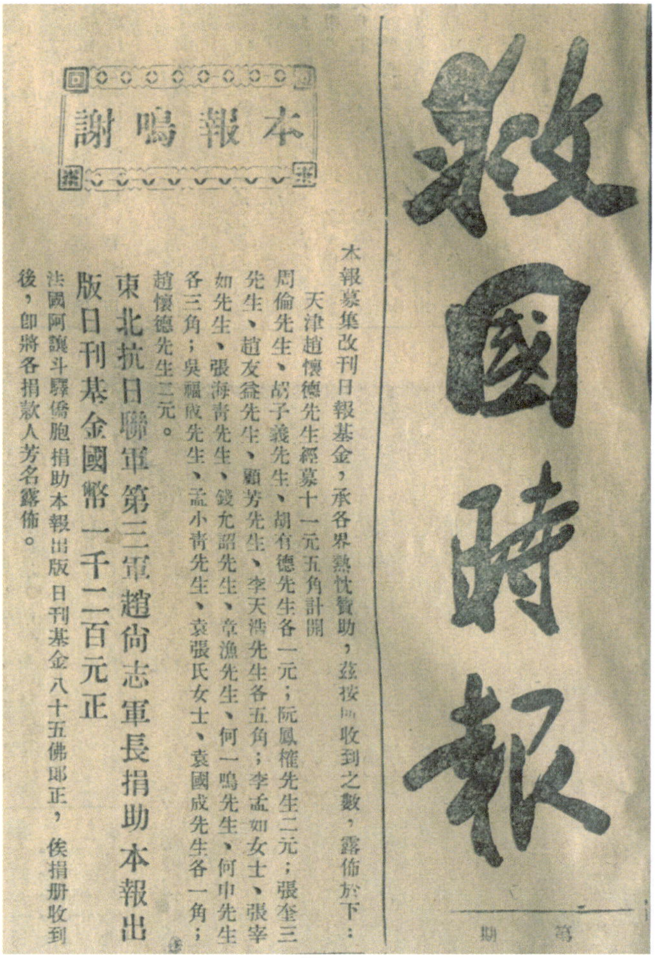

救國時報

第　期

本報鳴謝

本報募集改刊日報基金，承各界熱忱贊助，茲按[illegible]收到之數，露佈於下：

天津趙懷德先生經募十一元五角計開

周倫先生、胡子義先生、胡有德先生各一元；阮鳳權先生二元；張奎三先生、趙友鑫先生、顧芳先生、李天浩先生各五角；李孟如女士、張宰如先生、張海青先生、錢允韶先生、章漁先生、何一鳴先生、何中先生各三角；吳福成先生、孟小青先生、袁張氏女士、袁國成先生各一角；趙懷德先生二元。

東北抗日聯軍第三軍趙尚志軍長捐助本報出版日刊基金國幣一千二百元正

法國阿籙斗驛僑胞捐助本報出版日刊基金八十五佛郎正，俟捐册收到後，即將各捐款人芳名露佈。

《救国时报》第一期　中华民国二十四年十二月九日　第一版
（1935 年 12 月 9 日）

本报鸣谢

东北抗日联军第三军赵尚志军长捐助本报出版日刊基金国币一千二百元正

東北抗日聯軍第一軍總司令

楊靖宇軍長捐款援助本報

全軍慨捐巨款援助本報

本報在義軍中深受歡迎

救國時報諸位愛國同志公鑒：

關內某代表來，帶來 貴報及其他救國刊物等數十份，我們因爲作遊擊戰爭，駐地不定，國內消息，非常隔閡。 今得讀 貴報，全軍如獲至寶，無不爭先搶閱；原先以爲國內有此好報紙，誠不可多得，事後乃始悉 貴報在法國巴黎出版，且爲熱心愛國志士等所創辦。從前我們原聽第四軍李軍長說過，巴黎有一個救國報，不但宣傳救國，尤其同情義軍，今讀救國時報，不知與救國報有何關係？貴報之內容精彩，議論正確，固不必說，而所標出之宗旨爲「不分黨派，不問信仰，團結全民，抗日救國」，正與敝軍之宗旨相合，我們的口號也是不分黨派，不問信仰，只要是抗日救國的都一致聯合起來。 正因爲如此，故 貴報甚得敝軍全體士兵的歡迎。 我們應該更感謝 貴報的就是你們關於東北義軍抗日的消息，登載獨多，使我們全體士兵看到，抗日殺敵的意志愈益堅決興奮。 我們在不顧一切困難情形之下，進行不斷的苦戰，正和你們的遠在海外艱苦努力一樣。 看見 貴報上所公佈的各地讀者捐款，知道你們的辦報經濟上是很困難，似有不能維持之勢。貴報的救國事業，也卽是我們的事業，我們雖苦，給養尙可獲得各地人民之志願供應，所以我們全體士兵都一致同意通過，由本月餉項中節捐出國幣一千三百元，作爲援助 貴報捐款外，並公推兄弟用全軍名義致函 貴報，聊申微意。 捐款已設法由上海匯上，諒能收到。茲更代表全體兵士向 貴報要求兩點：第一，我們在關內設有東北義軍情報處，向國內外送發情報，請 貴報儘量多登載東北義軍之艱苦英勇的抗敵消息，藉以鼓起同胞救國勇氣；第二，光復我們東北義軍收復失地，目前實力有未逮，故甚望 貴報多在督促國內各黨派及實力派團結方面盡量宣傳，以期達到早日出兵抗日，並與我們會師。現在東北義軍的實力尙有十餘萬人，所苦者給養與械彈常缺，不能給日寇以重創；倘使關內有朝能夠出兵抗日，則東北義軍之活動力必更加強，東北四省之河山固不難恢復舊觀也。 軍中不便，恕用鉛筆，草率不恭。 此致

救國的敬禮！

東北人民革命軍第一軍總司令

楊靖宇率全軍士兵 同啓

八月十二日寫於與日賊作戰後盤石軍中

這是很寶貴由東北輾轉寄來的一封信，信是楊靖宇軍長親筆，但可惜是用鉛筆寫的，因輾轉傳遞，字跡已異常模糊，沒有方法把這封信製版登了出來。 楊軍長是現在東北義軍中極有威信的抗日民族英雄，誰都知道。 當我們意外地收到了這一封遠道寄來的信時，本報同人全體讀之，眞是感動得要流淚了！ 楊軍長暨全軍士兵同胞們！你們的錢也是從中國廣大的勞苦羣衆間一點一滴的捐來的，你們一樣的也是感到經濟困難，承你們對本報的同情與贊助，慨然捐贈本報一千三百元，這算得是極可感的一件義舉！ 本報同人對楊軍長所指示的兩點，那是我們應盡的天職，義不容辭，同人自當勉力做去。 本報出版不及一年，已能風行海內外，尤其是能達到志切抗日救國的東北義勇軍手中，這也是我們引爲極大欣慰的一件事！ 同人等除極端敬佩楊軍長暨全軍士兵在東北作堅苦卓絕的抗日戰外，特在此謹佈謝忱，用彰義舉。

本報同人

《救国时报》第六十七期 中华民国二十五年十一月十五日 第三版

（1936 年 11 月 15 日）

东北抗日联军第一军总司令

杨靖宇军长捐款援助本报

全军慨捐巨款援助本报
本报在义军中深受欢迎

救国时报诸位爱国同志公鉴：

关内某代表来，带来贵报及其他救国刊物等数十份，我们因为作游击战争，驻地不定，国内消息，非常隔阂。今得读贵报，全军如获至宝，无不争先抢阅；原先以为国内有此好报纸，诚不可多得，事后乃始悉贵报在法国巴黎出版，且为热心爱国志士等所创办。从前我们原听第四军李军长说过，巴黎有一个救国报，不但宣传救国，尤其同情义军，今读救国时报，不知与救国报有何关系？贵报之内容精彩，议论正确，固不必说，而所标出之宗旨为“不分党派，不问信仰，团结全民，抗日救国”，正与敝军之宗旨相合，我们的口号也是不分党派，不问信仰，只要是抗日救国的都一致联合起来。正因为如此，故贵报甚得敝军全体士兵的欢迎。我们应该更感谢贵报的就是你们关于东北义军抗日的消息，登载独多，使我们全体士兵看到，抗日杀贼的意志愈益坚决兴奋。我们在不顾一切困难情形之下，进行不断的苦战，正和你们的远在海外艰苦努力一样。看见贵报上所公布的各地读者捐款，知道你们的办报经济上是很困难，似有不能维持之势。贵报的救国事业，也即是我们的事业，我们虽苦，给养尚可获得各地人民之志愿供应，所以我们全体士兵都一致同意通过，由本月饷项中节捐出国币一千三百元，作为援助贵报捐款外，并公推兄弟用全军名义致函贵报，聊申微意。捐款已设法由上海汇上，谅能收到。兹更代表全体兵士向贵报要求两点：第一，我们在关内设有东北义军情报处，向国内外送发情报，请贵报尽量多登载东北义军之艰苦英勇的抗敌消息，借以鼓起同胞救国勇气；第二，光靠我们东北义军收复失地，目前实力有未逮，故甚望贵报多在督促国内各党派及实力派团结方面尽量宣传，以期达到早日出兵抗日，并与我们会师。现在东北义军的实力尚有十余万人，所苦者给养与械弹常缺，不能给日寇以重创；倘使关内有朝能够出兵抗日，则东北义军之活动力必更加强，东北四省之河山固不难恢复旧观也。军中不便，恕用铅笔，草率不恭。

此致

救国的敬礼！

东北人民革命军第一军总司令

杨靖宇率全军士兵　同启

八月十二日写于与日贼作战后磐石军中

这是很宝贵由东北辗转寄来的一封信，信是杨靖宇军长亲笔，但可惜是用铅笔写的，因辗转传递，字迹已异常模糊，没有方法把这封信制版登了出来。杨军长是现在东北义军中极有威信的抗日民族英雄，谁都知道。当我们意外地收到了这一封远道寄来的信时，本报同人全体读之，真是感动得要流泪了！杨军长暨全军士兵同胞们！你们的钱也是从中国广大的劳苦群众间一点一滴的捐来的，你们一样的也是感到经济困难，承你们对本报的同情与赞助，慨然捐赠本报一千三百元，这算得是极可感的一件义举！本报同人对杨军长所指示的两点，那是我们应尽的天职，义不容辞，同人自当勉力做去。本报出版不及一年，已能风行海内外，尤其是能达到志切抗日救国的东北义勇军手中，这也是我们引为极大欣慰的一件事！同人等除极端敬佩杨军长暨全军士兵在东北作艰苦卓绝的抗日战外，特在此谨布谢忱，用彰义举。

本报同人

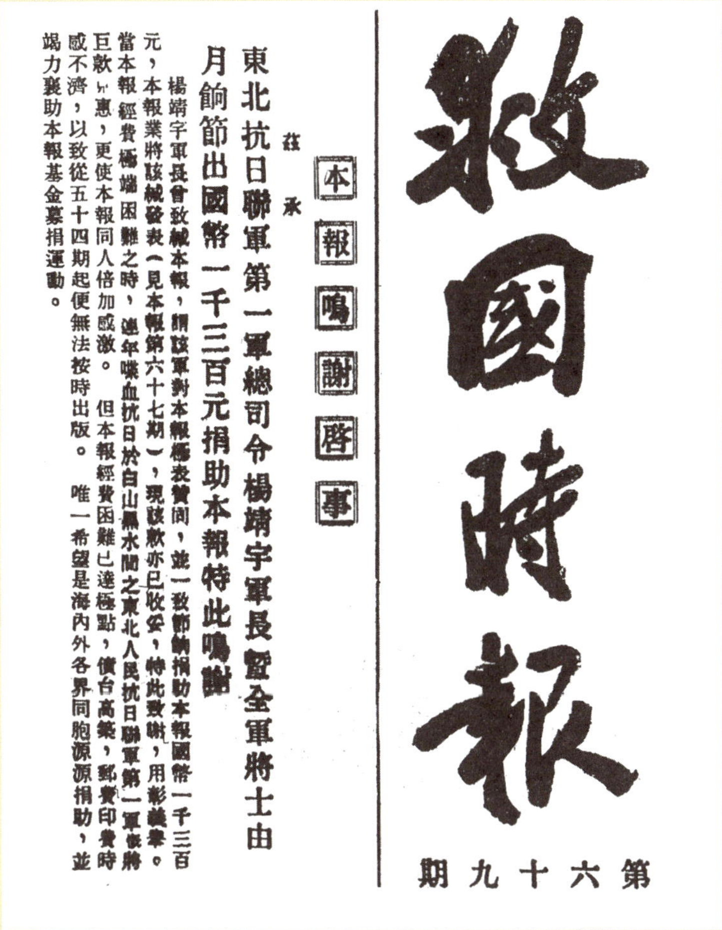

救國時報

第六十九期

本報鳴謝啓事

茲承

東北抗日聯軍第一軍總司令楊靖宇軍長暨全軍將士由月餉節出國幣一千三百元捐助本報特此鳴謝

楊靖宇軍長曾致函本報，謂該軍對本報極表贊同，並一致節餉捐助本報國幣一千三百元，本報業將該函發表（見本報第六十七期），現該款亦已收妥，特此致謝，用彰義舉。當本報經費極端困難之時，適年喋血抗日於白山黑水間之東北人民抗日聯軍第一軍慨將巨款〻惠，更使本報同人倍加感激。但本報經費困難已達極點，債台高築，郵費印費時感不濟，以致從五十四期起便無法按時出版。唯一希望是海內外各界同胞源源捐助，並竭力襄助本報基金募捐運動。

《救国时报》第六十九期 中华民国二十五年十一月三十日 第一版

（1936年11月30日）

本报鸣谢启示

兹承东北抗日联军
第一军总司令杨靖宇军长
暨全军将士由月饷节出
国币一千三百元捐助本报
特此鸣谢

杨靖宇军长曾致缄本报，谓该军对本报极表赞同，并一致节饷捐助本报国币一千三百元，本报业将该缄发表（见本报第六十七期），现该款亦已收妥，特此致谢，用彰义举。当本报经费极端困难之时，连年喋血抗日于白山黑水间之东北人民抗日联军第一军慨将巨款兑惠，更使本报同人倍加感激。但本报经费困难已达极点，债台高筑，邮费印费时感不济，以致从五十四期起便无法按时出版。唯一希望是海内外各界同胞源源捐助，并竭力襄助本报基金募捐运动。

東北義軍王德泰軍長致本報信

言辭懇切令人感泣

除全軍慨捐五百元外
並向民衆代募一百元

救國時報諸位愛國同志：

在今年的八月間，由關內來了兩個東北學生，他們來，是非常地冒險，是想盡了種種方法化裝混到了關外，他們原想找東北抗日第「一軍，但以第一軍的駐在地不明，不知到了什麼地方遊擊去了，經過了很長的時間，這兩位學生才輾轉的找到了我們的第二軍。諸位同志們大概知道：在東北義勇軍裏面最歡迎的是智識份子的學生，尤其是在東北的學生，這因爲他們多半都有豐富的學識，耐苦的身體，堅強的意志，才會跑到關外抗日軍裏面來，現在我們抗日軍裏面最重要的是對弟兄們的抗日救國的政治教育，所以我們的弟兄們都能以一當十奮勇去殺賊，也就是各人都明白他們的使命，在我們的遊擊行軍一有空閑的時候，我們就派政治部裏的宣傳員向民衆與士兵作積極的鼓動宣傳，務使當地的民衆與抗日軍能打成一片，起積極作用，自動的來幫助抗日軍，替抗日軍送信作偵探，供給養，這樣就是抗日戰爭無不勝的原因。因爲宣傳抗日殺賊（賣國賊）是獲得了很大的效果，所以我們抗日軍非常的歡迎由關內到關外來的智識份子。這兩位東北學生到我們第二軍裏來，適值我們的軍事尚不緊張，並比較的在一個很安全偏僻的地方，我們正在那裏作補充休息，預備和其他的抗日軍取得密切聯絡，向日寇大舉的進攻，因而就借着兩位學生來的機會，便與當地民衆開了一個軍民聯歡大會，並請這兩位學生特別報告國內國外的一般情形，因爲我們很久是沒法兒讀到國內報紙了。

這兩位學生是曾設法帶了國內很多的救國宣傳印刷品來，其中最受弟兄們歡迎的要算是救國時報了。兩個學生向民衆和弟兄們作了很長的沉痛的演講，說到關內羣衆與學生救亡運動的積極與展開和如何都關心到關外的抗日軍時，我們都異常地興奮，與以極熱烈的鼓掌，弟兄們皆自動地站起來喊：「中華民國萬歲」和「打倒日本帝國主義」等口號；但同時說及南京政府沒有抗日的決心，如何摧殘國內的愛國運動，言論集會不自由，以及繼續剿共，阻止紅軍的北上抗日等等時，全軍及民衆無不憤慨異常，當場甚至有許多痛哭流淚的，有的主張聯合關外各抗日軍派代表到關內去，要求南京政府立刻停止任何內戰，出兵收復失地的。

最後這兩位學生又向我們說：

國內現在進行抗日的統一戰線運動，主張不分黨
派，不問信仰，團結全民，一致抗日，而宣傳聯
合戰線最力的就要算救國時報。當時弟兄們立刻
有站起來問的：救國時報是誰人辦的？在國內出
版不是說言論不自由很有危險嗎？學生們回答說
：這是在法國巴黎一些不願當亡國奴的中國學生
們辦的，他們的經費很困難，常不能按期出版，
不過內容實在好，對於關外抗日軍的消息也特別
多，不在國內，是在巴黎出版，但是國內可以看
得到。 我曾帶了十幾份來，這上面並有東北抗
日聯軍李延祿軍長等對該報的捐款，我想抗日軍
裏一定也看到了這個報，故特帶了來。
　諸位愛國同志們，這不是偶然的，我們全軍
弟兄們當卽爭相傳閱着救國時報，並卽有人提議
：既然李延祿軍長捐款與救國時報，而且牠是替
關外抗日軍宣傳的報，抗日軍無論怎樣經濟困難
也要設法幫助牠。 這時候，我們的王德泰軍長
起來說話了。 他說：本軍最近幾個月的給養，
因爲得到民衆的幫助，不成問題，我向全軍提議
：在伙食費裏面省出五百元來捐給該報。 當時
民衆裏面也有人附議願意贊助。 結果我們全軍
都無異議的通過了捐助五百元，民衆方面也湊足
百元，交給了本軍。 這就是我們捐款的經過和
寫信的來由。
　款也捐成了，信也寫好了，怎樣能送到你們
的手裏，但我們有方法。希望款和信不久都能給
你們收到，信呢？盼望能公佈出來，這一方面表
示着我們抗日軍是怎樣地關心國內外同胞的一切
愛國運動呵！
　末了，抗日軍固然希望得到國人的同情和幫
助，但東北到處有的是無數千萬擁護我們的民衆
，這就是我們成功的根源和日寇不能消滅我們的
唯一基礎，所以，我們懇求你們的是多替我們作
國際間以及向同胞間的宣傳，這就很感謝了。
　此致
抗日救國敬禮！　東北抗日聯軍第二軍全體同啓

　在東北抗日聯軍第一軍總司令楊靖宇軍長
捐助本報一千三百元之後，我們想不到在東北
的抗日軍中又繼續的有贊助本報的。上面這一
封信充滿了熱情，充滿了血淚，我們讀過了這
封信，眞不禁慚感萬分。 本報同人除了謹祝
該軍全體殺敵勝利並感謝捐款的東北同胞外，
今後更奮當秉抗日救國精神，奮鬥到底，宣傳
不懈！　本報同人

《救国时报》第七十四期 中华民国二十五年十二月二十八日 第三版
（1936年12月28日）

东北义军王德泰军长致本报信

除全军慨捐五百元外并向民众代募一百元

救国时报诸位爱国同志：

在今年的八月间，由关内来了两个东北学生，他们来，是非常地冒险，是想尽了种种方法化装混到了关外，他们原想找东北抗日第一军，但以第一军的驻在地不明，不知到了什么地方游击去了，经过了很长的时间，这两位学生才辗转的找到了我们的第二军。诸位同志们大概知道：在东北义勇军里面最欢迎的是智识份子的学生，尤其是在东北的学生，这因为他们多半都有丰富的学识，耐苦的身体，坚强的意志，才会跑到关外抗日军里面来，现在我们抗日军里面最重要的是对弟兄们的抗日救国的政治教育，所以我们的弟兄们都能以一当十奋勇去杀贼，也就是各人都明白他们的使命，在我们的游击行军一有空闲的时候，我们就派政治部里的宣传员向民众与士兵作积极的鼓动宣传，务使当地的民众与抗日军能打成一片，起积极作用，自动的来帮助抗日军，替抗日军送信作侦探，供给养，这样就是抗日战争无不胜的原因。因为宣传抗日杀贼（卖国贼）是获得了很大的效果，所以我们抗日军非常的欢迎由关内到关外来的智识份子。这两位东北学生到我们第二军里来，适值我们的军事尚不紧张，并比较的在一个很安全偏僻的地方，我们正在那里作补充休息，预备和其他的抗日军取得密切联络，向日寇大举的进攻，因而就借着两位学生来的机会，便与当地民众开了一个军民联欢大会，并请这两位学生特别报告国内国外的一般情形，因为我们很久是没法儿读到国内报纸了。

这两位学生是曾设法带了国内很多的救国宣传印刷品来，其中最受弟兄们欢迎的要算是救国时报了。两个学生向民众和弟兄们作了很长的沉痛的演讲，说到关内群众与学生救亡运动的积极与展开和如何都关心到关外的抗日军时，我们都异常地兴奋，与以极热烈的鼓掌，弟兄们皆自动地站起来喊："中华民国万岁"和"打倒日本帝国主义"等口号；但同时说及南京政府没有抗日的决心，如何摧残国内的爱国运动，言论集会不自由，以及继续剿共，阻止红军的北上抗日等等时，全军及民众无不愤慨异常，当场甚至有许多痛哭流泪的，有的主张联合关外各抗日军派代表到关内去，要求南京政府立刻停止任何内战，出兵收复失地的。最后这两位学生又向我们说：国内现在进行抗日的统一战线运动，主张不分党派，不问信仰，团结全民，一致抗日，而宣传联合战线最力的就要算救国时报。当时弟兄们立刻有站起来问的：救国时报是谁人办的？在国内出版不是说言论不自由很有危险吗？学生们回答说：这是在法国巴黎一些不愿当亡国奴的中国学生们办的，他们的经费很困难，常不能按期出版，不过内容实在好，对于关外抗日军的消息也特别多，不在国内，是在巴黎出版，但是国内可以看得到。我曾带了十几份来，这上面并有东北抗日联军李延禄军长等对该报的捐款，我想抗日军里一定也看到了这个报，故特带了来。

诸位爱国同志们，这不是偶然的，我们全军弟兄们当即争相传阅着救国时报，并即有人提议：既然李延禄军长捐款与救国时报，而且它是替关外抗日军宣传的报，抗日军无论怎样经济困难也要设法帮助它。这时候，我们的王德泰军长起来说话了。他说：本军最近几个月的给养，因为得到民众的帮助，不成问题，我向全军提议：在伙食费里面省出五百元来捐给该报。当时民众里面也有人附议愿意赞助。结果我们全军都无异议的通过了捐助五百元，民众方面也凑足百元，交给了本军。这就是我们捐款的经过和写信的来由。

款也捐成了，信也写好了，怎样能达到你们的手里，但我们有方法。希望款和信不久都能给你们收到，信呢？盼望能公布出来，这一方面表示着我们抗日军是怎样地关心国内外同胞的一切爱国运动呵！

末了，抗日军固然希望得到国人的同情和帮助，但东北到处有的是无数千万拥护我们的民众，这就是我们成功的根源和日寇不能消灭我们的唯一基础，所以，我们恳求你们的是多替我们作国际间以及向同胞间的宣传，这就很感谢了。

此致

抗日救国敬礼！

东北抗日联军第二军全体　同启

在东北抗日联军第一军总司令杨靖宇军长捐助本报一千三百元之后，我们想不到在东北的抗日军中又继续的有赞助本报的。上面这一封信充满了热情，充满了血泪，我们读过了这封信，真不禁惭感万分。本报同人除了谨祝该军全体杀敌胜利并感谢捐款的东北同胞外，今后更誓当秉抗日救国精神，奋斗到底，宣传不懈！

本报同人

征程续写

《救国时报》创立与变迁

《救国时报》自1935年12月9日在原《救国报》基础上正式创刊，至1938年2月10日暂时停刊，在法国巴黎共出版152期，发行覆盖43个国家和地区。1938年8月，《救国时报》迁至美国纽约，与我党另一份中文报纸《先锋报》合并，沿用《救国时报》名称复刊出版。复刊后的报纸重燃抗日救国、保家卫国的火种，赓续我党团结抗战的主张，为民族独立和民族解放的伟大事业持续发声，汇聚起抗战必胜的磅礴力量。

早期《救国报》报影

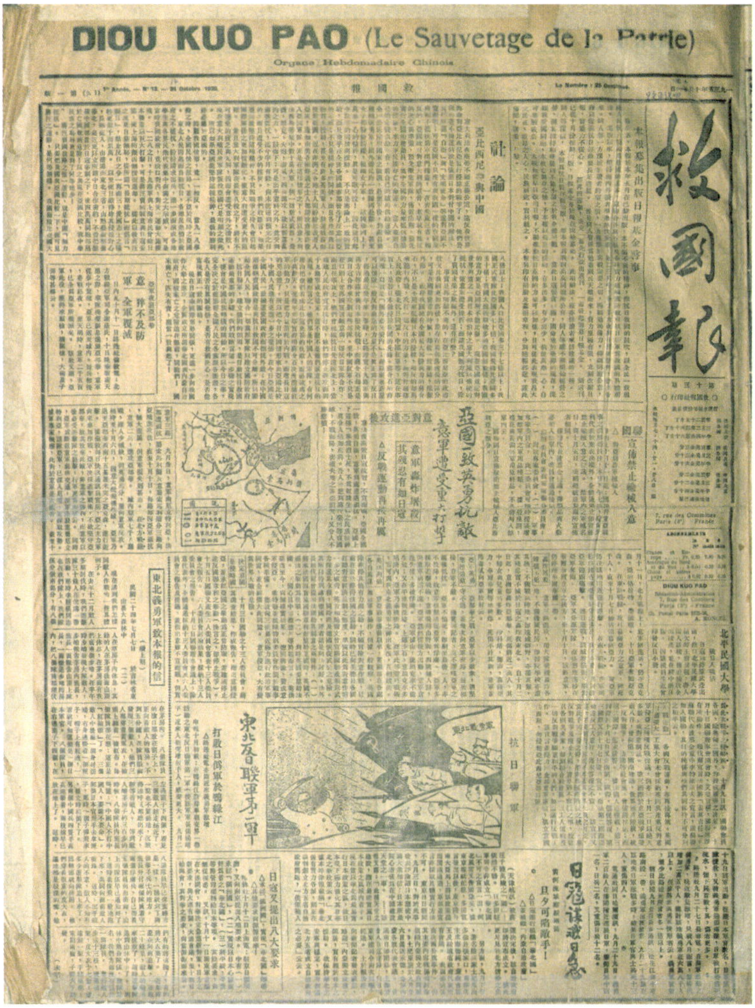
DIOU KUO PAO (Le Sauvetage de la Patrie)

Organe Hebdomadaire Chinois

救國報

《救国报》第十三期 中华民国二十四年十月二十一日 第一版

（1935 年 10 月 21 日 ）

早期《先锋报》报影

先鋒報
The Chinese Vanguard
Published Every Saturday by the Vanguard Publishing Co.
SATURDAY, MARCH 14, 1936, No. 200

《先锋报》第二〇〇期 中华民国二十五年三月十四日 第一版

（1936 年 3 月 14 日）

《救国时报》法国创刊号报影

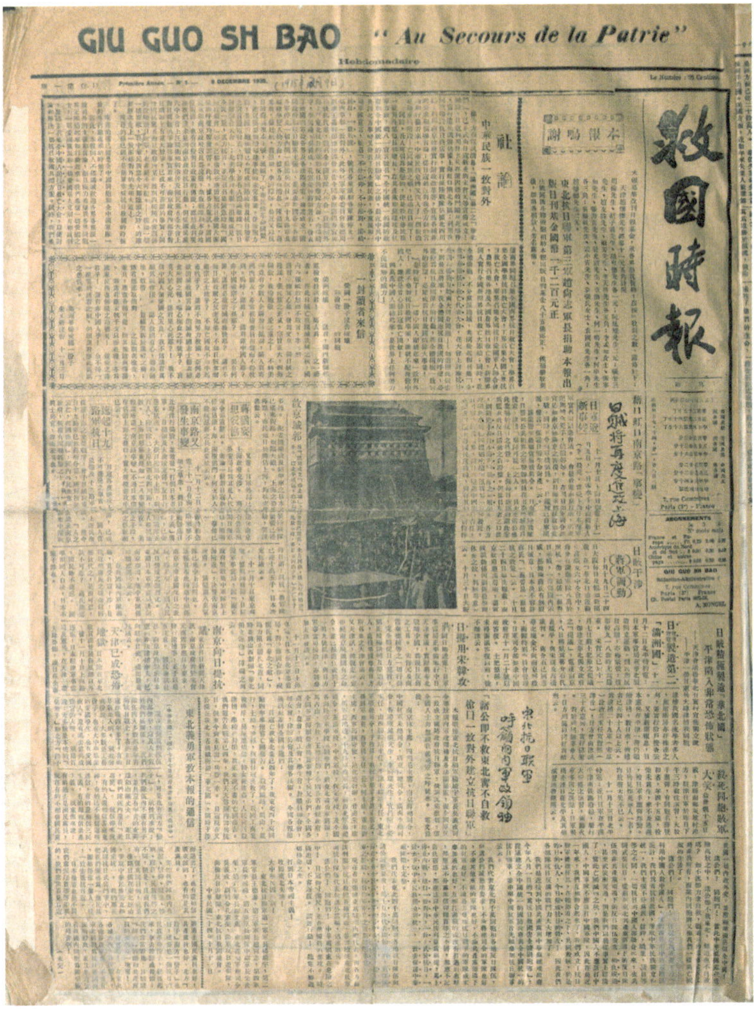
GIU GUO SH BAO "Au Secours de la Patrie"

Hebdomadaire

救國時報

社論 中華民族一致對外

本報鳴謝

《救国时报》第一期 中华民国二十四年十二月九日 第一版

（1935 年 12 月 9 日）

《救国时报》暂时停刊宣言

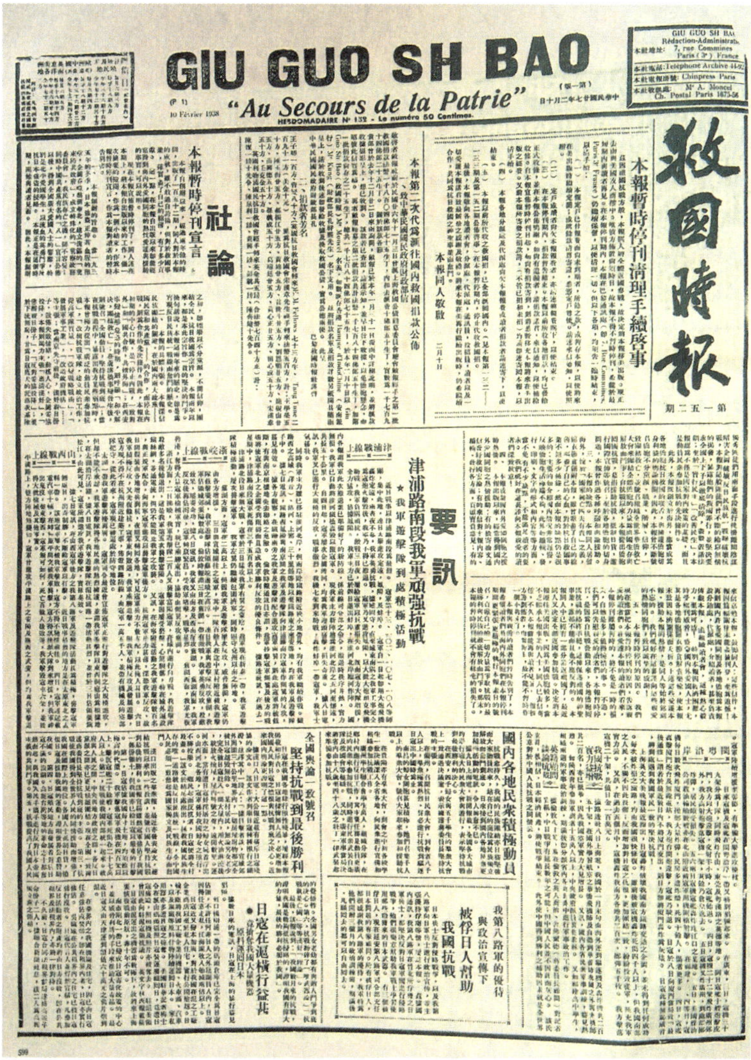

GIU GUO SH BAO

"Au Secours de la Patrie"

10 Février 1938

HEBDOMADAIRE № 152 - Le numéro 50 Centimes

救國時報

第一五二期

本報暫時停刊清理手續啓事

社論

本報暫時停刊宣言

本報第二次代寄匯往國內救國捐款公佈

要訊

津浦路南段我軍頑强抗戰

國內各地民衆積極動員

全國輿論一致號召堅持抗戰到最後勝利

我第八路軍的優待與政治宣傳下被俘日人幫助我國抗戰

日寇在滬橫行益甚

《救国时报》第一五二期 中华民国二十七年二月十日 第一版

（1938 年 2 月 10 日）

社　论

本报暂时停刊宣言

本报自创办以来，经过两年余的时间，出版一百五十二期，同人对于本报的成就，虽不敢过自夸扬，但对于救国事业，确实尽了自己的绵薄，有了多少贡献。这一点，在本报自出版以来即能经常得到海内外爱国同胞的热忱爱护与援助的事实，可以说明。

现在本报宣布暂时停刊了，同人谨在本期上，将本报自出版以来的工作，做一次简要的检阅，作为一个小结束，作为本报暂时停刊宣言，作为本报对读者的暂时告别书。

一、本报创办的旨趣。当一九三五年的冬季，日本强盗正伸其血腥的兽掌，企图吞噬整个华北，建立傀儡的“冀东防共政府”，成立特殊化的“冀察政务委员会”，我民族存亡之机，间不容发；同时中国共产党有名的《八一宣言》公布以后，得到全国广大爱国人士的响应，特别是北平爱国学生，以流血的英勇斗争反抗日本强盗的侵略。本报正是在这个时期，开始与读者见面。因此，本报创办之初，即标举以不分党派，不问信仰，团结全民，抗日救国为宗旨。本报两年以来，都是本此宗旨作一贯的坚决的斗争。换句话说，本报这两年来的历史，即是为实现反日民族统一战线而奋斗的历史。

二、本报的具体主张。本报深信民族团结的关键，在于国内两大政党——国民党和共产党——的合作，而停止内战，则为合作的先决条件。因此，本报在初期的中心口号，是“停止内战，一致对外”和“国共合作，共御外侮”；在西安事变情形危急的时期，则呼吁“和平解决，团结救亡”；在卢沟桥事变发生后，则号召“全国动员，坚持抗战到底”；当在抗战过程中，暴露出我方某些弱点时，本报曾极力提出“广泛的动员民众参加抗战”，“改组抗战军队，建立政治工作，提高军队质量”，“改变战略战术”，“发展军事工业”，“改造政府机构 ” ……等主张；当南京失守前后，汉奸亲日份子，散布失败情绪，动摇人心，企图妥协投降，本报则竭力主张“肃清汉奸”，“惩办亲日分子”，“反对妥协投降”；至于下流无耻，甘为日寇鹰犬的托洛茨基陈独秀匪徒们用两面手段进行挑拨离间阴谋暗害企图破坏反日民族统一战线破坏抗战，本报对这般匪徒们曾不断的给以无情的揭发，暴露他们的叛国罪行，并坚决要求全国上下予以澈底清除，尽数置诸法网；至于“实行民主”“改善民生”，本报认为不仅是国家对内政策的基础，而且是动员民众参加抗战的先决条件。

此外，本报既创立于海外，应当成为各地侨胞抗日救国的喉舌，与拥护侨胞切身利益的舆论机关，因此，本报曾不断号召侨胞不分党派、职业、阶层、信仰，一致团结救亡，并号召组织全世界华侨救亡大会来团结全体侨胞的力量为祖国生存与解放而斗争；自抗战以来，本报提出侨胞回国抗战，募捐援助抗战，抵制日货，进行国际宣传等号召；至于各地侨胞的切身问题，本报曾作过各种呼吁和舆论援助。

三、本报的缺点。本报同人居留海外，怀于“国家兴亡匹夫有责”之义，缩衣节食创办本报，虽曾献尽了自己的绵薄，呕尽了自己的心血，对于抗日救国事业不无多少补益，然而本报的缺点仍是很多的：主要的如介绍国内情况非常迟慢，反映侨胞生活极端不够，此外如编辑、发行、印刷、文字的形式和内容等等方面，当不免有不少缺点，不能满足读者的要求。我们只好在这里谨向本报亲爱的读者们深致歉意！

四、本报感谢国内外爱国同胞之援助热情。本报出版以来，经常得到国内外爱国同胞之热情援助：有的投寄论文通信发纾救国宏论；有的来信对本报内容、编辑、发行各方面，贡献宝贵意见；有的来信嘉勉本报，鼓励同人；这些信件，本报因篇幅关系未能尽量刊登，至为遗憾！再则国内许多爱国同胞及各地侨胞为本报设分销处，代派处，介绍读者，甚至负责传观本报，或组织读者会，这种热心毅力，至为可感！特别本报因经济困难，时受辍刊威胁，盛蒙国内外爱国人士，尤其是各地侨胞缩衣节食解囊乐输，使本报未致因经济关系而夭折。上述这些爱护本报、援助本报的热情，是同人等始终铭刻不忘的。我们只好在这里谨向这些亲爱的热情同胞们，致以诚挚的感谢！

五、本报暂时停刊的原因。我们现在应当把本报暂时停刊的原因，告诉亲爱的读者们。在爱护本报的读者们看来，本报停刊虽属暂时的，终不免是一时的损失，自然是多少值得惋惜的事。不过，我们可以告慰亲爱的读者们，本报暂时停刊，是因为自抗战发动以来，各地侨胞回国抗战的络绎不绝，这种保护祖国的神圣事业，谁都不能而且也不应反对的。本报同人中已经有一部分耑返祖国了，最近同人又决定全部返国参加抗战。决定将本报迁往美国出版，因为美国侨胞较多，当不乏继承本报事业的人士，同人已去信商榷，不久本报当能再与读者见面，惟彼方筹划布置，尚需时日，故不能不暂时作一个小结束了。

本报与亲爱的读者们暂时告别了，本报希望读者们及海内外同胞们在本报停刊期间更紧张更积极的执行本报素日的号召，贡献自己的一切力量为争取抗战的最后胜利与民族的澈底解放而斗争。那末，本报的暂时停刊就不会有丝毫的损失了。

《救国时报》美国复刊号报影

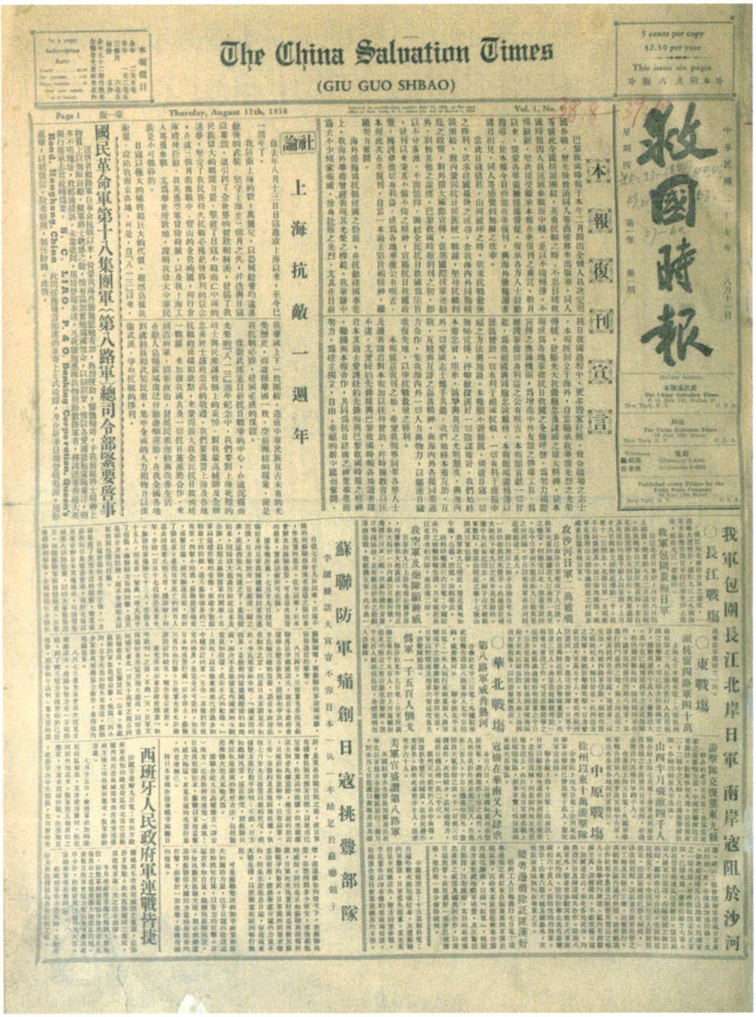

The China Salvation Times

(GIU GUO SHBAO)

救國時報

本報復刊宣言

社論 上海抗敵一週年

國民革命軍第十八集團軍(第八路軍)總司令部緊要啓事

我軍包圍長江北岸日軍 南岸寇阻於沙河

長江戰場

東戰場

華北戰場

中原戰場

蘇聯防軍痛創日寇挑釁部隊

西班牙人民政府軍連戰皆捷

《救国时报》（纽约出版）第一期 中华民国二十七年八月十一日 第一版

（1938 年 8 月 11 日）

本报复刊宣言

巴黎救国时报于本年二月间，因全体人员决定回国参战，曾先后致函同人等商榷够美出版事，同人等值此全国精诚团结、英勇抗战之时，不忍目睹救国时报人员返国参战而中辍，是以不揣棉薄，不惮艰巨，坚决接受继承本报在美复刊之重托。数月以来，深蒙各界领袖提携督促。复承各方人士鼓励指导，使本报今日得能在美复刊，与海外侨胞读者诸君相见，同人等感到无限之欣幸。

当此日寇猖狂，山河破碎之时，欲求抗战最后之胜利，欲求建国最后之成功，舍我海内外同胞精诚团结，对内巩固抗日民族统一战线，坚持抗战到底之政策，对外扩大国际宣传，促进国际援华运动外，别无其他之途径。巴黎救国时报创刊之初，即以不分党派，不问信仰，团结全民抗日救国为宗旨。发刊以来秉其不偏不倚之精神，宣扬抗日救国政策，拥护华侨切身利益，成为各地华侨公有喉舌。本报此次在美复刊，自当一本过去宗旨和精神，继续努力奋斗。

海外侨胞为抗战建国之劲旅。在抗敌建国事业上，我海外华侨曾经表现其光荣之模范。我华侨中过去不少倾家报国，舍身赴难之先烈，尤其在目前抗日救国过程中，更多毁家纾难，效命疆场之志士。本报既创立之于海外，自当继承我华侨先烈之光荣传统，发扬光大我侨胞忠勇谋国之伟大精神，使本报成为各地华侨抗日救国之全侨呼声，为努力国际宣传之舆论机关，为增进中外友谊之传导工具，为维护华侨切身利益之公有喉舌。本报愿贡献一切智能，为我祖国与同胞忠诚服务，本报愿竭尽棉薄以提倡赞助一切有利于祖国抗战、一切有利于侨胞幸福之方法与施设。本报愿不避艰阻，揭破日寇一切无耻宣传，抨击敌探汉奸一切阴谋毒计。我们始终本着忠实，坦率，诚挚与负责之光明态度，与海内外一切爱国志士携手共进，我们始终本着互助，互敬，互勉与互诤之磊落精神，与海内外各报同业通力合作，集我海内外一切人力与物力，以驱逐日寇收复失地，以争抗战最后之胜利。

本报值兹复刊之始，希望我报界同业各界人士及读者诸君对本报加以扶持赞助，并时赐教言以匡不逮，尤望纽约先锋报与巴黎救国时报各地读者诸君本其过去爱护纽约先锋报与巴黎救国时报之精神，继续与本报合作，共同为抗日建国之神圣事业而努力，为建立独立，自由，幸福的新中国而奋斗。

《救国时报》停刊宣言

The China Salvation Times
(GIU GUO SHBAO)
救國時報
Page 1 Friday, October 13, 1939
本報停刊清理手續啓事
本報停刊宣言
社論 為祖國戰士募集棉衣
湘省我軍勝利 推進全國鋤奸運動
蔣委員長號召鋤奸
青海省府人民討汪
汪王二逆意見分歧
我團岳州前鋒攻通城
反對英日同盟的復活
第八路軍殺敵二千人
日外部官員罷工風潮
華南日寇退出石岐
中蘇雙方關謠的聲明
天津美水兵與寇衝突
斥汪逆僞國民黨全代大會
長沙我軍告捷
為受傷戰士募集毛毯和寒衣

《救国时报》（纽约出版）第六十二期 中华民国二十八年十月十三日 第一版（1939 年 10 月 13 日）

本报停刊宣言

本报自在美复刊以来。经过年余的时间，出版到六十二期。本报年余来的成就和缺点，在本报第五十三期复刊一周年论文中，已有详细的论述，无需重复。我们现在谨将本报停刊的原因，告诉亲爱的读者诸君。

第一，由于欧战的影响，交通梗阻，无法邮递。本报自在美国复刊以来，读者之范围并不限于就地，而销售之区域，散布欧美南洋以至亚洲各处，其发行于美洲各国者，尚不及总数三分之一。此次欧战爆发后，各国当局对海外报纸刊物检查甚严，不但英法德等交战国，扣留海外刊物，就是英法等国海外属地和与国，亦大都禁止国外报纸销售，故近月来，本报寄往各国报纸，大都被邮局原包退回，本报各国发行分销处，且多电请停止寄报者。本报受此战争影响，本拟缩小范围，使之成为美洲地方之报纸。但由于本报之组织与编辑规模，即均以全体华侨为对象，故此种改组计划，与历年来之成规不符。

第二，由于欧战爆发后，各国外汇多受限制，各地读者无法寄汇报费，使本报经费陷于无法维持。本报三分之二以上之销售，均为欧亚南洋各地，而过去本报经济之维持，亦多赖以上各地读者所缴的报费。过去德意等国侨胞，虽因该国政府严禁购买外汇，但尚可转托他国亲友代绘本报报费，而现在一切直接和间接卷入战争的国家，购买外汇均大都发生同样之困难。本报同人，受此经济打击后，本仍拟节衣缩食，实行以裁员减薪和缩小篇幅等方法，来勉力支持。可是一月以来，初则捉襟见肘，而终则竭蹶难乎为继。

第三，自欧战发生后，欧洲侨胞回国参加抗战者络绎不绝，其他各地，亦受影响，最近本报同人中有部分决定返国服务。同人等以为在目前邮递汇兑，两俱隔绝之情势下，在美国出版之报纸，其内容必须以每周读者为中心，而其经费亦唯有赖美洲侨胞之维持。然而此种改弦更张之大计，不特非同人等单独能力所胜任，而且亦非一朝一夕所可竣事。

由于上面种种的原因，故本报不能不正式宣布停刊。

本报与亲爱的读者诸君告别了。本报在美复刊年余以来，倍蒙海外贤硕与各界领袖的鼓励赞助，各同业先进与各方侨胞的扶持，各国读者诸君与各地友人的奖掖，同人等愿乘此结束之际，谨致挚诚的谢意。

本报与亲爱的读者诸君告别了。本报希望读者诸君及海内外同胞，更紧张积极地执行本报素日的号召，——“坚持抗日民族统一战线，贯澈抗战到底，争取最后的胜利”，贡献自己的全身全力，为争取抗战的最后胜利与民族的澈底解放而斗争。

同时，同人等深信，本报虽因环境困难而停刊，但今后继本报而起者，必不乏人。而在美洲方面，宗旨性质与本报符合，而内容范围，更能顾及就地之需要，在物质与精神上更能获到美洲侨胞之支持的全美地方性质的报纸，其出现必不在远。是则本报虽然停刊，而本报促进团结抗战之精神，改良侨胞生活境遇之努力，反对汉奸侨蠹之奋斗，终于不坠。而本报遗留之物质与精神上之财产，凡可为继起者之助者，本报结束委员会，当无不量力从事，此则堪与海内外爱护本报同胞共慰共勉者也。

弘扬抗联精神　传承优良家风
——爷爷杨靖宇将军殉国 85 周年祭

马继志

2025 年，是中国人民抗日战争暨世界反法西斯战争胜利 80 周年，也是我的爷爷杨靖宇将军诞辰 120 周年、殉国 85 周年。站在这样重大的历史节点回望，巍巍长白仍记得 90 多年前那支卧雪爬冰、枪林弹雨中高唱战歌的队伍，滔滔松水映衬着一位铁血男儿以身许国、护佑万家的身姿。作为杨靖宇将军的次孙，我虽从未见过爷爷，但他的精神却如同一把永不熄灭的火炬，照亮着马家后人的人生轨迹。这份从血脉中传承下来的信仰，既源于我的爷爷用生命铸就的抗联精神，也离不开我的母亲用“一块桦树皮”悉心培育的优良家风。

铁窗淬炼：牢狱中的钢铁意志

1905 年，爷爷出生在河南省确山县李湾村，原名马尚德。1927 年，爷爷领导了著名的“确山农民暴动”，建立了河南第一个农工政权，即“确山县临时治安委员会”。同年加入中国共产党，从此踏上了革命救国的道路。

由于叛徒的出卖，爷爷曾在开封、洛阳两地被敌逮捕三次。在狱中历经磨难，但他始终保持一个共产党人的党性和钢铁意志，没有泄露半点儿党的秘密。1929 年，在第三次脱险出狱后，爷爷被党组织派往东北，开始了他在东北的革命生涯。1929 年夏天，中共满洲省委书记派他到抚顺担任特支书记，领导开展工人运动。其间，爷爷领导了著名的抚顺煤矿工人大罢工运动并取得了胜利。这些经历使得具有农民运动经验的他，又有了开展城市斗争和工人运动的经验。因领导工人运动暴露身份，爷爷又先后两次被逮捕入狱。九一八事变后，经党组织营救，爷爷脱险出狱，同陈潭秋等同志一起被派往哈尔滨继续领导开展工农运动。

东北烽火：白山黑水间的战事传奇

1932 年秋，时任中共满洲省委候补委员、军委代理书记的爷爷被派到磐石、海龙等地巡视指导抗日工作。根据中共满洲省委指示，改编成立中国工农红军第三十二军南满游击队。先后创建了以红石砬子、玻璃河套为中心的磐石抗日游击根据地。在中国共产党建立的抗日游击根据地中，磐石抗日游击根据地建立得最早，所以，吉林被称为“东北抗日联军的创建地”。

爷爷曾在日记中写道：“国破家亡之际，唯有以血肉之躯筑长城。”爷爷领导的东北抗联第一路军，如同插入敌人心脏的尖刀。从此，“杨靖宇”成了令日伪军闻风丧胆的名字。1936 年，部队在宽甸四平街密营休整，一名排长提出迂回作战的建议，爷爷认真思考，并组织大家对这个方案进行充分讨论后采纳了建议，结果以不到 10 人的伤亡攻克了日军据点。这一仗让战士们明白，一个将军的威严靠的不是官位，而是虚怀若谷的胸怀和非凡的胆识。同年，抗联第一路军与北满抗联武装驻军呼应，牵制日军70余万兵力，有力地配合了全国抗战。1938年6月24日，爷爷指挥部队突袭通辑铁路（通化—集安）土口子隧道工地，歼敌数百后，亲自把缴获的布匹和粮食分给劳工。看着衣衫褴褛的百姓眼里燃起的希望之光，他对身边的战士说："咱们打仗，不就是为了让老百姓能吃饱穿暖吗？"

面对着敌我军事实力悬殊、战斗环境恶劣、作战给养断绝等巨大考验，爷爷在深山密林里修建密营、创建根据地，运用游击战术打击敌人，带领东北抗联第一路军的战士们取得了众多"以少胜多""以弱胜强"的战斗成果。爷爷总结出"四不打"原则，以克敌制胜。1939年的冬天格外寒冷，零下40摄氏度的凛冬里，部队断粮断衣，日伪军又调集重兵"篦梳山林、铁壁合围"。爷爷带着战士们钻进深山老林，用"化整为零"的战术与敌人周旋。有一次，他们被敌人追了三天三夜，跑到一个山洼里，爷爷突然下令反向行军，战士们拖着疲惫的身躯折返回去，竟在敌人的眼皮底下找了个背风的石崖休整了两天。日军怎么也想不到，他们以为"插翅难逃"的抗联队伍，正躲在离他们不到10里的地方生火取暖。就是采用这样的灵活战术，爷爷率领战士们取得了全歼邵本良部、老爷岭隧道战斗等重要战役的胜利。

最后的战斗：胃里的忠诚

1940年2月，爷爷已经在冰天雪地里与敌人周旋了5个多月。他的棉鞋早已磨穿，脚趾冻得又黑又紫，却依然坚持指挥战斗。2月23日，在濛江县（今靖宇县）三道崴子，由于叛徒出卖，他被敌人包围。一开始敌人并没有开枪，而是向爷爷喊话，希望能够劝降他。但已因高烧、饥饿而极度虚弱的爷爷回应敌人的只有充满仇恨的子弹。敌人见劝降无望，于是下令开枪。在密集的枪弹中，爷爷将最后一滴血洒在了濛江大地上，年仅35岁。残忍的日军解剖他的遗体时震惊地发现，他的胃里没有一粒粮食，只有枯草、树皮和棉絮。在场的一位日本军官忍不住感叹："虽为敌人，睹其壮烈，亦为之感叹，大大的英雄！"

传家宝的故事：一块树皮的精神力量

1958年，我的父母参加完爷爷的公祭安葬大会后，从靖宇县带回了一块桦树皮。母亲说，这是爷爷牺牲时身边的树皮，它见证了那个艰难困苦的年代。从此，这块树皮成了我们家的"传家宝"。每当逢年过节或爷爷的忌日，母亲总会把它郑重地拿出来，放在供桌上。她会掰下一小块树皮，放进嘴里嚼一嚼，然后对我们兄妹说："你们尝尝，这就是你们爷爷当年吃的东西。他用生命换来了咱们今天的好日子，你们要是忘了本，就是对不起他！"

小时候，我不懂母亲为什么要这么做，觉得树皮又苦又涩，难以下咽。直到长大后，我才明白，这是母亲在用最朴素的方式告诉我们：幸福不是从天而降的，是先辈们用鲜血和生命换来的，我们没有任何理由不去珍惜。这块树皮，承载着爷爷的忠魂，也寄托着母亲对我们的殷切期望。

名字里的期许：继承革命传统的使命

父母给我们兄妹五人起名继光、继先、继传、继志、继民，寓意不言而喻：继承革命传统，传承先辈精神。母亲常说："你们的爷爷是英雄，但你们不能靠这个名头吃饭，要自己争气，不能给爷爷脸上抹黑。" 从小到大，我们兄妹从未向别人炫耀过自己是杨靖宇将军的后代，甚至在很长一段时间里，连身边的朋友都不知道我们的身世。

母亲的教诲：低调做人认真做事

母亲是个非常严厉的人。她从来不让我们接受任何特殊照顾，她总是说："咱是抗日英雄的后代，不能躺在爷爷的'功劳簿'上向组织提任何要求，要勤奋工作，为爷爷争光，不给先辈抹黑。"母亲常挂在嘴边的一句话是"知足常乐"。她一生简朴，衣服补了又补，家具用了几十年也舍不得换。她总是说："跟你爷爷那时候比，咱们现在的日子好得太多了，还有什么不知足的？"在她的影响下，我们兄妹都养成了勤俭节约的习惯，从不攀比地位、吃穿，只比拼谁的工作更出色。

我的战场：以爷爷之名冲锋陷阵

20 世纪 80 年代，对越自卫反击战期间，我已经参军，部队里知道我是杨靖宇将军的后代，有人劝我："你身份特殊，留在后方安全些。"我却坚决要求上前线："爷爷当年在那么艰苦的环境下都没退缩，我怎么能躲在后面？"在战场上，我时刻牢记自己是抗联英雄的后代，每次冲锋都冲在最前面。有一次，我们连队遭到敌人伏击，我腰部中弹，鲜血直流，我咬着牙继续指挥战斗。战友们要背我后撤，我高喊道："这点伤算什么？想想当年抗联英雄们！"直到战斗结束，我才被送到医院，医生说再晚来一会儿，我可能就没命了。那段时间，我常常摸着腰上的弹片伤痕想："爷爷，我也是一名合格军人，我没给您丢脸！"

儿子的选择：扎根基层的抗联后代

我的儿子马铖明，选择了一条与我不同的道路。大学毕业后，他放弃了城里的工作机会，毅然回到靖宇县，成为一名基层公务员。有人不理解："你的前辈是大英雄，你怎么不去大城市发展，窝在小县城里？"他总是笑笑说："曾祖父把生命都献给了这片土地，我在这里工作，就是对他最好的纪念。"

退休后的坚守：讲好抗联故事的使命

退休后，我和爱人带着孩子来到吉林定居。这里是爷爷战斗过的地方，每一片土地都浸润着抗联的热血。吉林杨靖宇干部学院聘请我为教师，这让我感到无比荣幸。每次站上讲台，看着台下年轻的面孔，我都觉得肩上沉甸甸的。我会给他们讲爷爷在冰天雪地里吃树皮的故事，回顾抗联战士们高唱战歌突破重围的场景，讲那块桦树皮“传家宝”的来历。我告诉他们：“抗联精神不是书本上的文字，而是无数先烈用生命写就的信仰。现在你们过上了好日子，但不能忘了那些先烈们来时的路。”

有一次，一个年轻学员听完课后找到我，红着眼睛说：“马老师，以前我总觉得英雄离我们很远，今天听了您的课，我才知道，他们就在我们身边，就在我们的精神里。”那一刻，我突然明白，传承抗联精神，不是空洞的说教，而是要用真实的故事、真挚的情感，让年轻一代感受到信仰的力量。

陵园里的感悟：忠魂铸就的精神丰碑

每年清明，我都会去靖宇烈士陵园看望爷爷。站在他的雕像前，看着他目光坚定地望向远方，我总会想起母亲说过的话：“你爷爷走的时候，眼睛是睁着的，他放心不下这片土地，放心不下老百姓。”有一次，我摸着雕像底座上“抗联从此过，子孙不断头”几个大字，眼泪再也止不住。这是当年抗联战士刻在树上的誓言，如今变成了石碑上的铭文，它穿越了八九十年的风雨，依然震撼人心。

我常常在陵园里一坐就是半天，看着来来往往的游客，有年轻人带着孩子，有学生排着整齐的队伍。我听见孩子们问：“杨靖宇是谁？”父母和老师就会给他们讲爷爷的故事。

那一刻，我知道，爷爷的精神没有被遗忘，它正在一代又一代中国人的心中传承。

新时代的召唤：抗联精神的现实回响

如今，东北抗联纪念馆里，爷爷用过的石磨、口琴依然静静地陈列着。抚摸着那些布满岁月痕迹的物品，我仿佛能听见1939年桦甸密营春节联欢会上的歌声："冲锋呀，我们的第一路军！"这歌声，曾经激励着抗联战士们在枪林弹雨中奋勇前行，如今又在新时代的征程中焕发出新的活力。

在吉林这片红色沃土上，抗联精神正在转化为振兴发展的强大动力。靖宇县依托红色资源发展旅游，当年的密营遗址变成了爱国主义教育基地，越来越多的人来到这里，追寻先烈的足迹。杨靖宇干部学院里，一批又一批的学员带着使命而来，带着信仰而去。作为抗联后代，我感到无比欣慰：爷爷，您为之奋斗的事业，正在这片土地上蓬勃发展；您留下的精神财富，正在照亮更多人的前行之路。

传承抗联精神，永续优良家风

85载光阴流转，斯人远去，山河无恙。爷爷的雕像矗立在林海中，仿佛从未离开。每当夜幕降临，我总会拿出那块珍藏了近70年的桦树皮，轻轻抚摸它粗糙的纹理。母亲已经去世多年，但她的教诲却永远刻在我的心里："严要求、重责任、懂知足。"这9个字，是家风，更是家训，是我们马家后人的立身之本。

作为杨靖宇的孙子，我深知自己肩负的责任。我会继续讲好爷爷的故事，让抗联精神在新时代绽放光芒；我会用良好的家风教育子孙，让他们永远记住自己是英雄的后代，要为国家、为人民贡献自己的力量。正如爷爷在军歌里写的："起来呀，东北同胞！"今天，我们要喊出："起来呀，中华儿女！"让抗联精神永不褪色，让优良家风世代传承，这就是我们对爷爷最好的告慰，对国家最好的报答。

（本文作者马继志系杨靖宇将军次孙）

甘将热血沃中华
——忆我的奶奶赵一曼

陈　红

翻开历史的书页，那些泛黄的纸张承载的不仅是一段段文字，更是一代人的血泪与信仰。当得知吉林杨靖宇干部学院整理出版《远隔重洋的呐喊：〈救国时报〉东北抗战史料选编》一书时，我的内心久久难以平静。这不仅是一部历史资料的汇编，更是一段跨越时空的对话——与我的奶奶赵一曼、与千千万万在东北黑土地上浴血奋战的东北抗联将士，以及那个烽火年代里所有为国家独立和民族解放而奋斗的先辈们。

《救国时报》诞生于远隔重洋的法国巴黎，由中国共产党人吴玉章等前辈创办，是东北党组织、东北抗日联军了解党中央抗日战争方针、政策指示和国内外形势的重要信息载体。我的爷爷陈达邦，曾担任这份报纸的印刷部主任。他亲手排印的报道，或许就记录着东北抗联将士的英勇事迹。但令人唏嘘的是，当时的他却并不知道，其中有一位战士，正是他失散多年的妻子——我的奶奶赵一曼。历史的悲壮与无奈莫过于此——一对夫妻，一个在异国传播抗战火种，一个在东北浴血奋战。虽同处一条战线，却因兵燹战火而无缘相见，甚至无法知晓对方是否还存在。

我的奶奶原名李坤泰。九一八事变爆发后，她奔赴东北抗日救亡前线，更名为“赵一曼”，从此与家人天各一方。奶奶到了东北地区后，先后在哈尔滨、珠河（今尚志市）等地开展工作。在哈尔滨，她领导了电车工人大罢工并取得全面胜利；在珠河，她带领游击队员与日本侵略者展开艰苦卓绝的斗争，多次给敌人以沉重打击。1935 年 11 月，在一次突围战斗中，奶奶不幸腿部中弹，失血过多，昏迷被捕。面对敌人的种种酷刑折磨，奶奶始终坚贞不屈，没有吐露半点儿党组织和东北人民革命军的机密。在牺牲前，奶奶给心爱的幼子，就是我的父亲陈掖贤留下了一封感人至深并流传后世的遗书。

宁儿：

母亲对于你没有尽到教育的责任，实在是遗憾的事情。

母亲因为坚决地做了反满抗日的斗争，今天已经到了牺牲的前夕了。

母亲和你在生前是永久没有再见的机会了。希望你，宁儿啊！赶快成人，来安慰你地下的母亲！我最亲爱的孩子啊！母亲不用千言万语来教育你，就用实行来教育你。

在你长大成人之后，希望不要忘记你的母亲是为国而牺牲的！

一九三六年八月二日

你的母亲赵一曼于车中

在留下了这封遗书之后，年仅 31 岁的奶奶在珠河英勇就义。日军没能在审讯中得到任何有价值的情报，只能将这封遗书永久地封存在档案里。1956 年，工作人员到四川宜宾进行烈士身份核查时，我的父亲才第一次知道了赵一曼就是自己的亲生母亲。在东北烈士纪念馆，父亲几乎哭晕在奶奶留下的绝笔信前。之后，父亲用钢笔把“赵一曼”三个字刻在了自己的手臂上，陪伴他终生。

跟奶奶一样，我也是在 24 岁时做了母亲。从那时起，我更能感同身受，更觉得幸福生活的来之不易。奶奶当年不得不与幼子分离时，内心该有多么不忍、有多么撕裂；更能明白，一个母亲对于孩子的日思夜想是多么痛彻心扉；也更懂得，就义前奶奶留给儿子的诀别书，每个字都浸透了感天动地的伟大母爱和家国情怀。一首七律《滨江述怀》堪称奶奶生为家国、誓死抗敌的精神写照：

誓志为国不为家，
涉江渡海走天涯。
男儿岂是全都好，
女子缘何分外差？
未惜头颅新故国，
甘将热血沃中华。
白山黑水除敌寇，
笑看旌旗红似花。

奶奶的生命虽短暂却光辉永恒。她留给我们的，不仅是一段可歌可泣的历史，更是一种精神——为了国家独立和民族解放甘愿舍弃一切、直至献出生命的坚定信仰。而我的爷爷陈达邦，尽管未能与奶奶重逢，但他的一生也在为革命事业默默奉献。他们的故事，是那个时代无数革命家庭的缩影——夫妻、父子、兄弟……为了同一个理想，舍生忘死、前赴后继、投身革命、无怨无悔。

今天的我们，回望那段历史，不仅要看到战争的残酷，更要看到信仰的力量。东北抗联的抗日斗争，是中国抗战史上最为艰苦卓绝的篇章之一。他们在极端恶劣的自然环境中，面对敌人的疯狂“讨伐”，以血肉之躯筑起了一道道抵抗侵略的钢铁长城。以杨靖宇、赵一曼等为代表的东北抗联将士们，在零下三四十摄氏度的严寒中坚持斗争，用生命诠释了“忠诚于党的坚定信念、勇赴国难的民族大义、血战到底的英雄气概”的东北抗联精神。而《救国时报》正是记录这些壮举的重要载体，它让世界听到了东北抗战的声音，也让东北抗联将士们知道，他们并非孤军奋战，全中国人民乃至海外同胞都在支持他们。

今天，吉林人民出版社出版这部《远隔重洋的呐喊：〈救国时报〉东北抗战史料选编》，不仅是对历史的抢救性挖掘，更是对英烈精神的传承与弘扬。这些史料，曾经是东北抗联战士们在极端困境中的精神支柱，如今又成为我们回顾历史、汲取力量的重要依据。这段历史，应当被一代又一代的中国人铭记。

最后，我希望这部书的出版，能够让更多人了解东北抗联的历史，感受那份穿越时空的家国情怀。愿每一位读者在翻阅这些史料时，不仅能读到历史的厚重，更能触摸到那些炽热的灵魂。他们的信仰与牺牲，是我们前行的动能，永远值得我们敬仰与传承。

（本文作者陈红系赵一曼烈士孙女）

后　记

本书是由吉林杨靖宇干部学院主持整理编写的一部纪念中国人民抗日战争暨世界反法西斯战争胜利80周年的主题类图书。

本书以中国国家图书馆馆藏《救国时报》及早期《救国报》《先锋报》中集中反映东北抗战的相关报道为核心内容，按“山河破碎”“正义之声”“同仇敌忾”“征鼙震地”“为有牺牲”“纸笔刀枪”等主线划分板块，并以报道事件的时间为纵向线索，力求使相关报道脉络清晰、重点突出、内容系统、便于阅读。为增加本书的文献厚度和历史温度，我们还以附录形式增选了两篇抗联英雄后代的追忆文章。

本书力求保持《救国时报》原貌，使其历史性、档案资料性更强。同时，为方便读者阅读，我们对原报纸内容进行了认真细致的识读并酌加注释，只从文献的整理、校勘角度上加注，不从内容的考证研究上加注。注释均为页下注。本书文字按以下情况处理：一、文中的繁体字和异体字，径改简体，有特殊含义的不改。二、由于时代关系，有些词语、数字、标点符号等通行用法及言语表达方式与现今不同，因原文固有，且意思可辨，均不作改动。如：那里（哪里）、澈底（彻底），等等。三、明显刊误之字，径改，不注。原文中没有或遗漏标点符号的，酌加，不注。四、某些事物名称及人名、地名、译名与现今不一致的，均一仍其旧。同一人在不同报道中姓名写法不一致的，原则上在首次出现时加注，注明现行惯称，其后不注。五、由于历史久远，资料破损，存在丢字、掉字，我们经过查阅有关资料，尽力补漏，对难以辨识或缺失的文字以虚缺号“□”进行标记。

吉林杨靖宇干部学院对本书的出版做了大量细致的前期整理工作，吉林人民出版社对该书出版的形式、编辑加工等做了大量工作，我省党史专家刘信君、王宜田、王广义、张彦夫等为本书出版给予了学术上的支持，在此一并谢忱。

硝烟已靖，历史永恒。愿伟大的抗战精神、东北抗联精神永不磨灭，光耀千秋。愿英雄浩气永远长存，激励我们争做时代先锋。也希望本书的出版能为研究东北抗战历程、弘扬抗战精神作一些贡献，疏漏、不足之处望广大读者、学者斧正。

本书编委会

2025 年 7 月 7 日